中华人民共和国地方志·福建省上杭县

旧县镇志

中共旧县镇委员会
旧县镇人民政府
编

方志出版社
Publishing House of Local Records

图书在版编目（CIP）数据

旧县镇志 / 中共旧县镇委员会，旧县镇人民政府编
. -- 北京：方志出版社，2021.5
ISBN 978-7-5144-4766-8

Ⅰ. ①旧… Ⅱ. ①中… ②旧… Ⅲ. ①上杭县－地方志 Ⅳ. ①K295.74

中国版本图书馆 CIP 数据核字 (2021) 第 091057 号

旧县镇志

编　　者：中共旧县镇委员会
　　　　　旧县镇人民政府
责任编辑：刘方圆

出 版 者：方志出版社
　　　　　地址　北京市朝阳区潘家园东里 9 号（国家方志馆层）
　　　　　邮编　100021
　　　　　网址　http://www.zgfzcb.cn
发　　行：方志出版社图书经销中心
　　　　　电话（010）67110500
经　　销：各地新华书店
印　　刷：龙岩东方彩印有限公司

开　　本：889×1194　　1/16
印　　张：43.5
字　　数：868 千字
版　　次：2021 年 5 月第 1 版　　2021 年 5 月第 1 次印刷
印　　数：0001 ~ 1000 册

ISBN　978-7-5144-4766-8　　　　定价：300.00 元

上杭县旧县镇地图

比例尺 1∶93 000

编制单位：福建省地图出版社　审图号：龙S〔2021〕01号　资料截止：2020年12月

自然风光

旧县集镇前库区风光（林元城供图）

旧县集镇航拍图（旧县镇政府供图）

20世纪80年代，旧县龙溪岩寺前风光（张东瑞供图）

晨雾中的旧县河山（袁松树供图）

河东寨里树龄321年古榕树

龙溪龙头冈树龄315年老榕树

坝上村树龄303年老榕树

（旧县镇政府供图）

旧县镇全坊村出土的青铜时代石锛等石器（上杭县博物馆供图）

全坊村始建于宋代前的永胜宫（又名“萧何堂”）（旧县镇政府供图）

竖于语口渡北岸的古石碑（袁松树供图）

宋时全坊村中有500余米长的坎头街，上杭县治曾设此28年。坎头街上有7盏天灯，后被毁。图为残存的天灯底柱（旧县镇政府供图）

河东村建于清光绪二年（1876年）的“大夫第”（旧县镇政府供图）

河西村建于清代雍正二年（1724年）的敦和堂（旧县镇政府供图）

1929 年 6 月 10 日前后，毛泽东在旧县河东村敦本堂主持召开红四军前委会议，研究决定成立红四军第四纵队。图为本次前委会议会址敦本堂右横屋（旧县镇政府供图）

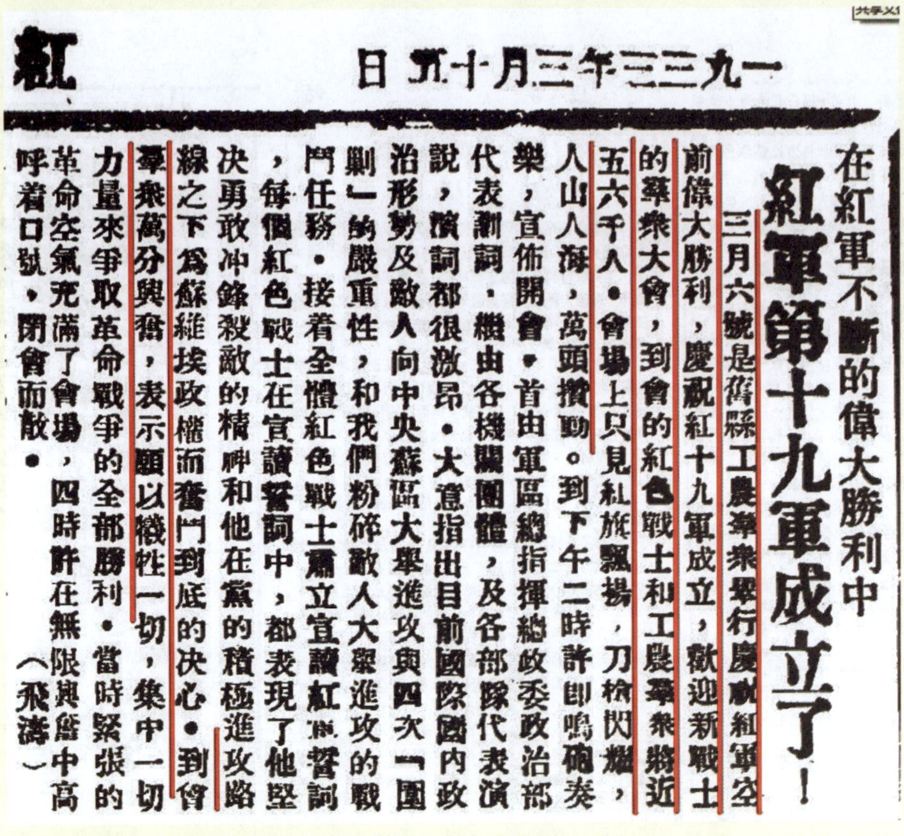

紅　一九三三年三月十五日

在紅軍不斷的偉大勝利中

紅軍第十九軍成立了！

三月六號是舊縣工農羣衆舉行慶祝紅軍空前偉大勝利，慶祝紅十九軍成立，歡迎新戰士的羣衆大會，到會的紅色戰士和工農羣衆將近五六千人。會場上只見紅旗飄揚，刀槍閃爍，人山人海，萬頭攢動。到下午二時許即鳴砲奏樂，宣佈開會。首由軍區總指揮總政委政治部代表訓詞，繼由各機關團體，及各部隊代表演說，演詞都很激昂。大意指出目前國際國內政治形勢及敵人向中央蘇區大舉進攻與四次「圍剿」的嚴重性，和我們粉碎敵人大舉進攻的戰鬥任務。接着全體紅色戰士肅立宣讀紅軍誓詞，每個紅色戰士在宣讀誓詞中，都表現了他堅決勇敢冲鋒殺敵的精神和他在黨的積極進攻路線之下爲蘇維埃政權而奮鬥到底的決心。到會羣衆萬分興奮，表示願以犧牲一切，集中一切力量來爭取革命戰爭的全部勝利。當時緊張的革命空氣充滿了會場，四時許在無限興奮中高呼着口號，閉會而散。（飛濤）

1933 年 3 月 6 日，红军第十九军在旧县石圳潭成立。图为《红色中华》1933 年 3 月 15 日对成立庆典盛况的报道（江树高供图）

《红色中华》报道

上杭縣第二期擴大紅軍消息

(一)舊縣區第二期擴大紅軍，黨團員已有三十五人大部份自動的，群衆自動卅人，共六十五人。(二)華家亭區第二期擴大紅軍黨員有九名團員九名群衆有七名，共二十五人。(三)官庄區截至有一百擴大紅軍共有五十九名，內黨員十六名，團員五名。(四)才溪區擴大紅軍約有五十名左右，(五)白砂區擴大紅軍已經有五十五人了，內黨團員廿人。(六)大陽區擴大紅軍有廿五名石門一帶尚不明了。(七)盧豐區現在擴大有十三人，但一部份還是表現不好。(八)茶地區擴大紅軍已有六十餘名。特別有成績的是茶𡉏鄉九嶺村，卅六名自動報名，溫泥甲村也有十一名自動，樟樹𡉏鄉也有十名。(九)藍家渡區，現在有十名自動擴大紅軍內黨團員八名。

在這些數目字中，我們統計一下還不夠四百名，離一千五百名數目字尚差三分之二有多，如何完成此項計劃，就要看上杭各區黨團員與羣衆的布爾塞維克的精神了。

1932 年 11 月 14 日

三個模範女性

上杭才溪區同康鄉的少先隊大隊長王大青同志，舊縣新坊鄉石隘村鄧五妹同志，碧沙村李銀秀同志，他們都是呱呱叫的模範女性　爲了蘇維埃政權的鞏固和發展，都鼓勵他的老公當紅軍去了●

（李中）

1933 年 6 月 11 日

父子一同加入紅軍

上杭舊縣區新坊鄉新坊村有一個李永青同志，他瞭解了目前戰爭環境的緊張和擴大一百萬鐵的紅軍的必要，所以最近他竟帶了他的兒子，和兒子一同加入紅軍，這真是過去報紙上從來沒有登過的新聞！

（李中）

1933 年 6 月 11 日

是才溪區的兒童團，也募捐了六元，因此在六月十號統計募捐大洋的數量，已達七百一十元零四角之多●

雖然因爲敵人擄掠的結果，上杭地方已經無米可食，但上杭羣衆，對於援助被難羣衆，都是熱烈萬分，自己節省少吃一點，都募了許多的米去援助難民，特別是舊縣區的郭永輝同志：自己一個人，捐米二百斗去援助我英勇斗爭的被難羣衆。

對於援助被難羣衆眞是所謂無微不至，募了米給他，又愁他沒有菜吃、有了菜，又愁其無鹽煮，有了菜，和鹽又愁其沒有油來肥菜，菜，鹽，油，米具又愁其沒有猪肉吃　沒有柴燒，因此，一般的羣衆，都募集很多菜蔬給他們，特別是舊縣區孔滿菜姑同志募得鹹菜一百斤，和才溪區的黃秀英同志，募得菜干三石，最令人稱贊的就是舊縣區的吳振青同志，買得白米一百斤　其次還有才溪區的王盛輝同志募猪油五十斤　和官庄區的藍利紅同志也募了猪肉一百斤（上杭值大洋四十元）去供給難民煮菜●至於送柴給難民燒者，無算。

這裏最明顯也沒有了，上杭羣衆不但在募捐援助東北義勇軍方面，表示其反帝斗爭的革命熱情，（僅僅紅五月一個月　募捐援助東北義勇軍節省大洋四百四十八元九角三之多　）以及退回公債，借谷，退回借谷票來說　表示了他們無限的革命熱情　就是在援助難民方面，也算得全蘇區第一無上光榮的模範，那個來和他比賽呢？

上杭羣衆這種援助被難羣衆的革命熱情，不但表示了他們的階級的親愛與團結，而且表示了他們反對白色恐佈的英勇的斗爭情緒，滿腔的熱血，已準備爲了團結階級力量消滅階級敵人而揮洒。

全蘇區的工農民衆！你們的互濟工作做得怎麼樣？請回答罷!!!

1933 年 8 月 16 日

第八版　　華

上杭羣衆的階級互助運動

萬惡的廣東軍閥與十九路軍軍閥以及一切團匪土匪，和過去暴動時已逃出的土豪劣紳反動派這一類強盜狗羣，企圖恢復其血腥的反動統治，便施行其殘酷的白色恐佈，屠殺工農　横征暴歛●到赤色鄉村裏面來，逐得雞飛狗走，搶得十室九空，但我工農羣衆的英勇斗爭，屢給敵人以打擊●

杭北三區（才溪　官庄，舊縣）的工農羣衆目覩國民黨軍閥的殘酷惡毒，奮起了不顧一切與敵人作戰的精神，不斷的集中武裝　到下角東南面被摧殘區域去援助我英勇斗爭的工農羣衆，以期武裝消滅敵人●

不但如此，而且這三區的羣衆，并給那些被難羣衆以各種物質上的幫助，募集大洋呀，猪肉呀：菜呀　薯干呀　米呀　鹽呀，……等等物品來援助他們，眞是所謂無微不至●

區蘇區委的工作人員，自己家裏帶火食來，將每天的公家所發的火食費節省起來，以援助被難羣衆，據日前統計，才溪區的區蘇區委共節省大洋二十元，官庄區的區蘇區委共節省大洋三十元，舊縣的區蘇區委與白玉鄉代表共節省大洋五元，處在與敵人短兵相接之境，市區蘇也節省了七元，城郊區蘇區委與大乾鄉蘇主席節省大洋三元，大陽區蘇主席節省一元，而羣衆募集金錢援助被難羣衆，十元八元，五元六元的不可數計，特別是舊縣區林仟魁同志，最熱烈，自己一個人，捐出了大洋十七元，黃洪中同志十五元，游開彬同志十二元，其次就是才溪區的兒童團，也募捐了六元，因此在六月十號統

1933 年 8 月 16 日

文化戰線上的模範縣區

●勞動學校的新創設●

上杭縣蘇教育部，經過關於文化教育工作的努力，現已建立了勞動學校四所，在各區少先隊部的發動之下，隊員很熱烈入校讀書●

●舊縣才溪劇團活躍●

上杭舊縣才溪的新劇團，本來老早已有組織，也曾出發演劇過，獲得廣大羣衆的歡迎。現在在縣的調動之下，出發各地去演新劇了。

（李中）

1933 年 9 月 24 日

《红色中华》报道

上杭縣的光榮動員

——又有一團加入了紅軍——

七月五日在閩西第一模範區——才溪區建立光榮牌的光榮典禮會上，在上杭黨有計劃的模範領導下，才溪舊縣官庄三區的模範團又全團一致宣佈加入紅軍去了！這一光榮的動員，展開了閩西擴大紅軍的新模範，給擴大一百萬鐵的紅軍的戰鬥任務以有力回答，又寫上了上杭光榮的一頁。

紅坊區模範營加入紅軍

▲響應才溪區的光榮模範▼

紅坊區模範營在七月入號紅坊區的「授獎大會」上自動的整營加入紅軍了，響應了才溪，官庄，舊縣的光榮例子，給了中央局創造一百萬紅軍以布爾塞維克的回答，這真是閩西的第二模範區啊！（陳霆）

1933 年 7 月 23 日

才溪舊縣的動員熱

中央總隊部召開，省縣區隊長聯席會議後，上杭立即召開各區隊長聯席會，會議中在縣部隊領導之下，有好幾個隊長都報了名加入少共國際師，特別是才溪舊縣的區隊長很熱烈的自動訂定了革命競賽，在

二十五號以前要領導全區的男隊員全體加入少共國際師去。現才溪區有同康鄉，瑋云鄉，嶺實鄉，發[illegible]有壩上鄉的全大隊的男隊員已全體報了名加入少共國際師，現正在將才溪區集中了的這五十餘個男隊員，

1933 年 8 月 1 日

上杭羣衆的階級互助運動

萬惡的廣東軍閥與十九路軍軍閥以及一切團匪土匪，和過去暴動時已逃出的土豪劣紳反動派這一類强盜狗輩，企圖恢復其血腥的反動統治，便施行其殘酷的白色恐怖，屠殺工農，橫征暴斂。到赤色鄉村裏面來，逐得雞飛狗走，搶得十室九空，但我工農羣衆的英勇斗爭，屢給敵人以打擊。

杭北三區（才溪、官庄、舊縣）的工農羣衆目覩國民黨軍閥的殘酷惡毒，奮起了不願一切與敵人作戰的精神，不斷的集中武裝，到下角東南面被摧殘區域去援助我英勇斗爭的工農羣衆，以期武裝消滅敵人。

不但如此，而且這三區的羣衆，并給那些被難羣衆以各種物質上的幫助，募集大洋呀，猪肉呀，菜呀，薯干呀，米呀，鹽呀，……等等物品來援助他們，真是所謂無微不至。

區蘇區委的工作人員，自己家裏帶火食來，將每天的公家所發的火食費節省起來，以援助被難羣衆，據日前統計，才溪區的區蘇區委共節省大洋二十元，官庄區的區蘇區委共節省大洋三十元，舊縣的區蘇區委與白玉鄉代表共節省大洋五元，處在與敵人短兵相接之境，市區蘇也節省了七元，城郊區蘇區委與大乾鄉蘇主席節省大洋三元，大陽區蘇處席節省一元，而羣衆募集金錢援助被難羣衆，十元八元，五元六元的不可數計，特別是舊縣區林仵魁同志，最熱烈，自己一個人，捐出了大洋十七元，黃洪中同志十五元，游開彬同志十二元，其次就是才溪區的兒童團，也募捐了六元，因此在六月十號被

1933 年 8 月 16 日

上杭梅溪全數繳清

梅溪區自六號在縣委開關於收集糧食突擊運動的會議後，執行中央省委的指示。緊張的去動員羣衆，造成熱烈廣泛的購買公債和繳土地稅的空氣，六天的時間，白玉，梅溪，殼坑三個鄉，完成了他們推銷公債和征收土地稅的任務，且全數收清債款和稅谷。特別是白玉鄉羣衆熱烈的要求政府再發公債來推銷。（陳霆）

1934 年 2 月 20 日

收集糧食紅區

（根據最近收入報告）

全部完成的區

上杭才溪區
上杭舊縣區
上杭通賢區
贛縣白露區

推銷公債完成的區

甯化城坊丁坑石碧區
新泉南陽茶溪池溪區
西江砂壘黃安寬田區
龍岡良村沙溪楓邊區

推銷公債超過的區　超過數目

甯化城市（數略）　興國高興（八十餘元）
興國城市（數略）　興國鼎龍（二千餘元）
長汀濯田（數略）　興國傑村（一千餘元）

1934 年 3 月 1 日

据不完全统计，1932—1934 年，中华苏维埃共和国临时中央政府机关报《红色中华》曾 21 次报道旧县扩大红军和苏区建设等方面的先进事迹。图为其中一部分剪报（江树高供图）

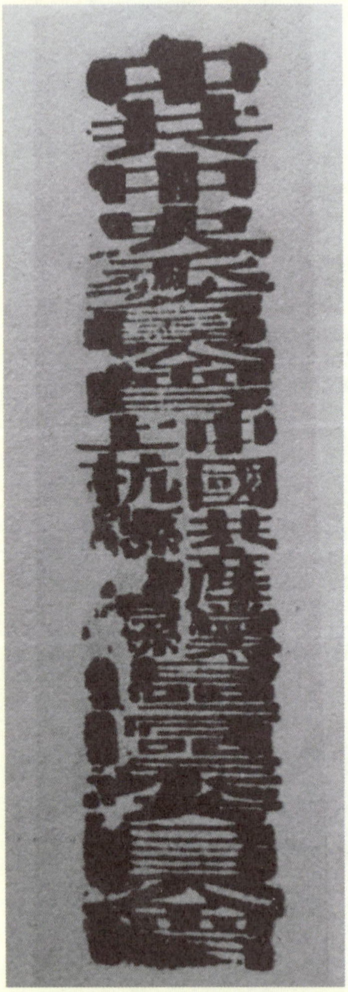

苏区时期中共旧县区委印章印模（江树高供图）

龙溪村龙头冈保存的红军标语（江树高供图）

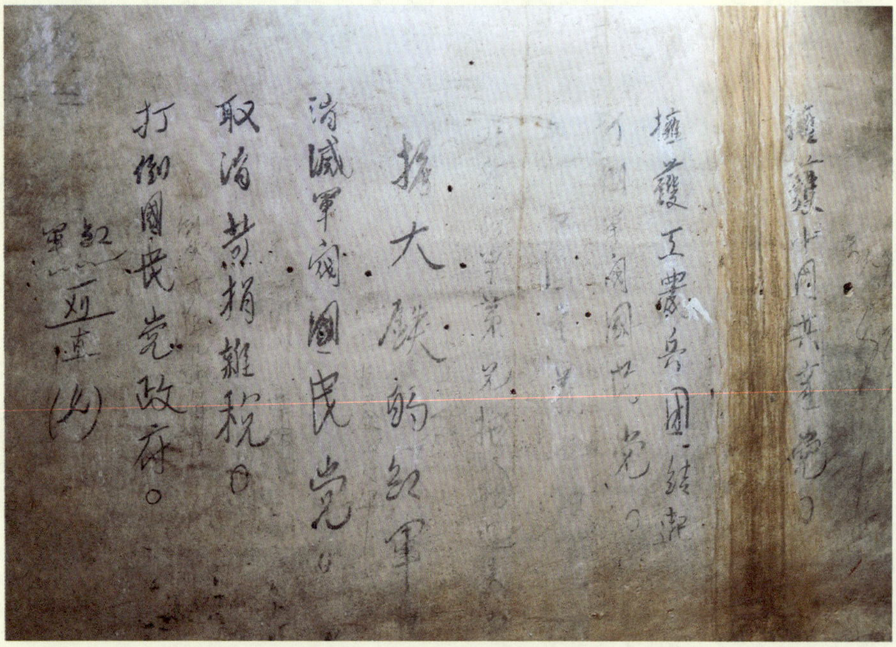

河西敦和堂保存的红军标语（江树高供图）

中央苏区红色交通站旧址之一——新坊通济庵（旧县镇政府供图）

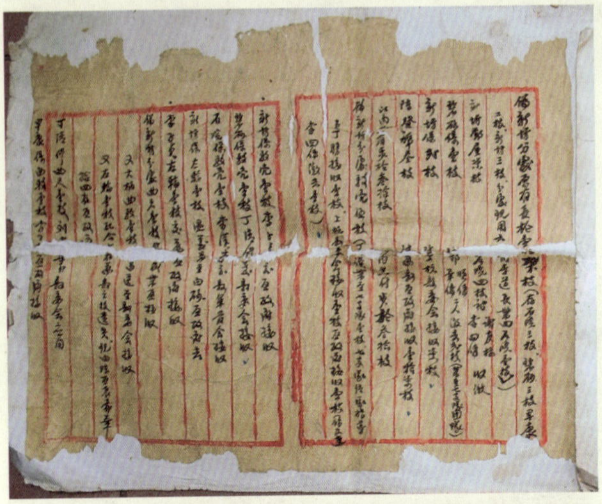

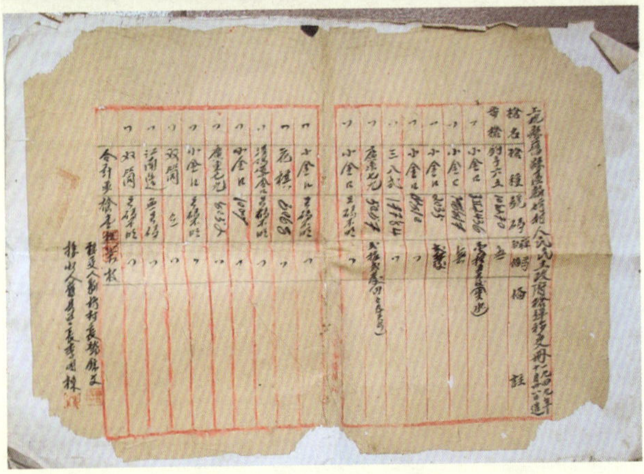

1949 年 12 月，起义后的新坊四保原国民党军政人员向旧县区人民政府移交枪支物品部分清单（江树高供图）

旧县镇革命烈士纪念碑（旧县镇政府供图）

县道旧县至白砂公路龙溪段（2015 年摄　江树高供图）

新坊横墩自然村公路（2012 年摄　江树高供图）

乡道梅（溪）谷（坑）公路（旧县镇政府供图）

205 国道水东段（2015 年摄　江树高供图）

20 世纪 90 年代初的水东村渡口（袁松树供图）

1976 年冬，旧县公社通过民办公助建成第一座跨旧县河公路桥——旧县大桥（袁松树摄于 1977 年）

杭矾公路通往旧县镇福村村的矾龙口大桥（袁松树供图）

2017 年年底建成的旧县镇语口渡大桥（旧县镇政府供图）

2016年9月竣工的旧县镇自来水集中供水厂（旧县镇政府供图）

角龙变电所（袁松树供图）

旧县集镇通信基站（旧县镇政府供图）

2013 年 12 月 27 日，施工中的旧县集镇防洪堤一段（旧县镇政府供图）

2015 年 5 月 25 日，建设中的旧县集镇全坊片区防洪堤（旧县镇政府供图）

20世纪60年代初，由县统筹资金、劳力建筑的梅溪双丰水库（图片来自上杭网）

双丰水库库区（旧县镇政府供图）

1977年，旧县公社从全社调集部分劳力到水东坝开荒造田（钟时龙摄）

新坊村丰收在望的稻田（旧县镇政府供图）

龙溪村烤烟基地（旧县镇政府供图）

河东养鳗场鳗群一角（旧县镇政府供图）

梅溪村槟榔芋基地一角（旧县镇政府供图）

铁场村第六组村民百香果基地果实累累（旧县镇政府供图）

铁场村第六组村民罗振兴无花果基地果实长势喜人（旧县镇政府供图）

新坊村毛竹山（旧县镇政府供图）

福村鸿建山鸡合作社养鸡场（旧县镇政府供图）

福村鸿建山鸡合作社养鸡场2014年12月获“全国农民专业合作社示范社”称号（旧县镇政府供图）

2016年7月19日，旧县镇举办“雨露计划”农村实用技术培训班（旧县镇政府供图）

2014 年 11 月 26 日，旧县镇举办农村种养殖技术培训活动（旧县镇政府供图）

2015 年 10 月 5 日，旧县镇在河西村举行“农村淘宝”入驻仪式（旧县镇政府供图）

茶叶罐

花瓶

木碗

20 世纪 80 年代末，旧县工艺厂（木碗厂）生产的产品（罗淮文供图）

2006 年建成的第一座旧县河五级电站——坝上电站机房（旧县镇政府供图）

河西村陈振生古建公司正在施工的建筑工程（旧县镇政府供图）

尧埔村富鑫达电子厂（旧县镇政府供图）

尧埔村巨鑫电子厂生产车间（旧县镇政府供图）

2012年10月，旧县镇举行撤乡设镇授印揭牌仪式（旧县镇政府供图）

2014年3月拍摄的旧县集镇街道一角（旧县镇政府供图）

2016年9月，“造福工程”新村建成（旧县镇政府供图）

集防洪堤和人行漫道于一体的旧县集镇河滨公园（旧县镇政府供图）

旧县集镇东段防洪堤（旧县镇政府供图）

全坊村北段防洪堤与语口大桥（旧县镇政府供图）

全坊村西段防洪堤（旧县镇政府供图）

新楼房鳞次栉比的旧县集镇远眺（旧县镇政府供图）

教　育

旧县中心小学校园外景（旧县镇政府供图）

上杭县旧县中学校园外景（旧县镇政府供图）

2014 年 8 月 25 日，旧县镇慈善分会举行奖教、奖学和助学金发放仪式（旧县镇政府供图）

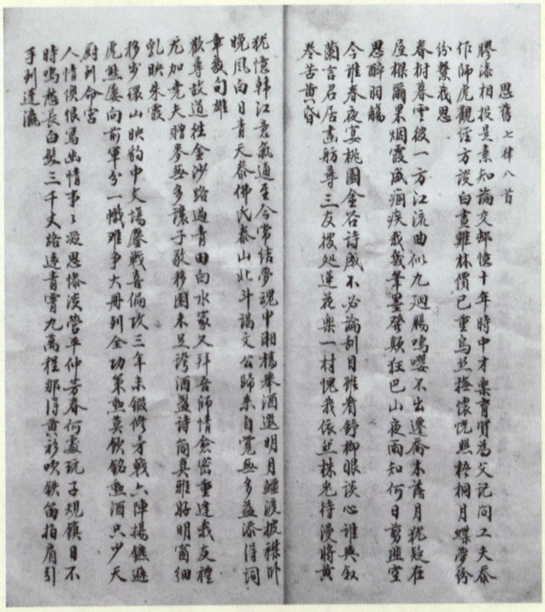

清代铁场渡头廪生、岁贡生江成康诗稿（江树高供图）

2012 年，上杭县旧县镇党委、上杭县旧县镇政府主编出版的《古邑春秋》（旧县镇政府供图）

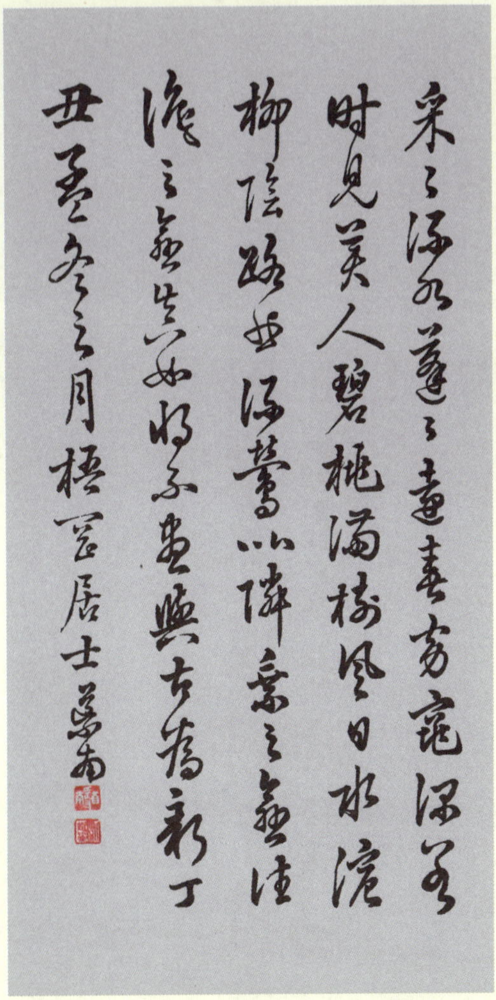

清代铁场渡头秀才江献岷书法作品（江树高供图）

20 世纪 70 年代，旧县中学师生在群众劳动工地演出（旧县镇政府供图）

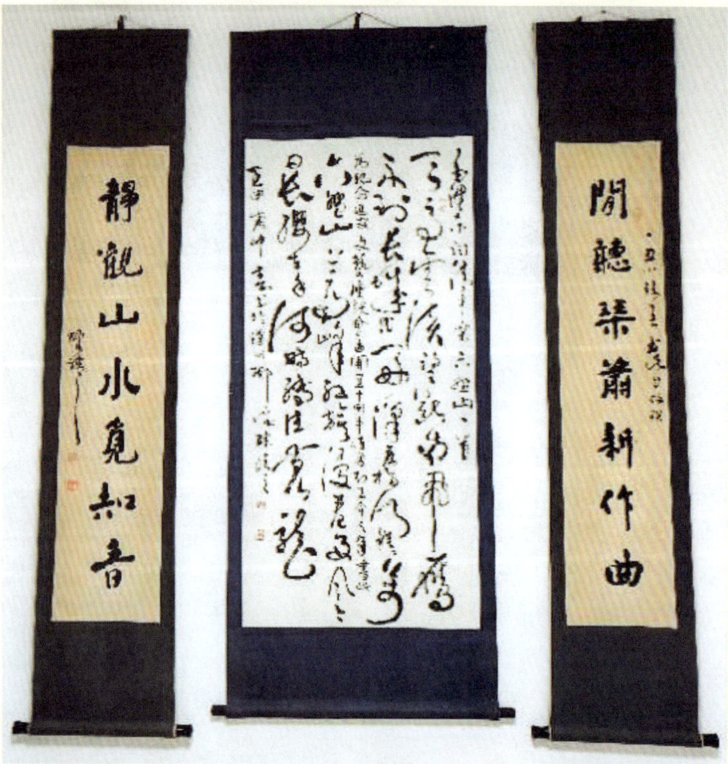

陈靖（河东村人，原在县博物馆工作，已去世）书法作品（陈小瑜供图）

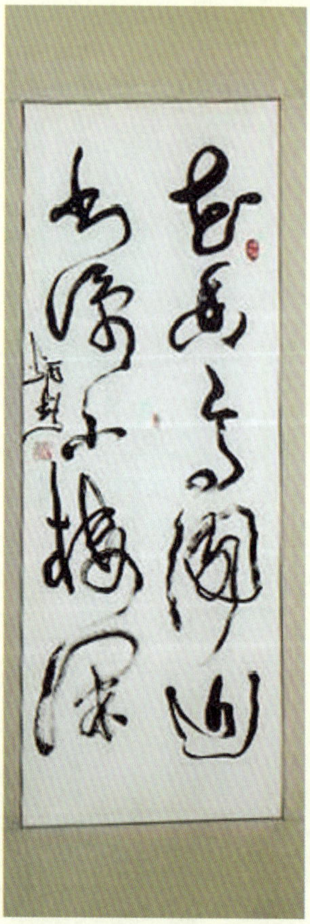

胡炳春（梅溪村外出干部）书法作品（旧县镇政府供图）

丘仰文（尧埔村人、县农行工作）书法作品（旧县镇政府供图）

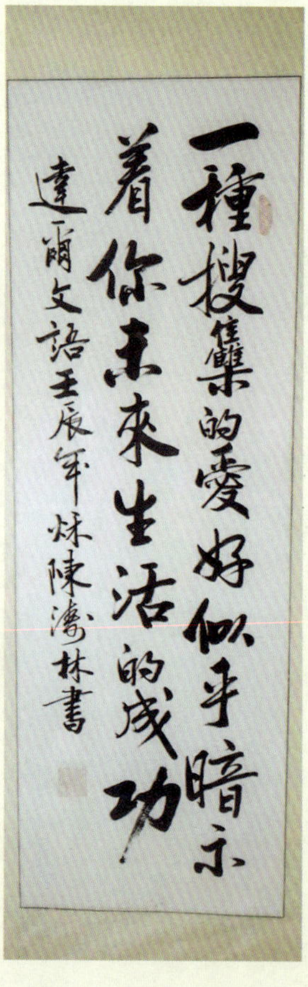

陈涛林（河西村人，旧县中学退休教师）书法作品（旧县镇政府供图）

江家鸿（铁场村人，原县工艺厂工人）部分篆刻作品（江树高供图）

江家鸿观音竹刻对联（江树高供图）

江家鸿在20世纪80年代刻制的竹对联（江树高供图）

河西村陈振生雕塑的菩萨（旧县镇政府供图）

旧县十番乐队在革命基点村演出（旧县镇政府供图）

2017 年，上杭县“杭川喜迎十九大，国庆中秋万家乐”文艺晚会旧县中心小学代表队演出舞蹈《我的梨园梦》（旧县镇政府供图）

2014 年 7 月 1 日，旧县镇举办农民体育比赛活动（旧县镇政府供图）

河西古中峰寺（袁松树供图）

始建于宋代，2012年重建的梅溪灵光寺（旧县镇政府供图）

新坊通济庵(旧县镇政府供图)

镇志编修

为编好《旧县镇志》，旧县镇先后两次召开编纂工作推进会。图为2019年8月6日第二次镇志编纂工作推进会会场（旧县镇政府供图）

2020年9月18日，旧县镇召开《旧县镇志》评审会。图为评审会会场（旧县镇政府供图）

旧县镇党委、政府有关领导，《旧县镇志》编委成员与编写人员合影。第一排从左到右陈丽珍、江善友、张富林、张鹏善、江树高、高德星、胡泮魁、罗陈喜、郭晓芸。第二排从左到右张晓琼、江堂英、巫开龙、胡文进、王煊源、李凌、林富仁、陈连生、李云龙、邓文新（旧县镇政府供图）

《旧县镇志》编审委员会

主　　　任　马浩泉（2018 年 3 月至 2020 年 3 月）　高德星（2021 年 4 月）

常务副主任　吴福田（2018 年 3 月至 2019 年 9 月）　邱朗音（2021 年 4 月）

委　　　员　张鹏善　李　凌　林富仁　郭晓芸　王煊源　胡文进　巫振炉　陈连生
李云龙　赖祥生　巫开龙　陈丽珍

《旧县镇志》编纂人员

主　　　编　吴福田（2018 年 3 月至 2019 年 9 月）　高德星（2019 年 12 月至 2021 年 3 月）

副　主　编　王煊源

执行副主编　江树高

编　　　辑　罗陈喜　张富林　胡泮魁　江善友

撰　　　稿　罗陈喜　张富林　胡泮魁　江善友　江堂英

序

在伟大的中国共产党100周年诞辰光辉节日即将到来之际，《旧县镇志》经过两年多时间各方的努力，现行将出版。这是旧县人民文化生活中的一件盛事，也是旧县人民向党的百年华诞献上的一份厚礼。

旧县是一个具有悠久历史的千年古邑。从境内出土的文物显示，早在青铜时代，就有人类在旧县休养生息。北宋咸平二年（999年）开始，上杭县县治在境内语口市设置28年，留下不少宝贵历史陈迹。宋元时期后，大量客家先民进入境内开基兴业，创造了灿烂的历史文化。

旧县是一方富有光荣革命传统的红色热土。新民主主义革命时期，毛泽东等老一辈无产阶级革命家在旧县进行了伟大革命实践，旧县人民坚定跟着中国共产党闹革命，留下了壮丽辉煌的历史篇章。在旧县，成立过两支红军部队——红四军第四纵队和红十九军；走出了全县最早加入中国共产党的党员丘棣华，走出了中央组织部妇女部部长邓六金，走出了在中华苏维埃共和国第二次全国代表大会上当选为中央执委的女红军干部傅才秀。中华人民共和国成立后，陈茂辉等4位老红军获评开国将军，569名为革命牺牲人员被评为革命烈士，6个村被定为革命基点村。

旧县是一片物华天宝、人杰地灵的洞天福地。这里，资源丰富、山川秀丽、民风淳朴。前人已利用这些优势取得丰厚收获，坚信这也会成为旧县未来发展得天独厚的重要条件和不竭源泉。

旧县是一块穷则思变、充满创新创业热度的温暖土地。中共十一届三中全会后，旧县人民满腔热情投入改革开放辛勤探索；特别是中共十八大以后，全镇人民高举习近平新时代中国特色社会主义思想伟大旗帜，坚持创新、协调、绿色、开放、共享发展理念，精准实施脱贫攻坚、持续改善民生福祉、精心建设美丽乡村，大力推进各项工作。2017年，旧县已从20世纪80年代的省定贫困乡，跻身全县乡（镇）国民生产总值前七的行列。

“治天下者以史为鉴，治郡国者以志为鉴”；“修志问道，以启未来”。镇党委、镇政府组织专门力量积数年之辛勤，写成这部镇志，目的就是为把旧县各方面历史进行系统总结，把旧县镇情村情进行全面展现，向旧县工作人员提供一部做好旧县工作的“资治通鉴”，向广大读者提供一部了解旧县“前世今生”的“百科全书”，也向外界打开一扇走近旧县的窗口。

《旧县镇志》坚持辩证唯物主义和历史唯物主义观点，坚持存真求实、秉笔直书原则，述、记、志、传、图、表、录并用，用25章、80多万字，全面记述旧县自然、政治、经济、社会的历史和现状，内容丰富，史料翔实，是进行乡情教育的好教材。社会各界对本志面世寄托了殷切期盼，给予了大力支持；尤其是修志人员为修好本志倾注了很大努力，付出了辛勤劳动。在此，谨代表镇党委、镇政府，向关心、支持镇志编修工作的领导、专家和广大乡贤，向为修好镇志艰辛工作的全体执笔人员，致以诚挚的感谢和崇高的敬意！

史志是启迪人们历史智慧，更好地开辟未来的宝贵借鉴。愿《旧县镇志》的出版，能最大限度发挥“存史、资治、教化”作用，进一步激励旧县人民通过对历史经验和镇情村情的了解，发挥优势，开拓奋进，把旧县建设成为宜居宜游滨河生态新城，续写旧县明天更加灿烂的篇章！

中共旧县镇委员会书记　高德星

旧县镇人民政府镇长　邱朗首

凡　例

一、本志以马克思列宁主义、毛泽东思想、邓小平理论、“三个代表”重要思想、科学发展观、习近平新时代中国特色社会主义思想为指导，坚持辩证唯物主义和历史唯物主义的立场、观点和方法，客观真实记述旧县镇自然、政治、经济、文化和社会的发展变化，力求思想性、科学性和资料性相统一。

二、本志贯通古今。时限上，上限尽可能追溯至事物发端，下讫2017年；详略上，遵循“详今略古、详近略远”原则，以记述近现代和当代为重点；地域上，以2017年旧县镇行政区域为准，历史上属于旧县而今不属于旧县管辖的，一般不作记述；确有必要记述的从简处理，并作说明或注释。

三、本志采用述、记、志、传、图、表、录等体裁，以志为主。卷首设概述，勾勒旧县经济社会发展变化概貌，总揽全志。大事记采用编年体，并部分借鉴纪事本末体，记述全镇大事、要事。主体分志力求按科学分类，并结合基层实际，横排门类，纵述史实，设章、节、目记述。设附录，以辑录重要文献。志末设编后记，叙本志纂修纪脉络。

四、人物志由人物传、人物简介、人物表组成。坚持“生不立传”原则，立传人物皆系对社会发展有重要作用或重要影响的已故旧县籍人士。人物简介主要记载在世人物，选录旧县籍任正处（团）级及以上职务人员、正高级专业技术职务（职称）人员、旅外乡亲、文化艺术、工商界人士等，略记人物履历及主要事迹。人物表列录已知明清至民国时期旧县籍担任县（团）级以上职务人员，已知明清时期获科举功名及职官人员，已知中华人民共和国成立后至2017年旧县籍处（团）级以上职务人员，已知2017年年底前被市（地）级以上授予荣誉称号或表彰的人员，已知2017年年底前旧县籍高级、中级专业技术人员，已知2017年年底前旧县籍获博士、硕士学位人员，已知2017年年底前旧县籍正科级干部。在人物传、人物简介、人物表以外记述人物，以事系人。

五、本志使用规范的现代语体文记述，行文力求严谨、朴实、简洁、流畅。除概述和无题序外，表述一般据事直书，述而不论。

六、本志纪年，中华民国及古代的，先书朝代年号，后括注公元纪年；中华人民共和国成立后用公元纪年。

七、本志对各种组织、机构、法律法规、文件、会议等专有名称使用全称。使用简称的，在适当地方括注于全称之后。

对不同时期的团体、机构、职务等名称，均用当时名称。

人物直书姓名，不冠褒贬词语，不在姓名后加身份词。必须说明身份的，首次出现时在姓名前冠以职务。

历史地名使用当时名称，如地域明确并有今地名与之相对应，括注本志下限时名称。今地名使用上杭县人民政府审定的地名。

八、数字、标点符号的使用等，按国家有关规定执行。中华人民共和国成立前计量单位一般照实记载，必要时括注法定计量单位；中华人民共和国成立后，一般使用法定计量单位；从读者阅读习惯实际出发，本志在记述农田面积、单位面积产量时，沿用“亩”“公斤”；计算公路等长度时，仍沿用“公里”。

九、本志所引用的经济社会发展数据，以统计部门公布的法定数据为主，个别数据作必要注释或说明；统计部门没有统计的，采用业务主管部门提供的数据。

十、本志文字资料主要来自档案、志书、年鉴、报刊、回忆录和采访记录等，经鉴别、考证、核实后入志，一般不再注明出处。图片资料除人物照片外，其他均用括注标明供稿者。

目　　录

概　述

（一）

旧县镇位于上杭县北部，地处北纬25°07′58″—25°17′30″、东经116°22′30″—116°37′30″之间；东南与白砂镇，西南与临城、湖洋镇，西北与才溪镇，北与南阳镇，东北与蛟洋镇毗邻。旧县河从东北至西南贯穿全境。境域呈长形，东西长35公里，南北宽15公里，总面积160.1平方千米。镇人民政府驻地设河西村乌石冈，距上杭县城22公里。2017年年底，全镇辖新坊、石院、扁山、福村、河东、龙溪、全坊、坝上、河西、尧埔、兰田、铁场、铁东、石圳、角龙、迳美、谷坑、梅溪、水东、新康20个行政村，总人口为29970人，其中畲族816人，占2.72%。通行客家方言。

旧县历史悠久。据境内出土的文物考查证明，早在新石器时代后期，就有古越族人在境内劳动生息。元末明初，南迁汉人陆续进入境内。宋咸平二年（999年），上杭县治从白砂乡鳖沙村（今白砂镇碧沙村）迁至境内语口市（今全坊村），设立28年。至宋天圣五年（1027年），迁到才溪钟寮场。此后，“旧县”便渐渐成为原语口市及其周边区域的地名。1964年，旧县、梅溪和新坊3个公社合并为旧县公社，从此“旧县”便一直成为代表全公社（乡、镇）行政区域名称。

上杭升场为县后，一千多年来，境域均为上杭县属地。宋、元时期，境域大部归太平乡平原团平安里辖；明、清时期，先后分属太平里、白砂里和西二区辖；民国时期，曾单独设为第十三区和先后分属西路第八区、西区、第一区和第四区辖。苏区时期，旧县先后设立西二区、第六区和旧县区苏维埃政府。中华人民共和国成立后一段时期，境内行政区域曾与周边乡镇部分区域分分并并，隶属和区划名称亦几经更迭。至1965年，旧县、新坊和梅溪3个公社合并为旧县公社后，境域区划基本稳定。1984年，旧县公社改为旧县乡；2012年，旧县乡改为旧县镇。

旧县地质构造属新华夏系与华夏系和龙岩山字构造相互复合、彼此干扰的复合区。地势东北高西南低，地形狭长。旧县河在境内自东北向西南流经约30公里，两岸联结14个行政村；两岸群山绵亘，遥相呼应。全境海拔1000米以上山峰2座，即扁山崬（1279.5米）和紫金山（1138.4米）。属亚热带季风气候，年平均气温19℃，无霜期293天以上；温暖湿润，年平均降水量为1580—1900毫米。

旧县自然资源丰富。紫金山金矿储量为329.12吨，平均品位0.359克/吨；铜矿储量为328.91万吨，品位0.51%—0.59%。金、铜矿蕴藏量均居国内特大型级别。境内还蕴藏铁、锰、银、铀、铝、锌和石灰石等多种金属、非金属矿。水能电力蕴藏量45000千瓦，至2017年已开发25000千瓦。生物资源有国家级保护动物蟒、穿山甲、水獭、豺、豹、虎纹蛙、白头鹞、褐翅鸦鹃、猫头鹰和鹰等；省级保护动物有家燕、白鹭、画眉、大刺鳅、眼镜蛇、眼镜王蛇、喜鹊、灰喜鹊、啄木鸟、鹧鸪、獐等。国家级保护植物有水杉、红豆杉、杜仲、半荷枫、天竺桂、青檀等；省级重点保护植物有江南油杉、罗汉松、樟树等。从坝上到梅溪，近10公里旧县河沿岸还多长榕树，最长树龄多达315年。其高大树冠和长年浓绿，把当地风景点缀得更加美丽。

旧县山清水秀，生态优美。全镇林地面积12195.1公顷，森林覆盖率83.03%。经检测，集中式饮用水水源地水质达标率为100%，农村饮用水卫生合格率为100%，地表水环境质量达Ⅲ类标准，空气环境质量达二级标准，声环境质量达到功能区标准。2012年，旧县镇获省级生态镇命名。2016年，旧县镇实施“把旧县建成宜居宜游滨河生态新城”建设战略，使生态环境更趋秀美。

（二）

旧县是中央苏区重要组成部分，具有丰富革命历史。新民主主义革命时期，旧县人民二十多年坚持英勇顽强革命斗争，毛泽东、朱德等老一辈无产阶级革命家曾在这里进行革命实践活动。

民国14年（1925年）12月，境内尧埔村青年丘棣华在黄埔军校参加中国共产党，成为上杭最早的中共党员之一。后来，他先后参加北伐战争和南昌起义。南昌起义失败后，回家乡从事革命活动。民国17年（1928年）11月，在尧埔村牵头成立旧县第一个中国共产党支部——旧县支部，并首任书记。民国18年（1929年）6月，毛泽东、朱德等率红四军从白砂进驻旧县河东村，在敦本堂召开红四军前委扩大会议，研究决定建立红四军第四纵队等事宜。进军河西时，旧县支部组织群众支援红四军在廻澜渡架起浮桥，赶跑河西一带国民党反动势力。红四军离开后，反动势力卷土重来。旧县支部组织旧县、新坊、碧康、扁山等地暴动武装向河东、河西反动势力连续进攻18次。民国18年（1929年）7月24日，红四军一纵队从白砂进占旧县，强渡旧县河，击垮当地反动民团。8月18日，旧县党支部领导境内各乡村举行暴动。此后至11月，先后成立中共区乡组织、苏维埃政府及其他红色组织，并进行土地分配，推翻封建土地所有制。

苏区建立后，区、乡党组织和苏维埃政府领导全区轰轰烈烈进行建设苏区、保卫苏区斗争。建设苏区方面，动员妇女学犁耙、大力开垦荒地、开展互助合作、发展农业生产；还创办粮食调剂局、对外贸易局、消费合作社和工农通讯社等组织，想方设法疏通苏区与白区商贸往来，以解决苏区军需民食问题，打破敌人经济封锁。1931年11月后，隶属中华苏维埃共和国临时中央政府税务局关税征收科的上杭县关税总处在石圳村设立，是共和国海关摇篮之一。上杭县苏维埃政府财政部也设于旧县。民国22年（1933年）4月至8月，旧县的募捐和税收工作，6次受到《红色中华》表扬。保卫苏区方面，除组织力量警戒外部敌人来袭外，还大力动员参军扩红，使一批批青壮年走入红军队伍。邓六金三姐妹一同当红军，被省苏维埃政府主席张鼎丞夸为“土窝窝里飞出三只金凤凰”；《红色中华》报道新坊村李永书《父子一同当红军》等感人事例，一时在闽西苏区传为佳话。《红色中华》从民国21年（1932年）11月14日至民国22年9月27日，12次报道表扬旧县扩大红军事迹。参加革命后，一批旧县籍儿女成长很快。水东村张思垣，民国21年（1932年）3月出任福建省苏维埃政府副主席；石院村傅才秀，民国20年（1931年）后历任福建省委、闽粤赣省委妇女部部长，民国23年（1934年）1月在中华苏维埃第二次全国代表大会上当选为中央执委；新坊村出生、石院村长大的邓六金，长征到达陕北后，任中央组织部妇女部部长。

苏区时期梅溪区分发给红军家属的由中华苏维埃共和国中央内务人民委员部颁布的红军家属优待证（旧县镇政府供图）

民国21年（1932年）4月，毛泽东率红军东路军东征龙岩、漳州途中，在旧县会见张鼎丞和谭震林，与他们共同商讨闽西军民如何配合红军东征问题。民国22年（1933年）3月6日，由闽西红军原第八、九、十3个师合编而成的红十九军在旧县石圳村成立。同年6月16—19日，福建军区在石圳村大坝里举行规模盛大的运动会，旧县、才溪等地群众鼓乐喧天，扛着“百战百胜”“常胜红军”等各样彩牌，挑着猪肉、草鞋、雨伞面巾、瓜菜、干柴等慰劳品几十担前往慰问。1934年8月国民党军占领旧县后，迳美乡模范少先队还一致加入红军，梅溪群众则组织游击队开展对敌斗争。

在三年游击战争中，旧县不仅有一批优秀儿女在红军游击队里坚持艰苦卓绝的斗争，44人牺牲；岩下山周边铁东、兰田、新坊、横段、水东等村群众更是冒着白色恐怖，为在岩下山坚持斗争的红军游击队提供情报和物资，遭到国民党军严重摧残，财产被掠，房屋被烧，一批接头户被残酷杀害。

全面抗战时期，境内社会各界踊跃捐款捐物，积极抗日救亡。在八路军、新四军中的旧县籍指战员也在前线奋不顾身。河东村女青年李行（八路军某部秘书协理员）民国29年（1940年）在河北省平山县反“扫荡”时，不幸壮烈殉国。解放战争时期，在县委派出武装力量帮助下，境内部分党组织活动迅速恢复，一些村庄成为革命斗争活动“新区”。民国38年（1949年9月30日止）四五月间，境内共产党人配合杭永边游击队，争取到新坊四保国民党地方人员和谢友标部土匪的起义投诚。

中华人民共和国成立后，旧县被评出革命烈士569人（据上杭县民政部门相关资料统计），占全县革命烈士总数的近10%，其中省军级1名，县团级11名，区营级21名。健在的老红军15人，占全县健在老红军总数的近10%，其中4人被授予少将军衔（据福建人民出版社1987年版《中国人民解放军福建籍将军》统计）。6个村被评为革命基点村。1987年，全乡有171人被定为“五老人员”（老地下党员、老游击队员、老交通员、老接头户、老苏区区乡干部），83人被定为失散红军，126人被定为因公牺牲或残废军工人员。

（三）

自古以来，旧县人民勤奋质朴、吃苦耐劳。境内粮食生产以种植水稻为主，而种植水稻需要极为平整的水田。但境内是山区，开垦水田比一般平原更为艰难。所以，先民们硬是靠着坚韧不拔精神，在一座座坡度不等的山地上用原始手工操作，开垦出一排排梯田。这些梯田，不仅田面平整，而且田坎也大多用石块筑砌得整齐牢固。个别坡度陡的地方，筑砌的田坎侧面比田面还大。全镇现有15000多亩耕地，绝大多数都是历代先民筚路蓝缕、前赴后继开垦而成的。明时，全坊村谢姓始祖荣盛公等人，为把九曲溪水引入村里灌溉400多亩农田和满足群众生活用水，在开挖渠道时，硬是利用原始工具，在九曲溪一处石山上凿开一条长50余米、宽1米见方的石窿。后人称此窿为“穿石窿”，还用“一箩石子一箩钱”来形容当时开凿这条石窿所付出的艰辛与代价。

尽管先民们如此勤劳吃苦，由于受封建土地所有制束缚，加上农业生产方式原始，生产力水平低下，旧县农民虽终年辛劳，仍难得温饱，“贫穷”成了旧县人的符号。

中华人民共和国成立后，经过土地改革和农业合作化，解放了生产力，农业得到较快发展。但1958年后，由于“大跃进”和人民公社化时期的“左”倾错误，加上国家三年困难时期，粮食生产连续3年歉收。1961年，人均口粮不足200公斤。1962年后，经过调整，纠正错误，农业生产得到一定恢复和发展。但1966年后，又经历10年“文化大革命”，加上体制、机制各方面实行许多“左”倾错误政策，再度对农业发展形成严重阻碍。

改革开放后，通过全面推行家庭联产承包生产责任制，建立统分结合双层经营体制，极大调动农民生产积极性，农业生产得到迅速发展。1983 年，全社粮食亩产 515.8 公斤，比 1980 年增长 18.6%，达历史最高水平。同时，林业实行林权制度改革，加大植树造林和封山育林力度，并由以木材生产为中心逐步转向生态建设与产业发展并举，使林业也得到较好发展，在生态家园建设和绿色产业发展中发挥出重要作用。1991—1992 年，全乡一年造林 2 万亩，实现“三年消灭荒山任务两年完成”目标。1990 年，千方百计扩大耕地面积，农作物播种总面积由 1987 年的 32310 亩增加到 33813 亩。2000 年后，继续深化农村体制改革，坚持以农业增效、农民增收为着力点，大力调整农业结构，农、林、牧、副、渔业持续稳定协调发展。2002 年 12 月，铁东村建成可灌溉农田 230 亩的电灌站。2003 年，组织全乡 3100 户农户参加乡村农技培训，614 人参加农函大学习，使全乡 80%农民掌握 1—2 门实用致富技术。2004 年，引进龙岩三华饲料公司兴办三华养鳗场，对原河东养鳗场实施改造，首批投放鳗苗 100 万尾。2009 年，投入 130 万元，完成 15 个村烟田基本建设和大沉坑、水东等水库除险加固，增加受益面积 1700 亩。2011 年，实施“一村一品”战略，水东村建立槟榔芋规模种植示范点 108 亩，新坊村建立烤烟种植基地 1520 亩，石院村发展高山茶种植 500 亩，福村村建立毛竹丰产林 1.5 万亩；全乡共造林 6704 亩，在全坊村建立书记、乡长示范林 600 亩。2013 年 6 月，梅溪村成立鸿运农机专业合作社，购联合收割机、拖拉机 30 台，全村农田实现机械化耕作，机耕面积（含复种）1800 亩。2017 年，全镇农、林、牧、渔总产值达 6.2 亿元。

旧县炼铁、烧石灰、造纸、烧砖瓦、造船、铸锅和木竹加工等手工业古时就有。“铁场”等地带“铁”的地名就因古时有人炼铁而得。民国《上杭县志》称旧县等地石灰“产量亦丰”；造纸盛产有包纸、节包纸、夹头纸、中包纸、蚊香纸；“锻铁工人多产自北区梅溪乡，就中谷坑蓝姓几于全乡皆业铁工”。二十世纪五六十年代，坝上、河东、铁东等村还有人从事松木板造船。而烧砖瓦、竹木加工到八九十年代仍有多人从业。中华人民共和国成立后，在社会主义改造过程中，旧县手工业者按自愿原则组织合作社。1958 年“大跃进”中，旧县也一哄而起“大炼钢铁”，因违背客观规律，造成事倍功半、劳民伤财。1965 年，九曲电站建成。特别是 1970 年池溪电站建成发电后，旧县开始发展机械工业。20 世纪 70 年代，创办农械厂、供电所、标牌厂、造纸厂、土肥厂；1974 年，组建旧县公社建筑队。改革开放后，旧县乡办企业发展步伐加快，80 年代末至 90 年代初，除已有农械厂、供电所、纸厂外，还成立锰粉厂、木碗厂、屏扇厂、经济部等；建筑队改为建筑工程公司，资质从原四级升为三级。90 年代后，充分发挥水力资源优势，利用外部和境内民间资金，先后建成新九曲水电站和旧县河 5 个梯级电站。

宋以前，境内人货往来全靠肩挑手提。南宋嘉定六年（1213 年），开辟矶头至上杭、回龙至上杭、上杭至峰市水运航道后，旧县河水运畅通，原肩挑漳盐入境改为船运潮盐入境，旧县河水运成为旧县物资进出口主要依靠，沿河船舶数以百计，从业人员上千。苏区时期的 1930 年，在旧县成立闽西篷船工会筹备委员会。当年 11 月，在回龙成立闽西篷船总工会，旧县人张思垣当选为委员长；旧县河分设其下辖工会。后来，还组织包括旧县船工在内的运输突击队，由以张思垣为队长的河流游击队护送，在汀江、旧县河和黄潭河上运送苏区物资，以打破国民党经济封锁。民国25年（1936年）8月，连城新泉经旧县至上杭城公路建成。但由于公路质量差，通车不正常。中华人民共和国成立后，1951年，修复国道205线（广山线）新泉经旧县至上杭城公路；1969年，建设旧县至矶头公路；1987年，开通旧县至白砂公路。此后，通往各村公路陆续开通，并铺设水泥路面；各渡口逐步实现“渡改桥”，建成公路桥梁。1997年，实现村村通公路。至2017年，旧县有205国道贯穿全境，永武高速公路途经旧县，旧县至白砂连接省道围禾线的旧白公路已由原四级改成山岭重丘区二级；另有上杭经旧县、矶头连接新泉的杭矶公路和135条乡村公路。公路发达、出行方便，促成家家有摩托车，半数以上家庭有小轿车，带动旧县经济繁荣和人民生活改善。

明嘉靖十九年（1540年），旧县境内设有梅溪、铁场、牛坪（尧埔）、旧县、佛子亭等几个驿铺，并在旧县圩上设民间邮件递传客栈。清光绪三十二年（1906年），旧县设立邮政代办所和信柜。清宣统三年（1911年），驿站裁撤，官府文书和民间信件、包裹由邮局寄送。

苏区时期，尽管国民党对苏区通信进行封锁，但由于苏维埃政府采取保护邮政政策，使苏区邮局与国民党统治区（国统区）邮局共存，通邮正常。民国19年（1930年）4月，成立上杭县苏维埃交通局旧县分局，境内每2.5公里设一个交通站，负责传递信报，发行赤色邮票；同时为保护国统区中华邮政，也兼营中华邮政邮票，规定苏区境内邮件贴赤色邮花，苏区寄国统区邮件贴中华邮政邮票。

民国34年（1945年），上杭电话所组建后，开通旧县境内三益、新乡、新坊乡公所专用电话。

中华人民共和国成立后，1950年，旧县区人民政府成立旧县邮电代办处，1952年改为邮电营业处。1958年，成立旧县邮电所，架设各大队电话线路，19个大队开通电话。改革开放后，旧县邮电事业发展更快。1987年，实现电话线路载波化。1993年，引进数字程控交换机，开通500门程控电话。1998年后，相继开通模拟移动电话和数字移动电话。2003年接上计算机互联网后，旧县基本具备功能齐全、质量可靠稳定的现代化通信条件。2005年，旧县开通程控电话2万门，固定电话5712部，话机普及率为20部/百人。2008年，全乡有固定电话7000余部。2017年，全镇有电信、联通、移动电话24600余部。

据有关史料记载，宋咸平二年（999年），上杭县治从碧沙村迁至境内语口市时，语口市便有500米左右长的街道，用于商贸交易。因其设在旧县河坎上，故名坎头街。南宋嘉定年间旧县河开通水运后，由于货物集散方便，这一带村庄又较多，人口集中，因而这一带集市贸易开始繁荣，圩场先后在营里、拱桥头、小溪口、焦云坝等处设立。因旧县河上连连城朋口、下至上杭、潮州、汕头，是古时汀江水上丝绸之路的重要支脉，故古、近代至民国，旧县圩是附近乡村重要圩场之一。土纸、宣纸及农副产品出口，煤油、布匹、海鲜等货物进口，旧县圩是其重要集散枢纽。中华人民共和国成立后，人民政府对私营商业进行社会主义改造，同时积极发展国有商业和供销合作商业。改革开放后，逐步形成多种经济成分并存，多渠道、少环节、开放式的商品流通网络。进入21世纪后，私营商业已占据市场大部分份额。2017年，全镇登记的个体商户631户、1370人，注册资金7574万元（平均每户11万元），市场繁荣而活跃。

改革开放前，由于很长一段时间党内“左”倾错误指导，农村经济体制机制存在诸多瑕疵，经营模式单一，强调“以粮为纲”，而旧县又因人多田少，粮食总产低，故而20世纪80年代的旧县，人民生活水平还较低，乡村面貌变化较慢。1985年，旧县乡被列为省定贫困乡。1986年后，在省派出扶贫工作队和市、县安排直属单位挂钩帮扶推动下，旧县采取“矿业兴乡”等战略和实施“造福工程”“通路工程”“通电工程”“人饮工程”，通过几年努力，旧县乡脱贫致富和乡村建设进展很快。1994年，全乡工农业总产值比1988年增长52.3%，农村经济总收入比1988年增长1.6倍，农民人均纯收入比1988年增长1.9倍，乡财政收入比1988年增长1.76倍。1998年，经龙岩市复查，旧县被确认为基本实现小康乡；同年还被省授予“光荣脱贫乡”称号。2003年，全乡工农业总产值比1988年增长7.93倍；财政收入增长7.23倍，农民人均纯收入增长7.16倍；全乡各类企业总产值增长48.19倍；建成梅溪、铁东、坝上3座跨旧县河大桥，完成9个村9条共长78公里的村主干道路面硬化，实现村村通水泥路；在旧县河畔新建长800米、宽40米中心主街道和上百个摊位的新农贸市场，市场及集镇周边铺水泥路面8500平方米，建860多平方米绿化带和停车场、水冲式公厕及环卫池，安装高架路灯30多盏；实施河西等4个村村容村貌整治；修筑全坊片河岸防洪堤0.85公里；完成铁场等12个村人饮工程建设；开通扁山等3个山区村联通基站；完成乡村电网改造。全乡基本实现村村通自来水、通电、通程控电话和有线电视。2005年，投入25万元兴建旧县乡敬老院。2007年，迳美村在全省率先推行整村养老保险，符合参保条件的478位村民领到社会养老保险卡，162位60周岁以上的村民每人领到本年度养老保险金1800元。2008年起，实行将部分贫困群众纳入最低生活保障制度，当年全乡发放低保金80余万元；同年起，每年90%多群众参加新型农村合作医疗。2010年，60周岁以上农民开始享受每人每月55元（2017年达到120元/月；80周岁以上者200元/月）新农保养老金。2011年，全乡参加新型农村养老保险11000人，参保率达96%。2012年，旧县撤乡建镇。当年，全镇农民人均纯收入8446元，比2003年增长21倍多；财政收入1577万元；全镇获省级生态镇命名，10个村获“市级生态村”称号，9个村获评第十一届县级文明村。2016年，旧县镇提出“产业优化兴镇、生态旅游美镇、平安和谐稳镇、党建示范强镇”发展思路，确立使旧县成为“机制活、产业优、百姓富、生态美”的宜居宜游滨河生态慢城目标，加快“五位

2012 年 11 月拍摄的旧县集镇外貌（袁松树供图）

一体”建设。2017 年，旧县镇实现社会总产值 22 亿元，跃升全县第七位；财政总收入 2800 万元，比 2012 年增长 77.6%；农民人均纯收入 15963 元，比 2012 年增长 89%。全镇 311 户贫困户，全部享受免费参加大病医保，754 人次住院治疗享受医疗住院报销和医疗救助补助；85 户通过造福工程、易地搬迁、危房改造、投亲靠友等方式得以改善安全居住条件；103 名建档立卡贫困学生享受学前至大专以上就学资助；36 户贫困户享受到共 73 万元小额信贷；178 人次参加“雨露计划”农村种养技术培训。全年，146 户 457 人达到脱贫。同时，全镇绿化、亮化、美化工程得到大幅推进，所有村庄实现通自来水、通水泥路、通电、通闭路电视、通程控电话、通移动电话；全镇建成 1 处垃圾中转站，4 个村列入并进行“千村整治，百村示范”的美丽乡村建设，10 个村建成农民文化公园；所有行政村人居比较集中通道都安装路灯。集镇周边的沿河两岸共建成 2.716 公里防洪堤，堤上用大理石铺成平整的绿道，并构筑城墙式护栏，两旁花红草青、绿树成行；河中碧波荡漾、湖光山色；新建的大桥雄伟壮丽飞架南北。集镇上街宽路畅，每当夜晚来临，一片华灯璀璨。全镇 95%以上的群众住上砖混结构新房；近 50%的家庭购买小汽车或小工具车；摩托车、电视机、电冰箱、空调、热水器等已基本普及每个家庭。

（四）

旧县人崇文重教。明清时，境内河西、河东等村考上进士、举人、秀才、贡生、增生等功名者甚多。清道光年间，铁场江成康等曾创办书馆“梧冈馆”，教书授业。铁场村渡头屋一个人口仅 100 余人的小村，连续五代涌现有庠生、监生等学历的生员，被称为“书香家”。其中江成康在长汀参加由汀州八县学子参加的府试时，取得第一名，成为岁贡生。民国 7 年（1918 年），旧县福清寺设育德小学；民国 13 年（1924 年），梅溪设初小；民国 14 年（1925 年），河东陈姓人在敦本堂办一私立旧县小学。此后，境内还设有中山民众学校、简易小学等。苏区时期，在党和苏维埃政府重视下，境内相继创办平民小学、列宁小学和劳动小学。中华人民共和国成立后，教育事业快速发展。各村相继办起全日制教学班、初级小学和完全小学；开展以扫除青壮年文盲为中心的业余教育。1958年，创办旧县农业中学。1968年秋，才溪中学在旧县设分班。1969年春，才溪中学旧县分班与旧县农业中学合并为旧县中学。1987年，开设中心幼儿园。1991年始，实施小学义务教育。1992年，创办职业技术学校。1993年，实施小学“一无二有”（校无危房、班有学生、学生有课桌），通过福建省、龙岩地区义务教育“六项督导”（教育管理、事业发展、队伍建设、教育经费、校舍设备、德育工作）评估验收，达到优级水平；旧县中心小学被授予省农村示范小学称号。1994年，在水东村创建观茂小学和紫金中学（后改为国学经典学校）。2000年，通过省、市“两基”（基本普及九年义务教育和基本扫除青壮年文盲）评估验收。进入21世纪，继续巩固“两基”成果，推进“双高普九”（高水平、高质量普及义务教育）。2017年，旧县有初级中学1所，学生322人，教师64人；国学经典学校1所，学生78人，教师15人；中心小学1所，完小2所，教学点5个，学生965人，教师101人；公办幼儿园4所，私立幼儿园4所，教学点附设幼儿班5个，在园幼儿922人，幼儿教师62人。由于多年在教育工作上的努力，造就旧县从中华人民共和国成立到2017年，走出获得地学界“诺贝尔”奖的留美博士温联星、现任福建协和医院党委书记兼副院长、享受国务院特殊津贴的心外科专家陈良万等高级专业技术人才和任副处级以上党政干部66人，获高级专业技术职务者85人，获博士学位9人。

旧县文化源远流长，民间文艺丰富多彩，有诗词、故事、歌谣、谚语等民间文学，有“十番”、五音鼓乐（俗称“鼓手”）等民间音乐，有香灯、龙灯、船灯等民间文娱活动。这些民间文艺形式富有乡土气息，为群众所喜闻乐见，世代相传。土地革命战争时期，境内在党和苏维埃政府领导下，创办新剧团为群众演出。民国24年（1935年）9月24日，《红色中华》报在第五版以《旧县才溪剧团活跃》为题，报道旧县、才溪新剧团积极为群众演出事迹。中华人民共和国成立后，人民政府先后设立文化站、广播站、电影院，组织学校、民间各种业余文艺队伍经常在圩期和节庆日为群众演出富有时代气息的文艺节目。20世纪90年代后，民间有人设立录像厅、舞厅、卡拉OK厅，群众性文化娱乐活动更加活跃。进入21世纪后，乡政府投资新建文化站，各村也逐步兴建文化活动中心，为群众提供良好的文化活动场所。随着各村农民公园兴建，广场舞在不少村庄悄然兴起。2017年年底，旧县电视节目有100多套，数字电视基本实现全覆盖。2007年9月间，旧县乡承办上杭县西北片区第二届农民文化艺术节，旧县乡各文艺代表队纷纷登台，演出丰富多彩的文艺节目。此外，旧县书法、美术、艺术和诗词创作方面，也人才辈出，多幅书法、美术、诗词作品入选各级各类刊物或展会刊出或展出。2011年，旧县镇邀请市、县作家协会会员到镇举办“古邑秋色”文学笔会，2012年编辑出版《古邑春秋》一书，并在新坊村举办老红军邓六金生平事迹和新坊村革命历史展览。2016年10月，县琴岗诗社到新坊村举办诗词采风活动。2017年7月，成立琴岗诗社旧县分社。

中华人民共和国成立前，旧县民间缺医少药，设备简陋，人民饱尝病疫之苦。中华人民共和国成立后，人民健康水平不断提高。1959年，旧县公社成立保健院，各大队设立医疗室（站）。1968年，实行农村合作医疗制度。1985年，全乡无麻风病人。1988年，基本控制地方性甲状腺肿。1991年，全乡达到消灭疟疾标准。2000年，基本达到初级卫生保健标准。2007年11月始，实行新型农村合作医疗制度。从1959年到1989年，为方便群众看病和改善卫生院环境条件，旧县卫生院进行过4次搬迁。到2017年，旧县卫生院有用房面积3300平方米，病床15张；开设了生化、DR、彩超和中医康复理疗等各种业务；在编卫技人员32人（其中中级技术人员8人）。全镇有乡村医生35人，村级卫生员15人。随着生活水平提高和医疗卫生条件改善，全镇人口平均预期寿命由1949年的50岁延长到2017年的72.5岁。计划生育服务方面，2015年按国家规定全面实施两孩政策；2017年，全镇人口出生率22.6‰，自然增长率13.6‰，政策符合率92%。

清以前，学校不重视体育，偶有个别人学习武术。土地革命战争时期，旧县苏区各小学和儿童团、少先队等重视体育活动。民国21年（1932年）3月，在县“三一八”运动会上，旧县代表队取得第三名成绩；民国22年（1933）7月，福建军区在旧县石圳潭举行运动大会，旧县代表队取得总分第二的成绩。中华人民共和国成立后，群众性体育活动广泛开展。二十世纪五六十年代，境内曾举办龙舟（当地人称“划龙船”）比赛；2004年农历十二月，旧县乡举办首届“荣达杯”农民运动会；2007年9月，旧县承办上杭县西北片区第二届农民文化体育节。从2007年至2010年，旧县代表队先后2次获西北片区农民文化体育节团体第一名。

旧县历史悠久、资源丰富、环境优美；旧县人民勤劳勇敢、富有自强不息精神。在历史发展进程中，特别在中国共产党领导下进行革命、建设和改革的奋进中，旧县人民不仅创造了不菲的业绩，经济发展已经从20世纪80年代的省定贫困乡跃升到2017年国民生产总值进入全县乡（镇）前七行列，而且为今后发展积累了丰富经验，留下了宝贵传统。尽管经济和社会各项事业进步还有不尽如人意之处，但完全有理由相信，旧县人民一定能在中国共产党正确领导下，踔厉风发，乘胜前进，开创更加美好的未来，拥抱更加辉煌的明天！

大事记

新石器时代

（约前2800—前2200年）

从旧县全坊村乌石坑铁锸指发现的石锛、石器证实，新石器—青铜时代，已有人类在旧县境内劳动生息。

唐

乾符年间（874—879年），梅溪境内兴建上宝林院大佛寺。

宋

淳化五年（994年），上杭升场为县，境内隶属上杭县。

咸平二年（999年），上杭县治从鳖沙坑（今白砂镇碧沙村）迁到语口市（今旧县镇全坊村），设立28年。至天圣五年（1027年），迁往钟寮场（今才溪镇荣石村）。

乾道三年（1167年），置梅溪寨，设巡检1员，宋帝派贬相郑清之任水陆巡检司司长，率戍兵150名守之。

嘉定六年（1213年），汀州知州赵崇模开通江江回龙至峰市、旧县河矶头至上杭航道，从此食盐改陆运漳盐为水运潮盐，由潮州船运食盐进入旧县供民食。

宋代，兴建语口石拱桥。

宋代，陆续有客家人迁入旧县境内开基。

宋末，梅溪村兴建临江寺（后改名为“灵光庵”），占地1万多平方米，建筑面积3000平方米。元毁于寇，明复建，建筑面积400多平方米。

元

更多客家人进入旧县境内开基。语口市一带开始被称为“旧县”。

明

永乐二年（1404 年），旧县陈氏五世祖景通公在河东村阡背坊兴建敦本祠（又称“敦本堂”），占地面积 2000 余平方米。

嘉靖十七年（1538 年），陈守洋（号旧山）建妫芳祠，占地面积 1000 余平方米。

弘治年间（1488—1505 年），梅溪寨牛皮冈设隘，称牛皮隘，当局派兵驻守。

嘉靖十九年（1540 年），驿铺点从草鞋岭设入梅溪、牛坪、铁场、旧县，至佛子亭出境。

嘉靖二十九年（1550 年）10 月 11 日，在紫金山兴建五龙寺，三十三年（1554 年）建成。又兴建一天门、中峰寺，续建麒麟殿。

清

清初，梅溪、水东、谷坑、迳美隶太平里，角龙、石圳、铁场、铁东、尧埔、全坊、龙溪、河东、河西、坝上、石院、扁山、新坊隶白砂里。

顺治五年（1648 年）正月，广东王九万匪帮劫掠梅溪、水东等村，并聚立鸳鸯寨，窥视旧县河里过往船只货物及陆路过客伺机劫掠。

康熙八年（1669 年），梅溪村旧县河口设塘兵房。

雍正二年（1724 年），旧县陈氏十二世祖陈廷超兴建敦和堂，历时 20 多年建成，占地 26000 平方米，建筑面积 11000 平方米，属“九厅十八井，穿心走马楼”大型豪宅。

道光二十二年，农历壬寅年（1842 年）八月十二日夜，连降特大暴雨，十三日午后山洪暴发，河水暴涨，平地水深丈余，杂物漂流无数，近河一带房屋全被冲毁。河东村下湖山张姓 80 多人被冲走，无一幸存。史称“壬寅水灾”。

道光二十三年（1843 年），在福清寺创办私塾学校。

道光年间（1821—1850 年），铁场渡头村创办书馆——梧冈馆。

咸丰八年（1858 年），全坊村文秀才谢顺元创办私塾学校。

咸丰十年（1860 年），规模较大、功能较全的小溪口圩场建成投入使用。

同治三年（1864 年）七月，太平军康王汪海洋部攻占旧县，河西敦和堂大部分面积被烧毁。

光绪二年（1876 年），河东寨里陈振林建大夫第，占地 3500 平方米。

光绪三十二年（1906 年），旧县设立邮政代办所和信柜。

光绪三十四年（1908 年），旧县设商务分会，采取行政管理与业务经营结合办法，主管商人经济活动。

清代，石圳潭大圳村兴建孔氏家庙，谷坑上黄屋村兴建古井，扁山村兴建黄氏宗祠，扁山村兴建聚顺堂，梅溪村林田坑兴建石拱桥，石院村下村口兴建回龙宫，石圳村兴建孔宪行大院。

中华民国

民国7年（1918年）

在福清寺创办育德高级小学。

民国9年（1920年）

育德小学迁至妫芳祠，改为公立小学。是年，福村办私塾学校。

民国14年（1925年）

冬，尧埔村青年丘棣华，考入黄埔军校第四期。12月30日加入中国共产党，成为上杭县最早的中国共产党党员。

民国16年（1927年）

铁场村享堂里开办私塾学校。

民国17年（1928年）

11月7日，在尧埔村街子上“鸿昌号”店后堂，成立中共旧县支部，丘棣华任书记。

是年，龙溪村小溪口设蒙馆和经馆，由当地秀才、名儒授学。

民国18年（1929年）

6月9日，毛泽东、朱德率红四军从白砂早康进军旧县，活动近一星期。其间，在河东村敦本堂召开前委会议，决定将部分闽西地方红军组建为红四军第四纵队。

红四军离开旧县后，国民党反动武装重占旧县一带。旧县党支部组织旧县、新坊、碧康、扁山等地农民武装向河东、河西反动武装连续进攻18次。

7月24日，红四军一纵队从白砂进占旧县，强渡旧县河，击垮当地反动民团。

8月18日（农历七月十四），旧县党支部丘棣华、陈丹成等领导旧县农民举行暴动，成立区农民协会，丘棣华首任会长。

10月，上杭县苏维埃政府成立，旧县属其西二区，成立中共西二区委和西二区苏维埃政府，区委书记袁智松，区苏维埃政府主席阙为和。并成立共青团、工会、农会、妇女会、赤卫队、少先队、儿童团等红色组织。各乡相继成立党支部、苏维埃政府和其他红色组织，开始土地分配。

民国19年（1930年）

1月，进一步发展壮大工农武装，区、乡成立半脱产赤卫军常备组织。是月，成立共青团旧县区委。

春，旧县各乡村办起耕田队、莳田队、管水队、管理陂圳委员会等农业合作组织，以促进旧县苏区农业发展。

4月，成立上杭县苏维埃政府交通局旧县分局。

5月，在扩大红军中，新坊乡李永书带领儿子一起参加红军，石院村妇女邓五妹，把丈夫送去当红军。他们同时被《红色中华》表扬。

6月3日，特大洪水（史称“庚午洪灾”），小溪口圩场、全坊村天后宫被冲毁，坝上李竹坑泥石流冲毁良田60多亩。石院村一片汪洋，冲走1户，受伤多人，房屋大部受损，10余座桥梁被冲毁，农田被泥沙掩盖，禾苗杆草不留。灾后旧县苏区成立革命互济会，组织互助协作、重建家园。

7月5日，在闽西苏区第一模范区建立光荣碑典礼上，旧县区模范团，全团加入红军。《红色中华》于7月23日、9月21日两次报道，称“这一光荣行动，开辟了闽西扩大红军的新模范”。

是月，根据闽西特委指示，在旧县成立闽西篷船工会筹备委员会，张思垣任筹备委员会委员长。

秋，旧县区创办粮食调剂局和粮食合作社。

10月，中央苏区红色交通线在旧县新坊村通济庵、河西村敦和堂（桅杆屋里）设立交通站（点）。

是年，成立旧县河民船工会，以维护船工合法权益。根据部分家庭人多田少情况，成立苦力工会，帮助穷人增加收入。

是年，成立旧县商务分会（后改名旧县商会），兼工商行政管理工作。

民国20年（1931年）

年初，上杭县与武平县合并成立杭武县，旧县为杭武县第六区，成立中共第六区委员会和第六区苏维埃政府，区委书记胡集成、区苏维埃政府主席阙先林。

春，肃“社党”运动波及旧县，一批党政军干部和革命群众蒙冤受害。5月，丘棣华在白砂被误杀，陈丹成在虎岗被误杀。

10月底，闽西红军医院从大洋坝迁到白砂后，11月迁到旧县，翌年1月底从旧县迁南阳黄蜡坑。

12月14日，撤销杭武县，恢复上杭县，下辖9个区，旧县为旧县区，重建区委、区苏，区委书记黄汉洪，区苏维埃政府主席不详。

是年，苏维埃政府在石圳潭设立关税征收点，每月可收关税1000—2000元。1933年3月，中华苏维埃共和国临时中央政府关税征收科在此设立关税征收处，兼管官庄、铜坑塘两关税处工作。

是年，旧县圩场从小溪口迁至蕉云坝。

民国21年（1932年）

2月16日，上杭城举行盛大慰劳红军大会，旧县区乡群众输送去一批慰劳品。

3月，苏维埃政府在迳美金山渡口设立检查站。

4月7日，毛泽东率红一军团攻打龙岩、漳州。途经旧县时，会见率十二军在这里驻扎的谭震林、张鼎丞，研究发动群众支持攻打龙岩、漳州问题。

5月，国民党保安十四团钟绍葵部、广东军阀陈济堂部、十九路军蔡廷锴部进攻白砂，中共上杭县委和县苏维埃政府机关被迫转移到旧县新坊石院坑一带。

是年，在第二期扩大红军中，旧县全区65名青年参加红军，其中35名是党团员，受到《红色中华》表扬。

是年，在旧县成立上杭县消费合作总社。

民国22年（1933年）

2月，中华苏维埃共和国临时中央运输管理局在旧县、石圳两地设立检查站。

3月6日，福建军区在旧县石圳潭成立红军第十九军。旧县工农群众和红军官兵近六千人举行庆祝红十九军成立大会。

3月上旬，闽西红军取得黄潭之战胜利，回师旧县时，旧县群众自动募捐慰劳红军。送给红军的慰劳品有猪肉5担计300斤，青菜620担，豆腐5担，草鞋600双，柴7担。受到《红色中华》表扬。

4月，旧县与才溪、官庄区群众，响应《红色中华》“每人借3升谷给红军”的号召，合计借谷给红军100多石。受到《红色中华》报表扬。

4—8月，旧县募捐和税收工作，6次受到《红色中华》报表扬。

5月29日，《红色中华》表扬旧县区在上杭“光复运动周”中，党团员领导群众当红军，有30余人自动报名参加红军。同时表扬旧县、才溪、官庄、水埔等4个区乡，响应少先队中央总队“扩大150万少先队”的号召，自5月1日至16日，共扩大少先队600余人。

5月30日，上杭县互济会在纪念“五卅”运动大会上，号召互济会会员捐款捐粮，救济受难群众，仅一个钟头，旧县区募捐大洋百余元及大米、食盐、蔬菜等物资。受到《红色中华》表扬。

6月11日、7月5日，旧县区地方武装模范团和模范连，整团、整连加入红军，受到《红色中华》表扬。

6月16—19日，福建军区运动会在旧县石圳潭河坝举行，参加运动会的有旧县、才溪、官庄、水埔、城郊等地农民武装和少先队、儿童团、红十二军、省军区直属队、随营学校的官兵上千人。比赛结果，旧县夺得地方武装系列第二名。

7月2日，《红色中华》表扬“旧县区群众，积极响应党和苏维埃政府关于退回谷票的号召，将借谷票退回了1384张，每张一斗，共1384斗，缴到县苏财政部了，现仍在继续不断的退还中”。

7月5日，中共上杭中心县委在才溪区举行光荣亭落成后授匾（光荣牌）典礼大会，旧县区乡组织参观团前往才溪参加。会上旧县、才溪、官庄3个区赤卫队模范团六七百人一致宣布全团加入红军。7月23日受到《红色中华》表扬。

7月，上杭召开各区队长联席会议。会上，旧县区区队长与才溪区区队长订立扩大红军的革命竞赛协议，决定在7月25日前全队男队员全部加入红军少共国际师。同时旧县区坝上乡男队员共80多人全体报名加入红军少共国际师。8月1日，受到《红色中华》表扬。

8月16日，《红色中华》表扬："旧县的工农群众给被难群众以各种物资上的资助，区委的工作人员自己家里带伙食来，将每天公家发给的伙食费节约起来，以援助被难群众。特别是旧县区的林树魁同志最热烈，自己一人捐出大洋17元，黄洪中同志15元，游开彬同志12元。据6月10日统计，募捐大洋的数量达710多元。旧县区郭永辉同志自己一人捐米二石半（500斤），去援助被难群众，吴振书捐出大米100斤，孔满姑捐出盐莱100斤。"

8月16日，《红色中华》（第102期）表扬："旧县、才溪、官庄的工农群众不顾一切与敌人作战的精神，不断集中武装，到下郭车被敌摧残区去援助英勇斗争的群众，并以物质援助。旧县的区委、区苏干部，将政府发给自己的伙食费节省大洋5元给受难群众。"

8月，共青团苏区中央局刊物《青年实话》（第2卷第24号）发表文章，表扬："旧县、官庄的模范营、模范队以及水埔的赤少队共1000人以上全体加入红军，号召全闽西赤少队学习他们的光荣模范。"

9月24日，《红色中华》发表《文化战线上的模范区，旧县才溪新剧团活跃》的文章，表扬旧县、才溪区的新剧团"以前曾出发演过戏，现在在县的调动下出发到各地演新戏了"。

民国23年（1934年）

1月1日，《红色中华》表扬"旧县区苏代表有三分之一的男代表报名去当红军，决定做草鞋一千五双"的先进事迹。

1月22日，中华苏维埃第二次全国代表大会在江西瑞金召开，旧县石院村走出的女红军傅才秀（时任中共福建省委妇女部长）作为闽赣省代表参加大会，并在会上当选为中华苏维埃共和国临时中央政府执行委员会委员。

2月，梅溪区在全苏区率先完成税粮征收，成为全苏区先进区之一。

3月1日，《红色中华》在收集粮食红匾上，表扬旧县、才溪、通贤区，全部完成收集粮食任务。

3月，少先队上杭县队部贯彻中央总队部"关于整理少先队突击运动的决定"，成立整理少先队组织委员会，进行编制模范少先队的组织工作。经整理后，梅溪区编好2个班，配合游击队开展反"围剿"作战。

4月26日，国民党第九军李延年部占领旧县苏区。

5月10日，上杭基干游击队在梅溪寨截击由旧县船运到上杭城的敌军，敌军十余人被击毙落水，土豪1人被活捉。

8月31日，《红色中华》表扬“旧县迳美乡的青年，一加入模范少先队就全部参加红军；梅溪区的游击小组全部加入梅溪游击队”。

10月，主力红军长征后，铁场乡党支部13名党员，在书记丘鸿辉领导下，组织群众利用灵活机动策略与敌作斗争。

民国24年（1935年）

1月，代英县红军游击队进入旧县岩下山坚持游击战争。

2月，国民党八十三师进攻新汀杭县苏驻地障云岭，游击队与敌奋战月余后分路突围，一部分转移到旧县岩下山坚持斗争。

2月，张鼎丞从江西瑞金回闽西领导游击战争途经旧县岩下山时，会见福建省苏维埃政府副主席张思垣，才溪区委书记王珍和钟辉元领导的游击队，并把游击队带到永定调虞整训。整训结束后，回岩下山坚持游击战争。

3月，陈潭秋、谭震林、邓子恢率领红二十师一个营从江西瑞金南下，在石圳潭抢渡旧县河时与敌人遭遇，发生激战。为了减少伤亡，该营分路突围，其中一路由谭震林、邓子恢率领，经岩下山、白砂、双髻山、溪口到永定大阜。

同月，国民党上杭县警察局在旧县设警察所。

4月，上杭县与代英县合并成立杭代县军政委员会，并成立岩下山工作团，旧县区和岩下山工作团隶属杭代县军政委员会辖。同月，岩下山工作团改为岩下山工作委员会，张思垣任书记。后在兰田、铁东、铁场、新坊、横塅、白玉段等地恢复党的秘密组织，在铁场乡设立交通站，由丘鸿辉负责。

4月，国民党八十三师派出一个排哨驻在铁场村的后山上，企图监视和截断群众与游击队的联系。丘洪辉、陈玉行、江如通等游击队员袭击敌排哨，吓得敌排哨慌忙撤下山去。

6月，新汀杭县军政委员会成立，以岩下山为据点，领导新坊、旧县、梅溪、才溪等地游击战争。

6月，横段村青年妇女孔六妹利用放牛机会，混入新坊村通济庵国民党新坊理事会侦察敌情并报告游击队。游击队100多人包围通济庵，捕捉正副理事长，击毙企图逃跑的反动分子1人，缴获长枪4支。

是年，龙溪林小溪口创办民国学校。

民国25年（1936年）

年初，上杭改路为区，旧县为西路第五区。4月，调并区级体制，旧县属第四区（区署设才溪），旧县境内设梅溪、石龙、新坊、新市等联保办事处。

1月，岩下山工作委员会改为新汀杭县军政委员会，钟辉元为主席，丘相田、胡辉昌为副主席。成立中国工农红军抗日讨蒋军新汀杭游击大队，钟辉元兼任大队长，丘相田兼任政委。秘密恢复旧县区委，区委书记陈茂辉。并成立由胡荫寿、陈茂辉领导的杭北游击队。

2月，岩下山红军游击队利用水东村做大戏机会击毙作恶多端的反动民团团丁3人。

3月，国民党烧毁张家山全村房屋，强迫张家山群众移民并村到水东村。

5月，上杭县邮局开辟上杭—旧县—才溪—南阳支线邮路，旧县设立邮政代办所和信柜。

8月，连城新泉经南阳、才溪、旧县至上杭城的公路（新杭公路）建成通车。该公路旧县境内22公里。城西天王寺设总站，旧县设分站。

10月19日，国民党八十三师包围铁场村，抓捕革命群众9人，其中江良能、江良德、曾富秀、阙春凤4人被敌杀害。

11月，由于叛徒告密，横段村革命群众李松盛、李发清被敌抓捕杀害。岩下山游击队到横段村慰问受害家属，在横段至扁山的山路上击毙反动乡长李朝荣。

是年，旧县境内设信用合作社，有新坊、新市、三益3个信用合作社，为旧县最早的金融组织。

是年，在兴建新杭公路时，在石圳潭旧县河上兴建一座大木桥，供汽车通行，这是旧县河历史上第一次架设的桥梁。是年，大桥被洪水冲毁，改用方舟载车过渡。

民国26年（1937年）

1月，新汀杭县军政委员会驻地岩下山遭到敌袭击，主席钟辉元、副主席涂光雄牺牲，新汀杭县军政委员会遭到严重破坏。为了坚持斗争，仍以岩下山为基地，成立汀河工委，张思垣任书记。

10月，杭代县军政委员会派陈茂辉、黄荣春到旧县宣传国共合作、一致抗日主张。

民国28年（1939年）

6月，上杭城区遭日军两次轰炸后，省立上杭中学迁往旧县妫芳祠和新坊村，翌年10月迁回上杭城。

是年，日侵略军侵占广东潮州、汕头、大埔等地，有200多名潮汕难民（妇女和儿童）逃难到旧县境内，被当地村民收留定居，成为旧县居民。

民国29年（1940年）

是年，全县设为4个区，2个镇，25个乡。旧县分为新乡、三益2个乡，隶属第四区。

是年，旧县设中心学校1所，国民学校3所。

民国30年（1941年）

5月，实行计口授盐。

是年，将福清寺改建为学校，校名为新乡中心学校。

民国 31 年（1942 年）

7 月，洪水，新杭公路水毁严重，交通阻断。

民国 32 年（1943 年）

1—6 月，久旱不雨，全年总降雨量只有 1200 毫米，为历史上少有的干旱年。

是年，新坊村创办“崇英小学”。

民国 33 年（1944 年）

是年，水东村开办私塾学校。

是年，旧县成立生产、供销两个合作社，

民国 34 年（1945 年）

是年，三益乡公所在梅溪寨的旧县河畔设仓寮，可储存 70 吨稻谷。

是年，上杭电话所组建后，开通旧县地区三益乡、新乡的电话线路，各乡公所安装手摇电话一部，由乡公所专用，旧县与上杭城区及各区乡首次实现电话联通。

是年，尧埔村创办国民政府学校（又称尧田初小）。

民国 35 年（1946 年）

旱灾，1—2 月降雨仅 1.3 毫米，10 月 15 日至年底 77 天内降雨仅 3.7 毫米，全年降雨仅 1170 毫米，旧县河年最高水位在警戒水位以下 1.3 米，是典型的枯水年份。

民国 36 年（1947 年）

4 月，国民党三益乡乡长周国章被副乡长胡先彪打死。

民国 37 年（1948 年）

4 月 26 日，暴雨，山洪暴发，河水猛涨，新杭公路旧县段水毁严重，交通阻断。省拨款 8197 元抢修，11 月修复通车。

7 月，铁场成立游击活动小组。

初冬，恢复铁东、新坊等村党支部活动，成立游击小组，设立交通站。

冬，中共上杭县委开展恢复老区，发展新区工作，恢复旧县、新坊等老区。

是年，旧县圩场从蕉云坝迁至福仙庵大坎口上，称新市圩。

民国 38 年（1949 年 1—9 月）

5 月初，旧县新坊乡乡长邓某及其下属 4 保（新坊、石院、碧沙、早康）国民党军政人员起义，为杭永游击队收编。谢友标、黄金魁两股土匪武装 90 余人也随即投诚，被编为七支队新编第九连。

5 月 17 日，中国人民解放军闽粤赣边纵队第七支队在扁山与土匪傅庆澜、林国梁 4 个连决战，击毙土匪 80 余人，并将其余部全部俘获。

5 月，成立中国人民解放军闽西义勇军临时行动委员会上杭分会，下设 1 个镇 23 个乡支会，旧县境内有新乡（旧县）、三益乡（梅溪）2 个乡支会。6 月，中共上杭县委成立10个工作团，新乡、三益乡隶属第三工作团，主任李国栋，在旧县、梅溪一带活动。

9月17日，上杭县人民民主政府成立，下辖13个区。旧县区为其中之一，区长李国栋。

中华人民共和国

1949年

12月6日，是年5月起义后又叛变的土匪谢友标纠集匪徒30余人，深夜袭击旧县区人民民主政府，杀害区长李国栋等9人，打伤区中队战士3人。

12月，黄淮任旧县区区长。

1950年

1月，全区进行小学教师总审查登记。

2月，废除国民党田赋制度，始征农业税。

2月，召开全区农民代表大会，选举区农代会常委会，成立区农协会筹委会。

3月，旧县区成立推销公债委员会。

4月底，旧县区开展《中华人民共和国婚姻法》宣传贯彻工作。

6月1日，白砂区碧沙、早康划入旧县。

6月，区成立农会、职业工会、妇女联合会。村成立民兵组织、妇女联合会。

9月，成立中共旧县区委员会，区委书记丘洪辉。

10月2日，旧县区举办首届集体婚礼。

10月15日，在龙溪小溪口成立全县第一个供销合作社——旧县新坊供销合作社，有社员1218人、股金1218元（折合新币）。

10月中旬，全国抗美援朝运动开始，旧县区成立支前动员委员会。

10月，旧县区改为第八区，区人民民主政府改称旧县区公所。

12月26日晚，区委书记丘洪辉率领区中队、公安班到新坊围捕土匪，抓获李汉光等13名土匪和恶霸。

是年，成立旧县邮电代办处，接管邮电事业。开通上杭—旧县农村电话线路。

是年，为革命基点村发放救济粮、救济款和衣物等，帮助基点村群众恢复生产，重建家园。

是年，谢友标匪帮在剿匪部队强大攻势下土崩瓦解，80多人下山投降，谢友标只身外逃，在连城朋口被民兵击毙。

是年，公安部门对人口进行逐户造册登记。

1951年

1月10日，贯彻中共中央《关于镇压反革命运动的指示》，开展镇压反革命运动，重点打击土匪、特务、恶霸、反动会道门头子和反动党团骨干分子。

1月，全面铺开土地改革工作，至7月基本结束。全区共没收和征收耕地约15300亩，按人口平均分配给各户农民。

5月15日，成立旧县供销合作社，有社员1050人，股金1050元。尧石、河西、河东3个乡组成联合社，社员1715人，股金1715元。

8月底，中央人民政府南方老根据地访问团到旧县访问。旧县人民热烈欢迎中央访问团。中央访问团在旧县召开烈军属代表会议，到各革命基点村访问。

10月2日，全区举办首届集体婚礼。

10月，开始检查土地改革情况，处理遗留问题，颁发土地房产所有证工作，至1952年7月结束。

12月1日，贯彻中共中央指示，全区开始在党员干部中开展“三反”（反贪污、反浪费、反官僚主义）运动。

是年，旧县区成立工商业联合会，负责辖区商业管理。

是年，区成立治安保卫委员会。

1952年

3月，全区开展爱国卫生运动。

6月，全区各乡村开展生产互助合作运动，成立互助组。

是月，成立中国人民银行上杭县支行旧县营业所。

7月，全区完成土地复查工作。

是月，全区家家户户订立爱国卫生公约，开展以搞好环境卫生为重点的卫生大扫除。

11月，设立中国人民保险公司旧县代理处（1954年撤销）。

是年，上杭县人民政府拨出专款，为小富坑革命基点村群众迁到兰田兴建新房。

是年，成立旧县区人民武装部。

是年，全区铁匠师傅成立铁器组。

1953年

1月，成立共青团旧县区委。

3月15日，完成全区查田定产任务。

4月17日统计，全区第一批建立乡级党组织的有碧康、新坊、河东、河西、尧石、梅溪、玉女等7个乡，是全县最多的区之一。

7月9日，第一次普选开始，至1954年结束，分别选出乡、县人民代表。

7月，开展第一次全国人口普查。普查结果，旧县全区2316户，11862人。

9月，成立旧县区识字运动委员会，乡村办民校、扫盲速成班。全区开展扫盲、识字运动。

是年，旧县区破获“中国人民反共自由军闽粤赣边区司令部第十三纵队杭北工作团”

匪特组织，抓获成员 13 人。

1954 年

6 月 2 日，成立中国人民银行上杭县支行旧县营业所。

是年，成立旧县信用合作社。

是年，玉女、九州、石玉 3 个乡从旧县划入附城区管辖。

是年，旧县区破获“十三将士会”和“六·二五会”反革命组织。

1955 年

2 月 25 日，开展反对使用原子武器签名运动，至 3 月，全区参加签名的人占总人口 85.69%。

4 月 4 日，旧县抽调民兵参加连城机场工程建设。

9 月 27 日，国务院举行中国人民解放军授衔大会。旧县籍军官陈海涵、翁祥初、陈茂辉被授予少将军衔。1964 年，旧县籍军官孔瑞云被授予少将军衔。

11 月，旧县成立股份制性质联合诊所和国药商店。

冬，贯彻中共中央《关于农业合作化问题的决议》，全区共办初级农业社 21 个，涉及农户占农户总数 71.29%。

是年，成立旧县信用合作社、农业技术推广站。

1956 年

春，全区成立高级农业生产合作社 20 个，入社农户 3458 户，占农户总数 99%。

8 月，旧县、才溪、官庄 3 个区合并为才溪区。旧县分为梅溪、石龙、新坊、旧县 4 个乡。梅溪、石龙乡并入附城区，新坊乡并入白砂区，旧县乡并入才溪区。

10 月 16 日，旧县乡召开第一届人民代表大会，正式代表 86 名，列席代表 8 名参加大会。

是年，破获“中国人民自由军旧县联络站”反革命组织，抓获成员 6 人。

1957 年

年初，成立旧县航管站，对船舶、渡口、码头进行管理。

2 月，县工作组赴旧县开展整风整社工作。

9 月，成立旧县民间运输管理站。

1958 年

1 月，全区掀起大规模除“四害”（苍蝇、老鼠、麻雀、蚊子）运动。

3 月，掀起“大跃进”高潮。本月始，抽调各村 30%劳力兴建九曲峡水圳、铁场铜水坑水圳和梅溪双丰水库。

4 月上旬，创办旧县农业中学。

4 月至年底，境内办起公共食堂 200 多个。

6 月，撤区并乡。梅溪、石龙 2 个乡从附城区划入梅溪乡。新坊从白砂区划出，成立新坊乡。旧县从才溪区划出，成立旧县乡。各乡成立乡人民委员会。梅溪乡、旧县乡成立乡党委，新坊乡成立党总支。

7月，开始大炼钢铁，集中大批劳力烧炭、采铁矿、炼铁，在铁场村办青年铁厂，建有3个炼铁炉，有炼铁人员100多人。部分村建有土锅炉炼铁。在铁场梁山下挖采铁矿石。

9月，调整区乡体制，梅溪、新坊、旧县3个乡合并为旧县乡。

9月，县血丝虫普查工作组在旧县普查出微丝蚴阳性者，进行施药治疗。此后，开展多次普查和防治。1975年6月经龙岩专区丝防考察组检查考核，已达到基本消灭血丝虫病标准。

10月1日，成立旧县人民公社，下辖新坊、碧康、河东、龙全、河西、尧铁、石圳、梅溪等8个管理区。

10月，生产体制编为团、营、连、排，实行大兵团作战，搞所谓“组织军事化，生活集体化，行动战斗化”。

是年，成立共青团旧县公社委员会和旧县公社妇女联合会。

是年，成立旧县邮电所，架设各大队电话线路，并开通邮路。

是年，冬旱，从9月14日起至年底，降雨仅30毫米，全年降雨仅1239毫米，旧县河年最高水位在警戒水位以下，属典型的枯水年份。

1959年

1月4日，成立旧县公社民兵团。

2月3日、10日，九曲渠道连续发生伤亡事故，砌石技工2人先后高崖坠亡。

6月18日，一艘从旧县水东村驶往城郊水西渡的木船，经梅溪寨时撞石沉没，2船工溺死。

1月25—26日，召开中国共产党旧县公社第一次代表大会，出席会议的正式代表107名。

10月，成立旧县公社畜牧兽医站。

1960年

1月，县委领导到旧县，召开公社、大队、生产队三级干部大会，总结1959年“大跃进”经验，部署农业生产。

春，饥荒严重，口粮实行低标准，群众用瓜菜代替粮食（人称“瓜菜代”），出现水肿病和人口非正常死亡。

1961年

3月，成立旧县林业工作站。

3月，旧县公社号召开展生产自救，利用一切闲散杂地，大力种植蔬菜、南瓜、杂粮，以改善群众生活。

4月1日，境内发生罕见雹灾，群众受灾严重。5日，又普降大冰雹，旧县小学因受灾停课一星期。

6月，调整公社体制，旧县公社分为梅溪、旧县、新坊3个公社，隶属才溪工作委员会。8月，蛟洋公社福村大队划入华佳公社。9月，福村大队从华佳公社划出，划入旧县公社。扁山大队从新坊公社划出，划入旧县公社。

6—7月，境内遭受三次洪水灾害，沿河村庄受灾严重。

1962年

6-7月，连降暴雨，遭受3次洪水灾害，沿河村庄受灾严重，公路阻车近月。最大一次洪水旧县市场进水1.2米深，房屋倒塌、农田被淹、陂圳损坏、粮食歉收。

8月，成立旧县学区，开办中心幼儿园。

是年，成立旧县公社市场管理委员会。

是年，全社陆续出现“分田单干”现象，公社、大队连续召开会议，并派出工作组下队“纠正”，至1963年冬，逐渐被扭转。

1963年

2月27日，全社开展增产节约、反对资本主义、封建主义、反对铺张浪费的社会主义教育运动，历时2个月。

3月6日，召开公社、大队、生产队三级干部大会，传达贯彻学习《农村人民公社工作条例》(六十条)。

12月，学习贯彻中共中央关于开展社会主义教育运动的文件。

是年，出现百年罕见特大干旱。从上年7月至是年5月19日，境内总降雨量只55毫米，山泉干涸，小溪断流，田地龟裂，51.7%的耕地受旱，造成上季粮食歉收。9月以后又出现持续3个月的干旱。

1964年

7月，开展第二次全国人口普查。普查结果，旧县全社2668户，13346人。

1965年

4月，调整公社体制，撤销才溪工作委员会，梅溪、旧县、新坊3个公社合并为旧县公社。同时碧沙、早康从新坊公社划出，并入白砂公社；白玉、古石和石砌从梅溪公社划出，并入城郊公社。

11月20日，社教工作队进驻旧县公社各大队、生产队，开展“清政治、清思想、清组织、清经济”的“四清”运动，历时8个月。

是年，在龙溪村境内馒头山下建境内第一座水电站，装机容量50千瓦。1966年建成发电。

1966年

5月19—22日，公社召开民兵、共青团、妇女代表大会，成立民兵团。建立共青团支部26个，妇代会19个。贫下中农入贫协会4086人，占贫下中农家庭总人口75.6%。

5月中旬始，全社“四清”运动中有经济问题干部退赔。至6月8日，已退赔人民币20272元，占应退赔数671407元的30%；粮食5883公斤，占应退数42798.5公斤的13.75%；布票1278尺（1尺≈33.33厘米），占应退数2688尺的43.89%。

5月2日，龙岩地委社会主义教育上杭工作团召开各分团负责人会议，部署开展“文化大革命”。会后，在全公社掀起批判所谓“三家村”“四家店”运动。

6月2—3日，旧县公社召开“三代”（党代、人代、贫代）大会，总结“四清”社教工作。下旬，360多名社教工作队员撤离旧县。

7月，旧县开始传达中央《五·一六通知》，开展“文化大革命”。

9月，旧县公社改名为红岩公社，语口石拱桥改名为红岩桥，石院改为红院、福村改为新村、河东改为红东、龙溪改为红岩、全坊改为红全、坝上改为红庄、河西改为红卫、尧埔改为红坪、兰田改为红田、铁场改为红光、石圳改为红旗、角龙改为五星，迳美改为红山，谷坑改为红村。

是年，公社成立广播站，线路架入各大队、生产队，全社共安装广播喇叭300多个。

是年，贝湖、上营、下营3个大队合并为河西大队；上圳、下圳2个大队合并为石圳大队。

是年，公社创办农械厂。

1968年

秋，创办才溪中学红岩分班，农业中学招收新生上课。

10月，公社成立“三结合”革命委员会；11月，各大队成立革命领导小组。革命委员会和革命领导小组实行“一元化”领导，取代原党、政职权。

1969年

春，农业中学与才溪中学红岩分班合并成立红岩（旧县）中学。

4月，成立红岩公社革命委员会党的核心领导小组，陈洪生任核心组长。

5月，开始进行基层整党建党工作，恢复大多数党员组织生活。

7月12日，选调民兵参加国防工程建设。

7月16日，为纪念毛泽东主席畅游长江4周年，公社组织民兵举行横渡旧县河游泳活动。

冬，厦门、上杭一批知识青年和下放干部到旧县“上山下乡”、插队落户。

是年，矶头至旧县公路建成通车，旧县境内公路长度7.89公里。

1970年

2月6日，全社开展“一打三反”（打击现行反革命破坏活动，反贪污盗窃、反投机倒把、反铺张浪费）运动，历时一年，一批干部群众受到错误处理。

6月26日，各生产大队建立合作医疗制度，先后办起合作医疗站。

9月18日，召开中国共产党红岩公社第四次代表大会。

9月29日，成立中共红岩人民公社委员会，陈洪生为书记。

10月4日，开始实行7天一圩，每星期日为圩天制度。至1975年，恢复农历逢五、逢十圩期。

10月，实行工人和贫下中农管理学校，农村中小学由贫下中农管理，至1977年撤销。

12月，成立旧县公社文化站。

是年，成立旧县公社供电所和旧县公社农业机械管理站。

是年，池溪电站建成发电。

1971年

4月29日，取消在“破四旧”中被更改的公社、大队含政治色彩的名称。红岩公社恢复为旧县公社，各大队恢复原名。

5月，新杭公路横跨旧县河的石圳大桥建成通车。同时撤销石圳潭方舟渡口。

是年，农业生产推行“三改三化”措施，即单季改双季、高秆改矮秆、稀植改密植；矮秆种化、育秧卷秧化、密植规格化。

1972年

2月，向干部群众传达中共中央关于《粉碎林彪反党集团反革命政变的斗争》等文件。

7月始，对在清队、整党、“一打三反”运动中受审查和组织处理的案件，进行全面定案复查。

是月，公社召开扩大会议，部署农业学大寨。

1973年

5月31日至6月3日，连降暴雨，旧县降雨216毫米，加上矶头电站水库排洪，致使旧县河水位猛涨，超过警戒水位线3.45米达61小时之久，发生中华人民共和国成立后最大的洪灾（史称“6·1”洪水），全社13个大队79个生产队735户2929人受灾，被冲毁住房1218间，248户1316人无家可归，死8人，猪18只，牛2头，伤15人，圩场被冲毁，大批衣服、粮食、农资、稻田、农作物、水利、交通设施受损。全坊村200多人被洪水围困，公社党委书记陈洪生带领8名船工，2条民船将被围困群众救出。灾后，旧县公社成立抗洪救灾领导小组，组织群众抗洪救灾，恢复生产，重建家园。

下半年，圩场迁至河西村大冈尾。

7月，传达贯彻中央《关于要求进一步做好知识青年上山下乡工作》的文件，对全社上山下乡知识青年安置工作进行检查，对知青吃、住、用困难采取一些补救措施。

10月，县、社两级抽调干部和农村积极分子，组成党的基本路线教育工作队，到生产大队开展工作。

是年，县工作队在新坊等村开展党的基本路线教育。

1974 年

2 月 16—25 日，公社、大队、生产队干部出席县所谓“批林批孔”训练班。会后，所谓“批林批孔”运动在全社开展。

3 月，龙岩地区、上杭县利用飞机播种造林，旧县为播区之一。

4 月，成立旧县公社建筑队，当年创产值 18 万元。

5 月 15 日，县委组织首批上杭县赴昔阳大寨学习团到大寨参观学习，旧县社队两级部分干部参加。后又组织第二批人员到大寨参观。

6 月，县卫生防疫站和旧县卫生院医务人员及各大队赤脚医生于夜间对群众采血普查血丝虫病，发现旧县有少数病例。普查后对患者及时进行治疗。

10 月 1 日，旧县公社在旧县市场举办全社歌咏比赛，每个大队派代表队参加，演唱歌曲，河西大队获第一名。

冬，旧县公社文艺宣传队创作排练独幕小汉剧《飞燕凌空》，于 1975 年元旦期间参加县文艺调演，获得好评。

是年，上杭县在全坊大队召开全县推广粮食生产“三熟制”（稻—稻—麦）现场会。

是年，组织部分公社、大队干部到长泰县参观学习粮食生产经验。

是年，旧县公社机关从小溪口迁至河西村乌石冈新址办公。

1975 年

1 月 20 日，全社各生产队抽调一名基干民兵，带工具和粮食，集中到上杭南岗搞突击造田。

5 月 30 日，梅溪笛子冈渡口渡船因严重超载翻船，溺死 22 人，其中 2 名孕妇。

8 月，成立旧县税务所。

11 月中旬始，全社掀起以平整土地和开荒造田为中心的农田基本建设高潮。

12 月 13 日晚，普降大雪，积雪铺满大地，厚 15 厘米，为百年罕见大雪。最低气温达零下 5.8℃，为有气象记录以来最低。

是年，新坊、扁山、福村 3 座小功率水电站建成发电。

1976 年

春，开展所谓“批邓、反击后倾翻案风”运动。

8 月，成立旧县学区。新坊、河西、河东、全坊、铁场、石圳、梅溪等 7 座小学附设初中班一年级。

9 月 18 日，公社举行群众大会，收听中央人民广播电台关于毛泽东主席追悼大会实况广播，举行悼念毛泽东活动。

10 月中旬，公社举行集会游行，庆祝中共中央粉碎江青反革命集团的胜利。

12 月，旧县大桥建成通车。

是年，组织农民技术员与全县学员一起到海南岛学习杂交水稻制种。

1977 年

8 月，开展“一批”（批江青反革命集团）、“二打”（打击阶级敌人破坏活动，打击贪污盗窃、投机倒把）运动。

是年，进行杂交水稻制种，大面积推广种植杂交水稻。

是年，公社抽调大批劳力在箭滩、卷龙埂植树造林。同时在造林后的箭滩创办“三八”林场，组织一批妇女劳力入驻。初时面积 200 多公顷，后来发展到 760 多公顷，被誉为“绿色金库”。

是年，公社在“三八”林场创办养牛场，养牛 40 头。2 年后因瘟疫，养牛场停办。

1978 年

8 月，坝上大队发生村民江××为泄私怨，用利斧砍死邻居父子 2 人的恶性事件。凶手行凶后畏罪自杀。

12 月 20 日，贯彻全国公安会议精神，集中进行打击刑事犯罪行动，主要搜捕行凶杀人、盗窃、诈骗、强奸、拐卖妇女等犯罪分子。

是年，扁山岽电视差转台建成，开始可收看黑白电视。

1979 年

2 月 10—15 日，公社组织公社、大队、生产队干部参加县四级干部会议，听取中共十一届三中全会精神和县委贯彻意见传达，回来后全社掀起学习宣传贯彻中共十一届三中全会精神热潮。

3 月，贯彻中共中央《关于地主、富农分子摘帽问题和地、富子女成分问题的决定》，经群众评议，县革命委员会批准，给地主、富农分子摘帽，定为公社社员；地主、富农家庭出身的子女一律定为公社社员。至 1983 年，“四类分子”全部摘帽。

1980 年

3 月 15 日，开始进行县、社两级直接选举，6 月底结束，选出县人民代表 25 名、公社人民代表 168 名。

3 月 16 日，水东大队发生村民张××，为泄私愤，持刀将邻居 2 男 1 女共 3 人（年龄分别为 11 岁、6 岁、3 岁）杀死，并杀伤前去阻止、营救的村民，行凶后畏罪服毒自杀。

6 月 26—27 日，旧县公社召开第六届人民代表大会。

7 月 1 日，撤销旧县公社革命委员会，改设旧县公社管理委员会；撤销各大队革命领导小组，改设大队管理委员会。

是年，撤销旧县公社市场管理委员会，成立旧县公社工商行政管理所。

是年，各大队设立广播转播站，安装 250 瓦扩大器 1 台，装有高音喇叭 1—2 个。

1981 年

3 月，第一年开展以“五讲四美”（讲文明、讲礼貌、讲卫生、讲秩序、讲道德；心灵美、语言美、行为美、环境美）为主要内容的“文明礼貌月”活动。

夏收后，各生产队全面实行家庭联产承包生产责任制，耕地按人口平均承包到户经营。

10月20日，开始第二次农业土壤普查，至1983年4月完成。

是年，开始停止供应回销粮。

1982年

4月，成立旧县司法办公室。

7月，进行第三次全国人口普查。普查结果，旧县全社4025户，22350人；其中男11128人，女11222人。

11月，在梅溪小学举办旧县学区第一届小学生田径运动会。

是年，实施林权制度改革，开展林业“三定”（核定山林权、划定自留山责任山、制定林业生产责任制）及林业区划工作。

1983年

4月，成立集文化、广播、电影为一体的旧县公社文化中心管理站。

8月16日，按照上级部署，开展严厉打击刑事犯罪活动，依法逮捕一批严重刑事犯罪分子。

9月始，处理第二次国内革命战争时期肃反中被错杀人员遗留问题，复查落实被错杀人员，给错杀人员平反昭雪，为直系亲属发给一次性困难补助费。

是年，全社粮食亩产515.8公斤，比1980年增长18.6%，达历史最高水平。

1984年

夏，松毛虫、竹蝗虫多处暴发，破历史纪录，除发动群众用白僵菌孢子防治外，还组织人工捕捉成虫。

8月27日始，核查“三种人”（在“文化大革命”中追随林彪、江青反革命集团造反起家的人，帮派思想严重的人，打砸抢分子），查明“文化大革命”中重大事件真相，弄清“文化大革命”期间非正常死亡人员死因，查出主要责任者根据情节分别由有关部门给予处理。

10月，撤销政社合一的人民公社体制，旧县公社改为旧县乡，旧县公社党委改为旧县乡党委，旧县公社管理委员会改为旧县乡人民政府，各大队管理委员会改为村民委员会，各生产队改为村民小组。

10月9—10日，召开中国共产党旧县乡第五次代表大会，出席大会正式代表75名。

10月12—13日，召开共青团旧县乡第十一次代表大会，出席大会正式代表90名。

10月15—16日，召开旧县乡第七届人民代表大会，出席大会正式代表135名。

10月18日，召开旧县乡妇女代表大会，出席大会正式代表110名。

是年，实行“谁种谁有，合种共有”的林业生产责任制。

是年，旧县乡政府成立水土保持办公室和林业保安队，全乡进行封山育林。

是年，成立旧县公安派出所。

1985 年

1月1日起，取消生猪派购。

春，河西村牛尾山旧县革命烈士纪念碑落成，清明节举行揭牌仪式。

8月10日始，开展“四有”（有理想、有道德、有文化、有纪律）和“五讲四美三热爱”（讲文明、讲礼貌、讲卫生、讲秩序、讲道德，心灵美、语言美、行为美、环境美，热爱祖国、热爱社会主义、热爱中国共产党）教育和创建文明单位活动。

9月10日，全乡各学校师生以各种形式庆祝第一个教师节。乡党委、政府表彰教育工作先进单位和个人。县政府给连续从事教育工作20年以上的中小学教师颁发荣誉证书。

是年，全乡基本实现普及初等义务教育。

是年，粮食统购改为合同定购，县核定旧县乡合同定购任务988吨。

是年，旧县乡被列为省定贫困乡之一。

是年，成立旧县财政所、旧县乡计划生育办公室。成立旧县乡个体劳动者协会，有会员60人，占登记发证个体户的100%。

1986 年

4月，成立旧县乡政协联络组。

4月30日，旧县乡成立扶贫工作领导小组，筹集扶贫资金、贷款，扶持贫困户。

5月，省、地、县扶贫工作队旧县小分队赴旧县乡，协助乡村开展扶贫工作。

7月8—9日，召开旧县乡第七届人民代表大会第二次会议。

9月上旬，省、县人民代表和人大机关干部4人对旧县贫困乡进行为期7天重点视察。

是年1—7月，根据上级党委部署，开展乡级整党，参加乡级整党8个支部，93名党员，其中预备党员7人。9—12月，开展村级整党，参加党员629人。

是年，成立旧县乡土地管理站、旧县乡中心文化站和农民体育协会。

1987 年

7月5日，召开旧县乡第十二次团代会，到会代表70名。

9月20日，召开旧县乡第十一届妇代会，到会代表76名。

10月20—21日，召开旧县乡第八届人民代表大会，出席大会正式代表69名。

11月26—27日，召开中国共产党旧县乡第六次代表大会，正式代表127名。

11月，成立旧县乡人大主席团，主持乡人大工作。

12月26日，经上级批准，散居在旧县的蓝、钟两姓人口恢复畲族成分。

12月，经上杭县文物部门普查，全坊村铁锸指山发现青铜时期人类活动遗迹。

12月，梅溪大桥建成通车。

冬，上谷坑蓝屋村投资1.75万元，投工4250个工日，兴建人畜饮水工程，建引水管1.35公里，蓄水池2座，解决41户，250人饮用水，灌溉200亩望天田，当年粮食增收1.5万公斤，池塘养鱼6000尾，增加收入1.8万元。是旧县乡第一个人饮工程。

是年，旧白公路（旧县至白砂公路）建成通车。全长23.1公里。石迳公路（石圳至迳美公路）7.731公里、梅谷公路（梅溪至谷坑公路）5.6公里建成通车。新杭公路（新泉至上杭公路）旧县段22公里铺设黑色路面。

是年，设立旧县运输站。

1988年

春，颁发居民身份证。

10月上旬，福建省闽西地质大队在紫金山金矿区发现规模在中型以上的铜矿床。

是年，成立旧县保险站、烤烟辅导站。在尧埔村设立公路站。

是年，兴建和铺设龙溪至全坊、龙溪至中学、龙溪至河东、乡政府至市场4条公路。

是年，实施“三五七”（三年消灭荒山，五年绿化，七年成林）造林绿化工程。

1989年

10月1日，成立旧县建筑工程公司。

2月，铁东大桥建成通车。

是年，成立旧县乡残疾人联合会、旧县乡计划生育协会。

是年，新康大桥建成通车。

1990年

6月8日，开始进行创建“村民自治示范村”活动。

7月，开展第四次全国人口普查。普查结果，旧县全乡4849户，25884人，其中男12856人，女13128人。

10月，开办旧县乡党校。

12月17—19日，召开旧县乡第九次人民代表大会，正式代表71名出席会议。

是年，旧县松树林大面积发生松毛虫为害，林业部门采取措施将其扑灭。

是年，成立旧县乡环境保护办公室，乡长为环境保护第一责任人。

1991年

4月，旧县万亩旱片工程列入国家以工代赈项目，分九曲、梅溪、铁场3个灌区实施。11月，正式动工兴建。

9月13日，中共福建省委书记陈光毅带领有关部门负责人到旧县进行种桑养蚕调研。

9月，旧县乡成立教育办公室，是乡政府普及义务教育管理机构和执法机构。

是年，旧县电影院参加龙岩地区农村幻灯调演，获得第一名。

是年，成立旧县乡桑蚕办公室，建立桑蚕收烘站。水东、梅溪、河东、兰田等村建立桑蚕基地，种桑 1400 亩，创产值 120 多万元。其中水东村桑田 218 亩，养蚕 310 张，收购蚕茧 7500 公斤，产值 13 万元。

是年，从上年开始的突击造林 2 万亩任务完成，实现三年消灭荒山任务二年完成目标。

1992 年

2 月，省造林绿化检查组到旧县乡检查 1989—1991 年人工造林面积，确认旧县乡符合省定关于基本完成宜林荒山造林绿化指标，提前一年完成消灭荒山任务。

3 月，乡“三八”林场场长周娣被省林业厅授予“三八绿色”奖章。6 月，中共龙岩地委组织部为宣传她的事迹，摄制专题电视片《护山女神》，11 月在中央电视台播出。

5 月，龙岩地区农科教结合现场会在旧县召开，初中后 3+X 教育、职业教育成绩得到地、县肯定。

10 月，坝上大桥建成通车。

11 月，成立旧县乡计划生育服务所。

11 月，铁东村发生一起杀人移尸自毙案。

12 月，成立旧县乡环保监测站，紫金山设矿区环保监测站。

年底，旧县万亩旱片水利工程建设全面竣工，大沉坑、水东、九曲水库等水利工程相继建成，开始发挥效益，基本形成小型为主，引、蓄、提相结合的灌溉体系，有效灌溉面积比原来增加 1 万多亩。

是年，成立旧县乡广播电视站，创办职业技术学校，组织上千名青年农民参加“农函大”学习。

是年，尧埔 35 千伏变电站建成。

1991—1992 年，乡村投入 250 多万元兴建和改建校舍 4800 平方米，拆除学校危房 8 幢，初步改善办学条件。

1993 年

2 月 28 日，中国老区建设促进会副秘书长程光前到旧县乡水东村考察农业开发情况。

10 月，实施“先行工程”，205 国道按山岭重丘二级标准进行改造，1995 年完成。同月，开通程控电话和无线寻呼业务，旧县邮电所升格为旧县邮政支局。

11 月 19—20 日，召开中国共产党旧县乡第八次代表大会。出席大会正式代表 121 名，特邀代表 3 名。

12 月 14—16 日，旧县乡召开第十次人民代表大会。出席大会正式代表 71 名，列席代表 11 名，特邀代表 3 名。

12 月，旧县中心小学被福建省教育委员会授予“福建省农村示范小学”称号。

年底，龙岩曹溪到上杭旧县的 220 千伏输变电工程及旧县 35 千伏输变电工程建设竣工。

是年，在角龙村建标准果园160亩。

是年，认真实施九年制义务教育，普及率在95%以上。扫除青壮年文盲经省、地有关部门验收，扫盲率达95%。

是年，顺利通过福建省、龙岩地区实施义务教育“六项督导”评估验收。

是年，开展乡、村门牌设置工作；成立旧县市场专职环卫队伍。

1994年

3月，在水东村兴建紫金中学，9月1日开学。

5月，观茂集团公司林金星捐资30万元在水东村兴建观茂小学。

冬，旧县圩场从语口石拱桥头迁至朱吉滩。

是年，全乡广播线路通自然村率100%，入户喇叭2500多个，占总户数50%。

是年，旧县业余文艺宣传队男女对唱《两地书——母子情》获全县农村组演出一等奖。男女声四重唱获“芳草杯”全县文艺会演优秀演出奖。

1995年

9月，河东村共产党员、原村委会主任陈材源，出资15万元，创办陈材源奖教奖学基金会、设立专户，每年将基金利息全部用于奖励本乡优秀教师、校长、学生，对特困户学生每学期资助300—500元。

是年，石院至扁山公路建成通车，长8.82公里。

是年，河东村妇女江茶花，资助旧县中学1.5万元铺水泥地板、建灯光篮球场、安装电话、购置电风扇等。

是年，全乡完成门牌钉装任务。

1996年

5月，旧县中心小学承办福建省小学教师基本功训练现场汇报会。

6月8日，下冰雹，扁山岽附近发生雷击事故，1名小学生遭雷击身亡，3人被击成重伤。

8月8日，受第10号强热带风暴影响，境内降特大暴雨，交通、通信、电力中断，许多农户受灾，房屋倒塌，耕地遭到破坏（史称“8·8”洪灾）。灾后，旧县乡党委政府积极组织受灾群众迅速恢复生产，抗灾减灾。

10月13日，召开中国共产党旧县乡第九次代表大会。出席大会正式代表121名，特邀代表5名。

11月，兰田大桥建成通车，同时关闭兰田渡口，结束摆渡历史。

12月18日，召开旧县乡第十一次人民代表大会，出席大会正式代表61名。

是年，实施造福工程，新康村从庵坑（旧村）迁移至矶旧公路鹿角滩对岸的连湖建新村。

1997 年

3 月，中国平安保险公司福州分公司捐资 23 万元兴建梅溪小学教学楼。

7 月 1 日，新石圳大桥建成通车。

10 月 1 日，矾头至福村公路建成通车，长 11.6 公里。至此，实现全乡 19 个行政村村村通公路。

是年，旧县乡司法办公室改名为旧县司法所。

是年，旧县乡社会总户值 1.88 亿元，同比增长 50%，农业总户值 3594 万元，同比增长 57.7%，乡镇企业总产值 1.37 亿元，同比增长 82%。财政收入 248 万元，人民人均纯收入 2625 元，同比增长 27.8%。当年，旧县乡获全县农村经济发展一等奖。

1998 年

3 月，旧县防洪堤被列为市重点建设项目，动工建设。

6 月，万亩旱区水利工程通过省级验收。

9 月 25 日，由全国妇联、中国儿童少年基金会捐资 30 万元，总投资 50 万元建成旧县运盛春蕾小学教学楼交付使用。

是年，中共福建省委、福建省人民政府授予旧县“光荣脱贫乡”称号。中共龙岩市委、龙岩市人民政府授予旧县乡“小康乡镇”称号。

是年，龙溪电站建成发电。

是年，兴建旧县江滨公园，全长 500 米。

是年，旧县防洪堤堰建设纳入县“一江两河”防洪堤建设规划，建成防洪堤 700 米。

是年，旧县开通模拟移动电话、数字移动电话。

是年，是旧县乡基础设施建设年，完成实施建设项目 13 个。

1999 年

1 月，开展第二轮土地延包工作。至年底，完成全乡 6000 多农户 15410 亩耕地新一轮土地承包合同的签订，承包期 30 年，自 1999 年 1 月 1 日起至 2028 年 12 月 31 日止。

5 月 14—23 日，旧县乡党委、政府负责人赴北京、南京参加上杭籍乡亲智力支乡联谊会，拜访国家有关部委司处级领导，慰问部分上杭籍乡亲，开展项目推介活动。

6 月 30 日，石圳村村民孔××，在与儿媳王××发生口角时，用鸟枪把儿媳打死，后逃至江西瑞金被警察抓回。12 月 10 日，省高级人民法院核准龙岩市中级人民法院判决，认定孔某某犯故意杀人罪，将其判处死刑，立即执行。

7 月 19 日，省委书记陈明义在市委书记张燮飞、市长黄坤明，县委书记陈建寿、县长张斯良陪同下，到旧县新坊村调研。

10 月 7 日，召开中国共产党旧县乡第十次代表大会。出席大会正式代表 120 名，列席代表 3 名，特邀代表 2 名。

12 月 14 日，国家广电总局领导率全国各省、市、自治区广电部门领导观摩旧县乡广播站，肯定旧县乡广播工作经验。

12月16日，召开旧县乡第十二届人民代表大会，出席大会正式代表61名，列席代表33名，特邀代表2名。

是年，拆除乡政府原土木结构危房，新建4栋三层办公楼房。

是年，新坊村被列为市级村容村貌整治示范村。

是年，建成移动通信发射台。

2000年

1月20日，中国平安保险公司将24个产险明星共70余人捐赠的一整套电脑设备，赠送给梅溪希望小学，并现场捐款6000多元，用于完善学校设施。

1月，坝上电站建成发电。该电站集雨面积1510平方公里，装机容量4800千瓦，年发电量2250万千瓦时。是旧县境内发电量最大的电站，也是旧县河5座梯级电站中最早建成的一座电站。

3月，水东大桥建成通车。

7月，乡广播电视站收归县广播电视事业局管理。

11月，开展第五次全国人口普查。普查结果，旧县全乡5982户，28190人，其中男14122人，女14068人。

11月，旧县卫生院新诊大楼建成，12月投入使用。

是年，成立旧县移动分公司，兴建旧县移动通信基站建成移动发射台。开通旧县联通通信和小灵通电话。新坊村兴建电视差转台。

是年，粮食产量达9282吨，创历史最高水平。

2001年

是年，旧县乡被评为市级卫生乡镇、市勘界工作先进单位、县残疾人工作先进单位、社会治安综合治理先进单位。

是年，成立旧县乡公路养护管理站，旧县乡交通管理站。撤销旧县乡公路工作站。

是年，旧县乡建立“持卡进农家，暖心连民情”干群联系卡制度，为全体乡干部统一印制干部联系卡，发放给各挂钩农户。群众把联系卡称为“爱民连心卡”。

2002年

1月30日，龙岩市爱国卫生运动委员会授予旧县乡为市级卫生乡（镇）、河西村为市级卫生村。

5月，条潭电站建成发电。

5月31日，中国平安保险公司福州分公司龙岩支公司与梅溪平安希望小学8位贫困学生喜结对子，赠送给该校电脑、书籍等教学物品，并捐赠现金52584元。

7月，旧县创办第一所私立幼儿园——阳光幼儿园。

10月16日，召开中国共产党旧县乡第十一次代表大会，出席大会正式代表151名，列席代表4名。

12月3日，召开旧县乡第十三次人民代表大会，出席大会正式代表61名。

12月，矾笼大桥建成通车。铁东村湖崎滩角电灌站和山下坑口电灌站工程竣工投入使用。

是年，旧县乡获龙岩市第八届文明乡（镇）称号。

是年，开通龙潭至金山电站公路和梅溪至金山公路。

是年，撤销学区建置，设旧县中心小学，行使原学区行政管理职能。

是年，实现全乡19个行政村村村通电话。

2003年

6月，乡成立劳动保障事务所，重点开展就业培训和劳务信息传播工作，为本乡下岗失业人员和农村富余劳动力就业提供服务。

6月，河东籍博士温联星获美国地球物理学会颁发的詹姆斯·B. 麦克歇尔威思奖（地学界“诺贝尔奖”），成为第一个获此奖的中国人。

8月9日下午，坝上村回乡度假的中学生江杭荣等4人，到旧县河游泳，其中一位不谙水性的学生被猛浪冲到河中心溺水，其余3名学生全力施救，把溺水者救起，但江杭荣在施救中不幸献出自己生命，被评选为2003年度“见义勇为”先进个人。

8月，芦花溪一级电站建成发电。

12月，旧县中心幼儿园被评为龙岩市标准幼儿园。

是年，乡为计生“三户”（二女结扎户、独生子女户、经批准生育二孩户）创造就业岗位，全乡102户计生“三户”，有200个劳力就业上岗，是年，开通扁山福村400门程控电话，实现村村通程控电话。

是年，接上计算机互联网，旧县已基本具备功能齐全、质量可靠稳定的现代化通信条件。

是年，旧县乡被评为市级文明乡（镇）。

是年，旧县中心小学被授予市文明学校称号（1998—2003年）。

是年，实现村村通水泥路。

2004年

4月25日，中国平安保险公司福州分公司300多位干部职工在梅溪平安希望小学举办“暖心之旅”活动，捐赠给梅溪平安希望小学电脑16台，学习用品800套。

4月，引进外资兴办三华养鳗场和改造原河东养鳗场，首批投放鳗鱼苗100万尾。

是年，铁东水库建成。

是年，沿旧县河两岸一、二重山及新坊、石院、福村、迳美、谷坑等村共划出生态公益林5801.93公顷，打造可持续发展生态林业模式。

是年，日本前国务大臣板本三十次的后援会组织“板本”，通过中国对外友好协会副会长陈永昌捐赠给旧县中心小学300万日元（折合人民币23万元），帮助建设校舍。

2005年

1月8日，在旧县中学体育运动场举办首届“荣达杯”农民运动会，全乡19个行政村组成19个代表队共228名农民运动员参加比赛，尧埔、河西、石院3个村分别获团体第一、二、三名。

12月29日，龙岩市市长雷春美在上杭县县长赖继秋陪同下，到旧县调研。

是年始，国家烟草总局支持旧县烟草种植区进行烟田基础工程建设，旧县有11个村共投资4649431.68元。

是年，兰田大桥建成通车。

是年，取消收取乡统筹粮。

2006年

6月18日，召开中国共产党旧县乡第十二次代表大会，出席大会正式代表151名，列席代表7名。

10月1日，全面启动新型农村合作医疗制度。

是年，旧县河梯级电站——石圳电站、河东电站、和坝电站、角龙电站建成发电。

是年，开始实行每亩平均90元的种粮和良种补贴。

2007年

1月18日，召开旧县乡第十四次人民代表大会，正式代表61名出席大会。

7月下旬始，持续高温，最高气温达39℃，为有气象记录以来首次。

9月20日，旧县乡举办县第二届（西北片区）农民文化体育节，西北片区7个代表队250多名农民运动员参加比赛。旧县乡代表队获得团体总分第一名。

10月，投资100万元新建的旧县卫生院门诊大楼投入使用。

2008年

7月，成立旧县乡退休老年人协会，有会员44人。

12月，旧县中心小学被龙岩市教育局评为“市课程改革先进集体”。

2009年

5月，通过省“双高普九”验收。

9月，福村村民张美焕成立鸿建山鸡专业合作社，采用股份制合作形式和“合作社+基地+农户”经营模式。至年底，山鸡合作社会员发展到87户，养殖点遍布上杭、连城、武平3个县10个乡镇27个村，资产规模达1051万元。

12月，迳美村发生一起故意伤害致人死亡案，一位出家人被犯罪嫌疑人故意伤害致死。犯罪嫌疑人在龙岩牛记粉干店被民警抓获。

2010年

1月2日，中共中央政治局常委、国家副主席曾庆红偕夫人王凤清，在省、市、县有关领导陪同下，到母亲邓六金（老红军）故乡新坊村探望乡亲。

4月15日，上杭县农村党员干部现代远程教育暨农村信息化综合信息服务示范工程在革命基点村新坊村启动。

7月，成立政协旧县乡工作委员会。

9月28日，旧县乡组队参加在官庄畲族乡举办的上杭县第五届（西北片区）农民文化体育节，获团体总分一等奖。

11月，开展第六次全国人口普查，普查结果，旧县全乡7766户，28828人，其中男14559户，女14269人。

2011年

6月3日，召开中国共产党旧县乡第十三次代表大会，参加大会正式代表153名，列席代表2名，特邀代表3名。

7月，旧白公路按山岭重丘区二级公路标准进行升级改造，总投资1.55亿元。2012年12月5日，旧县段8.284公里竣工通车。

11月，在旧县乡举办由龙岩市作家协会、上杭县文联和旧县镇党委、政府主办，上杭县作家协会协办的“古邑秋色”文学笔会，市、县作家50人到会，进行了一天采风活动。

12月28日，召开旧县乡第十五次人民代表大会，参加大会正式代表61名。

是年，水东大桥建成通车。

是年，老红军邓六金故居修葺工程完工。此后，开国将军陈茂辉、陈海涵、孔瑞云故居修葺工作陆续进行。

是年，旧县乡在全坊村建立书记、乡长示范林600亩，在新坊、梅溪、河东村兴建农民公园，完成绿化面积120亩。

是年，落实“一村一品”政策，水东村建立槟榔芋规模种植示范片108亩，新坊村建立烤烟种植基地1520亩，石院村建立高山茶种植基地500亩，福村村建立毛竹丰产林1.5万亩。

2012年

5月3日，福建省人民政府批准旧县乡改为镇建置。10月27日，举行撤乡设镇授印揭牌仪式。

7月6日，全坊村一位女村民午后在田间劳动时遭雷击身亡。

7月，李海在水东村创办私立上杭国学经典学校。

9月，省委副书记陈文清到新坊村调研。

12月6日，在新坊村举行老红军邓六金100周年诞辰纪念活动，邓六金儿女、市县领导、新坊村干部群众共100多人参加活动。

12月10日，中国联通集团公司总经理陆益民到新坊村调研。

是年，旧县镇获省级生态镇命名。10 个行政村获市级生态村称号。新坊村被评为第十一届市级文明村，全坊、铁东、谷坑、福村等 9 个村被评为第十一届县级文明村。

是年，全坊大桥建成通车，福村水电站建成发电，新坊村建成全镇第一个农民公园。

是年，福村村张美焕的鸿建山鸡专业合作社被评为龙岩市龙头企业，市级示范专业合作社。

是年，旧县镇党委、政府编辑出版《古邑春秋》和《魅力旧县》。

2013 年

3 月 4 日，旧县镇人民政府下发《关于下达 2013 年农资综合补贴资金的通知》，规定从 2013 年起，对承包耕地 30 亩以上的种粮大户，每亩给予奖励 30 元。

6 月 1 日，成立上杭县慈善总会旧县分会。

7 月 5 日，梅溪村成立上杭县鸿福农业专业合作社和上杭县鸿运农机专业合作社。

9 月 11 日，国家烟草专卖局局长凌成兴一行到旧县调研新坊村烟基建设情况。

12 月 29 日，全国政协常委刘晓榕到新坊村参观邓六金故居。

12 月，旧县中心小学被评为龙岩市“特色示范学校”。

是年，坝上、新坊、兰田、龙溪、河西、铁东、铁场、石圳 8 个村被龙岩市环境保护局授予第三批“龙岩市生态村”称号。

是年，兴建农村饮水安全工程，解决坝上、河东、龙溪、全坊、河西、尧埔、兰田、铁场、铁东、石圳、角龙、水东、梅溪、谷坑 14 个行政村 17854 人集中供水和新坊、石院、扁山、福村、迳美 5 个行政村 4204 人分村供水工程，总投资 1799.06 万元。2014 年 4 月 22 日，工程经验收投入使用。

是年，全镇有规模种植示范户 120 户，实现土地流转 5500 亩，其中百亩以上规模经营片 11 个，连片经营 1520 亩。

2014 年

1 月，上杭县人民政府批复成立新康行政村，成立新康村党支部、村民委员会。

2 月，上杭县首座智能温控水稻育秋秧工厂在梅溪村建成投产，占地 2000 平方米，设计育秧能力每季 1000 亩，全年早、中、晚一季供秧能力 3000 亩。除水稻育秧外，还可培育蔬菜、花卉、水果等其他经济作物和种苗。

是年，实施旧县河集镇段生态护岸工程护岸总长 700 米。

是年，水东村被列为省级示范村建设，新坊村被列为市级“美丽乡村”建设。

是年，福村村张美焕的“鸿建山鸡合作社”被评为全国供销合作总社全国规范社。

是年，全镇 18 个行政村为市级生态村。

是年，旧县镇被授予全市第十二届文明乡（镇）称号，旧县中心小学被评为市级文明学校，新坊村被评为市级文明村。

2015 年

3 月 11 日，福建省军区司令员熊安东、中共福建省委政法委书记陈冬、解放军第 31 集团军原副军长张明才、龙岩市市长池秋娜、副市长毛高良与中共上杭县委书记邓菊芳等到旧县参加植树造林。

同月，梅溪新大桥建成通车。

4 月 13 日，县委、县政府表彰 2014 年项目建设工作先进集体和先进个人，旧县镇旧县河治理工程被评为“三边三节点”整治建设二等奖。水东村获美丽乡村建设一等奖。

6 月 18 日，中共龙岩市委，龙岩市人民政府表彰 2014 年度“平安乡镇平安村居”。旧县镇扁山、坝上、新坊、铁场、石院、梅溪、谷坑 7 个村被评为平安村。

10 月 16 日，旧县镇敬老院被评为全市 10 所“最美敬老院”之一，是上杭县唯一获得殊荣的敬老院。

是年，全镇养猪专业户 22 家，是旧县养猪全盛时期。

是年，在全坊村北沿河路分别兴建公安派出所办公楼和供电所办公楼。

2016 年

5 月 27 日，召开中国共产党旧县镇第十四次代表大会，正式代表 149 名出席会议。

9 月 25 日，县琴岗诗社、县文化馆、图书馆等 7 部门，在旧县镇新坊村联合举办纪念红军长征胜利 80 周年走进美丽乡村诗词采风暨文化下乡活动。

12 月 15—16 日，召开旧县镇第十六届人民代表大会，正式代表 60 名出席大会。

12 月，旧县中心小学被评为省“义务教育管理标准化学校”。

是年，完成位于全坊村旧白公路南侧“造福工程”第一期工程，兴建 70 幢房屋。

2017 年

4 月，旧县十番乐队应邀到上杭客家缘参加县“三月三”民俗文化节演出。

4 月，尧埔村村民丘仰辉被省文明办评为见义勇为类“福建好人”，登上福建好人榜。

7 月，成立上杭琴岗诗社旧县分社。

12 月，境内中央苏区红色交通站旧址新坊通济庵、河西敦和堂被公布为上杭县第十三批县级文物保护单位。

是年，语口渡大桥建成通车。

是年，为做好境内河、溪生态治理工作，旧县镇实行河长制，设立办公室，由镇党委书记任第一总河长，镇长任总河长，挂村领导任分段河长，各村党支部书记任村级河长。全镇设 6 名镇级河道专管员，16 名村级河道专管员，41 名保洁员。

是年，为保护环境，全镇共拆除禁养殖区及限养殖区内生猪养殖场 289 家，面积共 8 万多平方米。投资建设镇、河东、兰田 3 处生活污水处理工程。投资 3000 多万元进行旧县河治理和安全生态水系工程河道治理。

是年，新坊、水东、兰田村成为“美丽乡村建设”示范村。旧县镇美丽乡村建设规划前四期通过县级验收，水东村、石院村美丽乡村建设通过市级验收。

是年，紫金矿业集团委托旧县镇政府实施迳美村整村搬至临城镇西陂村安置的整村搬迁工程。

是年，国家卫生计生委授予旧县卫生院“群众满意乡镇卫生院”称号。

是年，全镇森林覆盖率 83.03%，基本消灭水土流失区域。

是年，全镇实现社会总产值 22 亿元，同比增长 10%，社会总产值位列全县乡（镇）第七位。其中，工业总产值 11 亿元，农林牧渔总产值 6.2 亿元，同比增长 40%，第三产业总产值 4.8 亿元，同比增长 20%，财政收入 2800 万元，同比增长 40%；农民人均纯收入 15963 元，同比增长 10.13%。

第一章　建置区划

旧县镇境域（以下简称境域）历史悠久。从境内全坊村铁锸指商朝古遗址考证的情况看，早在新石器时代后期，境内就有人类劳动生息。夏、商时期（约公元前2100年以前），境域为闽越地；周时属七闽；秦属闽中郡；汉属晋安郡；西晋太康三年（282年）始属晋安郡之新罗县；南朝宋泰始四年（468年）新罗县废后，境域依次属晋平郡、南安郡龙溪县；唐开元二十四年（736年）置汀州，同年设长汀县，境域分属新罗、长汀两县辖。唐大历四年（769年），析龙岩县湖雷下堡（今永定县下湖雷）置上杭场，境域隶属上杭场。宋淳化五年（994年）上杭场升为县，境域隶属上杭县。此后一千多年来，境域一直为上杭县属地。

第一节　位置　境域

旧县镇位于上杭县北部、旧县河畔。地处北纬25°07′58″—25°17′30″，东经116°22′30″—116°37′30″。东南与白砂镇交界，西南与临城、湖洋镇毗邻，西北与才溪镇接壤，北与南阳镇连接，东北与蛟洋镇相连。东倚扁山岽，西倚紫金山。旧县河从东北至西南贯穿全境。地形呈长形，东西长35公里，南北宽15公里，总面积160.1平方千米。镇人民政府设在河西村大冈尾，距上杭县城22公里。辖新坊、石院、扁山、福村、河东、龙溪、全坊、坝上、河西、尧埔、兰田、铁场、铁东、石圳、角龙、迳美、谷坑、梅溪、水东、新康20个行政村。

第二节　建置沿革

宋制，大者为乡，其次为团，再次为里。宋初，上杭分为胜运、兴化、太平、全丰4个乡，平原、来苏2个团，平安、安丰、来苏、古田、鳖沙5个里。旧县隶属太平乡平原团平安里。

元沿宋制。

明洪武十四年（1381年），改4个乡2个团为10个里，即在城、胜运、溪南、来苏、古田、平安、太平、白砂、金丰、丰田。旧县隶属平安里。白叶塅、梅溪寨、水东、郭坑、石圳潭、全坊、铁场隶属太平里。

清初沿明制，全县设在城、胜运、来苏、溪南、平安、太平、白砂、古田 8 个里。境域除梅溪、谷坑、水东属太平里外，其余隶属白砂里。

清光绪二十四年（1898 年）“戊戌政变”后，实行新法，改里为区。全县划分为 5 个路（中、东、南、西、北）24 个区，境域为西路第二区（简称西二区）。

民国 10 年（1921 年），全县改为 5 个路 20 个区，境域为第十三区。

民国 20 年（1931 年），全县分为 5 个路 12 个区，境域归西路第八区。

民国 25 年（1936 年）初，改路为区，全县分为中、东、南、西、北 5 个区，区下设 58 个联保、485 保、4662 甲，境域归西区辖。4 月，调并区级建制，旧县一带归第四区，区署设在才溪。第四区辖旧县河以北及太平、平安 2 个里，辖九州、梅溪、石龙、新坊、新市、四坊、通贤、才溪、回龙、官庄、珊瑚等 11 个乡联保办事处。旧县境域分设九州、梅溪、石龙、新坊、新市 5 个乡联保办事处：

九州乡联保办事处辖九州、东头冈、湖坊、玉女坑、新兴坝、猫子塘、角坑、伯公滩。驻地九州村。

梅溪乡联保办事处辖梅溪寨、同坑塘、龙潭圩、径里、水东、白玉洞、石砌下、草鞋岭、水西渡。驻地梅溪寨。

石龙乡联保办事处辖石圳潭、蓝田、铁场、麻坝里、象塘、岩下、下角龙。驻地石圳潭。

新坊乡联保办事处辖新坊、碧沙坑、旱坑、石院坑。驻地新坊圩。

新市乡联保办事处辖新市、旧县、坝上、陂湖、扁山、下湖、湖州坝、全坊、尧坊坪。驻地新市圩。

民国 29 年（1940 年），全县划为 4 个区，2 个镇，25 个乡，旧县分为新乡、三益 2 个乡，隶属第四区。其中新乡辖新市、旧县、坝上、陂湖、扁山、下湖、湖州坝、全坊等村，三益乡辖水西渡、宫子前、白玉、古石、梅溪、水东、石圳、铁东、铁场、尧埔、九州、玉女、新塘、谷坑、迳美、角龙、石砌、麻坝等村。

民国 31 年（1942 年）11 月，取消区级建置，全县分为 2 个镇 25 个乡，旧县境内有新乡、三益 2 个乡。

民国 32 年（1943 年），全县设 1 个镇 23 个乡。民国 36 年（1947 年）5 月，全县行政区划调整为 1 个镇 18 个乡。民国 37 年（1948 年）2 月，全县分为 1 个镇 20 个乡。这一时期，旧县境域仍有新乡、三益 2 个乡。

苏维埃时期，民国 18 年（1929 年）9 月 20 日，红四军攻克上杭城后，国民党政权土崩瓦解，县、区、乡苏维埃政府先后成立。至民国 19 年（1930 年）5 月，全县建立 13 个区苏维埃政府、161 个乡苏维埃政府。旧县成立西二区苏维埃政府（下辖乡苏建置情况不详）。

民国20年（1931年），上杭、武平2个县合并成立杭武县苏维埃政府，下辖8个区，旧县为第六区。年底，撤销杭武县，重建中共上杭县委、县苏维埃政府，下设9个区，境内为旧县区。

民国21年至22年（1932—1933年）冬，上杭县苏维埃政府先后驻在白砂、大乾头、科子里、水西渡等地，下辖旧县、才溪、白砂、官庄区。

民国24年（1935年）1月，在通贤障云山区坚持游击战争的上杭、长汀、新泉三县部分党、政、军领导人根据张鼎丞的建议，合并成立中共新汀杭县委、县苏维埃政府，旧县隶属新汀杭县委、县苏领导。4月，上杭南路代英县与上杭县合并成立杭代县军政委员会，旧县隶属杭代县军政委员会管辖。5月，以岩下山为据点，杭代县军政委员会决定设立岩下山工作委员会，并在旧县铁场乡（今铁东）设立交通站。1936年1月1日闽西南军政委员会第二次会议后，岩下山工作委员会改为新汀杭县军政委员会，旧县一带隶属其领导。

1949年5月，成立中国人民解放军闽西义勇军临时行动委员会上杭分会，下辖1个镇23个乡支会，旧县境内有新乡、三益2个支会。6月，中共上杭县委成立10个工作团，旧县（新乡）、梅溪（三益）隶属第三工作团辖。

1949年9月17日，上杭县人民民主政府成立，下辖13个区126个行政村。新乡、三益乡合并为旧县区，成立旧县区人民民主政府，辖河东、河西、新坊、梅溪、尧石、石玉、九州等7个行政村。

1950年6月1日，白砂区碧沙、早康村划入旧县区管辖，全县分为12个区，旧县为第八区，辖新坊、碧康、河东、河西、龙全、尧石、梅溪、谷坑、玉女、九州、石玉等11个村。1953年普选，村改为乡。1954年，将玉女、九州、石玉3个乡划入附城区管辖。

1955年12月9日，旧县区人民民主政府改称旧县区公所。

1956年8月，撤并区乡，全县调整为1个镇，8个区，5个区辖镇74个乡。旧县分为梅溪、石龙、新坊、旧县4个乡；梅溪、石龙乡划入附城区管辖，新坊乡划入白砂区，旧县乡划入才溪区管辖。

1958年2月，撤区并乡，全县划为42个乡，梅溪、石龙2个乡从附城区划出，合并成立梅溪乡；新坊从白砂区划出，成立新坊乡；旧县乡从才溪区划出，成立旧县乡。10月，新坊、旧县、梅溪3个乡合并成立旧县人民公社，下辖新坊、碧康、河东、龙全、河西、尧铁、石圳、梅溪等8个管理区（后改为生产大队），公社、大队设管理委员会。

1961年6月，全县划为46个公社，旧县公社分为梅溪、旧县、新坊3个公社，隶属才溪工作委员会管辖。8月，蛟洋公社的福村大队划入华佳公社。9月，华佳公社的福村大队、新坊公社的扁山大队划入旧县公社管辖。

1965年，旧县、梅溪、新坊3个公社合并为旧县公社。合并时原新坊公社所辖的碧沙、早康2个大队划入白砂公社管辖；原梅溪公社所辖的石砌、白玉、古石3个大队划入城郊公社管辖。旧县公社下辖大队有新坊、石院、福村、扁山、河东、龙溪、全坊、坝上、贝湖、上营、下营、尧埔、兰田、铁场、铁东、上圳、下圳、角龙、水东、迳美、梅溪、谷坑22个。1966年，贝湖、上营、下营3个大队合并为河西大队，上圳、下圳2个大队合并为石圳大队。至此，旧县公社下辖大队有新坊、石院、扁山、福村、河东、龙溪、全坊、坝上、河西、尧埔、兰田、铁场、铁东、石圳、角龙、迳美、谷坑、梅溪、水东19个。

1966年9月，在“文化大革命”运动的“破四旧”中，旧县公社改名为红岩公社；大多数大队的名字也被改为带有“红”字色彩的字眼。

1966年9月至1971年4月旧县公社有关大队名变更情况表

表1-1

原名	改动名	原名	改动名
新坊	—	兰田	红田
石院	红院	铁场	红光
扁山	—	铁东	—
福村	新村	石圳	红旗
河东	红东	角龙	五星
龙溪	红岩	迳美	红山
全坊	红全	谷坑	红村
坝上	红庄	梅溪	—
河西	红卫	水东	—
尧埔	红坪	—	—

1968年11月，成立红岩公社革命委员会，各大队成立革命领导小组。

1971年4月，红岩公社恢复原名——旧县公社。各大队也相应恢复原名。

1980年7月1日，旧县公社“革命委员会”改为旧县公社“管理委员会”；各大队“革命领导小组”也改为“管理委员会”。

1984年9月，撤社建乡，实行政社分开，旧县公社改为旧县乡，成立旧县乡人民政府；各大队改为行政村，原大队管理委员会改为村民委员会，生产队改称村民小组。

2012年，撤销旧县乡建置，设立旧县镇。

2014年1月，增设新康行政村。

2017年，旧县有20个行政村，即新坊、石院、扁山、福村、河东、龙溪、全坊、坝上、河西、尧埔、兰田、铁场、铁东、石圳、角龙、迳美、谷坑、梅溪、水东、新康。

2017年旧县镇行政区划情况表

表1-2

行政村名	所辖村民小组或自然村名
新坊	油楻坪、横塅、小坑、刘连坑、石嵊、茶子岗、水口、大福、新坊圩、禾庄角
石院	下村、旱田里、排下里、墩上、上村、荷树下
扁山	村中心、大榜脚下、黄坭坎、湖洋里
福村	茅坪下、上头坝、溪背山、罗丁下、横桥幕前、排塘坑
河东	寨里、赤水洋、李竹坑、下寮坝、下湖山、新田里、牛子额、下溪边、阡背
龙溪	天丁坝、龙头岗、大岗背、小溪口、牛角龙、山下
全坊	村中心、全坊、上山下、下山下、桅杆屋、下村
坝上	大背头、湖洋坑、坝上、上羊角
河西	岭下里、贝湖、湖丘坝、桅杆屋、朱吉坊、犁头坊、黄竹垅
尧埔	大路上、社冈上、新屋下、冈下里、塘下屋里、上溪边、下溪边
兰田	中心屋里、兰田、乙尾屋里
铁场	泥舍里、麻坝里、碓寮坑里、罗屋下、牛角屋里、渡头、陈屋下、梁下、享堂里
铁东	光裕堂、扬德堂里、黄泥岭下、社冈上
石圳	响石前、下家里、楼子上、中心屋、兰屋、村尾头、井丘、河山头、萝卜岭
角龙	庵脚里、上村、下村、鹿颈冈上、赤竹槛
迳美	中迳、上径、下迳、金山脚下、茶头坪里、高桥上
谷坑	上谷坑、下谷坑
梅溪	兔子岗、石背、上何屋、下湖屋、笛子岗、双口塘里、赤岗
水东	下坑里、鲤田坝、上丰岭、井下
新康	庵坑

第三节　政府驻地变迁

民国年间，旧县区、旧县乡联保办事处设在河西村福清寺，新坊乡公所先后设于新坊村通济庵、大丘冈上（当时建有碉楼）。

民国 29 年（1940 年）至民国 37 年（1948 年），三益乡乡公所设在梅溪村文馆。

1949 年 9 月，旧县区人民民主政府设在岩寺前妫芳祠。同年冬开始，先后短暂迁至龙溪小溪口、河西村老圩上、全坊等处，后又迁回小溪口。

1958 年 10 月，在小溪口设立旧县人民公社。1973 年 6 月 1 日特大洪灾后，旧县公社治所移至河西大队乌石冈新建；1974 年夏搬迁入驻。此后，旧县公社（乡、镇）党政机关一直在此设立。

第二章　自然环境

扁山崇最高峰（林元城供图）

旧县地质构造属新华夏系与华夏系和龙岩山字构造相互复合、彼此干扰的地质构造复杂区。旧县河纵贯境内构成中间低、四周高的地势。地貌大致形成低丘河谷地、高丘陵区、低山区等三个类型。山脉以旧县河为界，东为玳瑁山延伸分支，西自武夷山脉南段延伸而来。

境内为亚热带季风气候，年平均气温19℃左右，年降水量1600—1900毫米，无霜期293天以上，灾害性天气较多。

旧县生态环境优良，2012年获省级生态镇命名。

2016年，全镇20个行政村达到市级生态村标准并获命名。

第一节　地质　地貌

一、地　质

（一）地　层

旧县境内地层发育较齐全，从新生界至古生界均有出露，出露较大的有第四系、碳系、侏罗系、泥盘系等4个系。

地层岩性以从坝上至梅溪，旧县河的东、西两岸为序，依次为：

1. 河床冲积堆积物，上部为亚砂土层，下部为砾石层。主要分布在旧县河两岸，为新生界第四系，距今2百万—3百万年形成。

2. 上段为紫灰紫红色薄层状泥质粉砂岩夹灰色、黄白色石英砾岩砂砾岩；下段为灰白色厚层状石英砂砾岩、粉砂岩与灰绿紫灰色粉砂岩互层。主要分布在坝上至尧埔、全坊至铁东一带，为古生界、泥盘系、上统—中统、南靖群、上组。距今280万—350万年前形成。

3. 上部为亚砂土层；下部为白色厚层状石英砾岩、砂砾岩、紫灰色细砂岩粉砂岩、偶夹炭质粉砂岩、高灰质页岩及煤线。主要分布在旧县河东、西两岸。为古生界石炭系下统林地组，距今280万—350万年前形成。

4. 上部为灰-灰白或深灰色巨厚层状石英砾岩、砂砾岩、细砂岩、粉砂岩；下部为白云岩、灰岩夹少量硅质岩或硅质层。主要分布在铁场麻坝一带。为中生界、三叠系、上统、船山组。距今230万年前形成。

5. 上部以火山碎屑岩为主；下部为砂砾岩、细砂岩、夹凝灰岩、页岩及硅质岩。主要分布在谷坑、梅溪一带。为中生界侏罗系上统南园组。

6. 上段为紫灰色薄层状泥质粉砂岩；下段为灰白—黄白色石英砾岩夹少量中粒石英砂岩及紫灰色粉砂岩。主要分布在扁山岽一带。为古生界泥盘系中统南靖群下组。距今500万年前形成。

7. 上部为酸性熔岩、火山岩、火山碎屑岩为主；下部为深灰、灰白、灰缘紫红色、凝灰质砂岩。主要分布在紫金山一带。为中生界侏罗系上统南园组。距今2万—3万年前形成。

（二）侵入岩

旧县境内侵入岩主要发生在燕山晚期。第一阶段第一次侵入，岩性为花岗闪长岩和白云母碎裂花岗岩等。

侵入划分与岩性分布情况表

表2-1

	侵入期次	岩　性	主要分布
燕山晚期第一阶段	第一次侵入	花岗闪长岩	旧县—石圳
	第一次侵入	白云母碎裂花岗岩	旧县—迳美

（三）构　造

境内大地构造位于松（溪）、政（和）—大埔（广东）断裂带的西北侧，处于新华夏系的西部隆起带内和南北向构造体系的西南部。新华夏体系和南北构造体系是境内最强大、最活跃的构造，是境内地质构造的主要体系。其次还有华夏系构造、东西向构造、西北向构造和龙岩山字构造。相互复合、彼此干扰，导致地质构造复杂。

二、地　貌

（一）类　型

全镇地貌大致可分为三个类型

1. 低丘河谷地　海拔140—300米，切割深度10—50米，丘陵起伏，山低坡缓，坡度15—20度，地势较开阔。

2. 高丘陵区　海拔250—500米，切割深度50—200米，坡度20—30度，岗丘起伏、坑垄交错，地形多样，构成高丘陵地貌。

3. 低山区　海拔500—800米，切割深度200—300米，坡度一般30度以上，峰峦重叠，山势陡峭，构成低山地貌。

（二）山　岭

旧县地势中间低两边高，山脉以旧县河为界，东为玳瑁山的延伸分支，自连城东郊入步云、古田、蛟洋，到扁山崇而再延伸。西为武夷山脉南段延伸，自长汀大息岭入南阳、通贤、才溪、旧县的紫金山。

旧县各行政村总面积与海拔高度情况表

表2-2

行政村村名	总面积（平方公里）	海拔高度（米）	行政村村名	总面积（平方公里）	海拔高度（米）
新坊	13	380	铁场	5.68	210
石院	12	360	铁东	11.58	210
扁山	9	663	石圳	13.4	200
福村	8	716	角龙	3.3	200
河东	19	220	迳美	9.6	290
龙溪	5	210	谷坑	7.36	290
全坊	2.06	210	水东	13.1	200
坝上（新村部）	9	214	梅溪	6.84	195
河西	9.4	220	新康	5.49	289
尧埔	3.08	210	扁山崇		1279.5
兰田	3	210	紫金山		1138.4

说明：以上数据来源于《上杭县地名普查资料》《上杭县志》

第二节　气　候

旧县镇境域，属中亚热带与南亚热带季风常绿阔叶林气候。温暖湿润，降水丰沛，降水较集中、干湿季节分明，季节性气候特征明显。夏长而无酷暑，冬短又不严寒。年平均气温19℃左右。无霜期，在20世纪70年代以前为290天以上；20世纪90年代至21世纪293天以上。灾害性天气较频繁。

一、气　温

据旧县气象资料多年记载情况分析显示，旧县的四季气温：

春：起于1月21日至4月20日，约90天。平均气温14.47℃。极端最低气温3℃。

夏：起于4月21日至10月10日，约173天。平均气温24.9℃。极端最高气温39℃。

秋：起于10月11日至12月23日，约64天。平均气温14.5℃。

冬：起于12月24日至次年1月20日，约29天。平均气温11.1℃。极端最低气温0℃。

1985—2014年旧县年平均气温情况表

表2-3　　单位：℃

年份	1月	2月	3月	4月	5月	6月	7月	8月	9月	10月	11月	12月	年平均
1985	9.0	11.3	15.8	20.8	21.1	23.9	26.0	26.9	24.5	20.5	15.3	10.2	18.7
1986	10.2	10.9	14.8	19.2	21.5	24.3	27.0	26.8	25.0	20.1	16.0	11.0	18.9
1987	8.2	10.5	13.1	20.1	22.0	24.9	27.4	26.1	25.3	21.6	15.0	9.5	18.6
1988	6.8	8.6	13.8	18.5	21.0	24.8	27.1	26.3	24.0	20.5	16.1	9.2	18.0
1989	8.9	10.3	11.7	17.9	23.9	24.9	25.9	26.6	23.8	21.7	16.0	9.5	18.4
1990	9.0	8.8	12.9	19.8	22.5	23.8	26.1	27.2	24.5	20.7	15.5	11.5	18.5
1991	11.0	13.5	16.0	19.7	22.6	24.8	26.5	26.8	23.6	21.0	16.2	10.4	19.3
1992	10.9	9.9	11.6	17.1	23.5	26.1	27.0	26.9	23.9	21.5	14.9	10.9	18.6
1993	9.8	11.1	15.0	19.1	21.5	24.9	26.9	26.8	25.5	21.8	15.1	10.2	18.9
1994	10.4	12.0	15.7	18.0	21.9	25.5	27.4	26.5	25.0	20.9	16.6	12.2	19.3
1995	10.2	11.9	15.4	19.0	23.4	26.0	27.4	27.0	24.7	19.3	15.6	11.4	19.2
1996	9.2	9.5	13.0	19.9	22.1	24.5	26.8	26.9	25.8	19.4	14.6	13.5	18.9
1997	7.8	12.5	14.4	18.7	22.5	24.3	27.5	26.9	24.8	19.6	16.6	10.0	18.1

续表2-3

年份	1月	2月	3月	4月	5月	6月	7月	8月	9月	10月	11月	12月	年平均
1998	11. 1	11. 1	12. 5	21. 3	23. 4	24. 9	26. 7	26. 0	23. 8	19. 9	17. 5	12. 9	19. 3
1999	8. 8	9. 5	14. 3	20. 1	23. 0	25. 4	26. 8	25. 0	24. 8	21. 9	15. 0	10. 2	18. 7
2000	9. 2	9. 0	13. 9	16. 1	22. 5	25. 7	27. 2	25. 5	25. 2	21. 1	17. 5	11. 0	18. 6
2001	10. 0	11. 0	16. 0	19. 6	23. 0	24. 9	26. 0	25. 9	24. 0	21. 1	16. 0	12. 1	19. 1
2002	9. 4	11. 6	15. 3	21. 5	23. 1	25. 0	27. 4	27. 1	24. 4	22. 0	17. 1	12. 9	19. 7
2003	11. 0	12. 8	15. 0	21	21. 5	26. 2	27. 2	25. 6	24. 8	22. 1	16. 8	11. 0	19. 5
2004	10. 5	10. 9	15. 3	20. 0	23. 1	25. 3	27. 0	25. 8	24. 6	22. 2	15. 8	12. 4	19. 4
2005	11. 5	12. 1	15. 9	19. 2	23. 9	24. 1	26. 5	26. 3	25. 1	22. 0	15. 5	10. 9	19. 4
2006	10. 9	13. 6	17. 9	20. 9	23. 9	26. 1	27. 0	26. 0	23. 9	19. 9	15. 5	11. 6	19. 7
2007	9. 9	13. 7	15. 1	21. 1	23. 7	24. 5	28. 6	27. 7	25. 1	19. 9	16. 1	9. 9	19. 6
2008	8. 9	14. 0	15. 0	20. 5	23, 0	25. 9	27. 2	26. 9	24. 9	19. 5	16. 6	11. 0	19. 4
2009	8. 6	11. 9	13. 9	20. 1	23. 8	25. 6	27. 6	26. 8	21. 5	17. 8	17. 2	10. 9	18. 8
2010	11. 2	12. 6	15. 1	20. 3	21. 9	25. 0	27. 9	26. 9	23. 5	23. 8	17. 5	11. 5	19. 7
2011	9. 1	14. 0	15. 9	18. 2	23. 0	25. 8	28. 0	26. 1	24. 9	22. 5	16. 9	11. 3	19. 6
2012	9. 3	7. 9	16. 1	20. 0	23. 1	25. 0	27. 2	26. 7	26. 5	23. 0	16. 5	11. 5	19. 4
2013	8. 9	14. 0	15. 5	20. 1	23. 3	25. 4	27. 6	27. 2	26. 6	22. 8	13. 5	11. 4	19. 6
2014	10. 9	14. 9	15. 0	19. 0	23. 5	25. 4	27. 8	27. 5	26. 7	21. 0	16. 2	11. 5	19. 9

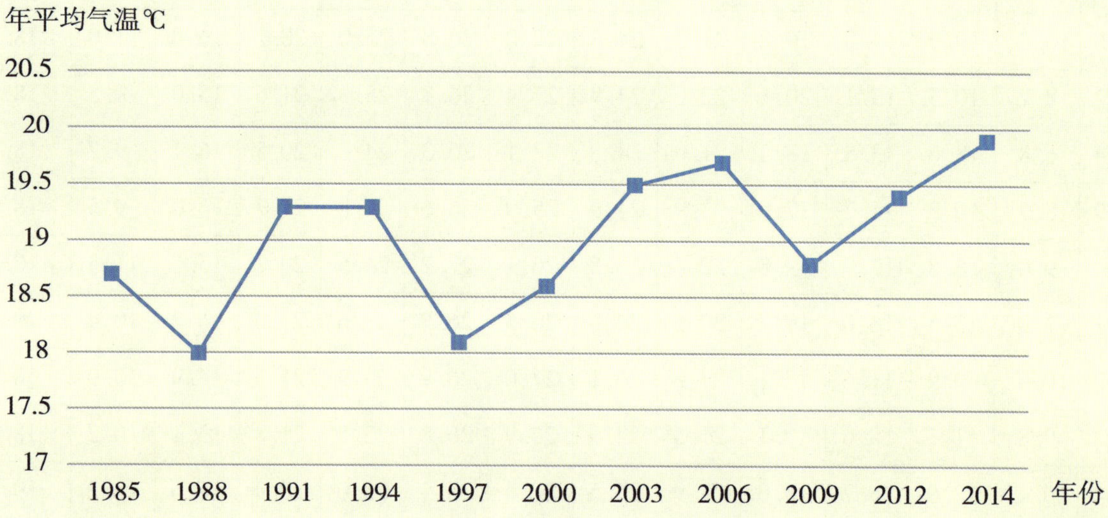

图2-1 1985—2014年旧县年平均气温变化曲线图

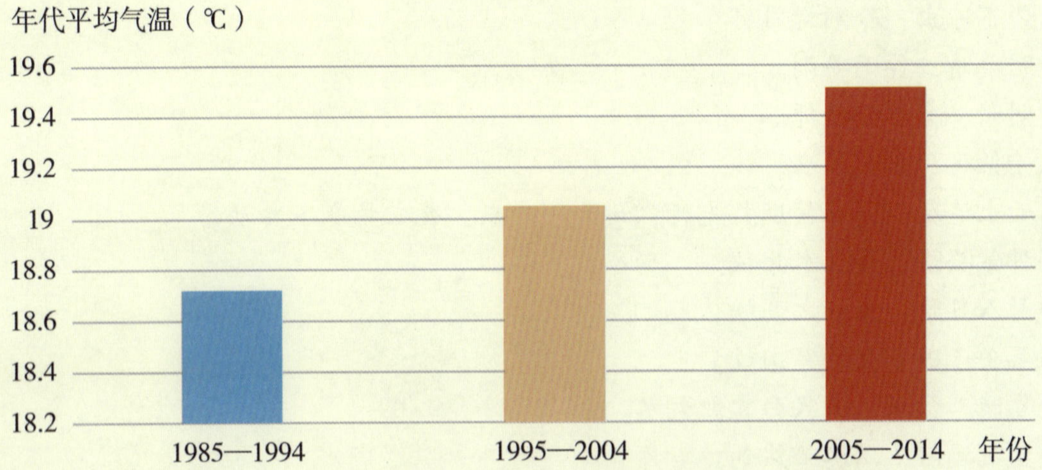

图 2-2　1985—2014 年旧县平均气温变化示意图

二、降　水

年降水量在 1580—1900 毫米之间。通常上半年逐月增多，5—6 月降水量为全年最多；7 月剧减，8 月又略有增加，10 月降水锐减，11 月至 1 月中旬为全年最少。

据气象部门多年记载，旧县平均年降水量为 1764. 7 毫米。

春雨季（2—4 月），降水月数多，平均月降水 13—15 天，季总降水量 375—435 毫米，占年降水量的 26%。

梅雨季（5—6 月），季总降水量 530—660 毫米，占年降水量 35%，降水日数最多，平均每两天降水一次。

台风阵雨季（7—9 月），季降水总量 430—490 毫米，占年降水总量 28%。

少雨季（10 月至次年 1 月），季总降水量（175—200 毫米），占年降水总量 11%。

三、日　照

年平均日照时数 2084 小时，年日照率 47. 6%。全年以 2—3 月日照时数最少，7—8 月最多。平均月日照时数分别为 2 月 95. 4 小时，3 月 101. 6 小时，7 月 238. 5 小时，8 月 232. 8 小时。

四、风

受太平洋季风影响，春、夏东南风多，秋冬西北风多。大风最多的年份为 1996 年有 55 天。大风最少的年份为 1985 年仅 2 天。

附：气候谚语

正月雷鸣二月雪，十二月雷鸣贼打劫。

未到惊蛰先响雷，四十九日乌啼啼。

正月莫混，二月莫鲜（意为正月河水莫要混浊，二月河水莫要清澈）。

惊蛰不冻虫，冷到六月穷。
清明要晴，谷雨要雨。
清明晴，有水莳秧坪。
燕子低飞，手拿蓑衣。
乌云上连城，蓑衣笠麻打先行；乌云下广东，蓑衣笠麻不要动。
芒种蒙头落，夏至水推秧。
四月八日晴，鱼虾上高坪。
五月壬子破，大水穿山过。
一鹭晴二鹭雨，三只白鹭做大水。
白鹭飞溪河，洪水必然到。
春暖春晴，春寒雨气。
初一落雨初二散，初三落雨到月半。
朝霞雨，夜霞晴。
朝霞夜霞，有水煮茶。
朝变夜变，有水洗面。
日头出来看一看，落雨落到暗。
日盯（日晕）长江水（雨），夜钉（月晕）草头黄（晴）。
日盯三日，夜钉对时。
中秋朦胧月，雨打上元宵。
芒种大晴天，夏至水满田。
夏至响雷旱六月。
夏至无雨三伏热。
小暑无雨看大暑，大暑无雨跨三暑。
小暑一声雷，晒谷搬去又搬归。
春南晴，夏南雨。
六月北风交现雨。
冬至出日头，明年冻死牛。
月光生毛，落雨居多。
雨打雪、冇停歇。
早看东，夜看西。

第三节　土壤　植被

一、土　壤

（一）类　型

根据福建省1982年第二次土壤普查，旧县土壤分为3个土类：红壤、黄壤、水稻土；

3 个亚类；8 个土属（耕地）；17 个土种（耕地）。

（二）分　布

土壤分布受地质、地貌、母岩母质、植被、气候和水文等条件影响，具有明显的垂直分布和区域性分布特点。

1. 垂直分布　海拔 600 米以下低山丘陵区为红壤，海拔 600—900 米为黄红壤，系红壤向黄红壤过渡地带。海拔 900 米以上为黄壤。暗红壤主要分布在生长茂密的常绿阔叶林、针叶混交林里；水化红壤则分布于河谷盆地和丘陵谷地过渡地带；粗骨性红壤多分布于低山、高丘陵的山顶、山脊处。

2. 区域性分布

河谷盆地区　主要以旧县河两岸河谷盆地平洋区，海拔 250 米以下，大部为潴育型和淹育型水稻土，土壤类型呈规律性分布：黄泥沙田土属（全镇 481.4 公顷，占耕地面积 45.87%），按潮沙田、灰沙田、黄泥沙田顺序排列。

3. 丘陵区　主要分布于海拔 500 米以下。中、上部多为荒坡、荒山，下部多为荒地或梯田。水田从高到低分布：黄泥田土属（全镇有 249.2 公顷、占耕地面积 23.7%），黄泥田、黄泥骨田、垅低为烂泥田。

4. 低山丘地区　主要分布在海拔 350 米以上地区，多分布浸冬田。部分山排田分布着潜育型水稻土、灰泥田土属，按灰黄泥田、灰泥田、冷水田或烂泥田排列。

（三）土壤肥力

1. 林　地

土壤有红壤、黄壤 2 个土类。红壤包括黄红壤、暗红壤和水化红壤；黄壤按土壤肥力监测，林地土壤有机质平均含量每公斤 27 毫克；全氮平均含量每公斤 167 毫克；碱解碳平均含量为每公斤 104 毫克；速效磷平均含量每公斤 31 毫克；速效钾平均含量每公斤为 43 毫克。全镇林地属酸性或微酸性土壤，pH 值绝大部分为 4.5—4.9。

2. 耕　地

地力差异明显，三要素肥料（氮、磷、钾）效应差异显著。1988—2003 年，土肥站连续进行肥效多点测试表明，化肥的增产效应氮肥>钾肥>磷肥；并通过对全镇 3 个水稻土土样检测，显示速效磷平均每公斤 20 毫克，达到富磷化水平，这是由于 20 世纪 70 年代后农民增加磷肥施用量后，磷素在土壤中易被吸附固定且当季利用率低，因而使土壤磷素由 70 年代的严重亏缺开始转变为平衡或盈余。但是速效钾平均每公斤仅为 67 毫克，属缺乏水平。同时测出土壤有酸性趋势，是由于长期重施化肥、少施有机肥等原因造成。

1982 年旧县公社土壤普查土属土种分布情况表（耕地）

表 2-4　　　　单位：亩

土壤亚类	土属	土种	坝上	河东	河西	全坊	兰田	铁场	铁东	石圳	角龙	水东	梅溪	谷坑	迳美	新坊	石院	扁山	福村	尧埔	社直办	龙溪	合计	占耕地百分比（%）
淹育型	黄泥田	灰黄泥田	53	13	278	—	40	10	—	232	—	5	914	650	—	388	127	—	14	101	36	55	2916	18. 4
		黄泥田	5	—	5	—	—	—	5	377	—	—	142	—	—	72	86	—	91	—	27	—	810	5. 1
		黄泥骨田	—	—	—	—	—	—	—	8	—	—	3	—	4	5	—	—	—	—	—	—	20	0. 11
	黄泥沙田	灰黄泥沙田	268	598	414	107	134	633	300	339	221	403	36	—	853	431	579	494	131	225	—	367	6533	41. 5
		黄泥沙田	35	10	—	—	5	23	—	22	55	—	—	—	434	31	60	—	—	5	—	13	688	4. 3
	紫泥田	紫泥沙田	—	—	—	—	—	—	—	—	—	—	—	—	118	—	—	—	—	—	—	—	118	0. 75
		紫泥田	—	—	—	—	—	—	—	—	—	—	13	10	45	—	—	—	—	—	—	—	68	0. 43
储育型	灰泥田	灰泥田	—	—	—	80	60	—	—	70	—	15	126	—	—	—	—	—	—	—	—	—	351	2. 23
		黄底灰泥田	—	—	272	188	—	82	—	—	102	177	599	40	—	—	—	—	—	131	—	36	1627	10. 32
		沙底灰泥田	45	125	—	—	—	—	—	—	—	61	—	50	—	—	—	—	—	—	—	15	296	1. 34
		青底灰泥田	—	—	—	—	—	—	—	—	—	—	—	205	2	—	—	—	—	—	—	—	207	1. 24
	潮沙田	灰沙田	60	241	74	120	25	13	85	73	60	70	165	—	—	—	—	—	—	15	—	—	1001	6. 3
潜育型	冷浸田	冷水田	17	—	168	17	20	3	25	47	—	—	—	—	—	83	140	5	30	5	28	—	588	3. 72
		绣水田	—	—	11	—	—	—	—	7	—	—	—	—	—	20	12	—	—	—	—	3	53	0. 33
	烂泥田	浅烂田	—	—	13	—	—	—	—	52	—	—	—	—	3	31	5	—	—	12	—	5	126	0. 66
		深烂田	1	—	5	—	—	—	—	15	—	—	—	—	—	7	14	—	—	—	—	—	42	0. 26
	青泥田	青泥田	—	—	—	—	—	—	—	—	—	—	—	50	—	—	—	—	—	—	—	—	50	0. 31

二、植　被

（一）分　布（由低到高）

1. 河谷盆地：主要由耕地植被构成。

2. 草冈、丘陵、低山区地段：由山排田、荒坡灌草丛、人工灌丛、亚热带灌丛、马尾松次生林构成。

3. 高丘陵、山凹地段：由落叶阔叶林、常绿针叶林、竹林构成。

4. 高山地段：常绿阔叶林、常绿针叶林、落叶阔叶混交林构成。

（二）植被群系（由低到高）

1. 耕地植被群系。

2. 人工灌丛、荒坡灌草丛、马尾松次生林植被群系。

3. 竹林植被群系。

4. 阔叶林；常绿针叶、阔叶混交林植被群系。

第四节　河流　水文

一、水　系

旧县境域属汀江水系，是汀江第一大支流，发源于连城县莒溪白眉山北麓。河流经新泉到南阳镇矶头村而入境内。顺流而下，左边依次纳新康溪、金鸡窝大坑水、李竹溪、庐下溪、九曲溪、岩下山溪、下角龙、水东坑溪；右边依次纳池溪、捡窖石小溪、铜水坑水、石圳小溪，至西南方的梅溪村而进入临城境内。

境内集水面积 160.1 平方公里，流域面积 160.1 平方公里。境内旧县河长约 33 公里。

二、水位　径流

境内水位变化受季节年际影响较大，基本与降水量同步，一年中 70%降水量集中在 3—9 月，尤以 5—6 月为甚，洪水多发生于这段时间。20 世纪 70 年代，旧县河矶头段建成水电站；2004 年前后，境内又建成五级梯级电站，使旧县河境内流量受人为干预较大，经多年观测境内平均流量 47.3 立方米/秒。

径流分配亦与降水一致，一年内 3—9 月为丰水期，其径流量占全年径流量 70%。10 月至次年 2 月为枯水期，其径流量占全年径流量 30%。

第五节　自然灾害

一、洪　涝

从宋嘉泰二年（1202 年）至 1987 年，境内发生洪涝 45 次。其中，中华人民共和国成立后8次。每隔4—5年一次。其中较严重水灾：

清道光二十二年（1842年），七月初七夜大雨，八日水涨经3日。史称“壬寅水灾”，河东村张姓80余人遇难。

民国19年（1930年），特大洪水，旧县全坊村“天后宫”被冲毁。坝上李竹坑发生泥石流，冲毁粮田60多亩，有40多亩已成石坝，以后一直未复垦，史称“庚午水灾”。

中华人民共和国成立后，1973年6月1日，因暴雨，发生特大洪水，全社13个大队79个生产队735户2929人受灾，住房1218间被毁，248户1316人无家可归，死8人、猪18只、牛2头，伤15人，一大批衣服、粮食、农具、化肥、农药和稻田、农作物、水利与交通设施受损。

1992年3月25日至31日，旧县连降大雨，境内受灾严重。

1996年8月7日至9日，受10号台风影响，连降暴雨，形成洪灾，境内被冲毁陂头几十处，造成晚季水稻大面积无法灌溉，使晚稻严重减产。

2000年8月23日至8月26日，受台风“碧利斯”影响，4天连降大雨，旧县受灾严重。

二、干　旱

从明成化十年（1474年）至1987年，境内发生干旱46次，其中中华人民共和国成立后发生15次。

其中特别严重的几次是：

民国32年（1943年）1—6月，平均降水185毫米，旧县河水位低于警戒水位1米多。全年总降水1200毫米，属历史上少有的枯水年份。

民国35年（1946年），旧县年总降水量1170毫米，旧县河水位低于警戒水位1.3米，属历史上少有的枯水年。

1954年入秋后至1955年3月23日，境内降水与历史同期降水相比明显偏少。全年总降水量为1360毫米。

1958年，旧县全年总降水量1239毫米。

1963年，旧县境内自1962年7月至次年5月仅降水量55毫米。属大旱之年。

1977年，2—5月降水量145毫米，全年降水量1300毫米。

1991年1—3月降水量256.8毫米，4月10日至29日20天无雨，烈日高照，使山泉干涸，小溪断流。

2003年，干旱仅次于1963年，年降水量1300毫米。6月28日至8月3日连续36天干旱，仅降水4毫米。经实测资料频率分析旱情：7月同期频率为77年一遇，7—12月同期频率为56年一遇。

三、灾　雹

清康熙十二年（1673年）下冰雹如蛋卵大。

清宣统元年（1909年）下冰雹。

民国元年（1912年）下冰雹。

1961年4月4日至5日，旧县普降大冰雹，旧县小学因受灾停课一周。

1988年3月16日，下冰雹。

1996年6月8日下午，下冰雹。

四、寒　害

1975年12月13日，降一夜大雪，房前屋后，触目皆白。出行也需扫雪开道。

1988年×月，倒春寒，造成大面积烂种烂秧。

1996年2月17日至24日，严重倒春寒天气，造成大面积烂种烂秧。

2005年3月16日大霜冻和3月22日大雪、雨，使800亩烟田受到严重冻害，对烤烟收成造成较大损失。

五、地质灾害

地　震

明正德元年（1506年）十月二十九，地震，大地隆隆作响。

万历三年（1575年）六月二十一地震。

万历二十八年（1600年）八月二十三戌时，广东南澳地震，波及上杭、旧县。

万历三十五年（1607年）八月二十五，广东南澳地震波及上杭、旧县。

清顺治七年（1650年）十二月二十六，宁化地震波及上杭、旧县。

康熙十一年（1672年）四月地震。

乾隆十五年（1750年）七月地震。

民国7年（1918年）正月初三地震。

民国30年（1941年）发生地震。

1987年8月2日18时7分，江西寻乌发生地震，波及上杭、旧县。

1990年8月3日，紫金山金铜矿区发生泥石流灾害，造成8人死亡。

六、雷　害

1996年6月8日，扁山崇附近发生重大雷击事故，1名小学生遭雷击死亡，3人被雷击重伤。

2000年5月27日，境内一农民遭雷击身亡。

2012年7月6日，全坊村村民李秀吉（女）午后在田间遭雷击身亡。

第六节　环境保护

一、环境质量

（一）空气质量

2008 年，龙岩市环保局检测旧县大气质量为Ⅱ级。当年，旧县乡政府根据法规责令石灰窑停产，各村红砖窑实行改建。2009 年，全乡只剩尧埔村 2 家循环窑。2011 年，只剩 1 家符合环保的红砖窑。

（二）水环境质量

旧县河两岸村民自古以来多饮用河水。20 世纪 80 年代始，随着生活水平提高，各村农户自筹资金引用山泉水或打井者越来越多，导致水源紧张。1995 年，上杭县人民政府按集中资金、突出重点、先急后缓、以点带面、分批完成、市场运作、建管并重、效益为先、质量第一方针，每年安排一批村级人饮工程建设，以保障人畜饮水安全、农田耕作及其他用水不矛盾不冲突。又坚持“国家引导，配套投入，民办公助，流动开发的投入机制”和政府引导、社会共建、三个一点（国家、集体、个人各出一点）原则以及个人独资、社会捐助等模式，促成每个村最少建成 2 个以上人饮工程，并由专人管理。2017 年始，实行河长制，沿河各村配备河道管理员负责监督管理河流，严禁污染河水，破坏河道。

旧县镇旧县河水质监察情况表

表 2-5

交接断面	年段 断面性质	第一季度（类）	第二季度（类）	第三季度（类）	第四季度（类）	达标率（%）	达Ⅲ类以上水质比例（%）	目标水质（类）
旧县市场渡口	1970—1980 年 挖制・背景	Ⅱ	Ⅲ	Ⅲ	Ⅲ	80	100	Ⅲ
旧县市场渡口	1980—1990 年 挖制・背景	Ⅲ	Ⅳ	Ⅳ	Ⅳ	80	100	Ⅳ
旧县市场渡口	1990—2000 年 挖制・背景	Ⅲ	Ⅳ	Ⅳ	Ⅳ	80	100	Ⅳ
坝上电站梅溪大桥	2000—2010 年 挖制・背景	Ⅲ	Ⅲ	Ⅳ	Ⅲ	80	100	Ⅲ
坝上电站梅溪高速公路桥下	2010—2017 年 挖制・背景	Ⅲ	Ⅲ	Ⅱ	Ⅲ	80	100	Ⅲ

（三）音环境质量

2012 年，经上杭县环境监测站监测（监测点：镇政府、集镇、卫生院、中心小学），旧县区域噪音平均等效声在 36. 7—46. 9dB（分贝），音环境质量达到功能标准。

二、水土保持

（一）水土流失状况

旧县地处多山、丘陵地段，植被较好。中华人民共和国成立后，由于人口激增，1958 年“大炼钢铁”毁灭性破坏山林，“文化大革命”无政府状态，农村林业无责任人，林木被大量盗伐和“农业学大寨”时期“向荒山要粮”破坏生态植被等原因，森林植被被破坏，水土流失严重。

1983 年，上杭县“水土保持委员会”对全县水土流失进行普查，将全县水土流失划成重点预防保护区、重点监督区和重点治理区三种状况区域，旧县属于三种状况区域均有的乡（镇）。具体范围：铁场村属重点治理区，尧埔村属重点治理区，坝上、河东、河西、全坊、兰田、铁东 6 个村属重点监督区，其他各村属重点预防保护区。

（二）水土流失治理

20 世纪 70 年代初，对荒山、半荒山由上级实施全面飞机播种造林。1984 年，乡政府成立水土保持办公室和林业保安队，全乡实行封山育林；全乡推广省柴灶。1990 年后，大量农户使用煤、沼气和电；“农业学大寨”时期用林地开的田，利用草冈开的田，都实行退耕还林、退耕还草。同时，禁止入山烧灰积肥，禁止开荒造田及荒坡烧火土积肥。1990 年，开展“三年消灭荒山”造林运动，提出全乡每年造林 1 万亩目标。1992 年，实现三年消灭荒山任务两年完成。

2003 年，对金山矿区进行复绿治理面积 47 公顷。

2015 年，对河东村水东溪流域综合治理面积 215 公顷。

2008—2016 年，旧县镇投资 1400 万元，相继实施新坊小流域综合治理、髻冠岭绿化治理、谷坑村水土流失综合治理、水东溪小流域治理、捡窖石溪小流域治理等水土保持项目，累计完成水土流失治理面积 3410 公顷。到 2017 年，全镇森林覆盖率达 80. 17%，基本消灭水土流失区域。

三、废水处理

（一）农业污水主要有农药、化肥对土地、水质的污染；生猪养殖场粪、尿不进行处理直接排放对水质的污染；生活污水直接排放造成的污染。

1998 年，县环保局对农村生猪养殖场兴建沼气池给予补助，规定养殖场、户都必须建沼气池。到 2016 年，凡不符合环保标准的养殖场、户一律停产。2016 年，全乡共拆除禁养殖区及限养殖区内未治理达标生猪养殖场 42 家。

（二）1997 年，成立紫金山环境监理站，负责监管矿区内新建、扩建、改建项目环保工作，对各排污口向外排放废水、成为污染源的进行现场监测，对排污超标企业督促其整改。

（三）对境内造纸厂进行严格监管，不符合环保标准者责令其技改，技改不达标的给予停产。

（四）治理生活污水排放。

1. 2014 年，集镇污水处理形成管网化。

2. 2015 年，各村主村道地下都铺设涵管排污水。

3. 2015 年，兰田村建成污水净化工程。

4. 2017 年，河东村完成生活污水处理工程。

四、环境保护规划编制

（一）成立工作机构

1990 年，旧县乡设立环境保护办公室，乡长为第一责任人。1992 年 12 月，成立环保监测站，对环境要素（水、大气、音、固体废弃物）和污染源等进行常规监测。紫金山设立矿区监测站，专职应对矿区，对各排污口进行监测。

（二）编制规划

2008 年，编制《环境保护规划》，把环保与生态建设纳入全镇经济和社会发展规划，严格按国务院《建设项目环境管理条例》，对项目选址、布局予以把关。

（三）发出环保整治有关文件

1. 2016 年，旧县镇人民政府以旧委〔2016〕213 号文件印发《旧县生态环境保护攻坚战役实施方案》。

2. 2017 年，旧县镇人民政府以旧政〔2017〕16 号文件印发《旧县镇落实省委政府环境保护督察反馈问题整改工作方案》。

3. 2017 年，旧县镇人民政府以旧政〔2017〕28 号文件印发《旧县镇水环境污染源排查工作实施方案》。

4. 2017 年，旧县镇人民政府以旧政〔2017〕54 号文件印发《旧县镇 2017 年生猪养殖污染防治工作实施意见》。

（四）建立河长制

1. 设立“河长制办公室”

为确保旧县河“河畅、水清、岸绿、景美”，实现旧县建成“宜居宜游滨河生态慢城”目标要求，2017 年，旧县镇设立河长制办公室。

办公室依照《福建省河道保护管理条例》，结合旧县实际情况，制定河道规划、保护范围、河道整治维护、河道建设管理和河道采砂管理等各项条例并实行监管。

2. 组建“三支队伍”

（1）领导班子：建立由镇党委书记任第一总河长，镇长任总河长，各挂村领导任分段河长，各村党支部书记任村级河长的工作领导小组组长。

（2）专管员队伍：根据辖区内河道数量、长短及任务轻重，配备河道专管员。全镇设6名镇级河道专管员、16名村级河道专管员，确保全镇每个河段、每条支流全覆盖，全面落实管理目标任务。

（3）保洁员队伍：为做好旧县河保洁工作，全镇各村共配备41名保洁员。保洁员除做好各村保洁工作外，还负责各村河段支流垃圾清理工作，对旧县河进行全天候保洁。

3. 河长制与“三结合”

（1）河长制工作与农村垃圾处理相结合

积极开展“美丽旧县”环境卫生大整治，农村垃圾做到“户收集、村转运、镇处理”，全镇生活垃圾得到有效治理，农村垃圾污染问题得到彻底解决。

（2）河长制工作与水质污染整治相结合

积极推进生猪养殖业污染治理，禁养区内禁止养殖生猪，全镇共拆除禁养区养猪场289家，面积8万多平方米。投资建集镇、河东、兰田三处生活污水收集工程。

（3）河长制工作与重点项目建设相结合

旧县镇结合旧县河生态环境优越、水文化底蕴深厚的特点，在保护和修复河流生态基础上，以保护河流生态为宗旨，投资3000多万元完成旧县河治理工程和安全生态水系工程等河道治理项目。通过改善水质、改良河床、恢复河滩、修复河岸、亲水性设计等工程措施，提升旧县河整体生态环境质量和亲水性，为生态旅游打好基础。

第七节　生态乡村建设

一、生态农业

1993—1994年，在角龙村建标准果园160亩。1998—2016年，全镇水库、池塘共投放鱼苗春花45万尾，夏花42万尾；三华养鳗场投放鳗苗130万尾，年末产鱼175吨、鳗150吨。2014年，发展森宝等养鸡场15家。2015年，全镇茶园面积达28.7公顷，年产茶17吨；果园面积达170.5公顷，年产果650吨。

二、生态林业

1991—1992年，全乡实现“三年消灭荒山任务两年完成”目标，造林2万亩。

2004年，沿旧县河两岸一、二重山及新坊、石院、福村、迳美、谷坑等村共划出生态公益林面积5801.93公顷，各村落实监护员，林业站加强落实监护管理，打造可持续发展生态林业模式。

三、生态家园建设

（一）2012年，在铁场村境内205国道旁建成垃圾中转站；在石院村境内旧白公路旁建造弃土消纳场。

（二）2014 年，开始实施旧县河集镇段生态护岸工程。该工程东与河西村防洪堤驳接，西与 205 国道衔接，生态护岸总长 700 米，全程铺设透水砖、植树、筑花圃、花卉、建凉亭，是集镇园林、广场的组成部分。当年，建设护坡 280 米、排水沟 320 米，铺设透水砖 1000 平方米，种植草皮 6200 平方米、种植人行道树木 85 棵，并植花卉。此外，还对集镇排污设施进行改造，铺设管网 1300 米。

（三）2015 年，旧县全镇以建设生态家园为契机，以“千村整治、百村示范”为目标，多方筹集专项资金，实行拆除空心房和违章建筑、改路、改水、改厕、改灶、改住房；集镇周围沿旧县河两岸，结合建造防洪堤，打造江滨休闲漫道园林。当年，兰田村完成污水净化项目，建成生态塘。到 2017 年，全镇 10 个行政村建成农民公园、老年活动中心、休闲观光花圃及健身场，河东村完成生活污水处理工程。

四、生态文化建设

2010 年，全镇各村成立环境保护协会。协会以“保护生态环境、造福子孙后代”为宗旨，以宣传环境保护知识、组织环境保护活动、治理生活垃圾、整治各种污染和发展各项环保事业为任务，倡导全民提高生态环境保护意识，使村民明了环保工作要从自身做起，从每人身边做起，共同建设美好乡村。

2011 年，从新坊村开始，各村先后建设农民公园和老年人活动中心。2014 年，镇政府开始在旧县河两岸修建园林式“休闲道”。

2012 年，旧县镇获省级生态镇命名。

2014 年，水东村和新坊村分别获省级“生态示范村”和市级“美丽乡村”称号。其余 18 个行政村获市级生态村命名。

第三章　自然资源

旧县自然资源丰富。海拔200—300米，坡度15—25度间的山地占多数，土质松软，宜果宜林，宜耕宜牧。

紫金山坐落境内，金矿总储金量329.12吨，属国内特大型矿床。1993年由县组建的紫金矿业集团始采，1997年进入国内万两黄金矿山排行榜，2003年产金10754公斤，世界排名第二十五位。同年，紫金矿业在香港上市。境内还蕴藏其他多种金属矿、非金属矿。

旧县河贯穿境内，并有多条溪水注入，水资源丰富，为发展水电提供先决条件。2006年前后，沿河建成5座梯级电站。同时，电站水库形成波光粼粼的水面，使旧县沿河风光如画。

境内森林覆盖面积大、适应各种野生动物生息、繁衍。有多种省级、国家级保护的动、植物。

第一节　土地资源

一、农用地

旧县土地总面积16010公顷，据2008年统计已利用土地15929.95公顷，土地利用率99.5%。

农用地面积14538.68公顷，占土地总面积90.81%。(1982年福建省第二次土壤普查统计)

(一) 耕　地　面积1018.24公顷，占土地总面积6.36%，其中水田968.62公顷，旱地50.94公顷。耕地部分分布于河谷盆地，部分为梯田，少量分布于山间盆地。

(二) 果园地　面积295.2公顷，主要分布在低山和丘陵区。

(三) 茶园地　面积128.3公顷，主要分布在低山和丘陵区。

二、镇、村建设用地

全镇建设用地面积1216.76公顷，占土地总面积7.6%。

(一) 住　宅　用地面积458.1公顷。

（二）公共服务 面积 398.86 公顷。

（三）工矿仓储 面积 3.4 公顷。

（四）水域、水利设施用地及交通运输 面积 356.4 公顷。

三、其他土地

全镇其他土地面积 106.43 公顷，占土地总面积 0.66%。主要为自然保留地及防洪、泄洪用地。

第二节 矿产资源

旧县镇境内蕴藏丰富的矿产资源，尤以紫金山金和铜储量最大。据《上杭县矿产资源体规划（2016—2020）》等资料提示，境内矿产资源主要有：

一、紫金山金矿

民国版《上杭县志》载："据《宋史 地理志》记载，上杭紫金山又名金山，产金。"宋康定年间（1040—1041 年）已发现并进行开采，据统计有采硐 100 多处，以燕子硐规模最大。当时采贡金 167 两，进贡朝廷，紫金山由此而得名。古代，紫金山矿区附近的汀江、旧县河及支流，民间淘金活动从未间断。

1960 年，福建地质大队 6 分队第一次对紫金山进行地质勘探，后经多次勘探、普查，发现迳美—中寮金重砂异常。1987 年开展钻探，年底提交《迳美金矿点踏勘报告》。于 2001 年 5 月，经国土资源部评审通过，7 月下达《矿产资源储量认定书》，确认紫金山已探明金矿藏量达 329.12 吨，平均品位为 0.3590 克/吨，成为国内特大型金矿床。2003 年，金山产金 10754 公斤，世界排名第二十五位。

二、紫金山铜矿

1960—1961 年，福建省地质大队 6 分队，对紫金山开展水化学找矿，1961 年年底提交《紫金山铜矿区水化学报告》。经福建省 305 地质队 1977—1979 年再次复查，1994—2001 年钻探复查，确定铜储量为 328.91 万吨，品位为 0.51%—0.59%，属于特大型铜矿床。

三、其他金属矿

（一）银　矿 在钻探紫金山金铜矿时，还勘探出紫金山银矿量为 200.91 万吨，品位为 38.17%—43.89%。

（二）铁　矿 宋代，在铁场村曾建炉炼铁，故名铁场。1958 年大炼钢铁时，在铁场村办"青年炼铁厂"，建三炉，有工人 100 多名。

（三）锰　矿 在铁场村及兰田村境内有锰矿，属锰层控—淋积型矿，矿物成分为软锰矿品位 Mn23.18%，矿石量 1.90 万吨。二十世纪六七十年代，县在铁场村创办锰矿企业，开采锰矿，1978 年产锰矿 1500 吨，上杭锰矿被列为全国 20 个锰矿点之一。后停产。

旧县境内还蕴藏铀矿、铝矿、锌矿、钼矿等其他金属矿。

四、非金属矿

（一）石灰石矿　旧县境内岩寺前（龙溪村）、仙石岩、尧埔与铁场两村交界处（地名石灰窑下）和梅溪村，都蕴藏石灰石矿。清末后，尧埔、铁场村民曾在石灰窑下建窑烧石灰，至 1979 年。旧县公社社办企业从 20 世纪 70 年代始在岩寺前建窑烧石灰 10 多年。

（二）其他非金属矿　据 1993 年版《上杭县志》载："旧县境内蕴藏有白云石矿、玛瑙矿、明矾矿、冰洲石矿、石英矿等非金属矿。"

五、建筑用非金属矿

（一）砖瓦黏土矿　境内砖瓦黏土矿丰富而普遍。历史上，尧埔、铁场、坝上、河西等村村民都利用山场内丰富黏土建窑烧砖、瓦。

（二）建筑用河沙、河道砂、石矿　旧县河从池溪口至梅溪村河底，有丰富河沙及河道砂、石矿。2017 年，全镇有 3 个点使用捞沙船捞沙。

（三）建筑用石矿　旧县境内建筑用石矿藏量丰富。

第三节　水资源

一、地表水

旧县镇地表水资源属次丰水区。旧县河流经境内总长约 33 公里。沿河有新康溪、池溪、李竹坑溪、芦花溪、九曲溪、岩下山溪、铜水坑、石圳潭溪、水东坑 9 条溪水注入，水力资源丰富。自南宋嘉定六年（1213 年）汀州知州赵崇模开辟航道（回龙、朋口至峰市段）后，旧县河从矶头到上杭水运也发达；至 20 世纪 70 年代，陆运便利后，才逐渐萧条。

旧县盛产土纸，历史上土纸原料须经水碓加工，因而境内山区溪坑沟壑中多装有水碓，溪坑沟壑水源为土纸原料加工提供强大动力。

境内水能电力蕴藏量 45000 千瓦。至 2017 年，沿河已建成 5 座梯级电站。包括小支流电站建设，已开发 25000 千瓦。

二、地下水

境内为典型基岩山区，位于闽西断陷上升区。地层发育齐全，构造复杂，地形切割强烈。地下水以基岩裂隙水为主，兼有松散岩类孔隙水，此外，还有碎屑岩类孔隙水及岩溶水。地下水主要接受大气降水补给，流经途径短促，水交替强烈。地表水系是其排泄廊道。地下水分水岭与地表水分水岭基本一致。

第四节 森林生物资源

一、森　林

（一）竹　山　面积1100.04公顷，主要分布在山区。1994年，出口土纸400吨。

（二）林　地　面积11995.1公顷，主要分布在山区。1994年，出口松脂350吨。

二、动　物

（一）无脊椎动物

旧县境内有原生动物、软体动物、环节动物、节肢动物等类。品种有蚜虫、水蛭、田螺、蚌、软虫、变形虫、辣毛虫、松毛虫、蚯蚓、蚂蚁、蟋蟀、蚂蚱、牛蜱、灶鸡、蜻蜓、蝴蝶、萤火虫、蟑螂、跳蚤等。

（二）脊椎动物

1. 鱼　类　主要有泥鳅、沙鳅、鲢鱼、草鱼、鲤鱼、石斑鱼、鳗鱼、鲫鱼、昂刺鱼（俗称黄鸭子）、鲶鱼、黄目圈、白圈、鲑鱼、黄杈、大刺鳅（俗称角罗珠）。

2. 两栖类　主要有雨蛙、犁头蛙、虎纹蛙、甲鱼、乌龟、棘胸蛙、蟾蜍等。

3. 爬行类　主要有壁虎、蜥蜴、泥蛇、南蛇、草花蛇、竹叶青、金环蛇、银环蛇、眼镜蛇、眼镜王蛇、蟒蛇等。

4. 鸟　类　有麻雀、家燕、喜鹊、画眉、白鹭、山鸡、老鹰、山鸽、竹鸡、鹧鸪、长尾剑、猫头鹰、啄木鸟、翠鸟、白头鹞、褐翅鸦鹃、白头翁、黄嘴白鹭、夕鸡、白鹇、小鸦鹃、红隼、小隼、游隼、松雀鹰、屎缸雕、角鸮、布谷鸟、黄雁、大雁、灰喜鹊等。

5. 兽　类　有穿山甲、竹鼠、野猪、豪猪、虎、豹、黄猄、松鼠、野兔、狐狸、黄鼠狼、果子狸、田螺狗、两头乌、山羊、獐子、豺等。

旧县镇国家级保护野生动物名录及分布情况表

表3-1

序号	中文名	学名	保护级别	分布
1	蟒	*Python molurus*	Ⅰ	山区
2	穿山甲	*Manis Pehtadatyla*	Ⅱ	山区
3	水獭	*Lutralutra*	Ⅱ	旧县河（长潭段）
4	豺	*Cuon alpinus*	Ⅱ	山区
5	豹	*Panthera pardus*	Ⅱ	山区

续表3-1

序号	中文名	学名	保护级别	分布
6	虎纹蛙	*tiger frog*	Ⅱ	全镇
7	白头鹞	*Western Marsh-Harrier*	Ⅱ	林区
8	褐翅鸦鹃	*Centropus sinensis*	Ⅱ	林区
9	草鸮（猫头鹰）	*Tyto longimembris*	Ⅱ	全镇
10	鹰	*hawk；eagle*	Ⅱ	林区

旧县镇省级重点保护野生动物名录及分布情况表

表3-2

序号	中文名	学名	保护级别	分布
1	家燕	*Hirundo rustica*	重点	全镇各村
2	白鹭	*Egretta garzetta*	重点	旧县河沿岸
3	画眉	*Garrulax canorus*	重点	全镇各村
4	大刺鳅	*Mastacembelus armatus*	重点	旧县河
5	眼镜蛇	*Naja*	重点	全镇各村
6	眼镜王蛇	*Ophiophagus hannah*	重点	全镇各村
7	喜鹊	*Pica pica*	重点	全镇各村
8	灰喜鹊	*Cyanopica cyanus*	重点	全镇各村
9	啄木鸟	*Piculus*	重点	山区
10	鹧鸪	*Francolinus pintadeanus*	重点	山区
11	獐	*Hydropotes inermig*	重点	山区

三、植　物

（一）蕈　类　主要有红菇、鸡肉菇、莲子菇、奶菇、黄根菇、香菇、蘑菇、灵芝等。

（二）蕨　类　主要有芒草、金毛狗脊、骨碎补等。

（三）草　本　主要有白茅、干茅、大叶茅、小叶茅、狗尾草、水浮莲、莲、车前草、夏枯草、鱼腥草、田间杂草等。

（四）藤　本　主要有金银花、买麻藤、钩藤、鸡血藤、老虎丝藤、黄竹山藤。

（五）木　本

1. 常绿针叶树种　主要有松科的马尾松、黄山松、湿地松；杉科的杉木、柳杉；柏科的侧柏、罗汉树等。

2. 常绿阔叶树种　壳斗科主要有米槠、甜槠、苦槠、朝栲、丝栗栲、罗浮栲、闽粤栲、青田栲、石栲等；樟科主要有樟树、檫树、黄檀木、新木姜、厚壳桂、鸭公树等；

山茶科有黄瑞木、柃木、木荷；金缕梅科有阿丁枫、蚊母树等；杜英科有杜英、猴欢喜；胡桃科有黄杞；蔷薇科有光叶石楠、桃木石楠、椤木石楠、江南楸；木兰科有深山含笑等；桑科有榕树等。

3. 落叶阔叶树种 主要有金缕梅科的枫番，野茉莉科的拟赤杨，玄参科的油桐、泡桐，壳斗科的板栗等。

（六）竹 类 主要有毛竹、麻竹、苦竹、单竹、石竹、金竹、观音竹等。

（七）野生半野生果树 主要有豆梨、野柿、十月乌、紫柠里、苦才里、冬桃、山枣、山楂等。

（八）中药材 主要有灵芝、山姜子、骨碎补、金银花、板蓝根、石斛、金线莲、车前草、夏枯草、鱼腥草、山苍子、栀子等。属省重点品种有女贞子、荆芥、巴戟、香附子、金线莲、银线莲等。

国家级保护植物 有水杉、红豆杉、杜仲、半荷枫、天竺桂、青檀等。

省级重点保护植物 有江南油杉、罗汉松、樟树等。

福村水口树龄 153 年（2017 年）的省级保护树种——罗汉松（旧县镇政府供图）

福村水口的国家级保护树种——青檀（旧县镇政府供图）

第五节 旅游资源

一、杭川第一名胜——紫金山

紫金山位于旧县镇西北边陲，与才溪镇接壤，海拔 1138 米，是旧县第二高峰。山中有“四大殿”“三十九景”。四大殿是五龙寺、中峰寺、麒麟殿、飞龙庙。山中古木荫浓，流泉涧曲、暖晴清岚、禽珍鸟奇。桃源洞洞幽广深，冬可以避严寒，夏可以消酷暑。旧时，游人终岁不绝。

2001 年紫金山金铜矿开采后，山中各寺院逐渐迁往他处。2004 年元旦，紫金矿业集团新辟

"紫金山国家矿山公园"。使人们在欣赏自然风光的同时，亦可领略现代矿业开采的壮丽画卷。故每逢节假日，游人纷至沓来，络绎不绝。

二、红色旅游资源

旧县镇红色历史底蕴厚重，开国将军、老红军人物众多。2011 年开始，旧县镇先后将旧县籍老红军邓六金和开国将军孔瑞云、陈海涵、陈茂辉故居修葺一新，以供游人参观瞻仰。同时境内还有红四军前委驻地旧址（河东村敦本堂）、旧县区苏维埃政府旧址（河西村境内敦和堂）和红色交通站旧址新坊村通济庵；铁东村有初建于 1964 年、2014 年迁建于村中农民公园、由开国将军陈茂辉题写亭名的革命纪念亭；河西村牛尾岭上，有始建于 1984 年的旧县革命烈士纪念碑。

三、山水之旅

旧县河是汀江第一大支流，是著名风景区，有悠久历史。在坝上电站水库乘舟溯江而上，可观赏佳山胜水及古迹米籽石、米汤石、玉女拜观音、鱼仓潭、小红滩、大红滩、莲花宝座、酒醉滩 8 处自然景观。之后来到池溪大桥（杭矶线公路桥）桥下弃舟上岸登灵蛇山，山顶是蛇头岃寺院。

四、人文旅游景观

（一）境内全坊村乌石坑背铁镭齿，有曾发掘出青铜时期石锛、石器等农耕工具的遗址。

（二）迳美村通往金山脚下渡口途中"拖枪旯"，是传说中杨文广击败鳗王后，鳗王拖着枪落荒而逃，枪尖拖地而成的。梅溪村境内旧县河峡里段北岸有一景点，传说是杨八妹征战鳗王得胜后，为镇住鳗王不再回人世作孽而脱的身像。

（三）全坊村有始建于宋、后多次重修的供奉汉初三杰的萧何堂。

（四）全坊村有宋代上杭县衙署及坎头街遗址；"天灯"遗座。

（五）梅溪村有始建于宋代，后重建的灵光寺。

（六）全坊村有宋代为开渠引水而人工开凿的"穿石窿"。

（七）新坊村的通济寺；龙溪陈氏妫芳祠；石圳仙师岩石庙；龙溪石拱桥；铁场罗氏祖墓，均为清代前的古建筑。

（八）河西村有清代著名客家民居敦和堂、河东村有清代建筑大夫第、石圳村有孔行宪大院等。

（九）谷坑村和河西村敦和堂，分别有清代形成的古井。

（十）河西村有清代语口石拱桥、语口渡碑（保存于镇文化站）。

（十一）境内还有上杭县宗教事务局挂牌的寺庙：河西村境内古中峰寺、显通寺、石圳村境内德峰寺、铁场村境内佛塔庵。

第四章 人 口

据县文化部门从旧县全坊村乌石坑背铁锸齿出土的文物考证，早在青铜时代，就有人类在旧县境内劳动生息。据清时几部《上杭县志》记载，唐乾符年间（874—888年），中原佛教徒在梅溪境内建造“上宝林院”大佛寺。北宋咸平二年（999年），上杭县治从碧沙徙至境内语口市设置28年。此前，人们已在语口市（全坊村）建纪念汉初三杰萧何、韩信、张良的“萧何堂”，因此人们有“未有旧县，先有萧何堂”的说法。南宋乾道三年（1167年），梅溪置寨，戍兵150名值守。上述史料证实，人类在旧县活动的历史已非常久远。

清末，旧县各村陈姓已有700多户，江姓200多户。

1949年，境内新乡、三益、新坊3个乡，共有3630户，16463人（包括今临城和白砂与旧县相邻的一些村在内）。

1950—1962年，旧县人口增长较慢。1963—1982年，人口增长加快。1964年人口出生率为33.6‰，1982年为34.8‰。1982年7月，旧县公社人口达22350人，比1964年增加9004人。2010年11月，全乡有28828人，比1949年净增12365人。

1971—2015年，旧县镇（乡、社）历届党委政府坚持以行政措施为主、经济和法律措施为辅，利益导向与社会制约机制相结合，实行宣传教育、综合服务、科学管理相统一的计划生育工作机制，控制人口数量，提高人口质量，促进人口与经济社会协调发展。2011年，旧县乡人口由2010年28828人减到28630人，当年负增长198人，人口自然增长率为-0.69‰。2015年，境内人口自然增长率为6.5‰。1999—2017年，旧县镇人口自然增长率、出生率总体呈下降趋势。2016年国家放宽二孩政策后，旧县镇人口无明显增长，2017年年底，总人口由2016年30062人减至29970人，人口增长过快势头得到有效控制。人口平均预期寿命，2017年72.5岁，比1949年延长22.5岁。

第一节 人口总量与分布

一、人口总量

隋末唐初，中原汉人为避战乱等原因，南下赣、粤、闽三省。其时旧县境内语口渡两岸和梅溪等村，开始有少量客家先民和僧尼定居。宋、元特别是明、清时期，更多客家人从宁化、长汀、上杭各地进入旧县定居。至清末，陈姓在境内各村共有3000多人，江姓在境内各村有1000多人，总人口分别为第一、第二。

民国初，人口较为稳定。第二次国内革命战争时期，旧县人口下降。日本侵略军全面侵华于1939年进占广东后，潮、汕、大埔等地妇女儿童逃难到旧县境内定居者有200多人。到民国38年（1949年9月30日止），旧县境内（含新坊乡、三益乡）有16463人。

中华人民共和国成立初期，境内人口增长较缓，1953年全区14211人（减去原三益乡7个村划入城郊）。1958年后，全县浮夸风盛行，1959—1961年国家三年困难时期，人口出生率低，还出现非正常死亡，影响人口增长。1962年，境内总人口14498人。1964—1982年，人口增长加快。1982年境内人口达22350人（包括梅溪公社、新坊公社同时并入旧县公社）。2017年年底，旧县镇总人口29970人，占全县总人口的5.6%。

1966—2017年旧县镇若干年份总人口情况表

表4-1

年份	总户数（户）	总人口（人）	其中		出生（人）	其中		出生率（‰）	死亡（人）	死亡率（‰）	人口自然增长率（‰）
			男（人）	女（人）		男（人）	女（人）				
1966	3348	15515	7475	8040	668	—	—	—	94	—	—
1971	3596	17969	8693	9276	681	370	311	—	123	—	—
1977	3761	20746	10274	10472	526	259	267	—	138	—	—
1982	4025	22350	11128	11222	693	—	—	—	121	—	—
1985	4194	23417	11701	11716	511	—	—	—	—	—	—
1987	4457	24387	12271	12116	643	—	—	26.63	159	6.59	20.05
1988	4622	25059	12621	12438	655	—	—	—	111	—	22.00
1990	4841	26362	13154	13208	750	—	—	—	174	—	22.18
1993	5301	26910	13484	13426	289	—	—	10.75	147	5.47	5.28
1994	5471	27012	13552	13460	321	—	—	11.90	117	4.34	7.56
2008	6819	28495	14377	14098	421	224	197	14.85	96	3.39	11.46
2009	6891	28935	—	—	392	—	—	13.60	—	—	7.77
2010	7015	29069	—	—	391	—	—	13.48	—	—	8.34
2015	8405	29865	—	14561	593	347	246	19.90	171	5.70	14.20
2016	8402	30062	15451	14611	698	376	322	23.30	180	6.00	17.30
2017	8393	29970	15467	14503	677	357	320	22.60	268	8.90	13.60

说明：以上数据来自上杭县志、上杭历年年鉴和上杭县历年统计年鉴

旧县镇历次人口普查情况表

表 4-2

时间	户数（户）	总人口（人）	男（人）	女（人）
1953年7月	3418	14211	6369	7842
1964年7月	2668	14172	6552	6984
1982年7月	4025	21974	10884	11090
1990年11月	4849	25984	12856	13128
2000年11月	5982	28190	14122	14068
2010年11月	7766	28828	14559	14269

说明：以上户数和人口数系按人口普查当年7月1日和11月1日登记的数字，与上杭县历年年鉴数据有出入

二、人口分布

（一）居住地分布

1949年12月，全区16463人，分布在河东、河西、新坊、梅溪、尧石、石玉、九州7个乡。1964年年末，总人口14242人，分布在旧县、新坊、梅溪3个公社（已减去梅溪公社古石、白玉、石砌和新坊公社碧沙、上早、早康6个大队人口数）。1987年，旧县乡总人口24387人，分布在全乡19个行政村（新坊、石院、扁山、福村、河东、龙溪、全坊、坝上、河西、尧埔、兰田、铁场、铁东、石圳、角龙、迳美、谷坑、梅溪、水东）和乡直。2017年，旧县镇总人口29970人，分布在全镇20个行政村和镇直单位。

若干年份旧县镇各村人口分布情况表

表 4-3

村名 \ 人口数 \ 年份	1966	1971	1975	1977	1982	1985	1987	1993	1994	2016	2017
新坊	731	884	978	1011	1083	1128	1151	1332	1332	1454	1445
石院	686	827	918	957	1013	1049	1075	1210	1195	1279	1298
扁山	466	533	592	614	655	697	733	785	793	913	911
福村	337	378	410	415	453	471	487	550	551	553	551
河东	1582	1791	1890	1985	2193	2263	2425	2649	2667	2922	2915
龙溪	794	917	1032	1096	1222	1231	1289	1378	1375	1633	1628

续表4-3

人口数／年份／村名	1966	1971	1975	1977	1982	1985	1987	1993	1994	2016	2017
全坊	753	895	1000	1035	1144	1205	1258	1372	1372	1535	1546
坝上	711	815	894	982	1009	1120	1150	1236	1247	1312	1315
河西	1455	1683	1836	1869	1959	2058	2136	2282	2289	2644	2615
尧埔	591	667	734	756	812	876	918	1050	1062	1192	1185
兰田	325	397	464	482	511	550	575	623	616	729	736
铁场	694	768	835	873	949	998	1022	1153	1154	1293	1311
铁东		478	498	513	522	595	643	727	738	837	845
石圳	1196	1385	1555	1610	1732	1769	1833	1992	1992	2460	2402
角龙	471	557	634	664	711	743	764	791	791	881	872
迳美	757	879	979	1014	1101	1148	1163	1314	1328	1870	1882
谷坑	830	970	1108	1154	1219	1266	1295	1441	1442	1656	1646
梅溪	1654	1994	2207	2265	2452	2547	2669	2991	3007	3367	3357
水东	691	818	912	962	1025	1051	1093	1218	1226	1348	1337
新康						652	708			196	190
社（乡、镇）直		33	583	539	555	652		835		8316	8283

说明：以上数据来自上杭县历年年鉴，1985 年、1987 年的新康村和 2016 年、2017 年的新康村不是同一概念，前者为原河东村下辖自然村，后者为 2014 年 3 月 后的行政村

（二）人口密度

1953 年，旧县区原三益乡白玉、古石、石砌、玉女、新塘等村划入城郊，人口由 1949 年的 16463 人减到 11862 人，人口密度为每平方公里 74. 1 人。1964 年，旧县公社因梅溪、水东、谷坑、迳美 4 个村于 1961 年成立梅溪公社时划入梅溪公社，故总人口减至 13346 人，平均每平方公里为 83. 4 人。

1965 年，梅溪公社和新坊公社并入旧县公社。至 1982 年，旧县公社总人口为 22350 人，平均每平方公里为 139. 6 人。

2017 年年底，全镇总人口 29970 人，平均每平方公里为 187. 2 人。3000 人以上的村 1 个，2000—3000 人的村 3 个，1000—2000 人的村 10 个，1000 人以下的村 6 个。

2017年年底旧县镇人口密度情况表

表4-4

村　名	面积（平方公里）	户　数	人口（人）	人口密度（人/平方公里）
全　镇	160.1	8393	29970	187.2
新　坊	8.56	363	1448	169.15
石　院	11.45	320	1297	113.28
扁　山	9.43	237	912	96.71
福　村	9.01	138	551	61.15
河　东	12.72	793	2917	229.32
龙　溪	5.4	482	1625	300.93
全　坊	2.9	383	1546	533.1
坝　上	8.86	359	1312	148.08
河　西	9.57	823	2614	273.14
尧　埔	2.63	319	1185	450.57
兰　田	1.93	183	736	381.34
铁　场	5.5	323	1310	238.18
铁　东	12.08	220	847	70.12
石　圳	11.73	721	2403	204.86
角　龙	5.41	247	872	161.18
迳　美	8.77	630	1879	214.25
谷　坑	5.63	477	1642	291.65
梅　溪	9.12	967	3363	368.15
水　东	11.48	366	1336	116.38
新　康	2.46	47	191	77.64

说明：本表各村面积数字来自县自然资源局，但因有争议面积未统计在内，故本数字只作计算人口密度时参考，不能作为其他方面使用时的准确依据；各村面积相加不等于全镇总面积

第二节　人口构成

一、性别构成

民国时期，战事频发，境内男性死亡和流失较多，造成男少女多。

1949年，旧县男女性别比例为80.2（女性为100）。此后，男女比例渐趋平衡。

若干年份旧县人口性别比例情况表

表 4-5

年份	总人口	男（人）	女（人）	性别比（女性为 100）
1953	14211	6369	7842	81.22
1966	15515	7475	8040	93
1977	20746	10274	10472	98.1
1987	24387	12271	12116	101.2
1994	27012	13552	13460	106.8
2010	28828	14559	14269	102.1
2017	29970	15467	14503	106.6

说明：以上数据按上杭县历年统计年鉴计算，1953 年度按第一次人口普查数据计算

二、年龄构成

1949 年以前，无人口年龄资料。中华人民共和国成立后，旧县境内年龄结构变化较大的是 0—19 岁青少年组。1990 年人口普查时有 12018 人，占当年人口 46.25%，而 2010 年全国人口普查时，该年龄段只有 4960 人，占当时总人口的 20%不到。1990 年与 2010 年该年龄段比例是 2.4∶1，由此可见旧县乡这 20 年中计划生育工作成效是明显的。80 岁以上老人年龄组，1982 年与 2010 年全国人口普查，人口比例是 1∶4，由此说明，改革开放后，人民健康素质逐年提高，因而长寿老人也越来越多。

旧县第 3—6 次人口普查年龄结构情况表

表 4-6　　单位：人

年份	常住人口	年龄组									
		0—9岁	10—19岁	20—29岁	30—39岁	40—49岁	50—59岁	60—69岁	70—79岁	80—89岁	90 岁以上
1982	21974	—	—	—	—	—	1387	1070	5021	144	8
1990	25984	6572	5446	4586	3164	2043	1878	1347	717	218	13
2000	27605	3619	6114	4560	4872	3754	2014	1663	810	340	41
2010	25431	2588	2372	4358	3908	5037	2830	1701	1311	559	77

若干年份旧县镇人口年龄结构情况表

表 4-7　　单位：人

年份	18 岁以下人口	18—35 岁人口	35—60 岁人口	60 岁以上人口
2004	7214 人	8404 人	8477 人	3749 人
2005	6665 人	8515 人	8801 人	3913 人
2008	5338 人	9116 人	9700 人	4341 人
2011	5043 人	9118 人	10347 人	4122 人
2015	5674 人	9010 人	10386 人	4795 人
2016	5939 人	8768 人	10510 人	4845 人
2017	6086 人	8318 人	10571 人	4995 人

说明：据相关年份上杭县统计年鉴

三、民族构成

1980 年以前，旧县居民民族成分皆为汉族。同时，1987 年，谷坑村蓝、钟 2 姓恢复畲族成分。随着全国通婚现象普遍，境内人口民族成分渐趋复杂。2010 年全国人口普查资料显示，境内居民除汉族外，还有畲族、哈尼族、黎族、景颇族、佤族、仫佬族等少数民族。

2017 年年底，境内 29970 人中，汉族人口 29149 人，少数民族人口 821 人（包括男人女家和嫁入人数）。少数民族占本镇总人口 2.74%。其中畲族 816 人，占 2.72%；其他少数民族 5 人，占 0.017%。

四、姓氏构成

旧县镇 38 个常住姓氏中（不包括妻子、儿媳、孙媳之姓），除蓝、钟两姓为畲族外，其余 36 个姓为汉族人。他们的祖先都是历史上为躲避战乱，从中原南迁来的客家人。这 36 个姓即陈、江、谢、赖、黄、温、伍、张、李、丘（邱）、邓、廖、池、曾、孔、罗、王、游、华、郭、吴、翁、林、马、刘、鄢、邹、罗、阙、胡、何、曹、章、袁、黎、莫。陈、江两姓人口总数分别为旧县第一、第二 。河东、河西、龙溪、新坊、铁场、铁东、角龙、水东、梅溪 9 个村有陈姓人口 7986 人，占旧县总人口 的 37.5%。上杭陈氏开基始祖梅山公于南宋从宁化石壁迁到稔田开基，后其部分裔孙先后搬到旧县各村开基。江姓分布在坝上、石院、河东、河西、铁场、铁东 6 个村，常住人口近 3000 人，占旧县总人口 10%。江姓于明朝中后期从本县庐丰三坪分几支陆续迁到旧县开基。

旧县镇户数人口最少的姓氏为河西村池姓（一家 10 人），梅溪村黎姓（一家 3 人）。池姓于 1948 年从龙岩万安浮竹村搬来；黎姓于 1943 年从广东大埔因躲避战乱逃难而来。

旧县镇各村主要聚居姓氏情况表

表 4-8

村别	姓氏数	主要聚居姓氏	村别	姓氏数	主要聚居姓氏
扁山	1	黄	兰田	5	曾、林、谢、刘、鄢
福村	2	张、温	铁东	4	陈、江、邹、丘
新坊	4	邓、李、陈、邱	石圳	4	罗、孔、蓝、黄
石院	2	李、江	角龙	2	陈、罗
河东	4	陈、张、江、温	迳美	5	马、翁、林、廖、黄
龙溪	4	陈、王、黄、袁	水东	8	张、陈、李、华、郭、黄、吴、王
全坊	4	谢、曾、王、孔	谷坑	4	蓝、张、黄、钟
坝上	3	江、蓝、伍	铁场	6	陈、邱、罗、江、黄、莫
河西	9	赖、陈、丘、邓、伍、江、池、廖、黄	新康	1	孔
尧埔	2	邱、游			
梅溪	19	阙、胡、何、钟、陈、游、曹、黄、王、张、章、蓝、翁、李、袁、谢、黎、吴、刘			

附：旧县陈姓开基始祖陈千一郎简介

陈千一郎（生卒年不详），陈氏入杭始祖（一世祖）陈梅山之孙，二世祖陈华之子。原居上杭县胜运里丰稔市石牌前，后徙居在城里天王寺前，再迁旧县开基，为旧县陈氏一世祖。原配游六十四娘，生子一：陈日新；次配宋氏，生子三：陈念一郎、陈念二郎、陈念三郎。

旧县陈氏七世祖旧山公一脉七代祖宗画像（清道光年间创绘，1998 年袁松树拍摄制作）

五、职业构成

明清至民国时期，旧县境内居民除以种田为主业外，依资源还有以下副业特点：扁山、福村、坝上、河东、新坊、石院、铁东等村从事造纸，并有人从事竹木加工。坝上、河东、河西、龙溪、梅溪、角龙、石圳等村，则多利用旧县河、汀江从事水运业。河西、龙溪、全坊还有较多人从事水果和小副食买卖。新坊等村部分居民从事音乐服务，人们有婚丧喜庆等随请随到。坝上、河西、全坊、石圳、角龙等村从事制作豆腐者较多。兰田村多人制作纸炮。全坊村多人制作粉干（米粉）。梅溪、水东、全坊、石院个别人从事道士职业。尧埔村多人从事捕鱼、做砖瓦、烧石灰。谷坑村从事打铁者众多。在古代、近代和民国期间，各村肩挑贸易者不乏其人，另有多人从事泥木匠建筑业。

中华人民共和国成立后至20世纪70年代，境内居民仍以耕田为主业，并从事各种传统副业。受资源、陆路交通发展以及旧县河建水电站影响，从事造纸、水运等行业的人逐渐减少。

改革开放后，传统副业逐渐消失，但建筑业者队伍逐渐庞大。紫金山开发后，周边石圳、迳美、角龙、水东、梅溪等村，众多男女劳力上矿山做壮工、小工、临时工。

1988—2017年旧县镇择年劳动力就业构成情况表

表4-10 单位：人

年份	劳动力总数	农业从业人员	工业从业人员	建筑业从业人员	交通运输及仓储邮政人员	批发与零售业从业人员	住宿与餐饮从业人员	其他从业人员
1985	9156	8539	79	100	22	433	73	776
1988	10295	8979	270	226	75	520	118	107
1989	11460	9818	481	583	85	116	136	241
1990	12259	10561	518	622	88	109	168	193
1991	13083	11634	509	410	103	123	163	141
1993	12610	10068	398	1147	159	120	203	515
1994	13145	10035	586	1473	211	76	174	295
1995	13065	10026	503	1416	194	169	190	567
2005	15017	6122	4031	3620	225	319	322	378
2008	19588	5836	4303	5742	226	416	532	2533
2017	18778	3210	6338	6210	195	410	425	1990

六、婚姻与家庭

(一) 婚 姻

旧县居民古、近代封建意识普遍存在，早婚现象多。结婚年龄男在18岁、女在15岁之前的屡见不鲜。婚姻当事者没有自由自主，大多是父母之命媒妁之言；同时还讲究门当户对。有钱人儿子即便是傻子也要给他早早订婚。还有“一女不嫁二夫”清规戒律，男人若早死，妻子难以再嫁。

民国20年（1931年）12月和民国23年（1934年）4月，中华苏维埃共和国中央人民政府分别颁布《中华苏维埃共和国婚姻条例》《中华苏维埃共和国婚姻法》，规定男女婚姻自主，一夫一妻，废除一切封建婚姻制度；禁止买卖婚姻、重婚纳妾和抱童养媳，婚龄为男20岁、女18岁。旧县苏区认真执行。日本发动全面侵华战争，占领潮州、汕头一带后，近200名女子逃难到旧县境内，与境内男子结婚。

中华人民共和国成立后，废除封建婚姻枷锁，规定婚姻自由自主，并提倡男女平等，一女配一夫，视一夫二妻者为重婚罪。1950年《中华人民共和国婚姻法》规定，男20岁、女18岁为结婚年龄。1981年颁布新修订的《中华人民共和国婚姻法》，结婚年龄改为男22周岁、女20周岁。旧县农村青年实行晚婚蔚然成风。随着时代发展、社会进步，外省、市、县女青年嫁入旧县和男入女家到旧县者也有不少。

附：旧县镇旧时几种特殊婚姻

童养媳 旧时，因买卖婚姻严重，平民百姓多人为幼子抱养女孩做童养媳，等儿子和童养媳长大后就为他们圆房结婚，以省去娶亲聘礼。但这种包办的婚姻往往没有感情。

等郎妹 民国前，有些夫妻结婚多年未生儿子，于是去抱养别人女婴或幼女养育，希望招来弟弟，也有人叫招弟妹。待弟弟出生长大后成婚。没生儿子就招郎入婚。这种婚姻多数妇老夫少，无幸福可言。

合同婚 民间有些男青年因家贫或其他原因娶妻困难，就选择到有女孩无儿子人家招郎入婚。成婚时男女双方订立合同，所生子女，与母同姓几个，与父同姓几个。

转亲婚 旧时，民间有些哥哥或弟弟因疾病、兵役或意外夭亡；嫂嫂或弟媳还年轻，又不愿再嫁，经公公婆婆与女方家族商量，让女方转嫁大哥或小叔子。嫂嫂转嫁小叔子谓“大转小”，弟媳转嫁大哥谓“小转大”。

换亲婚 二十世纪七八十年代前，民间偶有“换亲婚”风俗，即男女双方家还有未婚姐妹或兄弟，男女双方家长商量同意，就以互换女儿形式嫁给对方兄或弟。这种婚姻一般都需征得男女当事人同意，如若强行包办，一般不会长久，可能会离婚。“文化大革命”期间，境内有因家庭历史背景或成分不好造成男大娶不到妻，女大嫁不了夫的，就以换亲形式为儿女解决婚姻问题。

（二）家　庭

宋、元、明时期，南迁中原汉人陆续进入旧县，家庭规模较小。

清代至民国期间，人们崇尚多子多孙多福和“四代”“五代”同堂，一些有钱人娶妻纳妾，子女众多，家庭规模较大，10 多人一家者较多，20 多人一家的也不少。

中华人民共和国成立后，实行一夫一妻制，家庭结构发生变化，家庭规模随着国家人口政策的变化而变化。二十世纪七八十年代，人口增长较快，家庭规模较大；90 年代后，家庭规模逐步变小；四代五代同堂户已不多见。全乡家庭平均人口，2000 年为 4.7 人，2017 年为 3.6 人。

若干年份旧县镇家庭平均人口情况表

表 4-10　　　　单位：人

年　份	1953	1964	1982	1990	2000	2010	2017
户　数	3918	2668	4025	4849	5982	7766	8393
人　口	14211	13346	21974	25984	28190	28828	29970
家庭平均人口	2.75	5	5.5	5.4	4.7	3.7	3.6

附：梅溪村姓氏最多之谜

旧县镇最大的村梅溪村有 19 个姓氏，姓氏数占旧县 38 个姓氏的 50%。姓氏如此众多，其原因是唐末宋初后，梅溪寨一直常年驻兵，宋至元、明、清，都曾常年驻兵 150 余名。南宋宰相郑清之，因犯错被皇帝贬到梅溪寨任水陆巡检司司长，职位与知县同。他一家一直居住于此。后来老死在梅溪。由此推定，如郑清之一样，该寨兵丁退役后，由于当时交通不便，不少路途遥远且家中无牵无挂者，都未再回家，就在梅溪娶妻生子，或男入女家。所生子女，有一部分随父亲姓。20 世纪 90 年代，永定城有郑姓人到梅溪寻根祭祖，找其上祖郑清之坟墓。但因事过八九百年，时间太久，郑清之墓葬梅溪何处，已无人知晓。

第三节　人口素质

一、健康素质

中华人民共和国成立后，随着卫生事业发展，医疗水平提高，人居环境改善，体育运动普及，常见病多发病得到及时预防和治疗，人民健康水平不断提高，平均预期寿命延长。据 1982 年人口普查资料，全公社 70—79 岁有 522 人，占人口总数 2.38%；80—89

岁有 144 人，占人口总数 0.66%；90—99 岁有 8 人，占总人口数 0.04%。1990 年后，70 岁以上人口占总人口数之比呈上升趋势。2010 年人口普查数据显示，70 岁以上人口有 1947 人，占总人口 8.9%。1949 年，人均寿命 50 岁，2010 年人均寿命 72.5 岁，比 1949 年平均寿命延长 22.5 岁。

若干年份旧县镇 70 岁以上人口情况表

表 4-11

年份	总人口（人）	70—79 岁（人）	80—89 岁（人）	90—99 岁（人）	100 岁以上（人）	70 岁以上人口占总人口比例（%）
1982	21974	522	144	8	0	2.2
1990	25984	717	218	13	0	3.6
2000	28190	810	340	41	0	4.3
2010	28828	1311	199	77	1	7.6

说明：以上数据来自第 3—6 次全国人口普查

截至 2017 年年底旧县镇百岁老人情况表

表 4-12

村别	姓名	性别	年龄（岁）	现状
坝上	江启銮	男	104	健在
坝上	谢永金	女	102	健在
扁山	李美兰	女	106	健在
角龙	陈棠华	男	102	健在
全坊	丘泉娣	女	100	健在

扁山村 106 岁老人李美兰

坝上村 104 岁老人江如銮

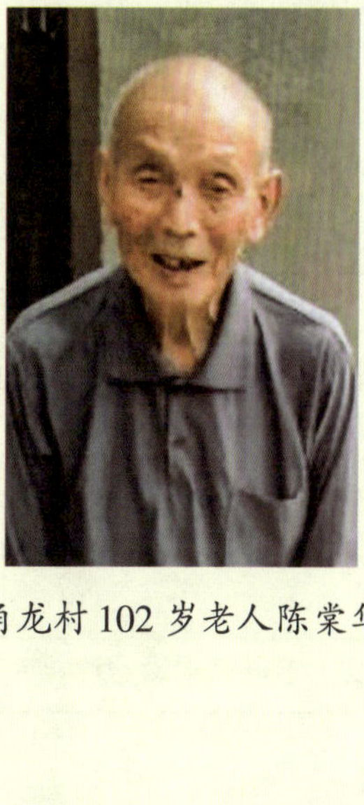

角龙村 102 岁老人陈棠华

（旧县镇政府供图）

二、文化素质

中华人民共和国成立前，6岁以上人口中文盲占绝大多数，识字者普遍文化程度不高，初中、高中毕业生屈指可数，大学毕业生更是寥若晨星。

中华人民共和国成立后，大力发展文化教育事业，每个村都设立初小或完小，人口较多的大村还设有分班或教学点，人口文化结构逐步改善，文盲人数逐年减少。1952年后，每村举办速成识字班，较大自然村有夜校扫盲班。据人口普查资料，1982年，境内文盲率、半文盲率占12岁及其以上人口的48.5%；1990年占15岁及其以上人口的37.8%；2000年，占15岁及15岁以上人口的11.6%；2010年占15岁及其以上人口的2.99%。1982年，全公社有小学生7152人，初中生2169人，高中生860人，大学生23人，小学以上文化程度共10204人，占6岁以上人口的53.5%，占总人口的46.4%。每千人中有大学文化程度1.05人。1990年，全乡小学以上文化程度65.5%，占6岁以上人口的75.5%，每千人中大学文化程度4.73人。2010年，全乡小学以上文化程度22038人，占6岁以上人口的96.6%，每千人中有大学文化程度41人（包括大学专科人数和研究生人数）。

第三、第四、第六次人口普查旧县乡人口文化情况表

表4-13

1982年第三次人口普查				1990年第四次人口普查			
6岁及6岁以上人口文化状况				6岁及6岁以上人口文化状况			
文化程度	合计（人）	男（人）	女（人）	文化程度	合计（人）	男（人）	女（人）
大学毕业	18	17	1	大学本科以上	43	40	3
大学肄业或在校	5	5	—	大学专科	60	50	10
高中	860	188	72213	中专	189	157	32
初中	2169	1956	1772	高中	849	780	69
小学	7152	5380	7460	初中	3524	3075	199
文盲、半文盲	8842	1382	—	小学	9721	5630	4118
—	—	—	—	文盲、半文盲	7286	1001	6285

2000年第三次人口普查				2010年第四次人口普查			
6岁及6岁以上人口文化状况				6岁及6岁以上人口文化状况			
文化程度	合计（人）	男（人）	女（人）	文化程度	合计（人）	男（人）	女（人）
研究生	1	1		研究生	14	12	2
大学本科	79	72	7	大学本科	423	335	88
大学专科	273	215	58	大学专科	743	602	141

续表4-13

高中	1465	1254	2167	高中	2836	3244	592
初中	7728	5561	1772	初中	9091	6212	2879
小学	11535	5436	6099	小学	8931	3160	5771
文盲	2405	205	2200	文盲、半文盲	784	84	714
半文盲	1413	85	1328	—	—	—	—
中专	796	539	257	—	—	—	—

第四节　人口控制

一、政策措施

1971 年，上杭县召开县、公社、大队三级干部大会，提出计划生育工作（简称计生工作，下同），并号召党员干部带头响应。会后，旧县公社部分参会男党员干部带头采取结扎措施。1973 年，旧县公社革委会作出《关于提倡晚婚，实行计生工作的决定》，提出“生育晚一点，稀一点，少一点，好一点”原则。

1988 年 7 月 1 日始，县出台少数民族计生优惠政策，允许少数民族人口一对夫妇生育 2 胎。同时，对少数民族夫妇已有 2 个小孩，其中 1 个有非遗传性残疾，不能成为正常劳动力，夫妇都是独生子女的和再婚夫妇一方是初婚，新组成家庭只有 2 个小孩的，由本人申请，乡审核，县计生部门批准，可以有计划安排生育 3 个小孩。

1988 年，建立乡、村两级人口婚育学校，对新婚夫妇实行“婚前教育，结婚登记，发放生育证”一条龙服务。1990—1994 年，结合农村社会主义教育活动，利用各种宣传工具，宣传《中华人民共和国流动人口计生管理办法》和中共中央国务院《关于加强计划生育工作严格控制人口增长的决定》及《福建省计生条例》《上杭县贯彻〈福建省计生条例〉实施办法》等。在交通要道、各行政村刷写计生固定标语，发放计生宣传手册等。

2000 年，突出抓好中共中央、国务院《关于加强人口与计生工作稳定低生育水平的决定》（简称《决定》），将县计生局编印的《计生宣教材料》送发到乡直各单位和各村、组干部手中。2001 年，乡党委、政府把《决定》和《福建省计生条例》列入农村“三个代表”重要思想学习教育活动的辅助材料。

2003 年，贯彻落实县委、县政府《关于“十五”期间进一步广泛深入开展婚育新风进万家活动的意见》，突出宣传《中华人民共和国计划生育法》《社会抚养费征收管理办法》《计划生育技术服务管理条例》等法律法规，全面执行国家人口计生委关于计划生育

“七个不准”（不准非法关押、殴打、侮辱违反计划生育规定的人员及其家属；不准毁坏违反计生规定人员家庭的财产、庄稼、房屋；不准不经法定程序将违反计生规定的财产抵缴计划外生育费；不准滥设收费项目、乱罚款；不准因当事人违反计生规定而株连其亲友、邻居及其他群众；不准对揭发、举报群众打击报复；不准以完成人口计划为由而不允许合法生育；不准组织对未婚女青年进行孕检）规定。

2004 年，整治新生儿男性比偏高问题。乡党委、政府制定《关于整治性别比升高问题的通知》，并印发《整治出生性别比问题的通告》，查处非医学需要鉴定胎儿性别和选择性别终止妊娠的不法行为。

2009 年，乡党委、政府组织 2 个工作组，每个工作组由一名党委副书记任组长，两名党委委员任副组长，实行强化管理，对计生对象实行全程跟踪，从源头上杜绝超生现象发生。

2011 年，进一步贯彻《福建省人口和计划生育行政处罚、社会抚养费征收裁量权适用办法》。2016 年，旧县镇计生工作绩效考评居全县各乡镇前列。

2016 年始，国家放开全国城乡居民一对夫妇可生 2 孩政策，以适应国情需要，但计生机构仍然保留，对超出 2 孩再生的仍按计生法追收社会抚养费。

1996—2015 年旧县镇计划生育情况表

表 4-14

年份	独生子女（人）	落实节育措施（人）	政策符合率（%）
1996	79	664	94.43
1997	95	538	95.21
1998	108	327	96.4
1999	80	378	93.4
2000	96	407	96.33
2001	77	362	96.23
2002	90	552	93.75
2003	95	406	95.2
2004	95	396	95.44
2005	83	418	96.1
2006	94	304	94.49
2007	110	82	96.56

续表4-14

年份	独生子女（人）	落实节育措施（人）	政策符合率（%）
2008	124	389	95.41
2009	148	496	94.39
2010	149	482	96.65
2011	131	562	93.24
2012	170	445	93.28
2013	153	399	91.32
2014	71	604	89.8
2015	3	411	88.32

说明：以上资料来自旧县镇计生办和上杭县统计年鉴

二、晚婚晚育

1963年开始，提倡晚婚。1973年，旧县公社革命委员会作出《关于提倡晚婚，实行计划生育的决定》，男25周岁以上，女23周岁以上结婚定为晚婚。1981年施行新婚姻法后，按法定年龄推迟3年以上结婚者为晚婚，妇女24周岁以后生育第一个孩子的为晚育，并对晚婚晚育者给予奖励；晚婚假延长到15天，晚育者增加产假15天，晚育又领独生子女证的，产假期可延长6个月，假期内工资照发，不影响全勤评奖，农村晚婚者，可减免当年义务工的50%，晚育者免除全年义务工负担。

三、优生优育

1990年始，乡计划生育服务所设立优生咨询点，宣传普及优生知识。1999年，推行三项（弓形虫、风疹病毒、巨细胞病毒）优生检测服务点，启动出生缺陷干预工程。2000年后，贯彻落实上杭县人民政府《关于开展优生三项检测服务工作的实施意见》，全面开展优生检测筛选服务。2001年始，贯彻落实上杭县卫生局、民政局、计生局联合下发的《关于开展婚前医学检查和优生优育检测有关工作的通知》，旧县卫生院、计生办开展婚检。

四、社会抚养费征收

1985年，开始对超计划生育和无证生育者给予处罚。1989年，乡对超计划生育、无证生育等违反计生政策者征收一定数额社会抚养费。2003年，上杭县计划生育局出台《社会抚养费征收、使用管理办法》，规定：未婚生育1个子女的按当事人违法行为被查出时的上一年乡人均收入0.6倍至1倍征收。生育时已达法定婚龄并在被告知征收后3个月内补办结婚登记的免予征收。多生育1个子女的按上一年乡人均纯收入的2倍至3倍征收，多生育2个子女的按上一年乡人均收入的4倍至6倍征收。婚外生育2个及以上子女的从重征收。县计生局委托乡镇计生办征收，使用全省统一电子发票，将征收款全部上缴。至2017年，全镇累计依法征收社会抚养费1457.93万元。

五、管理机构

20世纪70年代，旧县公社成立计划生育工作领导小组，组长、副组长及成员随公社领导调整而变更。20世纪80年代初，成立公社计划生育工作队。1985年，乡设立计划生育办公室（简称计生办）。2002年，根据中共上杭县委和上杭县人民政府《关于县、乡党政机构改革的实施意见》，乡计划生育办公室单独设置，为股级事业单位，设主任1人，副主任2人。

1989年，旧县乡成立计划生育协会。协会协助政府落实人口与计划生育法和相关法律、法规及政策，宣传生殖保健和计划生育等科学知识，推进计划生育群众自治。

1991年始，各村按每千人配备计生协管员1名，负责宣传计划生育法律法规、宣传节育、优生优育等知识，督促落实节育措施等。

1992年11月，设立乡计划生育服务所，配备专职技术人员，开展婚育知识培训、查环查孕、检查妇科疾病、宣传生殖保健和避孕知识等。2015年，镇计生办共23人，其中3人属聘请人员，20人兼职其他工作。2017年年底，村级计生协管员24名，镇计生服务所工作人员7人（6人兼职）。

第五章　农　业

旧县境内两汉时期有人从事农业生产，唐代有栽种谷物、豆类及薯类等粮食作物。南宋末，大量客家人迁入旧县，小麦、粟子引入境内。到明代，又逐渐引进甘薯、芋子、马铃薯、玉米等作物。清康乾时期（1662—1795 年），政府鼓励垦荒、兴修水利，使旧县农业得到发展。

然而，封建时代受封建土地所有制束缚，农业生产方式原始，耕作技术落后，生产水平低下，普通农民终年劳作仍难得温饱。1949 年，全乡粮食总产 2500 吨，亩产 126 公斤。

中华人民共和国成立以后，经过土地改革和农业合作化，改变了生产关系，解放了生产力，农业生产得到较快发展。到 1957 年，全乡粮食总产达 7483 吨，是 1949 年的 2.96 倍。

1958 年开始“大跃进”运动，出现瞎指挥、浮夸风，加上国家三年困难时期，农业生产受到严重挫折，粮食产量大幅下降。1961 年后，经贯彻“调整、充实、巩固、提高”方针，进行三年经济调整，农业生产得到一定恢复发展，粮食产量有所回升。

1966 年开始进行“文化大革命”，农业生产再次受到严重影响。虽然经过大力开展“农业学大寨”运动，大力推广许多农业新技术和大力进行农田基本建设，但由于农业体制机制上的关键问题没有解决，农民生产积极性得不到充分发挥，致使农业发展受到很大制约。1981 年后，实行双层经营家庭联产承包生产责任制，极大地调动起农民生产积极性，使农业生产得到快速发展，粮食产量迅速增长。1983 年总产达 8109.9 吨，比 1980 年增长 18.6%。此后，继续前进，到 2000 年，达 9282 吨，达历史最高水平。

2000 年后，继续深化农村改革，调整农村产业结构，增加农业投入，特别是通过农业机械化的不断发展，组建专业合作社，实行土地流转，分流农村劳动力，使旧县农业发展进一步加快。

第一节　生产条件

一、耕　地

1949 年，全区共有耕地 15694 亩，人均耕地 1.42 亩。1950 年后，政府鼓励农民垦荒，耕地有所扩大。1990 年后，随着修机耕道，修乡村道路、开渠、修水库、单位基建、私人建房等占用耕地，各村耕地均有不同程度减少。到 2017 年，全镇有耕地 15401 亩，人均耕地 0. 51 亩。

据 1982 年福建省第二次土壤普查检测，境内耕地属微酸性土壤。全社耕地水田 15541 亩，按肥力分为一、二、三等 3 个等级：

一等田、土种：灰泥田、紫泥田、灰紫泥田等共有 1663 亩，占耕地总面积 10. 7%，是耕作层较深，高产、稳产；一年三熟的良田。

二等田、土种：灰黄泥田、灰沙田、黄泥沙田等共有 4625 亩，占耕地 29. 8%，耕作层较浅，一年二熟至三熟。

三等田、土种：灰黄泥沙田、黄底灰沙田、冷烂田等共有 9253 亩，占耕地 59. 5%，是土层瘠薄、漏水、漏肥，土质条件差的耕地。

中华人民共和国成立后，耕地利用率随着生产力发展和复种指数提高而提升，由 1950 年的 1. 9 倍，提高到 1982 年的 2. 1 倍。

1982 年旧县公社土壤普查耕地情况表

表 5-1　　单位：亩

村别	肥力等级			耕层厚度			地下水位		耕层土质类型			
	一等	二等	三等	10 厘米以下	10—15 厘米	15 厘米以上	50 厘米以下	50—100 厘米	砂土	砂壤土	壤土中轻	黏土
全社	1663	4625	9253	100	15102	550	665	14876	154	352	14970	65
新坊	—	445	636	—	1081	—	—	940	13	25	1043	—
石院	—	180	843	—	1023	—	141	853	—	—	1023	—
扁山	—	—	—	—	348	151	170	494	—	—	499	—
福村	—	—	—	—	236	30	5	266	—	—	266	—
河东	170	437	401	—	1008	—	—	1008	—	21	987	新康包括在内
龙溪	51	145	298	—	508	—	8	500	—	14	494	—
全坊	338	—	174	—	535	—	—	535	23	—	512	—
坝上	45	76	363	—	484	8	15	477	8	—	484	—
河西	90	404	746	—	1117	135	180	1072	—	12	1240	—
尧埔	—	161	333	—	490	15	—	505	—	11	494	—
兰田	60	32	199	—	261	30	—	291	2	30	259	—
铁场	95	—	699	—	724	40	—	764	—	—	764	—
铁东	—	70	345	—	415	—	25	390	—	—	415	—
石圳	91	232	919	—	1200	48	121	1127	—	6	1177	65
角龙	105	80	253	—	438	8	—	446	8	30	408	—
迳美	—	456	998	—	—	—	—	1454	—	78	1376	—
谷坑	—	560	445	—	1005	—	—	1005	—	—	1005	—
水东	173	255	303	—	731	40	—	771	—	40	731	—
梅溪	445	1078	475	—	2038	60	—	2098	100	85	1913	—
社直办	—	—	91	—	91	—	—	91	—	—	91	—

二、劳动力

1949年，全区有劳动力4542个，每个劳动力负担耕地3.46亩。此后，劳动力随着人口增长而相应增加。1982年，全社有劳动力7953个，每个劳动力负担耕地1.9亩。随着劳动力负担耕地的减少及农业机械化程度的不断提高，富余劳动力通过技能培训转向第二、第三产业就业。到2017年，全镇有劳动力18889个，按社会需求，从事农、林、牧、渔的劳动力有3210人，占劳动力总数的17%；从事工业、建筑业、交通运输业、商贸、服务业及其他行业的占劳动力总数的83%。

若干年份旧县耕地面积人口劳力情况表

表5-2

年份	耕地面积(亩)	人口(人)	劳动力(人)	人均耕地(亩)	每个劳动力负担耕地(亩)
1949	15694	11501	4542	1.42	3.46
1957	15994	12131	5530	1.32	2.89
1967	16168	13751	6765	1.17	2.39
1977	15795	17841	7997	0.89	1.98
1987	15204	21306	8853	0.71	1.72
1997	15407	27447	13145	0.56	1.17
2007	15412	28636	16017	0.54	0.96
2017	15401	29970	18889	0.51	0.82

说明：表中数据来源于历年上杭县国民经济统计年鉴

三、畜　力

耕牛是农业生产中唯一畜力，是农家之宝。1950年，境内从事劳役的耕牛有961头，平均每头牛负担耕地16.3亩。土地改革后，政府重视农业生产，贷款给农民购买耕牛。到1957年，耕牛头数增至1200头。人民公社化以后，耕牛归集体所有。随着农业机械化进展，耕牛逐渐减少。1981年，实行家庭承包责任制后，集体耕牛折价归农户所有，耕牛数量又有回升。后随着拖拉机、微耕机进农户及土地的流转，耕牛负担已大为减轻，数量也减少。2017年，牛存栏1402头。

四、农机具

（一）耕作机具

中华人民共和国成立前，农业生产传统农具有锄头、铁镭、犁、铁耙、辘轴、禾刀、镰刀等。1956 年后，进行农具改革，推广深耕犁、双轮双铧犁、山地犁等。但旧县是山区，耕地普遍田坎高，田面小，较大型机械不适应耕地作业。

1969 年，旧县开始购进耕地用工农 X 型 12 匹马力拖拉机。1972 年，全社有用于耕作的手扶拖拉机 18 台。农村体制改革后，中小型拖拉机、农用车进入农户。进入 21 世纪后，农机部门不断推出较适宜山区使用的小型翻土机械，境内农户购置使用越来越普遍。到 2017 年，全镇农业机械总动力达 9687 千瓦。

（二）植保机具

民国以前，植保主要靠青蛙、燕子等天敌。水稻、小麦、甘薯传统品种，基本不发生病害。

1956 年始，推广使用单筒压缩式喷雾器和手摇喷粉器，大面积防治病虫害主要依靠人工手撒、勺泼施药。1970 年后，植保机具种类和数量逐渐增多，到 1972 年，工农 16 型手摇喷雾器已普及各生产队。20 世纪 70 年代，还大力推广点灯诱蛾。1981 年以后，每家农户都备有喷雾器。

（三）脱粒机具

长期以来，稻谷脱粒沿用传统的斗桯脱粒；小麦则要在田间割下后连秆带穗挑回家中，先让其堆沤一两天，然后用人力将麦穗举起摔击于石块上脱粒，甚是费时费力。20 世纪 60 年代后，开始使用上杭农械厂生产的打谷机。70 年代全面普及，每个生产队都备有 2—3 台双人打谷机。80 年代以后几乎每户一台单人打谷机。到 2000 年以后逐步购置或改装成汽油发动机带动打谷机打谷。

（四）运输机具

旧时，农产品收成后都靠肩挑手提运回或用木船运回。

1965 年始，拖拉机进入境内，部分通路地段逐渐靠拖拉机运输。进入新世纪，摩托车普及后，不少农户用摩托车运输。

（五）农副产品加工机具

境内传统农产品加工机具有砻、碓（含水碓）和石磨等。

1966 年，九曲溪水电站建成发送电，当时功率只有 50 千瓦/时，白天送电至旧县农械厂为群众碾米和饲料粉碎。1971 年，池溪电站建成发电后，农副产品加工机械快速发展。1980 年后，碾米机、粉碎机、磨浆机、打面机、粉干机、榨油机等各种农副产品加工机械迅速普及。进入 21 世纪后，越来越多家庭置备碾米机。

若干年份旧县农业机械情况表

表 5-3

单位：千瓦

年份	农业机械总动力（千瓦）	其中			小型拖拉机	动力（千瓦）	多功能拖拉机（台）	动力（千瓦）	收割机（台）	农副产品加机械			实际机耕面积（亩）
		柴油机动力（千瓦）	汽油及动力（千瓦）	电动机动力（千瓦）						碾米机（台）	粉碎机或磨粉机（台）	榨油机（千瓦）	
1965	18	—	—	—	2	18	—	—	—	—	—	—	180
1970	162	27	—	—	15	135	—	—	—	—	—	—	300
1975	234	27	—	—	23	207	—	—	—	—	—	—	500
1980	1130	88	—	480	38	342	10	220	—	—	—	—	1800
1985	1347	97	—	560	40	360	15	330	—	—	—	—	2500
1990	3101	2045	—	1056	123	1500	20	440	—	—	—	—	3800
1995	6583	3237	—	3317	156	1903	22	484	—	320	320	20	5260
2000	6797	3381	—	3030	60	660	26	565	—	300	300	—	5500
2005	6803	3387	—	3333	66	726	25	550	—	300	300	—	6260
2010	9042	5641	366	3035	89	979	153	3060	—	330	330	20	9500
2015	10267	5914	39	3584	110	1047	152	2803	1	340	340	20	11835
2017	9687	4884	42	1525	112	1069	45	882	5	340	340	20	21615

说明：表中数字来源于上杭县历年国民经济统计年鉴

若干年份旧县农业耕作机具植保机具脱粒机具情况表

表 5-4

年份	耕作机具			植保机具			脱粒机具（台）		
	畜力牵引犁	拖拉机（辆）	动力（千瓦）	电动喷雾粉器（台）	功力（千瓦）	手摇喷雾器粉（台）	电动脱粒机	汽油机脱粒机	人力脱粒机
1967	—	8	72	2	5	—	—	—	—
1977	—	38	399	9	22.5	272	—	—	330
1987	—	55	577.5	20	50	农户每家必备	5	—	—
1997	—	178	1869	50	125		10	5	—
2007	—	242	2541	70	175		30	180	—
2017	—	157	1648.5	90	225		50	600	—

说明：表中数据来源于上杭县历年国民经济统计年鉴（个别有调整）

若干年份旧县农业运输机械农副产品加工机械情况表

表 5-5

年份	人力运输工具		运输机械			农副产品加工机械		
	胶轮手推车（辆）	木船（艘）	小型拖拉机（台）	多功能拖拉机（台）	动力（千瓦）	碾米机（台）	粉碎机（台）	榨油机（台）
1967	80	20	2	—	21	3	2	—
1977	122	7	23	—	207	20	10	—
1987	184	8	50	10	220	60	120	10
1997	—	—	156	22	484	320	320	20
2007	—	—	70	153	3060	330	330	20
2017	—	—	112	45	882	340	340	21

说明：表中数据来源于上杭县历年国民经济统计年鉴

五、农田基本建设

农业合作化时期，部分农业社组织过局部性整地，小丘并大丘。

20 世纪 70 年代中后期，开展“农业学大寨”，各村进行土地平整，大搞农田基本建设。至 1979 年，全社平整土地 2980 亩。

2011 年，梅溪村 2 次实施县级土地整理项目工程，共整理土地 2300 亩。

2012 年，河西村 2 次实施县级土地整理项目工程，共整理土地 1980 亩；河东村实施市级土地整理项目工程，实施土地整理2503亩。当年，投资570万元，完成河东、全坊等7个村农业综合开发土地整理项目2500亩。

2015年，实施高标准农田整理项目工程，石院村、河西村各完成500亩，谷坑村完成570亩。

至2017年，全镇共整理耕地13675.2亩，占全镇水田的88%。

第二节 农业体制

一、封建生产关系

封建社会时，境内是封建土地所有制，大部分土地集中在地主、富农手中，还有“蒸尝田”也集中在这些人手中。农民占有极少土地。为了生存，农民向地主、富农租赁土地耕种。地主剥削农民的方式主要是地租、雇工和高利贷。

（一）地 租 主要为定额租，即无地农民向地主租赁土地，按田担、田地优劣等计算，有“四斗耕”“五斗耕”，即收成后按一担谷田交租谷4斗或5斗，夏收后便交租。若逢灾年，双方可协商，但农民得到的减免很少。

（二）雇 工 农民因无地少地或缺乏耕作农具，只得受雇于地主家做长工或打短工。长工：每年正月十六上工至十二月廿四散工。受雇期间，耕地、耕山、打柴、放牧、家务打杂，无所不做；严寒酷暑、刮风下雨、不得空闲，甚至有病还得家人或请人代替。短工：也要早出晚归，工资极低，生活极苦。多数雇农无力娶妻，终身为地主奴仆。

（三）高利贷 农民在遭受灾难或在青黄不接之际，向地主、富农借钱、借粮数额稍大都要立字据，以田产、房屋作抵押，利息极高。如农历四五月青黄不接时，农民向地主借谷一斗，到七月夏收后，归还一斗五升。到期未还，利上滚利。不少农民因借高利贷而致倾家荡产，背井离乡，沦为乞丐，甚至家破人亡。

二、土地改革

民国18年（1929年），旧县人民在共产党领导下举行武装暴动，成立“苏维埃政府”，实行第一次土地改革。苏维埃政府没收地主、豪绅土地及“蒸尝田”，按人口平均分给群众。1934年苏区沦陷，地主、豪绅夺回被没收土地，第一次土地改革失败。

1949年，中华人民共和国成立。1951年，旧县和全县各地一样，实行第二次土地改革，没收地主、富农多余土地和没收蒸尝会季土地，分上、中、下三个等级搭配，按实际人口分给无地或少地群众。每人平均分得土地1.4亩。封建土地所有制从此结束。

三、农业合作化

（一）互助组

土地改革以后，农民有了自己的土地，生产积极性空前高涨、农业生产得到发展、农民生活得以改善。但由于劳力、耕牛、农具的多寡不一等种种原因，造成有些农户耕作困难。1953 年中共中央出台《关于农业生产互助合作的决定（草案）》，于是互助组应运而生。

互助组有季节性互助组和常年性互助组两种。季节互助组是农忙时 3—5 户农户视农活需要与缓急，按先急后缓互助。互助各户按工核算；常年互助组，则是按一年核算，各户农活互帮付出的劳动日，在一年中机动调剂、统筹核算。

（二）初级农业合作社

1955 年，根据中共中央有关互助合作会议精神，旧县开始兴办初级农业合作社。其做法是几个相邻互助组合并而成一社，实行土地入股，耕牛、农具折价入社，生产资料归集体。初级农业合作社有社长、副社长、会计、出纳、生产队长、记工员。这些管理人员都不脱产，社里按年给适当工分补贴。农业社按计划组织本社生产劳动，社员按劳力强弱、技术高低评工记分。

（三）高级农业合作社

1956 年秋，上杭县掀起初级农业社合并为高级农业社热潮，旧县亦由 31 个初级社合并成 20 个高级社。高级社取消土地分红，耕牛、农具等全部折价作为投资入社，为全社所有。社内设脱产或不脱产正、副社长和会计、出纳、保管等干部，下设生产队、作业组，实行统一经营、分级管理。年终分配以社为核算单位，在扣除公粮和提取 5%公积金、公益金后，其余按人口和劳动工分成一定比例分配，多劳多得。1957 年，全区有高级社 20 个，入社农户 3458 户，占农户总数 99%。至此，农业合作化任务基本完成，生产资料从私有转变为社会主义集体所有。

四、人民公社

1957 年后，中央和省、地各级在全国人民建设社会主义满腔热情面前，失去冷静，产生"左"倾冒进错误倾向，接连召开相关会议和发出文件，吹响"大跃进"号角。在生产上搞高指标、浮夸风同时，生产关系也急于使之向更高级形式过渡。1958 年 8 月，中共中央发出《关于在农村建立人民公社的决定》。同年 10 月，旧县人民公社成立。人民公社实行"政社合一"，工、农、商、学、兵"五位一体"，山林、土地、耕牛、农具等生产资料为公社集体所有，统一经营管理农、林、牧、副、渔各业。劳动管理实行军事化，公社把劳动力组建成民兵团，下设营、连、排、班。生活实行集体化，办公共食堂，统一开膳。为农业"大跃进""创高产"，还将快收割的禾苗进行"移苗并丘"，产量搞浮夸虚报放"卫星"，创造出一亩地产几千斤粮食的纪录。

1959 年后，中央开始局部纠正"左"倾错误做法。1961 年，提出对国民经济进行"调整、巩固、充实、提高"八字方针，下发《农村人民公社工作条例》。根据这一条例，1962 年，拨划一小部分耕地作为农民的"自留地"；同时，核算单位下放至生产队，粮食除按规定缴交征粮、购粮外，其余80%作为口粮；20%作为肥料投资、工分分配。

“文化大革命”期间，“左”倾错误再次泛滥。政治上盲目抓“阶级斗争”，农业生产强调“从粮为纲”，限制发展多种经营，不准搞家庭副业。1973年，开展“农业学大寨”，以“大寨式”劳动管理制度，社员工分搞“政治评分”。结果出现干多干少一个样、干好干坏一个样，社员生产积极性受挫，严重阻碍生产发展，造成劳动效益低下，每10工分只有0.3元左右分红，最低的只0.1元多。大部分生产队成为“生产靠贷款”“吃粮靠回销”“生活靠救济”的“三靠”对象。

1984年，结束人民公社体制，撤社设乡。

五、土地承包责任制与流转

（一）家庭承包责任制

1980年9月27日，中共中央印发《关于进一步加强和完善农业生产责任制的几个问题》的通知。该文件传达贯彻后，1981年春，旧县各生产队全面实行家庭联产承包责任制，土地所有权仍属集体，承包给各农户经营，不得买卖；生产队仓库、耕牛、农具等生产资料折价给农民使用，国家征购任务按承包土地面积分摊到各承包户承担。各承包户所有粮食除交足国家和集体的，剩下部分都是农户自己的，农民有经营自主权。这一改革，极大调动了农民生产积极性，粮食产量得以迅速提高。1982年全社粮食总产8080吨，1983年达8109.9吨；2000年9082吨，达历史最高水平，比1978年增长24.9%。

1984年，中央明确土地承包期一般应在15年以上，使农民吃了“定心丸”，家庭联产承包责任制继续稳定和完善。1991年，根据大多数农户意愿，在“大稳定，小调整”前提下结合完善责任田承包合同，进行不同形式承包耕地调整。1997年8月，中共中央办公厅、国务院办公厅颁发《关于进一步稳定和完善农村土地承包关系的通知》，要求进一步稳定和完善农村土地承包关系，强调要在第一轮土地承包基础上，坚持“大稳定，小调整”，土地承包期再延长30年。1999年1月，旧县乡开展第二轮土地延包工作，乡统一印发农村土地集体承包经营权证。2000年年底，完成全乡6000户农户15410亩耕地新一轮土地承包合同的签订，承包期自1999年1月1日起至2028年12月31日止。

（二）土地流转

2002年开始，贯彻中共中央《关于做好农户承包地使用权流转通知工作的通知》，遵循“依法、自愿、有偿、规范”原则，引导和规范农户进行承包地使用权流转。各村基层干部或专业户向外出务工家庭转包土地种植粮食作物或经济作物以形成产业化，而促进以商品生产为主的专业户、重点户和联合体生产发展。

经各专业户努力及政府扶持，到2013年，已有规模种植示范户120家，实现土地流转5500亩，其中百亩以上规模经营片11个，连片经营1520亩，当年组成鸿运农机合作社和鸿福农业合作社等多个合作社。

第三节　种植业

一、粮食作物

（一）水　稻

1. 耕作制度

古代，农民开垦荒坝，开渠引水种植水稻，初以栽培单季稻为主，日照较为充足的旧县河沿岸各村，早稻种植到立秋左右成熟收割后，因光温资源足够，晚季又复种甘薯、大豆等。南宋以后从中原带来大、小麦，秋收以后播种到第二年春清明收割，便有了“三熟”。

中华人民共和国成立前到1955年，境内每年耕作制有的三熟制，即早稻—晚稻（俗称汆子）或甘薯—大小麦或油菜籽；有的二熟制，即早稻—晚稻或者甘薯。山区村冷水田则以种植单季稻为主。

1956年，试行“单季改双季、间作改连作”耕作制度。1958年后，大部分生产大队推广一年三熟制；小部山区生产队实行一年两熟制。

20世纪60年代，引进广场矮、珍珠矮等，推广连作双季稻。

20世纪70年代，水稻栽培实行“三改三化”（单季改双季、串灌改轮灌、稀植改合理密植；矮秆良种化、育秧卷秧化，密植规格化）。水利条件也得到了改善，双季连作稻得以发展，1972年，全社复种面积35712亩，总产达4941.85吨。

家庭承包责任制后一段时期，农民充分挖掘土地利用率，复种指数高，1982年全社复种面积33447亩，总产量8001.65吨。

2017年，全镇水稻复种面积17118亩，总产量8561吨。

2. 品种改良

稻谷有籼、粳、糯三种，以籼稻为主。中华人民共和国成立之前籼稻传统品种：早稻有硬粘、细谷里、冷水白、大叶早；中稻有八月粘；晚稻有汆子；早糯稻传统品种有胖杆糯，冷水糯，晚糯稻有大冬糯等。

中华人民共和国成立后，水稻品种由高秆稻逐步改为矮秆稻、常规稻改为杂交稻；杂交稻升级为超级稻、优质稻三个阶段改良。

第一阶段：20世纪60年代，容易倒伏的高秆稻逐渐被矮秆稻代替，主要品种有广场矮、珍珠矮、窄叶青、日本白。

第二阶段：1976年旧县公社组织农技员到海南岛学习杂交稻制种技术，1977年全社进行杂交稻制种，之后大面积推广种植杂交稻。主要品种有闽优、威优、汕优等系列。

第三阶段：2009年后，超级稻，优质稻在全乡推广，主要品种有宣优、特优、中折优等系列。

水稻品种经三次改良，使水稻产量实现三次大幅度提高。2017 年，全镇水稻种植总面积 17118 亩，总产量 8561 吨，亩产 500.1 公斤。

3. 栽培技术

育　秧

水稻育秧传统方式是种子不经任何处理，即用清水浸种，以箩或漏底木楻铺以稻草用温水催芽，秧田不开畦沟，全丘式播种，以脚印或树枝隔开品种，播种后长期淹水以防鸟、鼠为害并保温。

1953—1957 年，多采用温汤淋种，增温催芽。1958 年以后提倡并推广湿润育秧。1970 年以后推广蒸汽催芽。1974 年以后推广卷秧、铲秧、二段育秧，之后大力推行薄膜育秧。1998 年开始推广抛秧。抛秧必须用塑料秧盘育秧。不论采用哪种方式育秧，播种时要稀播，匀播、播后用土杂肥盖种。

插　秧

旧时插秧密度不讲究，多为大丛稀植（一般 40—50 厘米见方）。1955 年，推广 25—30 厘米见方的适当密植。1958 年，出现违背科学原理现象，强调越密越好，甚至不育秧，大田直播，致使粮食减产。1965 年引种矮秆稻，提倡合理密植（20—25 厘米）。1976 年开始种植杂交稻，采取 18—21 厘米，每丛 1 本或 2 本，实行合理密植。

施　肥

中华人民共和国成立前，施农家肥传统方式是将大量畜粪晒干打碎用手抓塞。

1950—1957 年，水稻肥料主要靠农家肥以人粪尿，畜粪为主。1958 年后，提倡沤肥、草木灰、火烧土。1963 年以后大搞割青草、嫩树叶、挑塘泥和老墙土回田。20 世纪 70 年代后搞稻草回田。同时发展养猪、养牛积肥；利用冬闲田播种紫云英肥田、自造 5406 细菌肥。

1968 年后，化肥用量逐年增多。1970 年始化肥以氨水为主，全社布多个点建氨水池储藏氨水。70 年代中期后推广固体碳酸氢铵和过磷酸钙相结合施用。1980 年以后推广微肥、磷酸二氢钾、硼肥、钼肥、锌肥等根外追肥。还推广过测土配方施肥和球肥深施。由于化肥用量不断增加、农家肥用量减少，使地力在逐步下降。

随着科学发展，水稻施肥不断革新，20 世纪 80 年代以后，施肥方法推广“三结合”“三为主”，即有机肥与无机肥相结合，以有机肥为主；前期施肥与后期追肥相结合，以前期施肥为主。技术上掌握“五看”（看天气、看土壤、看肥、看种、看苗情），根据不同情况灵活施用。

境内化肥使用量，从 1950 年的零到 2017 年的 478 吨（按折纯法计算）。

4. 病虫害防治

水稻主要病害有稻瘟、纹枯病、白叶枯病、稻曲病（谷蕈）、细条病等；虫害主要有螟虫、稻飞虱、稻叶蝉、稻纵卷叶螟、稻瘿蚊、稻蝗虫等。

20世纪50年代以前，没有农药。50年代后，采取人工防治与农药防治并举。人工防治：利用青蛙、燕子等天敌及拔出被螟虫蛀食的稻秆、摘除虫苞、点灯诱蛾等。1970年后逐步普及农业科学技术知识、采取“以防为主，综合防治”方针，推行“治早、治少、治了”方法。

1952—1969年，除虫农药主要有六六粉、滴滴涕、乐果、敌敌畏、美曲磷酯；1970年以后有杀虫双、杀虫脒、甲胺磷、叶蝉散等；1984年以后有二嗪农、水胺硫磷、氧化乐果、杀灭菊酯等杀虫剂。除病农药1952—1969年主要有西力生、多菌灵；1970—1983年有稻瘟净、克瘟散、异稻瘟净、托布津、井冈霉素、稻脚青等；1984年以后有三环唑、霜疫灵、毒死蜱、异丙威、扑虱灵等。此外，1959年和1972年曾推广自制病虫防治土农药有石灰粉、辣蓼草、硫磺、茶枯、雷公藤、断肠草、石蒜、烟骨、煤油、白碱等。2007年以后禁止使用高毒猛药甲胺磷、甲基对硫磷、久效磷、磷胺等33种。用于蔬菜、果、茶的农药限用25种。

自古以来防治虫害还注重早冬翻土溶田，以消灭越冬螟虫并捞除菌核、压低病虫基数；实行轮作换茬；严格种子消毒，减少菌源；选用抗病品种，培育壮秧增强抗力；增施磷钾肥，不施过量氮肥；适当烤田、搁田、减少病虫滋生条件。

5. 杂草防除

稻田常见杂草有稗草、三棱草、鸭舌草、野荸荠草、红根草、油草，等等。传统除草方法，主要靠中耕耘耙及拔除。1950年以后，除沿用传统方法外，还结合种子过筛，药物浸种等处理杂草种子。同时改善生产条件、大搞农田基本建设、提早溶田。2000年以后，使用除草剂除草。2010年后，因除草剂残留加剧，影响农作物生长，除草剂使用量下降。

（二）甘　薯

明万历年间（1573—1620年），甘薯（又名番薯、地瓜）由菲律宾吕宋一带引入闽南，后传入旧县。适于早稻收割后种植，属耐旱作物。面积产量仅次于水稻。甘薯种植对增加粮食总量、促进养殖业发展起到积极作用。旧县除新坊、石院、扁山、新康、福村等村比较少种植外，其余15个村种植面积都较大。传统品种有：本地甘薯、白尾雕；新品种有岩齿红、岩高糖、大叶红皮、白皮红心等。1957年，全区种植甘薯2950亩，总产516吨（折稻谷）；1987年，全乡种植甘薯1669亩，总产300吨。随着水利条件改善，农田种植甘薯面积在缩减，2017年全镇种植甘薯468亩总产216吨。

（三）小　麦

种麦，曾是旧县一大特色，因其系过冬作物，立冬后播种，翌年清明前可收割，可错开水稻、甘薯等作物种植时间，且耐干旱，对当时提高复种指数，解决境内人多田少，粮食紧张问题，被认为是一种有效方法。中华人民共和国成立后，通过品种改良，产量不断提高。1974 年，全坊大队召开全县推广“三熟制”现场会。1977 年，全社种植面积 3110.9 亩。1997 年，亩产达 85 公斤，为历史最高产量。由于种麦耗地力，随着全社会粮食的富足，1998 年以后种植渐少。

（四）豆 类

1. 大 豆

大豆有黄、黑两种，分春、秋两季种植。春大豆有五月乌、六月泡、花面豆等，多在山坡上种植，亩产 50—60 公斤。秋大豆有青兰豆、蚁公包子等品种。青兰豆于立秋边甘薯地套种；蚁公包子多在芒种左右在田塍上种植，亩产 60—70 公斤。2017 年，旧县种植大豆 633 亩，总产 129 吨。

2. 杂 豆

杂豆主要有扁豆、绿豆、小红豆、狗爪豆等。旧县种植杂豆有悠久历史，所种杂豆一般作蔬菜食用。

（五）杂 粮

杂粮品种主要有高粱、狗尾粟、拳头粟、马铃薯、蕉芋、玉米等。大部种植于山坡地、沟垄地等旱地，也有与春地瓜套种的。进入 21 世纪后，高粱、粟米已很少种植，较多种植马铃薯、玉米。2017 年，种植杂粮 40 亩，总产 15 吨。

二、经济作物

（一）烤 烟

旧县土壤、气候等条件适宜烟草生长。中华人民共和国成立前，有农户在山坡地及一些农杂地种植晒烟。1967 年，政府号召各生产队种植烤烟，并由供销社收购。1988 年，旧县成立烤烟辅导站；1989 年，辅导站改为烤烟新区开发站。1990 年，旧县设立烟草站收购烤烟。1991 年，乡政府重视并发展烤烟生产，把烤烟生产作为发展农村经济、增加农民收入的主导产业，以“计划种植、主攻质量、提高单产”“品种良种化、种植区域化、栽培规范化”等一系列措施，引导烟农多种烟、种好烟。政府还扶持建烤烟房，免费为烟农配置烤烟设备；烟草站派技术员进村入户指导农户从播种—种植—采摘—收购一条龙生产农活。2005 年始，实施烟田水利、道路等基础设施项目（简称烟基工程）。通过各项技术不断改进，烤烟质量不断攀升。2017 年，旧县烤烟种植面积 1000 亩，产 290 吨烤烟，其中中、上等烟占 9 成以上。

（二）蔬 菜

1970 年以前，农户以房前屋后农杂地种植蔬菜自食，商品率低。1990 年以后，不少农民已由种田转入其他产业，需购买蔬菜者已不在少数，所以蔬菜已成需求量很大商品，因而从事商品蔬菜生产者也逐渐增多。2014 年，河东村种植白菜 260 亩，河西村种植 285 亩。2017 年，全镇种植蔬菜 10432 亩，产蔬菜 16447 吨。

（三）芋

又叫芋子，其传统品种主要有莲花芋、六十子、乌芋等，引进品种有槟榔芋、蕉芋等。芋子利用率高，是加工美食好原料，不仅直接可做菜，也可在办酒席时用芋加工芋子包、芋子粄。槟榔芋更是餐桌上的美食。进入21世纪以来，河东、龙溪等村引入外商投资种植槟榔芋获得较好经济效益。2017年，龙溪、河东两村共种植槟榔芋1000亩，总产量1800吨。

（四）花 生

花生是很好的油料作物，春秋两季皆可种植，又是制作美食的上好原料。1987年，全乡播种面积240亩，总产量27吨。

（五）油 菜

旧县种植油菜历史久远。其播种于立冬之前，收割在春分后，不与水稻争地力，又是很好的油料作物。所以旧县种油菜者断断续续一直延续。1987年，全镇种植油菜1119亩，产量224吨。

（六）木 薯

木薯于明、清时期从印度尼西亚引进，产量很高，且易种耐旱，多在山坡地上种植。1987年，种植面积1500亩，产木薯粉375吨。

（七）西 瓜

1975年，坝上村将盘尾岗一处60亩旱地租给广东瓜农种植西瓜，取得效益。之后旧县群众从事种植西瓜者渐多。1987年，全乡种植西瓜107亩，产120吨西瓜。

三、茶、桑、水果

（一）茶 叶

1950年以前，农户利用房前屋后及山坡地种植茶叶，以供自用。1967年，旧县公社引进乌龙茶系列全社种植4000亩，由于没有专人管理而造成茶山荒芜。1977年，全社有茶山面积272亩，产茶46吨。2003年，全乡有茶山采摘面积3000多亩，产茶581吨。

2017年，有采摘面积319亩，产茶70吨。

（二）桑

1990年，龙岩地区老区办根据旧县乡气候、土质、劳力资源等条件，把种桑养蚕作为扶贫项目，在全坊村进行试种试养，获得成功。之后乡成立养蚕办，建立蚕茧收烘站。1991年，在地区老区办大力支持下，乡党委、政府把发展蚕桑生产作为投资少、见效快，发展农村经济增加农民收益的一项支柱产业，在全乡全面展开，1991年在水东、梅溪、河东、兰田等村桑田面积共有1400多亩，仅水东村桑田218亩，养蚕310张，收购蚕茧7500公斤，产值13万元。1993年以后，由于蚕茧市场疲软，价格下跌挫伤桑农积极性，年底仅保留桑田528亩。

（三）水　果

传统水果主要品种有桃、李、梨、柚子、青梅、柑、柿子、杨梅等。后来逐渐引进橙、香蕉、葡萄、猕猴桃、百香果、柰等品种。1970年，旧县公社曾建立果林场，各大队也曾组建耕山队种植经济作物、水果等。

进入21世纪，各村果农根据各自优势，每年种植面积不断扩展，2004年，果园面积2328亩，产551吨；2017年果园面积229亩，产229吨，

四、其他农作物

（一）药　材

古来一些农户有利用自己房前屋后或其他空地种植一些家人发病时自用药材习惯，品种主要有藿香、薄荷、五加皮、紫苏、桑叶、枇杷、甘蔗、菖蒲、葳蕉、鱼腥草、夏枯草等，还种植一些可作为食疗、药膳的莲藕、韭菜、芫荽等。20世纪80年代初，铁东村有农户到岩下山墓塘窠开荒种植射干等药材几十亩。但由于各种原因未取得成功。自此，无人从事商品性开发药材种植。

（二）花　卉

改革开放以前，人们只在自己住房的天井中，用花盆、花砵种植一些兰花、绣球花、桂花、棕竹等以供观赏。“文化大革命”中，种花种草易被指责为“资产阶级生活方式”，少人为之。改革开放后，随着生活水平提高、观念改变和经济结构调整，商品意识增强，不仅家庭住户多有种植少许花卉以美化家居外，从事商品性开发种植花卉者渐多。1980年，铁东村陈姓一村民种植花卉10亩。1990年后，全坊村一谢姓村民种植花卉10多亩。2010年，河东村一村民种种花卉10多亩。2016年，河西村贝湖组村民租种本村2组耕地种植花卉60亩。

（三）苎麻　黄麻

旧县有种植苎麻、黄麻传统。旧时苎麻主要用于家庭妇女搓制细绳纳布鞋自用，同时苎叶可作美食辅料。黄麻则用于搓制绳索。1957年种植面积95亩，产1吨；1987年种植140亩，产1.5吨；1990年以后很少种植。

（四）食用菌

旧县的气候和山林适应蕈类生长。1965年，江西“菇农”到河东村的赤水洋和铁东村岩下山伐栗槲树培育香菇。1976年，河东、龙溪等村村民利用闲屋搭“床”培育椴木香菇。20世纪80年代初，境内有人特地到古田县学习袋载香菇技术以发展旧县香菇生产。2000年以后，新坊、扁山、河东、坝上等村村民利用耕地搭棚建菇房，培育香菇、蘑菇。2017年，旧县食用菌总产量22吨。

若干年份旧县农作物播种面积与产量情况表

表 5-6

年份	农作物总播种面积（亩）	粮食作物合计			稻　谷			其　中					
								早稻			中稻		
		播种面积（亩）	总产量（吨）	亩产（公斤）	面积（亩）	总产（吨）	亩产（公斤）	面积（亩）	总产（吨）	亩产（公斤）	面积（亩）	总产（吨）	亩产（公斤）
1949	30010	20029	2519.6	126	14530	1856	128	12800	1856	145	530	75	142
1957	32088	31188	7483	330	24704	6658	269	13510	3985.5	295	560	173.6	310
1967	33898	30898	6612.1	214	—	7428	308	14086	4239.89	301	540	166.86	309
1977	35113	34207	9497.1	364.1	2608	38229.9	—	13852	6011.77	434	748	293.22	392
1987	32969	31126	8085	259.8	2482	7648	308.1	13798	4622.33	335	275	72.33	263
1997	30120	30057	8607.2	286.4	2716	8428	312.4	13154	4420	336	—	—	—

说明：数据摘录于历年上杭县统计年鉴并加适当订正

若干年份旧县农作物播种面积与产量情况表

续表 5-6

年份	晚稻			甘薯			大小麦			大豆		杂粮	
	面积（亩）	总产（吨）	亩产（公斤）	面积（亩）	总产（吨）	亩产（公斤）	面积（亩）	总产（吨）	亩产（公斤）	面积（亩）	总产（吨）	面积（亩）	总产（吨）
1949	1200	145	121	2900	319	110	2000	90	45	500	22.5	99	12.1
1957	10634	2499	235	2950	516.25	175	2784	194.88	70	550	60	—	54.10
1967	9449	1521.3	161	3569	642.4	180	3784	287.58	76	560	61.85	100	27.34
1977	11484	31925	278	2391	418.4	170	4786	3110.9	65	406	381.64	43	52.5
1987	12409	2953.34	238	1669	—	180	2117	120.67	57	528	31.68	330	122.76
1997	13821	4008.1	290	506	92.09	182	1662	141.27	85	607	113.23	307	66

说明：数据摘录于历年上杭县国民经济统计年鉴并加适当订正

若干年份旧县茶、桑、果、蔬菜生产情况表

表 5-7

年份	茶叶		桑叶		油菜		花生	
	种植、采摘面积（亩）	产量（吨）	种植、采摘面积（亩）	产量（吨）	种植面积（亩）	产量（吨）	种植面积（亩）	产量（吨）
1949	100	1	—	—	200	5.2	—	—
1957	150	1.5	—	—	350	9.1	10	0.5
1967	4280	4	—	—	181	141	141	13.25
1977	292	7	—	—	240	62.4	160	14.88
1987	270	7	—	—	1119	223.8	524	49.78
1997	323	9	418	413	89	2.23	159	22.0

年份	水果						蔬菜		青饲料（亩）	绿肥（亩）
	梨、桃、李、油奈、葡萄		青梅、香蕉		柑橘、枇杷、柿子					
	面积（亩）	总产（吨）	面积（亩）	总产（吨）	面积（亩）	总产（吨）	面积（亩）	总产量（吨）		
1949	100	2	10	0.5	5	0.5	500	475	—	—
1957	120	3	10	0.6	10	1	800	760	100	200
1967	150	4	20	1.0	50	4	1200	1140	1100	130
1977	231	8	30	1.5	100	8	2000	1900	1200	1500
1987	500	20	400	13	672	46	3000	2855	1195	1724
1997	778	25	533	14	682	48	4084	3886	1293	2415

说明：数据摘录于历年上杭县国民经济统计年鉴并加适当订正

1998—2017 年旧县镇农作物播种面积与产量情况表

表 5-8

年份	农作物总播种面积（亩）	非耕地上播种面积（亩）	粮食作物合计			1. 稻谷			其中 (1) 早稻		
			播种面积（亩）	总产量（吨）	亩产（公斤）	播种面积（亩）	总产量（吨）	亩产（公斤）	播种面积（亩）	总产量（吨）	亩产（公斤）
1998	37558	—	27464	10919	399	26005	10399	399.9	14050	4636.5	330
1999	31230	—	21896	8758	400	20497	7454.7	364	14500	5075	350
2000	38408	3849	28738	9282	323	27667	9389	339	13805	4679	339
2001	38154	—	26880	9999	372	25676	7680	299	13755	5226	380
2002	39205	—	28340	10770	369	26840	9125	340	13690	5270	385
2003	36177	3980	28708	10736	374	26700	9558	358	13700	5343	390
2004	38386	3985	28695	10793	376	26480	10221	386	12500	4900	392
2005	38417	3898	28889	11746	407	27050	11260	416	12850	5153	401
2006	37682	2688	28550	12076	423	26580	10524	396	12900	5031	390
2007	37166	2090	27226	11707	430	25676	10245	399	12500	4900	392
2008	28947	—	18097	7473	413	14100	5894	418	7510	2737	364
2009	24495	—	17771	7446	419	16555	6729	406	8010	2931	366
2010	30404	—	18125	7576	418	16655	6959	418	7050	2679	380
2011	30165	—	18433	7896	428	17607	7701	437.4	7356	2755	374.5
2012	31809	—	19331	8134	425	17555	8264	470	8508	3318	390
2013	33987	—	19320	8454	438	18000	7848	436	8608	3374	392
2014	29652	—	18700	8439	451	17610	7679	436	8558	3338	390
2015	29583	—	19356	8962	463	18122	8608	475	7045	2775	393.9
2016	30920	—	18944	8877	471	18223	8618	475.5	7105	2771	390
2017	30138	—	18272	8923	488.3	17118	8561	500.1	6000	2431	405.2

续表 5-8

年份	(2) 中稻			(3) 一季晚稻			(4) 双季晚稻			2. 甘薯		
	播种面积(亩)	总产量(吨)	亩产(公斤)	播种面积(亩)	总产量(吨)	亩产(公斤)	播种面积(亩)	总产量(吨)	亩产(公斤)	播种面积(亩)	总产量(吨)	亩产(公斤)
1998	4500	1822.5	405	—	—	—	7455	2609	350	775	313.9	405
1999	4559	1869.2	410	—	—	—	1438	510.5	355	826	337	408
2000	4466	1853	415	—	—	—	1386	4710	340	563	104	185
2001	4460	1873.2	420	—	—	—	7461	2909	390	765	304	398
2002	4560	1846	405	—	—	—	8590	3332	388	856	345	403
2003	4450	1869	420	—	—	—	8550	3343	391	840	337	401
2004	1490	452	303	—	—	—	12490	4869	390	890	357	401
2005	1400	616	440	—	—	—	12800	5491	429	780	314	403
2006	1540	662.2	430	—	—	—	12140	4831.7	398	890	356	400
2007	371	144.7	390	—	—	—	12805	5250	410	950	—	398
2008	3433	1318	384	—	—	—	3157	1389	440	3157	1104	350
2009	537	209	389	—	—	—	8008	3588	448	770	293	380
2010	1555	617	397	—	—	—	8050	3663	455	880	343	390
2011	646	367	568.1	1947	930	477.7	7658	3649	476.5	236	96	406
2012	1542	891	578	—	—	—	7505	3377	450	980	412	420
2013	1324	755	570	263	128.9	490	7805	3590	460	880	396	450
2014	1304	730	560	543	261	480	7205	3350	465	550	250	455
2015	1999	1172	586.3	1784	915	512.9	7294	3746	513.6	450	200	444.4
2016	2067	1239	599.4	1968	910	514.7	7183	3697	514.8	472	214	451.3
2017	2174	1350	621	2841	1517	534	6103	3263	534.7	468	216	461.5

续表 5-8

年份	3. 马铃薯			4. 杂粮			玉米			5. 大豆		
	播种面积（亩）	总产量（吨）	亩产（公斤）	播种面积（亩）	总产量（吨）	亩产（公斤）	播种面积（亩）	总产量（吨）	亩产（公斤）	播种面积（亩）	总产量（吨）	亩产（公斤）
1998	—	—	—	286	82.9	290	—	—	—	300	22.5	75
1999	—	—	—	223	—	250	—	—	—	350	—	90
2000	9	5	556	178	42	236	105	35	333	216	12.96	60
2001	150	82.5	550	289	69.4	240	—	—	—	540	36.7	68
2002	—	—	—	156	37	238	—	—	—	488	34	70
2003	—	—	—	80	21	260	—	—	—	980	74	75
2004	130	30	231	60	17	283	60	17	283	1025	71.75	70
2005	99	29	293	10	3	300	10	3	300	950	7.25	75
2006	89	—	300	95	27.5	290	—	—	—	856	66.3	78
2007	—	—	—	50	—	300	—	—	—	600	—	—
2008	44	13	295	7	2	286	7	2	286	318	23.21	73
2009	—	—	—	18	5.2	290	18	—	290	428	33.38	78
2010	50	—	300	40	—	290	40	—	290	500	—	80
2011	67	19	283.6	8	2	250	8	2	250	496	35.18	75
2012	77	24.6	320	89	31.1	350	10	—	—	600	45.6	76
2013	80	26.4	330	78	31.2	400	—	—	—	262	21.2	81
2014	40	—	—	50	—	—	—	—	—	450	—	—
2015	44	14	318.2	5	2	400	5	2	400	717	55.93	78
2016	38	13	342.1	2	1	500	2	1	500	198	14.79	74.7
2017	35	13	371.4	2	1	500	2	1	500	633	47.48	75

续表 5-8

年份	6. 杂豆			二、花生			三 、甘蔗		
	播种面积（亩）	总产量（吨）	亩产（公斤）	播种面积（亩）	总产量（吨）	亩产（公斤）	播种面积（亩）	总产量（吨）	亩产（公斤）
1998	98	13.7	140	780	85.8	110	—	—	—
1999	—	—	—	650	75	115	—	—	—
2000	105	14.5	138	617	70	113	—	—	—
2001	—	—	—	520	70	110	—	—	—
2002	—	—	—	500	—	109	—	—	—
2003	108	15	140	510	77	150	—	—	—
2004	110	15	136	530	94	177	5	7	1400
2005	—	—	—	150	23	153	50	170	3400
2006	46	6.4	140	450	72	160	—	—	—
2007	—	—	—	300	47	158	—	—	—
2008	20	3	150	27	5	185	23	40	1739
2009	30	5	150	455	91	200	100	300	3000
2010	—	—	—	100	20	200	100	300	3000
2011	19	3	157.9	22	4	181.8	50	140	2800
2012	—	—	—	50	9	180	—	—	—
2013	—	—	—	—	—	—	—	—	—
2014	—	—	—	60	11	180	—	—	—
2015	18	3	166.7	18	3	166.7	—	—	—
2016	15	3	200	15	3	200	57	109	1912.3
2017	16	3	187.5	21	4	190.5	10	40	4000

续表 5-8

年份	四、烤烟			五、蔬菜			六、瓜果类		
	播种面积（亩）	总产量（吨）	亩产（公斤）	播种面积（亩）	总产量（吨）	亩产（公斤）	播种面积（亩）	总产量（吨）	亩产（公斤）
1998	950	95	100	4084	3886	952	107	56	523
1999	851	93.6	110	5000	5500	1100	120	72	600
2000	1280	183.1	143	4080	4569	1120	385	223	580
2001	900	92	102	5279	5332	1010	540	297	550
2002	1050	113	108	5300	5777	1090	630	353	560
2003	1389	157	113	5800	6380	1100	650	358	550
2004	1570	149	95	6202	6804	1097	801	115	1438
2005	1350	131	97	7330	8158	1113	24	32	1333
2006	1360	140	103	7410	8151	1100	600	720	1200
2007	1380	152	110	7800	9360	1200	550	605	1100
2008	861	86	100	8563	11408	1332	480	576	1200
2009	1360	136	100	1924	2501	1300	500	625	1250
2010	1400	180	120	7800	10530	1350	400	480	1200
2011	1270	150	118.1	8666	12050	1390.5	300	330	1100
2012	1364	169	124	9200	12696	1380	200	230	1150
2013	1400	175	125	9535	13254	1390	150	180	1200
2014	1500	270	180	8989	13528	1405	100	195	1300
2015	965	261	270.5	10037	14880	1482.5	40	63	1575
2016	1000	238	238	10542	16026	1520.2	35	55	1571.4
2017	1000	290	290	10432	16447	1576.6	34	54	1588.2

续表 5-8

年份	其他农作物播种面积（亩）	1. 木薯			2. 焦芋			3. 青饲料播种面积（亩）	4. 绿肥播种面积（亩）
		播种面积（亩）	总产量（吨）	亩产（公斤）	播种面积（亩）	总产量（吨）	亩产（公斤）		
1998	465	202	3537	680	263	118	449	1293	2415
1999	785	500	300	600	285	157	550	908	1020
2000	1591	982	4959	505	609	308. 1	506	809	908
2001	1595	805	487	605	790	355. 5	450	1050	850
2002	1400	750	412. 5	550	650	266. 5	410	1080	905
2003	1100	600	300	500	500	275	550	1200	800
2004	2484	280	150	536	120	92	767	1446	638
2005	2286	2236	1153. 78	516	50	38	760	1260	976
2006	1150	580	348	600	570	285	500	300	550
2007	1000	500	300	600	500	250	500	400	600
2008	1376	676	371. 8	550	700	392	560	900	500
2009	1155	585	322	550	570	285	500	780	450
2010	1209	649	389. 4	600	560	336	600	880	390
2011	712	712	356	500	—	—	—	486	226
2012	786	412	206	500	374	187	500	548	350
2013	1312	600	303	505	712	356	500	505	305
2014	140	70	42	600	70	28	400	75	88
2015	134	70	49	700	64	29	450	112	155
2016	156	90	72	800	66	33. 33	505	75	96
2017	160	95	190	2000	65	33	500	65	135

说明：表内数据摘录于历年上杭县国民经济统计年鉴并加适当订正

1998—2017年择年旧县镇茶桑果生产情况表

表5-9

年份	一、茶叶				二、水果			
	年末实有面积（亩）	采摘面积（吨）	当年新植面积（亩）	产量（吨）	年末实有面积（亩）	采摘面积（亩）	当年新植面积（亩）	产量（吨）
2001	—	—	—	—	3723	3575	148	551
2002	—	—	—	—	3750	3601	149	560
2003	3766	3766	—	581	2400	2250	150	337.5
2004	393	281	4	10	2328	1881	39	263
2005	393	280	1	8	2588	2060	361	337
2006	394	394	—	12	2639	2639	—	440
2007	421	421	27	13	2700	2700	61	490
2008	431	425	30	17	2058	1680	14	546
2009	450	450	20	19	2800	2800	100	646
2010	460	460	10	20	2850	2850	50	740
2011	391	591	100	40	2057	1916	—	834
2014	307	307	—	13	2150	2137	—	440
2015	703	703	—	60	2150	2073	41	884
2016	703	703	—	61	2273	2273	217	1024
2017	319	—	—	—	229	—	—	166

年份	1. 柑				2. 橘			
	年末实有面积（亩）	采摘面积（亩）	当年新植面积（亩）	产量（吨）	年末实有面积（亩）	采摘面积（亩）	当年新植面积（亩）	产量（吨）
2004	98	94	2	18	181	168	—	48
2005	98	95	—	18	203	189	22	54
2008	—	—	—	—	384	311	3	284
2011	—	—	—	—	388	374	—	321
2015	—	—	—	—	390	388	2	388
2016	—	—	—	—	390	390	—	351
2017	—	—	—	—	21	—	—	18

续表 5-9

年份	3. 橙				4. 柚			
	年末实有面积（亩）	采摘面积（亩）	当年新植面积（亩）	产量（吨）	年末实有面积（亩）	采摘面积（亩）	当年新植面积（亩）	产量（吨）
2004	5	—	—	—	10	—	—	—
2005	6	6	—	9	10	10	—	8
2006	7	7	—	10	11	11	—	9
2007	7	7	—	10	11	11	—	9
2008	6	6	—	11	15	15	—	30
2011	6	6	—	39	16	12	—	41
2015	6	6	—	42	16	16	—	58
2016	6	6	—	43	16	16	—	59
2017	42	42	—	42	22	22	—	31

年份	5. 香蕉				6. 枇杷			
	年末实有面积（亩）	采摘面积（亩）	当年新植面积（亩）	产量	年末实有面积（亩）	采摘面积（亩）	当年新植面积（亩）	产量（吨）
2004	—	—	—	—	29	9	1	15
2005	—	—	—	—	92	75	8	35
2008	—	—	—	—	98	78	8	38
2011	22	21	—	15	98	88	—	48
2015	22	21	—	21	110	100	10	54
2016	22	22	—	27	110	110	—	56
2017	2	2	—	2	6	—	—	4

续表 5-9

年份	7. 杨梅				8. 梨			
	年末实有面积(亩)	采摘面积(亩)	当年新植面积(亩)	产量(吨)	年末实有面积(亩)	采摘面积(亩)	当年新植面积(亩)	产量(吨)
2004	—	—	—	—	433	433	3	10
2005	—	—	—	—	456	456	—	12
2006	—	—	—	—	440	440	—	15
2007	—	—	—	—	430	430	—	12
2008	—	—	—	—	402	402	—	10
2011	—	—	—	—	400	400	—	186
2012	—	—	—	—	400	400	—	185
2013	—	—	—	—	400	400	—	187
2014	—	—	—	—	405	405	—	190
2015	—	—	—	—	402	402	—	192
2016	—	—	—	—	402	402	—	198
2017	—	—	—	—	400	400	—	190

年份	9. 桃				10. 李			
	年末实有面积(亩)	采摘面积(亩)	当年新植面积(亩)	产量(吨)	年末实有面积(亩)	采摘面积(亩)	当年新植面积(亩)	产量(吨)
2004	463	362	14	31	190	158	6	23
2005	479	426	16	33	172	172	—	23
2006	—	—	—	—	200	200	28	25
2007	—	—	—	—	230	220	10	28
2008	464	383	—	52	230	230	—	30
2011	465	412	—	55	234	211	—	23
2015	468	442	26	64	236	226	10	24
2016	468	468	—	66	236	236	4	26
2017	500	500	32	70	240	240	—	27

续表 5-9

年份	11. 柿子				12. 葡萄			
	年末实有面积（亩）	采摘面积（亩）	当年新植面积（亩）	产量（吨）	年末实有面积（亩）	采摘面积（亩）	当年新植面积（亩）	产量（吨）
2004	85	84	—	20	9	9	—	4
2005	98	81	13	16	9	9	—	4
2016	—	—	—	—	75	75	66	24
2017	—	—	—	—	—	—	—	—

年份	13. 柰				14. 青梅			
	年末实有面积（亩）	采摘面积（亩）	当年新植面积（亩）	产量（吨）	年末实有面积（亩）	采摘面积（亩）	当年新植面积（亩）	产量（吨）
2004	327	226	100	30	342	321	100	60
2005	442	344	—	35	442	402	—	95
2008	—	—	—	—	386	364	—	85
2011	—	—	—	—	380	380	—	102
2015	—	—	—	—	380	380	—	85
2016	—	—	—	—	287	287	—	87
2017	—	—	—	—	300	300	—	85

第四节 农技推广与农机发展

一、农业技术推广

1949 年以前，政府几乎不过问农技改进，农业生产由农户一直沿袭以往方式。中华人民共和国成立后，政府十分重视农技创新与推广。1955—1957 年农业合作化时期，推广“土、肥、水、种、密、保、管、工”的农业“八字方针”（也叫“八字宪法”）。

1955 年，旧县成立农业技术推广站，对农民普及科学种田知识，提高科学种田技术。1975—1977 年，旧县公社连续 3 年由农技站举办每年 1 期“农民技校”，由各大队选派学员到校培训。由公社向河西大队乌石下划出一片耕地供农民技校作生产实践基地，培训期间由公社农技站指导学员边学理论知识，边进行农技实践活动。学员结业后回大队担任农技员。1977 年，公社又组织一批农技员与全县学员队伍一起到海南岛学习杂交水稻制种技术。1982 年，配备村级农技员，活跃在田头地尾，指导农户生产技术。

由于农业技术不断革新，科技不断进步，品种不断优化，旧县粮食单产从 1949 年以前亩产不到 150 公斤提高到 500 公斤以上，将单一粮食生产发展为多种经营，使农民收益不断增加。

2012 年，梅溪村创建鸿福农业专业合作社，建立 500 亩中心示范高产创建区，水稻从播种育秧至收割、烘干全程高科技化。在梅溪村带动下，境内建立百亩以上连片经营片 11 个，连片经营 1520 亩。全镇种植优质稻 2.1 万亩，超级稻 7000 亩，建立专业合作社 3 个，使农业生产走上区域化、专业化道路，由自然经济变为高度发达的商品经济，成为商品化、社会化的现代农业。

二、农业机械化进展

1949 年以前，境内农业都是靠人力、畜力手工操作耕种农作物，农田管理、作物收割脱粒全靠人力手工操作。中华人民共和国成立后，农业机械逐步进入农民生产中。

1969 年，境内购置第一台拖拉机。1970 年，境内购置第一部“丰收-27”大型脱粒机。1972 年，开始有机动喷雾器。2001 年，使用 135 型全喂入式联合收割机。2013 年，创建水稻从播种育秧到收割、烘干全程机械化高科技农业生产模式。同年，创建鸿运农机合作社和鸿福农业专业合作社，合作社拥有拖拉机、收割机、插秧机、烘干机等大型农用机械 70 多台。

2017 年，全镇农机总动力 9687 千瓦。

第五节　农田水利

一、自然概况

境内农田一部分在旧县河冲积平原上开垦而成，高于旧县河数米；一部分在山坡、半山坡上开垦而成，需要引水灌溉的面积较大，而自然水利条件好的坑垅田、湖洋田较少。加上旧时先民在筑陂修圳时，生产工具落后，修筑能力极为有限，开筑的水渠引水能力弱，故造成境内农田水利条件很差，大面积农田受旱严重，成为全县有名的四大旱区之一。民国以前政府不重视农田水利建设，冬闲时没有组织群众兴修水利，靠民众自发进行。稍遇干旱便要使用“龙骨车”“阜水斗”等吸水抗旱。若遇大旱之年，民众便举行“打醮”求雨，苦等老天下雨。若遇水灾，乡民的田产、房屋被洪水冲毁者只好背井离乡、外出逃荒。

尽管如此，境内先民面对不利自然条件，依靠坚强毅力和勤劳双手，努力改善农田灌溉条件。宋代，全坊先民在九曲溪筑大陂潭修建引水工程。在经过一处石壁，没有火工材料条件下，先民们硬是一錾一錾在石壁上凿出引水渠道，使九曲溪水注入村中。这一水渠穿越处，后人把其称为“穿石窿”。“穿石窿”工程“一箩石子一箩钱”的说法，诠释出当时开凿这一水渠所付出的代价与艰辛，人们至今还在传颂。另还有“女陂圳”故事，说的是明代河西村陈姓女嫁至尧埔，尧埔缺水，陈姓人将捡窖石水源让其筑陂修坝引水到尧埔灌溉农田，后人勒碑纪念。此外，还有捡窖石头陂、四陂，芦花溪头陂等陂圳。这些灌溉面积在几百亩以上的水利工程，都是旧县先民艰辛改善水利条件的见证。

中华人民共和国成立之后，政府重视水利建设。第一个五年计划期间（1953—1957年），政府组织各村对所有引水工程进行整修。1958年，旧县公社集中各大队劳动力在九曲溪开山凿壁修筑九曲渠道；同年，抽调全社劳力到梅溪修筑第一个蓄水工程——双丰水库；1959年，抽调劳动力到铁场村开建铜水坑水渠。1971年，池溪电站建成后，境内旧县河两岸建起一批提水工程；后又实施“万亩旱片工程”，先后再建起一批提水工程。至2017年，境内建起8个蓄水库，总库容138.4万立方米。

二、水利建设

（一）引水工程

1. 修整原有引水工程

旧时，境内民众每年冬季都有规模不等的对引水陂圳进行修整的行动。如遇陂圳被山洪冲毁需大修或重建，修或建的投入都以受益多寡而分摊。民国19年（1930年）史称“庚午水灾”，坝上村李竹坑陂圳被山洪冲毁。当年秋，便集资修复李竹坑引水工程，资费按田亩摊派。

中华人民共和国成立后第一个五年计划期间（1953—1957年），贯彻“以小型为主、蓄水为主和群众自办为主”水利建设方针，首先以“民办、公助”形式组织群众修复原有工程。1954年，重修坝上李竹坑陂圳；1955—1956年，政府组织全坊、河西、尧埔等村农民将本村原有引水工程穿石窿、捡窖石头陂、女陂圳进行整修；1956—1957年，对芦花溪头陂圳、捡窖石三、四陂进行整修。60年代，铁场大队将铜水坑圳陂头提高，渠道加长至6千米，将灌溉面积增加到600亩以上。

2. 新建引水工程

（1）1958年，旧县公社调动全社30%劳力在九曲溪开山凿壁修筑九曲水圳，使龙溪、河东两村受益面积600多亩，同时抽调劳动力在梅溪建双丰水库和水库引水工程。

（2）*万亩旱片工程* 1991年4月，境内万亩旱片工程被列入国家以工代赈项目。该工程分九曲、梅溪、铁场3个灌区实施，同年11月经省地批复正式动工，至1992年年底九曲水库引水工程竣工，从九曲水库铺设涵管经旧县大桥引水至河西村贝湖灌溉农田。

3. 标准化渠道、烟基工程

(1) 标准化渠道

2010年，全乡实施标准化渠道建设11千米。

2012年，完成铁场、石院、福村、坝上、角龙5个村标准化渠道建设7千米。

2015年，完成石院、石圳、坝上、兰田、河西等村标准化渠道建设9.5千米。

(2) 烟基工程

2005年始，国家烟草总局支持全国烟草种植区进行烟田基础工程建设（简称“烟基工程”），旧县11个村共投资4649431.68元。

建于1958年年初，后多次修建改造的九曲渠道（袁松树摄于1985年）

旧县受益面积 10 公顷以上引水工程情况表

表 5-10

引水工程名称	所在村	渠道长度（千米）	受益面积（公顷）	修筑年代	除险加固年代
大陂潭又名穿石窿	全坊	3.3	35	宋代	第一个五年计划期间（1953—1957 年）组织各村对所有引水工程进行大整修。之后每年冬闲季节对个别引水工程进行检查、整修、除险加固
捡窖石头陂	河西	2	38	宋代	
芦花溪头陂	河东	2	40	宋代	
捡窖石四陂	河西	2.2	37	明代	
捡窖石 3 陂	河西	1.8	20	明代	
女陂圳	尧埔	5	35	明代	
李竹坑头陂	河东	1.5	20	明代	
九曲渠道	龙溪、河东	3.5	45	明代	1958 年，旧县公社抽调各大队劳动力进行大整修
铜水坑圳	铁场	4	60	明代	1959 年，旧县年公社抽调各大队劳动力进行大整修
陂头山	石院	0.35	20	清代	—
大窖里	铁东、石圳	1.5	12	清代	—
南坑湖	铁东	1	10	清代	—
头陂	兰田	1.5	18.7	清代	—
坑口陂	角龙	0.7	10	清代	—
水东坑上陂	水东	1.5	18.5	清代	—
水东坑下陂	水东	1.6	20	清代	—
响石背陂	石圳	0.35	20	清代	—
萝卜山陂	石圳	0.5	12.5	清代	—
李竹坑下陂	坝上	2	12	清代	2007 年 1 月，坝上八组重建
石背陂	梅溪	3	66.7	清代	—
社角里陂	梅溪	1.5	34	清代	—

2005—2017 年度旧县镇烟田基础设施建设项目情况表

表 5-11

村别	实际工程量						
	水渠（米）	提灌站（千瓦）	水坝（米）	补贴资金（元）	田间道路（米）	简易桥梁（米）	补贴资金（元）
谷坑	4165.50	—	—	842957.75	1621.50	—	383467.70
河东	4571.60	—	—	184444.55	968.50	—	143317.06
河西	2532.90	—	—	123530.83	—	—	—
河西	—	7.50	—	95277.61	—	—	—
兰田	—	—	—	—	263.00	—	47745.17
龙溪	2624.60	—	58927.55	—	952.4	—	179447.38
梅溪	2878.40	—	—	177867.09	465.00	—	103794.06
全坊	—	—	—	—	272.00	—	77982.36
石院	4272.80	—	—	224815.86	2297.30	—	498516.89
铁场	441.90	—	—	9387.18	—	—	—
新坊	3852.10	—	—	204395.86	—	—	—
新坊	—	—	485.00	124171.85	—	—	—
新坊	—	—	—	—	—	10.80	52029.84
新坊	—	—	—	—	—	9.20	94811.25
新坊	—	—	—	—	2202.90	—	511214.49
新坊	—	—	—	—	—	8.25	89534.89
新坊	—	—	—	—	444.10	—	179107.42
尧埔	4153.90	—	—	203382.25	230.00	—	39304.76
合计	29490.30	—	—	—	—	—	—

2015 年 5 月 4 日，旧县片区烟区水源项目通过国家烟草局审查，审核概算总投资 2.05 亿元，其中核定烟区援建资金 1.71 亿元。2016 年，烟区水源工程新坊水库完成设计立项、预算审核和招标工作，并开工建设。

（二）提水工程

1949 年以前，境内没有泵站、电灌站等提水工程。

1958 年，石圳村在观音潭安装一台 20 匹马力柴油动力抽水机提水灌溉农田。

1965 年，旧县公社抽调各大队强劳力、开山工到南阳公社境内的铜扇门、铁扇门开山炸石修建池溪电站，1971 年冬建成发电，装机 350 千瓦。1972 年始，沿旧县河建贝湖泵站、河东电灌站、乌坑电灌站、松树岗泵站、旱坑口泵站、逢源坝电灌站、塅上电灌站、鹅兜子泵站、铁场泥舍里、梅子坝电灌站等多个提水工程。

1991年，万亩旱片工程实施，至1992年年底建成湖泊垄电灌站、半坎头电灌站、社下电灌站、荷树岗电灌站、南坑湖泵站、东坑口泵站、坳头塘电灌站、溪边电灌站（Ⅰ）、角龙电灌站（Ⅰ）9个提水工程。

2016年，建溪边（Ⅱ）电灌站、角龙（Ⅱ）电灌站、湾丘电灌站。

2017年，建渡头泵站、鹅兜子电灌站、东港坝电灌站。

旧县镇提水工程情况表

表5-12

电灌站、泵站名称	所在村	功率（千瓦）	受益面积（公顷）	建成年份
湖泊垄	坝上	11	15	1992
贝湖Ⅰ号	河西	11	10	1972
贝湖Ⅱ号	河西	11	10	1992
贝湖Ⅲ号	河西	11	12	2010
上湖	河西	7.5	8	2013
塘角	河西	15	15	2017
东港坝	河东	15	15	2017
梅子坝	龙溪	15	15	2017
兰田岗	全坊	—	6.7	1992
茶亭ⅡⅢ好二级站	尧埔	22	34	1993
松树岗	尧埔	9	6.7	1992
国埔	尧埔	9	6.7	1993
店前	尧埔	9	3.3	2007
社冈顶	兰田	22	12	1992
泥窄里二级站	铁场	—	12	1972
牛角屋二级站	铁场	15	12	1992
礁橑坑二级站	铁场	15	12	1993
冈下	铁东	11	15	1992
小溪荷	铁东	11	15	1992
上夆岃	水东	11	10	1989
榕树头下	水东	11	13	1979

续表5-12

电灌站、泵站名称	所在村	功率（千瓦）	受益面积（公顷）	建成年份
水东桥头	水东	11	10	2007
渡头泵站	梅溪	11	12	2017
鹅兜子电灌站	梅溪	17	30	2017
湾丘里Ⅰ	梅溪	7.5	10	1992
湾丘里Ⅱ	梅溪	17	30	1992
溪边	梅溪	22	50	2014

（三）蓄水工程

境内1957年以前没有蓄水工程。1958年，旧县公社抽调全社各生产大队强劳动力到梅溪修筑双丰水库，1963年，建成第一座50万立方米的蓄水库。1978年，建成潭岗山山塘蓄水0.9万立方米；1980年，建成坑尾头山塘蓄水1.46万立方米。1992年，万亩旱片工程实施期间建成九曲水库蓄水34.5立方米、水东水库蓄水10.2立方米、角龙山塘蓄水5.3万立方米、大沉坑水库蓄水10.5万立方米。2004年，建成铁东水库蓄水25.5万立方米。境内蓄水工程总库容138.36万立方米。境内蓄水工程总库容138.36立方米。对建成的水库每年实行检查，每隔几年进行加固整修。

旧县镇蓄水工程情况表

表5-13　单位：万立方米

水库、山塘名称	所在村	蓄水数量	建成年份
双丰水库	梅溪	50.00	1963
潭岗山山塘	梅溪	0.90	1978
坑尾头山塘	谷坑	1.46	1980
九曲水库	龙溪	34.50	1992
水东水库	水东	10.20	1992
角龙山塘	角龙	5.30	1994
大沉坑水库	梅溪	10.50	1994
铁东水库	梅溪	25.50	2004
总库容	—	138.36	—

三、防汛　抗旱

（一）防　汛

旧县河在旧县境内落差不大，调蓄径流能力差，暴雨出现之后来不及宣泄，往往造成洪水泛滥，灾害频发。千百年来，沿河民众自发垒石成堤形成“绿色河堤”抵御洪灾。封建年代，遭遇洪灾之后，只能由知县“率士庶祷之”，灾后赈济仅靠社会慈善人士乐捐。广大群众田产、房屋被洪水冲毁，无法再生活下去者只能背井离乡外出逃荒。

中华人民共和国成立后，政府设有防汛机构将防汛工作纳入议事日程，每年在将进入汛期时，召开专项会议布置工作，发动群众并投入大量劳力、资金及器材做好防灾抗灾工作，尽量避免和减少损失，灾后又组织村民开展生产自救，对重灾区受灾户给予物质援助和资金支持，使灾民尽快恢复生产重建家园。

（二）抗　旱

旧县是上杭“四大旱片”之一，境内虽有旧县河，但由于农田高于旧县河数米，在没有电力设施的古代，旧县河水难以利用。遇到旱年人们只能每天踩龙骨车吸水抗旱，或用戽斗、木桶抗旱。若遇大旱之年乡民无计可施。

中华人民共和国成立后，政府组织各村对原有引水工程进行大整修或加固防渗，或加长渠道以增强抗旱能力。1958 年新建九曲渠道、双丰水库等一批水利工程；1971 年后建一批电灌站。“万亩旱片”工程实施后，境内旱情已很大缓解。到 2017 年，境内有电力提水工程 29 处，蓄水工程 8 处，总库容 138.36 万立方米。

第六节　管理机构

（一）农业技术推广站

农业是国民经济的基础。为贯彻执行党和国家关于农业的各项经济政策及经济法规，加强农村科学种田普及和提高农民科学种田的知识和技术，1955 年上杭县农业局决定在各区成立农业技术推广站，简称“农技站”。其主要任务是宣传、贯彻、执行党和国家农业工作的方针、政策；制定本地区种植业技术推广工作计划和措施；推广农业科技成果和先进技术；指导作物丰产栽培、病虫害综合防治；开展专业技术培训、技术咨询和技术服务；普及和提高农民科学种田知识和技术。组织开展指导农村各项经济活动；进行经济法规的调查研究，农村经济效益统计。农产品成本核算，农业技术经济效益评价；负责农村会计辅导培训。

改革开放后，还承担农村合作经济审计；承担各项农业承包合同管理。

（二）农业机械管理站

1970 年，农业机械管理站（简称农机站）成立，设站长 1 人，副站长 1 人，职工 1

2016 年 7 月 19 日，旧县镇召开农产品质量安全培训（旧县镇政府供图）

人。农机站主要负责对境内农机驾驶操作技术培训，农业机械维修、使用、推广；抗灾、救灾；安全监督等各方面管理。

（三）水利工作站

1972 年，公社设有水利工作机构，负责对全社农田水利建设进行规划和管理。

（四）烟草站

1990 年成立，负责对境内烟草生产作技术指导，协助抓好国家烟草专卖政策贯彻执行。

旧县镇农业管理机构负责人情况表

表 5-14

机 构	站长（姓名）	任职时间
农技站	区、乡干部兼任	1955 年至 1963 年 3 月
	罗怀民	1963 年 3 月至 1964 年 6 月
	赖财香	1965 年 1 月至 1973 年 6 月
	袁以文	1973 年 7 月至 1979 年 6 月
	黄桐林	1979 年 7 月至 1980 年 12 月
	游永炎	1981 年 1 月至 1997 年 2 月
	郭灿明	1997 年 3 月至
农机站	李祖钦	1971 年至 1972 年
	邱如安	1972 年至 1975 年
	王建槐	1975 年至 1976 年 12 月
	江如林	1976 年至 1983 年
	钟宜生	1983 年 6 月至 1989 年 12 月
	邱绍开	1990 年 1 月至 1992 年 1 月
	孔祥雄	1997 年 1 月至

续表5-14

机 构	站长（姓名）	任职时间
水 利 工作站	莫奎光	1972 年至 1996 年 12 月
	郭祥春	1997 年 1 月至
烟草站	丘明春	1990 年 9 月至 1991 年 9 月
	梁炳云	1991 年 10 月至 1992 年 9 月
	邹清昌	1992 年 10 月至 1995 年 10 月
	李炳成	1995 年 11 月至 1998 年 9 月
	蓝少平	1998 年 10 月至 2002 年 9 月
	赖美优	2002 年 10 月至 2004 年 9 月
	林 贵	2004 年 10 月至 2005 年 9 月
	赖传芳	2005 年 10 月至 2006 年 9 月
	吴小凤	2006 年 10 月至 2015 年 10 月
	丘开勇	2015 年 11 月至 2017 年 12 月

第六章　养殖水产

中华人民共和国成立前，旧县养殖业规模不大，基本上都是家庭零星养殖，品种也少。其中猪、牛、兔较常见，羊则较少。家禽养殖鸡、鸭较普遍，鹅较少人养。养鱼也产量很低，人们吃鱼基本靠在旧县河中捕捞。

中华人民共和国成立后，水产业有所发展。但人民公社成立后作为生产资料归集体所有，只由生产队派有责任心社员牧养。其他养殖也被种种“左”倾政策限制，加上粮食紧张，得不到发展。

改革开放后，党、政大力鼓励、扶持养殖水产业，养猪和养鸡成为境内村民转型经济主要产业，家庭零星养殖和专业规模养殖一起上，养殖水产业得到空前发展。2015 年，养猪业成为旧县有史以来最兴盛时期，全镇生猪出栏 91213 头，肉猪存栏 9547 头，母猪存栏 1572 头，猪肉总产量 5860 吨。2016 年始，国家为环保出台有关政策后，一批不符合环保规范的养猪场被停业整顿。2017 年年底，全镇有 6 家符合环保条件养猪场继续经营。

在养鸡方面，2014 年，全镇养鸡场共有 38 家，年产肉鸡 300 多万羽，创产值 6100 万元。福村村张美焕的“鸿建山鸡合作社”被评为全国农民专业合作社示范社。

第一节　养殖业

一、家畜养殖

（一）养　羊

中华人民共和国成立前后，境内人因不大习惯吃羊肉，故养羊者甚少，一般户只养几只，养一只的也有。1953 年，全区有 6 只羊。1965 年，全公社有 8 只羊。

改革开放后，随着人们生活水平不断提高，科学知识（营养学）普及，羊肉消费量增大，羊肉价上涨，境内养羊者逐年增多。

1996 年，梅溪村 1 户村民养羊 32 只。2000 年，全乡有羊 43 只。2009 年，全乡养羊 263 只。2015 年，全镇养羊 770 只。2017 年年底，全镇养羊 1024 只。

（二）养　牛

1980 年以前，牛是境内农民从事农业生产重要的生产工具之一，偏远山村多人养黄牛，沿河两岸多人养水牛。1953 年，全区有耕牛 1200 头。1977 年，公社在箭滩林场创办一处养牛场，养牛最多时达 40 头。后由于管理不善，防疫不过关，创办 2 年后，停办下马。1982 年，全公社有耕牛 1539 头（黄牛 1171 头，水牛 368 头）。生产责任制落实后的前期，各农户因耕种责任田需要，机械耕作较少，养牛较普遍。2002 年，全乡年终牛存栏数达 4045 头，户均 0.67 头。此后，随着农业机械普及，加上旧县可供放牧的地方不多，耕牛数量逐年减少。2003 年，水东村有 260 户共养牛 300 头，实现养牛增收 18.2 万元，户均增收 700 元。2017 年年底，全镇共有黄牛、水牛 1957 头。

（三）养　兔

家庭养兔是境内 70%以上农民传统辅助产业之一。一般家庭养 1—20 只，大多数是老人、妇女、小孩采摘山野青饲料喂养。1953 年，全区有 6650 只家兔，1982 年，全公社有家兔 9156 只，长毛兔 978 只。2008 年，水东村有村民办起家庭养兔场，引进大种兔，以科学方法自造兔栏，以青饲料和各种商品饲料交替喂养，2010—2015 年，年均出栏肉兔 1500 只，最多时存栏 3000 多只，最重一只可达四五公斤，价高时曾卖过 13 元 1 公斤。后来由于环保问题，该兔场逐步少养至停养。2017 年年底，全镇共有存栏 35902 只。

（四）养　猪

民国以前，境内养猪数量少，极贫家庭养不起猪。中华人民共和国成立后，养猪业有所发展。1953 年，全区有 3560 头，平均每户 1.2 头。人民公社成立后，家庭养殖改为集体养殖，加上三年困难时期，粮食紧缺，到 1960 年，全社生猪存栏不到 1500 头，当年猪肉价卖到 32 元 1 公斤。后贯彻“公养私养并举，以私养为主，农户可自养自杀”政策，同时粮食形势好转，国家又提高生猪收购价，养猪业逐年发展。但由于农村许多体制限制和粮食产量未上去，养猪总量还是不多。1964 年，旧县、新坊、梅溪 3 个公社生猪存栏合计才 2587 头（当时的新坊、梅溪公社还包括后来的白砂、临城部分区域）。1972 年年底，旧县公社生猪存栏 4629 头。

改革开放后，由于政策的放宽和粮食的增收，养猪迅速增多。1982 年，全社生猪存栏 8701 头，当年出栏 4373 头，猪肉产量 568.5 吨，母猪存栏 490 头。进入新世纪后，农户家庭零星生猪减少，养猪专业户逐渐增加。他们引进大种杂交猪、瘦肉型猪等优良品种，用米糠玉米粉及各种商品饲料喂养，大大提高出栏速度和产量。2004 年，国家免收屠宰税，养母猪还给每头 60 元补助，进一步促进养猪业的发展。

2000—2009 年，全镇每年出栏肉猪 6500 头左右。2015 年，全镇养猪专业户达到 22 家，是旧县养猪全盛时期。2016—2017 年，因环保原因，16 家猪场停业整改，剩下 6 家养猪场继续营业。

2017 年年底，全镇生猪存栏 11594 头，肉猪出栏 59858 头。

（五）特色养殖

2010 年，河东村民温远东开始养殖竹鼠，当年养 160 只，2012 年增加到 2000 只，产品远销广东、江西等地，每千克160—300元不等，5年创产值15万元。2013年开始养豪猪（刺猬），用土办法和科学方法相结合喂养。豪猪肉味香口感好，且有药用价值（刺猬皮治疗痔疮有特效），颇受消费者欢迎，价高时卖到300—400元/公斤。到2017年年底，创产值20万元，存栏豪猪1100头。

2014年始，新坊村邓其鸿养殖竹鼠，到2017年年底，已养殖竹鼠150只。

2000—2017年旧县镇家畜养殖情况表

表6-1

名称 年份	羊（只）	牛（头）	兔（只）	母猪存栏（头）	肉猪存栏（头）	肉猪出栏（头）	肉类总产量（吨）
2000	43	3561	17671	950	18456	29050	2303
2001	50	4045	18132	917	19800	30502	2421
2002	50	4030	18170	920	11980	32460	2580
2003	90	4058	14247	1080	44980	42764	3252
2004	250	4080	14618	1500	45400	57380	4660
2005	302	4027	4581	1526	45648	63101	6495
2006	336	4105	4334	6743	38256	62518	6543
2007	358	4121	4748	6758	38424	65830	7251
2008	210	3918	4808	7894	40103	99437	6517
2009	263	3322	9583	7895	43287	86980	—
2010	—	—	—	—	—	—	—
2011	499	1911	24892	6347	58254	83859	6473
2012	569	1983	25533	78689	68765	—	—
2013	576	3197	22223	4726	63114	79214	—
2014	640	2960	20059	4741	39176	84194	—
2015	770	3204	22509	1572	9547	91213	6008
2016	759	3508	24667	624	21161	67129	5316
2017	1024	1957	35902	1098	16594	59858	14310

说明：以上数据来自上杭县历年统计年鉴

二、养 蜂

中华人民共和国成立前，境内虽山多林密花草茂，但因人们缺乏商品意识和养蜂知识，村民养蜂者少。偶尔有少数人养蜂，都是从山上或野外随意收养的，蜂群到家后，在一个木桶上，用火刺钻几个洞，便成为蜂房，放在屋檐下让其自生自灭。

1966年，铁场村村民罗孟庭开始走专业养蜂道路，自制蜂房，把书上养蜂知识用于实践中，不断摸索，逐步积累经验。进入八九十年代后，每年纯收入3万—4万元。2017年，养130群，收入10万元。对前来取经者，他也毫无保留地把经验和注意事项传授给他们。

1982年，全公社有蜜蜂235群。2001年扁山村黄仁标开始养蜂，以后规模不断扩大，2017年年收入8万元。新坊村李坤祥从2001年开始养蜂，到2017年年底，年均收入4万元。

2012年，河东村陈思枥自发举办养蜂培训班，有养蜂爱好者25人前来听课，陈思枥向学员传授制作新式蜂房和改进摇蜜机等知识。

2013年，他又组织成立旧县山花养蜂协会，有会员80人。2014年，会员增至140人。协会发动会员种植蜜源树1000多棵。2012年，会员年人均收入3000元。此后逐年增长，2017年增至13000元，所产蜂蜜100元/公斤，旧县集镇内外均有他们的产品销售点。2017年年底，全镇蜂蜜产量共21吨。

三、家禽养殖

自古以来，境内村民家庭普遍有零星养鸡、鸭，但养鹅、鸽者甚少。家庭畜养鸡、鸭多为散养。房前屋后、山地林间、溪涧河流是鸡鸭觅食活动场地。养鸭者在小鸭幼时，常取土中蚯蚓喂养，未改厕前，也取厕中沙虫喂中小鸭。当公鸭成年后，为使其长膘，养户还常用半生熟米饭或地瓜拌以糠，做成球、条状，塞进成年公鸭肚中，连塞2—3个月，并将其囚在圈内使其静养。这种“塞鸭法”可使公鸭长得又肥又大，在肉食匮乏时期成为农家餐桌珍品。这种鸭一般留作过年时自己食用，不外卖。此外，境内还有不少农户饲养麻鸭（当地叫“水鸭妈”）用于生蛋食用或出售。饲养方法除家庭喂以饲料外，还往往将其赶到小溪河流中觅食石螺等，以提高产蛋质量和数量。

1953年，全区家禽2万只左右。1976年，全公社不到15000只。

改革开放后，随着粮食逐步充裕，家庭饲养量增多，1982年全公社有家禽29150只。随着社会进步发展，人居环境改变，家庭养禽一般逐步发展成圈养，有条件的人家在房前屋后或山坡野外用塑料网圈起来，搭成简易鸡、鸭舍，玉米饲料放在盆里，自来水注入槽中，任其食饮，禽蛋在网圈里捡。这些家禽既有充足的饲料，又有半天然放养条件，一般生长较快，半年就可出栏，鸡鸭粪还可集中收集，用来肥田沃地，或卖给有机肥料厂。

2001 年后，境内养禽专业户不断增多，至 2014 年，全乡养禽专业户有 38 家，年出栏肉鸡 300 多万只，创产值 6100 万元。

2009 年 9 月，福村村张美焕创办鸿建山鸡专业合作社，会员遍布上杭、连城、武平 3 个县 10 个乡镇 27 个行政村，年养殖山鸡、广西鸡、河田鸡等 100 万羽，产值 230 万元。2012 年，该社被评为龙岩市龙头企业，市级示范专业合作社。2014 年，被评为全国供销合作总社全国示范社。2017 年年底，张美焕养鸡场存栏山鸡、广西鸡 1 万羽左右。

2000—2017 年旧县镇养禽情况表

表 6-2

项目／年份	家禽年末存栏数（羽）	家禽年底出栏数（羽）	禽肉（吨）	禽蛋（吨）
2000	59426	35612	176	179
2001	60853	35834	188	208
2002	60960	35930	215	210
2003	85467	35980	263	220
2004	259060	28573	542	231
2011	721003	1325199	1656	697
2012	793500	1312148	1705	714
2013	829252	1880879	2443	697
2014	577333	2852257	3842	477
2015	499858	3002128	4349	489
2016	452490	3143511	4714	414
2017	767683	5210192	8147	1527

说明：以上数据来自上杭县历年统计年鉴

附：肉鸡产业协会

（一）组织机构

2004 年，成立旧县乡肉鸡产业协会，会员 14 人，会长陈特贤，副会长邱清其，秘书长陈基贤。至 2017 年，会员发展到 32 人，有饲养工人 80 余人。2017 年换届选举，会长陈特贤，副会长李荣良，秘书长陈基贤。2013 年，成立旧县乡肉鸡产业协会党支部，书记陈特贤，委员 2 人。

（二）主要活动

2014 年 11 月 26 日，旧县镇肉鸡协会举办技术交流培训活动（旧县镇政府供图）

肉鸡产业协会以饲养森宝鸡为主，每年为龙岩森宝公司提供肉鸡达 60 万羽。镇政府每年为各养殖场按每只鸡 0.04 元投保。其中二女结扎户养殖户，每只另加 50%保费。同时，每年拨给协会办公费用 0.35 万元。2013 年协会党支部成立后，镇每年拨给支部办公经费 0.8 万元，同时拨给协会办公经费由原来的 0.35 万元增加到 0.8 万元。支部不定期召开支委会或支部会，促进协会各项工作。协会每年不定期举办养殖技术培训，组织会员外出参观学习或培训。

第二节　水　产

一、鱼类养殖

中华人民共和国成立前，境内村民对池塘、山塘养鱼有一定经验，如用石灰消毒池塘（塘内水干后），给池塘、山塘定期换水等。但可供水产养殖的水库、池塘、山塘少，因都得用于积水灌溉农田，因而民国以前鱼类养殖不稳定，产量不高。水产品种也很单一，所养鱼类基本就是草鱼、鲢鱼和鲤鱼。鲫鱼和淡水虾及塘鲶等大多是自生自长的。全乡共有 200 多口池塘和山塘。

中华人民共和国成立后，池塘、山塘归集体所有。人民公社成立后，生产队派社员兼职养鱼，所养之鱼归本队社员平分。“文化大革命”初期至 1973 年，梅溪大队为扩大耕地面积，60%池塘和山塘被平整填没，池塘养鱼面积进一步减少。1982 年，全公社水产品产量 8.8 吨。各村水库养鱼人一般都是水库看护员。由于水库要经常放水灌田，所以一般不放鱼苗养殖。至 2017 年年底，全镇养殖面积 288 亩，水产品产量 630 吨（含捕捞）。

二、特种水产养殖

1996 年，河东村一村民与福清县一个体户合作，在河东村征地 63 亩，创办养鳗场，养鳗水面30亩。1998年因国际金融风暴影响，原本销往日本19万元1吨的鲜鳗暴跌至3万元1吨。但他们顽强坚持，努力把鳗场创办下去。2010年，投放鳗苗130万尾，产鳗鱼125吨，创产值600万元。2017年年底，养鳗面积仍然保持30亩。

1994年，河东村一村民试养美国牛蛙成功，当年培育种蛙250只。后来因发生疫病等原因而停养。

1995年，角龙村一村民建有养鳖场一个，当年试养中华鳖1500只，初时曾获成功。后由于各种原因而停养。

三、捕　捞

下河捕鱼一直是旧县河两岸部分农民主要或辅助产业和改善肉食条件来源，尤以尧埔村村民居多。该村前后有10多户人用竹筏、小船、拦河网等下河捕鱼。2014年以前，曾有人用电捕鱼。2015年以后，镇政府实行河道管理制度，严禁电鱼、毒鱼和炸鱼，以保护鱼类品种和数量。旧县河梯级电站建成后，镇政府出资到外地购入鱼苗放入各电站库区，数量逐年增多。2017年年底，旧县镇捕捞产量达150吨。

1994—2017年旧县镇渔业生产情况表

表6-3

年　份	养殖面积（亩）	鱼产量（含捕捞）（吨）
1994	219	50
1995	231	58
1996	232	82
1977	341	418
1988	341	418
2001	295	310
2002	1165	268
2003	1150	292
2004	1150	310
2005	1158	319
2006	1158	543
2007	228	596

续表6-3

年　份	养殖面积（亩）	鱼产量（含捕捞）（吨）
2008	288	411
2009	288	258
2010	—	262
2011	—	275
2012	—	281
2013	—	631
2014	—	486
2016	—	490
2017	288	630

说明：以上数据来自旧县统计站和上杭县历年年鉴

若干年份旧县镇畜牧水产业产量和产值情况

表6-4

1982年	全公社水产品产量8.8吨，总产值1.5万元		
1988年	全乡畜牧水产生产总产值270万元		
1995年	全乡畜牧水产生产总产值1021万元		
年份	单位	畜牧业产业	水产业产值
2000	万元	3229	554
2001	万元	3341	415
2002	万元	3101	373
2003	万元	3709	297
2004	万元	6115	351.23
2005	万元	8961	432
2006	万元	76992	1402.3
2007	万元	12090	1195.4

续表6-4

年份	单位	畜牧业产业	水产业产值
2010	万元	14746	1326
2011	万元	19173	2679.1
2013	万元	18534.01	2178.87
2014	万元	18159	1966
2015	万元	26313	2194
2016	万元	28563	1966
2017	万元	31424	2121

说明：以上数据来自旧县统计站和上杭县历年统计年鉴

第三节　管理机构

1949年以前，境内养殖水产业无管理机构，只有民间个别阉猪、阉鸡者为民服务，禽畜有病或遇上疫情，百姓束手无策。

中华人民共和国成立后，此业得到党委政府重视。1959年10月，成立旧县公社畜牧兽医站，公社有一位领导分管畜牧兽医工作，畜牧兽医站有一位专业人员任负责人，若干畜牧兽医专业人员分片负责阉割及畜禽疾病防治。2016年后，镇综治办和综合执法大队也参加管理。党委政府认真宣传贯彻上级政策要求，对禽畜流行疫情进行严防严控。旧县河河长及镇环保站也介入各项管理。各村兽医人员认真负责、服务上门，禽畜或鱼群发生毛病，在不能单独解决问题时，及时汇报乡镇兽医站，由兽医站整合力量及时解决。兽医站还定期安排人员下村注射禽畜疫苗，预防和减少畜禽疫情发生。

2017年，旧县镇有畜牧水产技术人员3人，聘请村级兽医防疫人员20人。

中华人民共和国成立后至2017年，旧县镇历任畜牧兽医负责人有林长天、林元城、陈建岑、张德贵、张继芳、丘于忠、刘吉民、丘祖茂、张志斌。

第七章　工业　建筑业

第一节　工　业

北宋时期，郭福安受朝廷指派，带领工人在旧县紫金山开采金矿。明清及民国时期，旧县工业均为民间零星手工业，即造纸、烧石灰、烧砖瓦、木竹加工、榨油、食品制作加工、金银首饰加工等。

中华人民共和国成立后，在社会主义改造过程中，旧县手工业者按自愿原则组织生产合作社。1958 年“大跃进”时，旧县也错误掀起“大炼钢铁”热潮，造成严重资源浪费。1966 年和 1971 年，旧县九曲水电站和池溪水电站相继建成发电后，旧县开始有机器工业，除公社办起农械厂外，县在旧县办粉末冶金厂、锰矿等企业；不少大队办起碾米和蕉芋、木薯粉碎等加工厂。

改革开放后，国家鼓励发展社队企业，旧县乡及各村充分发挥资源优势，先后成立石灰厂、砖瓦厂、采砂场、手工红砖厂、机砖厂、制鞋厂、电子产品加工厂、纺织厂等。此后，建材雕塑加工、采矿、水电等行业也蓬勃发展，尤其是上杭紫金矿业集团通过在境内开发金、铜矿，得以迅速崛起，成为世界五百强企业之一。

1995 年，旧县造纸厂、漆艺厂、农械厂、铸钢厂、水电公司工业总产值共 522.7 万元，工业增加值为 154.3 万元。企业所有制形式呈多样化，国有、集体、合资、股份(合作)、个体等多种所有制并存。

2017 年年底，全镇登记的工商户 689 户，1370 人，注册资金 7574 万元；企业 138 个，雇工总人数 2153 人，注册资金 65100 万元，工业总产值 11 亿元。

一、建　材

清代至民国，境内有青砖、青瓦窑、木材加工等建材生产，分布在梅溪、尧埔、龙溪等村。20 世纪 80 年代后，以石灰、红砖泥、河沙、钢筋、水泥等原料的纸筋灰厂、红砖厂、机砖厂、采砂厂、水泥制品厂、钢架结构厂等建材生产企业蓬勃发展。2017 年年底，建材工业企业共有 30 余家，年产值 4 亿元左右。

(一) 石　灰

境内尧埔村和铁场村群众，清代时就于兰田村对面的旧县河北岸上分别建有石灰窑，烧制石灰。一座窑一次可出石灰 80 吨左右，每窑每年可烧 2—3 次。石灰石就在离窑约百米处开采，燃料为柴草，所耗柴草与产品比例为 1∶1。由于石灰石离地表较深，人工开采困难和柴草越来越难收购等原因，20 世纪 70 年代中后期，各窑先后停止生产。50 年代末至 60 年代中期，梅溪村在 205 国道旁（原属梅溪村，后属水东村境内）山场建一石灰窑，属大队办企业，石灰石在弯丘坎对面河坝采取，燃料柴草每百公斤 0.4 元向群众购买。1966 年停产。

境内龙溪村岩寺前石灰厂历史悠久。20 世纪 70 年代为社办企业。80 年代前期转为村办，并结合烧砖瓦，改名为岩寺前石灰砖瓦厂。1977 年后随着旧县大桥建成、交通条件改善，此地所产石灰、青砖、青瓦开始销往全县各乡村。燃料早期用柴草，80 年代后改用煤炭。

尧埔村有个体户在 20 世纪 90 年代至 2010 年开办纸筋灰、石灰膏厂，因产品质量好，远销全县各乡村，每日可销售 10 余吨。2017 年年底，水东村和尧埔村还办有 4 家个体纸筋灰厂，每日销售量分别为 10—12 吨和 30—40 吨。

（二）砖　瓦

清代至 1980 年期间，境内尧埔、全坊、扁山、梅溪、龙溪、福村等村都曾开设过青砖、青瓦窑，主要以柴草、松枝松叶等做燃料烧制。瓦片每窑年产 100 万片以上。青砖每窑 30 万块左右。20 世纪 80 年代后，随着住房建筑向钢筋混凝土结构转化，瓦房逐渐减少，烧瓦业停滞，青砖亦为红砖所代替。

1984 年，梅溪村潭岗上开办 1 家手工红砖厂，以后各村相继开办共计 10 余家红砖厂，皆为个体或股份制合作企业。

2005 年，尧埔村境内有个体户开办特奇机砖厂，年产机砖约 1000 万块，每年上缴税金 1.5 万元左右，26 人在此就业。

（三）水泥制品厂

2017 年 3 月，境内梅溪村何尚庆、何仰庆在笛子岗开办水泥制品厂，主产水泥栏杆，水泥花格、水泥凳桌及公园等旅游景点基础设施配件等，产品销往县内外各地，年产值 40 万元左右，可供 4—5 人就业。

（四）钢材加工

1990 年，境内先后有旧县市场和梅溪笛子岗 2 家钢材加工场点。2010 年，角龙点加工场开设后，紫金矿业因移民及矿山工程各项建设需要，委托角龙点大量加工钢材产品，消化男女劳力 10—12 人。

此外，境内梅溪村阙祥富在广东江门市成立富生钢结构有限公司，为各地高速公路、铁路桥梁、山洞建设提供钢架产品，年产值 3 亿—4 亿元。2017 年，成立广东富生集团（建设贸易）有限公司，并在湖南成立富生钢结构分公司。

二、电　力

（一）水电站

九曲水电站　1958年8月，旧县公社动工开九曲渠道，并规划在龙溪村馒头山下建水电站。由于一时难以购到机器设备等原因，到1966年才装机发电。该电站装机容量50千瓦，年发电量6万—7万千瓦时。这是境内最早建成的一座水电站。由于功率小，该电站电力只能白天供给旧县农械厂生产和集镇粮食加工，晚上供给公社机关、集镇附近中小学和社直办单位照明。

池溪水电站　1965年6月，旧县公社组织劳力在集镇东北约8公里处修筑池溪渠道，并在池溪水与旧县河交界处建筑水电站，名为池溪电站。1970年12月，工程竣工，开始送电。池溪电站总装机容量350千瓦（但有1台机组不能使用），年发电量50万千瓦时。开始时采用“二线一地”制送电，供电范围也只在坝上和旧县集镇周边。1973年后，供电线路延伸至梅溪一带。1984年，实现与矶头电站联网。1986年，供电线路开始向新坊一带延伸。2004年，该电站由旧县镇政府卖给南阳个体户经营，并经其几次改造，机组共增至3台，发电量有所增加。

新坊电站、扁山电站、福村电站　1975年春，上杭一中教师带学生下农村开展“开门办学”活动，在境内新坊、扁山、福村，由公社水利工作站干部配合，各完成1座小水电站建设测量设计工作，并指导当地利用最简易方法安装发电设备，全部于当年冬建成发电。新坊电站装机容量为40千瓦，扁山电站装机容量为20千瓦，福村电站装机容量为12千瓦。后来，这几个电站由于设备过于简陋，故障不断，加上装机容量小，难以满足群众用电需求，先后被废弃。

坝上水电站　1994年开工建设，2000年发电。该电站水库堤高24米，库容量520万立方米，总装机容量4800千瓦，年发电量2250万千瓦时（3台机组，每台机组1600千瓦），是旧县河梯级电站建设最先落成的工程，也是旧县境内发电量最大一座水电站。由上杭紫金矿业集团投资兴建。

角龙水电站　2004年动工，2006年发电。该电站库区坝高4.2米，库容168立方米，装3台机组，每台200千瓦，年发电量750万千瓦时。由迳美村林灿盛投资建造。

石圳水电站　2004年动工，2006年发电。该电站水库坝高14米，库容168万立方米，共4台机组，每台200千瓦，总装机容量800千瓦，年发电量960万千瓦时，由汀江水电有限公司投资兴建。

和坝水电站　又称麻坝水电站，2004年动工，2006年发电。该电站共5台机组，每台机组630千瓦，总装机容量3150千瓦，年发电量1410万千瓦时，属招商引资项目，由省外个体户郑河湖投资兴建。

河东水电站　2005年动工兴建，2007年开始发电。该电站水库坝高3.6米，装3台机组，每台机组613千瓦，总装机容量1840千瓦，年发电量650万千瓦时，由个体户郭泉江投资兴建。

福村水口电站　2000年动工兴建，2002年开始发电。该电站共2台机组，共装机容量为200千瓦。建成初期为本村股份制企业，后转卖给南阳镇一个体户。

芦花溪电站　年发电量140万千瓦时，为个私企业。

（二）电　网

1992年，建成尧埔35千伏变电站。该站占地2600平方米，输电线路从临城水西变电站输入，全程25公里，其中旧县段13公里。建成该变电站，使旧县稳定进入大电网供电。

1994年，九曲电站几经改造后，10千伏输电线路完成由2线改3线。

1996年，投资10万元，完成转移高压线电杆工程。

旧县国家电网外景（旧县镇政府供图）

1998年，投资120万元，进行境内电网改造，同年与矶头电厂、县电力公司协调并网。

2017年年底，完成农村电网尧（埔）梅（溪）线15公里电线杆工程和尧（埔）福（村）线20公里电线杆改建工程。至此，境内共有10千伏高压线路124.3公里，0.4千伏低压线路145公里；共有供电所供电网格11个，变电站1座，专用变压器35台，公用变压器110台；共有用电户（含公私）9314户，年供电2268万千瓦时。

（三）用电管理

1970年池溪水电站建成供电后，成立旧县公社供电所，为社办企业，负责池溪电站发电、输电线路建设维护和向用电户收费等。

1990年，成立旧县乡电力管理站，主要行使线路架设、维修及电费收取职能。1992年，成立旧县乡水电发展公司，负责境内水电资源开发利用。1999年，实行体制改革，撤销旧县乡电力管理站，挂牌成立旧县供电所，在河西村租用私人房子办公住宿。2000年，旧县供电所与池溪电站、九曲峡电站分离，专事供电。同年实现通网同价，统一更新用户电表，并将原来由各村农电员收费改为由供电所人员直接下村收费。农网改造前，电费每千瓦时1元；改造后每千瓦时0.55元。

2008年，旧县供电所并入才溪供电所管理。2013年，上杭电力公司旧县供电所恢复成立，继续租用私人房屋办公食住。2016年，上杭电力公司投资300万元在全坊（旧白公路旁）新建一栋占地1000平方米、建筑面积3层900平方米的供电所综合大楼。供电所有内外线工作人员和干部职工共16人。

三、矿 冶

（一）采 矿

早在北宋时期，境内紫金山就有人工开采金、铜矿活动。20世纪50年代后期，县、乡政府组织人员在铁场境内开采铁矿，供本地及外地"大炼钢铁"需要。70年代，县在铁场大队境内开办锰矿企业，主要开采兰田境内锰矿，同时收购铁场、梅溪等村群众开采的锰矿，调出外地售卖。80年代后，因矿产资源不足，该锰矿停办。90年代初，梅溪、水东、角龙、尧埔、铁场等村开始有人在旧县河中采集砂石。1994年前后，全乡6个砂场年采集砂石量达2万立方米以上，供高速公路、紫金矿业及群众住房建设使用。由于资源越来越少，砂价由原来每立方6元涨到2017年的150元。

20世纪90年代初，县矿产公司开始在境内紫金山进行金、铜矿开发。1993年8月，县矿产公司改组为福建省上杭县紫金矿业总公司，后又改为福建省闽西紫金矿业集团有限公司，发展成为全国特大型黄金采选企业。到2017年，紫金山矿产金量年达17.48吨。金矿开发后，又开发铜、锌等矿产。2017年，矿产铜产量20.8万吨，矿产锌产量18万吨。紫金集团在紫金山进行金铜矿开发后，旧县乡积极引导紫金山周边村参与紫金山金铜矿开发配套服务。到2006年，全乡有荣达公司集团、华辉集团、灿兴矿建金丰公司、金辉公司等采矿、矿产加工和矿山建筑、矿业物资供应等矿产企业10多家，并逐步延伸到外地运营，县外矿点达13处。其中迳美村有1户在政和县开采金矿，年产值曾达3亿元。

（二）冶 炼

旧县古代就有炼铁，"铁场"等地带"铁"的地名就因古时有人炼铁而得。1958年，在"大炼钢铁"高潮中，旧县公社在铁场大队境内办青年铁厂，另有部分大队建有土锅炉炼铁。其时，男女老少齐发动，不仅在铁场大队梁下山开挖铁矿炼铁，还大量收购群众家中铁器炼铁。在上级高指标压力下，连群众家中煮饭铁锅也被动员送去锅炉内炼铁，而群众吃饭则被要求办公共食堂解决。由于炼铁一哄而起，只追求产量，不讲究质量，没按科学办事，结果炼出的铁产品质量不合格，造成巨大浪费，并也严重破坏森林资源和影响粮食生产。1959年后，"大炼钢铁"停止。

20世纪70年代初，县在河西村境内开办粉末冶金厂，三分之一工人为旧县境内劳力。80年代末，因各种原因，粉末冶金厂下马。

1984年，旧县乡在原老市场开办锰粉厂，主产加工生产电池用的锰粉，产品主要销往赣州、南平、上杭等电池生产企业。有工人 6 人，年产值 6 万—7 万元。后因资源短缺，于 1988 年停产。

1998 年，旧县乡引进外资 98 万元，办起 2 家铸钢厂。

2003 年，外省商家在境内创办涛其铸钢厂和“三八”铸钢厂，当年完成投资 380 万元，并动工兴建联盛铸钢厂。此 3 家铸钢厂由于原料不足（需到广东等地采购废钢铁），2017 年均停产。

四、机　械

1966 年，旧县公社创办农械厂。原来主要任务是为群众碾米、加工面条和粉碎蕉芋、木薯及生产木制家具等。1970 年，转为生产打谷机、农具铸铁、铸造各种机械配件等，年产值 30 万元。1988 年停办。

二十世纪八九十年代，旧县集镇分别有个体户开办机器配件修造，柴油机、拖拉机修理和电机修理等店铺。90 年代后，梅溪、河西、河东、龙溪等村有人在集镇及境内 205 国道旁开办摩托车修理店。2017 年，河西、尧埔、铁场在 205 国道旁开有汽车修理店。

五、竹木制品加工

旧县山多林茂，自古以来，从事篾匠、木匠手艺，加工竹、木制品者众多。他们就地取材，用手工制成各种生产生活用具自用或出售。主要竹制品有谷笪、畚箕、谷箩、竹篮、爬篮、帘箕、畚斗、竹筷、锅刷、扫帚、扁担、竹床、竹椅、竹排、米筛、糠筛、谷筛、簸箕、篾缆、篸、竹碗、砻、竹帘等。主要木制品有床、桌、椅、水桶、木勺、风车、斗楻、谷仓、饭甑、木屐、橱、柜、屏风、窗、水车、船、木房子及工艺美术品等。

旧时，从事竹、木制品加工都是靠手工。20 世纪 70 年代后，加工葫芦棂条等家具部件开始用机器打磨，锯木板用机器锯。改革开放后，机械作业范围迅速扩大。80 年代初，旧县乡农械厂开设家具生产车间。1988 年，旧县乡引进漳州一个私营企业在境内老市场创办漆艺厂，利用酸枣树等木材加工木碗，产品销往省内外（主要是日本），年产值 8 万—10 万元。1994 年，厂址搬至富仁坑原旧县卫生院址内。由于原材料紧缺和产品滞销等原因，该厂于 1999 年停办。

1997 年，旧县乡利用境内枫树等资源创办香粉厂，产品主销东南亚，1999 年总产值达 131. 5 万元。因对林业资源有危害，2000 年前后停办。

2005 年，河西村一村民在尧埔村开办木材加工厂，招工 50 多人，产品销往广东等地，年产值 1000 万元以上，每年上缴税利 30 万元。

六、造　纸

境内新坊、石院、扁山、福村、铁东、铁场、石圳、水东等村历史上皆有较丰富的毛竹资源，农户习惯利用这一条件制造土纸。民国26年（1937年）《上杭县志》称旧县造纸，盛产有（mǎo）包纸、节包纸、夹头纸、中包纸、蚊香纸。民国及以前，全境土纸作坊（又称纸寮）多时达上百座，大部分分布于水源充足的深山幽谷之中，年产上千吨土纸经旧县河船运至上杭县城德和隆商号收购，后用集装箱销往广东潮汕一带及东南亚各国。中华人民共和国成立后一段时期，造纸业仍然发达，产品先后由旧县供销社、旧县外贸站收购。90年代后，随着机器造纸发展，土纸制造逐渐萧条。2017年年底，全镇仅剩新坊、扁山、福村还有土纸作坊生产土纸。

20世纪80年代初，旧县公社曾利用原九曲电站厂房及其他设备创办造纸厂。据可查的国民经济统计年鉴统计，该造纸厂年总产值从1980年的2.2万元增加到1998年的248.5万元。陈福堂、李宜阶、谢美恭等先后担任厂长，工人最多时50多人。产品主要是瓦楞纸。由于原料和销路等原因，90年代末，该纸厂停厂。

七、造　船

汀江河及旧县河河道开通后，木船制造逐步发展，境内河东、坝上、铁东等村都曾有手工造船师傅。木船主体皆由古老松木板构成，类型一般有运货船、渡船和小渔船。大小木船多有船篷，船篷由箬叶、棕和竹篾做成，用于遮阳抵雨。20世纪60年代末，河东村师傅还到石圳参加过汽车船（方舟）制造。

1970年后，随着雁子滩电站建成，水上交通萧条，造船业逐渐冷落。至1990年后，随着各渡口逐渐完成“渡改桥”，造船技艺已少有人关注。

八、粮油加工

民国时期，河东、河西、铁场、水东等村有人开办油坊，专门为群众榨油（花生油、菜籽油、茶籽油）服务，工艺原始，劳动强度大，出油率低。许多农家也备有全由木头制造的榨油设备（油夹）。粮食加工也仅有砻、碓等原始工具。20世纪60年代后期开始，旧县农械厂内设有机器加工米、面车间，不仅为群众碾米、粉碎蕉芋木薯，也有将小麦加工成面粉、面条业务。70年代后，旧县粮站也设有面粉加工厂，日加工面干150千克左右；全坊和梅溪村设有米粉加工作坊和工厂，前者为个体户，后者为村办企业；一些大队也开始有碾米机、饲料粉碎机等，逐渐弃用古老的砻、碓和牙钵。进入新世纪后，随着购买力增强和粮食加工机械改进，不少家庭自购家庭碾米机，以方便自家使用。原来公私开办的较大型粮食专业加工企业逐渐停产。但在食油方面，随着人们对食油质量要求提高，境内有人置备全机械化榨油机，从事食油现榨现卖或来料加工业务。

九、电　子

2009年，庐丰籍人在尧埔村创办电子厂，招收工人100多人，年产值300万元。

2011年，庐丰籍人在尧埔村开办富鑫达电子厂。2015年，该厂由永定籍人买断，改为鑫巨蓉电子厂，招收旧县妇女劳力150多人就业。2017年，年产值达500万元，上缴税利15万元左右。

十、其他工业

（一）化　工　清末，兰田村有村民自制土硝，并制作纸炮（鞭炮、二响炮）出售。由于设备落后，安全系数低，1990年后，不再生产。

（二）服　装　明清至民国初，旧县境内有零星分散的裁缝师傅在市场开设裁缝店，或走村串户，手工为人缝制衣服，赚取微薄工资。

中华人民共和国成立后情形见本志商贸服务业（第十二章裁缝篇）。

（三）石　雕　明清始，梅溪一带农民利用洋头里（打石山下）丰富的优质石材打造石柱、石门楼、石磨、石门槛、墓碑、石狮、路碑、佛像（弥勒佛、阿弥陀佛）、石臼等。打造完好后，用木船水运给各用户处。清代有梅溪村胡兴梁，民国时有胡家容，新中国成立后有陈炳先、胡茂兴等相继传承打石手艺。21世纪后，尧埔村（全坊大桥西侧公路旁）有人开办石雕加工场，用电脑操控技术雕塑各种石材产品（如纪念碑、捐款碑、墓碑、石狮子等）出售。

（四）燃　料　1980年后，河东村有个体户开办机械加工煤球厂，尧埔、石院村也有人开办手工加工煤球厂。进入新世纪后，由于电器、液化气发展，使用煤球作燃料者渐少。2017年年底，旧县已无人制作煤球。

（五）首饰加工　清末至中华人民共和国成立后一段时间，旧县市场有一家百年首饰金银加工老店，详情见本志20章。

（六）鞋　业　2005年，河东村有个体户在旧县市场205国道旁开办凌志鞋业，生产各式皮鞋、童鞋、运动鞋，每月生产4000双左右。由于生产、销售等问题，2013年停办。

（七）纺　织　2011年，尧埔村有外省个私企业投资开办鑫盛纺织厂，招收工人100多人，年产值1000多万元，上缴税利每年20万元。2017年，因各种原因停办，厂房转让。

1994—2017年旧县镇工业企业基本情况表

表8-1

年份	企业个数（个）	从业人员（人）	工业企业总产值（亿元）	年份	企业个数（个）	从业人员（人）	工业企业总产值（亿元）
1994	500	3100	0. 3143	2006	1139	6312	4. 5966
1995	—	—	0. 4984	2007	1158	6312	5. 2420
1996	306	4384	0. 7531	2008	38	1168	2. 8130
1997	824	4402	1. 3700	2009	39	1499	3. 2349

续表8-1

年份	企业个数（个）	从业人员（人）	工业企业总产值（亿元）	年份	企业个数（个）	从业人员（人）	工业企业总产值（亿元）
1998	842	5787	1.6600	2010	49	1525	—
1999	877	6649	2.0900	2011	52	1528	3.6343
2000	893	6205	2.2000	2012	82	1816	3.7300
2001	1090	6216	2.6000	2013	163	2452	3.0800
2002	1113	6098	2.8900	2014	257	2801	3.2700
2003	—	—	—	2015	325	3050	—
2004	1121	4239	3.6330	2016	414	3288	—
2005	1137	6303	4.1780	2017	827	3525	11.0000

说明：以上数据来源于上杭县历年国民经济统计年鉴、上杭县行政服务中心工商企业登记管理服务处和临城工商监督管理所有关资料

第二节　建筑业

旧县田少人多。农忙过后，村民多外出从事副业生产。其中，从事建筑业者占30%以上，但多为分散或结伙经营。1974年3月，旧县成立公社建筑队，建筑工人第一次组织起来从业。1989年，成立上杭县旧县建筑公司，成为旧县建筑行业一个重要企业。

20世纪80年代中后期始，房屋装修在房屋建筑中从工艺到资金投入分量越来越突出，为从事建筑业工人提供一片广阔新天地，旧县众多外出务工人员不仅多从事建筑，也从事装修。旧县建筑工人不仅在省内各市县，还远赴各省市（广东、湖南、江西、浙江、北京、山东等省市）承揽建筑工程业务。2017年年底，旧县建筑企业共有160家（其中一级建筑企业32家，二级建筑企业101家，三级建筑企业27家），从事建筑行业人员4000余人。

一、主要建筑企业

（一）旧县公社建筑队和旧县建筑工程公司

1974年3月，成立旧县公社建筑队，为社办企业。1989年10月1日，成立福建省上杭县旧县建筑工程公司。1990年，经省建委批准，旧县建筑工程公司为四级资质企业。

建筑队（建筑工程公司）负责人先后为李灿华、林树学、阙树进、陈茂琪、谢启先、陈道贵（公司经理）等。

旧县建筑队（公司）自成立以来，承建有上杭县老区办办公楼、上杭县委党校食堂、

县粮油加工厂大楼、县（东门）橡胶制品厂大楼厂房，旧县乡政府大楼、旧县林业站办公楼、旧县信用社大楼、紫金中学大楼（地处水东村）等。有各类工程技术人员、管理人员等共100多人，拥有各类型施工机械405台，企业注册资金300多万元，平均年产值1000万元，上缴税利每年10万元左右。1995年，公司解散。

（二）个私建筑企业

20世纪90年代中后期开始，境内一批建筑企业人才或者依靠精湛建筑技艺，或者依靠丰富建筑工程经营管理经验，或者依靠雄厚的资金实力，走自主创业道路，采用独资、合资、挂靠等各种模式，创办私营建筑企业。到2017年，旧县镇建筑企业共达160家。

2017年年底旧县镇部分个私一级建筑企业情况表

表8-2

序号	企业名称	年产值	联系人	联系人职务
1	福建荣成建设工程有限公司	7亿元	张家烈	办公室主任
2	福建弘宝建设工程有限公司	2亿元	李晓峰	副总经理
3	福建新金利建设有限公司	1亿多元	胡洪涛	总经理
4	福建宇骏建设工程有限公司	3000万元	江梓荣	财务负责人
5	福建祥优建设有限公司	6600万元	何常庆	总经理
6	福建通宏建设工程有限公司	1亿元	陈淋生	董事长
7	广东江门市富生集团（建设贸易）有限公司	5亿元	阙祥富	董事长
8	宁化特色汉风古建筑构件厂	300万元	陈振生	厂　长

二、古代典型建筑

（一）河西敦和堂

古称桅杆屋（“文化大革命”时桅杆被毁），清雍正二年（1724年）动工兴建，历时20多年完工。敦和堂坐东北朝西南，占地26000平方米，建筑面积11000平方米，四进五列客家围屋款式，砖木结构。清同治三年（1864年）遭太平军烧毁，后重建。该民居在旧县有“九厅十八井，穿心走马楼”美誉。2017年12月，被列入县级文物保护单位。

（二）河东大夫第

坐落于河东村旧县河边（大圳下），建于清光绪年间，占地面积500平方米，砖木结构，建筑面积300平方米，围墙三合土夯成。厅堂中间原有光绪皇帝钦赐牌匾一块，2010年被盗遗失。该第主人陈振麟是皇封奉宣大夫，其长子维魁是皇封奉直大夫，次子维冠五品顶戴。该大夫第轮廓面貌目前保存较完整，但大门前围墙外池塘已被填平。

（三）梅溪灵光庵

据清乾隆癸酉年《上杭县志》记载，梅溪寨临江寺建于南宋年间，元代毁于寇，明代由乡人游某筹资修建，上下厅六根顶梁石柱（每根3—5米长），由打石山下开凿船运而来，每根重约5吨—7.5吨。所盖瓦片每块重250克以上，占地面积1万多平方米，建筑面积3000平方米。清初，曾有300多和尚在该寺修行。中华人民共和国成立后，该寺保存良好，未倒塌。2014年，由乡人钟家芹、陈耀荣等筹资，屋顶用水泥钢筋、琉璃瓦重新修建。是年，何尚庆、陈耀荣又为该寺内外筹资装修。2017年，上杭县将其列入文物点。

第三节　管理机构

1984年以前，旧县乡（公社）曾设立企业管理办公室。1984年后，旧县乡设立经济委员会（又称乡经委），由主任、会计、出纳组成。李灿华、谢友荣、叶初其、罗淮文、陈荣章、刘新德先后任乡经委主任。

1997年后，乡经济委员会作为经济管理实体的职能被撤销，改为对境内工业和建筑企业进行指导、联络、协调等。

第八章　林　业

旧县境内多属丘陵山区，平均海拔 285 米，适宜林木种植，森林资源丰富。民国及其以前，山林全部是私有制，绝大部分森林未能开发和利用，林业生产发展较缓慢。

中华人民共和国成立初土地改革时，山林和土地一样，平均分给农民耕管。生产资料私有制改造后，山林归集体所有，木材采购由私营过渡到国家森工经营，营林生产贯彻“自采、自育、自造”方针，国家采取技术培训、资金扶助、政策扶持等措施，造林面积逐年上升。

1958 年“大跃进”，搞全民“大炼钢铁”，上山烧炭，村庄附近山上林木基本被砍光，山林遭到严重破坏。“文化大革命”期间，无政府主义思潮泛滥，乱砍滥伐严重；加上一度片面强调“以粮为纲”，向“荒山要粮”，毁林开荒，使山林再度遭到重创。

1982 年，实施林权制度改革，根据科学兴林方针，开展林业“三定”（核定山林权、划定自留山、制定林业生产责任制）及林业区划工作，实行植树造林、封山育林。随着改革开放政策落实，执行林业生产责任制和合同制，出现林业生产专业户、重点户，山林得到有效保护和开发。

1993 年 10 月，开展完善落实集体山林经营管理体制试点工作。2003 年春，开展集体林地林木产权制度改革。

2017 年，全镇有林地面积 13199 公顷，活立木蓄积量 781297 立方米，森林覆盖率 80. 17%，林业总产值达 2423 万元（当年价）。

第一节　森林资源

一、面积 蓄积

2017 年，旧县林业用地 13199 公顷，森林面积 12930 公顷，森林覆盖率 80. 17%，活立木蓄积量 741072 立方米，人均 24. 73 立方米。

2013—2017年旧县镇林业资源情况表

表8-1

年　份	林业用地（公顷）	活立木蓄积量（立方米）	人均占有（立方米）
2013	13284	583689	19.83
2014	13170	860787	29.00
2015	13172	855418	28.64
2016	13198	875013	29.10
2017	13199	884235	29.50

二、结　构

（一）树种结构

旧县树木种类繁多。常绿针叶树种，主要有松科的马尾松、黄山松、湿地松；杉科的杉木、柳杉；柏科的侧柏罗汉树等。

常绿阔叶树种，壳斗科主要有米槠、甜槠、苦槠、朝栲、丝栗栲、罗浮栲、闽粤栲、青田栲、石栲等；樟科主要有樟树、檫树、黄檀木、新木姜、厚壳桂、鸭公树等；山茶科有黄瑞木、柃木、木荷；金缕梅科有阿丁枫、蚊母树等；杜英科有杜英、猴欢喜；胡桃科有黄杞；蔷薇科有光叶石楠、桃木石楠、椤木石楠、江南楸；木兰科有深山含笑等；桑科有榕树等。

落叶阔叶树种，主要有金缕梅科的枫香，野茉莉科的拟赤杨，玄参科的油桐、泡桐，壳斗科的板栗等。

（二）珍稀树种

旧县国家级保护植物有水杉、红豆杉、杜仲、半荷枫、天竺桂、青檀等。省级重点保护植物有江南油杉、罗汉松、樟树等。

竹类主要有毛竹、麻竹、苦竹、单竹、石竹、金竹、观音竹等。

（三）林种结构

2017年，旧县镇防护林5694.34公顷，用材林6566.58公顷，薪炭林7.84公顷，灌木林78.67公顷，竹林1255.91公顷，经济林75.77公顷，杉木树种组446.94公顷，马尾松树种组844.95公顷，硬阔叶林树种组2557.65公顷，桉树0.21公顷。

2017 年旧县镇森林资源分布情况表

表 8-2

村 别	有林地（公顷）	森林覆盖率（%）	活立木蓄积量（万立方米）	村 别	有林地（公顷）	森林覆盖率（%）	活立木蓄积量（万立方米）
新坊	1065	87.78	7.23	铁场	396	65.73	1.48
石院	966	83.57	7.86	石圳	1023	79.14	3.15
扁山	788	89.06	2.73	梅溪	453	56.05	1.46
福村	796	95.12	4.02	水东	1157	88.99	5.4
河东	844	81.14	7.71	谷坑	564	80.12	1.29
龙溪	423	80.82	3.83	迳美	487	50.44	1.33
全坊	127	55.32	0.67	新康	253	90.53	1.43
坝上	1310	86.86	8.57	角龙	257	77.09	1.32
河西	777	77.06	5.79	铁东	1053	91.56	10.36
尧埔	174	66.82	1.3	兰田	263	83.83	1.07

说明：表中数字由旧县林业站提供

第二节 山林权属

民国时期，基本没有公有山林，大部分是私有林地。

中华人民共和国成立后，土地改革时期实行山林分配。对没收和征收的山林，除归国有外，便于以户经营的分给农户个体经营，不便于个体户经营的归乡、村集体所有，并进行山林登记，1951 年颁发土地证。

1956 年，农业合作社成立后，农民个体经营的山林大多数折价归集体所有。“文化大革命”期间私人竹木被当作“资本主义尾巴”割掉，山林全部收归集体所有。

1981 年开始，实行林业“三定”（落实山林权，划定自留山、责任山，确定林业生产责任制）改革。自留山限期造林绿化，山权归集体、林权归个人所有。

1984 年，全面推行“谁种谁有，合种共有”的林业生产责任制。同年出现租赁山场新型林业生产经营模式。1994 年，落实集体山林经营管理责任制。通过林业“三定”和落实集体山林管理责任制，使林农生产积极性进一步调动。

2005年，林业经营政策在1994年落实集体山林责任制基础上加以完善，使林农更为放心。

至2017年，旧县镇有国有林90.51公顷，集体林13104.01公顷。

第三节 造林 育林

中华人民共和国成立前，旧县未有计划地组织植树造林，森林大多是处于自然生长状态。

中华人民共和国成立后，人民政府将林业纳入国民经济计划，贯彻“以营林为基础，普遍护林，大力造林，永续利用”方针，促进林业发展。1958年，全社种植板栗300亩。但由于1958年“大跃进”，搞全民“大炼钢铁”，砍树烧炭，森林遭受严重创伤。70年代，虽进行飞机播种和全民大面积植树造林，但由于到80年代初中期乱砍滥伐现象严重，森林再次受到严重破坏。1980年开始，政府重视林业生产，实行统一规划、统一管理，逐年发动群众植树造林，科学护林，并实行林业“三定”，调动群众林业生产积极性，造林育林形势出现转机。1977年，旧县公社在箭滩兴办“三八”林场，面积200多公顷，林场木材蓄积量3万立方米。

1988年，贯彻福建省委、省政府实施“三五七”（三年消灭宜林荒山、五年绿化、七年成林）造林绿化工程号召，旧县林业站在县林业部门以及镇政府支持下，依靠科学技术，培育成活率达98%的马尾松，为营造速生丰产林和完成“三五七”绿化造林工程提供了优质种苗。

2017年年底，全镇人工造林面积3244.19公顷，全镇山林面积12930.44公顷。

一、植树造林

（一）苗木繁育

1973年，旧县开始有苗木繁育，当年育苗32.5亩。1974—1990年，共育苗284.82亩。1992—2017年，育苗140.2亩。

（二）飞机播种造林

1974年春，上级组织飞机播种造林，旧县为播种区之一。

（三）人工突击造林

1955年，响应党中央“绿化祖国”号召，开始在荒山植树造林，但因造林质量较差，树苗成活率低。

1977年，旧县公社集中全社劳力，自带工具、饭包，分箭滩和石圳与梅溪交界的卷龙艮两处，进行大规模人工造林。种植杉木和马尾松。卷龙艮上一处由于后期管理未跟上，成活率较差；而箭滩一处由于当即成立“三八”林场，落实了管理人员和措施，并在后几年进行补植和继续扩种，成效显著，面积由当时200多公顷发展到后来的760多公顷，被人们誉为旧县的“绿色金库”。

1990—1992年，乡党委、政府多措并举，发动全乡人民植树造林，2年完成造林2万亩，一举消灭荒山，实现三年消灭荒山任务两年完成。1995年，顺利通过省和地区“三五七”造林绿化达标验收。

2000年和2011年，旧县乡分别完成人工造林12.86公顷和446.93公顷。同时着力加强生态林建设，完成“二沿一环”重点区位绿化造林、火烧边地更新造林，实施绿色村庄非规划林。2012年，在龙溪村种植香樟树1800多株。2017年，旧县镇完成植树造林1192.1公顷。

二、育　林

（一）幼林抚育

1982年，旧县乡幼林抚育7612亩，由林场和各村实施。

2000年后，幼林抚育由农户自行决定，有的实行全封山，有的实行半封山，也有的轮流封山或间伐。2002年，全乡幼林抚育118公顷。2011年，全乡幼林抚育314.67公顷。2017年，全乡幼林抚育1047.06公顷。

（二）竹林垦复

20世纪八九十年代后，竹林主要分布在新坊、扁山、福村、铁东等行政村。旧县乡政府重视林业发展，长期支持村民对竹林进行垦复。1999年，新建丰产经济竹林133.3公顷。2000年，完成毛竹垦复333.3公顷。2012年，在福村、扁山、新坊等村垦复竹山420公顷。

（三）封山育林

中华人民共和国成立以前，由于木材业和造纸业的发展，民间有自发封山育林行为，制定一些村规民约，制止乱砍竹木、乱挖春笋等行为。

中华人民共和国成立后，封山育林力度加大。20世纪50年代起，各乡、村（大队）配备林业员，专司宣传保护山林，查处乱砍滥伐行为之职。80年代，乡成立林业保安队，监控山林安全，一经发现乱砍滥伐竹木和非法进行木材交易，即由保安队前往进行查处。1982年，封山育林面积5337.8公顷。

1991年，按照上杭县部署，开展“封山育林年”活动，推广“改燃节柴、改灶节柴”，开展禁止上山“乱采脂、乱打枝、乱砍滥伐”专项治理活动。2013年，实施重点生态区域封山育林1393.3公顷。2017年，全镇封山育林4355.8公顷。

1973—2017 年若干年份旧县镇营林生产情况表

表 8-3

年份	当年造林面积（亩）	迹地面积（亩）	封山育林面积（亩）	零星植树（万株）	年末育苗面积（亩）	幼林抚育面积（亩）	成林抚育面积（亩）
1973	1698	50	—	2.211	32.5	384	—
1976	2933	—	—	2.45	17	3533	—
1977	1990	—	—	1	11.83	3472	—
1978	766	—	—	—	22.88	3587	—
1979	1848	—	—	—	34.67	2570	—
1980	2088	—	—	1	38	3675	—
1981	2055	—	—	2.1	15.6	2823	—
1982	6784	415	80067	0.967	20	7612	924
1983	1565	80	—	3	12	1132	—
1984	1905	50	4819	4.1	9.5	2350	50
1985	1291	641	15000	2.02	—	454	—
1986	1806	—	14335	8000	2	1332	—
1987	1670	302	—	1.55	2	2843	0
1988	2728	202	—	3.5	17.1	5821	—
1989	10201	244	—	8.8	72.84	499	—
1990	6058	150	60000	6	9.4	150	1042
1991	—	—	—	—	—	—	—
1992	—	545	100000	5.7	3.2	15913	3000
1993	—	—	100000	4	—	—	—
1994	—	—	60600	3	1	1000	—
1995	—	—	—	—	—	—	—
1996	160	—	61600	—	—	160	—
1997	380	—	56384	4	—	—	—
1998	364	324	56384	4	—	1485	300
1999	933	210	89093	6	—	1565	800
2000	193	—	—	—	—	—	—

续表8-3

年份	当年造林面积（亩）	迹地面积（亩）	封山育林面积（亩）	零星植树（万株）	年末育苗面积（亩）	幼林抚育面积（亩）	成林抚育面积（亩）
2001	316	—	—	—	—	—	—
2002	107	—	73545	3	—	1770	—
2003	—	—	867	—	—	—	
2004	804	189	3608	1	—	2500	—
2005	—	1320	4000	5	—	3000	500
2006	30	—	—	—	—	—	—
2007	3405	1894	—	—	—	—	—
2008	500	79	2327	—	—	3394	7530
2009	72	72	—	—	—	—	—
2010	73	38	—	0.175	5	—	—
2011	924	5162	48900	1.8	2	4720	—
2012	1844	—	—	4.88	3	1312	—
2013	—	300	5600	—	—	—	—
2014	1706	462	3506	—	—	—	—
2015	163	1202	47739	12	29	10493	13956
2016	17882	2238	65337	12	26	10496	13958
2017	11254	559	65337	9.9	71	15706	17259

说明：以上数据来源于历年上杭县统计年鉴

第四节　森林保护

一、依法治林

民国以前，乡间有村规民约保护山林资源。但因法制不健全，破坏山林者得不到应有法律惩处，故盗伐林木、破坏山林资源事件屡禁不止。

中华人民共和国成立后，政府不断强化林业法制。1985 年后，宣传贯彻《中华人民共和国森林法》及其实施条例等法律法规，加强林业治安管理，查处破坏森林资源的违法犯罪行为。各大队（村）专门设有护林员，经常上山巡查，保护山林资源不受破坏。

同时，旧县乡还成立林业保安队，专职监控林业资源安全，处理损害林业资源的不法行为。通过标示牌宣传，与各村（大队）签订护林防火公约。民间还制订村规民约，发现破坏林业资源行为，情节轻者采取逐户向群众散发豆腐并检讨错误的办法惩处，重者诉诸上级政府或司法机关处理。中华人民共和国成立后，旧县境内曾发生几起因麻痹大意引发山林火灾或乱砍滥伐林木而被追究刑事责任、党员被开除党籍的事件。

二、森林防火

森林防火是林业生产一项重要措施。中华人民共和国成立前，山林归私人所有，没有制定防火条令，没有专门护林防火组织，发生火灾由山场主自主找人上山灭火。

2015 年 4 月 17 日，旧县镇召开森林防火工作会议（旧县镇政府供图）

中华人民共和国成立后，政府重视森林火灾预防工作。大小会上大力强调宣传、到处书写入山用火安全提醒标语，向各农户散发宣传资料，订立护林防火公约。20 世纪 80 年代中期，乡政府每年都与各村委会主任订护林防火责任状，落实各种护林防火措施。1988 年后，贯彻执行国务院《森林防火条例》和《福建省森林防火实施办法》，加强森林防火宣传教育，发动群众制定村规民约，严格野外用火管理，制止违章用火，消除火灾隐患。1992 年，旧县成立护林防火组织，各村成立护林委员会，下设护林防火小组。

1993 年，贯彻省人民政府《山林保护暂行办法》，全乡广泛开展护林防火宣传，张贴防火告示。

2017 年，林业站有护林员 20 人。每天分片进行森林巡查，以及时消除山林火灾隐患和第一时间扑救山林火灾。

三、森林病虫害防治

中华人民共和国成立前，境内山林处于自然消长状态，各种林木交相繁殖，真菌虫类相生相克，森林病虫害较少发生。

中华人民共和国成立后，部分山场林木种类比较单一，发生病虫害概率比较少。

1990 年，旧县松树林发现较严重的松毛虫虫害，危害对象主要是马尾松，虫害发生后林业部门采取措施将其扑灭。2003 年，村村设科普阅览室和科技宣传栏，传递林业病虫害防治知识。2004 年，境内松树林区发生严重病虫害，林业站及时组织科技力量施药扑杀，有效减少了林木损失。2015 年，对危害面积达 300 余亩林区病虫害喷施白僵菌 2400 千克进行防治。

第五节　林产品开发

一、木　竹

1955 年，旧县供销社开始收购毛竹，当年收 1.3 万支，1964 年收 1.6 万支。1965 年，每吨毛竹奖布票 0.66 米；1966 年，每吨毛竹增加奖售原粮 12.5 千克。1987 年，收购毛竹 2.6 万支、蒿竹 1.2 万支。1993 年收 2.6 万支。1995 年后，未再收购毛竹。

二、松　脂

旧县镇松木资源丰富，20 世纪 50 年代开始，就有农户到山上采割松香。同一时期开始，境内设立松香收购站收购松香。60 年代，境内大多数村都有人从事收割松香。全境年收购量在 120—400 吨之间。进入新世纪后，松脂收购站收购业务萎缩，由一些个体户取代。2005 年，收购 413 吨；2011 年，收购 4 吨。

三、油　茶

旧县油茶栽培历史悠久，1982 年，全公社年产油茶籽 0.6 吨，1983 年，年产油茶籽 1.3 吨。后由于缺乏管理，产量很不稳定。

四、油　桐

旧县种植油桐较普遍，除专人种植外，在房前屋后、路边渠旁都有种植。1973 年，产油桐籽 2.95 吨；1981 年，产 13.45 吨；1992 年，产 33 吨；2001 年，产 103 吨。

五、红　菇

旧县镇大部分村都有林区生长着菌类植物红菇，品质好。每年夏季秋初为红菇的生长季节。每年红菇产量 800 千克左右。

若干年份旧县镇部分林产品产量情况表

表 8-4　单位：吨

年份	油桐籽	油茶籽	棕片	松脂	笋干	板栗	紫胶	山仓子	黑木耳	香菇
1973	2.95	2.65	1.4	41	—	—	—	—	—	—
1976	9.55	—	1.45	264.45	—	—	—	—	—	0.4
1977	8	—	0.99	267.7	—	—	—	—	—	0.015

续表8-4

年份	油桐籽	油茶籽	棕片	松脂	笋干	板栗	紫胶	山仓子	黑木耳	香菇
1978	0.35	—	1.25	122	—	—	—	—	—	—
1979	5.35	—	0.8	222.05	—	0.1	—	—	—	—
1980	13.55	—	0.6	239	—	—	—	—	—	—
1981	13.45	—	3	196.04	—	—	—	—	—	—
1982	5.68	0.6	0.6	180	—	—	—	1.5	—	—
1983	27	1.3	5	211.6	5	—	—	—	—	—
1984	35	0.55	6	191.35	—	—	7	—	—	4.5
1985	1.75	0.55	0.3	192	—	—	0.35	0.1	—	0.225
1986	8.9	—	—	184.5	—	0.7	1.8	5.1	1.3	—
1988	19	—	—	240	—	1	—	3	1	2
1989	13	1	—	225	—	1	—	—	1	2
1990	20	2	1	217	1	1	1	—	—	—
1992	33	—	1	151	—	2	—	—	—	—
1993	33	—	2	144	1	3	—	—	—	—
1994	39	4	2	122		3	2	1	—	—
1996	42	5	2	230	—	3	2	1	—	—
1997	43	9	2	258		6	—	—	—	—
1998	54	10	2	261	2	6	—	—	—	—
1999	99	6	2	275	2	9	—	1	—	—
2000	102	6	2	280	2	13	—	1	—	76
2001	103	7	3	283	3	14	—	1	—	—
2002	120	8	4	305	3	16	1	—	—	—
2004	149	9	4	340	7	19	—	—	—	3
2005	149	5	2	413	15	18	—	—	—	—
2007	—	—	—	350	—	—	—	—	—	—
2008	60	2	—	350	1	1	—	—	—	27
2011	51	—	5	4	2	—	—	—	—	85
2015	48	—	—	6	5	3	—	—	—	30
2016	49	—	—	6	4	3	—	—	2	17
2017	44	—	—	12	1	4	—	—	1	21

2001—2017 年旧县镇林业总产值择年情况表

表 8-5　　　　单位：万元

年份	当年值	不变值	年份	当年值	不变值
2001	235	152	2008	1187	1030
2002	266	170	2014	1738	1686
2004	776	329	2015	2556	2356
2005	841	328	2016	2501	2590
2006	1058	345	2017	2423	2464
2007	1030.47	391.32	—	—	—

第六节　管理机构

1956年4月，县在才溪、蓝稔、来苏始设林业工作站，旧县林业属才溪林业工作站管辖。1961年3月，旧县设林业工作站，职工数2人，是县林业局派出机构。至2017年，旧县林业站四块牌子（林业站、旧县野生动物保护管理站、旧县林业技术推广站、镇绿化、森林防火办公室）一套班子，“四位一体”，受县林业局和旧县镇党委镇政府双重领导。

2017年年底，林业站有管理人员5人、护林员20人。

旧县镇林业站历任主要负责人情况表

表8-6

姓　名	职　务	任职时间
甘天明	负责人	1984年前
李国椿	站　长	1984—1986年
邓礼洪	站　长	1986—1987年
曹光明	站　长	1987—1989年
李福城	站　长	1989—1992年
王华珍	副站长	1992—1993年
李福城	站　长	1993—1997年
王家福	副站长	1997—1998年
范文功	站　长	1998—2006年
王家福	站　长	2006—2009年
赖桂清	站　长	2009—2012年
王县真	副站长	2012—2014年
邹政生	站　长	2014—2017年

第九章 镇村建设

北宋咸平二年（999 年），语口市成为上杭县治驻地，于是建衙署、设驿站、筑街道，语口逐渐繁荣。南宋嘉定六年（1213 年），开通朋口—旧县—峰市航道，旧县成为水上交通要地，筑 3 处码头，并建仓库、开商铺、设旅馆，旧县成为上杭北部重要集市。但由于历史局限，旧县从宋至民国，集镇建设少有作为，路、桥、防洪堤坝等都任由自然发展。

中华人民共和国成立后，旧县集镇建设逐渐加快，开通集镇公路，建旧县大桥、集镇广场并建演讲台。改革开放后，随着经济实力增强，集镇面貌变化更大建设更快。乡政府从原土木结构二层楼房改成砖混结构的四层楼房。1995 年，为适应旧县经济发展，对集镇进行大刀阔斧改造，扩建并贯通朱吉街与排子上路街，在朱吉街建个体商店、卫生院、宣传文化中心、三农综合服务中心、邮政支局、电信支局；在排子上路街建农商银行、税务分局，并与镇政府、中心小学、公安派出所、农技站、林业站等多个镇直单位建筑及商贸楼、酒楼等建筑组成旧县集市。

进入 21 世纪，旧县镇、村面貌得到深度发展，镇政府和一批镇直单位得到扩建完善，市容市貌更加整洁完美；给排水设施得到完善，修筑集镇沿河两岸和部分村溪河两岸防洪堤；集镇和各村路灯照明实现全覆盖；村村通公路、自来水，规范垃圾处理。2017 年，几乎全民住上砖混结构新房子，10 个村建成农民公园，新坊村、水东村、兰田村被评为“美丽乡村建设”示范村。

第一节 集镇建设

一、基础设施

（一）街 道

旧县集镇街道从宋初的“坎头街”，迁徙到“老圩坊”，又到“棋盘形”街，均以河卵石铺街面与两旁店铺共同构成集市、街道。中华人民共和国成立后，政府将“棋盘形街”进行改造。于“棋盘形街”中心部位，建圩架子，宽 10 米，长 45 米，使做买卖群众免受雨淋日晒之苦。1973 年 6 月 1 日洪灾后，旧县集镇重心移到旧县车站附近，圩场设在旧县供销社门口。因离 205 国道太近，圩天群众占道为市比较严重，妨碍 205 国道交通畅通；又因财政资金困难等问题，造成街道建设比较滞后。针对这些问题，1995 年后，乡政府对旧县集市进行迁徙，将珠吉街向东、西两端延伸 200 米；沿街建卫生院、文化中心、老人活动中心、农技站、邮电支局等公共建筑。同时，建排子上路街，将 205 国道集镇段路沟改为暗沟，并建花圃。从花圃向外侧拓宽 40 米，建农商银行、商铺、酒楼等，并将两条主街形成总长 800 米、宽 18—20 米的水泥硬化街面。

（二）市场建设

1. 农贸市场建设

旧县农贸市场，从宋初的坎头街到老圩街再到棋盘形街，均为泥巴街面、石砌街面。

中华人民共和国成立后，在棋盘形街中心部位建起砖柱抬梁式木构架圩架子，宽 10 米、长 45 米。1973 年 6 月 1 日特大洪灾，棋盘形街农贸市场被毁。1974 年，旧县供销社等单位迁到大冈尾附近后，农贸市场迁到河西村大冈尾，建成砖柱抬梁式木构架圩架子，长 45 米宽 15 米，旁侧还有一个大坪，其面积 3 倍于圩架子。由于此地不近公路，群众不习惯，仍在公路两旁占路为市。后圩场又迁到供销社门口。但此地离公路太近，赶圩群众又容易集中到公路上摆摊设点，影响交通。1990 年，经乡党代会、人代会决定，将农贸市场迁徙至珠吉街语口渡桥以东至原棋盘形老街演讲台，征用农田重建。至 1994 年基本建成，此年建县千年庆典时列入县庆典活动项目之一剪彩开张。

进入 21 世纪后，旧县农贸市场继续进行改造提升，辟珠吉街自宣传文化中心大楼，沿江滨路至语口渡桥段，长 300 米，西端宽 30 米、东端宽 45 米，总面积 10500 平方米为农贸市场，分禽畜、鲜肉、鱼类、蔬菜、水果、鞋帽、日杂、农产品干货等摊位区域。

2. 商家店铺建设

旧县商家店铺自宋历元、明、清至民国，从坎头街至老圩街再到棋盘街，几经水圮，几度沧桑。

民国初期，福村、扁山、新坊、石院和白砂的早康、碧沙等村盛产土纸，每逢圩日土纸运至龙溪村小溪口，再经水路运至潮汕地区。于是以“百昌号”为首的商家在旧县河东岸小溪口建起 30 多家以纸业为主的店铺，旧县河西岸棋盘形街也有 10 多家商铺。至民国 19 年（1930 年）遭受“庚午洪灾”，小溪口商铺只剩 3 家，其余各家迁至棋盘形街重建。新中国成立后，棋盘街已有近 40 家各类商铺。后经“公私合营”兼并，群众入股参加供销合作社等运动，私人商铺大幅减少，到 20 世纪 60 年代，除几家缝衣、打铁等手工业店外，棉百、副食、餐饮、粮油等个体私营商店已全部消失。其时，旧县供销社在棋盘形街建起各类门市部，1973 年 6 月 1 日特大洪灾，各家商店又成一片废墟。1974 年，旧县供销社在河西大冈尾下建起各类门市部和农资仓库。改革开放后，各类私家商店又逐步出现。1990 年，经乡党代会、人代会决定，重新规划旧县集镇市场建设，对旧县各类个体私营商店建设，重新进行规划布局。到 1995 年，已扩建珠吉街、新建排子上路街和全坊沿河路。2017 年，在这三条街开设各类店铺商家 200 多家。

二、公共建筑

（一）镇政府大院

民国时期，旧县隶属上杭县新乡乡，乡公所设于全坊村。

中华人民共和国成立后，旧县隶属上杭县第八区，区公所先后设立于妫芳祠、小溪口、老圩坊及没收为公有的全坊谢友标住宅等地。之后在小溪口新建一栋二层土木结构办公用房。

1973年6月1日洪灾后，1974年，旧县人民公社机关迁至河西乌石冈，其时建二层办公大楼1座，会议楼、宿舍楼各1座，职工宿舍及厨膳设施，均为土木结构。1991年在办公大楼左、右两侧又建1000多平方米三层砖混结构的政府部门办公楼及干部、职工宿舍。1998年，土木结构的各楼被鉴定为危房，经报县人民政府批准，于5月拆除重建。该楼由上杭建筑设计院设计，上杭金辉建筑工程有限公司承建，建筑面积1710平方米，楼内设会议室1间、办公室10间、接待室2间、干部职工宿舍27间、卫生洗手间4间。之后续建财政所、国土资源所、卫生和计划生育服务中心及健身房、球场、车库等。总占地面积6338平方米，建筑面积4558平方米。

（二）旧县中学

旧县中学前身是旧县农业中学，创办于1958年。几经迁徙，均利用旧民房或旧县小学部分校舍办校。1968年秋，在旧县小学校舍内设才溪中学红岩（旧县）分班。同年，旧县农业中学迁至河西下湖洲围屋里利用旧民房再建一些教室及部分教师宿舍，总占地面积6000多平方米。1969年，旧县农业中学与才溪中学旧县分班合并而成为旧县中学。1978年3月，旧县中学迁建于龙溪村境内茶子冈（龙岗路29号），占地面积45668平方米。

（三）旧县中心小学

旧县中心小学前身为育德小学，系民国7年（1918年），民国政府将福清庵改建而成。中华人民共和国成立后改名为旧县小学。1973年6月1日特大洪灾后，旧县小学迁至河西山下新建。1986年，又迁回原址重建，占地面积15668平方米。

（四）旧县中心幼儿园

旧县中心幼儿园创办于1987年6月，园址在旧县中心小学左侧，占地面积2975平方米，建筑面积1975平方米。

（五）旧县卫生院

旧县卫生院原址在旧县老市场棋盘街东南侧一家民房里。20世纪60年代中迁建于河西村铁屎坪。后又迁建至国道205线2447千米处富仁坑（地名）。1987年，在珠吉街建门诊部。1992年，全院迁至珠吉街重建。占地面积2500平方米，建筑面积3300平方米。

（六）农商银行

农商银行前身为信用社，1973年6月1日特大洪灾后与旧县农行营业所联合迁建于河西村大冈尾上（邮电所隔壁）。1998 年，迁建于排子上路 10 号，占地面积 355 平方米，建筑面积 633 平方米。

（七）农业技术推广站　宣传文化中心　三农综合服务中心　老年活动中心

4 个单位在同一栋楼，于 1998 年建于珠吉街 266-268 号，占地面积 312.5 平方米，建筑面积 800 平方米。

（八）邮政支局　电信支局

此两单位前身为旧县邮电所，1973 年 6 月 1 日洪灾后从原棋盘形街迁至河西村大冈尾上重建。两层楼房，占地 115 平方米。1997 年，迁建于珠吉街 262 号，占地 437 平方米，建筑面积 800 平方米。

（九）林业站

1975 年建于河西村牛尾岭上，后改建、扩建于排子上路 111 号，占地面积 740 平方米，建筑面积 280 平方米。

（十）公安派出所

原设于镇政府大院，于 2015 年迁建于全坊新村沿河路 130 号，占地面积 630 平方米，建筑面积 800 平方米。

（十一）农机站

1998 年建于排子上路 19-1 号，占地面积 72 平方米，建筑面积 144 平方米。

（十二）畜牧兽医水产站（动物卫生监督、动物检疫申报）

1998 年建于排子上路 69 号，占地面积 72 平方米，建筑面积 216 平方米。

（十三）烟草站

1998 年建于排子上路 65 号，占地面积 350 平方米，建筑面积 700 平方米。

（十四）粮　站

现已更名为上杭县杭川粮食购销有限责任公司旧县购销站。1980 年从铁屎坪迁建于河西大冈尾上。原占地面积 592.6 平方米门市部，2000 年出租给阳光幼儿园；现购销站办公场所系由原旧县粮站时的仓库和职工宿舍改建，占地面积 1088 平方米，建筑面积 1182 平方米。

（十五）供销社

1962 年，在棋盘形街南片建百货楼一幢，另还有农资门市部、饭店等房产。1973 年遭水灾后整体迁建于 205 国道旁，建各类门市部、仓库等。改革开放后，供销社业务萎缩，所占地皮一部分由乡政府收回，另一部分在 205 国道改造时征用。2017 年，供销社保留占地面积 220 平方米，建筑面积 430 平方米房产。

（十六）供电所

2015 年，建于沿河路 132 号全坊新村，占地面积 470 平方米，建筑面积 596 平方米。

（十七）税务分局

1997 年，建于排子上路 191-192 号，占地面积 273 平方米，建筑面积 594 平方米。

（十八）养老院

建于桅杆路 8 号，占地面积 3115 平方米，建筑面积 1383 平方米。

（十九）汽车站

1978 年，建于河西大冈尾脚下，205 国道北侧。除有砖混结构二层楼房一幢外，还有停车坪。共有建筑面积 250 平方米，占地面积 500 平方米。新世纪后迁建于排子上路街 9 号。

三、给排水　防洪

（一）给　水

旧时，旧县居民都是用水桶从旧县河或泉水井里担水饮用。

20 世纪 60 年代中期，旧县小学打井取水；其他学校、机关单位也陆续打井取水或从山上引水。1997 年以后，通过改建集镇街道，实施“人饮工程”，饮用水逐步实现由铺设管网提供自来水。

2015 年，总投资 2600 多万元，完成全镇集中供水工程，供应集镇及沿河线 14 个村 2 万多人安全饮水。

（二）排　水

20 世纪 70 年代以前，集镇市场面积小、商户少，生活废水大都由地面明沟向低处排放。1980 年以后，随着集镇面积扩大、人口增加，逐步改用暗沟排水。1997 年，通过集镇街道改造，各条街道都改为管网排水设施。

（三）防　洪

旧县河是山区性河流，在给旧县人提供用水、灌溉、航运、电力的同时，有时也因洪水泛滥带来灾难。从 1990 年始，对旧县河境内河岸低洼处，按轻重缓急规划建筑防洪堤堰。1998 年，旧县防洪堤堰纳入县“一江两河”防洪堤建设规划，旧县集镇段防洪堤在 1997 年开工建设基础上结合“江滨大道”施工，继续进行东与河西村、旧县中心小学防洪堤衔接，西与 205 国道衔接的防洪堤工程建设，完成 700 米。到 2015 年，集镇防洪堤完成总投资 2400 万元。2017 年，集镇周边沿河两岸共已修筑防洪堤 2. 716 公里。

四、供电照明

旧时，旧县普通人家以松明子、竹篾、富裕人家用蜡烛照明；有煤油后用煤油灯照明；出行以马灯照明。

1966 年，九曲水电站建成发电，功率 50 千瓦，只能供公社机关、社直社办单位及旧县中心小学等照明，白天送电至旧县粮食加工厂为群众碾米。1970 年冬，池溪电站建成送电，初时为公社机关、学校、集镇及周边 8 个村送电照明。后来逐步扩大送电范围。

1984年与矶头电站并网后，实现全乡通电并提高供电质量。1992年，尧埔变电站建成，旧县全乡电网经二次改造和亮化工程建成，居民用电得到充分满足。2015年，集镇和各村人居集中地，均已安装高架路灯。

2017年，旧县镇用电量1870万千瓦/小时，位居全县第四位。

五、园林　广场

1997年开始，乡政府规划兴建投资2400万元的江滨公园，公园包括筑“江滨路”和修“休闲漫步道”，全长500米，填土方1.5万立方米，将原12米宽的江滨路拓宽至40米。1998年工程过半，当年被龙岩市评为小城镇规划建设先进乡，并荣获创建文明集镇竞赛活动三等奖。1999年，完成包括绿化、花圃、凉亭2座，全程铺透水砖的全部工程任务。2017年，集镇绿化面积6200平方米，占集镇面积的三分之一，位居全市前列，并安装健身器材。

江滨公园（旧县镇政府供图）

公园漫步道（旧县镇政府供图）

六、环境　卫生

1950年以前，旧县集镇环境卫生是由集镇商家店铺各自打扫门前地段。1952年以后由于集镇面积扩大，公共场所卫生改为在每个圩天的次日由“市管会”聘用零工打扫。此后，随着集镇面积不断扩大，环卫工人也不断增加。为使环境卫生管理机制规范化、常态化，1998年在集镇建水冲式公厕一所；2008年，乡政府对集镇区域环境卫生工作采取承包制，由承包者雇聘工人7人，并购置环卫车，负责集镇范围环境卫生工作。2009年，在九曲峡建成集镇及周边各村共同使用的垃圾处理场及焚烧炉。2016年，在集镇再建水冲式公厕一所，在铁场村境内建垃圾中转站。

第二节　乡村建设

一、公共设施

（一）村　部

民国时期的“保”，未建有专门办公场所。

中华人民共和国成立后至1994年，各大队利用土改时没收的地主富农富余住房或祠堂、宫庙、学校及其他公共建筑作为村一级办公场所，个别村依靠群众投工投劳建成简易的大队部或村部。

1995年，上杭县委组织部对新建村部给予1万元补助。2010年，补助提升至3万元。到2016年，全镇20个行政村均建成村部，并配套有群众健身场所和器材，有10个村建成“农民公园”。

（二）学　校

清道光年间，铁场渡头村建有专门的学堂——梧冈馆。道光二十三年（1843年），利用福清寺（又叫福仙庵）创办私塾。咸丰八年（1858年），全坊村利用民房办私塾。民国7年（1918年），利用福清寺创办育德高级小学。

中华人民共和国成立后，各村相继办起全日制初级小学、教学班，大村办起完小。1958年后，各大队纷纷依靠群众投工投劳兴建土木结构校舍。90年代后通过“六项督导”促进，以“农村最美的建筑是学校”理念改造学校校舍，使各校校舍面貌发生巨大变化。

（三）道路　渡口

1. 道　路

民国25年（1936年）8月，建成连城新泉经旧县至上杭城的公路。但由于公路质量差，公路交通有名无实。中华人民共和国成立后，1951年，修复新泉经旧县至上杭城公路；1969年，开通旧县至矶头公路；1987年，开通旧县至白砂公路。此后，先后开通各村连接国省道公路，并铺设水泥路面；各渡口兴建公路桥梁，水运历史结束。1997年，实现村村通公路。至2017年，旧县有205国道贯穿全境，永武高速公路途经旧县，旧县至白砂公路已从四级升为三级，旧县至矶头公路连接上杭与连城，乡村公路有135条，绝大多数自然村也已通车，且路面全部已硬化。

2. 渡　口

境内有11处渡口：新康、坝上、澜回、语口、全坊、兰田、铁东、石圳、水东、梅溪和金山脚下。到2017年，除澜回渡口外，其他渡口皆建成大桥，另还建成矶笼大桥（梅溪、石圳、旧县3个渡口分别有2座大桥），新建其他中、小型桥梁34座。旧县河上两岸往来基本摆脱依靠摆渡过河的状况。

二、民　居

（一）传统民居

1. 上下厅配横屋

宋、元、明、清、民国时期，民居多是客家传统的土木结构，青瓦屋顶上下厅配横屋模式，少数“柱柱落地”纯杉木结构。上厅由厅面、天子屏、左右大屋间组成；下厅由厅面、左右厢房、斗室、回廊组成；上厅左右大屋间与下厅厢房之间空出0.8—1米空间作为通向左右横屋巷道；上厅比下厅高 0.16—0.18 米。下厅正中设大门，门外为庭院，庭院周边筑围墙；适当位置筑重门（外大门）。左右横屋墙面与下厅开大门向墙面成一直线，屋面与正厅持平或略低。横屋结构与厅堂结构相仿，即侧厅加 2 间侧室成一个小系统，如此 4 个小系统与上下正厅配成一个大系统。横屋与上下厅连通回廊，隔开天井。此类房屋一般正厅宽敞、明亮，侧厅次之。

2. 三进厅配横屋

三进厅配横屋结构基本与上下厅配横屋结构相似；三进即 3 个正厅，并使 3 个正厅连通，再配以横屋。横屋一般左、右各 1 列，也有 2 列的，即三进二列。

3. 围　屋

围屋结构是上下厅横屋的后龙位置，即正后方筑花栏坎，花栏坎比厅堂高 0.8—1 米。往后逐步升高，在距上厅后背 3—5 米处建半圆形建筑，与上下厅横屋、内坪、围墙、外大门（重门）构成一整体。有的还在房前建有半圆形池塘名曰月池。

附：古代典型建筑

敦和堂　敦和堂是陈廷超于清雍正年间（1723—1735 年）所建。坐落于河西村桅杆路，是旧县境内保存较好的古建筑之一。

敦和堂坐东北朝西南，原有五进五列，规模宏大。门前矗立一对文武石桅杆，所以人称“桅杆屋”。占地面积 26000 平方米，建筑面积 11000 平方米。整体砖木结构，正厅厅堂属抬梁穿斗式木构架。屋宇、厅堂、天井、回廊、巷道布局合理；迂回曲折、错落有致、宜居实用；门庐威严、庭院舒畅；雕梁画栋、飞檐翘角、美观大方，尽显客家风格及特色，俗称“九厅十八井，穿心走马楼”。由于遭太平军焚烧和时间侵蚀，此房大部分已无存，仅留主体大门、厅堂和部分横屋。

河东村大夫第（旧县镇政府供图）

大夫第　大夫第是河东陈振龄建造的客家式古典民居。坐落于河东寨里路 6 号，于清光绪二年（1876 年）建成，占地面积 3500 平方米，坐东南向西北，三进、三列、内坪、外坪、围屋式结构；三合土地板，青砖墙，正厅厅堂屋顶属抬梁穿斗式木构架。

门前一对大石鼓，大门正上方以石雕刻“大夫第”三个大字。两旁雕刻龙凤、美观大方，重在体现出客家风格及特色。

（二）当代民居

1973年6月1日洪灾后，旧县河两岸居民，都往高处择地建房。1974—1990年，村民所建住房大部分为五直二层楼房加伸手子土木结构，房间门、窗均装气窗，气窗、窗门镶玻璃，使厅堂居室光线充足，通风良好。1991—1999年所建住房，由土木结构升级为砖木结构，门窗不装气窗。

进入21世纪，建房均为钢筋砖混结构，基础有浆砌毛石基础，也有钢筋混凝土基础。形式多、装饰各异逐步走向美观、大方发展。建筑面积从90平方米到380平方米不等。到2017年，全镇绝大部分村民均住入新房，人均居住60平方米以上。

（三）房地产开发

河东村陈材源既吸收现代建筑元素又保留客家传统风格的新住房（旧县镇政府供图）

20世纪90年代开始，旧县乡结合新圩场建设，将珠吉街等集镇附近空地规划出一部分出让给群众建设商住两用房，前后共建200多户。2011年，改造旧白公路，线路从原河西经旧县大桥至龙溪改为从下渡头建桥经全坊村通至龙溪。镇政府结合扶贫攻坚工作，从易地搬迁、危房改造等处立项，在全坊村旧白公路南侧规划出一块“造福工程”用地，计划总投资6400万元，2014年动工。到2016年，完成第一期工程，建70栋房屋。其中扶贫搬迁37户，危房改造21户，易地搬迁16户。另建公共建筑二所，归公安派出所和供电所使用。

（四）迳美整村搬迁

由于紫金山采矿需要，2017年紫金矿业集团委托旧县镇政府实施将迳美村整村搬迁至临城镇西陂村安置的整村搬迁工程。

安置工程由旧县镇村建站负责编制计划书和设计图纸，报县建设局审批、核准。嗣后，分期分批实施搬迁。

三、美丽乡村建设

1995年，旧县乡依据《福建省农村居民住宅建设管理办法》，并参照《中华人民共和国土地管理办法》《中华人民共和国城乡规划法》，结合本乡实际，经乡党代会、人代会批准，编制出台《旧县乡乡村建设规划方案》，并督导各村结合本村实际，做出具体可行的建设方案及新村规划。方案以科学发展、可持续发展、保护生态环境、突出环境特色为指导思想，以生态环境保护优先、协调发展、彰显特色为原则，致力于城乡一体化统筹发展和乡域镇村体系、乡域交通体系统筹发展，集农业、工业、公共服务、文化、旅游为一体实施。

进入21世纪，乡村建设日新月异，乡村容貌整洁完美，各项设施配套完善。

2016年，旧县镇把水东村列为第一期，石院村列为第二期，兰田村列为第三期，角龙村列为第四期，尧埔村列为第五期“美丽乡村建设”实施村。

2017年，以村民房前屋后环境整治、空心房整治、污水处理等为重点，大力推进美丽乡村建设整治项目。当年，旧县镇美丽乡村建设规划前四期已通过县级验收，水东村、石院村美丽乡村建设通过市级验收。

第三节　镇村建设管理

一、集镇建设规划编制与实施

1995年，旧县乡依据《中华人民共和国土地管理法》《中华人民共和国城乡规划法》《福建省农村居民住宅建设管理办法》等法规，结合旧县实际情况编制《旧县乡集镇建设总体规划方案》，并督导各村作出新村建设规划方案。方案以科学发展、可持续发展、城乡统筹发展、区域整体发展、保护生态环境、突出环境特色为指导思想，以生态与环境保护优先，协调发展、因地制宜、彰显特色为原则，致力城乡一体化统筹发展和乡域镇村体系、乡域交通体系统筹发展，集农业、工业、公共服务、商贸、旅游为一体。2016年12月16日，经乡人民代表大会讨论、审查、通过后报县人民政府批准。

二、建设用地管理

1949年以前，土地属私有制，用地由私人自由支配。1950—1969年，集体、私人建设用地较少，没有专门的管理制度，各方用地以不妨碍农业生产、无纠纷并经乡、区、公社审批同意即可。1970年后，征用农田，在征用单位与生产队协商同意后以3年产量计算补给所在生产队损失基础上，5亩以下由县审批，5亩以上由龙岩地区审批。1980年起，如经批准使用土地，按占用面积年产量3—5倍补偿被征用者损失。

民宅建筑不准使用农田，只用荒山杂地。1970年后，私人建房用地由个人申请、大队复查，报公社批准。1987年1月《中华人民共和国土地管理法》实施后，由个人填写建房用地申请表，经村民小组、村委会签署意见，如无异议，送乡政府土地管理站（简称土管站），由土管站派员到实地勘察绘图，了解群众意见，如无合理异议，报乡政府审核，上杭县政府审批。2000年始，根据《福建省实施〈中华人民共和国土地管理法〉办法》，农村居民每户建宅用地面积限额80—120平方米，但3口以下之家每户不得超过80平方米，6口以上的每户不得超过120平方米。利用荒坡地、村内空闲地建房或者对原旧宅进行翻建的，可以适当增加面积，但增加的面积不得超过 30 平方米，超过限额不予审批。

三、镇村规划管理

2011 年，旧县镇国土资源所根据《福建省农村居民住宅建设管理办法》（闽政办［2011］189 号）规定，制定《旧县镇镇村规划管理条例》。条例规定：集镇、集体、村民建设用地均须符合管理条例，集体、个人建房应当符合镇村总体规划和土地利用总体规划。属于历史文化传统村落及各类历史名建筑应加以保护。对各类建筑严格遵循“先规划、后建筑”原则。

村民个人建房要与土地利用总体规划相衔接，应当充分利用旧宅基地、空闲地和其他未利用土地，禁止占用耕地\生态公益林建住房。禁止在地质灾害危险区内建住宅。严格执行“一户一宅”制度，居民一户只能拥有一处住宅；居民将住宅出售或非法出售住宅后再申请宅基地的不予批准。严格控制建房面积，严格防止以分户名义多次申请住宅建设用地。

居民在原宅基地之外申请新建住宅的，应拆除原有住宅（列入县级以上文物保护的古民居、古建筑除外），拆除后的宅基地应进行场地清理、平整、重新规划后用于村庄绿化、停车场、村民小广场等项目规划使用。

四、规范建房审批流程

2011 年后，农村居民个人建房审批程序按照《福建省农村居民住宅建设管理办法》（闽政办［2011］189 号）执行，具体步骤：

（一）利用原宅基地（具有合法权属来源）改建

个人申请—村集体审议（公示）—乡镇审核（实地勘察、填表、绘图、批准）—发放建房许可证—验收监管—规划核实（竣工验收）—登记发证

（二）新建　扩建

个人申请—村集体审议（公示）—乡镇审核（实地勘察）—发放规划许可证—县国土资源局审批用地—领填《建设用地批准书》—验线放样—建设监管—规划核实（竣工验收）—登记发证。

五、违章建筑处罚

乡镇人民政府负责本行政区域内乡村违法建设处罚工作。违法建设处置部门或乡镇人民政府发现正在进行的违法建设行为，应当责令违法建设当事人停止建设，限期自行拆除；对不停止建设或逾期不拆除的，可以依法查封建设现场，并可以将违法建筑部分依法立即拆除。

未依法取得规划许可证或未按规划许可证规划进行建设的，由乡镇人民政府责令停止建设，限期改正；乡镇人民政府应当会同县执法当局等有关部门依法查处。

上述规定颁发后至 2017 年，旧县镇对 4 户违章违法建设户进行了处罚。

六、管理机构

（一）土地管理站

中华人民共和国成立后至 20 世纪 60 年代，由区（乡、公社）一名副职领导分管。1986 年，旧县乡设立土地管理站，对土地实行规划管理。

（二）国土资源所

2004 年，土地管理站改编为国土资源所。

（三）村建站

村建站成立于 1990 年 3 月，其职能是对境内村民用地、建房进行整体规划管理。

旧县镇土地管理站、国土资源所历任主要负责人情况表

表 9-1

机构	站长、所长（姓名）	任职年限
土管站	陈兆荣	1986 年 10 月至 1990 年 2 月
	温远堂	1990 年 3 月至 1992 年 7 月
国土资源所	钟崇鑫	—
	黄金声	—
	罗怀远	—
	曾繁锟	—
	高天灿	—
	邱永贵	—
	邱　彬	—
	冯为兵	—
村建站	温远堂	1990 年 3 月至 1992 年 8 月
	谢启先	1992 年 8 月至 2004 年 5 月
	陈锦星	2004 年 6 月至 2013 年 6 月
	郭志强	2013 年 7 月至 2016 年 2 月
	李树安	2016 年 3 月

第十章　交　通

旧县是山区，旧时陆路皆就山势而形成，崎岖且弯曲。千百年来，人货往来依赖羊肠小道肩挑手提，极其艰辛。南宋嘉定六年（1213年），开辟矶头至上杭、回龙至上杭、上杭至峰市水运航道后，旧县河开始有水运。民国25年（1936年）8月，连城新泉经旧县至上杭城公路建成通车。但由于公路质量差，公路交通仍有名无实。中华人民共和国成立后，1951年，修复新泉经旧县至上杭城公路；1969年，开通旧县至矶头公路；1987年，开通旧县至白砂公路。此后，先后开通各村连接国省道公路，并铺设水泥路面；各渡口兴建公路桥梁，水运历史结束。1997年，实现村村通公路。至2017年，旧县有205国道贯穿全境，永武高速公路途经旧县，旧县至白砂公路已从四级升为二级，旧县至矶头公路连接上杭与连城，还有乡村公路135条。家家都有摩托车，半数以上家庭有小轿车或工具车。

第一节　交通路线

一、古　道

未通公路以前，旧县人出行除旧县河水路外，从集镇起，通往外乡陆路主要有7条。这些陆道大部分为石砌小路。

南路通上杭，30千米。途经尧埔、铁场、石圳、角龙、水东、梅溪、石砌、古石、草鞋岭、水西渡，入上杭城。

东南路通白砂，16千米。经石院坑、新坊、碧沙、丰源至白砂。

北路通新泉，30千米。经贝湖、坝上、鹿角滩、矶头凹、下车坝出县境至新泉。

东路通蛟洋，35千米。经河东、岭背、华家、丘坊至蛟洋。

西路通才溪，15千米。经四坊、小地、大地至才溪。

西南路石圳经迳美通金山脚下渡口，8千米；金山脚下过渡后可通湖洋、武平各地。

石圳通谷坑，8千米。经鲤田坝、梅溪至谷坑。

改革开放后，这些古道逐步被公路代替，路亭也多已坍塌废弃。

二、古　桥

浮　桥　在旧县中小门口旧县河上，连接龙溪与河西村。此桥用数条木船密排河中，船头用一根粗缆绳横串，缆绳两端分别牢系在岸上的大树或大木桩上；木船中央横铺两条桁条，桁条上密铺木板，木板用铁钉钉牢在桁条上。秋冬枯水期使用，春夏汛期河水暴涨时停用。但洪水突发时往往猝不及防，船被冲走。

语口石拱桥　位于河西村，长 11.8 米，高 5 米，北宋咸平二年（999 年）前建成，是旧县乡村最古老的桥。此桥跨小溪，桥似娥眉月出形；两岸拾台阶而上，直至桥心。桥两边有精雕细刻的石柱、石屏护栏，人谓之“双龙托月”，古色古香，胜景迷人。

破水刀桥　位于新坊村，跨九曲溪，桥下水流急，桥墩常被洪水冲毁。后有石匠设计建了 3 个刀型桥墩，刀口朝向上游，使洪水来时便于漂浮物冲过，减少滞留，故名破水刀桥。清代年间始建，民国 19 年（1930 年）重建，2010 年改建为石混凝浆结构桥，长 26 米，宽 6 米，高 4 米，最长跨度 23 米。

三、水　路

南宋开通汀江、旧县河水运后，从旧县河乘船上至矶头，下至上杭、峰市、潮州、汕头等地，沿汀江北上可到长汀。

旧县河（旧称九洲河、连城河，又称连城小溪、小河，朋口段称朋口河，新泉段称新泉河）发源于连城县莒溪白眉山北麓，流经朋口、新泉、上杭南阳、旧县，于临城九州村汇入汀江。因其主要河段流经旧县而得名，是汀江第一大支流，上杭第二条大河。总长 122 公里，其中航程 68 公里，矶头至九州 40 公里，流经旧县 33 公里。从新泉至矶头、矶头到九州，可通载货木船。中华人民共和国成立前，因矶头段礁石多，河道小，水流急，落差大，不能通船，连城往来货物必须起岸人工搬运数里驳船，故有“路上引舟”之称。中华人民共和国成立后，经过多次河道整治，有 22 公里可通行 2—4 吨机动船。陆路交通发达后，水路渐被弃用。

四、渡　口

1977 年以前，境内有 11 处渡口，即新康、坝上、澜回、语口、全坊、兰田、铁东、石圳、水东、梅溪和金山脚下。到 2017 年，除澜回渡口处，其余已建桥弃用。

五、公　路

（一）高速公路与国道

永武高速公路　永安至武平（闽粤界）高速公路，属国家高速公路干线长春至深圳的路段。境内经铁场、石圳、梅溪 3 个行政村 7.65 千米，从铁场麻坝入境、梅溪出境。2010 年 6 月竣工正式通车，出口距旧县集镇约 7.5 千米（才溪四坊）。

205 国道　民国 24 年（1935 年）2 月，连城新泉经南阳、通贤、才溪、旧县至上杭城公路（后称新杭公路）开始测量设计，由驻杭国民党军队派兵工与民工配合，于 4 月 7 日始建，民国 25 年（1936 年）8 月建成通车。全长 65.27 千米，其中旧县境内 22 千米，途经旧县捡窖石、河西、尧埔、铁场、石圳、角龙、水东、梅溪笛子岗，是旧县最早的一条公路。20世纪七八十年代一度称此公路为“广（州）山（海关）线”，1996年后称205国道。

中华人民共和国成立后，人民政府对新杭公路旧县段按“一养、二改、三修建”方针，多次进行改造。1951年6月修复通车。1952年8月进行整修。1965年按国家六级技术标准改建。1971年5月，新杭线石圳大桥建成通车。1974年11月开始，新杭公路才溪至旧县14.695千米按三级路标准改建。1987年，旧县段22公里完成铺黑色路面。1993年10月，新杭公路按国家山岭重丘二级路标准进行改造扩建，1995年改建完成。

（二）县　道

旧白公路，从旧县镇河西村205国道起，途经全坊、龙溪、石院、新坊村塘坑口后出境至白砂镇朋新村，连接省道围禾线，全长23.1千米，有桥梁6座、涵洞71处，1980年开工建设，1987年建成通车，为县道。1998年10月，在老红军邓六金关心支持下，国家投资400万元，对旧白公路按四级公路标准进行改造，路程缩短至21.61千米。2012年，投资7418万元，对旧白公路旧县路段按山岭重丘区二级公路标准进行升级改造，12月5日建成通车。2013年，投资7982万元，对旧白公路白砂路段按同样标准进行升级改造，12月24日建成通车；全程改建为二级公路后，长度缩短为18.784千米，其中，旧县境内8.284千米，白砂境内10.5千米，是上杭县首条通乡（镇）公路晋级改造工程，也是旧县镇贯穿河西、龙溪、全坊、石院、新坊5个行政村的主干道。

（三）专用公路

水紫线　起点水东村205国道，讫点紫金山，长13.5公里、宽6米，双车道，水泥混凝土路面，2007年建成，为紫金山矿区专用公路。

铜矿大道　起点迳美村，讫点紫金山矿区，长3.2千米、宽8米，水泥混凝土路面，双车道，2005年建成，为紫金山矿区专用公路。

（四）乡村公路

1980年，旧县公社对乡村公路作建设规划，采取“民工建勤、民办公助”办法，建设乡村公路。首先兴建通往石院、新坊村公路（旧白公路旧县段）。接着兴建石圳至迳美、梅溪至谷坑公路。这3条公路于1987年建成通车，合计里程21.6千米。1988年，兴建和铺设龙溪至全坊、龙溪至中学、龙溪至河东、乡政府至市场4条公路。1995年开通石院至扁山公路，全长8.82千米。1997年10月1日，矶头至福村公路建成通车，实现全乡19个行政村村村通公路，并开通河西村至南桥头1.1千米公路，实施乡村道路路面改造和硬化工程，完成红岩桥至205国道沿河内外侧和205国道集镇段改造，把205国道集镇段路面从12米拓宽至40米、江滨路拓宽至18米，还完成主街道铺筑水泥路面。1998年，开通迳美村龙潭公路3.5千米，对石圳、迳美、扁山、石院村主干道铺筑水泥路面。1999年，开通鲤鲢坝公路4千米、上坊公路4千米，铺设新坊村水泥路5.3千米、砂石路1.5千米。2000年8月28日始，改造石圳潭至紫金山公路，11月竣工，总投资

300 万元。1999—2000 年，砌筑旧白公路旧县段路肩、边沟。2000 年，铺设河东、龙溪、全坊村主干道和梅溪至金山公路和村主干道水泥路面 2 千米。2001—2003 年，完成河东、龙溪、全坊、新坊、石院、迳美、谷坑及梅溪至金山、矶头至福村等 9 条共 78 千米村主干公路硬化和扁山、铁东、萝卜岭等公路拓宽改造工程。2004 年，投资 220 万元，完成旧县至矶头公路 5 千米、矶头至福村公路 4 千米及扁山村公路硬化；投资 20 万元，实施集镇路灯建设工程，兴建排水沟 700 米，绿化带 800 米。2005 年，投资 79.8 万元，硬化扁山村公路 4.2 千米，使全乡 19 个行政村实现村村通水泥路。是年，投资 560 万元，实施水东至紫金山公路改扩建工程；投入 45 万元，完成集镇路灯建设；投入 80 多万元，完成扁山、福村、谷坑 3 个边远山村公路扩宽改造。2007 年，完成兰田村主干道和坝上至矶头电站道路硬化工程；投入 30 多万元，实施 205 国道过境路段集镇两旁扩宽改造；对集镇周边及角龙等 6 个村实施亮化工程，安装路灯 237 盏。2008 年，对 205 国道旧县段两旁水沟进行修复，石圳、铁场等 13 个村安装路灯 616 盏。2009 年，投入 70 多万元，完成珠吉街路面硬化和红岩桥拓宽改造；投入 260 万元，完成集镇区路面硬化、排水沟设施建设和路灯改造工程，增装中华灯 89 盏；投资 75 万元，拓宽新坊村旧白公路至邓六金故居道路并安装路灯。是年，开通村级公路 36 条，共 43.435 千米。2011 年，完成集镇道路两旁绿化，实施福村至扁山、谷坑至临城玉女村乡际公路连接工程。2012—2013 年，乡村道路按农村四级公路标准建设，硬化村道 11 条，加固小桥、涵洞 6 座，开通村道 8 处 1.3 千米；并实施道路安保工程，对梅溪至谷坑、坝上至福村、石院、扁山公路筑防撞墙 1440 米，安装广角镜 50 面，警示牌 9 个，扩宽避险车道 30 处。2013 年 12 月，筹资 120 万元，兴建梅溪村道路，并完成集镇、龙溪、全坊路段路灯安装和坝上大桥接线工程，硬化村级道路 13 条 10 千米，新开村道 4 条 13 千米，兴建谷坑、角龙、扁山等 5 个村机耕路 34.5 千米，开通谷坑村大北口—张屋公路 1.2 千米。2014 年，龙溪至全坊公路扩建工程竣工通车，矶头至福村公路扩宽改造 3.5 千米完成，兴建村级公路 23 千米，新筑防撞墙 630 米，安装广角镜 32 面及减速带 49 米。2015 年 10 月，建成龙溪村金寨坑林区公路 1 千米和福村丰头源至桥根石林区公路 2 千米。2017 年，新坊水库进坝公路建成通车，长 2 千米；总投资 200 万元的福村公路拓宽硬化工程完成 2.5 千米，河西村美丽乡村建设村道硬化完成，兰田村“千村整治、百村示范”道路交通整治提升，谷坑村村道硬化。

2017 年旧县主要乡村公路有：

罗旧公路　从南阳镇下车村罗屋坑起，经矶头至旧县镇河西村，全长 22.39 千米、路面宽 4.5 米。起讫点都与 205 国道相连接，1969 年建成通车，1984 年年底，全线铺黑色路面。该路原属矶头水电站专用公路，旧县往新泉方向比经才溪、南阳的路程缩短 20 千米。1995 年，205 国道改经南阳、才溪后，罗旧公路列为县通乡公路。

梅玉公路　从旧县镇梅溪村桥头起，经谷坑，至临城镇玉女村，长 12.68 千米、宽

4.5米，梅溪至谷坑路段5.602千米，1987年建成，谷坑至玉女路段7.078千米，2012年建成通车。

矾福公路 从南阳镇矾头村起，至旧县镇福村村，1994年开通5.2千米，1997年10月1日全线建成通车，长11.6千米，有石拱桥1座、涵洞9处，完成土石方8万多立方米，总投资80多万元。2003—2004年铺筑水泥路面9千米，2006年进行拓宽改造，路面拓宽至5米；2014年7月进行改建，12月竣工。改建后路程缩短为6.891千米，路面宽6米。

石紫公路 从石圳村起至紫金山，长7.731千米，1987年建成石圳至迳美段，后延伸至紫金山。2000年进行改造。改造后路程缩短为5.6千米，路基宽5—6.5米，铺水泥砼路面宽5米、厚0.22米。

至2017年年底，旧县境内有公路139条（其中里程不明的27条），合计里程212.395千米。其中：高速公路1条，7.65千米；国道1条，22千米；县道1条，8.284千米；专用公路2条，16.7千米；乡道16条，63.888千米；村道118条（里程清楚的91条，93.893千米，里程不明的27条）。

旧县境内部分公路情况表

表10-1

公路名称	起点	讫点	长度（千米）	宽度（米）	车道	公路等级
永武高速	旧县境内麻坝	旧县境内梅溪与石砌交界处	7.65	26	四	—
205国道	旧县境内拣窖石	旧县境内笛子岗	22	12	双	二级
旧白线	旧县境内205国道	旧县境内新坊村塘坑口	8.284	8.5	双	二级
水紫线	水东	紫金山	13.5	6	双	四级
铜矿大道	迳美	紫金山矿区	3.2	6	双	四级
罗旧线	旧县境内梨头岗	新康出境	7.89	4.5	—	四级
石扁线	石院	扁山	8.818	3.5	—	四级
石紫线	石圳	紫金山	7.731	5	—	四级
矾福线	南阳矾头	旧县福村	6.891	6	双	四级
福扁线	福村	扁山	5.922	—	—	等外
福中线	旧县福村	蛟洋中村	2.918	—	—	等外
福再线	旧县福村	蛟洋再嘉	2.012	—	—	等外

续表10-1

公路名称	起点	讫点	长度（千米）	宽度（米）	车道	公路等级
梅玉线	旧县梅溪	临城玉女	旧县境内5.602	4.5	—	四级
新横线	新坊	横段上	2.136	—	—	四级
水肩线	水东	肩头岭	2.612	—	—	等外
龙河线	龙溪	河东	2.708	7	双	四级
尧兰线	尧埔	兰田	0.606	3.5	—	四级
金迳线	金山电站	迳美	3.518	4.5	—	四级
龙全线	龙溪	全坊	1.184	7.5	双	四级
水水线	水东	水东	1.171	—	—	四级
坝河线	坝上	河东	2.169	—	—	等外
享堂线	铁场村享堂里	享堂里	—	—	—	等外
畔寨线	畔坑	寨子顶	1.054	—	—	等外
梅梅线	梅溪	梅溪	0.401	—	—	等外
翁岭线	迳美村翁屋	岭背	1.099	—	—	等外
新兰线	龙溪村新村路	兰田岗	1.832	—	—	等外
石石线	石圳	萝卜岭	0.383	—	—	四级
赤钟线	梅溪村赤岗尾	钟屋	1.05	—	—	等外
九迳线	临城九洲	旧县迳美	旧县境内6	—	—	等外
谷迳线	谷坑	迳美	3.108	3	—	等外
五井线	石圳村五星	丘进	1.188	—	—	等外
语黄线	语口路	黄沙坝	1.209	—	—	等外
桥孔线	石圳村桥头	孔埂	1.591	—	—	等外
桥响线	石圳村桥头	响石岗	1.635	—	—	等外
牛张线	河东村牛子额	张屋家	1.248	—	—	等外
村龙线	迳美村村口	龙潭	3.156	—	—	等外
再湖线	河东村再里	湖山	1.385	—	—	—
龙馒线	龙溪村龙头岗	馒头山	1.1	—	—	等外

续表10-1

公路名称	起点	讫点	长度（千米）	宽度（米）	车道	公路等级
梨岭线	河西村梨头坊	岭下里	1.6	—	—	等外
庵夫线	迳美村庵下岗	夫罗角	1.056	—	—	等外
仙上线	石圳村仙师宫	上山自然村	1.199	—	—	等外
松牛线	铁场村松树排	牛角屋	1.171	—	—	等外
桥背线	石圳村桥头	背头岭	2.767	—	—	等外
桥鲤线	水东自然村桥头	鲤田坝	0.974	—	—	等外
庵岩线	石院村庵边	岩栏岗	0.402	—	—	等外
水麻线	梅溪村水口宫	麻地高	0.989	—	—	等外
桥子线	石圳村 205 国道	桥子坪	0.74	—	—	等外
梨桅线	梨头坑	桅杆坊	2.057	—	—	等外
乌岭线	水东村乌石下	岭下	0.732	—	—	等外
江享线	铁场村江屋	享堂里	0.752	—	—	等外
学新线	河西村学校	新村	0.672	—	—	等外
赖溪线	河西村赖屋	溪边	2.2	—	—	等外
大张线	谷坑村大北口	张屋	1.838	—	—	等外
上下线	迳美村上乌石下	下乌石下	0.136	—		等外
兰下线	谷坑村兰屋	下坑	0.942	—	—	等外
中圳线	石圳村中心屋	圳头	0.624	—	—	等外
新新线	新村路	新屋下	1.222	—	—	等外
公溪线	尧埔村公隍	溪边	0.85	3.5	—	等外
庵泥线	铁场村庵边	泥沙里	0.581	—	—	等外
村坑线	村头	坑尾	0.3	—	—	四级
铁铁线	铁东	铁东	0.64	—	—	四级
路环线	石圳村路口	环村路	1.573	—	—	等外
坝下线	坝上大桥	下洋角	0.705	—	—	等外
国菊线	河西村 205 国道	菊尾屋	0.88	—	—	等外
路中线	铁东村路口	中心坝	0.617	—	—	等外

续表10-1

公路名称	起点	讫点	长度（千米）	宽度（米）	车道	公路等级
国辽线	铁场村205国道	辽背头	0.373	—	—	等外
国学线	铁场村205国道	学堂背	0.47	—	—	等外
将蜂线	铁场村将军角	蜂窝尾	0.693	—	—	等外
国渡线	铁场村205国道	渡头	0.4	—	—	等外
国铁线	铁场村205国道	铁场一组	0.575	—	—	等外
桥环线	兰田村桥头	环村路	0.3	—	—	等外
国塘线	尧埔村205国道	塘下	1.35	—	—	等外
路岗线	迳美村路口	岗上	0.491	—	—	等外
路鸡线	迳美村路口	鸡公石下	1.353	—	—	等外
猫新线	迳美村猫公石	新生	0.815	—	—	等外
村大线	福村村部	上坝头	0.417	—	—	等外
石刘线	新坊村石乾	刘连坑	1.105	—	—	等外
村石线	新坊村村部	石碑亭	—	—	—	等外
井番线	石院村井边	番辽坝	0.515	—	—	等外
旱大线	石院村旱田里	大引头	0.28	—	—	等外
路上线	石院村路口	上　村	0.343	—	—	等外
村单线	扁山村村部	小后下	0.497	—	—	等外
路前线	扁山村路口	前　山	0.532	—	—	等外
祠黄线	扁山村祠堂	黄泥坎	0.383	—	—	等外
水新线	扁山村水口	新屋下	0.302	—	—	等外
土李线	河东村土楼岗	李竹坑	0.878	—	—	等外
村上线	河东村村部	上洋头	2.265	—	—	等外
龙大线	龙溪村龙头岗	大井头	0.18	—	—	等外
桥溪线	龙溪村桥头	溪背	0.498	—	—	等外
三松线	龙溪村三叉口	松坑里	0.252	—	—	等外
田榕线	坝上村田子岗	榕树下	0.772	—	—	等外
鹿连线	坝上村鹿角滩	连湖新村	1.239	—	—	等外

续表10-1

公路名称	起点	讫点	长度（千米）	宽度（米）	车道	公路等级
中塘线	福村中心屋	塘坑	0.59	—	—	等外
新社线	河西村新屋下	社岗上	1.2	—	—	等外
湖上线	河西村湖丘坊	上湖	4.5	—	—	等外
六六线	兰田村六尾路口	六尾屋	0.42	—	—	等外
小罗线	铁场村小学	罗屋	0.491	—	—	等外
将老线	铁场村将军角	老书堂	0.532	—	—	等外
旱黄线	铁场村旱坑口	黄泥岭	0.99	—	—	等外
石大线	角龙村石圳桥头	大排	0.5	—	—	等外
村陈线	角龙村村部	陈山里	1.264	—	—	等外
鹿下线	角龙村鹿井岗	下山	0.394	—	—	等外
坑井线	石圳村坑边	井丘	0.503	—	—	等外
湖下线	谷坑村湖洋塘	下村	0.525	—	—	等外
学下线	谷坑村学校	下黄屋	0.282	—	—	等外
头兰线	谷坑村头塘	兰屋	0.939	—	—	等外
下湖线	梅溪村下坊	湖岗	1.305	—	—	等外
共段线	梅溪村共耕	段上	0.517	—	—	等外
上连线	梅溪村上坊	连和	0.574	—	—	等外
社石线	梅溪村社岗	石背	0.457	—	—	等外
定林线	梅溪村定前岗	林田	0.46	—	—	等外
新楼线	迳美村新屋	楼角	0.394	—	—	等外
桥水线	铁东村铁东桥	铁东水库	3.5	—	—	等外
将牛线	铁东村将军路	牛鼻子	0.6	—	—	等外

六、桥　梁

民国25年（1936年）建设新杭公路时，在石圳潭架建跨旧县河公路桥。但由于从建桥技术到材料都不符合要求，架建不到2个月即被洪水冲毁。1970年，福建省公路局拨款24.23万元，兴建石圳公路大桥，1971年5月建成通车。这是旧县境内由国家建造的第一座跨旧县河公路大桥。桥长126.7米，3孔，孔跨33米，桥面宽7米，设计荷载为汽—10、拖—60，2台2墩用方整条块石浆砌而成，上部结构为6肋3坡空腹式双曲拱。

1975年，在旧县老圩场外旧县河上建造河西连接龙溪的旧县大桥。这是旧县当地依靠国家支持和自己投工投劳相结合建造的第一座跨旧县河大桥。所在路线旧白线，桥长244米，4孔，双曲拱，孔径48米，主桥194米、宽7.5米、高7米。1976年12月竣工。

改革开放后，旧县境内除国道和高速公路大桥外，依靠自己力量和争取上级大力支持，建成多座桥梁。

至2017年，旧县境内主要交通线上有桥梁25座，合计长度4025米，其中，永武高速公路上4座，长度1836.5米，205国道上8座，长度438米，县道旧白公路上6座，长度703米；乡村公路上8座，长度1057米；村级公路有数十座桥。

旧县镇境内部分桥梁情况表

表10-2

桥梁名称	坐落地点	所在路线	横跨河流	长度（米）	宽度（米）	高度（米）	建成时间
渡头大桥	铁场村	永武高速公路	—	427	11.1	—	—
石圳1号大桥	石圳村	永武高速公路	—	135.5	11.1	—	—
石圳2号大桥	石圳村	永武高速公路	—	457	11.7	—	—
梅溪大桥	梅溪村	永武高速公路	—	817	11.1	15	—
石圳大桥	石圳村	原新杭线	旧县河	126.7	7	—	1971年
新石圳大桥	石圳村	205国道	旧县河	218	12	—	1997年
铜水坑桥	铁场村	205国道	铜水坑	11	12	—	—
笛子岗桥	梅溪村	205国道	南蛇坑	21	12	—	—
旧县小桥	河西村	205国道	拣窖石小溪	28	12	6.6	—
石圳小桥	石圳村	石迳线	—	7	12	—	—
水东小桥	水东村	205国道	—	18	12	—	—
矶笼中桥	鸡笼口	矶福线	旧县河	50	5.6	—	2002年12月
新康大桥	新康村连湖	连接罗旧线	旧县河	120.12	6	—	1989年（原） 2014年（后）
坝上大桥	坝上村原渡口	连接罗旧线	旧县河	184	6	3.5	1992年10月（原） 2011年（后）
旧县大桥	河西—龙溪	旧白线	旧县河	244	7.5	12	1977年
语口渡大桥	河西—全坊	旧白线连接205国道	旧县河	168	8.3	8	2017年

续表10-2

桥梁名称	坐落地点	所在路线	横跨河流	长度（米）	宽度（米）	高度（米）	建成时间
全坊大桥	全坊村	旧白线连接205国道	旧县河	166.8	11.6	9.6	2012年
兰田大桥	兰田村原渡口	尧兰线连接205国道	旧县河	124	6	—	1996年11月
铁东大桥	铁东村	铁铁线连接铁场村	旧县河	120	4.5	11	1989年12月
水东大桥	水东村原渡口	水紫线连接205国道	旧县河	125	4.5	2.8	2000年3月（原） 2009年（后）
梅溪大桥	梅溪村原渡口	梅玉线连接205国道	旧县河	152	4.8	18.6	1987年12月
新梅溪大桥	梅溪村原渡口	梅玉线连接205国道	旧县河	182	7.5	12	2013年11月
将军桥	铁东村	连接将军路	岩下山小溪	17.2	5.5	5	—
红岩桥	河西村	珠吉街	拣窖石小溪	11.8	21.7	5.1	—
新坊桥	新坊村`	新横线	九曲溪	28	4.5	—	—
郑坑桥	新康村郑坑	罗旧线	郑坑	45	7.8	—	—
全坊桥	全坊村	龙全线	九曲溪	39	10.3	7	—
水打坑桥	梅溪村	梅玉线	水打坑	24	5	—	—
河西桥	河西村	—	拣窖石小溪	9	5.9	4.2	—
坑口桥	迳美村	石紫线	坑口溪	10.2	7	—	—
下湖山桥	河东村下湖山	龙河线	水东溪	47.3	4.5	—	—
火炉坪桥	—	荣尾—马路	—	7.5	4.6	—	—
石隔桥	—	石扁线	—	12	5	—	—
溪边桥	—	梅玉线	—	21	5.5	—	—
池溪桥	坝上村	罗旧线	池溪	58	5.8	—	—
龙溪桥	龙溪村	龙河线	龙溪	26	6.7	4	—
樟树中桥	全坊与龙溪交界处	旧白线	九曲溪	67	8	6.5	—
小溪里小桥	全坊与龙溪交界处	—	九曲溪	21	2.5	5.2	—

第二节　运　输

一、水　运

旧时，旧县河航运是旧县货物运载大动脉，对旧县人生产生活起着重要作用。境内农林副产品出口，广东一带食盐、海产品、煤油、布匹及工业产品等进口，均靠旧县河水运。

（一）排筏流放

把10—15根木（竹）扎为一席，5—6席为一排，用木扎成的称木排，用竹扎成的称竹排，每个排筏长度20—30米，排筏首尾各由一人撑驶，顺水漂流而下，一排次运量20—25立方米。

旧县河流域山林资源丰富，盛产木材、毛竹，每到秋冬农闲季节，大批木材、毛竹扎成排筏经旧县河、汀江运往广东。到棉花滩时，因棉花滩河道落差太大，只能拆卸后逐支流放至广东石市，再结排运往潮州、汕头。由于排筏流放行程长，河床滩多路险，操作极其艰苦。公路建成通车后，大部分木材、毛竹、土纸、松香改由汽车陆路运输，但从山间溪河至公路沿线，仍然利用水路“赶羊式”流放。

（二）木船运输

南宋嘉定六年（1213年），知州赵崇谟奏请改陆运漳盐为水运潮盐，开辟回龙、朋口至峰市河道后，旧县河和汀江河道水运开通，食盐及其他物品运输由陆路肩挑改为水路木船载运。从宋、元、明、清至1975年，旧县河航运发达，多时达100多条船。

民国15年（1926年）下半年，上杭县总工会成立，周继瑛为委员长，并成立码头、篷船等工会。民国19年（1930年），在旧县成立闽西篷船工会筹备委员会。11月，在回龙召开闽西篷船工人第一次代表大会，正式成立闽西篷船工会，张思垣（旧县人）为委员长。下辖汀江、旧县河、黄潭河等工会。民国21年（1932年）2月，在上杭县正式成立福建省木船工会，黄德铭为会长。

民国25年（1936）年，旧县河有船户30余家，每条船载重量2.5—3吨，一般3个船工。船工系沿河村民，农忙务农，农闲撑船，有货时行船，无货时种田。部分专业船工是船主，载运收入除应扣除开支外，其余由船主和船工自定比例分配。旧县河矶头河段因礁石多，河道小、水流急、落差大，因此从连城朋口、新泉等地运来的货物到矶头必须起岸，徒步搬运，经过驳船后出九洲驶入汀江运往广东。

1949年冬，民船工人联合成立民船工会，船主成立民船运输同业公会。所有制和分配原则基本维持原个体形式。1956年1月28日，上杭县人民委员会颁发《上杭运输规划方案》，对县、区干道公路、河道交通运输建设提出具体规划和措施。3月，民船工会与民船运输同业公会合并，改组成立民船运输合作社。船舶运输行业从个体经营转为集体所有制企业，实行统一领导、统一调度、统一核算；职工工资分四等九级民主评议，船主和船工成为合作社社员，船只按质折价入社。木船以货运为主，兼营客运。1957 年 5 月，开展水上安全活动，制定《航运安全制度》，航运做到“五航五不航”。是年，成立旧县航运站。1966 年，有船 8 只，职工 24 人。1975 年 20 人，其中直接生产人员 18 人，全年工资总额 0.3 万元，全年运输收入 0.5 万元。站长先由工商联主任陈宝林兼任，后由陈奎隆、江启德担任，至 1976 年解散时职工只剩 8 人。

旧县河航运最鼎盛时期是宋朝至 20 世纪 40 年代初。1976 年后，旧县河兴建了许多电站和桥梁，无法行船。随着公路的开通，旧县人出行和载运货物都用汽车陆运，不再使用木船水运，结束了水运的历史。1982 年，全乡仍有木船 23 只，只能在城郊雁子滩电站以上范围短途运输。

二、陆　运

（一）人力运输

公路还未开通以前，旧县人生产生活物资除一部分水运外，其他全赖于陆路人力肩挑，日行程 30 公里左右，工具是 1 条扁担，1 副脚络或 2 条绳索，另加 1 根楮杖（形如丫字，供挑夫扛在肩分担重量和休息作货担支撑）。挑夫被称作“苦力”，一年到头，风雨无阻，历尽艰辛。

人力陆运线路主要有：旧县至连城、清流、宁化；旧县至长汀、江西瑞金；旧县至上杭、武平、梅县、松源、松口；旧县至永定、峰市、大埔；旧县至龙岩、漳州。运出货物主要有土纸、松香、冬笋、笋干、茶叶等土特产品，回程挑运食盐、食糖、火柴、煤油、布匹和其他生产生活物资。

（二）轿　运

轿是古老客运工具，用木质材料制作成四方立体形轿身，一般由两人抬走，但花轿常用四人，婚轿多至八人。乘轿者多为官员、富户、新娘，平民百姓乘轿者甚少。中华人民共和国成立后轿被逐步淘汰。

（三）汽车运输

客　运　民国 25 年（1936 年）8 月，新杭公路开通后，便逐步有客运和货运业务，但数量极少，且多为人货混装，顺路捎带。1951 年，新杭公路修复通车后，每天都有汽车经过旧县。1953 年 1 月起，开通龙岩经古田、南阳、才溪、旧县至上杭和龙岩经古田、南阳、才溪、旧县至武平每日对开客班车。20 世纪 60 年代后，先后有上杭经旧县至连城、上杭经旧县至永安、上杭经旧县至长汀、上杭经旧县至三明等对开班车。1978 年旧县建成车站后，一度有上杭至旧县过夜班车，每天傍晚到旧县，第二天早上到上杭。1990 年，增开上杭经旧县至官庄班车。1992 年后，个体运输业发展很快，各地途经旧县的客运车辆不断增多，其中，上杭经旧县至南阳的往返中巴 17 辆，上杭经旧县至官庄、回龙的往返中巴 14 辆。

1995 年，旧县有客运中巴 32 辆。也逐步出现小巴士和小轿车载客。2006 年，成立旧县简易客运站，通过新增班线、延伸班线和预约班车等方式，推进农村客运网络化建设，提高行政村通客车率，并开通乡村客运班车和圩天集镇—新坊等客运班车；增开旧县至龙岩往返中巴，每日 2 辆。2017 年，增开旧县至厦门往返大巴每日 1 辆。

货　运　民国 25 年（1936 年）8 月，新泉经旧县至上杭城的公路建成通车后，境内货物少量出现汽车运输，且人货混装。1951 年，新杭公路修复后，汽车货运逐渐增多。1977 年，旧县公社购进一部核定吨位 2.5 吨的“福建”牌汽车，用于货运。1980 年，运输市场放宽、搞活，全民、集体、个体车辆“一起上”，货运量大幅度增加，旧县生产用车和生活用车逐年增加。1995 年，全乡有农用汽车 4 辆，龙马车 40 辆；2008 年，农用汽车增加到 31 辆。

（四）其他机动车辆运输

拖拉机运输　1970 年，境内开始有由大队、生产队购置的以农耕为主的拖拉机，农闲时短途运输。1971 年，河西、河东、梅溪大队首先购买手扶拖拉机各 1 台；至 1979 年，公社及农械厂购置“东方红”牌大型拖拉机 2 台，各大队、生产队共购买手扶拖拉机 72 台，配有拖斗。大型拖拉机主要用于运输，手扶拖拉机既用于农耕，也用于运输，有的还用作粮食、饲料和其他农副产品加工动力。农村实行联产承包责任制后，集体拖拉机折价转让给个体户农民，拖拉机逐步由农村耕作转为城乡短途运输。1984 年后，新型农用运输车载重 1—2 吨，耗油少，简便灵活，适应性强，购置数量逐年增加，乡村基本建设的砂、石料、农村生产生活所需的小宗货物都由拖拉机或农用运输车承运。拖拉机驾驶员经农机部门培训考试合格核发驾驶执照。1995 年，全乡有手扶拖拉机 140 台。2012 年，全镇有多功能拖拉机 153 台，动力 3060 千瓦。2017 年，全镇有小型拖拉机 112 台，动力 1069 千瓦，多功能拖拉机 45 台，动力 882 千瓦。

摩托车运输　20 世纪 80 年代中期开始，陆续有单位和个人购买摩托车。至 2017 年，全镇 90%以上家庭有摩托车。私人摩托车除大量用于方便自己出行外，少数的在集镇周边从事营业性运输。

（五）非机动车运输

独轮车运输　民国 24 年（1935 年），新杭公路还未修筑以前，境内有少量木制独轮车（俗称鸡公车）用于运输。这种车结构简单，使用灵活，只需一人撑驶，可在田间或山间小道上行驶。但在崎岖山路上就需几人合力，共同扶济。其载重量 100—150 公斤左右，为中华人民共和国成立前陆路货物运输的重要工具之一。20 世纪 60 年代后独轮车逐渐减少。仅在建筑工地上仍有一些用于载运水泥、砂石和红砖。

板车运输　民国 38 年（1949 年 9 月 30 日止），境内有少量木轮板车，可载重 200—300 公斤，主要运送粮食、肥料、砂石、砖瓦等。1958 年倡导搞“车子化”，突击制造木轮板车，但因质量低劣不耐用。20 世纪 60 年代以后，工厂大量生产供应胶轮板车（称手推车），这些人力车辆，除搬运站及一些机关企事业单位置有公用外，农民私有的甚少。1988 年，全乡有胶轮板车 487 辆。

自行车运输 自行车，俗称单车，20 世纪 60 年代后期，境内开始出现，但数量很少，70 年代逐渐增多。1979 年后，随着人民生活水平提高，个人购买自行车数量骤增，八九十年代最多。有的还把自行车改装成三轮车，作为购物和小量运输用。进入 21 世纪后，随着摩托车增多，自行车渐少。

三、旧县苏区交通

1929 年 5 月，红四军第二次入闽后，创建了闽西苏区。为了加强中央苏区、闽西革命根据地与白区革命组织的联系，党中央重视建设苏区交通，在闽西古道和民间小道基础上，以汀江为交通命脉，组织民间交通网，建立苏区与白区之间的地下交通线，采取了一系列交通运输措施。

（一）建立交通运输机构

设立交通科和运输委员会。1933 年 4 月，旧县区苏维埃政府内设立内务部交通科负责管理桥梁、道路、河道、渡口、木船、茶亭建筑和修理船只。随后，区、乡设立桥路委员会和运输委员会，桥路委员会负责管理区、乡桥梁、道路、木船、茶亭的修建；运输委员会负责动员和组织运输队、担架队到前方抬伤病员、运战利品及后方的运输勤务。

建立中华苏维埃运输管理局和汀州分局，下辖水口和旧县紫金山下 2 个检查处。

（二）开辟地下运输线

水运路线。以汀江为主线，旧县河为支线。苏区进出口物资除少量秘密运输外，大部分物资通过水陆接运。其路线大致是从上海、潮汕秘密运进或在永定一带筹集、采办物资，从峰市乘船运至大沽滩起岸，转陆路肩挑经庐丰、洋境、白砂、旧县、捡窖石、南阳至长汀。

陆运路线。途经旧县的有 2 条：一条从永定经金砂、汤湖、太拔、茶地、白砂、旧县、南阳、涂坊、南山、河田、长汀至瑞金；另一条从龙岩、小池、大池、石铭、白砂、旧县、南阳、涂坊、南山、河田、长汀至瑞金。

地下交通线、站（工农通讯社）。其路线：上海—香港—汕头—潮安—大埔—青溪—多宝坑—铁坑—桃坑—永定城关—合溪—虎岗—高寨坑—大洋坝—坑口—白砂—旧县—南阳—涂坊—四都—茶坑—瑞金。地下交通站：瑞金设总站，香港、虎岗（后迁高寨坑、古木督）设大站，青溪、合溪设中站，多宝坑、铁坑、桃坑、永定城关、大洋坝、坑口、白砂、旧县等地设小站。旧县交通站有 2 个：一个设在新坊村通济庵；另一个设在河西村桅杆屋。

第三次反"围剿"作战后，因形势发生变化，路线作了一些改变：上海—香港—汕头—潮安—大埔—青溪—多宝坑—铁坑—桃坑—下金—中金—古木督，到古木督后分为 2

路，一路从古木督—合溪—半山—袍山—大地—张芬—高寨坑—大洋坝—坑口—白砂—旧县；另一路从古木督—严坑—丰稔—太拔—茶地—白砂—旧县。无论从哪路来，都要经过旧县进入瑞金。

1933 年，汀属三县（长汀、兆征、汀东）在汀市采购毛边纸，装船运至上杭出售，又在旧县购买食盐，雇人挑回。通贤合作社多次用从旧县、永定逃出来的“难民”罗维林、黄品发等，化装回乡，以接运家属或亲戚为名，向苏区运送食盐和布匹。

第三节　搬运装卸

一、水运装卸

宋朝年间，旧县河与九曲溪汇合口南畔的语口市，建有上、中、下 3 个码头和下渡、语口 2 个渡口。语口渡两岸云集 100 多只木船，运出本地土特产品，运来潮州、汕头货物。此外，石圳潭、梅溪寨等地沿河也有码头。清代后，码头和渡口因货物不多，由当地农民和船工自装自卸。第二次国内革命战争时期，苏区政府领导码头工人组织苦力运输工会。民国 21 年（1932 年）8 月，国民党军陈济堂部占领上杭后，严密封锁汀江上游（上杭至长汀）和旧县河航线，码头工人经常冒着生命危险，深夜为苏区转移和装卸物资。中华人民共和国成立之初，装卸搬运工人仍以水运装卸为主。公路修通后，进出货物流向转移，水运装卸遂减。

二、陆运装卸

民国 25 年（1936 年）8 月，新杭公路开通后，始出现汽车装卸。汽车装卸亦由码头工人兼操，时车辆少，货运量微。中华人民共和国成立后，汽车运输逐年发展，1959 年货运量较大，旧县成立搬运装卸站，为个体联合企业，由旧县公社和上杭县交通局双重管辖，经济上自负盈亏。其时生产工具落后，货物装卸全靠肩背。1978 年后，粮站、供销社、外贸站、松香收购站等一些单位自行组织商品物资装卸，搬运装卸站解体。

第四节　交通管理

一、机　构

民国 25 年（1936 年）8 月，新杭公路建成通车后，上杭在城西天王寺设总站，旧县设分站。

中华人民共和国成立后，交通由上杭县建设局兼管。1956 年成立上杭县交通局，直接管理交通。1957 年年初，成立旧县航管站，对船舶、渡口、码头进行管理。1959 年 9 月，成立旧县民间运输管理站。1978 年，设立旧县汽车站。1987 年，设立旧县运输站。

1998年5月，成立旧县乡公路工作站，聘请一名工作人员协助管理具体工作。2001年，成立旧县乡交通管理站，同时撤销旧县乡公路工作站。2009年，成立旧县乡公路养护管理站，有站长、工作人员各一人。2012年，设立旧县客运站，后改名为福建龙州运输股份有限公司旧县客运站。

旧县交通部门各单位负责人或工作人员情况表

表10-3

机构名称	负责人或工作人员
旧县乡交管站（公路养护管理站）	李树安、陈培禄、刘康生、丘龙云、李庶卿
旧县汽车站	龚福先、阙善来、陈桂贤
旧县航管站（搬运站）	江启德

二、管　理

（一）船舶、渡口管理

1956年6月始，上杭县交通局对船舶实行统一管理，对运输船只和渡口船进行检查和登记造册，建立水运安全管理制度。1957年年初，成立旧县航管站，加强航运和渡口管理。1959年，成立渡运安全小组，对全社水运安全进行全面的检查，对乡村渡口船舶全面丈量登记和修建，核定船舶吨位，装载人货限额，划定载重水位线，检查每条船营运、渡工两证和船牌号码。1987年始，实行定人定水位，在渡口竖立安全守则牌。渡口管理实行定渡工、定渡口、定载重、定渡船、定客运的“五定”制度，严禁超载和人货混装，特别注重雨季汛期的安全行渡，严格规定雨季水位急升期间不准开航，杜绝事故发生。

（二）排筏管理

中华人民共和国成立前，旧县的竹、木排筏由商人组织排筏工人运往广东潮州、汕头等地出售。中华人民共和国成立后，由旧县航管站负责排筏管理，排筏工人需持艄工证、工商营运证。排筏流放运输需缴交航道管理养护费和税收。

（三）公路养护管理

205国道旧县境内路段22公里，永武高速公路旧县境内路段7.65公里分别由国家和高速公路建设公司养护管理。旧白公路列为县道，由上杭县交通局全额拨款养护管理。国道、省道、县道干线公路由龙岩市公路局上杭公路分局专业养护。1988年，在旧县尧埔设立公路站。罗旧公路原属矶头水电站专用公路，为省道，经费由福建省水电厅支付，建设205国道时列为205国道路段，由国家管理，205国道改经南阳、通贤、才溪后，罗旧公路列为县通乡公路，1988年起，列为县乡公路养护。专用公路由使用单位管理养护。其余公路分别为县、乡、村管理养护。

1988年起，县乡公路养护逐步推行和完善公路养护经济责任制，对小修保养、辅助生产实行承包责任制。1989年，县乡公路实行目标管理，任务路段到人，小修保养经费全部包干，1991—2001年，上杭县交通局与旧县乡政府建立公路养护责任制，乡公路工作站与养路队长签订“养护责任状”，实行“一包”（养路工人包路段）、“二挂钩”（基本工资与出勤挂钩、奖金与养护质量挂钩）、“三考核”（月检查、季评比、年终考核）办法；2002—2003年，公路养护面向社会公开招标，把长期以来由政府包揽的养护工作推向市场运作。通过养护承包人自主选择养护工人和制订工作计划，实行计件工资。未列养乡村公路养护实行分级管理原则，推行公路养护基金制度，各行政村建立村级道路养护基金会，基金来源采取群众捐献一点（募捐、赞助）、村财投入一点，乡财配套一点，交通部门支持一点。列养公路由上杭县交通局按县道年公里844元、重要乡道年公里560元、乡道年公里300元的标准给予补助，除正常养护经费外，根据路况适当增加普修经费，其中县道砂石路面120元/公里，水泥路面190元/公里，沥青路面250元/公里，乡道90元/公里。2003年，重新明确县乡公路养护属“民办公助”性质，由乡人民政府负总责，公路工作站负责日常管理，编制养护计划，建立养护责任制。2005年，贯彻执行县交通局《县乡公路养护质量要求办法》，每2个月开展一次公路养护质量检查，发现养护质量不达标的对公路养护承包人进行警告和经济处罚。2006年，县颁布《上杭县农村公路管理养护实施办法》，确立“谁受益、谁养护、谁管理”的原则和“县道县养、乡道乡养、村道村养”的县、乡、村在农村公路养护中的职责，建立以政府投入为主的农村公路养护资金渠道，由县财每年每公里补助县道1000元、乡道500元、通行政村道300元。2007年，贯彻执行《上杭县农村公路养护目标管理考评办法》和《上杭县农村公路养护质量评定标准》，规范农村公路养护管理的行为，创新农村公路管养新机制，健全农村公路养护管理网络，乡成立农村公路养护管理领导小组，村成立农村公路养护管理理事会，农村公路养护被列入“解放思想，先行先试”的实践重点，积极尝试，大胆创新，全面推进整体工作。旧县在实施农村公路养护示范路建设方案中，创建一条从水东至肩头岭的村级示范路和一条从旧县至白砂的县乡文明样板路。2010年4月，将农村公路设施纳入财产保险。2012年，旧白线县道分为责任段实行养护工人承包养护，乡、村道路养护责任落实到人。开展“农村公路养护年”活动和实施县道旧白线示范路建设，把水肩线2.612公里建成样板路，使全年全镇列养农村公路综合好路率达92.5%以上。2013年，为提高公路养护质量，公路养护承包人的确定，从原来由乡（镇）推荐改为向全社会公开投标；并实施县交通局《农村公路养护工人业务考核细则》和《上杭县农村公路抢毁应急预案》，进一步明确县、乡、村公路养护主体责任。镇公路养护站坚持每月、每季度、每半年各进行一次养护质量检查考评，使养护质量得到提高。当年，据年终质量考评统计，县乡村道好路率达94.55%。

（四）路政管理

20世纪80年代以前，路政管理较差，公路两旁随意开山炸石、乱建砖瓦窑和坟墓，路肩堆砖砂石、储放木材、乱搭乱建、挖路引水、取土等沿途可见。旧县贸易市场紧靠公路，每逢圩天，公路上摆摊设点占道为市，人货混杂，严重阻碍汽车正常通行。针对这些情况，旧县乡党委、政府认真宣传贯彻《中华人民共和国公路法》《中华人民共和国公路管理条例》《公路路政管理规定》《福建省公路路政管理条例规定》等法律法规，利用圩天搞图片展和印发宣传材料发给公路沿线群众，使公路路政管理进入法制化轨道。根据省、市《关于清理整顿公路两侧违章建筑的通知》，1983 年 10—11 月、2000 年 1 月 26 日至 3 月 28 日、2001 年 1 月 16 日至 3 月 28 日，分别开展为期 2 个多月的农村交通秩序专项整治活动，进行路障清理，对全乡公路两旁违章建筑、乱堆乱放、摆摊设点进行清除。1996 年，上杭县交通局与旧县乡公路工作站签订《护路责任状》，1998 年 2 月，上杭县人民政府与旧县乡人民政府签订《路政管理责任状》，旧县乡人民政府与各村村委会签订《旧县乡公路路政管理责任状》，层层落实路政管理护路责任。1999 年 6 月，继续开展整治公路沿线集镇路段摆摊设点占道为市工作，对旧县集镇路段设置停车场和集市贸易区。2000 年开始，路政管理加大执法力度，加强路政巡查，整治路面违章。2001 年 10 月，对旧县的“公路市场”连续进行 5 次突击整治。2003 年，上杭县人民政府与旧县乡人民政府签订保公路畅通协议书和路政管理责任状，聘请专职路政协管员协助抓好路政管理工作。对反弹比较严重的旧县“公路市场”集镇路段进行集中整治，拆除公路两侧占路贸易摊点，给予规划画线，迁移定位。在上级相关部门支持下，拨出资金 3 万元，支持迁移旧县农贸市场，争取从根本上扭转“公路市场”现象。2006 年，205 国道旧县路段的坝上电站、石圳电站因建成后其库区长期浸泡公路，造成部分公路涵洞堵塞，路基坍塌，经县、乡政府协调，筹资对 3 座涵洞和坍塌路段进行修复。2007 年年初，针对 205 国道红线控制区内违法建筑现象抬头，县政府出台控制公路两侧规划建筑和开展公路综合整治活动的规定，将公路红线建筑控制监管列入乡镇考核内容。6 月，开展路政联合执法行动，拆除公路两旁违章建筑。针对 205 国道沿线撒、漏污染公路较为严重现象，在人居较集中路段设置固定垃圾池，每天由专人专车清理干净。2009 年 3 月，开展为期一周治理车辆超载统一行动。5 月，开展车辆超载百日联合行动。

（五）交通安全管理

改革开放后，特别是近十几年来，旧县各有关单位部门协同配合，大力开展交通安全宣传，做好交通安全工作，加强对机动车驾驶员安全教育，禁止无证驾驶、酒后驾驶、反违章、禁超载，开展创建平安大道、安全生产年、道路客运安全年及交通安全村、校共建活动，加强道路运输安全检查，禁止非客运车辆载客，与全镇机动车驾驶员签订《道路交通安全责任书》；将旧县希望幼儿园、阳光幼儿园、梅溪平安幼儿园校车纳入交通安全管理，落实校车和学生交通安全“一岗双责”和学校主体责任。同时，宣传贯彻《中华人民共和国内河交通安全管理条例》，对全镇 25 只农用船、渔船及 7 只捞沙船，与船主签订《水上交通安全管理责任状》，以确保安全无事故。

第十一章 邮 电

宋咸平二年（999年）上杭县治从白砂鳖沙坑迁到语口市（旧县镇全坊村）后，语口市等地设有邮驿、信件、包裹捎转和官府军情点等。

明嘉靖十九年（1540年），旧县一带设有梅溪、铁场、牛坪、旧县、佛子亭等铺，并在旧县圩上设立民间邮件递传的客栈。清代，旧县境内设梅溪、牛坪二铺。光绪三十二年（1906年），旧县设立邮政代办所和信柜。宣统三年（1911年），驿站裁撤。

民国时期，政府公文、信函由专人递送。

苏区时期，中国共产党和中国工农红军及苏维埃政府成立上杭县苏维埃交通局旧县分局，境内每2.5公里设一个交通站，同时保护国民党政府所辖的中华邮政，规定苏区境内邮件贴用赤色邮花，苏区寄国民党统治区邮件贴中华邮政邮票。

民国34年（1945年），旧县地区三益、新乡、新坊3个乡公所专用电话开通。

中华人民共和国成立后，1950年，第八区（旧县）人民政府成立旧县邮电代办处，1952年改为邮电营业处。1958年，成立旧县邮电所，部分大队通电话。改革开放后，旧县邮电事业得到较大发展。1987年，实现电话线路载波化。1993年，开通500门程控电话。1998年后，相继开通模拟移动电话（俗称“大哥大”）、数字移动电话（俗称全球通）。2003年，接上计算机互联网。2008年，全乡有固定电话7000余部。2017年，全镇有电信、联通、移动电话24600余部。

第一节 邮 政

一、邮政线路

民国以前，旧县邮路有水路2条、陆路3条。官方公文和民间信件、包裹等均由水路木船运送和驿道差役徒步辗转运送。

（一）水 路

旧县—上杭城，托木船运送，顺旧县河而下，从九州口入汀江，达上杭城。

旧县—矶头—新泉，托木船运送，顺旧县河而上，至矶头驳船，达新泉。

这两条水路汛期洪水暴涨无法行船时，改由铺夫从陆路驿道徒步运送。

（二）陆　路

旧县—上杭城；旧县—矶头—新泉；旧县—才溪—通贤—南阳—新泉。

明洪武十年（1377 年），设驿铺。官办驿传分铺递、驿递。铺递由铺夫、铺兵步递。驿递由专人为官府递送军情、文书。官办驿传以马代步。明嘉靖十九年（1540 年），旧县境内设有梅溪、牛坪、铁场、旧县、佛子亭等铺。民间递传除驿铺驿站外，旧县圩上还设立民间邮件传递的客栈，递传私人托付的信函和物件。

清代，对驿铺进行调整，旧县境内设梅溪、牛坪二铺。因铺递速度慢，康熙八年（1669 年），发展为专递军情的马递机构——塘（汛）递。宣统三年（1911 年），驿站裁撤，官府文书和民间信件、包裹等由邮局寄递。

民国初期，运送邮件仍靠水路和步班邮路。民国 25 年（1936 年）5 月，上杭县邮局开辟上杭—旧县—才溪—南阳支线邮路，旧县设立邮政代办所和信柜。8 月，新杭公路建成通车后，部分邮件委托汽车运送。

第二次国内革命战争时期，苏维埃政府开辟龙岩—上杭—武平等 4 条主要干线邮路，开辟兆征（长汀）—南阳—旧县—永定等 6 条中央主要干线邮路。随之闽西苏维埃交通总局又开辟日夜兼程、随到随报的中央苏区 15 条特别快信邮路，其中 1 条兆征—河田—旧县—白砂。民国 19 年（1930 年）10 月，驻上海党中央开辟上海—香港—汕头—大埔—虎岗—高寨坑—大洋坝—白砂—旧县—瑞金秘密交通线，在旧县新坊通济庵、河西桅杆屋（敦和堂）设立秘密交通站（点），以护送干部、传递党的机要文件、运送红军物资等。

中华人民共和国成立后，旧县区人民政府公文、信件，由政府专设交通员递送。1955 年始，委托过路客班车运送邮件。1958 年，旧县邮电所成立后，开辟乡村邮路 4 条，全程往返 120 公里，建立村级信箱 19 个，由乡邮员步行，负责乡村邮件投递。邮路为：

旧县邮电所—乡直各单位—河西—坝上（每天 1 班），往返 10 公里。

旧县邮电所—龙溪—全坊—尧埔—兰田—铁场—铁东（2 天 1 班），往返 13 公里。

旧县邮电所—新坊—石院—扁山—福村—河东（5 天 1 班），往返 56 公里。

旧县邮电所—石圳—迳美—谷坑—梅溪—水东—角龙（5 天 1 班），往返 41 公里。

20 世纪 80 年代始，部分邮路邮递员配备自行车送邮件。

1987 年，骑自行车投递线路：

旧县—坝上，7 公里，每日 1 班。

旧县—谷坑，30 公里，2 天 1 班。

旧县—新坊，14 公里，2 天 1 班。

步行投递线路：

旧县—福村，15 公里，5 天 1 班。

旧县扁山，12 公里，5 天 1 班。

上杭邮电局委托班车途经旧县的邮路有 2 条：

上杭—旧县—矾头，单程长度 43 公里，2 天 1 班。

上杭—旧县—才溪—通贤—南阳，单程长度 57 公里，2 天 1 班。

2003 年，自行车投递线路：

旧县—梅溪，单程长度 48.1 公里。

进入 21 世纪后，实行邮政支局经营承包管理责任制，乡村邮路全部改由摩托车递送。邮路调整为 3 条：

邮政支局—乡直各单位—河西。每日一班。

邮政支局—尧埔—兰田—铁场—铁东—石圳—迳美—梅溪—谷坑—水东—角龙。每星期一、三、五（隔日班）。

邮政支局—全坊—石院—新坊—龙溪—河东—坝上。每星期二、四、六（隔日班）。

扁山、福村由村派人到邮政支局取邮或邮政支局托人递送。

二、邮政业务

（一）传统业务

民国以前，旧县邮政有官方公文、信函、民间信件、包裹等业务。民国年间，有少量汇币业务。

中华人民共和国成立后，邮政业务不断扩大。1950 年 4 月，中央人民政府把报刊发行任务交给邮政部门，称“邮政合一”。1951 年起实行报纸按月，杂志按季度订阅制度。1952 年有汇兑、函件、包裹、报刊发行等服务业务项目，形成较为固定的函件、包裹、汇兑、发行等四大门类。同年开办有保价信函邮寄人民币业务。1955 年后，增加邮寄公债票等其他有价证券业务。1958 年，提出全党全民办报，要求社社队队有《人民日报》《福建日报》《闽西日报》及《红旗》杂志等，报纸、杂志送到队，发行数量很大。1959 年试办特种挂号信函业务，主要收寄粮票、布票、粮食供应证、户口迁移证、组织关系转移证等。1961 年，可以收投各类包裹。1964 年，邮政业务由上杭县邮电局接管，负责邮政工作的营业员、乡邮员被接收转为上杭县邮电局正式职工。1980 年，开办代发广告、代收货价业务。1984 年 11 月起，开办电汇业务。1988 年 5 月，开办国内快件业务。同年起部分报刊由报社和出版社自办发行，脱离邮政部门订阅渠道。1990 年，邮政部门开始兼营报刊的零售业务。1991 年，开展邮政贺年（有奖），明信片和商业信函（即广告信函）发行业务。

（二）邮政快递业务

1997 年 1 月 1 日，旧县邮政开展特快专递代收货款业务。为适应群众用邮需要，邮政快递从单一信函型快递向点对点物品型快递、文件型快递转化，收寄方式从单一窗口收寄向上门收寄、电话预约收寄转化，业务量及业务收入增加，发展势头良好。

第二节 电 信

一、电 报

中华人民共和国成立以前，旧县没有电报业务。中华人民共和国成立后，旧县邮电所开办电报业务。发电报按电文译成密码，用电话传递到上杭县邮电局，再由上杭县邮电局发送到接收人单位。传入电报，由上杭县邮电局按密码传输到乡邮电所后，邮电所按密码译成汉字，由邮递员直接送达收件人。1987 年 7 月，邮电所开办礼仪电报业务。1992 年，开办真迹传真业务。1995 年后，随着程控电话和移动电话普及发展，电报业务逐步退出电信业务市场。

二、固定电话

民国 34 年（1945 年），上杭电话所组建后，境内三益乡（驻地梅溪）、新乡（驻地旧县）、新坊乡电话线路开通，各乡公所安装手摇电话 1 部。

中华人民共和国成立后，旧县电话逐年发展。1958 年“大跃进”中，要求社社队队通电话，由县级拨款、公社自筹部分资金和木质电杆安装线路和设备。旧县邮电所置磁石电话交换机 1 台、电话 10 门，经营农村电话业务，每月由县邮电局发给代办长途电话，电报业务营业额 10%作为劳动报酬。是年，电话线路除县级线路外，各大队有电话线路直通，实现全公社 19 个大队队队通电话。电话靠人工接转，由话务员戴着耳机话筒，坐在有一排插孔的机器前，将一根带有金属头的线绳插进插孔 ，接通对方电话。由于农村电话一哄而起，基础薄弱，设备简陋，人员和技术力量不足，经营和管理无章可循，通话和输送质量差。1970 年，通电话大队只剩河东、河西、龙溪、全坊等 4 个。1971 年后，开始使用水泥电杆和水泥帮桩以代替木杆，并开始恢复农村电话。至 1977 年，农村电话恢复到 16 个大队。1987 年，农村电话中继杆线国有部分有上杭经旧县至南阳圆形水泥杆，杆程 47 公里；上杭经旧县至矶头圆形水泥杆，杆程 34. 12 公里，12 对线公里。是年，开辟载波电话，实现电话半自动化，使电话通信能力和传输质量得到提高。1992 年，对旧县集镇区电信电缆工程进行整治和改造，完成旧县大道、河东、河西、龙溪、全坊、坝上等村电信电缆工程建设。

随着经济发展和科技进步，电信事业发展很快。1992 年以前，旧县只有磁石电话交换机 4 台，电话容量 60 门。1993 年，购置 100 门半自动拨号交换机，安装固定电话 82 部。是年 4 月，旧县乡开通 500 门程控电话，结束古老手摇电话历史。1996 年，全乡 15 个行政村通程控电话。

1998 年 9 月，电信与邮政分开营业。1999 年 3 月，旧县成立电信代办点，主要负责电信设备日常维护、电话业务、电话安装和移机等。是年，开通校园电话 78 部。2000 年，程控电话扩容至 2 万门。是年，全乡新装农用电话 500 部，安装集镇 IC 电话 7 部，新装校园电话 140 部。2003 年，开通旧县 ADSC 设备。投资 150 万元，开通扁山、福村 400 门程控电话，实现全乡 19 个行政村村村通程控电话，共安装程控电话 3950 部。2008 年，电话用户 7000 余户。2010 年始，随着手机越来越多，固定电话用户逐年减少。

三、无线通信

1994 年，开通无线寻呼业务，兴建紫金山发射塔。1996 年，兴建紫金山七频点发射基站。1998 年，增开无线寻呼第二频点，无线寻呼覆盖面 100%。是年 4 月，建设并开通 GSM4 期工程，兴建数字基站，开通模拟移动电话，数字移动电话。1999 年，兴建移动通信发射台，改进传输网络。同年 4 月，建设并开通第四期 GSM（全球移动通信系统）工程，进入通移动电话第三阶段。2000 年，移动通信公司兴建旧县基站，旧县成立移动分公司，并在旧县设立代办营业窗口网点。2002 年，兴建集镇、水东移动电话信号发射塔，开通各行政村无线电话。2003 年，旧县有 6 个移动通信网络覆盖点。2010 年，投资 50 万元，改建新坊村移动通信基站。2011 年，无线寻呼业务停止。

2000 年，联通公司开通旧县联通通信。2001 年，联通公司新增旧县数字 GSM 基站，新增七频点信号，增设梅溪电信和联通通信网络，开通小灵通电话。2002 年，联通公司开通旧县 CDMA（码分多址）基站，兴建扁山、福村、石院等村联通基站。2003 年，建立联通通信发射台，逐年开通村级传递，移动电话覆盖全乡。2008 年，因运营商重组，联通网络并入电信。

1998 年，接入 ISDN（综合业务数字网）计算机互联网。2000 年，接入 ADSL（非对称数字用户环路）计算机互联网。乡政府开通政府网，中学和中心小学开通城乡教育网。2003 年后，计算机互联网通信办公成为各行政机关、企事业单位、部门办公和开展业务的重要组成部分。2015 年，光纤到户，实现 LOOM 上网冲浪。至 2017 年年底，全镇有宽带端口 2 万余个，宽带用户 5800 余户。

2017 年，全镇有移动通信网络覆盖点 21 个，有移动、联通、电信手机 24600 余部，成年人口 90%以上有手机。

第三节　设施和设备

宋至清代，设有驿站、邮件捎转点。清光绪三十二年（1906 年），设立邮政代办所和信柜。

中华人民共和国成立前，邮件靠水路木船运送和陆路步行递送，邮员随带雨伞，防雨油纸，马灯、电筒等照明工具。

中华人民共和国成立后，1950 年，成立邮政代办处。1951 年，设置邮政投递箱、信箱、邮柜。1958 年，成立旧县邮电所，在河西村旧县老市场租赁民房作为邮电所营业场所，置磁石电话交换机 1 台，电话容量 10 门，实行独立核算，自负盈亏，实行机器设备自建、自用、自维。建立村级信箱 19 个。后增设梅溪、矾头、紫金山机房，增置磁石交换机 3 台，容量 60 门。1973 年 6 月 1 日，邮电所租赁房被洪水冲毁。是年冬，邮电所搬迁到河西村大岗尾，兴建 324 平方米土木结构楼房 1 座，设有营业厅、机房、邮件分拣处、职工宿舍、厨房等设施。1987 年，电话交换机改为半自动交换机。乡村邮件改用自行车投递，邮电所购置自行车 2 辆。1993 年，引进数字程控交换机，设无线寻呼台，配传真机 1 台，电脑 2 台。1997 年，在旧县集镇区兴建钢筋水泥砖混结构邮电大楼 1 座，占地面积 1395 平方米，建筑面积 2340 平方米，内设程控电话机房、邮件分拣室，办公室、邮政营业厅、电信营业厅、物资仓库、职工宿舍、厨房、车库等。2000 年，增设电话模块，扩大装机容量。2002 年，兴建集镇、水东村移动电话信号发射塔。2003 年，岩下尾岽山上兴建联通基地，铁场村兴建通信基站 3 座。2006 年，邮政业务办理配有微机 1 台，打印机 1 台。至 2017 年，电信有移动基站 21 个，大型发射塔 8 个，传真机 1 台，电脑 6 台。移动有传真机 1 台，电脑 6 台，联通有传真机 1 台，电脑 2 台。

第四节　管　理

一、机　构

宋咸平二年（999 年），上杭县治设于语口市（今旧县镇全坊村）后，先后在坎头街等地设有邮驿和捎转点、官府军情点等。

明嘉靖十九年（1540 年），草鞋岭、梅溪、牛坪、铁场、旧县、佛子亭等地设驿铺，有铺兵 18 人。并在旧县圩上设立民间邮件递传的客栈。清代，旧县境内设梅溪、牛坪二铺，有铺兵 6 人。清光绪三十二年（1906 年），旧县设立邮政代办所和信柜，隶属上杭县邮政局管辖。

民国 19 年（1930 年）4 月，成立上杭县苏维埃交通局旧县分局。民国 26 年（1937 年），旧县设信柜。

中华人民共和国成立后，1950 年，旧县成立邮电代办处。1952 年改为邮电营业处。1958 年，成立旧县邮电所，有工作人员 6 人，其中所长 1 人，营业员 1 人，乡邮员 2 人，话务员 1 人，机线员 1 人。1964 年，邮政部分由上杭县邮电局接管，邮政工作营业员、乡邮员被接收为上杭县邮电局正式职工；电信部分继续保持社办电信企业，实行独立核算，自负盈亏，机械设备实行自建、自用、自维护。1993 年 10 月，旧县邮电所升格为旧县邮电支局。1998 年 10 月 29 日，邮政、电信分营，旧县邮电支局分为旧县邮政支局和旧县电信支局。邮政支局 2 人，电信支局 1 人。2000 年 11 月，中国电信实行公司改制后，旧县电信支局更名为福建省电信公司上杭县电信局旧县电信支局。2003 年 8 月，福建省电信公司上杭县电信局旧县电信支局更名为福建省电信有限公司上杭县分公司旧县电信代办点。2017 年，旧县邮政支局工作人员 2 人。电信代办点 1 个，工作人员 5 人，电信维修店 1 个。移动通信专营店 2 个，工作人员 5 人，代办点 1 个，工作人员 1 人，联通通信专营店 1 个，工作人员 2 人，维修店 1 个，工作人员 2 人。电信、移动、联通通信村代办点 20 个，手机专营店 6 个（其中：电信 1 个，移动 4 个，联通 1 个）。

二、业务管理

中华人民共和国成立后，邮电部门以“迅速、准确、安全、方便”和“人民邮电为人民”方针，逐步建立各项规章制度，业务管理工作逐步正规化。特别是中共十一届三中全会后，邮电部门进一步修订和完善各项规章制度，实行业务生产经济责任制。1981 年，整顿邮电所，所内工作人员建立工作岗位责任制，乡邮投递实行“五定”（定人员、定路线、定地点、定班期、定出归时间）。1988 年以后，多形式多渠道发展邮电通信，增加业务收入。进入 21 世纪后，邮电支局实行经营承包管理责任制，进行劳动组合、优化结构、年终考核评奖，以调动员工工作积极性。

旧县邮电部门历任负责人

李德星　叶春林　钟　平　黄祥富　王汉桥　江荣福　陈洪贤　江　丘

第十二章　商贸、服务业

第一节　集市贸易

集市贸易是旧县传统的主要贸易形式。北宋真宗年间，集市设于语口市，即现全坊村（该时期上杭县治亦设于此），又叫坎头街。南宋时设在营里，即今旧县中心小学背后的塘角头。明朝时设于河西拱桥两边。清朝到民国 19 年（1930 年）设立于小溪口（今龙溪村与全坊村交界处，1930 年发生特大洪水，该圩场被冲毁）。1931 年圩场迁至焦云坝（现旧县大桥西桥台侧）。1973 年 6 月 1 日大洪灾后，圩场迁至河西村大冈尾上。1996 年后，市场改至 205 国道东边朱吉滩。

旧县圩期从宋、元、明、清、民国到 1970 年 10 月以前，一直是农历逢五、逢十。1970 年 10 月 4 日始，按县革委会通知，全县统一每星期日为圩天（7 天一圩）。1975 年后，恢复传统圩期。

旧县圩场有史来一直位居旧县河畔，而旧县河上连连城朋口一带，下接汀江达上杭、潮州、汕头，是汀江古丝绸水路的一条重要支流（旧县河航运至 1970 年临城雁子滩建水电站时停运），其上下船只必经旧县码头，不少物资至旧县圩场集散，故旧县圩成为上杭县有名的老圩场之一。

境内新坊村在中华人民共和国成立前后，曾在新坊老街子设立过圩场，赴圩者有白砂、蛟洋、旧县等乡群众，但圩场不大。境内梅溪村在洪源宫曾设立过圩场，名曰逢年圩，圩期是每年农历十二月二十八。因一年才赴一次圩，故称逢年圩（宋末始，清末止）。

北宋年间，郭福安奉命带人马到紫金山开采金矿，以及 1027 年后上杭县治由旧县移往钟寮场，故在当时离紫金山和钟寮场较近的石圳潭瓦子街曾设立过圩场，但因赴圩者人数不多，故至今还流传着“石圳潭赴圩——就这么几个人”歇后语式的说法。何年停圩，无从考查。

民国前，旧县圩赶集者除本乡村民外，还有庐丰、湖洋、临城、白砂、蛟洋、通贤、南阳、才溪等邻乡生意人，较远者有连城、武平等县商人。市场上交易的有牛、猪、羊、鸡、鸭、鹅、鱼、兔及山上捕获的山禽野兽、采摘的红菇、香菇、冬春笋、中草药材等产品。旧县本地产的竹木家具日用品种类丰富，制作精良，在旧县圩场上购销两旺；贩入的庐丰烟丝和迳美的金山茶叶在市场上也极畅销。

民国时及中华人民共和国成立后很长一段时间，买卖牛、猪都有牙人（中人）为买卖双方拍板定价，牙人需对买卖双方负责，才可在集市上得人信赖，长久立足。

中华人民共和国成立初，农民耕者有其田，农副产品日渐增多，来旧县赶集赴圩者有2000—3000人，连城新泉、上杭南阳等地的耕牛也多有进入旧县交易，每圩有三四十头牛成交。

1953年后，国家对主要农副产品逐步实行统购派购，圩天上市交易品种减少，主要有茶油、牛、猪、禽蛋等，基本无粮上市。旧县本地猪仔（花猪、黑猪）出名，至20世纪80年代，每圩交易200头左右。旧县每圩商品交易约2万元。

1956年，完成派购任务的二类农副产品和三类农副产品可上市自由交易，产品增加、价格下降。

1958年人民公社化后，家庭副业和自留地被取消，农副产品上市量减少，供应紧张，价格上涨。1959—1961年，国家三年困难时期，上市商品更加短缺，价格昂贵。

1962年后，农副产品允许上市，集市贸易日渐繁荣，市场设立牛、猪、猪肉、鸡、鸭、蔬菜、饮食、竹木器及其他等各行，每行在基本固定地点摊位营业，约定俗成，便于购销。

“文化大革命”中期圩天改为7天一圩时，群众生产、生活受严重影响，赴圩者仅本公社内社员不到千人。外地商贾几乎没有，商品交易额不到5000元。

1975年11月，上杭县作出整顿市场的十条决议，对市场进行全面整顿，包括蔬菜、柴炭、猪牛肉、鲜鱼、活禽、果品茶叶、竹木器具、家具、铁器、陶瓷在内的需上市农副产品一律由供销社经营，统一收购、统一销售，一律不准私人上市交易，使市场上货物更为稀少，交易更不活跃，农忙时不准赴圩，圩天有民兵把守，理由是“抓革命，促生产”。

改革开放后，重新认定集市贸易在国民经济中的地位和作用，恢复了传统圩期，使集市贸易迅速繁荣和发展，上市品种在原有的百货、五金、食杂、农副土特产品基础上逐步放宽，特别是大小商贩从外乡、外县贩进本地较稀缺的商品，使农贸市场日渐兴旺，交易额不断上升。1984年进一步放宽，允许批量销售和批零兼营，市场商品增多，价格稳定，群众买难卖难矛盾得以缓解。1990年后，随着农业机械化逐年普及，耕牛逐渐减少，旧县牛市场逐渐萧条，2000年后旧县已无牛市场（但旧县仔猪交易市场还延续到2015年）。

2000年后，改革开放步伐进一步加快，交通通信飞速发展，进入旧县市场交易的商贾逐年增多，甚至外省市也有人在旧县圩上推销各种新时产品和各种科技货物，市场上百货及日常吃穿住行产品应有尽有。随着人们生活水平提高，各种文化、娱乐、花卉奇珍树种也逐年增多。市场建设在旧县镇党政的统筹规划下，日趋园林化，赴圩赶集人逐渐增多。特别是进入农历十二月二十五和年下圩二十八，赴圩者有上万人，商品交易额在25万元以上。

第二节 个体私营商业

一、中华人民共和国成立前个体私营商业

由于旧县在北宋时曾设立过上杭县治，所以在以后的历朝历代中颇有名气，再者旧县河上至连城、下至上杭、广东潮汕。连城著名的宣纸（连四纸）经朋口船运至广东潮汕出海，经旧县河船运的各地产品往来传输到连城、上杭、广东及东南亚各国，丰富了旧县河两岸、汀江两岸人民商品买卖。旧县的各种商店应时应运而开。

民国时期，旧县个体私营商业户有谢开林开设的油盐日杂副食店，经营洋油（煤油）、洋火（火柴）、海鲜干（海产品）、肥皂等海外洋货，还有本地及各地土特农副产品、粮食加工产品（朋口粉干、广东豆腐皮、上杭面干、豆酱、豆腐乳等）。谢煌宗开设的土纸和蚊香纸（旧县宣纸）收购转销店，卖中草药材的江西客商黄享发开的福昌祥药店，上杭城关谢美生开的西药店，袁凤元开的百年老字号金银加工店，梅溪村胡梅诚开的油盐副食店和中草药店等。

二、中华人民共和国成立后私营商业

中华人民共和国成立初，国家对私营商业实行利用、限制、改造政策。1952—1955年，个体私营商业与供销合作商业并存。个体商户有经营棉布、百货、副食、食品加工（做豆腐、榨粉干、蒸粉皮、角粉、粉丝、酿酒等）、药品、土纸、水果、缝衣、打铁、镶牙补齿、金银加工、锡器加工等行业，从业人员四五十人。1956年，绝大多数私营商业改造完成，除少数商户被赎买进供销合作社或组成公私合营、合作商店外，大部分个体私营商业歇业，有的业主转移农村务农。

1962年，旧县有个体工商户30余户（谷坑村外出各县各乡、村开店打铁80多户未计入）。“文化大革命”期间，大部分个体工商转入农业劳动，少数歇业或转业。1978年，旧县个体私营商业户不到10户。

1979年后，流通领域允许多种经济成分并存，个体商业恢复发展较快，从业人员增加，经营范围扩大，经济实力增强，经营方式也发生较大变化。

1982年，旧县个体商户增至20余户，平均注册资金300—1500元。至1990年，经营品种有食品、副食品、百货、棉布和针织品；电扇、电视机等家用电器；水泥、钢材、纤维瓦等建筑材料；新式家具；药品等。经营方式大部分为零售。

1991—2000年，发展批发、批零兼营。新增销售固定电话、摩托车、电冰箱、化妆品及汽油、柴油等经营。

2000 年，全乡登记的个体商户 34 家，54 人，注册资金 68 万元，平均每户 2 万元。

2000 年后，发展综合经济，超市经营；大宗买卖根据客户需求送货上门。新增电脑、电磁炉、石板材、屋面防水材料、不锈钢、铝合金门窗、粮豆、牲畜饲料等经营品种。

2015 年 10 月 9 日，河西村开通“农村淘宝”网店（旧县镇政府供图）

2017 年，全镇登记的个体工商户 631 户，1370 人，注册资金 7574 万元（平均每户 11 万元）。其中经营食品、副食、食品加工 88 户；药品经营 11 户；日用百货（包括超市）70 户；烟花爆竹 32 户；采砂场 14 户；汽车、摩托车维修销售 19 户。

附：“百年老字号”袁泰兴打银店

1857 年，袁寿全（1837—1920），号泰兴，从蛟洋袁小坪迁旧县语口市坎头街圩场租店开业，经营小手工业打银器兼为客户加工金首饰为生，手艺传子袁钦喜（1876—1934），妻张来娣、孙袁凤元（1809—2009），乳名细江湖，妻陈元姑。至袁凤元手上时，还兼营镶金牙齿。祖孙三代经清朝、民国至新中国，店铺辗转于坎头街、小溪口和新圩上三个市场，足足一百年时光，成为旧县人印象深刻的一家“百年老字号”特色小手工业店铺。

袁泰兴打银店三代人打银器和加工金首饰，不仅手艺精湛，而且一直秉持货真、成足、诚信经营理念，因而赢得广大客户高度信赖，在旧县河一带广大农村家喻户晓。1958 年，袁之子孙改行。从此，旧县便没有金银加工店。

（原稿　袁松树　编入时有改动）

第三节　供销合作社

苏区时期，苏区内大力倡导合作经济组织。1930 年，旧县组建区级合作社；1932 年，在旧县成立上杭县消费合作社。这些对改善群众生活，发展苏区经济，打破国民党对革命根据地的经济封锁，支援革命战争，起到重要作用。红军长征后，合作社被迫解散。

民国33年（1944年），旧县先后组织起生产、供销两个合作社。但这两个合作社是由省政府建设厅倡行贷款，村民为取得贷款而联合组建的。加上合作社被地方权贵所掌握，所贷款项被他们各自分占，因此群众并未从中得到真正利益，合作社形同虚设。

中华人民共和国成立后，人民政府积极扶持发展供销合作事业。1950年10月15日，新坊乡建立全县第一个供销合作社。1951年5月15日，成立旧县供销合作社。同年10月，尧石、河西、河东3个乡组成联合社。1952年2月，新坊、旧县2个社合并成立旧县区供销合作社。

1961年6月，以人民公社为范围建社，旧县分出新坊分设新坊供销合作社。1962年7月，新坊社又与旧县社合并组建旧县供销合作社。

1970年5月，因供销合作社与国营商业合并，由集体所有制改为全民所有制，使供销合作社滋长官商作风，与农民关系疏远，逐渐失去自由灵活的特点和民主理社的优良传统。

1976年，重新恢复旧县供销合作社。

1983年，供销合作社实行体制改革，开展清股扩股，入股农民达3962户，占全乡总农户的83%。

进入21世纪后，由于改革开放深入，政策放开，原供销社业务大量被社会个体私营经济挤占，因而供销社生意逐渐萧条。2003年，旧县供销社系统实施县政府《关于批转加快供销合作社改革和发展实施意见的通知》，实行体制改革。由于资不抵债，企业无法正常运转，于当年解体。

2013年，在县供销社和旧县乡党政的重视关怀下，根据当地经济发展需要，又重新进行登记，恢复旧县供销合作社。

2017年，旧县供销社尚有干部职工3人，净资产48.6万元，房产430平方米，商品总购进1372万元，商品总销售1392万元。

一、机构与网点

（一）机　构

1950年10月，旧县河东岸小溪口，建立全县第一个供销合作社，由社员代表选举产生理、监事会成员，选举邓立森为理事会主任，严金昌为理事会副主任兼经理，李俊家为监事会主任，李德昌为监事会副主任。此后，召开过社员大会10次。

1952年2月，新坊、旧县两社合并成立旧县区供销合作社。由社员代表选举区委书记丘洪辉兼任理事会主任，陈福贤为监事会主任，陈俊英为总经理。

（二）网　点

旧县供销社在1952年建社后从无到有、从小到大。初期在旧县集镇市场租赁公产、民房用作经营门店和办公场所。随着供销合作社公共积累不断壮大，开始在集镇和较大的村逐年建设新的经营门店、仓库和购销站。

1973—1991年，在旧县市场新建3379平方米门市部和1282平方米仓库，总投资34.1732万元。

1996年，因国省道改造和集镇规划，旧县供销社进行网点改造。总投资70万元，建成具有农资、副食、棉布、针纺、日杂、文图、收购、饮食等综合性的经营门店共1330平方米，使经营范围和群众购买生产生活用品、出售农副产品条件大为改善。几十年来，先后在新坊、河东、石圳、梅溪等村新建购销站。

旧县供销社历任监事会负责人情况表

表12-1

姓　名	职务	任职时间
李家俊	主任	1950—1952年
陈福贤	主任	1952—1967年
严锡贵	主任	1967—1983年
谢友荣	主任	1983—2004年

旧县供销社历任主要负责人情况表

表12-2

姓名	职务	任职时间
丘洪辉	主任	1951—1955年
曾贞龄	主任	1956—1958年
江家培	主任	1958—1962年
王世豪	主任	1962—1972年
邓立森	主任	1950—1952年
王仰钦	主任	1973—1978年
陈寿龄	主任	1978—1981年
邓其佳	主任	1981—1983年
黄耀扬	主任	1983—1988年
陈团龄	主任	1989—1991年
王如炎	主任	1991—1996年
王杭华	主任	1996—2002年
陈吉生	主任	2002—

1983 年旧县供销合作社网点分布情况表

表 12-3

地点	网点名称	地点	网点名称	地点	网点名称	地点	网点名称
旧县市场	副食门市部	旧县市场	油库	河西村	河西双代店	全坊村	全坊双代店
旧县市场	文具图书门市部	旧县市场	旅社	坝上村	坝上双代店	石院村	石院双代店
旧县市场	日杂门市部	旧县市场	工业品仓库	河东村	寮坝双代店	石院村	大丰双代店
旧县市场	农业生产资料门市部	迳美村	金山脚下门市部	河东村	湖山双代店	河西村	贝湖双代店
旧县市场	棉布针织门市部	迳美村	迳美双代店	龙溪村	龙溪购销站	福村村	福村双代店
旧县市场	百货门市部	谷坑村	谷坑双代店	新坊村	新坊购销站	新坊村	荣亮双代店
旧县市场	收购门市部	梅溪村	赤岗双代店	河东村	河东购销站	扁山村	扁山双代店
旧县市场	五金交电门市部	角龙村	角龙双代店	石圳村	石圳购销站	龙溪村	中学双代店
旧县市场	饮食门市部	铁场村	铁场双代店	水东村	水东购销站	旧县市场	副食品仓库
旧县市场	肥料仓库	尧埔村	尧埔双代店	梅溪村	梅溪购销站	—	—

二、经营管理制度

（一）运行机制

1950 年 10 月成立供销合作社时，农民以户为单位参股（1 户 1 股），其时有社员 1218 人、股金 1218 元。1951 年 5 月成立旧县供销合作社，有社员 1050 人，股金 300 元。同年 10 月，尧石、河西、河东三乡组成联合社，有社员 1750 人，股金 1750 元。于 11 月 28 日宣告成立，召开社员代表大会选出理事 13 人，主任 1 人，副主任 2 人，监事 9 人，监事会主任 1 人。1952 年，旧县、新坊两社合并成立旧县区供销合作社，有社员 2968 人，实收股金 2560 元。1961 年，社员达 5329 人。1975 年，社员减到 2866 人。1983 年，入股农户 3962 户，股金 7924 元。

20 世纪 50 年代中期，国家对私营工商业进行社会主义改造，将农村大部分个体商户过渡到供销社合作商店。未过渡到供销合作社的个体商户也组成其他合作商店。其他合作商店只能从供销社批发货物，供销社收取 5%手续费。在对私营商业改造过程中，旧县供销社共接纳过渡人员 12 人，过渡资金 5000 元。

（二）民主管理

1. 社　员

供销合作社在建社初期是由农民集股组成的集体所有制经济组织，入股农民是供销合作社主人。供销合作社坚持民主管理传统，入社自愿，退社自由。不论股金多少，社员都有选举权和被选举权。1955年前，供销社社员在供销社购买货物时可享受优惠价。

2. 股金分红

1955年后，取消社员优惠价代待遇，实行按社员股金分红。旧县供销社将税后赢利按股金总额分配，共分红三次。1960年，分红多以货代息（以货物发放代分红款）。1983年，分红以息代股（以分红款增加股金）；1990年后第三次分红，股息同时返还。

3. 理事会

旧县供销合作社理事会，由社员代表大会选举产生，作为社员代表大会闭会期间的执行机构。理事会向社员代表大会负责，按期向大会报告工作，公布账目，接受社员群众监督。1957年以前，发扬民主管社传统，较全面履行按社章办事和按社员意愿办事。1958年后，由于“左”倾错误影响，人员变动频繁，供销合作社重大事项变成由行政讨论决定，理事会职能逐渐削弱。1983年，旧县供销合作社进行体制改革，重新召开社员代表大会，民主选举产生新的理事会，认真执行社员代表大会决议，按照合作社章程办事，理事会作用得到较好发挥。但由于形势变化等多种原因，各项规章制度得不到严格执行，理事会逐步被行政会所取代，之后一直未再召开社员代表大会。

4. 监事会

旧县供销合作社监事会，由社员代表大会选举产生，作为社员代表大会闭会期间的监察机构，负责对供销合作社执行党和国家有关方针政策及社员代表大会决议执行情况进行监察。自建社以来，监事会经过社员代表大会选举有2次，在执行监察任务过程中都是与党支部和行政领导协同处理。

三、农副产品和废旧物资收购

（一）粮　食

1952—1954年，国家征粮由供销社代为收购，每年收购粮食约360吨。

（二）毛　竹

1955年，旧县供销社开始收购毛竹，当年收1.3万支，1964年收1.6万支，1965年，每吨毛竹奖布票0.66米；1966年，每吨毛竹增加奖售原粮12.5公斤。1987年，收购毛竹2.6万支，蒿竹1.2万支。1993年，收毛竹2.6万支。1995年后，未再收购毛竹。

（三）土　纸

1952年，收购土纸112吨，1957年收21吨，1965年收26吨。“文化大革命”期间，受“左”倾影响，1976年降至0吨。1988—1989年，实行优质化肥换购措施，2年共收购土纸235吨。1990年后，停止收购土纸。

（四）茶　叶

1955年收336公斤，1962年收397公斤，1964年收385公斤，1977年收565公斤，

1987年收75公斤。1988年后，茶叶购销全面放开。

（五）烤　烟

二十世纪五六十年代，旧县几乎没有烤烟经营业务，70年代开始，烤烟收购业务逐年发展。1978年，按烟叶等级奖售化肥、不奖粮食，当年收购1.3吨。1980年奖售粮食、化肥，收购1.7吨，1986年开始烤烟业务归旧县烟草站经营管理。

（六）桐籽、桐油及野生油料

1952年，开始收购桐籽业务。1958年收2.1吨。1962年收2.7吨。1965年，每收购50公斤桐油，奖售平价原粮100公斤，布票8.33米；收购桐籽100公斤奖原粮25公斤，布票2.08米。收购桐仁（桐子去壳）100公斤奖原粮50公斤，布票4.16米。1966年收3.5吨，1976年收购5.2吨。1978年10月，每收购50公斤桐籽，奖中央氮肥10公斤，当年收购7.9吨。1988年，收购桐油11吨。1996年收购5吨。2000年始，供销社停止桐籽收购。

野生油料有樟油、山苍子油、蓖麻油、乌柏油、茉莉子油、狗屎子油等。1952年，旧县供销社开始收购这些野生油料，每年收30吨左右。1957年下降至5吨。1978年下降至2吨。1980年停止收购。

（七）其他农副产品

野生淀粉类主要有橡子、山猪肝片、山芋片、野葛藤粉、金刚刺片等。1971年，收购金刚刺片100吨全部用于酒厂酿酒。

野生纤维主要有芦苇、竹壳、山棉皮、构树皮。1978年收购野生纤维7.8吨，还开展杭梅、黄连、金银花、黄芪、砂仁、茯苓、穿山甲、龟板、鱼腥草、山枝子、麦冬、射干、百部、淮山等野生中草药材和木粉、木薯粉、蕉芋粉收购业务。

（八）生　猪

1960年下半年开始，上级下达各生产队生猪派购任务，供销社负责收购业务。收购数量由政府分派，多的年份3000头左右，少的年份2000头左右。1985年1月，取消生猪派购。

（九）废旧物资收购

1952年，旧县供销社收购废铜300公斤。1958年“大跃进”期间，当年深入农户收购土特产品和废旧物资1万元。1965年1月，列为大量收购的废品有橡胶鞋底、麻绳、废麻袋、废渔网、旧夏布、旧棉被、旧报刊、鸡毛、杂骨、人发、牛骨、鹅鸭毛等。当年收购1.2万元。1978年除收购以上物资外，还收废旧塑料5吨，废钢钉11吨，当年收购金额达10万元。1990年后，随着市场经济发展，废旧物资回收逐步转向市场化经营。

若干年份旧县供销社农副产品收购情况表

表 12-4　单位：元

年份	收购量	年份	收购量
1952	3000	1978	100000
1958	10000	1985	110000
1965	12000	1990	150000
1970	51000	1995	160000
1975	73000	2000	170000

若干年份旧县供销社废旧物资收购情况表

表 12-5　单位：元

年份	收购量	年份	收购量
1952	2000	1985	33000
1958	5000	1990	6500
1962	8000	1995	8100
1970	19000	2000	9200
1975	21000	2005	—
1978	2300	2010	—
1982	2700	2016	100000

四、农业生产资料供应和扶持专项生产

(一) 肥　料

1. 土化肥、商业化肥　1952 年，旧县供销社开始经营商品杂肥，有硫磺、石膏、骨粉、饼肥、农盐、石灰、毛发等。当时采取就地收购、就地加工、就地销售。1958 年“大跃进”期间，旧县供销社进行土化肥生产经营。1974 年，推广菌肥，用于拌种、沾秧根，配合旧县公社农技站推广球肥深施。

2. 化学肥料　1952 年，供销社开始推广硫酸铵（肥田粉），当年销售 5 吨。1960—1970 年，旧县供销社每年供应肥田粉过磷酸钙、钙镁磷肥等约 180 吨。其时资源紧缺，供销社按计划分配供应各大队、生产队。1971—1978 年，每年调进上杭县化肥厂生产的氨水 280 吨供应各生产队。1981—1997 年，各种化肥仍由供销社发票证到农户，凭票供应。年供应各种化肥约 450 吨左右。1998 年后，化肥市场开放，个体商户亦经营农业生

产资料。

（二）农药 农药器械

中华人民共和国成立初，农药属统一平价物资，实行指令性计划管理，由供销社专营。主要农药品种有六六粉、滴滴涕、杀虫醚等。1970年后，增加乐果、敌敌畏、杀虫双、克瘟散、稻瘟净、多菌灵、呋喃单、三环唑、扑虱灵等。供销社先做好农药储存工作，在农作物发生病虫害时，确保随时供货。1985年前，农药较为紧缺，一度曾凭票供应。1990年后，供应农药有杀虫剂、杀菌剂、除草剂、灭鼠剂等50多个品种。旧县供销社还大量储备喷雾剂、喷雾粉，喷雾器，及时满足农户防治病虫害的购买需求。

（三）中小农具及其他生产资料

1950年起，旧县供销社供应的农具有犁、耙、锄头、铁锸。1990年始，增加汽油打谷机、电动打谷机，同时大量供应农用薄膜，塑料农具等。此外还供应过蓑衣、斗笠、风车、谷箩、谷笪等。

五、生活资料供应

（一）食盐 火柴

食盐是供销社经营的主要生活资料。中华人民共和国成立初，盐业公司上杭支公司统一调拨定量供应，每人每月500—750克，每公斤0.34元。

1952—1959年，火柴供应货源充足。1960—1964年，火柴实行凭票供应，每户每月3盒，每盒0.02元。1980年后，每盒0.05—0.07元，敞开供应。

（二）棉布 针棉织品

中华人民共和国成立初，旧县市场供应的棉布品种单调，只有乌斜、石口布、士林洋、白洋布等。1954年起，棉布实行发布票定额供应，国家工作人员人均8.33米；农业人口年人均5.66米。絮棉也纳入计划供应范围。1955年始，卫生衫裤、春秋衣裤、线毯、毛巾等主要针棉织品也纳入凭布票供应范围。1960年始，纯棉绒制品、袜子、手帕、背心、枕芯、枕套、被单等针棉织品均凭票供应。1960—1964年，民用定量布票减至每年人均0.83米。后提高到年人均1.67米。70年代中期起，化纤布（的确良等）进入人们生活，开始时凭票供应，后敞开销售。此后棉布等供给紧张开始缓解。1983年后，针棉织品、棉布、棉絮先后免票供应。1986年，上级为困难户提供“两棉”（棉布、棉絮）赊销，由供销部门负责实施。

（三）烟 酒

1959年下半年，香烟供给紧张，旧县供销社对全公社烟民进行登记，定量供应。1961年，卷烟凭烟票供应，人均每月3包。1963年起，烟源有所增加，采取发证、平价、定量供应和高价供应相结合的办法。1981年，卷烟调高价格后，取消烟票，敞开供应。

散装酒无需凭票；瓶装酒如四特酒等，只供应特定人群。

（四）食　糖

1954年7月始，食糖按人口发票定期定量供应。供应量每季度人均0.15公斤。1960—1962年，除对产妇、水肿病人有少量食糖供应外，一般无糖供应，只在春节时凭票供应人均0.25公斤。1963—1964年，糖源有所好转。1965年起，红糖免票供应。1987年第三季度开始，又实行食糖凭票供应。1988年4月起取消糖票。此后，未再发行糖票。

（五）煤　油

1955年，煤油实行按户凭证限量供应，每户每月供应0.25公斤。1963年后，户月均供应0.5公斤。1973年后，取消油票，放开供应。

六、扶持专项生产

（一）毛竹生产

1965年始，旧县供销社为鼓励群众交售毛竹，实行奖励政策。当年，毛竹收购每吨奖布票0.66米，1966年增加奖售原粮12.5公斤。

（二）土纸生产

1988—1989年，对土纸生产实行优质化肥换购措施，两年共收购土纸235吨。

（三）绿肥生产

1963年，旧县供销社从外省调进紫云英种子供应各生产队。1965年，供销社收购紫云英种子1.2吨。1974年，为鼓励绿肥生产，实行每供应紫云英种子1公斤，奖售原粮1公斤制度。

（四）建氨水池

1971年11月，县化肥厂农用氨水正式投产，为做好氨水储存供应，供销社为各生产队共建氨水池容量325吨，共兴建氨水池11个。

七、其他经营

旧县供销社开设图书供应门市部，经营中小学教材，农业科普书籍等。“文化大革命”期间，大量经销毛主席著作、毛主席语录、毛主席诗词。1995年前，中小学教材由新华书店门市部经营，兼营笔墨、纸张、信封等文化用品。

1994年12月，供销社兼营中成药、西药等，还创办旅社、饮食店。

若干年份旧县供销社主要农业生产资料供应情况表

表12-6　　单位：万元

时间	化肥	农药	农膜	农具	农药机械
1952年	5	3	—	0.5	0.1
1955年	6	2	—	0.6	0.2

续表12-6

时间	化肥	农药	农膜	农具	农药机械
1960 年	7	2.3	—	0.7	0.2
1965 年	8	2.5	—	0.7	0.3
1970 年	13	3.6	0.5	0.9	0.5
1977 年	26	4.3	0.6	1.3	0.7
1982 年	83	15	1.5	1.5	0.8
1985 年	87	17	1.6	1.5	0.9
1990 年	91	22	2.5	1.9	1
2000 年	149	55	2.9	2	1.3
2016 年	142	115	6	7	5
2017 年	134.8	100	8.3	8	7

若干年份旧县供销社生活资料销售情况表

表 12-7　　单位：万元

时间	1955年	1960年	1965年	1970年	1975年	1980年	1985年	1990年	1995年	2000年	2016年	2017年
生活资料销售	22	43	51	67	72	95	113	137	146	195	890	1106

第四节　粮油贸易

一、流通体制

明清和民国时期，旧县集镇及梅溪等地有粮油商店，价格由经营者操控，变动频繁、涨落幅度大。

民国 19 年（1930 年）秋，旧县苏区根据闽西苏维埃政府有关文件精神，区和部分乡成立粮食合作社和粮食调剂局，以平抑苏区粮价，稳定军需民食。

民国 30 年（1941 年），民国政府设立上杭县公沽局，实行粮食公沽办法，规定粮食在农户留口粮、种子和饲料外，其余由政府公沽价收购，禁止自由流通。

中华人民共和国成立初期，粮食仍实行自由贸易。1952 年 5 月，旧县供销合作社开展粮食购销业务。

1953 年 11 月 23 日，政务院发布《关于实行粮食计划收购和计划供应的命令》（简称统购统销），要求农民按国家有关规定，将余粮卖给国家。农民在完成征购任务后的余粮，可以在国家设立的粮食市场进行交易，不准私商随意经营。旧县供销合作社负责粮食收购、供应业务。

1965 年始，旧县粮站经营粮油实行议购议销。1966 年下半年取消。

1979 年始，实行计划管理与市场调节相结合的“双轨制”，旧县粮站恢复经营议购议销业务，1985 年后，粮油购销形成以国营为主、集体和个体并存的多渠道经营模式。

1993 年，根据中央精神，省政府决定除农业税征收实物外，取消指令性的粮油定购任务：粮食收购根据市场需求和以销定购的原则，由收购经营单位与农民签订经济合同，实行市场议购。1994 年，因粮价上涨，重新恢复购粮的收购，并以省定价格挂牌平抑市场粮价。

1996 年 1 月 1 日起，根据上级《关于粮食部门深化改革实行两条线运行的通知》精神，旧县粮食购销站实行政策性业务和商业性经营两条线运行。

1998 年 6 月 16 日，省政府颁发《贯彻国务院〈关于进一步深化粮食流通体制改革决定〉的实施办法的通知》，实行“四分开、一完善”机制（政企分开、中央与地方责任分开、储备与经营分开、新老财务账目分开，完善粮食价格机制）。粮食工作实行行政首长负责制，乡与县签订责任状，既要保证粮食流通体制改革方针、政策的落实，又要确保粮食安全，稳定粮食市场。

2001 年 7 月 21 日，国务院颁发《关于进步深化粮食流通体制改革的意见》。此后，省、市、县政府相继制定粮食购销市场化改革的实施意见。主要内容：取消粮食定购任务；农业税原则上采取征收实物办法；放开粮食购销价格，不再实行粮食收购保护价；全面放开粮食零售市场，常年开放粮食集贸市场，鼓励农民自产自销粮食，凡按规定取得经营资格的单位和个人，均可参与粮食购销经营，实行粮食市场经营主体多元化。从此，粮油经营全面放开，渠道多，市场活跃，供应充足，品种丰富，价格稳定。

二、粮食市场

（一）自由贸易

民国以前，旧县境内粮食不能自给，需向周边的长汀涂坊、上杭南阳等地调进大米、杂粮。旧县集镇上设有粮油商店，价格由经营者操控，涨落频繁、变动幅度大。年景好时，他们压价收粮囤积，反之则哄抬价格销售。

民国 19 年（1930 年）秋，旧县区和部分乡苏维埃政府分别成立粮食调剂局和粮食合作社，由普通农民自愿入股，募集股金进行粮食贸易，新谷登场时以比市场略高的价格向社员收购余粮，翌年春荒时以比市场略低的价格卖给社员，多余的则运到粮价高处出售，赚来的钱除留存公积金外，按社员所交售的谷子数量比例分红。由此平抑粮价，稳定苏区军民的粮食购销，克服由于国民党对苏区的经济封锁造成的粮食“剪刀差”问题。

中华人民共和国成立后，由于实行了土地改革，加上人民政府重视粮食生产，千方百计改善农业生产条件，农民手中粮食增加，将余粮上市自由交易者渐多。1952 年，市场粮价稻谷每 50 千克最高时为 12 元，最低时为 6 元，大米每 50 千克最高时为 17 元，最低时为 8 元。

1953 年 12 月实行粮食统购统销后，在粮食统购入库期间，禁止粮油上市。1960 年经济困难时期，允许少许粮食在当地市场交易，但在粮食收购期间，粮油自由贸易，仍予以关闭。

“文化大革命”期间，粮食自由贸易被当作投机倒把打击。

1979 年后，粮食实行“双轨制”，除粮食征购入库期间控制粮食上市场自由交易外，放开粮食市场。1985 年起，粮油购销形式以国营为主，集体和个体并存的多渠道经营模式。

2001 年，国家放开粮食市场，实行粮食市场经营主体多元化。凡按规定取得经营资格的单位、集体和个体均可参与粮食购销经营，全面开放粮食零售市场，鼓励农民自产自销粮食。同时放开粮食购销价格，由市场供求规律确定价格、自主经营、自负盈亏。各村粮油由旧县供销社食杂门市部或供销分社及各代销点销售，无专门粮油供应店。

若干年份旧县粮食交易市场价格情况表

表 12-8　　单位：元/50 公斤

年份	1953	1963	1979	1985	1995	2003	2007	2010	2017
稻谷	12	16	40	30	53	80	100	115	145
大米	16	20	50	40	67	95	130	135	200

（二）议购议销

1965 年以前，粮油议价议销由供销社系统兼营。1965 年下半年后，旧县粮站经营粮油议购议销。1966 年下半年始，在“左”倾错误影响下，粮油议购议销被视为“资本主义经营方式”而被取消。1979 年后，粮油议购议销恢复。1983 年，粮食丰盈，出现市价低于国家议购牌价局面。1984 年 4 月，中央批准平价粮转议销，省提出扩大议销，以相当于或略高于超购价的价格供应。2001 年，实现粮食购销自由化、价格市场化。

三、粮食征购

中华人民共和国成立前，官府征收田赋，时而征收粮食，时而折征钱币。

中华人民共和国成立后，田赋征收除少数严重缺粮区（旧县有扁山、福村、新康和河西个别地方）交代金外，均为粮食实物（俗称公粮）。

1952年5月，旧县供销合作社开展粮食购销业务。1953年12月起，国家实行粮食统购统销政策，采取自报公议、民上协商办法，根据县下达的统购指标，逐户落实统购数量，由供销合作社负责收购。1954年，实行以产量为基础，在扣除公粮和口粮免征粮额（每人原粮280公斤/年）后，“余粮多者多购，余粮少者少购，无余粮者不购”的原则。在执行中，由于评定产量和购粮任务政策掌握不一，向部分农户征了过头粮。

1955年12月，贯彻粮食“三定”（定产、定购、定销）政策。1956年，以全社粮食总产量来核定征购粮数。1958年，粮食征购实行包干办法，即在“三定”基础上，参照历年粮食和此后的潜力加以确定，三年不变。由于当时浮夸风盛行，出现高估产、高征购问题，全社粮食实际总产为3010吨，却上报为4020吨，结果征购入库任务被定到480吨，实际入库400吨，造成全社年人均口粮（原粮）有135公斤，人民生活陷入严重困难。

1963—1964年，粮食征购实行“一年一定”，1963年核定征购任务为188吨（新坊、梅溪2公社除外）。

1965—1970年，粮食征购任务实行“一定三年”，每年全社任务数为620吨。1971年，实行粮食征购任务“一定五年”。

1972年起，加价粮逐年增加，到1976年，加价粮增加到208吨，当年完成征购、加价粮988吨。

1976年，将“一定五年”再延长三年。1979年，全社征购任务由1978年的514吨调减为402吨，但加价粮提高到450吨，合计852吨。粮食收购价提高200%，加价粮价格上调30%。

1980年，乡政府按上级文件精神向农民征收乡统筹粮，用于水利、教育、优抚、军训、五保等，每个分田人口每年收12.5公斤，全乡每年收293.8吨。乡统筹粮收取可按当年粮价折算代金完成。

1982年，随着农村家庭联产承包责任制的落实，粮食征购由以生产队为单位改为以户为单位计算；征购加价粮任务按1979年核定数，“一定五年”不变。1984年，征购加价粮任务1080吨，全部完成。

1985年，粮食统购改为合同定购，县核定旧县乡合同定购任务988吨。1987年，开始实行粮食定购与发放预购定金、奖售柴油、奖售化肥的“三挂钩”政策和生产资料价格补贴，每落实50公斤预购，给予发放4.5元。全乡发放粮食预购定金3.5万元。

1987年，全乡完成粮食定购任务1080吨，占任务数的98%。

1993年，取消粮食定购，放开粮食价格和经营。1994年，恢复国家定购。1996年，继续实行定购粮食粮肥挂钩政策，农民每交售50公斤定购粮，可享受优质化肥12.5公斤（折成尿素实物量6.25公斤）奖售，并在国家定价基础上享受价外补贴10元，粮食定购价已高于市场价，全乡980吨征定购粮和加价粮任务超额完成。

1997年，在继续实行粮食定购同时，执行按保护价敞开收购农民余粮政策。

2001年，粮食市场购销实行市场化改革，取消粮食定购、保护价收购和定购粮粮肥挂钩政策。旧县粮站收购任务主要是征粮和订单购粮，按早、晚稻四六开进行收购。是年，征粮全面实行征收实物和折代金双轨制，直至2003年。

2004年，取消农业税征收，农民种地交税的历史终结。同年始，以粮食储备订单收购合同形式收购粮食，并给予每50公斤价外直补4元、良种补贴1元；2008年始，直补10元。

2005年，取消乡统筹粮征收。

若干年份旧县公社完成粮食征购情况表

表12-9　　单位：吨

年份	征粮	购粮	加价粮	零星收购票证兑换	合计	年份	征粮	购粮	加价粮	合计
1973	295.6	163.4	100.3	89.4	650.7	1979	269.1	63.15	469.1	801.35
1975	291.7	167.15	100.05	78.8	638.1	1980	262.2	128.9	330.2	721.3
1976	308.9	166.6	100	—	639.7	1981	—	—	—	636
1977	302.6	164.6	206.2	—	673.3	1982	263.1	62.5	310.7	—
1978	390	286	—	—	676.4	—	—	—	—	—

四、粮油统销

（一）回销粮供应

1955年粮食“三定”时，扁山、福村、新康和河西的一些地方划为常年缺粮村，缺粮部分由国家统销，分月安排，发证供应到户。1974—1980年，在“统筹兼顾、适当安排”方针下，实行“一年一定”安排回销粮，对部分缺粮村烈军属困难户、五保户、因天灾人祸的困难户等，每年从国家返销粮中予以解决，由县分期分批把返销数量下达到公社，然后逐级分配到各大队、生产队，通过群众民主评议后安排到户，再造册报公社审批，送粮站发证供应。但因粮食普遍困难，返销粮往往被平均分配。1981年后，未再安排回销粮。

1966—1980 年旧县公社回销粮供应情况表

表 12-10

年份	1966	1971	1972	1973	1975	1976	1977	1978	1979	1980
全社合计（吨）	262.5	281.1	101.2	183.75	82.5	92.9	95.88	73.5	92.2	91.5
人均（公斤）	16.92	16.25	5.73	10.23	4.35	4.76	4.81	3.63	3.50	3.91

说明：以上数据来自上杭县历年国民经济统计年鉴

（二）非农业人口粮油供应

中华人民共和国成立初，人民政府对地方军政人员实行供给制。1953 年 12 月，执行粮食统购统销政策后，党、政、军机关工作人员，以及学校、工厂等企事业单位和城镇居民按规定标准实行粮油计划供应。粮食部门根据核定数发给购粮凭证，定点按月供应粮油。1955 年 9 月，省人民委员会制定《福建省市镇粮食定量供应实施细则》。其供应方法是核定地址，发给粮卡、粮证或票证，定点供应。市镇居民粮油定量根据劳动强度，年龄大小及不同地区，划分为 9 个等级，随人口增减、年龄增大，办理变更手续。1959 年后，粮食紧张。1960 年 9 月，开始压缩市镇人口，降低市镇人口粮油供应标准。1963 年、1974 年和 1980 年，对粮油供应标准作调整。

1993 年起，城镇居民粮油在市场自由购买。1998 年后，粮站不再填发粮油证，干部职工、城镇居民粮油供应市场化。

五、储　运

（一）仓　库

民国时期，境内新乡一带的公粮，在河西的拱桥西头设有大粮仓储存。民国 34 年（1945 年），三益乡公所在梅溪寨设仓寮，可储存 1000 石稻谷。整个谷仓的楼房，楼板用三四厘米厚的杉木板铺设，楼上放置稻谷，楼下为杂物间，粮食用木船从各村运至此地。

中华人民共和国成立后，1953 年 12 月实行统购统销，储粮增多，旧县境内先后在妫芳祠、弓厂里、石圳兰屋、新坊、梅溪笛子岗、角龙鹿颈岗等地利用旧时宗族用于储存稻谷的旧仓库和新建造的储粮库储存粮食。

（二）保　管

1955 年起，粮站开展创“四无”（无害虫、无霉变、无鼠害、无事故）粮仓活动。此后贯彻“以防为主、综合防治”的保粮方针，落实粮仓管理标准和各类储备粮管理要求；不断完善和健全各项规章制度，严格执行查仓制度，每月进行自查和站查，每半年开展“一符四无”（账实相符、无害虫、无霉变、无鼠害、无事故）活动；应用科学保粮新技术，确保储粮安全与质量。

（三）调　拨

1953年后，粮油调拨严格执行国家计划和“先中央、后地方”以及“保证重点、照顾一般、好粮外调”的原则，做到不合规格的粮及虫粮不调，定量不标准的不调。1994年实行市场调剂粮油，自由调拨。定购粮的购销平衡调拨，按县政府规定执行至2000年年底。2001年，粮站实行机构改革，粮油实行“购销包干，各站自负”的管理制度，所购粮食全部外运。

（四）运　输

民国以前，旧县输入、运出粮食，大部分靠旧县河木船水运。民国初年，田赋多折收银元，征收的少量谷子供地方官员食用。民国30年（1941年）12月，田赋改征实物后，大部分靠水运，少数靠人力运往指定地点入库。民国25年（1936年）8月后，上杭至新泉的公路虽然完工通车，但由于路况差，特别是汽车少，粮食运输仍难以用汽车完成。

中华人民共和国成立初，旧县区所征公粮，除存储在旧县妫芳祠、梅溪仓寮里外，还通过水运和当时的“杭永公路”用汽车运 送到上杭丁家山“万石仓”入库。二十世纪七八十年代，随着道路交通的发展，粮食调拨改用汽车和拖拉机等运输。

六、管　理

（一）机　构

民国19年（1930年）秋，旧县苏区区和部分乡先后设立粮食调剂局，建立粮食合作社；每个粮食合作社设委员5人、主任1人（常驻）。1934年旧县苏区沦陷后，粮食调剂局和合作社停办。

民国30年（1941年），上杭县国民政府设立公沽局，实行“粮食公沽办法”，规定粮食由政府公沽价收购，禁止自由流通。

中华人民共和国成立初，第八区政府设财政组，各乡（村）设财粮委员，负责征收公粮支前和运粮，供应党政军人员和学校给养。

1952年11月，区设公粮支库，以加强公粮征收，进行粮食调度并通过供销合作社开展粮食购销等业务。

1954年5月，设旧县区粮食管理站，有干部职工7人。1959年，改称旧县粮站。

1971年，旧县粮站并入公社财贸服务站，但业务仍分开办理。1972年7月改称旧县公社粮食管理站，设站长1人、指导员1人。干部职工5—8人。

1978年，旧县公社粮食管理站更名为上杭县粮食局旧县粮站。

1986年，旧县粮站有干部职工10人，其中正式工4人，临时工2人，计件工2人，季节性计件工2人 ，下设1个分仓，2个门市部，1个自产自销粉干作坊，2个加工厂

（其中一个是面干加工厂）。

1988 年，旧县粮站更名为旧县粮食购销站。2017 年年底，有干部 1 人。

旧县粮食购销站（粮站）历任站长情况表

表 12-11

姓　名	任职年份	姓　名	任职年份
薛元文	1965—1975	王近芳	1992—1996
谢元高	1976—1979	丁和兴	1997—2003
罗华祥	1980—1983	李德胜	2004—2011
李绍连	1984—1986	袁俊文	2012—
李祖钦	1987—1991	—	—

（二）票证管理

粮　证　1953 年 12 月实行粮食统购统销政策后，对居民粮食供应实行核定数量，凭证定点供应。1955 年后，始用市镇居民粮油供应证和农村粮油供应证。旧县粮站对所辖居民和用粮单位每年更换一次购粮证：每季核证一次，并定期或不定 期对人口变动、工种等级用粮进行检查或更改，及时堵塞漏洞。供应农村粮食分别使用回销粮证和周转粮证。

1961—1969 年，使用过借粮证和代管粮证。对工商行业使用粮油和饲养单位的饲料粮，发给专用粮油供应证和饲料粮证。1993 年，根据国务院《关于加快粮食流通体制改革的通知》精神，全面废止定量供应粮油政策，同年 4 月 1 日起，城镇居民粮油供应证改为粮籍证。

粮　票　在境内流通的有全国粮票、福建省地方粮票。1984 年，使用过福建省流动粮票，规定流动人口实行证票合一使用。1960—1984 年，收购农副产品时，使用过福建省奖售粮票（原粮票）。1993 年 4 月起，取消粮票。

（三）业务管理

1959 年 7 月，粮站实行独立核算。1960 年起，粮食购销调存实行费用包干。

1981 年，实行粮食购、销、调差额大包干，并实行定额考核，指标责任落实到仓、点，对平价销售进行压缩，扩大议价经营范围。

1985 年起，国家试行粮食体制改革，粮油计划管理实行“购销包干、差额管理，财务包干、钱跟粮走，一年一定、少购多销，盈亏自负”的管理制度。

2001年后，精简人员，转换经营机制，发挥属地优势参与粮食收购市场竞争，突破“就地购销”的僵化经营模式，开展“即购即销”“内购内销”“外购外销”“联营购销”等业务，扩大经营范围，提高效益。

第五节 住宿业、饮食业和其他服务业

一、住宿业

民国时，旧县集市有陈家瀛开办的“乐安客栈”，为过往客商提供住宿。中华人民共和国成立后，在旧县集市上开办客栈的有陈家仁、陈培龄等。梅溪笛子岗有胡进隆在中华人民共和国成立前后开设简易客栈。民国时石圳村孔瑞麟等也曾开过简易客店为来往客商服务。

改革开放后，旧县车站职工利用富余房间开设过床位不多的简易客栈。2017年，旧县集市仅剩“翠园旅馆”，共有床位16张。

二、饮食业

20世纪90年代以前，在旧县、石圳、梅溪等人口稠密处有个体户除卖新鲜豆腐外，另外还加工油炸豆腐，备好鲜姜葱汁、酱油或盐水，供客人现炸现蘸酱油或鲜葱姜汁盐水食用（称吃“盐水豆腐”）。旧县集市上，圩天有人提供小锅给赶圩人煮猪牛肉、粉干、面干蔬菜等食物，提供者视情给予收取一定费用。20世纪60年代后，旧县供销社先后在旧县老市场东北角和新市场（205国道旁）开办饭店。改革开放前，饭店基本只供应煮面、清汤面，煮面每碗0.24元加3两粮票，清汤面每碗0.12元加2两粮票；圩天也有个体户在圩场固定位置用简易小灶煮蕉芋粉条、粉丝等非主粮食品，每碗0.05—0.1元售给顾客即食。80年代后，个体、私营饮食加工摊点、专业户蓬勃兴起，加工豆腐、豆腐干、烧烤、鱼丸、鱼白油炸糕等食品者甚众。进入新世纪后，不仅有等客上门的酒家，还有上门服务的流动酒家。从事饮食服务业者须经过专业培训，特别是严格的身体检查，各种条件都合格者始可持证到各工矿企业和行政、企事业单位食堂及餐馆、酒店经营饮食服务。2017年年底，旧县镇持有合格证件从事饮食服务业实体达46家，流动酒家14家。

三、其他服务业

（一）理 发

民国以前，旧县集镇上有理发店。中华人民共和国成立后，在旧县集镇上开理发店者一直稳定在3—4家。在各村民间理发从业人员1985年以前，大多实行“扎头”经营模式，即理发人员每个月到人家里为一家男性理发一次，暂时不取钱，到年终结账时一次性付清，到时主家有钱付钱，无钱按时价称给稻谷等亦可。

改革开放后，农村理发从业者大多为中青年妇女，他们不但为男人理发，也为妇女烫发、剪发、染发、焗油、修眉、美容和化妆等。随着社会发展进步，传统理发行业已演变为现代美容美发业。2017 年年底，旧县境内有美容美发店 16 家，传统理发店 15 家。

（二）货郎贸易

2000 年以前，境内各村有少数“货郎”形式贸易者，挑着货郎担走村串户销售针头线脑，蔬菜种子、薄荷糖、饴糖（麦芽糖）、烟丝等各种货物，或以货易货回收塑料，废铜烂铁、锡制牙膏盒子等收购品。2017 年年底，境内水东村和尧埔村各设废品收购站 1 个。

（三）日用品修理

二十世纪五六十年代以前，境内零星修理主要有修理钟表、雨伞、锅头、门锁、电筒、塑料鞋、塑料桶、水缸等，一般都是圩天在集市上定点开展这些修理服务，也有人挑着简易修理工具箱走村串户服务。而打酒壶或修补锡制酒茶壶者则多为广东五华人。

1970 年后，修理单车、缝纫机、收音机等从业人员渐多。

1990 年后，修理业主要有修理家电、摩托车、电动车、汽车等行业。

2017 年年底，旧县镇有摩托车、汽车修理行业共 8 家，家用电器修理店 5 家。

（四）裁　缝

民国时期，缝纫机尚未普及，衣衫制作一般是手工裁剪和缝制。1930 年，河东村陈为云学成裁缝后，购德国造缝纫机一台营业，是旧县首家有缝纫机从业的手工业者。此后，陈为云因其拥有先进缝纫设备和精湛缝纫技术，业务除旧县外，还遍及周边南阳、通贤、才溪等乡镇。直至 20 世纪 90 年代初，该缝纫机仍可使用。

缝纫机替代手工缝纫后，特别是 1980 年后，旧县市场裁缝兼营卖布者逐渐增多，裁缝师进来各色布料任由顾客挑选，选中后量身定制衣服成品，既方便顾客又增加收入。20 世纪 90 年代，境内几乎每村都还有裁缝师傅。2000 年后，各城市服装加工业蓬勃发展，人们穿衣都从商店集市购买成品，民间裁缝业逐渐萧条。至 2017 年年底，只剩下个别年老裁缝师为人缝补工作服，从业者已很少。

（五）镶牙补齿

民国时，旧县有坝上村江如潭开设镶牙补齿店，中华人民共和国成立后，其侄江嘉荣继续从事这一行业。改革开放后，旧县市场开设 3 家镶牙补齿店。其中，龙溪陈冬章户还在县城设立分店。

（六）图章刻制

民国时期，境内有铁场村江家鸿从事图章刻制，但多在宁化等地从业。中华人民共和国成立后，他从宁化回到上杭县城从业，合作化后并入城关刻字社，后被抽调参与创办县工艺美术厂。中华人民共和国成立后，境内从事刻字业者还有陈致寿、陈靖、陈冠河 3 家。进入新世纪后，随着电脑刻制图章兴起，手工刻字者渐少。2017 年年底，旧县已无人从事此业。

(七) 照 相

20世纪60年代前，旧县无人从事摄影照相业。至70年代中后期，河西陈宝隆开办照相业务。初时为黑白，后发展为彩色，并逐渐更新设备，开展洗相、复印等多种业务。迳美村林涛从2000年开始在家中设馆照相，并引进新设备开展此业务。2017年年底，陈、林两家生意仍然红火。

(八) 文印 洗车

2017年年底，旧县有打字复印店3家、洗车店3家、汽车和摩托车加油站2家。

(九) 食品站

旧县食品站是国营全民所有制单位，1976年设立。1983年以前，执行国家猪牛羊禽蛋派购政策。肉食短缺时期，到外省调入冰冻猪肉按本地市场价1.52元1公斤供应群众，同时还供应海产品（冰冻带鱼等）。改革开放前一段时期，国家凭票供应市镇居民猪肉，其供应业务由食品站经营。农村群众完成派购的生猪由食品站收购暂养。派购取消后，食品站业务主要对农村生猪经营购、销、调，以促进和稳定农村生猪市场流通。1993年1月，旧县食品站停业。

旧县食品站历任站长情况表

表12-12

姓 名	职 务	任职年份
游宝钦	站长	1976—1978
张仰高	站长	1979—1983
陈任龄	站长兼会计	1984—1992

第十三章　工商　税务　金融　财政

第一节　工商行政管理

清光绪三十四年（1908年），旧县设商务分会，采取行政管理与业务经营结合办法，主管商人经济活动。民国19年（1930年），商务分会改为商会，兼工商行政管理工作。第二次国内革命战争时期，旧县苏维埃政府重视发展工商业，加强市场管理，打击奸商，稳定苏区物价，以粉碎国民党统治区对苏区经济封锁。红军长征后，旧县工商行政管理职能再度由国民党政权管理。

1951年，旧县区（第八区）成立工商业联合会，负责辖区内工商业管理，并引导商户诚信、守法经营。1962年，旧县公社成立市场管理委员会。1979年撤销此会。1980年，成立旧县工商行政管理站，规范工商市场管理，保护合法经营，促进经济发展，保护消费者合法利益。随着社会主义市场经济体制逐步建立和完善，工商站职能由原来打击投机倒把、走私贩私为主转为以打击商标侵权、制售假冒伪劣产品和维护消费者正当权益为主。

一、市场管理

清初发“盐引”（证明），凭证运盐纳税。清代，在集市上交易需经“牙人”（中间人）拍板定价。民国时期，交易主要靠交易所、“牙人”进行。

民国18—19年（1929—1930年），旧县苏维埃政府执行上杭县第一次工农兵代表大会提案对粮食有关规定，加强对粮食市场管理，以促进苏区市场繁荣。民国22年（1933年）2月，中华苏维埃共和国临时中央政府运输管理局在旧县、石圳两地设立检查站，检查水运、陆运过往物资证件和出口证明，严防逃税、漏税、贩卖金银等不法行为。

中华人民共和国成立后，区人民政府执行“发展经济、保障供给”方针，保护合法经营，保护生产、消费各方利益，稳定市场秩序。1953年冬，贯彻执行政务院《关于实行粮食计划收购和计划供应的命令》和《粮食市场管理暂行办法》，米谷食油等统由国家经营，不准私人自由买卖。其时，旧县供销社代行粮油经营。

1962年，旧县成立市场管理委员会，主要职责是：宣传建立社会主义文明市场，敦促商户合法经营；打击弄虚作假和短斤缺两不法行为；管理市场秩序和治安卫生；向个体商户收取市场管理费。当时的收费标准分三等：挑担贸易者每个摊位收5分，炸油炸糕、炸豆腐、卖鸡鸭笼畚箕者，每个摊位收 1 角；卖猪肉、卖谷箩谷笪者每个摊位收 5 角。收费收据由公社管委会印制，所收管理费上交公社财务。

1962—1966 年，加强对一、二类物资（一类指粮食、油料、棉布；二类指竹木、土纸）的管理，规定不准这两类物资进入初级市场，不准商贩投机贩运；生产队生产的一、二类物资不准自由上市，应全部卖给国家；打击哄抬价格，套购、抢购一、二类物资的投机倒把行为。开放三类物资，取缔无证经营，制止弃农经商，限制长途贩运。

“文化大革命”期间，把国家规定的所谓一、二类物资上市交易作为打击投机倒把的主攻方向。1967 年起，聘请 2 名市场协管员，在旧县圩日时协助收取市场管理费和负责仔猪交易的公平秤。

中共十一届三中全会后，国家相继发布《集市贸易管理办法》等法律法规。1980 年才溪成立工商行政管理所，市场管理逐步走上法制轨道。其时，旧县工商站隶属才溪工商所管辖。到 2015 年，又改为临城市场监督所管辖。

1981 年，查处手表走私活动。

1984 年，整顿市容市貌。

1993—1997 年，对市场上假冒伪劣产品突击检查销毁。

1999 年 3 月 15 日，国家工商行政管理总局在原信息产业部的大力支持下，在全国统一开通“12315”消费者申诉举报专用电话。全国各级工商行政管理机关以“12315”电话为依托，建立以现代信息技术为主要手段，集受理、查处、监管为一体，覆盖全国城乡的“12315”消费者申诉举报服务网络。“12315”专用号码启用，进一步使消费者诉求渠道畅通，更加方便工商部门及时受理和处理消费者申诉举报，更好地保护消费者权益，严厉打击制售假冒伪劣商品行为，及时有效查处各类经济违法违章案件，维护市场经济秩序公平、公正，促进经济健康发展。

2008 年 9 月 1 日开始，停征市场管理费和个体工商户管理费。

2011—2016 年，旧县共查处较突出违法违纪经营案例 20 例。

二、企业登记管理

（一）企业登记

1962 年，旧县市管会开始对个体工商户登记发营业执照。程序是先由个体户提出书面申请，后由旧县市管会签意见报县审批，合格的发给营业执照许可证。

“文化大革命”期间，企业登记业务一度停止。

1978 年，恢复企业登记工作，登记的企业涉及商业、照相、镶牙、饮食、雕刻、修理等行业共 10 来户。

随着市场经济逐步建立和完善，个体工商户及各企业增长迅速，登记发证的个体工商户和各种企业大幅上升。2017年年底，全镇登记的工商户689户，1370人，注册资金7574万元，企业138个，雇工总人数2153人，注册资金65100万元。

（二）监督管理

1956年，开始对私营工商业进行社会主义改造，采取“和平过渡”方针和“赎买”政策，将个体商户过渡到旧县供销合作社。

1985年，旧县成立个体劳动者协会，有会员60人，占登记发证个体户的100%。同年始，放宽对个体经济的政策界限，允许个体户起字号、刻图章、在银行开立账户；放宽经营范围和经营方式，允许个体手工业使用机动工具加工，生产。个体运输业根据当地具体情况，允许使用机动车船承揽客、货运输。个体工商户经批准可从事长途贩运，批量销售。

1986年，加强对机动车辆运输管理，凡参加营运的汽车和拖拉机均要求办理执照，照章交纳税费。

1987年，稳步发展各类经济联合企业，并从经营范围、经营方式，审批手续适当放宽，支持商业深化改革。

1994年，宣传贯彻《中华人民共和国公司法》，推动全乡企业进行转换经营机制，有计划、有组织、有步骤地进行现代企业制度试点工作，使得全乡工商企业比较平稳发展，特别是建筑企业发展较快。到2017年年底，旧县一级建筑企业32家，二级建筑企业101家，三级建筑企业27家。

三、商标管理

1980年以前，境内村民做生意，商标意识淡薄，不注重商标知名度。

中共十一届三中全会后，旧县境内工商企业逐渐增加。2001年《中华人民共和国商标法》颁布实施后，企业商标意识增强，运用商标开拓市场。境内角龙的“喜丰酸浆豆腐”、石圳的“富贵豆腐”及坝上的“家膳美豆腐”都在工商部门进行商标注册，提高产品知名度。旧县一级建筑企业家阙祥富，从2014年开始到2017年年底在上杭工商局注册商标共有9个，商品在广东、湖南等省顺利销售和利用，生意日益红火。

若干年份旧县个体工商户商标注册情况表

表13-1

注册号	商标	申请日期	注册日期	申请人	申请人地址	使用商品
4387837	钟爱	2004-11-30	2007-07-28	俞永清	迳美村	立体装置、耳机、电视机、录音、载体等
4839507	KNB	2004-12-29	2007-09-07	俞永清	迳美村	扬声器、音响、密纹盘、照相机等

续表13-1

注册号	商标	申请日期	注册日期	申请人	申请人地址	使用商品
4439508	钟爱	2004-12-29	2007-09-07	俞永清	迳美村	显微镜、电源材料、赏光灯标等
5407771	雪普	2006-06-09	2009-06-07	张荣林	河东村	磨具、锤镐、螺丝扳手、手动压机、刻字笔等
5421442	CTP	2006-06-15	2009-05-21	张荣林	河东村	车辆零件、摩托车零件等
6570236	俏皮猪	2008-02-29	2010-07-07	陈小燕	河西村	仿皮革、书包、钱包、手提包等
6516730	华都艺品	2008-01-18	2010-07-21	陈紫贤	河西村	洒水器、梳、化妆用品、水晶等。
6570618	HD	2008-02-29	2010-03-28	陈紫贤	河西村	厨房容器、日用玻璃器皿等
11115087	金徽	2012-06-25	2014-01-07	郭开荣	水东村	非金属大门、折门、地板、门板、门框、楼梯等
11677027	尧埔特奇	2012-10-31	2014-04-07	特奇机砖厂	尧埔村	石灰、石料、水泥、砖、非金属砖瓦、非金属建筑材料等
11227545	艺品	2012-07-19	2013-12-14	翁彪功	迳美村	电炊具、冰柜、空调设备
11227544	左联	2012-07-19	2013-12-14	翁彪功	迳美村	热气装置、消毒设备、电暖器等
14660019		2017-07-09	2015-08-21	阙祥富	梅溪村	钢合金、钢管、钢结构建筑等
27960121	图形 S	2017-12-07	2018-12-07	阙祥富	梅溪村	除尘制剂、润滑剂、工业用油、燃料、蜡烛、电能等
27950491	家图形	2017-12-07	2018-12-14	阙祥富	梅溪村	发动机燃料添加剂、生物化学催化剂等
	家膳美	2008-03-12	2008-12-03	江贤善	坝上村	生产豆制品、豆腐、豆腐干、豆腐皮
27960122	图形 S	2017-12-07	2018-12-14	阙祥富	梅溪村	磨具、园艺工具、手工操作手工具、动物剥用器具手电动泵、雕刻工具等

续表13-1

注册号	商标	申请日期	注册日期	申请人	申请人地址	使用商品
27947835	图形	2017-12-07	2018-12-14	阙祥富	梅溪村	医疗器械和仪器、手术刀、医用X光装置、助听器、奶瓶等
27937673	图形	2017-12-07	2018-12-14	阙祥富	梅溪村	体育用子弹、火器、抢、武器肩带、爆炸弹药筒等
27937673	图形	2017-12-07	2018-12-14	阙祥富	梅溪村	雷管、火药、烟花、个人防护用喷雾等
27945846	图形	2017-12-07	2018-12-14	阙祥富	梅溪村	钢琴、校音器、吉他、音乐盒及各种音乐器具和设备
27960142	图形S	2017-12-07	2018-12-14	阙祥富	梅溪村	绳索网、运载工具非专用盖章、帆防水帆布、包装用纺织品袋等
26043619	聚宝	2017-08-24	2018-08-28	张昌金	河东村	汽车配件、手推车轮、空中运载工具、螺旋桨、电动自行车等
19687999	啄	2016-04-19	2017-06-07	陈瑞明	龙溪村	铂、首饰盒、玛瑙、珠宝首饰、宝石、墨玉、翡翠、玉雕艺术品等
16557289	德牌	2015-03-24	2016-05-28	陈永德	河东村	混凝土、砂浆、玻璃钢建筑材料、石灰
16557333	双髻山	2015-03-24	2016-07-14	陈永德	河东村	石膏、石膏板、涂层、（建筑材料）
16622414	欣田	2015-04-03	2016-05-21	陈勇贤	河西村	半成品、成品木材、胶合板、贴面板、木板条、木地板、建筑用木材
16707853	安普视	2015-04-14	2016-12-07	罗喜泉	角龙村	电源材料、显微镜、闪光灯标、信号灯等
27407643	瑟利亚	2017-11-10	2018-10-21	江小坚	坝上村	家具、画框、竹杠工艺品、家用宠物窝、野营用睡垫等

说明：以上资料来源于上杭县工商局

四、管理机构

1962年，旧县成立市场管理委员会。1970年，旧县市管会并入才溪中心市管会。1980年，才溪中心市管会改为才溪工商所。当年下半年，旧县市管分会改为旧县工商站，业务上受才溪工商所管理，行政上受旧县公社领导。2015年，旧县工商站归并到临城市场监督管理所。

旧县市管会（工商站）历任负责人情况表

表 13-2

姓　名	职　务	任职时间
谢友春	主　任	1962—1970 年
孔凡球	主　任	1971—1976 年
林鑫华	主任、站长	1977—1984 年
韩　强	站　长	1985—1989 年
石家盛	站　长	1990—1998 年

附：个体劳动者协会

（一）组织机构

1985 年，成立旧县个体劳动者协会，会员 60 余人，协会委员 6 人，首任会长邹仰坤。2003 年换届选举，陈良当选会长。

（二）主要活动

一是维护市场秩序，管理市场摊位。协会购置摊板 60 余副，每逢圩天由专人按指定地点摆放，租给商户经商，每圩向每个摊位收取 5 元租赁费。

二是对全乡个体商户进行管理，督促商户及时办理营业执照，监督商户合法经营。协会视个体商户经营规模，每月收取 10—30 元管理费，作协会工作经费。

三是每年举办一次个体商户政策法规宣传培训，年终对部分困难商户走访慰问。

第二节　税　务

一、工商税

明、清时期，旧县主要有货物税、门摊税、印花税、盐税、屋铺税、路捐等税种。

民国时期增开征契税、烟酒营业税、屠宰税，改厘金为营业税、屠宰税，增加教育附加税、三成税等。还使用过牌照税、房捐、筵席税及娱乐税、码头金等。民国 20 年（1931 年），苏维埃政府在石圳潭设关税处，课税商品主要是出口土纸，收 3%关税。另还有向旧县河上游运送的京果、鱿鱼干、墨鱼干、大饼、食杂和鸡鸭等收 3%；药材税率较低。红军所需物品免收关税。每月关税费可收 1000—2000 元。

中华人民共和国成立后，根据政务院 1950 年 1 月公布的《全国税收实施要则》，开征 14 种税。旧县实际征收的有：货物税、门摊税、屠宰税、盐税、印花税、牲畜交易税、特种消费行为税、车船使用牌照税等税种。1953 年修改税制，一度将货物税部分应税品种及营业税，印花税合并试行商品流通税。1958 年简化税制，又将税种合并为 3 种，即工商统一税、工商所得税和盐税。20 世纪 70 年代增征教育附加税。1983 年后调整健全、完善税制，强调集中统一，增加税种。至 1987 年，工商税种有产品税、营业税、增值税、所得税和盐税 5 种。

1994 年，实行分税制财政体制改革，建立中央税收体系和地方税收体系。税收收入按税种划分为中央税、地方税及中央和地方共享税，其中关税、消费税为中央税；增值税、所得税、资源税为共享税；其他为地方税。税务部门实行机构分设，成立国家税务分局和地方税务局。前者征收的税种包括增值税、消费税、中央企业和外资企业所得税等中央税及中央和地方共享税；后者征收的税种主要是营业税、企业所得税、个人所得税、城建税、房产税、土地使用税、车船使用（牌照）税、印花税、土地增值税、资源税、屠宰税等。其中耕地占用税、契税、农业税、牧业税等“农业四税”由农税管征。新税制对税种进行调整，将原个人所得税、个人收入调节税、城乡个体工商户所得税合并，建立统一的个人所得税；对企业所得税实行统一的内资企业所得税制度；取消产品税，把原由产品税、增值税、营业税组成的流转税改为由增值税、消费税、资源税和营业税组成，统一适用于内资企业，取消对外资企业征收的工商统一税。对商品的生产、批发、零售和进口普遍征收增值税，并选择部分消费品交叉征收消费税，对不实行增值税的劳务交易和第三产业征收营业税。同时，逐步建立申报、代理、稽查结合的“三位一体”征管模式。

若干年份旧县乡工商税收完成情况表

表 13-3　　单位：万元

年份	增值税	营业税	个人所得税	印花税	城建税	入库合计
1982	—	—	—	—	—	11. 1918
1983	—	—	—	—	—	11. 6860
1984	—	—	—	—	—	12. 3419
1986	—	—	—	—	—	13. 6318
2009	17. 7525	36. 4961	13. 3241	2. 0846	1. 2188	70. 8761
2010	60. 3400	23. 8870	10. 1404	1. 0161	0. 8342	96. 2177
2011	51. 5600	62. 8013	18. 2636	1. 4576	1. 3646	134. 2191
2012	78. 7200	93. 4881	16. 7587	2. 7934	8. 7530	20. 05132

续表13-3

年份	增值税	营业税	个人所得税	印花税	城建税	入库合计
2013	148. 2250	48. 9238	12. 9074	0. 6013	6. 4423	217. 0998
2014	49. 4900	93. 8378	83. 1573	1. 7323	17. 1054	245. 3228
2015	33. 9000	181. 0710	33. 3466	2. 7871	9. 1086	260. 2133
2016	618. 9000	116. 1600	9. 2400	3. 3800	7. 8900	1282. 3900
2017	219. 9700	19. 8300	22. 7100	9. 4800	6. 4800	278. 800

说明：1982—1986 年税收入库数由上杭县历年统计年鉴提供；2009—2013 年数据由旧县镇财政所提供

二、农业税

宋、元、明、清时期税收无统一制度。宋征地丁、粮米。明洪武十四年（1381 年）丈量土地，分官、民二等。清代官田分四等五则，民田分三等，杂田分七等；雍正二年（1724 年）摊丁入亩，地丁、粮米合并征收。

民国初，上杭税务地丁改赋。民国 30 年（1941 年）始田赋改征实物（稻谷），全部归中央收入。此后每年征粮有增无减。民国 35 年后，征收银元代金。

中华人民共和国成立后，农业税主要以交稻谷（公粮）为主。1953 年 12 月起，开征第一年度公粮，数额为民国 37 年（1948 年）在册赋额的 71. 5%。到 1958 年改革税制前，为鼓励增产实行增产不增税政策，并采取评定产量，依率计征，一定计征，5 年不变。1958—1980 年，征粮任务分配到各生产队集体交缴。1980 年起，增加征收乡镇统筹粮，主要用于水利、教育、优抚等公益事业。生产责任制落实后，按承包土地亩数和农村人口数，分别确定每户的征粮和订购粮。国家为减轻革命老区、贫困乡村负担，实行农业税起征点办法，凡每人平均口粮 200 公斤以下、收入 50 元以下的免征。1982 年旧县公社共交征购粮 615 吨，其中征粮 263. 05 吨，统购粮 62. 25 吨，加价超购粮 292. 1 吨。1984 年旧县乡完成征定购粮 504. 7 吨，超额完成 9. 7 吨。1994 年完成征定购 378. 8 吨；1996 年，980 吨的征定购粮和加价粮也超额完成。2001 年，征粮实行征收实物和折代金双轨制办法并行，当年按早晚稻谷、收征粮 302 吨，收购粮 236 吨。2004 年起，国家取消农业税征收，开创免收“皇粮国税”和各项统筹粮历史。同时给农民农田定补，补助款逐年增加。

三、特产税

20 世纪 50 年代初，对茶叶、水果、竹木、烤烟及其他特产等开征农林特产税，征收办法按特产具体数量征收（未限额），烤烟则是按种植面积计量征收，按固定税率 60%计征。2003年国家进行农村税费改革，当年起，免除烟叶、竹木收购环节特产税外的其他特产税。2008年始，停征各种特产税。

若干年份旧县乡农业税收完成情况表

表13-4

年份	乡财代垫农业税	乡粮顶抵农业税	境内各村共完成农业税（合计）	总计	完成任务
1966	—	—	—	原粮462400公斤	100%
1971	—	—	—	原粮471400公斤	100%
1972	—	—	—	原粮482400公斤	100%
1975	—	—	—	原粮47200公斤	100%
1976	—	—	—	原粮639700公斤	100%
1977	—	—	—	原粮67300公斤	100%
1987	—	—	—	原粮457100公斤	100%
1988	—	—	—	原粮454600公斤	100%
1989	—	—	—	原粮457700公斤	100%
1990	—	—	—	原粮454200公斤	100%
1999	13.19万元	—	22.02万元	原粮代金共35.2万元	100%
2000	0.87万元	6.76万元	17.85万元	原粮代金共25.48万元	100%
2001	0.11万元	5.53万元	25.44万元	原粮代金共31.08万元	100%

说明：1966—1990年数据来自上杭县历年统计年鉴。1999—2001年数据由旧县乡财政所当年手写稿登记表提供，特产税征收数据因查无资料而未列入。2002—2003年农业税征收数字也由于查找不到该数据而无法反映

四、税务管理机构

宋初，县以下为乡里，以里正负督催赋税之责。宋神宗（1068—1085年）时改革乡制，推行保甲制度，设甲头负责督催赋税苗役。

明代，乡制为里甲制，十户为一里，百户为甲，里甲之职在催征赋粮，解收田赋者为粮长。

清咸丰（1851—1861年）、同治（1862—1874年）年间，创设厘金，税收征收由保甲长负责。

民国时期，农村皆实行由当地豪绅承包的包税制。其间，苏维埃时期，区政府设财

政科，并成立区人民税收委员会，税务员由上杭县苏维埃政府执行委员会指定。民国19年（1930年），旧县设关税总处，管理官庄、同康、石圳3个关税。石圳潭关税处由陈善奎任主任，张发万任会计、孔元先任出纳，饶德礼任核算员，林斌任检查员。此外还有保卫局4名武装人员，1名炊事员，关税收入每半个月结算一次，上交旧县总处。税票一式两联，上刻“中华苏维埃共和国石圳潭关税处”大红印章。苏区沦陷后，此关税处随即停止工作。

中华人民共和国成立后，实行“统一领导、分级管理”体制，税法、税率、税种统一由中央政府制定和颁布实行。1975年8月，旧县税务站成立，职责除负责日常征收管理工作外，还利用各种形式开展税务宣传，做到家喻户晓，人人自觉照章纳税。1986年，国务院发布《税务征收管理条例》，进一步充实完善税收管理制度，使税收管理工作制度化、规范化。1987年，根据国务院“严肃税收法，加强税收工作”规定，实行多种减免和照顾，国营粮站的平价粮油，医院的医疗保健收入等免征营业税；矿山建筑工程的资金不征奖励费；免征乡企业产品税等。1988年，继续执行1984年国家制定的第二步利改税和工商税制改革的体制。共有23个税种由市县局统一征收。1993年，随着《中华人民共和国税收征收管理法》的颁布实施，所征税种增加到26个。税收征管实行纳税登记、纳税鉴定、纳税辅导、纳税检查、发票管理等一整套征管与查管分离的征收管理制度。

1988—1994年，每年开展税收大检查。选抓个体户、租赁承包户、私营企业、发货票等专项检查、然后全面铺开。

1994年，因机构改革，旧县税务站并入才溪税务分局，旧县税务所移到上杭地税局，旧县税收由地税部门征收。

1995—1999年，税务部门执行国家税务总局“以明确组织收入工作为中心，实现工作重心向征管转移，向基层转移”的要求，建立新的征管模式，严格实行申报纳税制度，保证税收及时、足额入库，年纳税率达到100%。其间，1996年，通过重点稽查和专项检查，对个别逃税漏税、拖税欠税款者，提请上杭县法院强制执行、严肃税收法纪。

2000年后，加强税法宣传，组织人员在集镇、圩场举行“税法咨询”活动，宣传“依法治税、依法纳税、共建美好家园”主题，保证税收征管工作规范运作。

旧县税务站、历年任主要负责人情况表

表13-5

姓　名	职称	任职时间
罗进海	站长	1975年8月至1978年
刘镜秋	站长	1979年1月至1982年

续表13-5

姓　名	职称	任职时间
蓝正元	站长	1983年1月至1985年
赖天祥	站长	1985年1月至1989年
何维泉	站长	1990年1月至1993年
李　戈	站长	1994年1月至1996年
丘庆平	站长	1997年1月至2001年
刘建军	所长	2002年1月至2008年
丘凤文	所长	2009年1月至2013年
谢晓红	所长	2013年12月至2014年
唐茂章	所长	2015年1月至

第三节　金　融

清代以前，旧县交易媒介主要为金、银、铜铸造货币。有个别外出生意人在全国各地钱庄可以兑换银票。乡村资金融通则依靠民间借贷。

民国初，金融活动逐渐扩大，始有纸币流通。民国24年（1935年），福建省政府划定上杭为合作事业推广县，次年相继组建信用合作社。这是旧县最早的金融组织。但此信用合作社资金大部分被地方富豪乡绅贷给做生意或以高息转借给贫苦人。导致富者越富，贫者越贫。有些贫苦人因还不起驴打滚的印子钱往往卖田卖地、卖儿卖女、家破人亡。民国34年（1945年）后，国民党发动内战，为应付巨大军费开支而滥发纸币，货币急剧贬值，普通百姓苦不堪言。

中华人民共和国成立后，1954年，成立中国人民银行上杭县支行旧县营业所。1955年，成立旧县信用合作社。金融机构逐步成为旧县信贷、结算和现金出纳中心，支持和促进国民经济恢复发展。

1958年起，经济建设出现急于求成的“左”倾错误，金融机构在支持工农业生产过程中亦随之背离经济发展规律，盲目供应资金支持“大跃进”中办的企业，造成资金浪费。

1961年始，严格控制信贷支出和货币投放。金融业务得以正常发展，对促进国民经济调整起重要作用。“文化大革命”期间，金融事业一度遭受挫折。1979年后，金融机构深化改革，加强监管，改善服务，扩大存款宣传，优化信贷结构，扩大信贷范围，支持服务“三农”（农业、农村、农民），经济效益逐步提高。

2017年年底、全镇各项存款余额共65293.12万元，比1984年增长1035.4倍，各项贷款余额12267.1万元，比1977年增长501倍。

一、机　构

（一）银行机构

1. 中国农业（人民）银行旧县营业所

1954年6月2日，设立中国人民银行上杭县支行旧县营业所。1996年行社分离，中国人民银行上杭县支行旧县营业所更名为中国农业银行上杭县支行旧县营业所（简称农行营业所）。2004年，由于机构改革，旧县营业所并入上杭县农业银行才溪分理处。

2. 上杭县农村商业银行旧县支行

2010年6月，经国家银监会批准，上杭县农村信用合作联社整体改制成地方股份制银行——福建上杭农村商业银行股份有限公司，旧县信用社随之更名为上杭县农村商业银行旧县支行（简称农商行旧县支行）。

2017年，农商行旧县支行有职工7人，其中行长1人，行长助理1人，职工5人；职工中大学本科6人，大专1人，经济师2人，助理经济师2人。

（二）非银行机构

1. 信用合作社

民国25—27年（1936—1938年），旧县境内开始组建信用合作社，有新坊乡、新市乡、三益乡（梅溪乡）3个信用合作社。

1954年，原3个乡中的新市信用合作社，更名成立为旧县信用合作社，下设信用组2个（新坊和梅溪）。

1970年，信用社并入公社财贸服务站统一领导、统一办公、分开核算。1971年7月起又分开办公，业务监督由人民银行委托农业银行管理。1984年12月24日，上杭县成立信用联社，对各基层信用社管理、指导、协调和监督，统一办理资金融通。各基层信用社执行“自主经营、独立核算”和“自负盈亏、自担风险”原则。当年，旧县信用社有社员股金18826.83元。1985年达21457.88元。1996年，信用联社从农业银行完全脱离出来。2005年，由原各信用社法人组为上杭县信用联合社统一法人，为城乡经济发展业务。2010年6月29日，县信用联社改制为福建省上杭县农商银行，随后，旧县信用合作社更名为上杭县农商银行旧县农商支行。

旧县金融机构历任主要负责人情况表

表 13-6

名 称	姓 名	职务	任职时间
农行旧县营业所	胡勇民	主 任	？至 1984 年 12 月
	陈立先	主 任	1989 年 1 月至 1988 年 12 月
	张 伟	主 任	1989 年 1 月至 1992 年 12 月
	黄宜洪	主 任	1992 年 1 月至 1994 年 12 月
	游宝坤	主 任	1995 年 1 月至 1997 年 12 月
	丘连桃	主 任	1998 年 1 月至 2000 年 12 月
	邓国珊	主 任	2001 年 1 月至 2002 年 12 月
	张永峰	主 任	2003 年 1 月至 2004 年 12 月
农商行旧县支行（信用社）	李宜先	主 任	？至 1984 年 3 月
	庄剑波	主 任	1984 年 4 月至 1998 年 3 月
	丘仰金	主 任	1988 年 4 月至 1990 年 6 月
	林 峰	主 任	1990 年 7 月至 1996 年 12 月
农商行旧县支行（信用社）	李晓南	主 任	1997 年 1 月至 1996 年 12 月
	丘仰金	主 任	1999 年 1 月至 1999 年 12 月
	陈兴良	主 任	2000 年 1 月至 2006 年 12 月
	石树垣	主 任	2007 年 1 月至 2010 年 6 月
	石树垣	行 长	2010 年 7 月至 2013 年 12 月
	刘远华	行 长	2014 年 1 月至 2016 年 12 月
	陈兴良	行 长	2017 年 1 月至

二、流通币种

（一）宋代至民国时期流通币种

1. 金属货币

宋朝，使用铜钱。一枚铜钱称一文，一千文为一贯。

明朝，通用银锭及“洪武元宝”铜钱。

清朝通用银锭、铜钱。光绪十三年（1887 年）后，陆续使用银元、银角（又叫银毫、毫子)。光绪三十年（1904 年）起，始用铜元（又叫铜片、铜板)。

民国初期，混用银元（俗称“光洋”“花边”）、银角、铜钱。民国 21 年（1932 年）7 月始，使用中华苏维埃共和国国家银行发行的 2 角硬币和 1 分、5 分铜币；红军长征后停用。民国 24 年（1935 年）11 月，民国政府施行法币政策，禁止银、铜币流通。民国 38 年（1949 年 9 月 30 日止）2 月，纸币急剧贬值、商民拒用，复用银元，银角、铜元。

2. 纸　币

南宋绍兴三十年（1160 年)，使用纸钞，称“会子”，与铜钱并行。

元初至元十四年（1277 年)，通用元朝“中统元宝交钞”。

明洪武八年（1375 年）后，通用“大明宝钞”。

嘉靖元年（1522 年)，停用宝钞。

清咸丰年间（1851—1861 年)，通用清政府发行的“户部官票”（银票）和“大清宝钞”(钱票)。

民国 10 年（1921 年）起，始有中国银行、中央银行和中南银行等“兑换券”与银元同值流通。

苏维埃时期，先后使用中华苏维埃共和国国家银行发行的“银币卷”，闽西工农银行发行的银票；红军长征后停止使用。民国 31 年 4 月始，使用中央银行发行的“关金券”。民国 34 年 11 月，国民政府废止银本体制，以中央、中国、交通三行（后加中国农民银行）的纸币为法币。民国 37 年 8 月，国民政府发行“金圆券”。次年 7 月 1 日，国民政府又恢复银本体制，改用中央银行的“银元券”。

(二) 中华人民共和国成立后流通币种

中华人民共和国成立初期，作为法定货币的人民币尚未普及，仍通用银、铜币。1950 年 1 月禁止银铜币流通。1951 年冬，普遍使用人民币。

1955 年 3 月 1 日起，流通中国人民银行发行的第二套人民币。

1962 年 4 月 20 日始，流通第三套人民币。

1987 年 4 月 20 日始，流通第四套人民币；与第三套相比，增加了 20 元、50 元、100 元大面额人民币。

1999 年 10 月 1 日后，流通第五套人民币。

2017 年，流通使用的人民币以第五套为多。

三、金融业务

(一) 民间借贷

中华人民共和国成立前，旧县民间借贷主要形式有拿谷银、拿瓦银、借谷、圩子利、凑会、抵当等，由互通有无、低利融通发展为高利贷。贫苦农民在遭受难以抵抗的天灾人祸、青黄不接、难以度日之际，将未收割稻谷以低于行情的价格提前抵押卖出去，称拿谷银（又叫卖青苗）。借谷一般为春借夏还，利息有高有低，高者达加五（50%）。若逢收成不好无力及时偿还，则本上算息，息上加息（叫驴打滚印子钱）。

中华人民共和国成立后，限制与取缔高利借贷。初期，鼓励民间正当借贷，提倡借贷自由，利息双方自定，保障债权。1954 年后民间借贷逐步消失。1980 年后，随着商品经济发展，自由借贷被当作银行信贷的补充而复起。形式有仿照银行利率，互借“人情”款、邀凑钱会、“老人会”（预防家中老人逝世需花较大数额钱财而参加邀会或自己为头邀请他人参加此会），会头（又叫会首）一般都会准备一桌酒菜请凑会者吃喝，其中有建房会、婚事会，另还有月子会，季度会等。会钱金额随着社会经济、家庭经济逐步发展而不断增多，从 20 世纪 80 年代的每人 20 元或 50 公斤谷，发展到每人 100 元、300 元、500 元、1000 元不等。入会金由抽签确定（即无息会），后来发展到按利息投标，利息高者中标。2000 年后，随着人们生活水平不断提高，好多人邀会都免去了请酒吃饭习俗。进入 21 世纪后，由于邀会出现了不少“烂会”（一些不受信用者标到会金后逃之夭夭，拒不再交后续应出的会金份额），引出不少纠纷，故政府不支持民间“标会”，明确表示这种标会如遭受损失，不受法律保护。自此，标会之风渐淡。但仍有人参与认为可靠的会头发起的标会。

除标会外，民间还流行付息借贷活动。即借贷双方商妥借金、借期、利息等；其利息低的 1—2 分（月息），高者 5 分（月息）。付息形式有到期本息一同付清，也有按月或按季度付息的，本金按约定时间归还。

（二）银行金融业务

1. 中国农业（人民）银行旧县营业所

中国农业（人民）银行旧县营业所于 1954 年成立，主要业务有人民币存款，单位和个人贷款及委托收款等。

1966 年，旧县营业所各项存款共有 2.51 万元，其中城镇储蓄 1.07 万元，农村存款 1.44 万元。

1971 年，旧县营业所全年农业贷款放出共 5.3406 万元，当年收回 2.5729 万元。年末总余额 12.4658 万元，其中储蓄余额 1.3273 万元。

1984 年，旧县营业所吸收储蓄存款共 42.65 万元，其中农业存款 13.65 万元，集镇存款 24.5 万元，企业机关部队存款 4.59 万元。

1985 年，旧县营业所存款余额 163.46 万元，其中农业存款余额 2.86 万元，工商企业存款余额共 104.47 万元，粮食存款余额 0.27 万元，供销社存款 4.62 万元，集镇储蓄余额 40.64 万元（其中定期储蓄 27.93 万元），县以下机关团体存款余额 7.8 万元。

2003 年，各项农业贷款累计发放 29.83 万元，累计收回 28.08 万元；贷款余额加上年末余额共 113.03 万元，其中乡镇企业贷款累计发放 1.2 万元，累计收回 3.25 万元；贷款余额加上年贷款余额共 31.91 万元。小水电贷款 3.7 万元。信用社贷款累放 23 万元，累收 22 万元；贷款余额加上年末余额共 61 万元。各项工商贷款本年余额加上年余额共 158.75 万元。其中粮食贷款本年加上年年末余额共 41.36 万元。供销合作社贷款上年余额加本年余额共 62.79 万元，其中农副产品收购贷款 25.95 万元。

2003 年年底，旧县农行营业所撤销，并入上杭农行才溪分行。

若干年份农行旧县营业所年末存贷款余额情况表

表 13-7　　单位：元

年份	年末存款余额					年末贷款余额
	集镇存款	农村存款	其他存款	企业、机关、部队存款	合计	
1966	1.07	1.44	—	—	2.51	22.2884
1971	—	—	—	—	1.3273	12.4658
1972	—	—	—	—	1.17	2.9447
1975	—	—	—	—	4.46	10.7663
1976	—	—	—	—	3.40	16.2322
1977	—	—	—	—	3.34	20.6005
1982	10.39	3.17	—	4.82	18.38	—
1983	16.78	6.04	0.02	10.63	33.45	—
1984	24.50	13.56	0.02	4.57	42.65	—
1985	40.64	2.86	12.90	104.47	163.46	—
2003	—	2345.00	—	2442.00	4767.00	113.03

说明：以上数据来自上杭县历年国民经济统计年鉴

2. 上杭县农村商业银行旧县支行

2010 年 6 月 29 日，农村商业银行旧县支行由旧县信用社改名成立后，本年共吸收各项存款 12306.17 万元，储蓄余额 10562.83 万元，各项贷款余额共 6192.3 万元。

2017 年年底，旧县农商支行存款余额共 34965.46 万元，储蓄余额共 30327.66 万元；各项贷款余额共 12267.1 万元。

2010—2017年农商行旧县支行年末存贷款情况表

表13-8　　单位：万元

年　份	年末存款余额			各项贷款总计
	存　款	储　蓄	合　计	
2010	12306.17	10562.83	22869	6192.30
2011	13746.90	12316.83	26463.73	6897.86
2012	17635.90	15162.19	32797.79	8126.76
2013	21071.16	18888.81	39959.97	10108.72
2014	24610.29	20688.12	45298.41	10064.50
2015	27546.07	23978.12	51524.19	9975.34
2016	31797.92	28665.17	60463.09	10728.82
2017	34965.46	30327.66	65293.12	12267.10

说明：以上资料由农商行旧县支行提供

（三）非银行金融业务（旧县信用社）

民国25年始，境内新市（旧县）、三益（梅溪）和新坊三个信用社不办存款业务，只向银行借款转放贷款，从中收取利差。得益者是富豪乡绅，贫苦农民借贷者甚少。

中华人民共和国成立后，旧县信用社主要业务是吸收公众存款，发放短期、中期和长期贷款，办理国内结算、办理票据贴现，代理发行、代理兑付，承销政府债券，从事同业拆借、办理借记卡、贷记卡业务，代理收付款转账款项。

1979年起，信用社大力吸收个人储蓄及单位存款、增放贷款。农业生产责任制落实后，信用社实行多存多放、多收多贷、利率浮动、逾期贷款加息以及贷款支持承包户政、为社员排忧解难等原则。农民丰收后，主动还清到期贷款，收贷率99%。同年，信用社存款全年总计有15.97万元（其中社队存款6.38万元，社员储蓄9.59万元）。全年农业分项目贷款；社队集体农业贷款累放6.45万元，累收6.01万元，余额有9.17万元；社队企业贷款8.22万元，累收6.58万元，余额4.15万元；社员贷款累放10.81万元，累收8.56万元，余额7.7万元。

1984年，旧县信用社各项存款总计20.41万元（其中社队存款7.74万元，社员储蓄12.67万元）。农业分项目贷款：集体农业贷款累放0.04万元，累收0.05万元，余额8.66万元；乡镇企业贷款累放2.8万元，累收1.06万元，余额11.88万元；小水电贷款累放8.2万元，累收3.1万元，余额5.1万元；支持信用社贷款累放26.7万元，累收4.4

万元，余额30万元。

2004年农行旧县营业所撤销后，信用社承担更多金融业务，其中有农民粮补、林补代收代发、养老金代收代发、低保户五保户代收代发、医保代收、生源地助学贷款、扶贫贷款、优抚代收代发、民生工程业务等。

2009年，信用社各项存款19320.88万元，各项贷款达5320.53万元。

若干年份旧县信用社年末存贷款余额情况表

表13-9 单位：万元

年份	各项存款				各项贷款
	存款	储蓄	合计	备注	
1975	—	—	—	无存款数据	4.5407
1976	—	0.9866	0.9866	无存款数据	4.6064
1977	—	1.0162	1.0162	无存款数据	3.3166
1982	5.00	8.18	13.18	—	16.37
1983	6.38	9.59	15.97	—	21.02
1984	7.74	12.67	20.41	—	131.28
1985	7.69	—	7.69	无储蓄数据	—
2003	1210.47	373.58	1584.05	—	1202.96
2004	1891.49	1662.87	3554.36	—	2019.43
2005	3009.87	2554.19	5564.06	—	3203.10
2006	3955.37	3578.72	7534.09	—	4115.37
2007	5169.92	4437.81	9607.73	—	2662.56
2008	7089.92	5834.12	12924.04	—	3715.85
2009	10210.89	9109.99	19320.88	—	5320.53

说明：以上数据来自上杭县历年国民经济统计年鉴及旧县农商支行

四、保　险

（一）机　构

1952年，设立人民银行附设中国人民保险公司旧县区代理处，1954年撤销。

1988年，成立旧县农村保险站。

1996年，中国人民保险公司上杭支公司分设为人寿保险和财产保险两个支公司，旧县农村保险站改称为中国人寿股份有限公司上杭支公司旧县保险站（简称旧县人寿保险站）。

（二）险　种

1988 年始，境内保险种类有财产保险、老人保险、团体意外保险。保险站首次开办老人保险，凡 60 周岁以上老人每年每人交 70 元（须经保险站工作人员看过参保人身体状况）才可参保。以后逐年增加 10—150 元不等。到老人去世时，可领保金 1000 元。

1995 年始，开办计划生育系列保险、社会治安综合保险、少儿养老金、子女教育金、家庭财产、福寿安康、移动电话、液化气安全使用等险种。

1998 年，开办疾病保障型保险，人寿保险金额达 32 万元，各种风险保险金额达 2500 万元。

2001 年，增开投资分红型保险。

2008 年，保险站首次推行新简易人身险。同年开办全民新农合医疗保险，每人每年 70 元。

2012—2017 年，境内参加财产保险金额总计 6039641 万元，得到理赔 77939 万元。

2017 年，境内新农合医疗保险有 24760 人交费，参保率占全镇总人口 98.5%。新农保扩面交费 10457 人，参保缴费率达 99.86%，居全县第一名。

1993—2005 年旧县镇人寿保险站历年收保险金情况表

表 13-10　　　　单位：万元

年份	人寿保险	风险保障	年份	人寿保险	风险保障
1993	18	1000	2006	36	3200
1994	23	1500	2007	36	3200
1995	26	1800	2008	36	5000
1996	28	2000	2009	15	6000
1997	30	2300	2010	15	6000
1998	32	2500	2011	15	6000
1999	33	2600	2012	15	8000
2000	34	2700	2013	15	8000
2001	33	2600	2014	15	8000
2002	33	2600	2015	15	8000
2003	33	2600	2016	15	9000
2004	36	3200	2017	15	10000
2005	36	3200	—	—	—

说明：以上资料由旧县人寿保险站提供

2012—2017 年财保公司收旧县保金及理赔情况表

表 13-11 单位：万元

<table>
<tr><th rowspan="2">年　份</th><th colspan="7">险　　种</th></tr>
<tr><th>商品森林</th><th>烟叶</th><th>水稻</th><th>三农综合保险</th><th>车险</th><th>合计</th><th>理赔金额</th></tr>
<tr><td>2012</td><td>129060</td><td>102546</td><td>252240</td><td>340022</td><td>—</td><td>823868</td><td>—</td></tr>
<tr><td>2013</td><td>126101.25</td><td>71442</td><td>252240</td><td>340522</td><td>—</td><td>790305.3</td><td>—</td></tr>
<tr><td>2014</td><td>151307</td><td>61506</td><td>24600</td><td>342067</td><td>—</td><td>800880</td><td>—</td></tr>
<tr><td>2015</td><td rowspan="2">151307</td><td>51624</td><td>244140</td><td>697429</td><td>—</td><td>1144500</td><td>—</td></tr>
<tr><td>2016</td><td>0</td><td>246000</td><td>894830</td><td>82882.45</td><td>1223712</td><td>—</td></tr>
<tr><td>2017</td><td>151573</td><td>0</td><td>217476</td><td>823790</td><td>63536.76</td><td>1256376</td><td>—</td></tr>
<tr><td>合计</td><td>709348.25</td><td>287118</td><td>1458096</td><td>3438660</td><td>146419.2</td><td>6039641</td><td>779739</td></tr>
</table>

说明：以上资料来源于上杭县财产保险公司

第四节　财　政

一、财政体制

1985 年以前，乡（公社）只是上杭县财政的一个报账单位，所有收入上交县财政，所需各项行政事业经费，根据县财政部门分配的预算指标控制使用。1985 年乡财政所成立后，执行县对乡（镇）财政实行的“定收定支、定额补缴、增收分成”管理体制。1988 年，执行县制定和实行的新一轮乡（镇）财政管理体制，即按“划分收支、核定收支、核定基数、定额缴补、增收分成（或全留）、分级包干、自求平衡”的原则，一定 3 年。划给旧县乡的预算收入有农业税、其他特产税、工商税（烤烟产品税、竹木产品税除外）；划给旧县乡的支出范围有乡本级的行政管理费，农业、畜牧水产、农机、水利事业费，文化、广播、教育（除高中）、卫生、计生、乡财政事业费。以 1987 年实际入库数为收入基数，以 1988 年县财政下达的预算支出数为支出基数；收入基数大于支出基数则定额上缴，支出基数大于收入基数则定额补助。

1991 年，上杭县在 1988 年基础上对乡（镇）财政体制作小调整：增收分成上把各乡

(镇) 分为全留及留成80%、70%、65%四类型，旧县属留成80%类型。且一定三年。

1994年国家实行分税（分国税和地税）制改革后，执行上杭县制定的“划分收支、核定基数、收支挂钩、超收分成、短收扣支”的乡（镇）财政体制。旧县乡固定收入范围为扣除中央、省、地、县固定收入后的工商税（增值税25%）、营业税、个人所得税、城建税、车船税、房产税、屠宰税、印花税、集体企业所得税、农业税、农业特产税（含烤烟、松脂）、其他收入；支出范围有乡级行政管理费、支援农村生产支出、农林水利部门事业费、文教事业费、卫生经费支出、乡财政干部经费、其他支出。超收实行上杭县、旧县乡三七分成。

1999—2001年，执行上杭县制定的“划分收支、核定基数、递增（减）缴补、超收分成、自求平衡，一定三年”的乡（镇）财政预算管理体制。旧县乡财政收支范围扩大。

2002年，执行上杭县制定的乡（镇）财政预算管理体制，该体制按前三年平均数的一定折扣核定收入基数，取消逐年递增10%的收入基数。加大乡镇超收分成比例，把中小学教师工资收归县管，加大县对乡（镇）转移支付补助力度。

2005年，执行上杭县乡（镇）财政管理体制。

2011年，执行上杭县制定的“划分收支范围，核定收支基数，定额缴补，超收分成或全留，自求平衡，一定五年”的财政预算管理体制。

2015年，全乡财政总收入420万元，比1995年增长2.2倍，年平均增长22%；乡财政总付出918万元，比1995年增长4.22倍，年平均增长42.2%。2017年，全乡财政总收入1605.7万元，比2007年的801万元增长2倍。财政实力的显著增强，有力地支持经济发展和社会事业进步。

2016年后，执行县对乡（镇）新一轮乡镇财政预算管理体制。旧县镇政府在明确本镇财政支出责任基础上，进一步改进预算管理，努力提高财政资金使用效率。

二、财政收入

1985年成立旧县乡财政所，建立乡财政预算制度，实行“划分收支，定额缴补，增收分成，分级包干”办法。1988年，乡财政收入74.8万元。1994年，乡财政收入205万元，是1988年的2.76倍。1995年全乡财政收入277万元，同比增长48%。1996—1998年，乡财政收入共908万元。其中1997年获县农村经济一等奖，1998年被福建省授予“光荣脱贫乡”称号。2009年，乡财政收入1253万元，其中预算内收入421万元，预算外收入832万元。2011—2014年，乡财政共收入10231万元，其中预算内收入4357万元，预算外收入5874万元。2017年，财政总收入2830万元，其中预算内收入1224.6万元，预算外资金收入1605.4万元。

若干年份旧县镇财政收入情况表

表 13-12 单位：万元

年份	总收入			年 份	总收入		
		预算内收入	预算外收入			预算内收入	预算外收入
1988	74.18	—	—	2006	573	—	—
1994	205	—	—	2007	801	—	—
1995	187	—	—	2008	925	—	—
1996	277	—	—	2009	1253	422	831
1997	248	—	—	2010	2113	923	1190
1998	383	—	—	2011	2299	1161	1138
1999	302	—	—	2012	2775	1399	1376
2000	683	—	—	2013	2513	843	1670
2001	626	—	—	2014	2642	954	1688
2002	673	417	256	2015	2429.2	973.2	1456
2003	611	—	—	2016	2939	1382	1557
2004	778	249	529	2017	3030	1424	1606
2005	723	167	556	—	—	—	—

说明：1988—2008 年数据来自历年上杭县统计年鉴及历年上杭县年鉴，2009—2017 年数据由旧县镇财政所提供

三、财政支出

1912 年以前，历代财政支出主要用于军兵、衙署、官吏和差役开支。

民国时期，农业水利兴修靠私人捐赠、向农民摊派，建桥筑路也大部分靠私人捐献。财政支出大多用于行政费用，建设和民用经费政府出资极少。

中华人民共和国成立后，财政支出认真贯彻“取之于民、用之于民”原则，坚持收支平衡，量力而行，重视对农业、文化，教育等公益事业投入。

1991—1994 年，旧县乡投入教育经费共 250 多万元。1994 年新建紫金中学，由旧县财政投入资金 80 多万元。

1988—1994 年，乡财政投入卫生事业费共 41 万元。

1995 年，乡财政对全乡中小学校总共投入 267 万元。1996 年，乡财政投入教育资金 182 万元，扩建 11 所中小学校舍面积 1 万平方米。

1997 年，乡财政投入 18 万元拆迁红岩桥至 205 国道两旁旧店铺，完成新建房屋面积 4300 平方米；投资 25.2 万元完成两条长 920 米的排水沟，拓宽江滨路成 18 米；投资 28

万元完成主街道500米水泥路面铺筑；投资110万元用于集镇防洪堤工程建筑。

2009年，乡财政为群众建设沼气池170座、兑现补助资金22.5万元。为健全计生利益导向机制，兑现计生帮扶资金25万元。本年，为加强基础设施建设，投资259.69万元，新建和续建18个村人饮工程。并投入50万元，在龙溪村九曲隔建设集镇垃圾处理场和焚烧炉；沿国道205线（旧县段）两旁建成垃圾池10个。同年，投入70多万元，完成珠吉街至中心小道路硬化和河西村铁厂路段改造；投入65万元，续建完成乡文化中心大楼和计生服务所装修工程。同年还投入130万元，完成尧埔、河东等15个村烟田基建项目和大沉坑水库、大东水库保险加固工程，增加受益面积1700亩。2012—2015年，投资共2658万元整治石院、河西、谷坑农田水利及基础设施建设；建成梅溪村电灌站及石院、石圳、坝上、蓝田、河西标准化水渠共9.5公里；扩建矾头至福村道路3.5公里；新建村道23公里，扩建道路18公里；先后投资共2600万元建设旧县集镇防洪堤和沿堤绿化工程以及全镇集中饮水工程。

2017年，镇财政支出1606万元，主要用于基础设施建设、美丽乡村建设和脱贫攻坚扶持。

2009—2017年旧县镇财政支出情况表

表13-13　　单位：万元

年份	支出	年份	支出	年份	支出
2009	831.7	2012	1376	2015	1457
2010	1190	2013	1670	2016	1557
2011	1138	2014	1688	2017	1606

说明：以上资料数据由旧县镇财政所提供

四、财政管理

1951年整顿乡财政，规定收入范围、开支标准。1958年，国家对乡实行“二放”“三统”“一包”管理办法，但在当时“左”倾错误思想影响下，行之有效的规章制度被废除，实行以表代账，以收抵支，搞收入放“卫星”，造成财政收付混乱，收入虚增，支出失控。1959年改为“收支两条线”。1966年后，受“文化大革命”冲击，财政管理失控。

1985年，旧县乡财政所成立。乡财政资金收支预算，由乡政府组织财政所根据收入范围划分和经济发展计划编制建议指标，报告乡人大会议审议批准执行。县对乡财政收支实行“划分收支、定额缴补、增收分成、分级包干”办法，把农业税、农业特产税、畜牧交易税，车船使用税、屠宰税等下放乡镇，调动乡政府组织收入和节约开支的积极性。

2004年，旧县乡成立村级财务整顿清理领导小组，乡党政制定《旧县乡村级财务管理办法》，规范村级财务管理。

2001—2004年，乡加强预算内外资金管理，强化监督。乡财务全面实行“零户统管”制度，在坚持“资产所有权、使用权、财务自由主权”三权不变原则下，取消乡直单位银行账户。2003年后，进一步整顿乡财政收入秩序，加强收入征管，乡财政运行步入良性循环轨道。2004年，按照“谁投资，谁收税、谁所有谁收税、谁出优惠政策谁收税”原则，调动各方发展经济积极性。

2005年后，实施乡财政“一把手”工程，建立健全目标考核责任制，不断扩大乡财政转移支付补助范围。

2007—2017年，进一步深化乡镇财政预算管理改革，推行预算内、外综合财政预算，继续落实乡镇财政“一把手”工程，明确划分乡镇财政收支范围，规范津贴补贴，健全目标考核责任制。

旧县财政所历任负责人情况表

表13-14

姓　名	职　务	工作时间	备　注
郭世明	副所长	1985年5月至1988年4月	主持工作
江志德	副所长	1988年5月至1988年8月	主持工作
严玉隆	所　长	1988年9月至1995年5月	—
陈旺贤	所　长	1995年6月至2003年3月	—
丁　林	所　长	2003年4月至2013年7月	—
陈锦星	副所长	2013年8月至2016年10月	主持工作
陈丽珍	副所长	2013年11月至	主持工作

第十四章　政党　社会团体

民国 17 年（1928 年）11 月 7 日，境内第一个中国共产党支部在尧埔村街子上“鸿昌号”店成立，丘棣华任书记。民国 18 年（1929 年）夏，在红四军开辟闽西革命根据地中，旧县区和各乡中共组织陆续成立，并相继成立工会、农会、共青团和妇女会等群团组织。民国 19 年，还成立旧县河民船工会，以维护船业工人合法权益。

此后，在中国共产党领导下，旧县人民轰轰烈烈开展土地革命和建设苏区、保卫苏区斗争。民国 23 年（1934 年）秋，中央主力红军长征后，旧县苏区被国民党占领，中国共产党组织遭到严重破坏，其他红色组织也停止活动。但在铁东、兰田、新坊等岩下山周边一些乡村，仍有中共地下组织长期坚持活动。

中华人民共和国成立后，旧县各级党组织迅速建立健全，并领导人民进行社会主义革命和社会主义建设。中共十一届三中全会后，旧县党组织领导人民拨乱反正，把工作重点转移到以经济建设为中心的社会主义现代化建设上来，坚持“四项基本原则”，坚持改革开放，经济和社会事业得到全面发展。1984 年 9 月，恢复乡建制后，乡党委带领旧县人民实施脱贫致富奔小康建设。2012 年 5 月，撤乡设镇后，镇党委带领全镇广大党员和干部群众，适应新常态，抓住新机遇，努力推动“实力旧县、美丽旧县、幸福旧县”建设，促进旧县科学发展、跨越发展，朝着把旧县建设成为宜居宜游滨河生态慢城目标奋力迈进。工会、共青团、妇联等社会团体也不断健全完善，并配合党的中心工作开展各项活动。

第一节　中国共产党旧县地方组织

一、中华人民共和国成立前中共组织和主要活动

（一）党的组织

民国 17 年（1928 年）春，上级党组织先后几次派蓝维龙、罗化成等干部到旧县尧埔秘访南昌起义失败后回家的共产党员丘棣华，使丘棣华和上级党组织接上关系。同年 11 月 7 日，在尧埔村街子上“鸿昌号”店里，成立旧县区第一个中国共产党支部，丘棣华担任书记。

民国 18 年（1929 年）10 月，全县各区纷纷建立党的区级组织，旧县被划为西二区，

成立区委，书记袁智松。

民国20年（1931年）年初，上杭和武平部分地区合并成立杭武县，旧县被划为杭武县第六区，建立区委，书记胡集成，后黄兴章（1931年病故，烈士）。

民国20年（1931年）年底，撤销杭武县，重建中共上杭县委，旧县区委书记黄汉洪。

民国23年（1934年）10月，中央主力红军长征后，上杭苏区大部分被国民党占领，革命组织遭破坏。次年4月后，中共上杭县委在岩下山成立工作团，旧县党的一些秘密组织得到恢复。随后，杭代县军政委员会决定成立岩下山工作委员会，由张思垣担任书记，并在铁东设立交通站，由邱鸿辉负责，组织人民群众支持游击战争。

民国25年（1936年）1月，岩下山工作委员会改为新汀杭县军政委员会，钟辉元为主席，丘相田、胡辉昌为副主席。同时秘密恢复旧县区委，区委书记陈茂辉，副书记陈玉行。

民国26年（1937年）1月，设立在岩下山的新汀杭县军政委员会被敌人破坏后，仍以岩下山为基地，成立汀河工委，书记张思垣（后陈玉行）。

民国37年（1948年）初冬，中共上杭县委派出武装，恢复铁东、新坊等村党的活动，成立游击队活动小组，设立交通站，安置革命接头户。1949年5月，中国人民解放军闽西义勇军临时行动委员会在全县设立24个分会，旧县新乡属其中之一。各分会设主任委员1人、委员4人、干事2—4人。1949年6月，中共上杭县委第三工作团进入旧县、梅溪一带活动，从此，旧县一带党的工作逐步走向公开。

（二）主要活动

1928年11月，中共旧县支部成立后，积极开展红色宣传，号召人民起来进行革命斗争，秘密组织暴动武装，频繁联系白砂、新坊、碧康、扁山等乡村暴动队伍，准备择机暴动。1929年6月7日，毛泽东等率红四军从旱康经新坊进驻旧县河东村后，旧县支部组织群众支援红四军在澜廻渡架起浮桥进军河西，赶跑盘踞在河西企图凭据旧县河对抗红军的国民党反动势力。红四军离开后，旧县党支部随即组织农民协会，继续进行武装暴动的准备工作。虽由于卷土重来后的反动势力比较强大，旧县支部仍组织旧县、新坊、碧康、扁山等地暴动武装向河东、河西反动势力连续进攻18次。

1929年7月24日，红四军一纵队从白砂进占旧县，强渡旧县河，击垮当地反动民团。8月18日（农历七月十四），旧县党支部丘棣华、陈丹成等领导全区各乡村举行暴动，成立区农民协会，推举丘棣华任农民协会会长。

9月，旧县党支部领导成立旧县区革命委员会，各乡成立农民协会。10月，在农民协会中成立土地委员会。11月，成立区党委、区苏维埃政府。区党委成立后，除发展党员外，将暴动队改编为赤卫军，后又将其中25—30岁的男子编入模范营。此外，还成立少先队、儿童团等组织。1930年1月间，组织各乡成立乡苏维埃政府。随即，全区进行土地分配。

苏区建立后，区党委领导全区进行建设苏区、保卫苏区工作。

在建设苏区中，贯彻古田会议精神，重视苏区内党风、政风和社会风气整饬，严禁贪污浪费和私打土豪，曾有私打土豪者被枪决，挪用公款者（仅挪用一元四角）被送感化院教育的案例。还开展禁嫖、禁赌、禁吸鸦片和改造“二流子”工作，旧县苏区一时出现路不拾遗的良好局面。

1930年春，旧县区委领导和组织旧县船业工人，成立旧县河民船工会，以维护普通船工利益。稍后又成立苦力工会，组织田少人多家庭去从事挑担运输，以增加收入。

分配土地后，区党委动员妇女学会犁田耙田，发动全区大力开垦荒地、开展互助合作、发展农业生产。还创办粮食调剂局、对外贸易局、消费合作社和工农通讯社等组织，想方设法疏通苏区与白区商贸往来，以解决苏区军需民食，打破敌人经济封锁。

保卫苏区方面，区党委除组织好地方武装在旧县边缘地区设立岗哨，警戒外部敌人来袭外，还通过深入细致思想动员和做好优待红军家属工作，大力扩大红军，使一批批青壮年走上革命道路。据统计，从1932年11月14日到1933年9月27日，旧县区扩大红军工作先后11次受到苏维埃中央机关报《红色中华》报道表扬。同时，党团员带头参加红军，在1932年第二期扩大红军中，全区65名入伍青壮年，35名是党、团员。1933年6月11日和7月5日，旧县区地方武装——模范连和模范团，分别整连、整团加入红军。

为支援革命战争，区党委领导全区努力完成苏区政府税收和募捐任务。1934年2月，梅溪、谷坑2乡在全苏区领先完成推销公债和土地税收；月底，旧县苏区成为全苏全部完成税粮征收4个先进区之一。1933年4月至8月，旧县募捐和税收工作，6次受到《红色中华》表扬。

1934年秋，中央主力红军长征后，区党委活动转入地下，但仍通过各种办法组织群众与敌斗争。铁场乡支部13名党员，在书记邱鸿辉领导下，暗中组织群众利用灵活措施与敌周旋。当有敌人进村时，表面上故意打着白旗敲锣打鼓表示“欢迎”，实际上向活动在村后岩下山的红军游击队暗示有敌情。在三年游击战争中，岩下山周边的铁东、兰田、新坊、横段、水东等村共产党员，始终秘密带领群众，冒着白色恐怖，为坚持在岩下山的红军游击队提供情报和物资，铁东村共产党员江德声等壮烈牺牲。

全面抗战时期，旧县境内共产党员配合县委发动社会各界捐款捐物，抗日救亡。1948年冬，在县委派出的武装力量影响下，旧县、新坊等村党的活动得到恢复，成为新区。1949年4、5月间，境内共产党人配合杭永边游击队争取到新坊四保国民党地方人员和土匪谢友标起义投诚。

二、中华人民共和国成立后中共组织及其活动

（一）镇（区、乡、公社）党委

1950年6月，建立旧县区（第八区）委员会。区下设立乡（村）党支部。

1956年撤并区乡，境内梅溪、石（圳）（角）龙各为1个乡，归附城区辖。旧县为1个乡，归才溪区辖。新坊、石院一带为新坊乡，归白砂区辖。

1958年3月，全县撤区并乡，旧县境内设梅溪乡党委，新坊乡党总支，旧县乡党委。

1958年9月，调整区乡体制。全县将小乡撤并为14个大乡，旧县属其中1个乡，设旧县乡党委。1958年11月，成立旧县人民公社，设旧县公社党委。

1961年6月，根据《人民公社工作条例》（六十条）的精神，调整体制。全县原12个大公社划为46个公社，境内设旧县公社党委、梅溪公社党委、新坊公社党委，隶属中共才溪工作委员会。

1965年4月，撤销工委，调整公社体制，全县设20个公社。新坊、梅溪2个公社并入旧县公社，设旧县公社党委。

1966年5月，“文化大革命”开始，全县各级党组织受到极大冲击，从县委到基层党支部陷入瘫痪状态，党的组织生活停止。在上海“一月风暴”影响下，造反派抢夺各级党政领导权，各级机关中断工作。

在破“四旧”（旧思想、旧文化、旧风俗、旧习惯）中，旧县公社被改为红岩公社，许多大队也被改为“红”字开头的名字。

1968年10月，成立“三结合”（革命群众组织负责人、人民解放军当地驻军代表、革命领导干部）革命委员会，实行“一元化”领导，取代原党政机关领导职权。旧县设红岩公社革命委员会，各大队设革命领导小组。

1968年11月29日，中共上杭县人民武装部委员会批准红岩（旧县）人民公社成立革命委员会常委核心组。

1969年4月，恢复党组织，在革命委员会中设立党的核心领导小组。

1970年9月29日，龙岩专区革命委员会核心小组批准成立中共上杭县红岩（旧县）人民公社委员会。

1971年4月，上杭县第三次党代会召开，选举产生新的县委领导班子后，重建旧县公社党委。

1984年10月，实行政社分开，原公社改为乡（镇），旧县公社改为旧县乡，召开旧县乡第五届党代会，选举成立旧县乡党委。原大队改为行政村，全乡设19个党支部。

1987年11月下旬，旧县乡召开第六届党代会，选举产生新一届旧县乡党委和乡纪律检查委员会。

2012年5月3日，经福建省人民政府批准，旧县乡改为旧县镇建置。设中共旧县镇委员会，下辖19个村党支部，8个机关企事业党支部。

若干年份旧县乡（区、社、镇）党的基层组织和党员情况表

表 14-1

年份	党支部（个）	党员（人）	年份	党支部（个）	党员（人）
1959	12	139	1985	29	774
1966	24	474	1988	29	783
1970	21	459	1991	29	775
1971	19	479	1994	30	838
1972	24	515	2006	29	1053
1974	23	560	2008	27	1105
1975	24	586	2009	27	1144
1979	23	691	2011	27	1168
1980	31	732	2017	25	1150

中共旧县镇（区、社、乡）委历届领导人情况表

表 14-2

名　称	职务	姓名	任职时间
中共西二区（旧县）委（1929 年 10 月）	书记	袁智松	1929 年 10 月
杭武县第六区（旧县梅溪）委（1931 年年初）	书记	胡集成、黄兴章	1931 年 3 月
中共旧县区委（旧县梅溪）（1932 年 1 月）	书记	黄汉洪	1932 年 1 月
中共旧县区委（1936 年 10 月）	书记	陈茂辉	1936 年 10 月
	副书记	陈玉行	—
中共旧县区委（上杭第八区）（1950 年 6 月成立）	书记	邱洪辉 严锡贵	1950 年 6 月至 1954 年 8 月 1954 年 12 月至 1956 年 4 月
	副书记	严锡贵 丘庆辉	1954 年 12 月至 1955 年 8 月 1955 年 10 月至 1956 年 3 月
中共旧县乡委员会（1958 年 9 月）	书记	李恕枎	1958 年 9 月
	副书记	陈如英、严炳隆 李福昌、陈建芦	—
中共旧县公社委员会（1958 年 10 月成立人民公社）	第一书记	李恕枎	1959 年 4 月
	副书记	陈汭贤、林际章	—

续表14-2

名　　称	职务	姓名	任职时间
中共旧县公社委员会（1960 年 3 月）	第一书记 书记	李恕秋、黄达琪	1960 年 3 月至
	副书记	林际章、江书沐 陈如煌	—
中共旧县公社委员会（1961 年 1 月）	第一书记 书记	黄达琪 李恕秋	1961 年 1 月至（不详）
	副书记	陈如煌、林际章 江书沐	—
中共旧县公社委员会（1961 年 6 月）	书记	陈汭贤 严锡贵 方彦章	1961 年 6 月至 1963 年 10 月（后被判刑） 1962 年 7 月至 1964 年 8 月 1964 年 9 月至 1965 年 4 月
	副书记	陈如煌	1961 年 6 月至 1965 年 4 月
中共新坊公社委员会（1961 年 6 月）	书记	林际章	1961 年 6 月至 1964 年 10 月
	副书记	李新旺	1961 年 6 月至 1964 年 4 月
中共梅溪公社委员会（1961 年 6 月）	书记	梁春福 卞乃秀	1961 年 6 月至 1962 年 5 月 1962 年 5 月至 1965 年 4 月
	第二书记	梁春福	1962 年 5 月至 1965 年 4 月
	副书记	何应华	1961 年 8 月至 1963 年 7 月
中共旧县公社委员会（1965 年 4 月）	书记	方彦章 陈洪生	1965 年 4 月至 1966 年 4 月 1966 年 5 月至 1970 年 8 月
	副书记	陈如煌 张斯才 陈发春 李新旺	1965 年 4 月至 1968 年 10 月 1966 年 5 月至 1968 年 10 月 1966 年 5 月至 1968 年 10 月 1965 年 4 月至 1968 年 10 月
中共红岩公社委员会（1970 年 9 月）	书记	陈洪生	1970 年 9 月至 1976 年 9 月
	副书记	刘在春 黄太尧 陈仰兴 江亮标	1970 年 9 月至（不详） 1970 年 9 月至 1978 年 11 月 1971 年 2 月至 1979 年 6 月 1975 年 8 月至 1976 年 9 月
中共旧县公社委员会（1976 年 10 月）	书记	陈洪生 江亮标	1976 年 10 月至 1977 年 10 月 1977 年 10 月至 1984 年 9 月
	副书记	黄太尧 陈仰兴 张林玉 江亮标 陈锦文 蓝友珍	1976 年 10 月至 1978 年 12 月 1976 年 10 月至 1979 年 7 月 1976 年 10 月至 1979 年 8 月 1976 年 10 月至 1979 年 10 月 1978 年 3 月至 1979 年 12 月 1979 年 7 月至 1980 年 10 月

续表14-2

名　　称	职务	姓名	任职时间
中共旧县公社委员会（1976年10月）	副书记	李营明	1979年7月至1981年9月
		张永标	1979年7月至1981年9月
		黄开煌	1980年1月至1984年9月
		罗开湘	1980年6月至1983年2月
		陈永贤	1982年2月至1984年9月
		阙凤奎	1982年2月至1983年2月
		温文义	1983年2月至1984年9月
中共旧县乡委员会（1984年9月）	书记	黄开煌	1984年9月至1987年7月
		陈永贤	1987年7月至1990年8月
		阙思垣	1990年8月至1996年1月
		黄庆辉	1996年1月至1997年8月
		阙朝阳	1997年8月至2002年5月
		李新涛	2002年6月至2007年12月
		罗忠亮	2007年12月至2011年5月
		张如春	2011年5月至2012年4月
	副书记	温文义	1984年9月至1987年7月
		戴行金	1986年5月至1987年5月（省持贫工作队）
		王永康	1984年9月至1987年8月
		陈思忠	1987年7月至1990年8月
		欧　飞	1987年3月至1987年12月（省扶贫工作队）
		林　勇	1987年8月至1990年12月
		钟子庆	1987年9月至1993年8月
		阙星桥	1990年8月至1993年6月
		王友培	1990年8月至1993年8月
		吴禹初	1993年6月至1996年4月
		黄其坤	1993年8月至1996年5月
		陈荣城	1993年8月至1996年5月
		张开权	1994年9月至1996年5月
		阙朝阳	1996年4月至1997年1月
		阙隆文	1996年5月至1999年9月
		林育民	1996年3月至1999年7月
		罗华堂	1996年5月至1999年7月
		陈德金	1997年1月至2002年7月
		华炳生	1997年8月至1999年3月
		李新涛	1999年3月至2002年6月
		张永镜	1999年7月至2002年8月
		黄文金	1999年7月至2002年8月
		江　燕	1999年7月至2002年8月
		李永涛	2002年6月至2006年5月
		罗育传	2002年8月至2005年8月
		罗瑞斌	2002年8月至2011年5月
		温文学	2002年8月至2007年12月
		林春金	2002年8月至2006年5月
		王文威	2006年5月至2010年2月
		刘家辉	2006年5月至2012年5月

续表14-2

名　　称	职务	姓名	任职时间
中共旧县乡委员会（1984 年 9 月）	副书记	李梅金 张如春 李　波 马浩泉	2009 年 1 月至 2011 年 5 月 2010 年 2 月至 2011 年 5 月 2011 年 5 月至 2012 年 5 月 2011 年 5 月至 2012 年 5 月
中共旧县镇委员会（2012 年 5 月）	书记	黄从廷 马浩泉	2012 年 4 月至 2016 年 5 月 2016 年 5 月至
	副书记	李　波 刘家辉 马浩泉 黄忠海 吴福田 李　凌 康宝富	2012 年 5 月至 2013 年 5 月 2012 年 5 月至 2016 年 5 月 2012 年 5 月至 2016 年 5 月 2014 年 11 月至 2016 年 5 月 2016 年 5 月至 2016 年 5 月至 2016 年 5 月至（挂职）

说明：资料来源于《上杭县组织史》《上杭县人事志》

（二）党代表大会

1959 年 7 月 25 日至 26 日，旧县乡召开第一届党代表大会，出席本届会议的有正式代表 107 名。党委书记李恕杕在会上作报告，对全乡半年多来各条战线工作作出总结，要求全乡共产党员带领人民群众响应县委号召，贯彻执行好县委指示，完成好各项任务特别是当前“五夏”工作，不误农时做好夏收夏种。同时做好夏收预分，贯彻好按劳分配原则，并执行好国家统购统销政策，体现国家、集体、个人三兼顾。

（第二、三届党代会时间不详，材料缺失。）

1970 年 9 月 18 日，中共红岩（旧县）人民公社第四届党的代表大会召开，出席本届大会代表人数不详。会上，陈洪生代表中共红岩人民公社委员会作《团结起来，争取更大胜利》工作报告。大会选举产生公社党委书记 1 人，副书记 2 人，委员 4 人。

1984 年 10 月 9 日至 10 日，召开中国共产党旧县乡第五届代表大会，75 名正式代表出席本届会议。会上，黄开煌代表旧县乡第四届党委作《立志改革，振兴旧县，为进一步开创我乡社会主义现代化建设新局面而奋斗》工作报告。大会选举产生中共旧县乡第五届委员会和纪律检查委员会。

1987 年 11 月 26 日至 27 日，召开中国共产党旧县乡第六届代表大会，127 名正式代表出席本届会议。会上，陈永贤代表中共旧县乡第五届委员会作《团结起来，开拓前进，为建设繁荣、富裕、文明的新旧县而奋斗》工作报告。大会选举产生第六届中共旧县乡委员会和中共旧县乡纪律检查委员会，选举产生出席中共上杭县第六届代表大会代表 15 人。

（中共旧县乡第七届党的代表大会时间不详，材料缺失。）

1993年11月19日至20日，召开中国共产党旧县乡第八届代表大会，121名正式代表出席本届会议。会上，阙思垣代表中国共产党旧县乡第七届委员会作《坚持有中国特色社会主义理论，全面开创我乡现代化建设新局面》工作报告，胡灿杨代表中共旧县乡纪律检查委员会作《加强党风党纪建设，开创纪检工作新局面》工作报告。大会选举产生第八届中共旧县乡委员会和中共旧县乡纪律检查委员会。

1996年10月13日，召开中国共产党旧县乡第九届代表大会，正式代表121名、特邀代表5名出席会议。会上，黄庆辉代表中共旧县乡八届委员会作《抓住机遇，铁心拼搏，为旧县乡的迅速崛起而努力奋斗》工作报告，黄文金作中共旧县乡纪律检委员会工作报告。大会选举产生第九届党委委员10名，纪律检查委员会委员5名。

1999年10月7日，召开中共旧县乡第十届代表大会。出席大会正式代表120名，列席代表3名，特邀代表2名。阙朝阳代表中共旧县乡九届委员会向大会作《解放思想、求实创新、为实现旧县跨世纪的宏伟目标而努力奋斗》工作报告，钟发奎作中共旧县乡纪律检查委员会工作报告。大会选举产生第十届中共旧县乡委员会委员11名，纪律检查委员会委员5名。

2002年10月16日，召开中共旧县乡第十一届代表大会。出席本届大会正式代表151名，列席代表4名。会上，李新涛代表中共旧县乡第十届委员会向大会作《与时俱进、开拓创新、为实现旧县经济和社会产业新跨越而努力奋斗》工作报告，罗瑞斌代表乡第十届纪律检查委员会作中共旧县乡纪律检查委员会工作报告。大会选举产生第十一届中共旧县乡委员会和中共旧县乡纪律检查委员会。

2006年6月18日，召开中共旧县乡第十二届代大会。出席本届大会正式代表151名，列席代表7名。会上，李新涛代表中共旧县乡第十一届委员会作《落实科学发展观，努力构建实力旧县、生态旧县、和谐旧县》工作报告，张清文代表中共旧县乡纪律检查委员会作《围绕中心、服务大局、扎实推进党风廉政建设和反腐工作》工作报告。大会选举产生第十二届中共旧县乡委员会和中共旧县乡纪律检查委员会，选举出席上杭县第十一届党代会代表13名。

2011年6月3日，召开中共旧县乡第十三届代表大会。出席本届大会正式代表153名，列席代表2名，特邀嘉宾3名。会上，张如春代表中共旧县乡十二届委员会作《抢抓机遇，锐意进取，努力实现旧县科学发展，跨越发展》工作报告，刘家辉作中共旧县乡纪律检查工作报告。大会选举产生第十三届中共旧县乡委员会和中共旧县乡纪律检查委员会。

2015年1月28日，召开中共旧县镇第十三届代表大会第二次会议，153名正式代表出席本次会议。黄从廷代表中共旧县镇十三届委员会作《开拓创新，真抓实干，凝心聚力建设幸福旧县》工作报告，刘家辉作中共旧县镇纪律检查委员会报告。会议确定：认真学习贯彻中共十八届四中全会精神，坚持从严治党，团结和带领全镇广大党员干部群众，开拓创新，真抓实干，全力推进经济、社会、文化、生态和谐发展，不断提升党的建设科学化水平，凝心聚力建设幸福旧县，美丽旧县。

2016 年 1 月 21 日，召开中共旧县镇第十三届代表大会第三次会议，153 名正式代表出席本次会议。黄从廷代表中共旧县镇十三届委员会作《适应新常态，抓住新机遇，全力推进宜居宜游滨河生态慢城建设》工作报告，袁思成代表中共旧县镇十三届纪律检查委员会作工作报告。会议确定：认真贯彻落实党的十八届五中全会和县委十二届八次全会精神，动员和带领全镇广大党员和干部群众，适应新常态，抓住新机遇，以踏石留印，抓铁有痕的务实精神，进一步解放思想，开拓创新，凝心聚力，全力推进旧县宜居宜游滨河生态慢城建设。

2016 年 5 月 27 日，召开中共旧县镇第十四届代表大会，149 名正式代表出席本届大会。马浩泉代表中共旧县镇第十三届委员会作《开拓创新，锐意进取，为建设宜居宜游滨河生态慢城而努力奋斗》工作报告，张唐玉代表中共旧县镇第十三届纪律检查委员会作纪律检查工作报告。本次会议的任务是：回顾总结旧县镇第十三届党代会以来党的工作，谋划部署今后五年的发展目标、任务和措施，选举产生新一届中共旧县镇委员会和纪律检查委员会，选举产生旧县镇出席县第十三届党代会代表。会议确定：全镇各级党组织和广大党员干部认真践行党的群众路线，深入开展“两学一做”学习教育活动，团结和带领全镇人民开拓创新锐意进取，努力推动“实力旧县、美丽旧县、幸福旧县”建设，促进旧县科学发展，跨越发展，把旧县建设成为宜居宜游滨河生态慢城。会议选举马浩泉、吴福田、李凌、康宝富、张唐玉、郭晓芸、王煊源、巫振炉为中共旧县镇第十四届委员会委员；选举张唐玉等 5 人为中共旧县镇纪律检查委员会委员；选举马浩泉、吴福田、李凌、康宝富、张唐玉、郭晓芸、袁金娣、林远来、钟发阳、林灿盛、江晓荣、陈文先为旧县镇出席上杭县第十三届党代会代表。

（三）党委主要活动纪略

1. 经济恢复和社会主义改造时期

1950 年 6 月，中共旧县区（第八区）委员会成立后，一方面领导全区人民巩固人民民主政权，动员农民加入农会组织，领导群众剿匪反霸，巩固新生人民政权，稳定社会秩序；另一方面领导人民发展生产，恢复经济。12 月，开展抗美援朝宣传活动，激发群众的爱国主义和国际主义热情。同时，在石玉乡进行土改工作试点。

1951 年 1 月，全面铺开土地改革工作。至 7 月，基本结束。境内共没收和征收耕地约 15300 亩，平均分给无地或少地农民；10 月开始进行土改复查。同年底，在区党员、干部中开展反贪污、反浪费、反官僚主义的“三反”运动。在社会上，按“自愿结合，等价互利”原则，引导农民进行生产互助合作，建立互助组。

1954 年冬，互助组逐步转为初级农业合作社（简称初级社）。1956 年秋，按上杭县委要求，引导初级社并社，向高级农业生产合作社（简称高级社）过渡。同年冬，旧县参加高级社农户占90%。同时，引导手工业者走集体化道路，按不同行业组织生产合作社。至1956年年底，基本完成对生产资料私有制社会主义改造。

2. 开始全面建设社会主义时期

1957年5月，旧县党组织根据上杭县委贯彻《关于整风运动的指示》精神，动员广大群众帮助党内开展反对官僚主义、宗派主义和主观主义的整风运动。7月，整风运动转入反右派斗争，到1958年夏季结束。由于反右派斗争扩大化，许多人被错划为"右派分子"，长期蒙受冤屈。1980年6月末，予以平反改正。

1958年6月，旧县党组织贯彻中共八届二次会议制定的"鼓足干劲，力争上游，多快好省地建设社会主义"总路线精神。1958年10月，境内成立旧县人民公社、梅溪人民公社和新坊人民公社。1959年4月，建立政社合一体制。公社党委贯彻上杭县党代会精神，违背客观经济规律，各项事业追求速度，搞"大跃进"，出现高指标、高征购、瞎指挥、浮夸风和"共产风"。由于"大跃进"和人民公社化"左"倾错误影响，粮食生产连续三年歉收，进入三年困难时期。

1961—1962年，公社党委贯彻中央关于对国民经济实行"调整、巩固、充实、提高"方针，检查"大跃进"工作中失误和教训，部署贯彻中共中央《关于农村人民公社当前政策问题的紧急指示信》，开展以肃清"五风"（"共产风"、浮夸风、强迫命令风、生产瞎指挥风和干部特殊化风）为主要内容的整风整社运动；贯彻《人民公社工作条例（六十条）》，重申"三级所有，队为基础"，纠正"一平二调"（平均主义供给制、食堂制，对生产队劳力、财物无偿调拨）错误，实行退赔兑现，按政策规定分给社员自留地，允许社员经营家庭副业，推行"三包一奖"（包工、包产、包投资、超产奖），"四固定"（土地、劳力、农具、牲畜固定）的责任制，迅速调动农民生产积极性。

1963年3月6日，公社党委召开公社、大队、生产队三级干部会议，学习贯彻《农村人民公社工作条例》（六十条）。5月，公社党委召开扩大会议，传达县委扩大会议精神，突出抓阶级斗争。12月始，贯彻中共中央《关于目前农村工作中若干问题的决定（草案）》。1964年4月，县社会主义教育（简称社教）工作队进驻旧县开展社教试点工作。

1964年，组织干部群众学习毛泽东著作，同时开展"农业学大寨"、学雷锋、学焦裕禄等活动，以促进干部群众焕发出建设社会主义热情，推动工农业生产发展。

1965年，县派社教工作队到旧县进行社教，开展"四清"（清政治、清经济、清组织、清思想）运动。这场运动，对于纠正干部多吃多占、强迫命令、欺压群众等作风和集体经济管理方面的许多缺点，对于刹住农村一些不健康的歪风邪气起到一定作用，但也混淆了两类不同性质的矛盾，使许多干部群众受到错误打击，一些搞活农村经济的正确做法也被指责为"资本主义倾向"而遭到压制。

3.“文化大革命”时期

1966年5月21日，上杭县召开各公社负责人会议，传达中共中央《五·一六通知》后，旧县迅速开展“文化大革命”。7月，旧县学区、各大队、企事业单位相继成立“红卫兵”“赤卫队”“战斗队”等组织，揪斗所谓的“黑帮”“牛鬼蛇神”“走资派”。公社、大队党组织处于瘫痪状态。8月14日，县委“万人集会”，宣传贯彻中共八届十一中全会精神和中共中央《关于无产阶级文化大革命的决定》后，全社开展所谓破“四旧”（旧思想、旧文化、旧风俗、旧习惯），立“四新”（新思想、新文化、新风俗、新习惯）活动。1967年2月始，公社及部分大队名被改为具有革命意义的“红色”新名，旧县公社改为红岩公社；石院大队改为红院大队；福村大队改为新村大队；河东大队改为红东大队；龙溪大队改为红岩大队；全坊大队改为红全大队；坝上大队改为红庄大队；河西大队改为红卫大队；尧埔大队改为红坪大队；兰田大队改为红田大队；铁场大队改为红光大队；石圳大队改为红旗大队；角龙大队改为五星大队；迳美大队改为红山大队；谷坑大队改为红村大队。其间，因以县城为中心发生造反派之间由大辩论发展为两派武斗，严重影响正常经济建设和各项工作。1968年10月，红岩（旧县）公社成立“三结合”革命委员会，各大队成立革命领导小组，实行“一元化”领导，取代原党政领导职权。1968年11月4日至12月12日，在“斗、批、改”运动进入“清理阶级队伍”阶段，旧县出现棍毙四类分子现象，成为全县“重灾区”。1969年上半年，根据县委部署，开始“整党建党”工作，恢复大多数党员组织生活。1970年，贯彻毛泽东“深挖洞、广积粮、不称霸”指示，开展“农业备战备荒”。1971年4月，公社及各大队恢复原名。1973年，贯彻县四级扩干会“抓大批促大干”精神，配合县工作队在新坊等大队抓党的基本路线教育。1974年5月，选派部分公社、大队干部赴山西省昔阳县大寨大队参观，回来后进一步开展“农业学大寨”运动。运动中虽然提出一些“左”的脱离实际的口号，但这一时期在生产建设上学习大寨自力更生、艰苦奋斗精神，组织人力物力进行农田基本建设，推广许多农业生产新技术，取得一定成绩。

4. 社会主义现代化建设新时期

1976年10月粉碎江青反革命集团，宣告“文化大革命”结束。1978年12月，中共十一届三中全会后，旧县进入社会主义现代化建设新时期，公社党委从思想、政治、经济、文化等方面进行拨乱反正，在狠抓平反冤假错案同时，把工作重点转移到以经济建设为中心的社会主义现代化建设上来。1981年，公社党委贯彻落实中共中央《关于进一步加强和完善农业生产责任制的几个问题》的通知，全面推行以家庭联产承包为主要形式的农业生产责任制，促进农业生产迅速发展，使全社粮食总产到1983年达8110.65吨，创历史最高水平。

1985年，开展整建党活动。通过这次整建党，进一步弘扬了党的实事求是思想路线，比较普遍地进行党的正确路线、方针、政策的教育，使党的思想、组织、作风、纪律建设取得明显进步，为新的历史条件下党的建设发展和改革开放大业奠定坚实基础。是年，组织制定第七个五年计划（1986—1990年）和《2000年科技、经济和社会发展规划》，把脱贫致富工作作为一项中心任务摆上议事日程，设立扶贫工作领导小组及办事机构，制定扶贫规划，逐步解决贫困户温饱问题。

1988年始，根据地委和县委部署，在巩固1985—1987年扶贫成果基础上，实行资金、项目、效益“三挂钩”，层层落实责任制，扶持贫困户发展生产。至1990年，全乡贫困户基本达到一般群众收入水平。

1990—1993年，乡党委贯彻落实党的路线、方针、政策，坚持以经济建设为中心，团结协作、同心同德，超额完成七届党代会提出的各项任务，全乡各项事业长足发展。农业上完成调整责任田工作，解决“有田无人，有户无田”的责任田承包问题；党的建设上开展反腐败斗争，以提高党的纯洁性，能充分发挥党组织战斗堡垒作用。

1997—1999年，乡党委学习贯彻中共十五大及十五届三中、四中全会精神，提出“打矿业牌，下农业棋，弹电力琴，唱项目戏”发展战略与“山上、水上、乡外再创一个旧县”创业格局，要求进一步解放思想，主动造势，把握机遇，开拓进取，完成第九次党代会提出的奋斗目标，推进旧县新一轮创业，使旧县两个文明建设取得成果。1998年，龙岩市委、市政府授予旧县乡“小康乡镇”称号，省委、省政府授予旧县乡“光荣脱贫乡”称号。

1998年6月，经县委组织部批准，旧县乡成立中共上杭县荣达工贸有限公司支部委员会。

2000—2002年，乡党委先后开展“暖心联情”“致富思源，富而思进”“保持共产党员先进性教育”“学习练交泰，争当好公仆”“学习张继鹏，争创新业绩”学习教育活动。

2002—2005年，乡党委把发展作为富民强乡第一要务，继续以经济建设为中心，发挥资源、区位优势，加快开放开发，推进产业结构调整，实施“矿业富乡，办电兴企，劳力转移”创业战略。

2008年，乡党委领导全乡实施“项目带动、矿业强乡、就业富民”战略，促进社会主义物质文明、政治文明、精神文明协调发展，推

2014年10月21日，旧县镇党委举行全镇党的群众路线教育实践活动总结大会（旧县镇政府供图）

进党的建设新的伟大工程。

2011—2015 年，镇党委带领全镇各级践行科学发展观，继续深入开展创先争优活动，推动“实力旧县，生态旧县，和谐旧县”建设，促进旧县跨越发展，以期把旧县建设成为富裕、文明、和谐的社会主义新农村示范乡镇。

2012 年中共十八大后，组织全镇党员、干部、群众认真学习宣传贯彻中共十八大精神，根据十八大指引的方向探索新时代旧县党的建设和经济、社会发展新途径、新举措。同年，支持、指导新坊村建成全镇第一个农民公园，并在该村举办纪念邓六金100 周年诞辰活动和《邓六金生平事迹展》，以引导全镇干部群众学习、继承老一辈革命精神，开创旧县更美好的明天。

2016 年 6 月 27 日，旧县镇举行“一先两优”（先进党支部、优秀共产党员、优秀党务工作者）表彰大会暨“两学一做”集体党课（旧县镇政府供图）

2016 年，全镇各级党组织和广大党员干部开展以“两学一做”（学党章、学习总书记系列讲话，做合格党员）为中心的践行党的群众路线学习教育活动。为促进旧县科学发展、跨越发展，按照“产业优化兴镇、生态旅游美镇、平安和谐稳镇、党建示范强镇”发展思路，提出打好生态牌，念好山水经，唱好旅游戏，把旧县建设成“机制活、产业优、百姓富、生态美”的宜居宜游滨河生态慢城战略。

（四）纪律检查工作

1987 年 11 月，旧县乡成立纪律检查委员会（简称纪委），由一名党委副书记兼任纪委书记。之后，纪律检查委员会换届与镇党委换届同时进行，每届选举纪委书记 1 人，纪委委员 5—7 人。纪律检查委员会主要任务是维护党的章程和其他党内法规，检查党的路线、方针、政策和决议的执行情况，协助党的委员会推进全面从严治党、加强党风廉政建设和组织协调反腐败工作。主要职能是严格履行《中国共产党章程》赋予的“监督、执纪、问责”工作职责，为净化旧县政治生态发挥特殊作用。

1987—2007 年，结合乡村整党、计划生育，配合公安、政法、税务、工商部门处理赌博、盗窃、嫖娼等涉法涉刑党员干部。

2007—2009 年，查处党员干部违纪案件 6 件，其中赌博案件 4 件，处理 6 名违纪党员，其中党内警告 4 人，党内严重警告 1 人，延长预备期一年 1 人。

2010—2012 年，查处党员违纪案件 5 件，其中赌博案件 3 件，嫖娼案件 1 件，打架斗殴 1 件。处理 5 名违纪党员，其中党内警告 2 人，党内严重警告 1 人，开除党籍 2 人。

中共十八大以来，镇纪委积极推进“三转”（转职能、转方式、转作风）工作，以党的政治建设为统领，统筹纪法“两把尺子”，运用监督执纪“四种形态”，以“零容忍”态度对一些违纪违法党员进行惩办，为一体推进不敢腐、不能腐、不想腐夯实基础。

2013 年 12 月 18 日，旧县镇党委召开“开放式”民主生活会（旧县镇政府供图）

2013—2015 年，查处党员违纪案件 16 件，其中违反计划生育案件 6 件，赌博案件 4 件；处理涉案党员 17 人，其中党内警告 5 人，党内严重警告 7 人，开除党籍 3 人，取消预备党员资格 2 人。

2016—2017 年，查处党员违纪案件 35 件，其中赌博案件 13 件，违反中央八项规定精神 4 件，刑事案件 9 件，其他违纪案件 9 件；处理涉案党员 39 人，其中党内警告 16 人，党内严重警告 5 人，留党察看一年处分 5 人，撤销党内职务 1 人，开除党籍 10 人，免于党纪处分转组织措施处理 2 人。对轻微违纪的 59 名党员干部进行组织措施处理，其中批评教育 2 人，通报批评 6 人，提醒谈话 7 人，诫勉谈话 44 人。

1987—2017 年旧县镇（乡）纪律检查委员会书记情况表

表 14-3

姓　名	任职时间	姓　名	任职时间
陈思忠	1987 年 11 月至 1988 年 1 月	罗瑞斌	2002 年 8 月至 2006 年 5 月
陈致常	1988 年 1 月至 1989 年 5 月	张清文	2006 年 5 月至 2011 年 5 月
温远堂	1989 年 5 月至 1990 年 7 月	刘家辉	2011 年 5 月至 2012 年 7 月
陈荣城	1990 年 7 月至 1993 年 8 月	袁思成	2012 年 7 月至 2016 年 5 月
胡灿扬	1993 年 8 月至 1996 年 9 月	张唐玉	2016 年 5 月至 2017 年 7 月
王文金	1996 年 9 月至 1997 年 7 月	林富仁	2017 年 12 月至
钟发奎	1997 年 7 月至 2002 年 8 月	—	—

（五）党的建设

1. 党员干部教育

1949—1956 年间，党员干部教育，主要通过召开支部会、党小组会组织党员学习。1956 年开始，村党支部建立定期上党课制度，进行马克思列宁主义、毛泽东思想基本原理教育。1959 年，旧县公社建立党校，每年两次组织党员集中培训，培训内容主要是党性教育，社会主义教育和全心全意为人民服务教育。“文化大革命”期间，党员教育处于瘫痪状态。

70 年代开始，支部建立“三会一课”（支部党员大会、支委会、党小组会、上党课）制度。中共十一届三中全会后，公社党校活动逐步恢复，每年安排一批机关党员到县委党校学习、培训；换届选举后，村党支部、村委班子主要成员中的党员分期分批参加县委党校培训；农村党员，每年分期分批到乡党校进行培训。

80 年代，党员教育主要以学习中共十一届三中全会精神、“一个中心点、两个基本点”（以经济建设为中心，坚持四项基本原则，坚持改革开放）为主要内容。90 年代初，对党员进行中国特色社会主义理论教育。1996 年，科级以上领导干部集中开展以讲学习、讲政治、讲正气（简称“三讲”）为主要内容的党性党风教育。

1997—1998 年，在全乡党员干部中深入开展以“三讲”为主要内容的党性党风教育，提高党员干部思想政治素养。2001 年，按照中央精神和上杭县委部署，乡、村和基层站所深入开展“三个代表”重要思想学习教育活动，提高基层党组织的凝聚力、战斗力和基层干部的思想素质。2005 年，开展“保持共产党员先进性教育”活动。2007—2011 年，全面贯彻落实科学发展观，引领党组织和党员创先进、争优秀，不断夯实基层基础，为实现全镇“十二五”跨越式发展提供坚强组织保证和人才支撑。十八大后，组织党员开展“三严三实”和党的群众路线学习教育活动。十九大以后，以习近平新时代中国特色社会主义思想教育为核心，深入贯彻中共十九大精神，认真学习中央、省、市、县各级文件精神，按照全县组织工作会议部署，坚持完善“两学一做”学习教育常态化制度化，围绕服务农村科学发展，夯实基层基础，创新工作载体，提升工作水平。

2014 年 3 月 22 日，旧县镇组织有关人员到毛泽东才溪乡调查纪念馆参观学习，接受革命传统教育（旧县镇政府供图）

2. 干部选拔培养

中华人民共和国成立后，区党委重视领导干部选拔培养工作，按照德才兼备要求选拔干部、发展党员。

改革开放后，按照“革命化、年轻化、知识化、专业化”要求培养党员，选拔干部。

1984 年，贯彻落实中共中央转中央组织部、中央宣传部《关于加强干部培训的报告》，加强干部培训。

2000 年，建立党员干部年度考核制度。

2001 年，建立党员干部测评制度。

2004 年，建立党员干部提拔任用公示监督制度。

2006 年后，党员干部选拔任用走上制度化，规范化程序。

3. 老干部管理工作

20 世纪 80 年代，河东、梅溪等离退休干部较集中的村开始建立离退休干部学习组，每月定期集中一次，学习时事政治，漫谈心得体会。后随着时间推移，成立离退休干部学习组的村越来越多。他们普遍都聘请一名身体健康、较有威望的离退休老干部为学习组长，组织本村离退休老干部开展活动。

1991 年冬，旧县成立离退休干部管理服务站（简称退管站），加强离退休人员学习、管理工作。退管站建立离退休人员基本信息跟踪档案，每年维护更新。

镇党委每年召开一至两次部分离退休干部座谈会，倾听他们意见和建议，鼓励他们多为旧县发展建言献策。

“两节”（老年节、春节）期间镇党委、政府组织有关人员走访慰问，关心他们的健康和生活等问题。

（六）宣传工作

中华人民共和国成立初期，宣传教育工作主要围绕党的路线、方针、政策，宣传社会主义制度。扁山、谷坑两村船灯歌舞队通过表演形式歌颂人民当家作主，宣传党的方针政策，劝导人民积极投身社会主义建设等。

1959 年，宣传中华人民共和国成立十周年来重大成就，贯彻党的八届八中全会精神。

1963 年 3 月，响应党中央、毛泽东主席号召，开展向雷锋学习宣传教育活动。

“文化大革命”期间，强调“活学活用毛泽东思想”。但在林彪、江青两个反革命集团操纵下，学习毛泽东思想被引导到片面性、教条化、断章取义和“个人崇拜”等不正确轨道上。特别强调学习毛泽东主席关于“无产阶级专政下继续革命”理论，为阶级斗争扩大化推波助澜。

改革开放之初，开展“一个中心，两个基本点”（以经济建设为中心，坚持四项基本原则，坚持改革开放）宣传教育。

1981 年 3 月，根据县统一要求，开展以“五讲四美”（讲文明、讲礼貌、讲道德、讲卫生、讲秩序和心灵美、行为美、语言美、环境美）为主要内容的文明礼貌宣传教育活动。

1982 年 1 月，开展“四坚持、三兼顾、二反对”（坚持社会主义道路、坚持无产阶级专政、坚持中国共产党的领导、坚持马克思列宁主义毛泽东思想，兼顾国家、集体和个人三者利益，反对走私贩私、反对封建迷信）活动。

1985 年，根据县统一部署，广泛开展“四有”（有理想、有道德、有文化、有纪律）、“五讲四美三热爱”宣传教育活动。

1992 年，重点宣传邓小平南方谈话精神。

1993—1995 年，着重宣传中国特色社会主义理论，宣传贯彻《爱国主义教育实施纲要》，开展爱国主义为主题宣传教育活动。大力宣传乡“三八”林场模范女场长周娣事迹。

1996 年，开展学习中国特色社会主义理论、学习《中国共产党章程》的“两学”活动。

1996-1998 年，贯彻中共十一届六中全会精神，加强精神文明建设宣传。在全镇开展“讲学习、讲政治、讲正气”三讲教育活动，

1997 年，开展香港回归祖国宣传活动。

1998 年，宣传中共十四届六中全会精神。

2000 年后，开展学习“三个代表”重要思想，明确新时期治党理政要求，增强组织凝聚力和党员活力。

2003 年，全面贯彻中共十六大精神和“三个代表”重要思想。

2005 年，全面贯彻《公民道德实施纲要》和公民道德“二十字”（爱国守法、明礼诚信、团结友善、勤俭自强、敬业奉献）基本规范要求，全面提高人们思想道德水准和政治素质。

2008—2011 年，贯彻科学发展观，学习胡锦涛到福建，到上杭古田视察时重要讲话精神。

2012 年，全面学习、宣传、贯彻中共十八大精神。

2013—2014 年，开展学习中共十八届三中、四中全会和习近平重要讲话精神，深刻领会《决定》内容，将全会精神传达到村。全面贯彻落实镇教育实践活动、信访工作、美丽乡村建设、“两违”整治及生猪养殖污染整治等各项工作，推动全镇工作顺利开展。

2015 年，学习宣传中共十八届四中、五中全会精神和习近平系列讲话精神，组织开展“三严三实”（严以修身、严以用权、严以律己，谋事要实、创业要实、做人要实）宣传教育。

2016 年，开展“两学一做”宣传教育，提高党员干部学习自觉性和主动性。

2017 年，宣传贯彻中共十九大精神和习近平新时代中国特色社会主义思想，贯彻落

实中央和省委、市委、县委关于宣传工作各项决策部署，把握正确政治方向，压实主体责任，为推动宜居宜游滨河生态慢城旧县建设提供坚强有力思想保证。

（七）统一战线工作

1984 年，旧县乡配备统战干事 1 人，负责统战日常事务。1990 年，乡党委设统战委员。随着组织健全完善，统一战线工作走向正常化，各项统战政策得到落实。台胞、海外侨胞等回乡探亲，看到阔别多年家乡面貌一新，人民安居乐业，感到无比欣喜、赞赏。对回乡探亲、观光的旧县籍旅台人员，乡党委做好接待工作，组织他们到学校、企业参观，宣传党的统战政策，鼓励他们回乡投资办企，为家乡发展作贡献。引导旧县籍在外企业家回乡投资兴业，参与家乡建设。发挥统一战线参政议政优势，动员和鼓励统一战线广大成员围绕旧县发展，深入调研，建言献策。引导非公经济代表人士参与各项慈善活动，每年通过旧县慈善分会等平台扶贫济困、助学助教。

2000 年始，每年对境内宗教活动场所、寺庙进行逐个造册登记。对未经县宗教部门批准乱建寺庙或利用宗教场所进行非法活动的，坚决予以取缔；对未登记注册的个别寺庙，除督促其办理相关手续外，纳入正常管理。抓好宗教场所规范化建设，依法管理宗教事务，保持宗教和睦，维护宗教和谐。2017 年，旧县镇共有民间信仰活动场所 28 处，登记在册的宗教活动场所 4 处。

（八）精神文明建设

1981 年 3 月，根据县统一要求，开展以“五讲四美”为主要内容的文明礼貌活动。

1982 年 3 月，开展第一个文明礼貌月活动。

1984 年 9 月，旧县撤社建乡后，乡党委加强思想道德教育，开展群众性精神文明创建活动。

1985 年，根据县统一部署，开展“四有”和“五讲四美三热爱”教育及创建文明单位活动。

1988 年，开展做有理想、有道德、有文化、有纪律四有新人教育，开展以职业道德、社会公德和家庭美德为主要内容的群众性精神文明创建活动。

1991—1993 年，以创建文明示范路、文明单位、文明村为载体的群众性精神文明建设活动，广泛深入开展以职业道德、社会公德和家庭美德为主要内容的“四有”公民教育。

1995 年，建立健全专兼职集镇管理队伍，切实改善集镇交通、环境卫生状况，塑造农村“窗口”形象。

1996 年，宣传贯彻《中共中央关于加强社会主义精神文明建设若干重要问题的决议》《上杭县“九五”期间社会主义精神文明建设规划》，积极推进精神文明建设步伐，深化和拓展公民道德教育，加强“职业道德、社会公德和家庭美德”宣传教育。

1997 年，设立文明办，配备 1 名专职干部。

1997—1999年，结合学习温桂金、王灿荣、游锐文等先进事迹，开展创建文明村、文明单位、文明户和做文明旧县人等活动。

1998年，旧县乡获上杭县文明集镇“先进乡”称号。

2000—2002年，以贯彻《公民道德建设实施纲要》为契机，开展移风易俗、文明新风伴我行、争当公民道德建设标兵以及创建文明乡、文明村、文明户等活动，大力倡导“爱国守法、明礼诚信、团结友善、勤俭自强、敬业奉献”基本道德规范。2000—2002年度，旧县获龙岩市第八届文明乡（镇）称号。

2002年12月，河西村村民陈裕贵被评为2002年度见义勇为先进个人。

2004—2005年度，铁东村被授予县级文明村称号。

2005年，投入25万元，安装205国道集镇路灯、改造700米排水沟、绿化道路800米，拆除财神庙4处，关闭天后宫等16处未经审批的宗教及民间信仰活动场所。

2006—2008年度，兰田、梅溪、铁东、全坊、尧埔等村被授予县级文明村称号。

2008年，开展以“六提倡、六反对”（提倡崇尚科学、反对封建迷信；提倡健康娱乐、反对聚众赌博；提倡婚姻自由、反对买卖婚姻；提倡村邻和睦、反对宗教纠纷；提倡艰苦创业、反对铺张浪费；提倡少生优生、反对超生超育）为主要内容的“移风易俗”“婚育新风进万家”“美德在农家”“关爱女孩行动”等活动，打击“六合彩”骗赌、遏制“黄赌毒”丑恶现象，破除陈规陋习，倡导文明、科学、健康的生活方式。

2009—2011年度，谷坑、兰田、水东、铁东、尧埔等村被授予县级文明村称号。

2013年2月，河西村村民陈冬红当选福建助人为乐好人。

2014年，旧县镇被授予龙岩市第十二届（2012—2014年度）市级文明乡（镇）称号。

2012—2014年度，谷坑、兰田、水东村被授予县级文明村称号。

2015—2017年度，旧县镇被评为龙岩市第十三届市级文明乡（镇），旧县中心小学被评为市级文明学校，新坊村被评为市级文明村，尧埔村、石院村被评为县级文明村。

2017年4月，尧埔村村民邱仰辉当选福建见义勇为好人。

第二节　社会团体

一、工　会

（一）组织机构

民国19年（1930年），成立旧县河民船工会，以维护撑船人合法权益，同年，根据部分家庭人多田少情况，成立苦力工会，帮助他们增加收入。民国23年（1934年）秋，国民党复辟后，工会活动停止。

中华人民共和国成立后，学校、供销社、粮站、医院、金融等部门相继成立工会。

1966 年，“文化大革命”期间，工会组织瘫痪，工会活动停止。

1973 年冬，部分工会活动恢复。

中共十一届三中全会后，旧县学区、供销社、粮站、医院、金融等单位恢复工会组织。

2002 年，成立旧县工会联合会。随后，福建省新华都工程有限责任公司等非公企业建立工会组织。

2017 年年底，除学校、医院、卫生院等单位工会直属县相关部门外，全镇建立基层工会 121 个（其中非公企业工会 105 个），机关工会 1 个，有工会会员 2520 人。

（二）主要活动

1930 年，工会主要任务是发动工人参加中共领导下的革命斗争，维护职工自己合法权益，参与苏维埃政权建设、经济建设和反“围剿”斗争。

20 世纪 50 年代，工会由各个行业自主开展活动。“文化大革命”期间，工会活动停止。

1990 年，《中华人民共和国工会法》颁布后，组织机构逐步完善，活动走上正常化、规范化。工会按照《中国工会章程》要求，开展工会组建、发展会员、职工维权、企业职工劳动合同、工资协商合同签订等工作。建立“职工之家”，为职工办实事、办好事、送温暖，同时做好工会换届工作。

2002 年，镇工会联合会成立后，先后开展下属行业工会选举、会员管理、大病救助、助学济贫、职工权益、医疗保障等工作，指导、督促下属行业工会开展活动，配合镇党委、政府各项中心工作开展和完成。

2010—2017 年，工会联合会组织开展群众广场舞、球类和职工技能比赛等，以丰富职工业余文化生活。

二、青少年组织

（一）组织机构

第二次国内革命战争时期，境内成立中国共产主义青年团、少先队、儿童团等组织。

中华人民共和国成立后，境内成立新民主主义青年团旧县区（第八区）工委，各乡（村）成立团支部；各小学成立儿童团，1953 年，改称中国少年先锋队（简称少先队）。1955 年，境内共有 12 个团支部（扁山、碧康、新坊、河东、龙全、河西、尧铁、石龙、梅溪、石东、迳美、谷坑），团员 235 人；旧县小学建立中国少年先锋队大队部。1957 年新民主主义青年团改称中国共产主义青年团（简称共青团）。1958 年，成立人民公社后，成立中国共产主义青年团旧县公社委员会，全社 12 个团支部（尧铁总支含兰田、铁东、铁场、麻坝、尧埔分支部；河东支部、河西支部、坝上支部、龙全支部、供销社支部、工矿支部、小教支部），团员266人。1962年，境内设19个团支部（机关、文卫、财贸、坝上、河东、龙溪、全坊、尧埔、兰田、铁东、铁场、贝湖、上营、下营、上石圳、下石圳、角龙、扁山、福村），团员249人。

“文化大革命”期间，少先队改称红小兵，设团、营、连、排建置。1978年，恢复少先队组织。

2017年，旧县镇团委下辖22个团支部（机关、卫生院、新坊、石院、扁山、福村、新康、坝上、河东、河西、龙溪、全坊、尧埔、兰田、铁场、铁东、石圳、迳美、角龙、水东、梅溪、谷坑），团员241人。历任团委书记陈炳贤、吴仁明、江锦明、王永康、谢开进、钟庆海、陈丽云、温祺华、王煊源。

（二）主要活动

1. 共青团主要活动

2015年6月4日，旧县镇团委举行青年志愿者义务清洁环境活动（旧县镇政府供图）

革命战争年代，旧县共青团组织积极响应中国共产党号召，动员和带领广大青年加入红军和赤卫队，参与打土豪、分田地、保卫苏维埃政权、做拥军优属等工作。

中华人民共和国成立初期（50年代），团组织着重对青年进行阶级教育和爱国主义教育，带领青年积极参加土改运动和镇压反革命和剿匪斗争，开展扫盲工作，帮助青少年学习文化知识；团员青年带头加入互助组、合作社和民兵组织，积极参与社会主义建设。

全面建设社会主义时期，在当地党委、政府高度重视下，共青团、少先队结合青少年特点，围绕各个时期中心任务开展工作。

1961年，开展两个“五好”（听党的话，宣传贯彻，执行政策好；带头劳动，克服困难，劳动态度好；爱社如家，爱护公物，维护集体利益好；团结社员，尊重老农，学习技术好；精神奋发，清洁卫生，身体好）活动。1963年，响应毛主席号召，开展“向雷锋同志学习”活动，积极宣传雷锋事迹，弘扬助人为乐精神。1964年，组织“比、学、赶、帮”运动，大兴“三八作风”（坚定正确的政治方向、艰苦朴素的工作作风、灵活机动的战略战术）和“三老、四严、四见、四个一样”（“三老”：做老实人、说老实话、办老实事；“四严”：严格要求、严密组织、严肃态度、严明纪律；“四见”：见困难就上、见荣誉就让、见先进就学、见后进就帮；“四个一样”：雨天晴天一样、干集体生产和个人生产一样、干部在场和不在场一样、检查和不检查一样）。1966 年，进行“三大革命”（阶级斗争、生产斗争、科学实验）运动。

中共十一届三中全会后，团组织进行拨乱反正，明确新时期历史任务，组织学习邓小平理论、“三个代表”重要思想、科学发展观，做到思想上、政治上、行动上与党中央保持高度一致。1979 年，开展“新长征突击手”活动，积极投入生产建设中，发挥经济建设生力军作用。1982—1983 年，开展“五讲四美三热爱”精神文明建设活动。1985 年，围绕培育有理想、有道德、有文化、有纪律“四有”共产主义新人，把青少年思想政治教育放在首要位置，培养社会主义事业接班人。1990 年，实施“青年科技工程”，开展青年实用技术培训，扶持科技致富户、勤劳致富户。

1992 年，组织实施“希望工程”，服务困难青少年群体，开展青年志愿者活动，宣传社会主义核心价值观，进行社会主义新农村建设；组织开展“青春之光，爱老计划”“大手拉小手，守护母亲河”“红色文化”志愿宣讲活动；定期与派出所、司法所联合，做好“警校共育”工作，预防青少年违法犯罪。

2012—2017 年，以习近平新时代中国特色社会主义思想为指导，围绕“三个根本性问题”（根本任务：培养社会主义建设者和接班人；政治责任：巩固和扩大党执政的青年群众基础；工作主线：围绕中心、服务大局），共青团改革再出发，努力让共青团组织成为青年“靠得住、信得过、离不开”的贴心人。

2. 少先队主要活动

新中国成立初期，对少年儿童进行热爱祖国、热爱中国共产党、热爱人民、勤奋学习、遵守纪律等品德培养。

20 世纪 50 年代，开展“爱祖国、爱人民、爱劳动、爱科学、爱护公共财物”活动。60 年代，组织少先队员学雷锋做好事，到生产队下田拾谷穗，积绿肥支援农业生产等。1979 年，恢复少先队组织后，开展“儿童们团结起来，做新中国的新主人，做共产主义接班人”等系列活动。1988 年，贯彻落实《小学生守则》和《中小学生行为规范》，组织开展养成教育，争当“三好学生”“优秀少先队员”活动。90 年代，开展手拉手“五自”（自理、自学、自律、自护、自强）活动。

进入 21 世纪，开展争当“著名苏区好学生”“文明礼仪伴我行”活动。结合纪念日、重大节日，组织开展征文比赛、知识竞赛、爱国主义教育、祭扫烈士墓等活动。

三、妇女组织

（一）组织机构

民国 18 年（1929 年），旧县红色政权建立后，建立妇女组织，妇女工作开展活跃。1934 年，国民党政权复辟后，妇女组织停止活动。

中华人民共和国成立后，旧县区人民政府成立，随即建立起妇女联合会（简称妇联），乡（大队、村）设立妇女代表会（简称妇代会）。1958 年，旧县区改名为旧县公社，区妇女联合会改名为旧县公社妇女联合会。

“文化大革命”期间，妇女组织瘫痪，妇女工作停止。

1974 年后，妇联组织逐渐恢复。1984 年，旧县撤社建乡，妇女联合会更名为旧县乡妇女联合会，设妇联主席 1 人，各村设妇代会主任 1 人。2012 年，旧县撤乡设镇，镇妇联设主席 1 人，副主席 1 人，委员若干人。辖 20 个村级妇代会组织。

（二）主要活动

民国 18 年（1929 年），旧县妇女在共产党、苏区政府领导下，积极投身苏区革命斗争和各项社会活动，响应苏区政府号召，从动员丈夫、儿子参军到组建妇女洗衣队、慰劳队、救护队，从组织妇女耕田队到认购公债，从破除迷信到执行婚姻法，妇女组织起到半边天作用，担当起后方革命和生产重任。帮助红军家属发展生产，带领妇女为红军制作草鞋、送粮送衣。在扩大红军运动中，旧县妇女涌现许多先进动人事迹，为中国革命胜利作出很大贡献。新坊村邓六金，1929 年参加革命，曾任中共福建省上杭县旧县区委青年干事、县委妇女部长，福建省苏维埃妇女部巡视员、中共庆阳县委组织部副部长、中央组织部妇女部部长等职，是中央主力红军参加过长征的 30 位女红军战士之一。石院村走出的傅才秀，是上杭县苏维埃政府妇女部第一任部长，后任中共福建省委妇女部部长。

1949 年，中华人民共和国成立后，旧县妇女响应党和政府号召，积极参加土地革命，清匪反霸、巩固政权；参加农业合作化、落实农业生产责任制等农村改革实践活动；参与拥军优属、扫除文盲活动。

中共十一届三中全会后，党的工作重点转移到经济建设上来，妇女组织活动更加频繁、活跃。广大妇女发挥聪明才智，投身经济建设，争做“四有”（有理想、有道德、有文化、有纪律）新人。妇女们积极普及“四自”（自尊、自强、自信、自立）教育，开展“双学双比”（学文化、学技术、比成绩、比贡献）活动，宣传《中华人民共和国妇女权益保障法》等法律知识，增强妇女自我维权能力和维权意识。实施“春蕾计划”“三八红旗手”“五好家庭”等活动，为创建平安旧县、和谐旧县努力作贡献。

2007—2017 年，镇妇联每月跟踪重点对象突出矛盾纠纷或信访突出问题。不定期联合相关部门，利用集镇圩期，开展计划生育与健康、扫黑除恶、禁毒反诈专项斗争、安全生产、食品健康安全等各类宣传活动，发动广大妇女儿童举报涉黑涉恶、电信网络诈骗等违法犯罪行为，增强妇女安全意识和政治意识。开展真情关爱留守儿童活动，为 20 位留守儿童结对“爱心妈妈”。每年实施“春蕾计划”，为 4 名中小学生发放助学金 1600 元。慰问贫困儿童 20 人，发放金额 4000 元。开展“两癌贫困母亲救助”活动，帮扶“两癌”贫困妇女 6 人，发放困难帮扶资金共 3 万余元。开展“巾帼扶贫”小额信贷活动，为20位贫困妇女解决贴息贷款4880元发展产业，鼓励贫困妇女积极参加乡镇举办的槟榔芋种植、水稻种植、百香果种植、月嫂等各类培训，通过培训取得合格证书的有27人。

四、科学技术协会

（一）组织机构

1985年，旧县成立科学技术协会（简称科协）。1988年设科技副乡长后，由科技副乡长兼任科协主席，并配备兼职干部担任科技助理员。2008年9月，成立旧县退休科技工作者协会。

（二）主要活动

1987年后，旧县乡科协重视引进先进科学技术，加强科普知识宣传，与旧县籍在外工作科技人员联系，推进科技强乡步伐。

1996—2016年间，多次邀请省、市、县专家到旧县作科技报告、科普讲座。聘请县烟草局专家作“烤烟优质高产栽培技术”“烤烟烘烤技术”讲座，聘请县农业局专家作“杂交水稻繁殖与制种技术”“杂交水稻高产栽培技术”讲座。

2008年退休科技工作者协会成立后，每年与乡文化技术学校及相关技术部门合作，共开展各类农村实用技术培训8期以上，参训人数达1200余人次。至2016年，全镇有科技示范户210户。

五、计划生育协会

（一）组织机构

1989年10月，成立乡计划生育协会（简称计生协会）。协会理事会设会长、常务副会长和秘书长，由乡分管计划生育工作领导任会长，热心计生工作干部任常务副会长，另指派一名年轻干部担任秘书长，其他成员若干名。协会换届与乡党委换届同步进行。全乡19个行政村建立计划生育协会小组，由德高望重老干部担任协会小组长。1991年始，各行政村按每千人配备1名计生管理员，负责宣传计生法律法规，传授节育、优生优育等知识，督促落实节育措施等。1992—1993年，全乡开展会员登记发证工作。

（二）主要活动

1989年协会成立后，协助乡政府开展计划生育法律法规、优生优育、生殖健康、科学知识和预防艾滋病知识宣传教育，抓好乡村计生协会“三联创”活动和“一流村”“合格村”计生协会创建工作，健全计生“三结合”（计生工作与发展农村工作相结合、与帮助农民勤劳致富奔小康相结合、与建设文明幸福家庭相结合），兑现计划生育扶助奖励政策等，以促进计生工作健康顺利开展。2006年，实施“幸福工程——救助贫困母亲”及“三结合”小额贴息贷款，帮助计生贫困家庭发展生产。

2015年，协助推行计划生育家庭意外伤害保险，对农村独女户、二女结扎户夫妇住院实行起付线减免，实施部分二女结扎户“安居工程”。

每年5月29日，参加全国会员“5·29”活动和“世界人口”纪念活动。

六、残疾人联合会

（一）组织机构

1989年，旧县乡成立残疾人联合会，由乡民政办代管。1998年县残联升格为正科级，旧县乡残联设独立办公室，设理事长1名，由镇干部担任。2011年11月，乡公开选聘了1名残疾人联络员，协助乡理事长开展工作，20个村配备残联兼职联络员。2013年6月，20个村（社区）设残联主席和专职委员，聘请村级联络员。

（二）主要活动

协助上级为白内障患者免费实施人工晶体植入术，使患者重见光明；为小儿麻痹后遗症患者矫治，为聋哑儿童进行听力语言训练等。后增加精神病康复、装配假支和矫形器和残疾人用品用具供应等服务性工作。

每年为残疾人家庭提供资金技术等方面倾斜扶持，扶助残疾人贫困户脱贫；给予残疾人最低生活保障，扶助残疾人参加农村社会养老保险，资助残疾人或贫困残疾人家庭子女进入高等院校学习，以解除残疾人家庭后顾之忧。

协助相关部门做好残疾人劳动就业安排。1999年以前，按单位比例安排残疾人就业。1999年后，安排残疾人就业工作开始在个体、私营企业中展开，鼓励残疾人自谋职业，政府在政策等方面给予倾斜。

第十五章 政权 政协

宋、元时期，旧县隶太平乡平原团平安里。明洪武十四年（1381 年）始，旧县隶平安里。清初，旧县隶白砂里。清光绪二十四年（1898 年）后，旧县隶西路第二区（简称西二区）。

民国 10 年（1921 年），全县分 5 路 20 区，旧县为西路第十三区。

民国 18 年（1929 年）10 月，旧县成立区苏维埃政府；12 月，各乡成立乡苏维埃政府（乡级建置情况不详）。至民国 23 年（1934 年）秋，中央苏区沦陷，旧县区、乡苏维埃政权停止公开活动。

民国 25 年，国民政府在境内设梅溪、石龙、新市、新坊 4 个乡联保办事处。

民国 29 年（1940 年）至民国 37 年（1948 年）2 月，旧县隶属第四区，境域内设新乡、三益 2 个乡级建置。新坊、石院一带归白砂区辖。

1949 年 9 月 17 日，上杭县人民民主政府成立后，下辖 13 个区 126 个行政村（里），旧县设旧县区人民民主政府，下辖 7 个村。1950 年 1 月后改为第八区人民政府。1955 年 12 月区人民政府改为区公所。1958 年 3 月，境内有梅溪乡人民委员会、旧县乡人民委员会、新坊乡人民委员会。1958 年 10 月，梅溪、旧县、新坊 3 个乡合并成立旧县人民公社。1961 年 6 月至 1965 年 4 月，原旧县人民公社分出新坊人民公社和梅溪人民公社，公社管理机构设为管理委员会。1965 年 4 月后，新坊和梅溪 2 个人民公社并入旧县人民公社。“文化大革命”期间，1968 年 10 月成立旧县人民公社革命委员会，旧县人民公社管理委员会职能由革命委员会取代（1966—1970 年改名为红岩公社，1971 年恢复原名旧县公社）。1980 年 6 月，撤销革命委员会，恢复管理委员会。1984 年恢复旧县乡人民政府。

1986 年 4 月，旧县乡成立政协联络组。

2012 年 5 月，撤销旧县乡建置，改设旧县镇，设旧县镇人民政府。

第一节 宋至民国政权

一、宋至清代政权

宋、元时期，旧县隶属太平乡平原团平安里。

明洪武十四年（1381 年）始，旧县河西、河东一带隶平安里，梅溪、水东、谷坑、石圳、全坊、铁场隶太平里。

清初沿明制，全县设在城、胜运、来苏、溪南、平安、太平、白砂、古田 8 个里。梅溪、水东隶太平里；角龙、石圳、铁场、铁东、尧埔、全坊、旧县、新坊、石院隶白砂里。

清光绪二十四年（1898 年），“戊戌政变”后，实行新法，改里为区。旧县隶属西路第二区（简称西二区）。

二、民国政权

民国 10 年（1921 年），旧县为西路第十三区。

民国 25 年（1936 年）年初，旧县归西路第五区。同年 4 月，调并区级体制，旧县归第四区。区署设才溪，辖旧县河以北及太平、平安 2 里，设九州乡、梅溪乡、石龙乡、新坊乡、新市乡、四坊乡、通贤乡、才溪乡、回龙乡、官庄乡、珊瑚乡等 11 个联保办事处。

民国 29 年（1940 年），全县划为 4 个区、2 个镇、25 个乡。旧县分为新乡、三益 2 个乡，隶第四区。

民国 31 年（1942 年）12 月，取消区署，县直辖 2 个镇 25 个乡、320 保、3362 甲。自此开始至民国 37 年（1948 年）2 月，旧县均设新乡、三益 2 个乡，直属县辖。

民国 18 年至 22 年冬，出现苏维埃政权与国民党政权并存局面（苏维埃政权见第三节《地方人民政府》）。

第二节 人民代表大会

一、代 表

1951 年 5 月，根据中央人民政府政务院 1950 年 12 月通过的《乡（行政村）人民代表会议组织通则》，开展民主建政，召开群众大会，推荐各界人民代表，出席乡各界人民代表会议，选举产生乡长和乡政府委员。乡各界人民代表会议代表任期 1 年，各选区（村）代表推荐代表主任 1 人，在乡政府领导下，联系代表开展各项工作。

1953 年，乡成立选举委员会，主持选举工作，进行普选。乡人民代表候选人三榜确定后，按选区由选民以举手（或投豆）方式直接选举乡人民代表。

1958 年 10 月后，由公社人民代表大会（亦称社员代表大会）选举社长、副社长。公社管委会委员由党委指派工人、农民、青年、妇女、武装等方面代表组成。后来，代表大会由公社、大队、生产队三级干部扩大会取代。“文化大革命”期间，乡人民代表大会（简称人代会）被“三代会”（工人代表、贫下中农代表、红卫兵代表大会）所代替，选举工作中断。

1984 年 9 月，恢复人民代表大会制度。此后，乡人民代表大会代表按照选举法规定，由乡党委按选区分配代表名额并提出部分候选人（其余候选人由选民直接选举），在全体选民中投票选举产生。

二、历届代表大会

1956 年 10 月 16 日，旧县乡召开第一届人民代表大会。出席本次会议有正式代表 86 人，列席代表 8 人。会议主题是：报告关于 1956 年选举工作的意义。

(第二至第五届人民代表大会会议时间不详，材料缺失)。

1980 年 6 月 26 日至 27 日，旧县公社召开第六届人民代表大会。出席本次大会代表 168 人。大会听取并审议通过蓝友珍代表旧县公社革命委员会作的题为《全社人民团结一致，同心同德为加速四化建设步伐，尽快改变旧县面貌而努力奋斗》工作报告，选举旧县人民公社管理委员会主任 1 人、副主任 4 人、委员 12 人，选举人民陪审员 6 人。

1984 年 10 月 15 日至 16 日，旧县乡召开第七届人民代表大会，出席本次大会正式代表 135 名。大会听取并审议通过陈永贤代表上届政府作的题为《立志改革、开拓前进、为建设繁荣富裕文明的新旧县而奋斗》政府工作报告，讨论并通过了《旧县乡人民政府工作条例（试行草案）》，选举乡长 1 人，副乡长 3 人。

1987 年 10 月 20 日至 21 日，召开旧县乡第八届人民代表大会。出席大会正式代表 69 名。大会听取并审议通过陈永贤代表乡第七届人民政府作题为《深化改革，开拓前进，为振兴旧县经济而奋斗》工作报告，选举乡人大主席团主席 1 人、乡长 1 人、副乡长 2 人。

1990 年 12 月 17 日至 19 日，召开旧县乡第九届人民代表大会。出席本次大会代表 71 人。大会听取并审议通过阙星桥代表第八届人民政府作的题为《励精图治，开拓创新，把旧县经济建设和各项事业推向前进》工作报告和陈永贤代表八届人大主席团作的人大工作报告。大会选举产生新一届人大主席团主席、人民政府乡长、副乡长。

1993 年 12 月 14 日至 16 日，旧县乡召开第十届人民代表大会。出席本次大会正式代表 71 名，列席代表 11 名，特邀代表 3 名。大会听取并审议通过吴禹初代表第九届人民政府作题为《同心同德，开拓进取，夺取我乡改革开放和经济建设的更大胜利》工作报告和陈永贤代表人大主席团作的人大工作报告。大会选举人大主席团主席 1 人、乡长 1 人、副乡长 3 人。

1996 年 12 月 18 日至 19 日，旧县乡召开第十一届人民代表大会，出席本次大会正式代表 61 名。大会听取并审议通过阙朝阳代表第十届人民政府作的政府工作报告和王立松代表十届人大主席团作的人大工作报告。大会选举人大主席团主席 1 人、乡长 1 人、副乡长 2 人。对陈国卿等 10 名优秀人民代表作表彰。

1999 年 12 月 16 日，召开旧县乡第十二届人民代表大会。出席本次大会正式代表 61

名，特邀代表 2 名，列席代表 33 名。大会听取、审议并通过李新涛所作题为《抢抓机遇，乘势而上，为把旧县建设成为富裕型小康乡镇而努力奋斗》政府工作报告和阙隆文代表人大主席团作的人大工作报告。大会选举产生新一届人大主席团主席 1 名、政府乡长 1 名、副乡长 3 名。

2002 年 12 月 3 日，召开旧县乡第十三届人民代表大会，出席大会正式代表 61 名。大会听取、审计并通过李永涛代表旧县乡第十二届人民政府作的题为《团结拼搏，求实创新，为全面建设小康社会的目标而努力奋斗》政府工作报告和陈德金代表人大主席团作的人大工作报告。大会选举产生新一届人大主席团主席、旧县乡人民政府乡长、副乡长。审议并通过《关于大力实施劳动力转移的决议》《关于大力发展烤烟生产，促进农民增收的决议》《关于大力实施办电兴企战略的决议》。

2007 年 1 月 18 日，召开旧县乡第十四届人民代表大会。出席本次大会正式代表 61 名。大会听取、审议并通过王文威代表十三届人民政府所作的题为《抢抓机遇，锐意进取，为构建旧县社会主义新农村而努力奋斗》政府工作报告和陈德金代表人大主席团作的人大工作报告。大会选举产生新一届人大主席团主席 1 名、人民政府乡长 1 名、副乡长 3 名。

2011 年 12 月 28 日，召开旧县乡第十五届人民代表大会，出席大会正式代表 61 名。会议听取、审议并通过李波代表第十四届人民政府所作政府工作报告和罗庆明代表十四届人大主席团所作人大工作报告。大会选举新一届人大主席团主席 1 名、人民政府乡长 1 名、副乡长 3 名。

2016 年 12 月 15 日至 16 日，旧县镇召开第十六届人民代表大会。出席大会正式代表 60 名。会议听取、审议并通过吴福田代表第十五届人民政府所作政府工作报告和张鹏善代表第十五届人大主席团所作旧县镇人大主席团工作报告。会上还审议通过《旧县镇总体规划修编情况工作报告的决议》。大会选举新一届人大主席团主席 1 名、人民政府镇长 1 名、副镇长 4 名。

三、镇人大（主席团）及其主要活动

（一）机　构

1954 年，《中华人民共和国宪法（草案）》公布后，县依法进行普选和召开县、乡两级人民代表大会，选举产生县、乡两级人民政府。

1958 年后，“左”倾错误泛滥，民主制度先后受到损害。“文化大革命”期间，人民代表大会制度被废止。中共十一届三中全会后，人民代表大会制度恢复。

1980 年，全国五届人大二次会议通过《中华人民共和国全国人民代表大会和地方各级人民代表大会选举法》和《中华人民共和国地方各级人民代表大会和地方各级人民政府组织法》。

1984 年，进行县、乡两级人民代表选举，改变农村人民公社政社合一体制、恢复县、乡两级人民政府。

1987 年下半年，根据上杭县选举委员会《关于乡镇人民代表大会设主席团的意见》，乡设立人大主席团为常设机构，配备专职常务主席一名。

1996 年，根据《中华人民共和国地方各级人民代表大会和地方各级人民政府组织法》规定，乡人大主席团常务主席更名为乡人大主席，乡人大主席由乡人民代表大会从代表中选出，任期与乡人民代表大会每届任期相同。人大主席团常务主席和人大主席人选由县级组织考核认定后提出候选人，乡人民代表大会选举产生。

（二）主要活动

2007 年 6 月 9 日，针对各村乱占耕地建房现象，乡人大主席团组织部分县、乡人大代表和土管所、村管站、司法所等部门工作人员，联合开展土地管理法执法检查，深入到梅溪、角龙等村开展土地管理法律法规宣传。7 月 17 日，组织代表开展永武高速（旧县段）征地补偿、拆迁安置工作情况视察，深入到梅溪、石圳等村宣传征地拆迁有关法律法规和政策规定，收集征迁户对征地拆迁安置工作的意见和建议。2007 年度，旧县乡人大获上杭县乡镇人大工作三等奖。

2008 年 7 月起，为确保奥运期间全乡有一个安定、和谐的社会环境，乡人大加强信访工作力度，坚持和完善乡人大主席圩天接待群众来访制度，每个接待日安排 1—2 名人大代表参与接待，及时交办信访案件，每件信访案件在受理 3 天内转交有关部门办理。

2009 年，乡人大主席团组织开展学习贯彻中共十七届三中全会精神和学习实践科学发展观系列活动，开展“提高履职能力年”系列活动和纪念地方人大设立常委会 30 周年活动。

2010 年 3 月 12 日，结合县烟草公司开展“创人民满意单位”活动，乡人大主席团组织县、乡人大代表专题听取旧县烟草站工作情况报告，并对烟草站工作进行满意度测评，针对代表们提出的建议意见，经归纳梳理后，形成书面反馈材料，责成烟草站进行整改。6 月 15 日，由于强降雨造成洪灾，致使全乡各村不同程度受灾。灾情发生后，主席团按照乡党委部署，发动全乡人大代表参与抗洪，组织开展灾后工作调研，帮助群众恢复灾后生产、重建家园。同时要求每位人大代表挂钩 2 户受灾户，全乡 65 名人大代表积极做好所挂钩户灾后重建工作，涌现出许多感人事迹。县代表、河西村支部书记陈特贤抗洪救灾先进事迹被省人大网站刊发。

2011 年 8 月，镇人大主席团作出“关于旧县乡撤乡设镇的决议”，要求乡政府及有关部门认真落实科学发展观，抓住加快发展历史机遇，着手实施撤乡设镇各项工作。

2012 年 10 月，镇人大主席团陆续开展重点工程建设视察调研工作，视察组分别深入坝上大桥接线工程、集镇市场公厕、垃圾中转站、商贸市场建设等现场进行调研视察，听取镇政府及相关施工单位关于重点工程建设情况报告，分析解决实施过程中遇到的各种困难和问题，对相关工程建设提出建议和要求。

2013年4月5日，镇人大主席团组织考察组开展H7N9型流感病毒防控调研工作。先后走访河西、石院、铁东等村养殖大户，详细询问禽流感防控措施落实情况，听取镇畜牧兽医站、卫生院关于禽流感防控工作情况汇报。

2014年6月，镇人大组织水利、安监、国土等部门对全镇辖区内15座水电站进行一次全面汛期安全大检查。通过实地察看、查阅资料和听取汇报后，对各电站大坝及泄洪建筑、引水系统、发电厂房、水工、水文设施及通信、交通设施和安全员履行工作职责情况提出改进意见。

2015年7月22日，连续强降雨致使全镇各村不同程度受灾。灾情发生后，镇主席团按照镇党委部署，组织全镇人大代表参与抗洪救灾并开展灾后调研工作，帮助群众恢复灾后生产、重建家园。

旧县乡（镇）历届人大主席团常务主席情况表

表15-1

届　别	职　务	姓　名	任职时间
第八届	主　席	陈发珍	1987年11月至1990年8月
第九届	主　席	陈永贤	1990年9月至1993年9月
第十届	主　席	陈永贤	1993年9月至1996年10月
第十一届	主　席	王立松	1996年10月至1999年7月
第十二届	主　席	阙隆文	1999年7月至2003年12月
第十三届	主　席	陈德金	2003年12月至2006年12月
第十四届	主　席	陈德金 温文学 罗庆明	2007年1月至2007年12月 2008年1月至2010年1月 2010年2月至2011年12月
第十五届	主　席	罗庆明 张鹏善	2012年1月至2013年5月 2013年7月至2016年12月
第十六届	主　席	张鹏善	2016年12月至

附：旧县镇（区、乡、公社）出席省、市、县人大代表名录

1. 出席龙岩市人民代表大会代表名单

第二届（2002年3月）　丘清其

第四届（2011年12月）　孔令英　江贤善　李永涛　李俊和

2. 出席上杭县各届人大代表名单

出席上杭县各届人民代表大会代表情况表

表 15-2

届别	时间	代表姓名
第一届（第八区）	1954 年 7 月	碧康乡：严庭庆 新坊乡：傅东秀 河东乡：陈致桓　陈太寿姑　陈自创 梅溪乡：张希元　陈招龄　林荣春　吴庆榕 尧石乡：曾贞龄　陈银金　邱洪辉 河西乡：吴伟麟 石玉乡：黄茂胜　黄　淮 玉女乡：李生标
第二届	1956 年 12 月	林荣仁　陈凤子　李绍美　严宝成　陈致常　陈自创　黄雪梅 罗富贞
第三届	1958 年 5 月	陈凤子　丘启祥　谢瑞堂　罗富贞　林荣仁　黄茂胜　丘鸿辉 严锡贵　江文贤　江书升　陈致常　陈宜英　李绍美　林开钦
第四届	1961 年 10 月	李贞传　黄达琪　陈佩林　钟应良　刘　礼
第五届	1963 年 12 月	刘　礼　张联务　李待馨　陈书财　李炳姑　陈凤子　李贞传 江文贤　吴善彬　付冬秀　邱鸿辉　陈佩林　陈德林　严锡贵 陈汭贤　江书沐　黄达琪　陈桂金　刘宝凤　曾永娣　陈烟初
第六届	（不详）	（不详）
第七届	（不详）	（不详）
第八届	1980 年 9 月	陈洪生　江亮标　蓝友珍　谢培群　邓有传　李联玉　黄琴美 张招钧　陈思忠　江云金　陈锦祥　陈凤招　江天福　赖福祥 游宝芬　林建琪　江先奎　江书连　陈银金　罗怀碧　翁胜发 蓝文洪　阙树进　胡永才　李宝荣
第九届	1984 年 11 月	陈永贤　邓茶玉　李景伟　黄琴美　张耀仁　陈美才　黄潭秀 谢东生　江雅福　游宝芬　曾小琼　邱玉英　江开春　陈思福 孔瑞仰　孔元玉　林树凤　蓝文洪　胡灿扬　李荣员　陈仰兴
第十届	1987 年 11 月	李招祥　黄贵利　陈思金　陈良发　曾小琼　游宝芬　江福星 孔瑞仰　游兰英　丁永英　陈发珍　蓝文洪　赖兰英
第十一届	1990 年 12 月	陈永贤　江雅勋　陈炳贤　游宝芬　江锦星　陈银金　蓝殿南 阙树进　丁永英　阙星桥　黄潭秀　李招祥　黄金美　陈思金 陈宝元
第十二届	1993 年 12 月	李国洪　黄贵城　陈思金　陈红娣　陈永贤　陈炳贤　陈霞玉 游宝芬　江福标　钟碧兰　罗喜德　翁发源　阙树进　钟义英 张李珍　吴禹初　钟振华
第十三届	1998 年 12 月	李宜根　王立松　陈卫生　陈林英　谢满花　江观扬　孔瑞仰 林定盛　阙朝阳　钟义英　邱桂花　陈永炘

续表15-2

届别	时间	代表姓名
第十四届	2003 年 12 月	王培生 李文英 李朝英 李新涛 陈特贤 陈德金 林荣春 罗华文 罗 辉 阙天林 陈道红 江 萍
第十五届	2006 年 12 月	陈特贤 陈德金 黄丽霞 李辉隆 陈淑莹 陈良德 邱庆标 孔令英 林荣达 李新涛 阙其昌 吴祖元
第十六届	2011 年 12 月	黄高美 陈良才 罗庆明 谢喜祥 张如春 陈特贤 陈雷生 游先金 孔令英 胡灿铨 江 萍 傅秋永
第十七届	2016 年 12 月	黄天兰 张鹏善 陈忠才 谢兴贵 陈振梁 马浩泉 陈秀枚 刘红兰 阙永福 林灿盛 罗友良 刘淦滨

第三节 地方人民政府

一、苏维埃政府

民国 18 年（1929 年）10 月，旧县成立西二区苏维埃政府，隶上杭县苏维埃政府领导。12 月，各乡成立乡苏维埃政府。

民国 20 年（1931 年），上杭、武平 2 个县合并，成立杭武县苏维埃政府，辖 8 个区，旧县为第六区，设立区苏维埃政府。

民国 23 年（1934 年）秋，旧县苏区沦陷，区、乡苏维埃政府停止办公。

二、镇（区、乡、公社）人民政府（管理委员会）

1949 年 9 月，成立旧县区人民民主政府。

1950 年 6 月 1 日，全县分为 12 个区，旧县第八区，设区人民政府。辖新坊、碧康、河东、河西、龙全、尧石、梅溪、谷坑、玉女、九州、玉石 11 个行政村。

1955 年 12 月 9 日，旧县区人民政府改称旧县区公所。

1956 年 8 月，撤并区乡，旧县分为梅溪、石龙、新坊、旧县 4 个乡，梅溪、石龙乡划入附城区，新坊乡划入白砂区，旧县乡划入才溪区。

1958 年 2 月，撤区并乡。梅溪、石龙 2 个乡从附城区划出，合并成立梅溪乡；新坊从白砂区划出，成立新坊乡；旧县从才溪区划出，成立旧县乡。

1958 年 10 月，新坊、旧县、梅溪 3 个乡合并成立旧县人民公社。

1959 年 8 月，城郊公社的角龙、石圳 2 个大队划入旧县公社管辖。旧县公社下辖新坊、碧康、河东、龙全、河西、尧铁、石圳、梅溪 8 个管理区（后改为生产大队），公社、大队设立管理委员会。

1961年6月，旧县公社分为梅溪、旧县、新坊3个公社，隶属才溪工作委员会管辖。8月，旧县公社的福村大队划入华佳公社，9月，新坊公社的扁山大队、华佳公社的福村大队划入旧县公社管辖。

1965年，碧沙、早康划入白砂公社管辖。梅溪公社、新坊公社并入旧县公社。

1966年，旧县公社改名为红岩公社。

1968年11月，成立红岩公社革命委员会，各大队成立革命领导小组。

1971年，红岩公社恢复原名旧县公社。

1980年7月1日，旧县公社革命委员会改名为旧县公社管理委员会，各大队革命领导小组改名为管理委员会。

1984年9月，撤社建乡，实行政社分开，旧县公社改名为旧县乡，成立旧县乡人民政府。各大队改为行政村，改称村民委员会，生产队改称村民小组。

2012年5月1日，撤销旧县乡建置，设立旧县镇，实施镇管村体制。

2014年1月，增设新康行政村。

旧县镇（区、社、乡）人民政府历届领导人情况表

表15-3

<table>
<tr><th>名　称</th><th>职　务</th><th>姓　名</th><th>任职时间</th></tr>
<tr><td rowspan="11">旧县区（第八区）政府（1949年9月）</td><td rowspan="3">区　长</td><td>李国栋</td><td>1949年9月至1949年12月</td></tr>
<tr><td>黄　淮</td><td>1949年12月至1952年11月</td></tr>
<tr><td>李恕秋</td><td>1952年11月至（不详）</td></tr>
<tr><td>指导员</td><td>丘洪辉</td><td>1950年2月至1950年6月</td></tr>
<tr><td>第二区长</td><td>李恕秋</td><td>1952年8月至1952年10月</td></tr>
<tr><td rowspan="5">副区长</td><td>李子贞</td><td>1949年9月至1950年2月</td></tr>
<tr><td>吴庭豪</td><td>1949年9月至1950年</td></tr>
<tr><td>陈希华</td><td>1950年1月至1952年7月</td></tr>
<tr><td>邓立森</td><td>1952年7月至1952年9月</td></tr>
<tr><td>严建华</td><td>1952年10月至1954年12月</td></tr>
<tr><td rowspan="3">第八区（旧县）区公所（1955年8月）</td><td>区　长</td><td>李建辉</td><td>1955年8月至1956年5月</td></tr>
<tr><td rowspan="2">副区长</td><td>李建辉</td><td>1953年6月至1955年8月</td></tr>
<tr><td>严炳隆</td><td>1954年12月至1956年5月</td></tr>
<tr><td rowspan="3">旧县乡人民委员会（1958年5月）</td><td>乡　长</td><td>江文贤</td><td>1958年5月至（不详）</td></tr>
<tr><td rowspan="2">副乡长</td><td>陈致恒</td><td>1958年5月至（不详）</td></tr>
<tr><td>江书沐</td><td>1958年5月至（不详）</td></tr>
</table>

续表15-3

名　称	职　务	姓　名	任职时间
新坊乡人民委员会（1958年5月）	乡　长	严炳隆	1958年5月至（不详）
	副乡长	李镗华	1958年5月至（不详）
梅溪乡人民委员会（1958年5月）	乡　长	谢瑞堂	1958年5月至（不详）
	副乡长	罗怀辉	1958年5月至（不详）
		罗怀明	1958年5月至（不详）
旧县乡人民委员会（1958年9月）	乡　长	江文贤	1958年9月至（不详）
	副乡长	陈思辉	1958年9月至（不详）
		严廷庆	1958年9月至（不详）
		吴松标	1958年9月至（不详）
旧县公社（1958年10月）	社　长	江文贤	1959年4月至1961年6月
	副社长	严炳隆	1959年4月至1959年9月
		陈如英	1959年12月至1960年3月
		陈如英	1960年3月至1961年1月
		陈建节	1960年7月至1961年6月
旧县公社（1961年6月调整体制）	社　长	江书沐	1961年6月至1965年4月
	副社长	陈如英	1961年6月至1965年4月
梅溪公社	社　长	张连养	1961年6月至1965年4月
	副社长	陈国炘	1961年6月至1961年8月
		吴蔚南	1961年8月至1965年6月
新坊公社	社　长	江文贤	1961年6月至1965年4月
	副社长	陈建节	1961年6月至1961年11月
		李福昌	1961年11月至1962年6月
旧县公社管委会（1965年4月）	社　长	刘在春	1965年4月至1968年10月
	副社长	蓝近仁	1965年4月至1966年7月
		陈致常	1966年5月至1968年10月
		张连养	1966年8月至1968年9月
旧县公社革委会（1968年10月）	主　任	刘在春	1968年10月至1975年3月
		陈洪生	1975年7月至1977年10月
		江亮标	1977年10月至1979年7月
		蓝友珍	1979年8月至1980年9月
	副主任	陈洪生	1968年10月至1975年7月

续表15-3

名　称	职　务	姓　名	任职时间
旧县公社革委会（1968年10月）	副主任	陈发珍	1968年10月至1968年11月
		陈培金	1968年10月至1971年5月
		黄太尧	1970年9月至1975年7月
		陈致常	1972年7月至1980年6月
		张连养	1973年6月至1978年1月
		江亮标	1975年6月至1977年10月
		陈锦文	1975年6月至1978年3月
		张林玉	1976年3月至1979年8月
		黄开煌	1979年7月至1979年12月
旧县公社管委会（1980年6月）	主　任	蓝友珍	1979年8月至1981年3月
		罗开湘	1981年3月至1983年2月
		黄开煌	1983年3月至1984年9月
	副主任	陈致常	1980年6月至1983年2月
		叶初琪	1978年7月至1984年9月
		林庆华	1979年7月至1983年8月
		赖福传	1980年6月至1984年6月
		谢友荣	1980年12月至1984年9月
		钟元星	1981年12月至1984年9月
		钟子庆	1983年4月至1984年9月
		江有雄	1983年10月至1984年9月
		林耀魁	1984年5月至1984年9月
旧县乡人民政府（1984年9月）	乡　长	陈永贤	1984年9月至1987年11月
		林　勇	1987年11月至1990年12月
		阙星桥	1990年12月至1993年6月
		吴禹初	1993年6月至1996年4月
		阙朝阳	1996年4月至1997年8月
		华炳生	1997年8月至1999年3月
		李新涛	1999年3月至2002年6月
		李永涛	2002年6月至2006年5月
		王文威	2006年5月至2010年2月
		张如春	2010年2月至2011年5月
		李　波	2011年5月至2012年5月

续表15-3

名　称	职　务	姓　名	任职时间
旧县乡人民政府（1984年9月）	副乡长	钟子庆	1984年9月至1987年11月
		江有雄	1984年9月至1993年8月1日
		石菊英	1984年9月至1987年11月
		王立松	1987年11月至1996年5月
		阙隆文	1993年8月至1996年5月
		梁　俊	1996年5月至1999年7月
		温文学	1998年3月至2002年7月3日
		袁卫群	1999年7月至2002年8月
		邱绍开	2002年6月至2011年5月
		李梅金	2002年8月至2009年1月
		李　凌	2010年2月至2012年5月
		周维奎	2011年5月至2012年5月
		刘俊轩	2011年5月至2012年5月
	科技副乡长	李寿明	1988年9月至1990年8月
		罗其富	1990年12月至1996年5月
		钟伟鹏	1996年5月至1997年12月
		李福成	1998年3月至1999年7月
		罗友良	2002年6月至2006年8月
		梁　俊	1997年8月至2002年6月
		罗鸣峰	2006年12月至2011年5月
		陈道宏	2011年5月至2012年5月
旧县镇人民政府（2012年5月）	镇　长	李　波	2012年5月至2013年5月
		马浩泉	2013年5月至2016年5月
		吴福田	2016年5月至
	副镇长	周维奎	2012年5月至2016年5月
		李　凌	2012年5月至2016年5月
		刘俊轩	2012年5月至2016年5月
		廖吕红	2016年5月至2017年12月
		陈连生	2016年5月至
		胡文进	2016年5月至
		李云龙	2016年5月至

续表15-3

名　称	职　务	姓　名	任职时间
旧县镇人民政府（2012 年 5 月）	科技助理	陈道宏	2012 年 5 月至 2013 年 5 月
	科技副镇长	陈道宏	2013 年 5 月至 2016 年 5 月
		曹盛鑫	2016 年 5 月至

说明：资料来源《上杭县组织史》《上杭县人事志》等

三、主要政务纪略

（一）经济恢复和社会主义改造时期

1949 年 9 月，旧县区人民民主政府成立后，进入经济恢复和社会主义改造时期。

1950 年冬，区人民政府组织土改队领导农民进行土地改革，没收、征收耕地共约 15300 亩，按人口平均分给无地或少地的农民，并颁发土地证。

1950 年始，为革命基点村发放救济粮、救济款和衣物等，帮助群众恢复生产，重建家园。1951 年 9 月后，落实中央人民政府南方老革命根据地访问团来访后的安排，对铁东、新坊横段、兰田小富坑等革命基点村群众发放一批钱、大米、棉衣、棉被等物，还区别情况给予建住房。其中，给横段村群众发放大米 750 公斤、棉衣 7 套、棉被 2 床，建新房 5 间；给铁东村建房 20 多间、建学校 1 所。同时组织全民办夜校学文化，扫除青壮年文盲；开展拥军优属，组织群众为军属优抚代耕；宣传贯彻《中华人民共和国婚姻法》等。

1953 年，区政府根据中共中央“组织起来，发展生产”方针，以“自愿结合，等价互利”原则，组织农业生产互助组。1955 年冬，区政府根据过渡时期总路线要求，引导手工业者走集体化道路，按不同行业组织生产合作社，条件较好的互助组转为初级农业生产合作社（简称初级社）。1956 年秋，按上杭县人民政府要求，将初级社合并为高级农业生产合作社（简称高级社）。至 1957 年，农业合作化任务基本完成。

（二）开始全面建设社会主义时期

1957 年 10 月后，中央和省、地、县各级“左”倾冒进错误开始抬头，接连召开相关会议和发出文件，吹响“大跃进”号角。在上级要求下，旧县境内不切实际的“大跃进”氛围也开始出现。

1958 年 3 月后，旧县动工兴修九曲峡水圳、铁场铜水坑水圳和梅溪双丰水库等。6 月始，贯彻“鼓足干劲，力争上游，多快好省地建设社会主义”总路线精神，激发旧县人民在农业生产建设中发挥社会主义积极性和创造性。10 月，成立旧县人民公社，实行政社合一体制，按“组织军事化、生活集体化和行动战斗化”要求，把劳力组建成民兵团，按营、连、排、班建置安排劳动任务。同时大办公共食堂，提出“放开肚皮吃饱饭，鼓足干劲多生产”。在铁场村麻坝里兴办炼铁厂，抽调大批劳力“大炼钢铁”，忽视农业及其他副业生产，造成粮食大幅度减产。为完成炼铁任务，消耗大量木炭，森林遭到毁灭性破坏。农业生产为达到上级“社社创造三千斤队，队队创造亩产万斤以上的稻，十万斤以上地瓜”等指标，实行“移苗并丘”和所谓的“合理密植”（晚稻每亩不得少于35000丛，每丛不得少于10株；地瓜实行双行密植，每亩插藤不少于5000株），竞放高产“卫星”（1亩地产上千公斤粮食）。由于急于求成，出现高指标、瞎指挥、浮夸风、共产风和无偿平调集体、个人资金、物资的现象，造成人力、物力的巨大浪费。由于“大跃进”和人民公社化“左”倾错误影响，加上三年困难时期，农民生活遭遇严重困难。

1961年后，贯彻“调整、巩固、充实、提高”方针和《人民公社工作条例》（六十条），推行“三包一奖”（包工、包产、包投资，超产奖），“四固定”（土地、劳力、农具、牲畜固定）责任制，调动农民积极性，经济逐渐恢复。1964年，开展农业学大寨，掀起基本农田建设热潮。1965年，利用九曲渠道，在龙溪村境内的馒头山下建水电站。1966年建成投入运行，旧县境内第一次用上电。但由于功率小，供电范围只限集镇单位，且供电质量差。

（三）“文化大革命”时期

1966年5月，开始“文化大革命”，实行所谓“政治挂帅”，严重影响工农业生产。1968年11月，公社成立革命委员会，“抓革命、促生产”，在集镇上创办农械厂等一些社办企业。1969年冬，贯彻县农业工作会议精神，组织开展“农业学大寨”，兴修水利，改造低产田等。在池溪口，各大队投工投劳兴建池溪电站。1970年建成后，大幅提升了境内电力供应水平。

1970年，贯彻县革委会《关于进一步巩固人民公社集体经济，争取粮食过关的若干决定》及补充规定，组织开展“农业学大寨”，贯彻“以粮为纲”，大批“资本主义”，不准私人开荒，限制家庭养鸡鸭头数，导致农业生产单一化。

1971年开始，推广串灌改轮灌和单季改双季、间作改连作，矮秆良种化、育秧卷秧化、合理密植化。

1973年6月1日，旧县河流域发生特大洪灾，旧县灾情为中华人民共和国成立后所罕见。灾情发生后，旧县公社成立抗灾救灾领导小组，组织群众抗洪救灾，恢复生产，重建家园。

1974年4月，成立旧县公社建筑队，当年创产值约18万元。1975年冬开始，根据上级部署，全社掀起以平整土地和开荒造田为中心的农田基建高潮，劳力集中抽调，分点突击，把部分小丘并做大丘，塅田平整成方块规格田。由于缺乏科学规划，效果不好。

1976年，在开展所谓“批林批孔”后又开展所谓“批邓（邓小平）、反击右倾翻案风”运动，使工农业生产受到严重影响。

1976 年 10 月，粉碎江青反革命集团，宣告“文化大革命”结束。之后的两年中，政府工作在徘徊中前进。

（四）社会主义现代化建设时期

1978 年冬，中共十一届三中全会召开，旧县政府工作从此开启改革开放新进程。

1979 年后，旧县认真贯彻落实中共十一届三中全会精神，全社出现政治上安定团结，经济上逐步发展局面。当年，全社粮食总产达 6683. 55 吨，比 1976 年增长近 30%。

1981 年，贯彻落实中共中央印发的通知《关于进一步加强完善农业生产责任制的几个问题》精神，各生产大队全面实行家庭联产承包为主要形式的责任制，促进农业生产的发展。1982 年，全社粮食总产达 8004. 15 吨，比 1981 年增长 17%。1983 年创历史最高水平，粮食总产达 8110. 65 吨。

1983 年，继续贯彻执行中共十一届三中全会精神，深化农村改革，发展多种经营和各种专业户、重点户，发展乡镇企业，发展商品生产和商品流通，促进农业生产稳步发展。全乡工农业总产值达 678. 2 万元，其中农业总产值 622. 76 万元，粮食总产量达 814 万公斤，比 1969 年的 361. 5 万公斤增长 1. 4 倍；人均收入 240 元，比 1969 年的 35 元增长 7 倍，人均有粮 314. 5 千克，比 1969 年的 200 千克增长 67%。全乡有专业户、重点户、联合体 240 户。

1984 年 9 月，撤社建乡，实行政社分开，成立乡人民政府。

1985 年，贯彻中共中央、国务院《关于进一步活跃农村经济的十项政策》，坚持改革、开放、搞活方针，重点抓农业产业结构调整，开展多种经营，发展商品生产，提高经济效益，加快发展乡办企业步伐。是年农业总产值（按 80 年不变价）522. 4 万元，乡镇工业总产值（按 80 年不变价）104 万元，分别比 1984 年增长 7. 14%和 10. 24%。旧白公路（旧县至新坊段）路基打通；梅溪大桥三墩一台及过拱工程定成；池溪电站联网成功；供电线路延伸到新坊、早康；旧县革命烈士纪念碑落成，清明节举行揭牌仪式。

1987 年，推进农、林、牧、副、渔全面发展，多种经营有新起步。是年农业总产值达 553. 3 万元，乡镇企业总产值 242 万元，人均有粮 334. 5 千克，人均年纯收入达到 256. 23 元。旧白公路全线验收通车；新建中心小学迁入上课；卫生院门诊大楼竣工使用；旧县乡建筑工程公司正式成立。

是年，贯彻省委四届三次（扩大）会议精神，落实“双扶”政策，实施“乡富、村富、民富”措施，全乡 19 个村 4161 户，23081 人，其中贫困户、绝对贫困户 1410 户，占全乡总户数 33. 9%。到年底，1143 户达到脱贫，脱贫率 81%。

1988 年，宣传贯彻中共十三大精神，坚持“一个中心，两个基本点”（坚持以经济建设为中心，坚持四项基本原则，坚持改革开放），实施“乡富、村富、民富”规划，全乡经济建设和各项产业都有较大发展。是年，农业总产值 603 万元，比上年增长 9. 04%；乡村企业总产值 418. 21 万元，比上年增长 72. 8%。梅溪大桥引桥竣工，铁东大桥过拱完成；扁山、福村、新康输电线路通电。全乡有458户建新房，私人购买汽车8辆，大小型拖拉机56台，电视机380台，摩托车16部，单车1000多辆。

1989年，贯彻落实中共十三届四中、五中全会精神，进一步统一思想，以经济建设为中心，大力发展社会生产力，全乡各项事业取得好成绩。农业总产值644万元，比上年增长6.8%；乡村企业总产值596万元，比上年增长42.5%。投资3.5万元架设新康铁索桥；投资2.3万元新建电视卫星地面接收站；投资7万元新建乡财政所办公楼，投资3万元扩建箭滩万亩林场，投资2万元修缮乡敬老院。

1990年，在经济建设上坚持“四从四克服”（从实谋划，克服长官意志；从慎考虑，克服盲目决策；从密安排，克服草率行事；从长计议，克服短期行为），使决策符合经济发展规律，符合人民群众企盼。是年，实施“绿色工程”计划，以全坊村为试点，开展种桑养蚕，走短、平、快致富道路。是年，进一步稳定和完善家庭联产承包责任制，千方百计扩大耕地面积，农作物总播种面积由1987年32310亩增加到33813亩；工农业总产值达1005万元，突破千万元大关。全乡有乡村企业和个体企业437家，比1987年增加290家，从业人员1095人；乡办企业锰矿厂、工艺厂年创值13万元。1987—1990年，全乡发放扶贫贷款16.5万元重点扶持95户贫困户和10家乡村企业，使部分贫困户开始走上富裕道路。

1990—1992年，发动全乡人民植树造林，一年完成造林2万亩，实现“三年消灭荒山任务两年完成”目标。

1994年，乡政府把解决边远山区公路交通列为为民办实事主要内容之一。石院至扁山公路，全长6.2千米，路面宽5米，年底基本完成；矶头至福村公路，全长7.5千米，路面宽5米，本年完成5.2千米。是年5月，在水东村，由观茂集团有限公司捐资30万元新建“观茂小学”1所；由乡投资80万元新建紫金中学1所。以上两所学校均于当年9月1日开学招生。

1995年，乡财投入教育资金95万元，为中小学完善校舍和改善教学条件。是年9月，河东村村民陈材源出资15万元，成立陈材源奖教奖学基金会。

1996年，提出“稳农业、兴产业、创优势、上项目、拓市场、活流通、打基础、奔小康、抓党建、促经济”发展思路，全年实现社会总产值1.25亿元，同比增长45.2%。乡镇企业306家，从业人员4384人，全年实现总产值7531万元，同比增长5.1%。本年，乡组织各方投入教育资金182万元，新建新坊、尧埔、中小、全坊、石圳、谷坑、迳美、铁场、梅溪小学和旧县中学、紫金中学校舍1万平方米。

1997年，实施扶贫攻坚158户，人均年纯收入达1760元，全部达到脱贫指标；实施造福工程12户，全部搬迁新居。年底，经龙岩市复查验收，全乡16个行政村，4543户达到小康生活水平。是年，完成红岩桥至205国道沿河内外侧和205国道集镇段改造；全长7.5千米福村公路竣工通车。至此，全乡实现村村通公路。

1998年，实现社会总产值2.3亿元，人均收入达2400元，被福建省授予“光荣脱贫乡”称号。是年，旧县至白砂公路铺设柏油路面工程竣工，坝上电站围堰合龙，龙溪电站开始发电，乡文化中心大楼、老年活动中心建成交付使用。

2000年，旧县乡建立“持卡进农家，暖心连民情”干群联系卡制度，全乡有136户次先后实现用卡解决生产、生活困难，群众把联系卡称为“爱民连心卡”。2001年，由乡挂钩干部担保，向260户低收入户投放小额信贷，通过信贷帮扶，206户低收入户实现增产增收，人均年纯收入达2635元。

2002年，把握“拓展市场、创新体制、调整结构”三大重点，实施“市场、区域、创新、项目、品牌”五大战略，推动全乡各项事业发展。从2000年开始3年共吸收乡外资金3700万元，投入技改资金2100万元，完成项目投资5200万元，储备项目21个，立项项目17个，实施开发项目19个。使全乡到2002年拥有乡镇企业1025家，从业人数达5372人；全乡社会总产值达3.8亿元，年平均增长1.6%，农业总产值8981万元，年平均增长6.5%，工业产值1.86亿元，年平均增长36%，乡镇企业总产值3.2亿元，年平均增长17.7%，农民人均纯收入达3282元，年平均增长6.7%。2002年12月，铁东电灌站工程竣工并投入使用，可灌溉农田230亩。

2003年，开展乡村科学教育活动，全乡有3100户农户参加乡村农技培训，614人参加农函大学习，80%农民掌握1—2门实用致富技术。

2004年，实施县重点建设项目——旧县河流域梯级电站（站点在河东、和坝、石圳、角龙、梅溪）开发。至年底，该重点项目完成固定资产投资6213万元。引进龙岩三华饲料公司对原河东养鳗场实施改造，兴办三华养鳗场，首批投放鳗苗100万尾。是年，日本前国务大臣板本三十次先生后援会组织——“板本”，通过中国对外友好协会副会长陈永昌捐赠300万日元（折合人民币23万元），帮助旧县中心小学兴建教学楼。2005年1月，举办首届“荣达杯”农民运动会，19支代表队、228名农民运动员共参加18个项目比赛。

2006年，投资80万元进行扁山、福村、谷坑3个边远山村道路拓宽改造，实现行政村村村通水泥路。是年5月，汀江水电有限公司所建的石圳电站建成投产。

2007年9月，承办县西北片区第二届农民文化体育节，西北片区7个代表队、250名运动员参加12个项目比赛。10月，投资100万元新建卫生院门诊大楼投入使用。

2008年，招商引资上项目12个，其中经济协作项目5个，引进资金2132万元，其中市外资金748万元。投资200万元兴建中心小学教学综合楼1700平方米；投资180万元兴建旧县中学综合教学楼1780平方米。

2009年，投资259.69万元，新建和续建18个村人饮工程，竣工通水7个村；投资50万元，在龙溪村九曲峡建集镇垃圾处理场和焚烧炉；投入70万元，完成朱吉街至中心小学段道路硬化和河西村至铁厂段道路改造；投入65万元，续建乡文化中心大楼及计生服务所装修；投入130万元，完成尧埔、河东等15个村烟田基本建设项目和大沉坑水库、水东水库除险加固，增加受益面积1700亩。

2010年，投资100万元，新建旧县中学教学楼；投入110万元，新建中心小学综合楼；投入110万元，新建中心幼儿园教学楼；投入20万元，新建青少年校外活动中心；投入260万元，完成集镇区水泥路面硬化，排水设施建设和路灯改造工程。

2011年，落实“一村一品”政策，扶持发展特色产业，在水东村建立槟榔芋规模种植示范点108亩；新坊村建立烤烟种植基地1520亩，成为烤烟生产专业村；石院村发展高山茶种植500亩，福村村建立毛竹丰产林1.5万亩。同时实施福村到扁山村道、谷坑到临城玉女村乡际道路连接工程和旧白公路（旧县段）升级改造征地工作，当年累计完成民生项目建设投资3800万元。

2012年5月，经福建省人民政府批准，旧县撤乡设镇。是年，邀请市、县作家协会作家50人，举办“古邑春秋”文学笔会，编辑出版《古邑春秋》。此外，还出版宣传画册《魅力旧县》。

2013年，投资130万元完成旧县中学运动场改造及观礼台等设施建设；投资120万元，实施中心小学体育场改造；新办河东、新坊2所公办幼儿园。6月，梅溪村成立鸿运农机专业合作社，购联合收割机、拖拉机30台，全村农田实现机械化耕作，机耕面积（含复种）1800亩。同月，成立上杭县慈善总会旧县分会，募集慈善基金650万元。8月，发放奖教奖学和扶贫济困资金16.5万元。

2014年，实施山村环境建设项目，投入160万元，按各村人口人均20元标准下拨环境卫生整治经费；实施田野有序土地整理项目，完成谷坑村570亩，石院、河西村各500亩高标准农田建设。是年，18个行政村被评为市级生态村。

2014年2月18日，旧县镇举办防灾知识培训会（旧县镇政府供图）

2015年，围绕建设生态型河滨宜居小城镇目标，继续实施和改造河滨公园、污水处理厂、农贸市场、垃圾中转站、集镇电网改造等美化、绿化、亮化工程；完成集镇房屋立面改造28户，建设农民文化公园一处，打造休闲观光景点5个；兴建友荣纪念亭。新坊村继续加强人居环境建设，完成5改（改路、改水、改厕、改灶、改住房）工程100项，按客家风格装修外墙立面150户。水东村被列入省“千村整治，百村示范”工程，当年拆除空心房、旱厕8000平方米。

2016年，投资2700万元建设集中供水工程，当年正常供水；投资300万元建设全坊河滨公园，投资860万元进行水东溪小流域综合整治，本年竣工验收。投资6400万元建设全坊造福工程，当年完成第一期70栋房屋建设；投资1000万元的语口渡大桥即将竣工。当年实施贫困户“雨露计划”，举办1期农村实用技术培训班，84名贫困户参加培训。

2017年，迳美村整村搬迁工作有序推进；开工建设新坊水库大坝及管网工程，总投资5200万元。同时，发放造福工程资金50.4万元，用于85户危房改造；为贫困户发展生产落实小额信贷36户73万元，全年脱贫146户，457人。当年，全镇实现社会总产值22亿元，居全县乡镇第七位。农、林、牧、渔总产值6.2亿元，农民人均纯收入达15963元，分别比上年增长10%、40%和10.13%。

第四节　政协旧县乡（镇）工作委员会

一、机　构

1986年4月，成立政协旧县联络组。2010年7月，成立政协旧县乡工作委员会（简称政协工委），主任由乡党委副书记罗瑞斌兼任，副主任由乡党委统战委员周维奎兼任，委员由乡党政办、经济开发办、团委、妇联、工会负责人兼任。政协工委是乡党委领导的多党合作和政治协商的重要机构，其职能是“政治协商、民主监督、参政议政”。

二、主要工作

2010年乡政协工委成立以来，发动政协工委委员关注社会热点难点问题，做好政协提案征集撰写工作。政协提案和社情民意上报县政协时，同时也报乡党委备案，使党委及时了解政协工委委员掌握的社情民意和建议。2015年，政协工委撰写《关于乡镇干部队伍建设的调查与思考》，在县十一届政协四次会议上作书面发言，得到县委主要领导肯定，批转有关部门研究。政协工委定期召开通报会，向辖区内政协工委委员通报镇党委、政府近期工作情况，使政协工委委员更好做到知情、知政，全面了解旧县社会发展和经济建设情况，进一步提高政协工委委员科学履职水平。

政协工委围绕中心，服务大局，落实乡党委关于“下基层、解民忧、办实事、促发展”实施方案，把专题调研作为政协工委基础性工作，对辖区内在建或将建重点项目，有选择地进行调查研究，提出中肯意见和建议。

附：

旧县籍担任上杭县政协委员和特邀人士情况表

表15-4

届　别	委　　员	特邀人士
第一届	丘鸿辉　李贞传	—
第二届	陈太寿姑	—
第三届	陈连标　陈昌业　陈太寿姑	—
第四届	陈昌业	—
第五届	陈昌业	陈建宽
第六届	—	陈昌业
第七届	李才金	—
第八届	李才金　饶岩生　罗金来　张昌林	林荣达
第九届	林灿盛	—
第十届	林灿盛	—
第十一届	林灿盛	—
第十二届	阙春林　袁亮洪　陈道红	—

第十六章　公安　司法行政

苏维埃时期，西二区（旧县）苏维埃政府根据《苏维埃政府组织法》和县苏维埃政府要求，内设裁判部、肃反委员会，负责公安司法工作。乡苏维埃政府执委中设一名裁判兼肃反委员。区设立政治保卫大队，乡设立政治保卫分队。1931 年，区、乡苏维埃政府内设政治保卫科。

民国 24 年（1935 年）3 月，国民党上杭县警察局在旧县设立警察所。

1949 年 5 月 22 日，旧县和平解放。9 月，成立旧县区人民民主政府，内设公安班，12 月增设区中队。

中华人民共和国成立初期，旧县为第八区。区人民政府配备一名公安助理员。1953 年，改称公安特派员。1982 年，公社配备 1 名司法助理员，1984 年成立司法办公室。是年 10 月成立旧县公安派出所。1993 年，旧县司法办公室更名旧县法律服务站，1997 年 9 月改名旧县司法所。司法机关履行各自工作职责，协调配合，为促进旧县经济和社会发展，维护稳定提供司法保障。

第一节　公　安

一、保卫工作

（一）苏维埃时期政治保卫工作

1929 年 10 月，旧县人民在中国共产党领导下，成立西二区苏维埃政府，内设裁判部、肃反委员会，负责公安、司法工作。主要任务是：镇压豪绅地主和一切反革命的反抗和破坏，巩固苏维埃政权，维护苏区革命秩序，裁判重大纠纷，担负逮捕、看守、审讯和判决的任务。是年，区成立政治保卫大队，乡成立政治保卫分队，负责巩固后方，保卫红色政权，区、乡成立敌情侦探队和地方侦探队，深入敌占区和当地侦探敌情动态。

1934 年 10 月，主力红军长征，旧县政治保卫组织的干部和战士有的随军长征，有的与红军游击队一起上山打游击。苏维埃政府公开性的政治保卫组织停止活动。

（二）中华人民共和国成立后的公安保卫工作

1. 机　构

1949 年 9 月，旧县区成立人民民主政府，内设公安班。12 月，增设区中队。

中华人民共和国成立初期，旧县为第八区，下辖 11 个乡。区政府配备 1 名公安助理员，乡政府委员中设公安委员 1 名。1953 年，公安助理员改称公安特派员。“文化大革命”期间，公安机关实行军事管制。1968 年 10 月，成立旧县公社革命委员会人民保卫组。1973 年 7 月，取消保卫组，恢复公安特派员制。

1984 年 10 月，成立上杭县公安局旧县派出所。2002 年，旧县派出所成为市级达标三级派出所。2004 年，旧县派出所被评为省级达标二级派出所。2006 年，派出所升格为副科级单位。2017 年，旧县派出所有民警 5 人，其中所长 1 人，副所长 2 人。

2003—2012 年，先后 8 次被县委、县政府、县公安局等授予先进单位称号。2014 年，旧县派出所被县公安局授予“执法质量优秀单位”称号。2016 年 11 月，被福建省公安厅授予“全省档案示范单位”称号。2016 年，被县公安局授予“全县公安机关‘红土安民’六大会战先进单位”称号。2017 年 9 月，被县公安局授予“厦门金砖会议全县安保工作先进单位”称号。

旧县派出所原设镇政府大院内。2015 年，在全坊村沿河路 130 号兴建办公大楼一座，占地 630 平方米，建筑面积 800 平方米。

旧县公安派出所外景（旧县镇政府供图）

2. 保卫工作开展

剿匪肃特

解放前，旧县匪患严重。谢友标等组织土匪，打家劫舍，抢劫民财，人民苦不堪言。

1949 年 5 月，中国人民解放军闽粤赣边纵队第七支队回师上杭白砂，政治上强大攻势形成。白砂、新坊国民党四保地方武装在横墩村起义，谢友标也随之率领土匪武装带枪投诚，被编入中国人民解放军闽粤赣边纵队第七支队新编第九连。

7 月，国民党胡琏兵团从江西溃退入闽，王靖之部窜犯上杭。局势发生变化，谢友标出于反动本质，拉拢 40 多人集体叛逃，回旧县纠集亲信 70 多人，组成土匪武装，活动在旧县河和汀江两岸，强征来往商船河税，并在旧县通往上杭、南阳及连城的路上拦路抢劫，被潜伏的国民党特务机关编为中国人民反共自由救国军第十三纵队旧县独立大队（又称“闽西反共自由救国军纵队直属独立第一大队”），谢友标被任命为大队长，陈佛手生被任命为副大队长。特务头目唐宗和钟勇又在旧县成立“中国人民自由军旧县联络站”等匪特组织。

1949 年 9 月，旧县区人民民主政府成立后，上杭县人民民主政府公安局在旧县区设立公安班，抗击土匪，负责保卫新生人民政权，后增设区中队。

12 月 6 日晚，谢友标纠集匪徒 30 余人，袭击旧县区人民民主政府，杀害区长李国栋等 9 人，打伤区中队战士 3 人，夺去长短枪 41 支。

当晚，中国人民解放军福建省第八军分区上杭县大队大队长李学山率领第一连和第三连前往旧县剿匪。谢友标率领股匪逃往紫金山、扁山岽一带，早晨或晚上派出少数匪徒，在汀江、旧县河继续强征来往商船的税款。

1950 年 3 月，旧县区重新成立区委会、区政府、公安班、区中队，同时建立民兵组织和农民协会，调作战经验丰富的县大队一连一排排长担任旧县区中队中队长，带领区中队战士和民兵配合县大队剿匪。县大队、县区公安队、区中队和民兵，组成强大军事力量，围剿谢友标股匪。战斗中，采取“武装清剿，政治瓦解，发动群众”相结合战略方针，利用一切宣传工具，大力宣传党的“坦白从宽，抗拒从严”和“首恶必办，胁从不问，立功赎罪，立大功受奖”政策，敦促土匪投降，动员土匪家属规劝当土匪的家人下山自新。剿匪部队还采取“标语上山，传单入洞，广播喊话”宣传动员，予以瓦解。区村政府和农会，挨家挨户宣传发动，教育群众不当匪、不通匪、不窝匪、不济匪。并在险要地方设立岗哨。同时加强侦察，严密掌握匪特动向，及时搜集情报。经半年多军事围剿和政治攻势，谢友标股匪节节败退，亲信逃离，人员和武器减少，80 多人投降自新，交出长短枪 100 多支及弹药。谢友标最信任的“独立大队”副大队长陈某生带一部分人下山自新，谢友标成为光杆匪首。

谢友标夫妇两人，冒充卖烟花爆竹的商贩，各人挑着一担烟花爆竹，逃离旧县，向北走去。上杭县公安局和武装部，派出侦察员，前往连城一带侦察，并与连城县公安局、武装部联系，通报敌情，请求协助追捕。在连城县公安局、武装部的协助下，谢友标夫妇终于逃不开人民的法网，在连城朋口一座偏僻山沟里，剥了三天稻谷充饥，饿得骨瘦如柴，最后被朋口民兵击毙。

惩治反革命

1950 年 7 月，中华人民共和国政务院发布《关于镇压反革命活动的指示》。11 月，根据中共中央《关于纠正镇压反革命活动的右倾偏向的指示》（亦称“双十指示”）精神，结合抗美援朝、土改和剿匪等工作，大张旗鼓开展镇压反革命运动，重点打击作恶多端，民愤极大，坚持反动立场的土匪、恶霸、特务、反动党团骨干和反动会道门道首。1951 年 12 月 21 日，中央人民政府颁发《中华人民共和国惩治反革命条例》，对处理反革命问题作明确规定，指导广大干部群众同反革命分子作斗争。

1950 年 12 月至 1953 年 4 月，镇压反革命运动分三个阶段进行。

第一期镇反　1950 年 12 月，龙岩地委根据《中华人民共和国土地改革法》和中央、省的指示精神，在上杭、永定各选一个村进行搞点先行试验。在上杭选择了旧县区玉石村（辖水东、石砌、白玉、古石背4个自然村）作为闽西土改的一个试点村。

同月，县、区成立镇反办公室及法庭，开展镇压反革命运动。整理群众控诉、检举揭发的材料，收集掌握确凿罪证，召开区、乡、村干部座谈会，确定打击对象名单，县大队、县区公安队、区中队、民兵，组成大搜捕的武装队伍，由县、区领导干部带领，分头到各乡村去，广泛发动群众检举、揭发、清查反革命分子。

1951年1月初，旧县区石玉村土改工作队经过十多天宣传发动和调查摸底工作，在全县率先开展镇反运动，把恶霸钟景扬、大恶霸地主钟进奎等11人逮捕，召开4场斗争大会，到会群众每场1000多人，上台诉苦117人。会后，民兵将11名恶霸押送县城关押等待处理。平时，做了恶事的坏分子，纷纷向工作队递交悔罪书。1月10日，全区开展大搜捕，逮捕五方面反革命首要分子23人。县公安局认真审理所捕反革命分子罪恶材料，并移送法院判决。县法院设立人民法庭，在旧县区设立分庭，由区长、土改工作队队长任分庭正副庭长，县委委员到区坐镇指挥。法庭根据反革命分子的罪恶，依照法律进行判决，采取"杀、关、管"惩治方针，稳、准、狠打击各种反革命分子，依法判决一批横行乡里、作恶多端、罪大恶极、民愤极大，不杀不足以平民愤的反革命分子死刑。2月25日，旧县区在小学操场召开镇压反革命分子公审大会，到会群众1000多人。法庭判处反革命首要分子、土匪、恶霸等23人死刑，立即执行。接着，法庭在尧铁乡召开公审大会，判处16名反革命首要分子、土匪、恶霸死刑，立即执行。

第二期镇反 第一期镇反发展不平衡，一些乡村不彻底。

公安部门贯彻全国第四次公安工作会议精神，采取更加完备更加全面的镇压与宽大、谨慎与严肃相结合的政策，开展第二期镇反，旧县区逮捕五方面反革命分子13人，召开公审大会，判处其死刑，立即执行。

第三期镇反 1952年12月，传达贯彻全国第五次、省第十一次公安工作会议精神，根据调查摸底情况和镇反斗争水平的衡量，确定三类型乡、有反动会道门的乡、封建势力严重的乡和旧县河水上为第三期镇反区域，抽调干部和公安人员，组成镇反工作队，分赴这些乡开展镇反工作。同时，成立水上民主改革委员会，召开水上治安工作会议，抽调干部和公安人员，组成水上镇反工作队。

1953年1月始，开展水上镇反运动，历时20多天，对旧县河上的船主、船工、码头工人进行阶级调查和政治审查，对水上封建把头分别进行逮捕和管制，摧垮水上封建势力，占领水上阵地，建立水上治保委员会和治保小组。水上镇反结束后，镇反工作队赴落后乡开展镇反和整顿管制工作，成立清匪工作组，专门负责清剿残散土匪工作。镇反工作队在三类型乡（落后乡）、有反动会道门的乡、封建势力严重的乡逮捕一批土匪、特务、恶霸、反动党团骨干、反动会道门头子等五方面反革命分子和封建把头。1953年4月19日，上杭县第八区人民政府及上杭县人民法院判处16人死刑，立即执行。1954年，判处河西乡江某山等24人（其中地主阶级分子21人，反动党团骨干分子1人，匪特分子2人）剥夺其政治权利终身。对未整顿管制工作的乡村进行整顿，撤销在管制期间能遵守管理制度，积极改造，有检举立功表现人员的管制。对管制期间表现不好的被管制分子给予继续管制。第三期镇反中，还进行乡村组织整顿，各乡村纷纷成立治保委员会和民兵组织。

在镇压反革命运动中，旧县区破获“十三将士会”、“六二五会”（以6月25日命名）等反革命组织。

镇压反革命运动，历时2年5个月，充分显示了人民民主专政威力，基本清除国民党反动派的残余势力，取得重大胜利，对巩固新生的人民政权起到重要作用。三期镇反后，进行镇反复查判定工作，复查敌情，解决镇反遗留问题，进行反属调查、教育工作。1953年年底，镇反工作结束。

肃清残余土匪和反革命分子

大规模镇反运动结束后，区境内还存在一些残余土匪和反革命分子，区乡人民政府和公安机关乘胜追击，采取改造落后乡村，内、外部肃反，清理积案，坦白运动和调查深挖、追逃等方式，开展肃清残余土匪及反革命分子斗争。

1953年，旧县破获“中国人民反共自由军闽粤赣边区司令部第十三纵队杭北工作团”匪徒组织，抓捕成员13人。

1956年，贯彻全国第七次、省第十八次公安工作会议精神，在干部职工中再次开展内部肃反运动。在内部肃反运动中，破获反动“中国人民自由军旧县联络站”组织，抓捕其成员6人。

1959年，开展肃反大复查。4月开展水上肃反扫残，抽调干部和公安人员，组成水上肃反工作队，在旧县河流域开展为期75天肃反。

1962年，在内部清查出反动自由军“杭北工作团”骨干2人和其所谓“游击队”成员1人。

取缔反动会道门、邪教等违法组织

会道门是中国封建社会后期产生的具有封建迷信色彩的民间秘密结社。反动会道门道首大部分是地主、恶霸、封建把头、流氓头子，道徒是被蒙骗的群众。道首与国民党反动派、特务、国际间谍相勾结，破坏国家政策法令实施，策划暴乱，妨碍社会治安秩序，威胁人民政权。

1953年年初，公安机关对全县会道门组织进行调查和登记，全县有会道门组织24种，33个，设有庵、堂、寺、庙、坛69个，道徒3000多人。调查后，在区、乡开展打击取缔反动会道门运动。逮捕道首和骨干分子，对首要分子进行镇压，根据罪恶轻重，分别判处死刑或管制。同时举办集训班，对中小道首和道徒进行登记集训，责令退道。

1994年，浙江、江西等地的邪教分子，以传“基督教”“天主教”为名，窜入上杭，进行地下非法传教，煽动和发展不明真相群众入教，致使境外“呼喊派”“新约教会”

“灵仙真佛宗”等邪教组织渗入旧县。公安派出所及时查获，对为首教徒进行刑事处罚，一般教徒进行教育，收缴邪教书刊、宣传品等80余种240份。

1997年，开展查禁取缔“呼喊派”等邪教组织专项斗争，抵制境外非法教会组织渗透破坏活动，取缔非法聚会点1处，缴获非法宗教书刊220册，传讯教育骨干分子4人，组织力量对“呼喊派”“新约教会”“灵仙真佛宗”等邪教组织在旧县的成员进行跟踪调查，掌握其活动情况，1998年列入重点人员管理。

1998年，取缔水东村黄某非法设立基督教聚会点1处。

1999年7月22日，中央作出取缔“法轮功”邪教组织决定后，公安派出所在查清底数基础上，依法取缔邪教“法轮功”练功点，依照打击处理少数、教育挽救多数的原则，对邪教“法轮功”练习者进行正面教育，转化率达98%，责令骨干具结悔过，缴获邪教“法轮功”书籍、音像制品、宣传品及一批卦像、徽章等非法出版物。开展“灭鼠”“断血”“天网”专项行动和对“民慧网”等反动网站调查侦控工作，按“打击少数、教育多数、分化瓦解”方针，分级、分层次落实布控措施，专人专案侦控重点人员，收集证据，打击取缔。

2003年，贯彻执行《宗教活动场所管理规定》，对205国道沿线宗教活动场所及民间信仰活动场所进行重点整治。制订整治工作方案，建立乡领导干部挂钩寺庙工作责任制，领导干部于4月17日至30日深入各寺庙及信教群众中开展为期半个月宣传宗教活动方针政策及整治工作方案，引导信教群众积极投身经济建设。并于5月1日至15日开展为期半个月分类整治。对佛塔庵、显通寺、捡窑石镇佑宫进行规范管理，对佛塔庵中民间信仰部分实施搬迁，清除庵内捐赠名录，聘请一位主持。要求显通寺也聘请一位主持，以便进行登记管理。对福清寺实施搬迁。对财神庙拆除标志性建筑物及牌匾，清除庙内捐赠名录及安名榜。对捡窑石的关公庙，仙人宫下的镇佑宫拆除标志性建筑物和室内神像。

二、惩治刑事犯罪

1950—1951年，人民政府和公安部门由于剿匪和镇压反革命工作任务重，警力少，在防范和惩治刑事犯罪方面力度不大，致使一些刑事案件久侦未破。1952年，在镇压反革命的同时，严厉惩治刑事犯罪活动。1954年，开展惩治刑事犯罪集中统一行动，发动群众检举揭发刑事犯罪人员，破获一批刑事案件，抓获一批刑事犯罪人员。1956年，区、乡成立惩治刑事犯罪工作小组，巡回于刑事犯罪案件较多的村，贯彻防范与惩治相结合的方针，发动和依靠群众，做好预防犯罪和侦破案件工作。1958年，贯彻“严密防范与主动进攻”的方针，采取“先现行后积案、先易后难”的办法，组织破案会战2次，侦破一批政治案件、刑事案件、治安案件，抓获一批犯罪人员。1962年2月，公社成立打击刑事犯罪指挥机构——对敌斗争委员会。1978年12月20日，进行第一次严打集中搜捕行动，主要搜捕行凶杀人、盗窃、诈骗、强奸、拐卖妇女等犯罪嫌疑人。

1982 年，公安人员破获境内某大队黄某与蛟洋公社贵竹大队华某结伙，盗窃耕牛 3 起，盗窃耕牛 3 头案件。

1997 年 11 月，破获迳美村入室盗窃案（被盗价值近 10 万元）一起，打掉盗窃团伙 1 个，抓获 3 名嫌疑人。

1999 年 6 月，侦查石圳村一起因嫌儿媳妇煮稀饭太稠而动怒，持铳打死儿媳妇的激情杀人案，将逃至江西瑞金的犯罪嫌疑人孔某某抓捕归案。

2001 年，发生刑事案件 19 起，破获 13 起，抓获犯罪嫌疑人 17 人，抓获逃犯 9 名，其中网上逃犯 5 名，辖区内逃犯全部归案。摧毁一个流氓团伙，11 名犯罪嫌疑人投案自首。是年，破获盗窃通信电缆案件一起。

2002 年，发生刑事案件 23 起，破获 21 起，摧毁犯罪团伙 2 个 10 人，抓获犯罪嫌疑人 11 人，其中逮捕 4 人，劳教 1 人，追缴被盗摩托车 12 辆。

2003 年，发生刑事案件 22 起，破获 17 起，犯罪嫌疑人 17 人被捕，挽回经济损失 5 万余元。

2009 年 12 月，破获迳美村故意伤害庵里人致人死亡案，将逃至龙岩丘记牛肉粉干店的犯罪嫌疑人抓捕归案。

2010 年 10 月，破获旧县入店盗窃高级香烟案，摧毁盗烟犯罪团伙 1 个，抓获团伙成员 4 人。

三、户政管理

（一）常住人口管理

1950 年，公安部门加强户政管理，核实人口，逐户造册登记。1951 年，在农村进行人口统计。1952 年，进行户口登记。1955 年 6 月，国务院颁发《关于建立经常户口登记制度的指示》，开始在农村建立经常性户口登记管理。建立乡、村户口簿和出生，死亡、迁入、迁出登记册。

1956 年 1 月，按照国务院规定，城镇户口由公安派出所管理，农村户口由政府文书代管。是年 3 月，农村户口以农业社为单位造册一式二份，自存、上报乡政府各一份，户口变动报乡核准。人民公社化后以生产队为单位按户造册一式二份，大队、公社各存一份，户口变动由大队办理，上报公社核准。

1958 年 1 月，《中华人民共和国户口登记条例》颁发，进一步健全户政管理工作，农村实行常住人口登记和出生、死亡、迁入、迁出五项登记，户口管理工作走向正规化、制度化。

1986 年后，为适应改革开放需要，户口管理实行以治安管理为中心，户口管理为基础的方法。

1989 年，农村户口收回公安部门管理。

1991年，开展人口基本信息微机管理系统的录入工作，1992年完成。实现人口信息计算机管理。

1992年下半年，开始颁发农村家庭户口簿，1994年完成，农村家庭无户口簿的历史结束。每村建立户口内册，配备一名户口协管员，实行户口规范化管理。

1993年，旧县派出所根据“一户一簿、一村一册、一村一员、一户一牌”的农村户口城市化管理要求，对全乡户口登记项目全面进行清理整顿，确保登记内容准确无误，户口底册与户口簿册、村级户口册、身份证相一致。

1995年，全乡19个行政村完成门牌钉牌任务，农村家庭开始有门牌。

2002年5月，实行户籍制度改革，取消农业人口与非农业人口的户口性质划分，对城乡居民统一登记为居民户口。

加强派出所户籍窗口规范化建设和“软硬件”建设，规范执法服务行为，树立文明窗口形象。2012年，旧县派出所户籍窗口服务评价总得分99.88。

（二）重点人口和监管对象的管理

1953年，公安机关开始管理特种人口，后改为管理重点人员。管理对象据不同时期有所变动，特种人口界限以政治为标准，重点人员以刑事犯罪为标准。

2003年，对全乡38个重点人口纳入管理。

2004年6、7月，根据公安部新的《重点人口管理工作规定》，清理和排查“两劳”（劳动改造、劳动教养）释放人员，加强对重点人员管理，把刑释解教、轻微违法人员纳入管理视线。9月，将重点人员、被监管人员全部录入计算机管理。

（三）暂住流动人口和租赁房屋管理

1958年，对情况不明的外来人口进行集中教育，搞清来历后，遣送回原籍。

1987年4月，紫金山矿区外来人口由紫金山矿区公安派出所管理。

1994年6月，开展对流动人口清查登记，依法管理。

1995年，在各行政村建立暂住人口户口申报登记站，对流动人口进行登记管理。做到“来有登记、住有管理、走有注销”。

2003年，重新登记辖区内流动人口41人，其中男31人，女10人；来自省内4人，省外37人。全部实行计算机信息管理。根据《公安部租赁房屋管理规定》和《福建省租赁房屋管理办法》，对出租房屋进行清理整顿，规范管理，做到“一店一档”，对4家房屋出租户，与户主签订治安责任书。

2004年8月底，完成暂住人口信息录入。9月，按照《福建省流动人口治安管理条例》规定，对年满16周岁，从事务工、经商的流动人口，在到达暂住地7天内，向派出所申报暂住户口登记；暂住30天以上的，申领暂住证。同时落实房屋出租人、用工单位治安责任，与派出所签订《治安责任保证书》。

（四）颁发居民身份证

实行居民身份证制度，是保障公民合法权益，维护社会治安的一项重要措施，是现行户口制度的一项重大改革，有利于公安机关严密治安管理，查验流动人口，打击流窜犯罪。

1984 年 4 月 6 日，根据国家有关规定，实行居民身份证制度。

1988 年，全乡开展颁发居民身份证工作。1990 年，全乡基本完成发证任务。

1991 年年初，颁发居民身份证转入居民身份证正常管理工作，建立完善居民身份证的申领、补领、核证、缴销、变更、编码及临时身份证的管理工作制度。

2004 年开始，换发第二代居民身份证。

（五）人口统计与人口普查

1951 年，开始进行人口统计。乡人口统计工作由乡文书负责，各村人口统计由村文书负责。

1992 年后，乡人口统计由派出所户籍管理员负责。人口统计内容包括总户数（含集体户）、总人口（其中男、女人口、农业人口、非农业人口），年内四项（出生、死亡、迁入、迁出）变动人数，持证未落户人数，自由流入人数等。乡每年组织人口统计人员进行岗位培训，使统计人员掌握统计口径和方法。

1953 年 7 月，开展第一次人口普查，普查结果，全乡户数 3418 户，总人口 14211 人。其中男 6369 人，女 7842 人。1964 年 6 月，开展第二次人口普查，普查结果，全乡户数 2668 户，总人口 13346 人，其中男 6552 人，女 6984 人。1982 年，开展第三次人口普查。普查结果，全乡户数 4025 人，总人口 21974 人，其中男 10884 人，女 11090 人。1990 年 7 月，开展第四次人口普查，普查结果，全乡户数 4849 户，总人口 25984 人，其中男 12856 人，女 13128 人。2000 年 11 月，开展第五次人口普查，普查结果，全乡户数 5982 户，总人口 28190 人，其中男 14122 人，女 14068 人。2010 年 11 月，开展第六次人口普查，普查结果，全乡户数 7766 户，总人口 28828 人，其中男 14559 人，女 14269 人。

四、治安管理

（一）禁　毒

1950 年 2 月，上杭县人民民主政府颁发《禁烟实施细则》，严禁吸毒和运输、制造、贩卖及种植鸦片。区乡干部和公安干警深入各村，对吸食鸦片者进行调查登记，限期自行戒绝。对吸毒成瘾或有意躲避逾期不戒者，给予拘押，强制戒绝。对贩销毒品者，从严惩处。经过几年努力，境内吸毒及贩卖鸦片已绝迹。2010 年 11 月 4 日，来自江西省会昌县的贩毒分子在旧县、紫金山矿区等地贩卖海洛因和冰毒，两名案犯落入法网，海洛因 120 克被查扣，该起跨省贩毒组织网络被成功摧毁。

（二）禁　赌

1949 年 10 月，上杭县人民民主政府颁布《禁赌暂行条例》，以区乡为单位，对参赌人员集中教育，对屡教不改者，处以拘留或罚款。1980 年始，旧县有少数人利用桌球、扑克、麻将、游戏等娱乐器具进行赌博。至 1987 年，旧县先后开展 5 次较大规模反赌博专项斗争。2000 年始，利用香港“六合彩”开奖码进行赌博的非法活动从外地传入旧县并迅速蔓延，参赌人数多，影响面大，严重扰乱社会秩序。旧县派出所围绕“打头断线、摧毁网络、端窝查点、彻底根除”目标，持续开展查禁和打击专项斗争。2002 年，捣毁“六合彩”骗赌窝点 5 个，抓获涉毒人员 24 人，其中刑拘 2 人。2003 年 9—12 月，开展百日会战，捣毁“六合彩”骗赌窝点 8 个，查处庄家 8 人，抓获参赌人员 21 人，缴获赌资 11420 元，没收非法宣传资料 40 余份。2012 年 4 月，在谷坑村捣毁赌博窝点 1 个，抓获参赌人员 46 人，收缴赌资 8 万余元。

2016 年 6 月 24 日，旧县镇组织青少年接受拒绝毒品教育（旧县镇政府供图）

（三）取缔卖淫嫖娼

中华人民共和国成立后，政府明令取缔暗娼。1951 年，对失足妇女进行登记教育，促其改嫁从良。通过取缔，境内卖淫嫖娼现象绝迹。1980 年后，城乡个别饮食店、美容店、路边店等开始出现暗娼。1983—2000 年，共开展 52 次查禁和打击“六害”行为专项斗争，境内一些卖淫嫖娼和赌博人员被严肃处理，还清查收缴一批淫秽物品。

（四）特种行业和公共复杂场所管理

1951 年 6 月，贯彻公安部《特种行业管理的通知》，对旅社客栈、刻字印刷、修理店、旧货回收店等行业进行审查登记、发证管理，每年进行检查。

1980 年始，特种行业增加，公安机关举办特种行业从业人员培训班，重新审核发证，同时，将修理、印铸和收购一般生产废旧物资行业，划归工商行政管理局管理，公安机关负责监督检查。2003 年，对辖区内 19 家特种行业进行清理整顿，重新发证，培训考核从业人员，落实各项管理制度，提高从业人员责任心。2006 年，对 10 人以上床位旅馆进行信息系统治安管理。

2011 年，对公共场所及文化娱乐场所进行为期 2 个月的整顿，对违法乱纪人员分别给予拘留和罚款处理，以净化社会风气。

2014年6月4日，旧县镇有关领导到基层进行安全生产大检查（旧县镇政府供图）

全面整顿校园周边文化市场。整顿无证车辆运送学生上、放学和扰乱校园治安行为。建立学校安全保卫工作联系制度，派出所与学校开展警校共建活动，干警分别兼任各学校综治副校长，学校设立专职保安。干警对学生上法制课。针对群众反映强烈问题，采取强有力措施严肃处理，以净化学校学习环境。

2000年，全乡发生治安案件19起，查处19起，查处率100%。治安拘留15人，罚款8人，派出所调解纠纷37起。2001年，发生治安案件36起，查处36起，查处率100%。治安处罚43人。2002年，发生治安案件43起，查处43起，查处率100%，治安处罚66人。2003年，查处治安案件30起。

2014年9月25日，旧县镇成立预防青少年违法犯罪工作领导小组，党委书记为组长，分管政法工作的副书记和宣传委员为副组长，镇团委、派出所、司法所等有关单位负责人为成员。

（五）枪支和爆炸物品管理

1951年，根据公安部《枪支管理暂行办法》，开展收缴民间枪支弹药工作，对具备配枪资格的人员进行登记，实行发证管理。

1954年，根据《中华人民共和国民用爆炸物品管理条例》，对起爆器材和各种爆炸物品的生产、储存、购买、运输和使用，实行统一管理，严禁私人经营。“文化大革命”后，多次开展缉枪治爆专项行动，对枪支弹药和爆炸物品进行多次清查和收缴。

1982年6月16日，县城南门菜市场发生爆炸案后，公安机关进一步加强枪支和爆炸物品管理。1984年，对民用爆炸物品的管理和使用，重新进行清理和整顿。

2001—2002年，收缴鸟枪42支，雷管18发，火药50公斤。2003年，查处违法民爆管理规定案件5起8人，收缴鸟枪1支，炸药28公斤，黑火药14.2公斤，烟火药8公斤，导火索250米，“三无”烟花爆竹半成品40公斤。对6家烟花爆竹销售点，4家民爆“三小”企业加强管理，健全规章制度，不定期进行安全检查。

2013年，开展民爆物品和烟花爆竹行业安全生产大检查及涉爆缉枪整治专项行动，对民爆危险物品全过程从严管理。

（六）监督改造

1952 年，对历史上有罪恶但无现行破坏活动的反革命分子，采取思想教育与监督劳动相结合的方法进行管制，生活上给予出路。

2014 年 1 月 20 日，旧县镇举办“雷霆治爆”专项行动动员大会（旧县镇政府供图）

1953 年，贯彻福建省公安厅《关于整顿管制工作指示》，全区对已审定的反革命分子以及土改中评定的地主、富农分子和坏分子（统称“四类分子”）实行管制。

1956 年始，凡需实行管制者，一律由人民法院判决，交由公安机关执行。根据“四类分子”表现好坏，由群众评议，政府批准，表现好的吸收为农业社正式社员，表现一般的为候补社员，表现差的继续管制。1959 年，对“四类分子”评议后，经政府批准，吸收一批为正式社员和候补社员。

1963—1965 年，结合社会主义教育运动，对“四类分子”进行评审，有自觉改造，悔改表现的，经评议和批准，可摘掉“四类分子”的帽子，恢复公民权利。

1979 年，实行改革开放，拨乱反正，贯彻中共中央《关于地主富农分子摘帽问题和地富子女成分问题的决定》，对“四类分子”逐个进行评审。1983 年，全社“四类分子”全部得到摘帽，新订成分，恢复公民权利。历时 30 余年对“四类分子”管制、监督、改造历史结束。

（七）治保会建设

1951 年 7 月，各乡村建立治安保卫委员会（简称“治保会”）。1958 年，以生产大队为单位设立治保会。1980 年，对治保组织进行整顿，结合换届选举，充实治保会。1985 年始，治保会协助党政帮教失足青少年。1992 年始，治保人员误工补贴得到解决，每个治保会主任有固定补贴。2001 年后，治保会主任、综合治理办协管员、调解主任实行“三合为一”。

2014 年 1 月，旧县镇 20 个行政村村村建立治保会。

旧县派出所负责人情况表

表 16-1

姓　名	职　务	任职时间
丘达文	特派员	—
钟耀英	特派员	—
罗树如	特派员	—
陈子才	特派员	1983 年 8 月至 1984 年 10 月
杨奎章	副所长	1984 年 10 月至 1985 年 8 月
吕谦寿	主持工作	1985 年 9 月至 1986 年 8 月
吕谦寿	副所长	1986 年 9 月至 1992 年 11 月
阙伟军	主持工作	1992 年 11 月至 1994 年 7 月
石国保	所长	1994 年 7 月至 1996 年 4 月
阙启银	指导员	1994 年 7 月至 1996 年 9 月
陈华清	副所长	1996 年 4 月至 1999 年 12 月
薛干林	副所长	2000 年 1 月至 2001 年 4 月
阙耀发	指导员	2000 年 1 月至 2003 年 3 月
李福民	副所长	2001 年 4 月至 2003 年 3 月
李福民	所长	2003 年 3 月至 2006 年 8 月
汤春康	所长	2006 年 8 月至 2009 年 6 月
石建锋	所长	2009 年 6 月至 2015 年 3 月
李清文	指（教）导员	2005 年 4 月至
康宝福	所长	2015 年 3 月至

第二节　司法行政

一、机　构

1982 年，旧县公社设司法员 1 人。1984 年，旧县乡设司法办公室。1992 年，成立旧县法律服务所。1999 年，改设旧县司法所。2003 年，收编为县司法局管理单位。2002 年，司法工作人员增加到 4 人。2012 年后，旧县司法所工作人员 3 人，其中行政编制公务员 1 人，事业编制司法协理员 2 人。

旧县司法所办公楼设在旧县镇政府内，占地 180 平方米，框架结构三层，建筑面积 540 平方米，2011 年 11 月 20 日投入使用。有统计标识、标牌，科学设置办公业务用房，设置所长室、司法助理员办公室、会议室、宣告室、调解室、社区矫正和安置帮教室、档案及储藏室、备勤室。先后添置电脑、打印传真复印一体机、碎纸机、彩色扫描仪、照相机、摩托车等各类办公用品，办公达到自动化、信息化。

二、人民调解工作

司法所以党政工作为中心，统揽联动，强力构建大调解一体化格局，筑牢人民调解第一道防线。司法所努力创新，逐渐摸索出以“四心”（调查用心、调处公心、百姓放心、回访真心）为调解法，以“三情”（以情为先、以情为重、以情化解矛盾）为准则的调解经验，推进“公调对接、民调进所、无缝衔接、司法保障”机制建设，推进社会矛盾有效化解。2011 年 1 月以后，司法所共受理民间纠纷案件 516 起，调解成功 516 起，每年纠纷调解成功率 100%，无移送法院案件。

三、法治宣传工作

在法治宣传工作中，旧县司法所向旧县镇辖区群众普及宣传《中华人民共和国宪法》《中华人民共和国刑法》《中华人民共和国刑事诉讼法》《中华人民共和国民法通则》《中华人民共和国婚姻法》《中华人民共和国经济合同法》《中华人民共和国土地管理法》《中华人民共和国治安管理处罚条例》等法律。联合镇综治办、派出所走进旧县中小学开展对青少年宣传《中华人民共和国未成年保护法》《中华人民共和国预防未成年人犯罪法》《中华人民共和国义务教育法》。同时，推动法治宣传教育向社会各领域、各行业延伸，使主题活动深入基层，服务群众。结合“法律六进”（进机关、进乡村、进社区、进学校、进企业、进单位）及“法治旧县”“平安旧县”等活动开展，旧县司法所深化部门、行业依法治理工作在校园、单位，乡村、企业、机关建立永久性宣传标语和法治宣传专栏，举办大型法治宣传活动，广泛开展基层民主法治创建活动，推进铁东村、坝上村、尧埔村“民主法治示范村”建设。

1986 年，实施“一五”普法教育，旧县乡成立普及法律常识领导小组，采取举办培训班、法治讲座、出宣传栏、黑板报、图片展览、文艺宣传等形式，向有接受教育能力的公民普及宪法、刑法、婚姻法、民法通则、刑事诉讼法、民事诉讼法、兵役法、森林法、治安管理处罚条例（简称“十法一例”）等法律法规常识，使公民掌握基本法律知识，增强法治观念。

1991 年始，实施“二五”普法。重点是干部、青少年、农民。以土地管理法、义务教育法、未成年人保护法、农业法、妇女权益保护法、水法、森林法等法律法规为重点。

1996 年始，实施“三五”普法。着重对青少年及外来流动人口进行宪法、刑法、预防未成年人犯罪法等法律法规的宣传教育。在青少年学法方面，发挥学校教育主渠道作用，完善学校为主，社会、家庭相配合的“三位一体”法治教育体系。

2001年始，实施“四五”普法。深入各村宣讲土地管理法、村民委员会组织法、福建省计划生育条例、福建省村集体财务管理条例等法律法规。按照《关于进一步加强学校法治教育工作的意见》，抓好青少年法治教育的落实。组织学生观看“反对邪教，崇尚文明”图片展。2002年，开展综治宣传，举办法治宣讲、普法测验。此后，每年组织全乡公职人员进行学法统一考试，并将考试成绩列入干部考核内容。

2006年始，实施“五五”普法，深入各村宣讲宪法、行政处罚法、国家赔偿法、刑法、选举法、村民委员会组织法、计划生育条例等法律法规。深入各学校开展法治讲座，上法治课，组织学生学习宪法、国徽法、义务教育法、未成年人保护法、预防未成年人犯罪法等法律法规，全乡学生受到教育。组织全乡干部、职工、村干部、农村“六大员”(社会治安综合治理协管员、计划生育管理员、国土资源规划建设环保协管员、公共卫生员、文化协管员、农民技术员）学习龙岩市普法办主编的《干部学法读本》。全体干部100%参加并顺利通过年度学法考试考核。

2011年始，实施“六五”普法 。宣传劳动就业、社会保障、安全生产、食品安全等法律法规。组织全乡村主干、农村“六大员”参加学法考试，并顺利通过考核。

四、社区矫正工作

2011年，司法所接管社区服刑人员后，累计接收社区服刑人员223人，累计解除社区服刑人员206人，其中累计居住地变更7人，累计撤销缓刑2人。旧县司法所审时度势，依照社区矫正实施办法，规范化管理，参与上级组织的矫正工作交流与学习，提高工作能力，创新管理模式，实现在管人员零犯罪。

五、安置帮教工作

旧县司法所始终坚持“教育、感化、挽救”工作方针，抓好刑释解教人员调查摸底，切实做到释解人员底数清、情况明、帮教到位、管理到位，到2017年旧县镇辖区内刑满释放人员共计91人。强化刑释解教人员衔接工作、严格接转手续、加强推广使用帮教管理软件，实现对释解人员信息化管理。以人为本，整合资源，着力解决刑释解教人员实际困难，最大限度地预防和减少重新违法犯罪。

2001年始，对“两劳释解”人员开展“个十百”活动和“三帮一”挂钩帮扶活动。成立“两劳释解”人员安置帮教工作协调小组及办公室，把开展“个十百”活动列入对政法干警的工作实绩考核范围，规定每个政法单位人员每人挂钩帮教1名

对“两劳释解”人员，每月十、二十、三十日为挂钩帮扶日。采取政法单位、家庭、工作队结合帮教为主，社会各界齐抓共管帮教方法，对1998年“两劳释解”人员9人，1999年、2000年各13人，2001年12人，2002年11人，全部进行帮扶，使“两劳释解”

人员勤劳致富，预防和减少重新犯罪。

六、法律援助工作

为保障经济困难公民获得必要法律服务，发挥司法工作人员法律服务职能，围绕“应援尽援、应援优援”目标，旧县司法所努力提高管理能力和服务能力，逐步扩大司法所法律援助站影响力，建立法律援助长效便民机制，提高法律服务能力。2016 年 10 月后，全镇 20 个行政村设立“法律顾问室”，作为法律顾问律师及工作人员办公机构，为群众解决疑难问题，提供法律援助 100 多次，化解民事纠纷 25 件，挽回财产损失 30 多万元。

旧县司法所负责人情况表

表 16-2

姓　名	任职时间	职务
邱梦奎	1982—1990 年	司法助理员
王继芳	1991—1996 年	司法助理员
吴铭昌	1997—1998 年	司法助理员
谢育钦	1999—2002 年	副　所　长
何发明	2003—2017 年	所　　长

第三节　社会治安综合治理

1985 年，根据中共中央“要在党委统一领导下，充分发挥政法机关、共青团、工会等方面力量，对社会治安实行综合治理”部署要求，旧县乡成立社会治安综合治理领导小组，下设综治办公室。层层落实“四防”（防匪特、防盗窃、防火、防灾害事故）措施。发动各村制定《治安公约》，倡导村民守法意识，促进社会风气好转。

1994 年，中共中央综治委等五部委作出《关于实行社会治安综合治理领导责任制的若干规定》，明确党政领导对本地区社会治安稳定负总责的政治责任，形成党政一把手负总责、分管领导负直接责任的综治领导机制，把综治工作列入年度工作目标。党政一把手层层签订综治目标责任状，建立综治目标责任与综治“一票否决”配套措施。乡党委配备一名综治副书记，综治办安排一名专职人员，各村设立一名综治协管员。1998 年，为加强校园治安综合治理工作，旧县中学和旧县学区分别聘请派出所领导担任校外综治副校长。

2001 年，旧县乡被县评为社会治安综合治理先进单位。

2002 年年初，石圳村被龙岩市列为社会治安重点整治村。县乡两级加强领导，村成立综治会、调解会、治保会、妇女禁赌会、治安巡逻队等组织。村委会与 21 个村民小组签订综治责任状。同时加大普法宣传力度，出法制专栏 4 期，印发综治宣传材料 400 份，把《公民道德规范》和《村民守法公约》张贴到户。村帮教小组与 1998 年以来的 4 个帮教对象签订《帮教协议书》。通过帮教，未发现重新犯罪行为。此外，及时化解各类矛盾纠纷，整治期间共排查纠纷 12 起，调处 11 起。村治安巡逻队配合公安派出所开展“扫黑除恶”斗争。当年内发生刑事、治安案件各 1 件全被破获，并捣毁一个“六合彩”骗赌窝点。全村全年实现无纠纷激化、无民转刑案件、无群众性械斗、无集体上访事件。12 月，石圳村社会治安综合治理工作顺利通过龙岩市验收。

2007 年，对村级综合协管员、治保主任、调解主任实行“三合一”管理。对综治协管员工作职责、制度和业务进行规范，通过业务培训，提高综治协管员业务素质，对开展村级综治工作起到积极作用。

2011 年后，开展平安乡（镇）、平安村创建活动，新坊、石院、河东、梅溪、河西、尧埔、角龙、谷坑、福村等 9 个村 2011 年度被中共上杭县委、上杭县人民政府评为平安村。2012—2017 年，旧县镇累计有 55 个村被中共龙岩市委、龙岩市人民政府评为平安村。通过创建平安乡（镇）和平安村活动，社会治安秩序大大好转，群众安全感得到提高。

第十七章 民 政

明、清两代的赈灾、救济、福利等民政庶务由县级地方长官掌管，地方公益、慈善事业由民间热心公益士绅倡办。

民国时期，国民政府颁布过一些优抚、赈灾条文，但执行不力，经费由地方自筹，兼之贪官污吏中饱私囊，因而成效甚微，形同虚设。其间，苏维埃区域县苏维埃政府设有内务部、劳动部、内务科，区、乡苏维埃政府设有“互济会”、优待红军委员会，管理优抚、救灾救济、婚姻登记、军事支前、禁烟禁毒、禁嫖禁赌等工作。当时因战事频繁，民政与军事融为一体，对保卫革命胜利果实、巩固苏维埃政权起到重要作用。据《红色中华》1933 年 7 月 2 日报道，由于国民党军进攻，坪上、早康、新坊、扁山、福村大量群众逃难到旧县一带，无衣无食。县互济会发动各地捐款捐物援助被难群众，旧县在 5 月 30 日 不到 1 小时就捐到 100 多光洋。

中华人民共和国成立后，人民政府重视和关心群众生活，县设民政科，区（乡）设民政助理员，乡（村）设民政委员。

1968 年 10 月，民政事务由公社革命委员会管理，公社民政经费由公社会计管理。1971 年，公社设民政干事。1980 年，随着民政工作范围扩大，业务增多，公社设民政办公室，专司优待抚恤、婚姻登记、救灾救济、民政财务、退伍安置、殡葬改革、农村低保、基层政权建设、地名、勘界事务。

从 20 世纪 80 年代初至 2017 年，孔凡嵩、陈如德、李开福、吴文嵩、谢开进、袁美招、赖丽萍先后担任旧县镇（乡、公社）民政工作负责人。

1999—2000 年，旧县乡民政办被龙岩市人民政府授予勘界工作先进单位。2001 年，被上杭县政法委、人事局评为人民满意政法单位；被上杭县民政局评为抓“三基”创“五好”活动达标单位。民主评议行风、殡葬改革、救灾救济、优抚普查等工作受到县民政局表扬。

第一节 优抚 安置

一、优 待

（一）革命烈士家属、革命军人家属优待

中华人民共和国成立后，人民政府高度重视革命烈士、革命军人家属优待工作，政府组织群众为无劳动能力或缺劳动力的革命烈士家属、革命军人家属代耕、代种、代收。1951 年 4 月后，贯彻落实福建省人民政府《福建省 1951 年优待代耕工作方案》和《福建省革命烈士家属、革命军人家属代耕试行办法》。

1953 年后，代耕办法转变为由互助或农业社承包的责任制。人民公社化时期，优待主要形式是优待劳动日（劳动工分）；优待标准以当地社员的收入水平，优抚对象的经济状况和集体经济基础来确定。一般把享受优待劳动日数量记入烈军属劳动手册，参加统一分红。农业高级社时期，优待劳动日折合的粮款，由高级社公益金开支。1958 年公社化后，优待劳动日负担由大队统一平衡，归大队公益金责任开支。实行家庭联产承包责任制后，优待金按责任田面积每亩上缴 2.5 公斤干谷（现役军人家属免缴），再由政府统筹。1994 年始，改为现金优待，当年义务兵家属得到优待金 745 元。1995 年为 950 元，此后逐年提高：1996 年 1200 元、1997 年 1600 元；2009 年提高至 5164 元。2010 年，按上年度农民人均纯收入的 100%发放。2011 年，义务兵家属优待金 6410 元。2017 年，义务兵家属优待金 14074 元。

（二）未列入定补烈属的优待

实行家庭联产承包责任制后，对未列入定补的烈属，每人每年发放优待款 100—150 元。

2011 年起，对全镇 110 名年满 60 周岁及以上的烈士子女发放生活补助，每人每月 130 元。

（三）参加炮击金门及中越边境自卫还击作战的退伍军人优待

2008 年始，对 20 世纪 50 年代参加炮击金门的退伍军人及 1979 年参加中越边境自卫还击作战退伍军人，给予每月 302 元生活补助。

（四）年满 60 周岁及以上农村籍退役军人的优待

2011 年，全镇 60 周岁及以上农村籍退役军人，按军龄计算，一年军龄每月补助 10 元。

二、抚 恤

（一）抚恤对象

中华人民共和国成立后，旧县被评为革命烈士的有 569 名。1987 年，旧县乡统计在

册的优抚对象除有烈属190户283人，因公牺牲军工人员122人外，还有现役军人、健在老红军、革命残废军人、复员军人、退伍军人、在乡“五老”（老中共地下党员、老游击队员、老接头户、老交通员、老苏区区乡干部）人员、病故军人、失散红军等。2017年，全镇有“三属”（烈士家属、因公牺牲军人家属、病故军人家属）、参战人员、复员军人、病退、残废军人、“五老”人员、失散红军、60岁及以上农村籍退役士兵共207人，60岁及以上烈士子女136人。

（二）抚恤标准

烈属抚恤 1952年，人民政府给烈士家属发放抚恤金每户150元。1958年间，政府调整抚恤标准，发给烈属抚恤金每户180元。1980年起，对有困难的优抚对象，实行定期定量生活补助每月6—10元；1984年起，生活补助增至12—20元。2004年，优抚对象定额标准在原有基础上增加5元，达到每月享受抚恤金285—310元不等。2007年，优抚对象的定额标准在原有基础上增加70元，达到每月355—400元不等。每人每年另享受180元医疗补助。2012年，优抚对象定额标准为烈属每人每月享受抚恤金543元。2015年，优抚对象定额标准为烈属每人每月享受抚恤金1118元。2017年，优抚对象的定额标准为烈属每人每月享受抚恤金2180元。

革命残疾人员抚恤 残废抚恤按伤残性质（因战、因公、因病）残疾轻重和失去劳动能力程度分为四等六级，发给分类“残疾光荣证明书”，进行抚恤优待。对二等以上革命残疾军人实行终身抚恤。残疾抚恤金发放分在职、在乡两种，其标准经过1953年、1978年、1987年、2000年、2002年、2003年多次调整。2003年7月1日起抚恤金最高标准为每人每年9960元，最底1390元。

“两红”“三属”定补 2000年前在乡退伍红军老战士900元，2000年、2002年分别提高到1100元、1160元。2004年10月1日起1310元；相应年份红军失散人员分别为213元、260元、270元、380元。2000年前，烈士家属、因公牺牲军人家属183元。2000年、2002年分别为225元、250元。2004月1日起300元，相应年份病故军人家属分别为173元、220元、245元、285元。

三、安　置

每年，及时做好退伍军人安置工作。教育和引导退伍军人认清国家改革与就业形势，树立自强自立精神与市场经济相适应的择业观。组织退伍军人进行现代农业科学知识和市场经济知识培训，鼓励和扶持有专长的退伍军人创办经济实体。帮助退伍军人解决生产、生活、住房等方面的实际困难。每年春节开展慰问活动。

2000年，召开退伍军人座谈会1次。举办1期退伍军人实用技术培训班。

四、拥军优属

2000—2001年，做好优抚对象解“三难”工作，把全乡8户“住房难”优抚对象列入建房户。2000年解决5户，2001年解决3户，共下拨解决“住房难”资金12万元。

2000—2002年，下发义务兵家属优待金184756元。

2001—2002年，开展拥军优属慰问活动，慰问烈军属、复员、退伍军人和受灾户、特困户100多户，发放慰问金2万余元，发放义务兵家属优待金98400元。

2001年，根据上级部署，开展普查烈士、失踪军人、病故军人直系亲属、失散红军、伤残军人、复员军人、带病回乡退伍军人普查工作。

2003年，慰问烈军属、复员、退伍军人和受灾户、特困户100多户，发放慰问金1万余元，发放义务兵家属优待金49200元，补发2000年、2001年、2002年优待标准提高差额54130元，共发放优待金103330元。

1989年12月22日下午3时50分，旧县乡河西村陈衍龄、铁东村江福寿和新坊村李廷启，作为“五老人员”代表，与其他“五老人员”代表一起，在古田会议会址接受中共中央总书记江泽民接见。

2008年11月，江福寿、李廷启作为“五老人员”代表，与其他“五老人员”代表一起，在古田会议会址接受国务院副总理李克强接见。

2010年2月，旧县乡江福寿和孔令森作为“五老人员”代表，与全市其他“五老人员”代表一起，在古田会议会址接受中共中央总书记、国家主席胡锦涛接见。

2014年10月30日，全军政治工作会议在古田召开期间，中央纪委副书记，解放军总政治部副主任兼中央军委纪委书记、上将杜金才分别到旧县铁东村、新坊村慰问“五老人员”江福寿和李廷启。

五、修建革命烈士纪念碑

1985年，旧县乡党委、政府筹资在河西村牛尾岭建成革命烈士纪念碑。2013年，重新修建。纪念碑由基座、碑座和主碑三部分组成。占地300多平方米。基座全部用火烧板铺砌，四周边缘花岗岩栏杆。碑座高1.7米，用红色大理石贴面。碑身高12米，表面喷石头漆，四面镌刻“革命烈士纪念碑”7个红字。2014年，新修建一扇革命烈士纪念墙。纪念碑周边松柏成林，四季常青，庄严肃穆。

2015年4月3日，旧县镇直干部职工向革命烈士纪念碑敬献花圈（旧县镇政府供图）

第二节　救灾救济

旧县有史以来，灾害频仍。每逢灾害，百姓遭殃。中华人民共和国成立前，历代统治王朝虽有微薄粮款救济百姓，但常被官吏贪污克扣。灾民仅靠亲朋接济或热心慈善人士点滴施舍借贷，往往杯水车薪，造成一贫如洗。

中华人民共和国成立后，人民政府重视灾害救济，关心群众生活，按“生产自救、节约度荒、群众互助、以工代赈，辅以必要救济”方针，开展救灾救济工作。

民政办每逢春夏荒和寒冬季节，对困难户拨出粮、款及棉衣、棉被等物资进行救济。对生活无依无靠和遇到意外事故的农户给予及时应急救济。救济方式有季节性和临时性两类。春夏荒、严冬寒救济，公示后发放，特殊困难家庭需救济的报县审批，及时发放，做到专款专用。几十年来，全镇每发生灾情，都得到党和政府关心，体现了“灾害无情人有情”。

2000 年，发生民房火灾 2 起，受灾 27 户，重灾 4 户，烧毁房屋 51 间。受 10 号强台风袭击，19 个村受灾，受灾人口 27546 人，损坏房屋 585 间，倒塌房屋 382 间，损坏教室 25 间，造成危房 156 户 849 间，全乡经济损失 952 万元。灾后，对无家可归的 31 户 157 人和危房需搬迁户 10 户，实行县、乡、村干部包干负责，全部进行重建。全镇共发放救灾救济和房屋赔偿款 19 万元，发放救灾物资 198 件，发放救济粮 6000 公斤。是年 10 月 24 日，一辆载有 10. 78 吨浓度为 31%的液体氰化钠槽罐车在紫金山矿区路段翻入山沟，导致氰化钠泄漏，造成 1 万平方米地面污染，90 名群众中毒。乡村干部全力以赴赶到事故现场，参加抢险救灾，做好善后工作。到梅溪村宣传，帮助群众消毒防毒。

2001 年，救济 273 户，1454 人，下拨救济款 50636 元。

2002 年，发生民房火灾 5 起，重灾 5 起，受灾 29 户，重灾 6 户，烧毁房屋 42 间。暴雨倒塌民房 3 户 5 间。遇各种困难要求教济 138 户 821 人。县、乡下拨救济款 79730 元，发放救济粮 3750 公斤。

2003 年，发生民房火灾 5 起，重灾 4 起，受灾 36 户，重灾 4 户，烧毁房屋 38 间。受“4 · 13”“5 · 16”“5 · 17”暴雨和“6 · 26”龙卷风的袭击，全乡 19 个行政村受灾，受灾人口 23000 多人。农作物受灾 4500 亩，毁坏耕地 115 亩，桥梁、道路、水利、电力、山塘水库严重受损。倒塌住房 17 户，26 间，损坏房屋 21 间，屋面掀翻 36 户，屋后塌方 36 户。灾情发生后，乡、村干部赶赴灾区，慰问灾民，指导抗灾救灾工作，安置灾民生产生活。是年，要求救济 168 户 1008 人。县乡下拨救济款 12. 6 万元。

2005 年，旧县乡受“3 · 16”大霜冻和“3 · 22 ”大雷雨两次自然灾害，烟田受损 800 多亩，其中严重受损 500 多亩。乡村干部 110 多人进村入户，深入田间了解灾情，参加救灾，前往长汀、江西瑞金、广东梅县等地购买优质烟苗 30 多万株，对 500 亩重灾烟田进行补植。乡财为受灾烟农担保贷款10余万元，帮助解决救灾资金。

2006年5月10日，一辆从沙县开往深圳的货车在河西村捡窨石路段翻入深沟，车上5名乘员受伤。乡干部和派出所干警赶赴事故现场，沿着陡峭石壁，用担架将5名伤员救起，送到医院治疗。5—6月，旧县连续遭受5次大暴雨和特大暴雨袭击，造成山洪暴发和严重洪涝灾害，乡村干部在梅溪、石圳、水东、兰田等村转移群众和财产，排除险情。是年，发放救灾资金37万元，救灾粮2200公斤，帮助169户296人因灾无房户重建家园。除上级补助外，乡财补助每个受灾重建户1000元。年底，重建户全部住入新居。

2010年6月15日，旧县乡连降特大暴雨，发生严重洪涝灾害，直接经济损失上亿元。乡村干部在梅溪村救出被洪水围困群众31人。16日凌晨将河西村被困群众158人，水东村被困群众35人救出，转移到安全地带。经县民政、国土、建设部门鉴定核实，确认全乡房屋倒塌重建户121户，其中全倒户5户。乡政府迅速组织群众开展灾后自救和重建家园工作。发放重建户上级补助款186.34万元，乡财补助款16万元。年底，121户重建户搬入新居。

第三节 社会福利

一、“五保”人员供养

人民政府对孤老残疾者实行重点照顾和救济。1955年，实行农业社包养（包口粮和生活费用）。1958年，人民公社化后，对孤老残疾者实行“五保”（保食、保住、保穿、保医、保葬）。“五保”对象一部分人分散供养，一部分人由公社设立敬老院集中供养。

1972年，残寡老人、孤儿、盲人、聋哑人、精神病患者及其他残疾人享受五保。

1978年，中共十一届三中全会后，公社复办敬老院。

1981年，农村实行家庭联产承包责任制后，“五保户”分三种形式供养：第一种，不分责任田，由大队（村）包养，每年供给口粮200公斤以上，其生活费用由大队（村）统筹和国家救济；第二种，分配给责任田，由亲友代耕，本人参加力所能及劳动，生活自理；第三种，由公社（乡、镇）敬老院集中供养，口粮由大队（村）供给。其他生活费用由公社（乡、镇）统筹和国家救济。

1985年起，“五保户”享受国家长期定补。

2000年，旧县敬老院有院民18人，管理人员2人，散居“五保户”72人。并建立“五保”基金。除县民政局给予生活补助外，乡政府每月供给每位院民大米15公斤，生活费10元，节日另给加餐伙食费。院民有疾病及时给予治疗，生活基本得到保障。

2003年，农村“五保”对象全部被列入农村低保，将所有“五保户”月保障金调至83元。

2009年，资助“五保”对象参加新型农村合作医疗，做好门诊救助工作，对集中供养“五保”对象，按每人每年500元标准下拨门诊救助金；对分散供养五保对象，按每人每年360元标准下拨门诊医疗救助金。

2010年，农村“五保”对象补助标准，集中供养每人每月230元，分散供养每人每月190元。春节期间，发放每人130元的一次性生活补贴。

2012年，农村“五保”对象补助标准，集中供养每人每月212元，分散供养每人每月220元。

2015年，农村“五保”对象补助标准，集中供养者每人每月给645元，分散供养者每人每月给537元。

2017年，农村“五保”对象补助标准，集中供养者每人每月806元，分散供养者每人每月672元。本年，全镇有“五保”人员90人。

敬老院住房始建于1990年，占地135平方米，建筑面积270平方米。新敬老院大楼于2009年申请报批立项，2010年9月动工，建筑面积1112平万米，宿舍20间、40张床位。院内设餐厅、厨房、活动室、会议室，医务室、淋浴室。草地面积5000多平方米，布局合理，交通便利。2011年11月投入使用，入院老人22人。

2015年10月16日，龙岩市民政局命名表彰全市10所“最美敬老院”，旧县镇敬老院榜上有名，成为龙岩市10所最美敬老院之一，是上杭县唯一获此殊荣的敬老院。

二、烈、军属及“五老”人员补助

民国23年（1934年）10月，红军北上长征后，一批回乡、留乡的苏区军工人员和此后参加各个时期游击活动的老游击队员、苏区老干部（含赤卫队员）、老中共地下党员、老交通员、老接头户，被统称为“五老人员”。中华人民共和国成立后，不少“五老人员”参加党和政府工作，而散居城乡务农和从事各种职业者也不少。1987年，旧县乡有“五老人员”统计在册171人，其中失散红军83人。他们由政府给予定期生活补助，每人每月15—30元。

2004年，改革优待金社会统筹制度，将优待金列入县财转移支付范围，解决优待金征收难问题，及时足额兑现义务兵家属优待金，按标准发放抚恤补助经费，烈属、因公牺牲军人家属每人每月280元，病故军人家属每人每月275元，失散红军每人每月290元。复员军人每人每月分别为185元和150元。继续开展“献爱心工程”活动，帮助重点优抚对象（失散老红军、老复员军人、老烈属、老残废军人）解决“三难”（住房难、医疗难、生活难）问题，做到发现一个解决一个，兑现重点优抚对象医疗减免政策。2017年年底，全镇健在“五老人员”2人，1—7月每人每月享受补助1030元，8月后1130元；全镇健在失散红军1人，每人每月享受定补2459元；复员军人每人每月1359元。

三、农村最低生活保障

党中央、国务院高度重视“三农”问题，特别是农民生活。从2004年1月起，全县实行农村最低生活保障制度。2005年起，逐年进行调整，基本实现应保尽保目标。

2008年，当年农村低保标准为家庭年人均收入1200元以下，分4个档次进行补助：五保户实行全额补助每人每月补100元，一般低保对象实行差额补助，分别是70元、45元、30元等3个档次，7月起对农村低保对象按每人每月10元提高补助标准。

2010年春节期间，发放农村低保对象每人130元一次性生活补助。

2017年，全镇享受最低生活保障人数210人，一般低保对象实行差额补助，分别是160元、210元、260元、330元等4个档次。

四、村主干生活补贴

2004年7月起，政府对中华人民共和国成立后担任村支部书记、主任（大队长）9年以上的人员，实行每月定额补助，补助标准为任职9—10年的补助50元/月：11—12年的补助55元/月：13—24年的补助60元/月；25年以上的补助75元/月。2017年7月起，累计任职满3届或9周年的，给予每人补助200元，任职时间每增加3年，补助每人每月增加50元。2017年有37人享受补贴。

五、社会养老保险

1990年，乡农村社会养老保险业务由民政办办理。1996年，旧县乡贯彻上杭县人民政府《关于进一步做好农村社会养老保险工作的通知》，深入做好宣传发动工作，动员优抚对象、义务兵、二女扎、个体户、专业户、富裕明星等进行投保，当年共2510人投保。

2004年，开展现任享受固定补贴村干部社会养老保险业务。

2010年，上杭县被列为首批新型农村社会养老保险（简称新农保）试点县，当年旧县参加新农保的有11083人。是年，年满60周岁人员每人每月领取55元基础养老金，全乡共有3722人。2012年5月基础养老金提至70元/月；2013年12月提至85元/月；2014年11月提至100元/月；2015年12月提至110元/月；2016年8月提至125元/月。2017年，参加新农保的有10607人，当年申请新农保的有436人，年满60周岁人员每人每月领取125元，共有326人。

六、其他补助

1969年7月12日，全区抽调民兵参加省支前民工团，参加国防工程建设，1972年8月结束。2010年始，由政府给予参加过支前民工团民工每人每年500元。2014年始，每人每年补助2800元。2017年始，每人每年补助4000元。经龙岩市卫生防疫站检查，有尘肺病的10人，给予定补。

第四节 婚姻登记

辛亥革命后，国民政府提倡婚姻自由，并进行登记发证，但是县、乡尚未推行。

1930年11月，闽西苏维埃政府公布《婚姻法条例》，废除封建婚姻制度，禁止买卖婚姻、重婚纳妾，实行男女婚姻自由，一夫一妻制。结婚者向政府登记，领取结婚证；离婚者则登记领取离婚证。

1931年12月1日，《中华苏维埃共和国婚姻条例》颁布，男女平等、婚姻自由风气逐渐形成。1935年，国民党复辟后，又恢复旧习。

中华人民共和国成立后，1950年，中央人民政府颁布第一部《中华人民共和国婚姻法》，规定结婚年龄男20周岁、女18周岁，提倡晚婚。地方各级人民政府根据《中华人民共和国婚姻法》制定结婚登记制度。1951年春起，需登记结婚的男女青年，到区政府办理婚姻登记手续。

1955年，内务部公布《婚姻登记办法》，婚姻登记工作日趋完善。1963年至"文化大革命"期间，婚姻登记工作从未间断过。

1980年9月，国家公布修改后的《中华人民共和国婚姻法》，规定从1981年1月1日起施行，婚姻登记由乡政府文书办理，对前来登记者，进行《中华人民共和国婚姻法》宣传教育，加强登记管理。

1986年5月，县民政局第一次举办婚姻登记人员培训班，由乡政府文书参加。培训人员经学习和考核，领取婚姻登记员证书。

1992年，旧县乡婚姻登记工作由政府文书转为民政办负责。

1994年，民政部颁发经国务院常务会议通过的《婚姻登记条例》，并于同年1月12日起实行。

1998年间，国家提出"少生优育"。凡申请办理结婚登记的男女青年，除持村出具证明外，还须到县妇幼保健所进行健康检查。女方到县计生服务所抽血化验进行优生检查后，才能回乡镇办理结婚登记手续，到计生办办理生育证。

2000年，旧县乡办理结婚登记195对，办理夫妻关系证明书1对，办理离婚10对。办理结婚登记率100%，结婚登记合格率100%。

2001年4月28日，九届全国人大常委会第21次会议对《中华人民共和国婚姻法》中的一些条款作了修改，规定结婚年龄男不得早于22周岁，女不得早于20周岁；提倡晚婚晚育。是年，办理结婚登记170对，夫妻关系证明书3对，离婚2对。

2003年7月30日，国务院召开第16次常务会议，通过修改后的《婚姻登记条例》。同年10月1日起，民政办遵照县政府文件精神，结婚登记取消了原凭村级出具的"婚姻状况证明"，改为申请结婚（离婚）登记的男女，凭双方户口簿和身份证，办理登记手续。是年，办理结婚登记165对，夫妻关系证明书2对，离婚12对。

2005年11月24日，省民政厅发出《关于婚姻登记有关问题的通知》，对婚姻登记工作中遇到的一些具体事项作了进一步的详细说明，使婚姻登记工作具体化、规范化。

2010年1月1日起，婚姻登记工作由上杭县民政局婚姻登记中心统一办理。

第五节　村民自治

一、制度建设

1984年，原生产大队改名为行政村，行政村设立村民委员会（简称村委会）。1988年，《中华人民共和国村民委员会组织法（试行）》和《福建省实施〈中华人民共和国村民委员会组织法（试行）〉办法》颁布，村民自治开始走上法治化和规范化轨道。1988年，村民委员会换届选举后，迅速做好建章立制工作，重点建立村民会议和村民代表会议制度，保证村民和村民代表能有效参与和决定本村大事；建立健全村民对村委会成员的评议制度，一般在年终时召开全村村民代表和全村党员大会，对村委会主要成员进行"优秀、良好、一般"的评议。1991年，在换届选举的基础上开展村民自治示范达标活动，全乡19个村民委员会全部达到第一轮示范标准。

1994年始，重点建立民主管理、民主决策和民主监督制度，完善村民大会和村民代表大会制度，制定村委会工作职责、干部工作守则和村规民约，制定"两公开一监督（村务公开、财务公开，群众监督）"制度，制定和完善村财务管理制度，建立村民理财小组和监督小组，定期或不定期地对村经济收支情况进行审查、监督。这些制度的建立和完善，使村民自治工作逐步规范化。2002年，全乡19个村委会修订和完善村民自治章程和村规民约，建立村务监督小组。2003年年底，全乡19个村民委员会全部达到第二轮省定示范标准。

2015年年底，全镇20个行政村都达到"五有"（有班子、有牌子、有印子、有房子、有"尺子"和工作计划）标准。

2015年6月12日，旧县镇举行村级组织换届选举工作动员大会（旧县镇政府供图）

二、民主选举

1988—2017 年，旧县镇进行过 10 次村委会换届选举。投票方式由开始时流动票箱（由选举工作人员拎着票箱深入每家每户收集选票）向一个小组或一个自然村设立集中投票点过渡；选民投票由开始时以家长一人投票发展为选民个人或委托代理人投票。

2009 年换届选举，18 个行政村一次成功，1 个村通过两次选举才选出主任。2012 年村委会换届选举，全镇 19 个行政村，全部一次选举成功。2014 年新康成立村民委员会，选举产生主任 1 人、委员 2 人。

2015 年 9 月村委会换届选举，全镇 20 个行政村全部一次成功，选出主任 20 人、副主任 5 人，委员 44 人。

第六节　其他民政事务

一、地名管理

（一）地名普查

1979 年 12 月，旧县公社会同上杭县地名普查小组进行全面普查。普查结果，刊登在 1980 年出版的《上杭县地名录》，旧县有公社、大队、自然村、山峰、河流、谷地、名胜古迹等地名 134 条。

（二）设置地名标志

1995 年，设置全乡 5500 余户门牌。1997 年，设置全乡 19 个行政村名称标志。

二、勘界

2000 年，旧县乡成立勘界工作机构，抽调专门工作人员，开展对周边 6 个乡镇涉及 22 个行政村的边界调查摸底，收集依据材料，上山实地核实界址，于 8 月中旬完成周边乡镇勘界工作任务。9 月，完成旧县南阳（15.2 千米）、旧县白砂（18.5 千米）行政区域勘界任务，确定协商勘定三个乡镇共 5 个交界点：南阳、旧县、才溪；旧县、湖洋、临城；南阳、旧县、蛟洋；旧县、临城、白砂；白砂、蛟洋、旧县。被评为市勘界工作先进单位。

三、殡葬改革

1998 年以前，全乡去世人员沿袭旧俗进行土葬。

2000 年，贯彻《国务院殡葬管理条例》《福建省人民政府关于深化殡葬改革加强殡葬管理的通知》及《上杭县殡葬管理暂行规定》，开始改土葬为火葬。乡成立殡葬管理工作领导小组及殡葬管理站，由民政办主任兼任站长，聘请殡葬管理协管员和联络员，给予配备电话，与各村联络员签订责任书。并利用各种宣传工具，大力宣传改土葬为火葬的殡葬改革目的意义、政策法规。3 月 1 日实施火化制度后，至年底，全乡 16 个村火化规划区共火化 128 具，火化率 100%。

旧县乡扶持以村级为单位建骨灰堂，为村民提供骨灰存放服务。每建一所骨灰堂民政部门根据所建造面积大小，给予 2 万—3 万元不等资金补助。

四、残疾人事务

1989 年，旧县乡成立残疾人协会，由乡民政办代管。1992 年，开展残疾人普查和康复扶贫调查。1994 年，残疾人协会改称残疾人联合会，仍由民政办代管。1998 年，残疾人联合会按照“有办公场所、有专职人员、有联系网络、有服务载体”的要求进行建设，设独立办公室，配备专职干部，设理事长 1 名。各村配备了残联专（兼）职干部。2000 年，成立残疾人服务分社和助残志愿者联络站。2001 年，旧县乡被评为县残疾人工作先进单位。2011 年 11 月，选聘 1 名残疾人联络员协助理事长开展工作。2013 年 6 月，各村残联设主席和专职委员，聘请村级联络员。2015 年 9 月 20 日，旧县镇成立农村贫困残疾人“安居工程”工作领导小组，镇长为组长，分管副镇长为副组长，有关部门负责人为成员。

2017 年，旧县镇办残疾证人数 1242 人，其中一级、二级残疾人 449 人。

五、扶持革命基点村建设

旧县是革命老区、上杭中央苏区县的重要组成部分，为中国革命胜利作出很大贡献。特别在艰苦卓绝的三年游击战争中，岩下山周边群众冒着白色恐怖，为在岩下山一带坚持斗争的红军游击队提供各项支持，遭受到国民党军严重摧残，付出很大艰辛与牺牲。中华人民共和国成立后，铁东、横墩、小富坑、张家山、兰明里和新坊 6 个村被评为革命基点村，各级人民政府一直对革命基点村人民厚爱一层，给予生产生活上大力扶持。

1951 年 9 月后，对铁东、新坊横墩、兰田小富坑等革命基点村群众发放一批钱、大米、棉衣、棉被等物，还区别情况给予建住房。其中给横墩村发放大米 750 公斤、棉衣 7 套、棉被 2 床、建新房 5 间；给铁东村建房 20 多间、在社冈上建学校 1 所。鉴于小富坑、兰明里群众居住过于偏僻，人单村远，分别将小富坑、兰明里群众搬迁到兰田和铁场，给予新建住房安置下来。

20 世纪 60 年代，在上级拨款支持下，铁东村开筑红岩渠道，并迁建学校；在村中建跨岩下山溪的“红岩桥”。80 年代，政府拨款支持建成跨旧县河的铁东大桥。

90 年代后，各级政府继续关心支持革命基点村建设，利用各种项目平台和各条渠道筹措资金促进革命基点村经济社会发展，特别在公路桥梁、电力通信、种养开发等方面扶持力度更大。其中铁东村修筑成 4 条村内道路，并建成农民公园。横墩村修建成新（坊）横（墩）公路 2. 136 公里，新坊村开通 5 条村内公路，全镇最早建成农民公园，创办成全国农村党员干部现代远程教育接收站。小富坑所在的兰田村两次修建跨旧县河的兰田大桥，修建成2条村中公路。2016年，被列入全镇第三期“美丽乡村建设”实施村。

第七节　扶贫与小康建设

由于历史、地理、资源等诸多因素影响，20世纪80年代初期，旧县人民生活水平还处于较低层次，贫困面大。1985年，旧县乡被列为省定贫困乡之一。

1985年始，乡党委、政府贯彻执行福建省龙岩市上杭县关于扶贫工作一系列决策和部署，把脱贫致富工作作为一项中心任务摆上议事日程，设立扶贫领导小组及其办事机构，制定扶贫规划，落实政策、资金。

1986年5月，省、县扶贫工作队旧县小分队赴旧县乡宣传贯彻党在农村的扶贫工作方针、政策，指导和协助开展扶贫工作。上杭县双扶办、财政局下拨扶贫资金15万元，以供销社的棉布、棉被、蚊帐等实物折款，以赊销形式发放农村各户。第二批又以同样形式下发贫困农户，二批共计金额22.85万元（后来此赊销款由国家财政解决）。

1988年，旧县乡政府继续把脱贫致富工作作为头等大事来抓，制订计划，落实1988—1990年脱贫致富措施，实行资金、项目、效益“三挂钩”，层层落实责任制。并安排贫困户到乡办、县办企业上班。

2014年2月28日，旧县镇举办种养业科技讲座（旧县镇政府供图）

1991—1995年，实行扶持贫困户生产与资源开发、智力开发相结合，提高贫困户自身“造血功能”，乡村企业使用扶贫资金安排解决贫困户劳动力出路，扶持贫困户通过发展种养业走上脱贫致富之路。

1996年以后，贯彻落实《龙岩地区扶贫攻坚规划》，按照上杭县提出的“以扶贫攻坚奔小康统揽农村工作全局”思路，加快贫困户脱贫致富奔小康步伐。乡党委、政府制定脱贫致富规划，不断加大扶贫力度，对全乡贫困户采取政策、资金、技术“三管齐下”办法进行扶持，重抓贫困村、贫困户开发性生产，实行领导、干部挂钩结帮对；实行因户施策，将各种种植、养殖项目落实到户。

在扶贫工作中，镇政府成立脱贫攻坚领导小组，建立“人盯人”工作责任制，落实干部挂钩结对帮扶贫困户，为贫困户建档立卡，制订计划，实施策略，按脱贫攻坚“九到户”工作措施，开展工作。

1996—1997 年，扶贫 573 户，脱贫 557 户，占 97.2%。

2000 年，人均收入 1500 元以下的贫困户 310 户，1395 人。人均收入 1500—2000 元的低收入户 2095 户，9326 人。是年，发放扶贫小额贷款 45 组，225 户，23.75 万元。

2001 年，实行干部挂钩贫困户，低收入户责任制，领导干部每人挂钩 5 户，一般干部每人挂钩 2 户。在资金、技术、信息等方面给予帮助。实行“五包”：包引导，包选好扶贫项目，包用好扶贫资金，包协调提供产前、产中、产后服务，包脱贫。实行乡干部担保小额贷款责任制，全年共发放小额贷款 52 组，260 户，28.6 万元。低保户 27 户，112 人，发放低保金 8494 元，通过信贷帮扶，260 户低收入户实现增产增收，人均纯收入 2635 元。

2002 年，发放扶贫小额贷款 54 组，270 户，29.7 万元。低保户 27 户，112 人，发放低保金 8494 元。最低生活保障户 8 户，发放最低生活保障金 6666 元。为贫困户举办实用技术培训班 12 期。

2007 年，福村村被列为省级扶贫挂钩村。村党支部、村委会和省下派干部带领村民实施扶贫开发，建立市级毛竹丰产林基地 1030 亩，亩立竹量 80 多株增加到上百株，发展竹业增加村民收入。以入股合作形式办起鸿建山鸡专业合作社，年出栏“三黄鸡” 3 万余羽，产值 150 万元。村民年人均纯收入从扶贫开发前的 450 元提高到 3800 元。全村有 50%以上农户兴建或改建住房。还兴建村级活动场所，设有农家书屋、老年活动室；兴建人饮工程，家家户户用上安全卫生自来水。铺筑长 6.3 公里，宽 4.5 米的主干道水泥路，兴建竹山便道 15 公里，改造福村至矶头公路 1.2 公里。村庄主要路段安装电灯。穷山村换了新面貌。2009 年经上级验收，摘掉贫困村帽子。

2008—2015 年，全镇共发放低保金、重残人员救助金 1422.51 万元，大病特困救助金 10.79 万元。为 22 位孤儿发放补助款 7.24 万元。争取老区扶持资金 143 万元。发放小额信贷资金 24 万元，帮助 132 户贫困户解决生产资金短缺问题。

2014 年，为加快山区群众脱贫，将 1994 年修通的矶头到福村，石院到扁山 2 条公路共计 13.7 千米，拓宽成路基 6 米并硬化。同时实行“造福工程”，在全坊村划出“造福工程”用地，安排扶贫攻坚“危房改造”“易地搬迁”等项目，使一批贫困户住上新房。

2016 年年初，全镇通过精准识别，确定铁东村、兰田村 2 个贫困村，321 户，858 人为贫困人口。后经动态调整后全镇贫困农户 309 户，850 人（其中国标 145 户，321 人，省标 164 户，619 人）。因病致贫的 109 户，占 35.28%，因学致贫的 19 户，占 6.15%，因残致贫的 80 户，占 25.89%，缺资金致贫的 22 户，占 7.12%，缺技术致贫的 29 户，占 9.39%，缺劳动力致贫的 29 户，占 9.39%，其他原因致贫的 21 户，占 6.8%。2016 年，列入造福工程扶贫搬迁补助 37 户 126 人。发放贫困户生产扶持小额信贷 15 户 53 万元。举办贫困户“雨露计划”农村实用技术培训班，84 名贫困户参加培训。聘请 8 名贫困户为乡村公路养护员，1 名贫困户为护林员，6 名贫困户为环境卫生保洁员。

2017 年，实施造福工程 37 户，危房改造 58 户，安置 96 户改善安全居住条件，发放造福工程资金 50.4 万元。开展医疗救助，因病因灾申报救济 91 户，发放救济款 2.4 万元。311 户贫困户享受免费参加大病医保，754 人次住院治疗享受医疗住院报销和医疗救助补助。镇慈善分会发放大病特困救助金 20 万元，公益性资助 5 万元。实施教育援助，全镇 103 名建档立卡贫困学生享受学前至大学就学资助，享受助学金 5.4 万元。举办“雨露计划”农村种养技术培训班，178 人参加培训。发放小额扶贫贷款 79 户 136 万元。本年脱贫 146 户 457 人。

第十八章　军　事

民国18年（1929年）6月10日，毛泽东、朱德、陈毅率领中国工农红军第四军进驻旧县，驻扎在河东村敦本堂。7月，红四军分兵旧县。8月18—24日，旧县人民举行武装暴动。此后，中国工农红军第十二军、新编第十二军、红九军等红军部队先后进驻过旧县。1933年3月6日，红十九军在旧县石圳潭成立。在扩大红军时，涌现出许多父母送子、妻送郎，父子、兄弟一同当红军的动人事迹和赤卫队模范团全团参加红军、少先队男队员全体当红军先进事迹，受到《红色中华》表彰。在漫长革命战争年代，旧县人民，一直坚持斗争，写下光辉的一页。

中华人民共和国成立后，旧县人民贯彻执行中央关于民兵工作方针政策，加强国防后备力量建设。广大民兵在剿匪反霸、巩固人民政权、保卫革命胜利果实、维护社会治安、抢险救灾、发展工农业生产等方面发挥重要作用。中共十一届三中全会后，人民武装工作以服从和服务于国家经济建设为指导思想，努力开创民兵和预备役工作新局面。同时，增强全镇人民的国防意识，每年保质保量完成征兵任务。

第一节　机　构

宋乾道三年（1167年），在梅溪村设兵寨。

明弘治（1488年）前，在梅溪村牛皮岗设隘。

清康熙八年（1669年），在梅溪村旧县河口设塘兵房。

民国年间，旧县设民团团部。民国29年（1940年），各乡成立兵役协会及兵役咨询处。

苏维埃时期，成立西二区革命委员会和赤卫军大队。1935年4月，成立杭代县军政委员会岩下山工作团，后改为杭代县军政委员会岩下山工作委员会。1936年1月改为新汀杭县军政委员会，同月，成立中国工农红军抗日讨蒋军第七支队新汀杭游击大队。

中华人民共和国成立初，旧县区设公安班，隶属上杭县公安局，后增设区中队，隶属福建省第八军分区上杭县大队。

1952年，第八区（旧县）成立人民武装部，设部长1人，干事1人，负责全区兵役和民兵工作。

1955年1月，根据中央军委命令，区撤销人民武装部，配备武装助理员。

1956年，第十区（旧县）与第九区（才溪）合并为才溪区，第十区人民武装部与第九区人民武装部合并为才溪区人民武装部。

1958年10月，旧县从才溪区划出，成立旧县公社。旧县公社恢复成立人民武装部。

1961年，旧县分为梅溪、旧县、新坊3个公社，增加成立梅溪公社人民武装部、新坊公社人民武装部。

1965年，梅溪公社、新坊公社与旧县公社合并，梅溪公社人民武装部、新坊公社人民武装部同时撤销，并入旧县公社人民武装部。此后，旧县境域政权名称虽有变更，但人民武装部机构设置未变。乡、镇人民武装部属地方建置，受乡、镇党委、政府和县人民武装部双重领导，负责兵役和民兵预备役工作。

第二节 驻 军

宋乾道三年（1167年），置梅溪寨，设巡检一员，戍兵150名守之。

明弘治（1488年）前，在梅溪村牛皮岗设隘，派兵把守。

明嘉靖十九年（1540年）设铺，每十里为一铺，旧县境内设有6铺，每铺设铺兵3人。

清康熙八年（1669年），在梅溪村旧县河口建塘兵房，设5名塘兵驻守。

清同治三年（1864年）7月，太平军康王汪海洋部进驻旧县，抢劫富裕大户，烧毁大型民居敦和堂（又名桅杆屋）。

民国年间，孔庆辉（孔弼臣）、陈义春、陈建勋等先后率领民团在旧县驻扎。国民党保安十四团钟绍葵部也在旧县、梅溪等地驻扎。

1929年6月10日前后，毛泽东、朱德、陈毅率领红四军从白砂早康进入旧县，驻扎在河东村敦本堂，在这里召开红四军前委会议，研究决定组建红四军第四纵队及下一步行动计划等事宜。7月，红四军第四纵队兵分旧县。8月，旧县（西二区）成立农民武装暴动队，举行武装暴动。9月，成立西二区赤卫大队，各乡成立赤卫队、少先队、儿童团，进行军事训练，配合红军作战，站岗放哨，保卫红色政权。

1930—1934年，在第一至第五次中央苏区反“围剿”作战期间，中国工农红军第九军、第十二军、新十二军、红十九军、福建军区等先后在旧县驻扎。1931年11月，闽西红军医院从白砂迁到旧县，年底迁往南阳黄腊坑。1933年3月6日，红十九军在石圳潭成立。

1934年10月，中央苏区第五次反“围剿”作战失败，旧县苏区沦陷，国民党第九师李延年部、八十三师刘勘部入侵旧县。

三年游击战争时期，旧县有胡荫寿、陈茂辉领导的杭北游击队，梅溪也成立游击队。

其间，1935年2月，福建省苏维埃政府副主席张思垣，才溪区委书记王珍、新汀杭游击队负责人钟辉元，率领一部分新汀杭游击队员到岩下山建立游击根据地，开展游击战争。1936年1月，境内岩下山成立中国工农红军抗日讨蒋军第七支队新汀杭游击大队。

第三节 兵役

一、兵役制度

（一）征兵制

民国22年（1933年）6月17日，国民党政府颁布第一部兵法，规定从民国25年（1936年）起实行征兵制，实行“三丁抽一、五抽二”“独子免征”“在校学生缓征”的办法征集兵员。适龄青年都要参加抽签，以中签号码确定入伍先后，民间俗称“抽壮丁”。由于民国政府腐败，加上征兵数额日增，富裕人家为了逃避兵役，可以用钱贿赂乡保长，求得缓征或雇佣他人冒名顶替。而穷苦人家，即使独子也难免被征。而政府在难以完成征兵名额时，强征强派，甚至乱抓无辜顶替，民间俗称“抓壮丁”。

（二）志愿兵役制

第二次国内革命战争时期，苏区实行志愿兵役制。

民国18年（1929年）6月至民国23年（1934年）10月，旧县苏区广大青壮年踊跃参加红军，掀起一次次扩大红军的热潮，涌现出许多父母送子、妻送郎，父子、兄弟争当红军，党团员、区乡干部带头当红军的事迹，如：新坊乡李永书带着儿子一同参加红军，石院村邓五妹动员和送丈夫参加红军。民国19年（1930年）3月，旧县赤卫队编入上杭赤卫队（后称杭武赤卫队），不久编入红九军第六团。6月11日和7月5日，新成立的旧县赤卫队模范团和模范连整团、整连参加红军，得到《红色中华》表扬，称“这一光荣行动开辟了闽西扩大红军的新模范”。民国21年（1932年）12月，在第四次反“围剿”作战期间，进行了两期扩大红军，第二期扩大红军旧县有65人参加红军。5月12日，旧县有30人参加红军。7月初，旧县的区队长与才溪的区队长签订扩大红军竞赛，在7月25日前，领导全区赤卫队男队员参加红军少共国际师。坝上乡赤卫队男队员全体参加红军，编入少共国际师。8月，旧县，官庄的赤卫队模范营、模范队及水埔的赤少队共1000人以上加入红军。旧县苏区代表三分之一的人当红军。民国23年（1934年）8月，迳美村青年加入模范少先队后，全体参加红军。

中华人民共和国成立后至1954年，仍沿用志愿兵役制。广大青年为保卫新生的人民政权，积极响应政府号召，踊跃报名参加人民解放军，报名人数超过应征人数数倍。

（三）义务兵役制

1955年7月30日，《中华人民共和国兵役法》颁布施行。该法义务兵役制取代志愿兵役制，规定依照法律服兵役是中华人民共和国公民的义务。

1978 年 3 月，五届全国人大常委会第一次会议批准《关于兵役制问题的决定》后，实行义务兵和志愿兵相结合的制度。

1984 年 5 月 31 日，六届全国人大第二次会议通过修订后的《中华人民共和国兵役法》实行以义务兵役制为主的义务兵与志愿兵相结合、民兵与预备役相结合的兵役制。

1998 年 12 月，九届全国人大常委会第六次会议审议通过《中华人民共和国兵役法修正案》，规定国家实行“义务兵与志愿兵相结合、民兵与预备役结合的兵役制度”。

二、兵员征集

（一）兵役登记

实行义务兵役制后，旧县人民武装部在全区范围内对适龄青年进行兵役登记，将征集对象年龄、文化程度、身体状况及家庭情况摸底造册，为年度征兵提供依据。

（二）宣传发动

每逢征兵工作开始，乡（镇、社）便成立征兵工作领导小组，并及时召开村党支部书记、村主任、民兵营（连）长会议，对本镇征兵工作进行部署，通报当年征集兵员任务、要求、兵种，以及各村送检人数和送检时间。镇、村两级运用广播、宣传标语、宣传车、入户动员等进行征兵工作宣传。

（三）体　检

体检日当天，各村民兵营（连）按送检人数将适龄青年带到镇卫生院进行征兵体检。医生按要求对青年分别进行身高、体重、视力、听力、血压、血液等检查。镇政府组织机关干部到医院协助征兵体检工作，确保体检工作顺利进行。

（四）政　审

镇党委召开党政扩大会议，对体检合格的青年进行政治审查。主要审查应征青年个人的政治表现、文化程度、入伍动机及亲属的政治、历史，确保兵员质量。

（五）定　兵

镇征兵工作领导小组召开会议，按照征兵任务、兵员要求，在合格青年中择优确定，由县征兵办发给应征青年入伍通知书。

（六）交　兵

被定为应征的青年，在交兵前，由镇人民武装部及接兵部队领导深入应征青年家庭进行家访，做好应征青年入伍前思想工作和安全防范工作。交兵之日，由各村两委干部、民兵营（连）组织欢送队伍，敲锣打鼓把应征青年送到镇政府，由镇人民武装部负责组织，把应征青年统一送 到县征兵办，完成交兵任务。

旧县镇人民政府 2014 年被龙岩市人民政府、龙岩军分区授予“征兵工作先进单位”称号；2008 年、2011 年、2013 年和 2015 年，被上杭县人民政府、上杭县人民武装部授予

"征兵工作先进单位"称号。

三、预备役登记

预备役制度始于1955年兵役法颁布实施后。1980年，恢复预备役登记制，对35岁以下从部队退役官兵进行预备役登记。其中，将28岁以下退伍军人编入基干民兵服一类预备役，其余编入普通民兵服二类预备役。2008—2010年，旧县镇人民武装部获上杭县人民政府、县人民武装部民兵预备役暨国防动员工作先进单位奖。

2014年9月9日，旧县镇欢送应征青年入伍（旧县镇政府供图）

第四节　民　兵

一、中华人民共和国成立前的民兵

（一）国民政府时期的民兵

民国时期的民兵称国民兵。民国26年（1937年），国民政府规定将18岁—30岁不服常备兵役的国民编为国民兵（称壮丁队、后备队）。民国34年（1945年）9月后，撤销国民兵。

（二）苏维埃时期的群众武装组织

苏维埃时期，旧县有赤卫队、赤卫军、游击队等群众武装组织。全区参加红军和地方赤卫军、赤卫队、游击队的有4200多人。

二、中华人民共和国成立后的民兵

（一）领导体制

1950年，民兵由农会领导指挥。

1952年后，民兵工作实行地方党委和军事系统双重领导体制。地方党委领导主要把民兵工作列入党委议事日程。旧县党委及时听取人民武装部工作汇报，研究解决民兵工作重大问题，对民兵进行思想政治教育，保证民兵工作任务完成。1987年始，根据上级规定，把乡、镇人民武装部部长纳入党委系列，进一步落实党管武装原则，加强党对武装工作领导。

1952年区人民武装部成立后，区（乡、社）人民武装部在上杭县人民武装部领导下，负责民兵管理、指挥和训练。

（二）组织建设

1952年11月，中央军委和政务院共同颁布《民兵组织暂行条例》，统一民兵组织名称、编组和民兵条件等。1953年下半年，旧县全面普及民兵制。全区男性16周岁至40周岁、女性16周岁至35周岁的公民到所在村报名，经批准后参加民兵组织。各村普遍设立民兵营或连，配备枪支弹药。区建立民兵基干队，人员40人，配备较好的武器装备，归区人武部领导，执行应急任务。

1956年春至1957年年底，按照1955年7月颁布的《中华人民共和国兵役法》规定，把民兵制度与预备役制度合二为一，对适龄公民进行预备役登记，进行民兵与预备役人员合编。

1958年，毛泽东号召“大办民兵师”，实行全民皆兵，把16—50周岁能拿武器的男女公民都组织在民兵之内。旧县公社设民兵团，各大队设民兵营，生产队设民兵连。

1961年12月11日，国家颁发《民兵工作条例》，规定男性民兵年龄为16—45岁，女性民兵年龄为16—35岁，并确立一年一度民兵整组和民兵训练。

1962年6月19日，毛泽东发表民兵工作要做到“组织落实、政治落实、军事落实”指示。此后，民兵工作以“三落实”为指针，按照上杭县人民武装部规定，镇人民武装部每年进行一次组织整组，主要办好民兵出入队、民兵编组、选配干部、登记统计和改进制度五件事。吸收适龄青年入队参加民兵组织，按照县下达的任务数控制进入比例，基干民兵放宽到35周岁，新入队员按征集新兵的政治条件从严把关。同年，开始组建武装基干连。

1969年4月，开始恢复一年一度民兵整组。

1973年，根据总参谋部“一个公社组建一个武装基干连”要求，旧县公社组建武装基干连。

1981年始，对民兵组织进行调整，按规定只编基干民兵和普通民兵，取消武装基干民兵。

1985年始，根据上级规定，基干民兵数量按10%比例压缩。1994年，组建民兵应急分队。1997年，压缩基干民兵数量，扩大应急分队，民兵组织按要求降低年龄、压缩范围、减少人数、提高质量。

（三）民兵训练

革命战争时期，民兵训练主要是学习掌握武器使用。

1949—1950年，没有专门组织民兵军事训练。1951年政局稳定后，开始进行一年一次冬训，每次7天至10天。

1958—1963年，县人民武装部每年统一组织全县基干民兵进行为期10天集中训练。

1962年始，随着民兵组织调整、落实，民兵训练工作稳步发展，训练对象以民兵干部和基干民兵为主。镇人武部每年分批组织民兵及机关干部进行轮训。训练科目主要是队列、刺杀、投弹、实弹射击等，以提高民兵军事素质和作战能力。

“文化大革命”中，全社一度根据上级指示，武器全部上交，民兵训练停止。1969年，遵照毛泽东关于“要准备打仗”指示，恢复民兵训练。

1973年，开展群众性练兵活动，主要是射击、投弹、单兵至班战术常识训练。1975年始，民兵训练由单一步兵训练发展到多项目综合训练。这一时期每年正月，公社都要举行一次全社民兵集中检阅。

1978年，执行新的民兵工作条例，民兵年度训练时间为20天，重点抓干部、小教员、武装基干民兵和技术分队训练，训练人数相应减少。

1979年始，采取适当集中与小型就地相结合训练方法，专职武装干部由军分区组织集中训练，民兵营（连）长和军事教员由县人民武装部组织集训，基干民兵由公社组织轮训。

1981年始，进行民兵训练改革，主要是减少训练任务，精简训练内容，步兵压缩队列、刺杀和班战术训练，突出射击、投弹、爆破和单兵战术。实行“二改一”办法，把两年一个周期30天训练任务改为一年30天一次训完，做到当年入队，当年训练合格，训练方法由小型分散训练改为全社（乡、镇）集中训练。

（四）政治教育

中华人民共和国成立初期，主要是减租减息、剿匪反霸、土地改革和抗美援朝教育。

1953年始，进行社会主义集体化教育。

1958年，进行以“大办民兵师”为主要内容教育。

1961年始，学习贯彻《民兵工作条例》。

1964年始，结合社会主义教育运动，开展“四好”（政治思想好、三八作风好、促进生产好、完成战备训练执勤好）单位和“五好”（政治思想好、集体生产好、三八作风好、执行任务好、军事训练爱护武器好）民兵活动。

1980年后，以《民兵政治课本》为基础教材，采取多种形式，对民兵进行以共产主义思想为核心的社会主义、爱国主义、革命英雄主义和民兵知识、形势、战备等方面的教育。

1990年后，结合民兵训练、民兵整组和“八一”征兵等，对民兵进行以党的基本路线、巩固国防、时事政策、形势战备、民兵性质和民兵职能为主要内容的政治教育。

2000—2013年，进行爱国主义教育，激发民兵预备役人员爱国主义精神，以在保卫祖国、维护统一、促进社会稳定中做贡献。并进行民兵法规、民兵地位作用和性质任务教育，增强依法参加民兵组织光荣感和责任感。

2013年始，重点学习中共中央总书记、国家主席、中央军委主席习近平强军目标思想，提高民兵国防意识，提升民兵整体素质，积极发挥民兵在经济建设、反恐维稳、抢险救灾中的突出作用。

（五）重要活动

中华人民共和国成立初，民兵协助政府剿匪反霸，维护地方治安，发展工农业生产。

1955 年 4 月 4 日，抽调支前民兵参加连城机场国防工程建设。

1958 年，全社民兵参加九曲渠、双丰水库建设和“大炼钢铁”。

1965 年，全社民兵参加池溪电站建设。

1969 年 7 月 12 日，抽调民兵参加连城机场建设。

1973 年 6 月 1 日，旧县发生特大洪灾，全社组织民兵奔赴抗洪救灾第一线。

1975 年 1 月，全社各生产队抽调一名民兵组成旧县民工连，到上杭南岗开垦农田。

1975—1976 年，组织民兵参加旧县大桥工程建设。

1977 年，全社民兵在箭滩、卷龙艮参加植树造林。

1983 年“严打”期间，公社组织基干民兵，配合公安部门对境内犯罪嫌疑人实施抓捕，在民兵的配合下，犯罪嫌疑人全部到案，无一漏网。

2000 年、2003 年 4—6 月、2006 年 5—6 月、2010 年 6 月 15 日，旧县乡先后遭受强台风，特大暴雨袭击，造成严重洪涝灾害，乡党委、政府、武装部及时组织民兵进行抢险救灾。

2014 年 4 月 6 日至 8 日，组织民兵在河东村开展植树造林活动。

第五节　主要战事纪略

1931 年 8 月 9 日，红军新十二军在上杭赤卫团配合下，向驻在梅溪村国民党保安十四团钟绍葵一部发起攻击，攻取梅溪，敌溃退。

1934 年农历五月间，国民党军八十师 1 个连从旧县乘木船南下，执行护送部分富豪家属及物资到上杭县城任务。途经水东时，遭到事先获得消息并在此埋伏的红军模范营、赤卫军和水东、石圳等地革命群众袭击，敌 1 个连人马全部被消灭，1 名土豪被俘。

1935 年 3 月，陈潭秋、谭震林、邓子恢率红二十四师 1 个营从赣闽边境南下，去永定与张鼎丞等会合，开展游击战争。在石圳潭过旧县河时，与敌发生遭遇战。敌强我弱之下，为避免部队损失，红军当机立断，分两路突围，冲出险境。

1935 年 6 月，红军游击队 100 多人包围新坊村通济庵，捕捉国民党新坊理事会正、副会长严四同古、李永芳，击毙反动分子邓宝金，镇压了反动分子李星年、李子春，缴获长枪 4 支。

1936 年 2 月，新汀杭县游击队攻打水东村民团，打死民团 3 人，敌败逃。

1936 年 5 月，游击队在九曲峡伏击碧沙坑送情报到旧县的地主分子丁子才，捕杀探听游击队情报的反革命分子严鲁术。

1936年11月，游击队在扁山至横塅的山路上击毙反动乡长李朝荣。

1936年，岩下山红军游击队根据群众报告，获知旧县反动当局有一艘载有布匹、大米等物资的船只从旧县往县城。游击队当即从岩下山集结水东、铁东、白玉、古石等地革命群众和自己的力量共七八十人，待敌船经过铁东村前旧县河上时，发起攻击，抓获10余人，缴获白布18包、大米2袋和生猪2只。

1937年1月，由于叛徒出卖，新汀杭县军政委员会驻地岩下山遭敌袭击，新汀杭县军政委员会主席兼新汀杭游击大队长钟辉元、副主席涂光雄等牺牲。

1949年5月17日，中国人民解放军闽粤赣边纵队第七支队在扁山与土匪傅庆澜、林国梁4个连决战，击毙土匪80余人，余部全被俘虏。

1949年12月6日晚，土匪谢友标部攻打旧县区公所。区长李国栋、公安班长李新生、战士李梓勋等9人在战斗中牺牲，2人负伤，被夺长短枪41支。

1950年12月26日晚，区委书记丘洪辉率领区中队、公安班和民兵到新坊村围捕土匪，抓获李汉光等13名土匪和恶霸，缴获枪支弹药。

第十九章　教　育

清初，旧县私塾教育逐步发展。道光年间，铁场渡头村创办书馆——梧冈馆。道光二十三年（1843 年），河西福清寺（福仙庵）始办私塾。清咸丰八年（1858 年），全坊谢顺元（文秀才）创办私塾。民国时期，学校数量逐步增加，福村、新坊、石院、河东、铁场、迳美等村陆续创办各类学堂。民国 7 年（1918 年），在福清寺创办育德高级小学，全称“上杭县北一区育德高级小学”，招收五、六年级学生。

苏区时期，苏维埃政府重视教育，各乡均办有平民小学、列宁小学等，发动贫苦群众子弟入学读书。还设立夜校、识字班等。

中华人民共和国成立后，人民政府接管教育，各村相继办起全日制教学班、初级小学，较大的村办完全小学，适龄学儿就近入学。同时，各村相继办起民校、夜校、速成识字班，开展以扫除青壮年文盲为中心的业余教育。

1958 年 4 月，创办旧县公社农业中学。1962 年 8 月，成立旧县学区，开办中心幼儿园，小学增设幼儿班，教育事业全面发展。1963 年，贯彻“两条腿走路”办学方针，开始招收一些民办教师、代课教师充实教师队伍；边远自然村也办起教学点或初级小学。1969 年春，同时开办于上年秋的才溪中学红岩分班与红岩农业中学合并为红岩中学，为独立初级中学。1976—1979 年，旧县中学增设二年制普通高中。1976—1979 年，小学附设初中班。“文化大革命”期间，基础教育受到严重影响。

中共十一届三中全会后，贯彻“调整、改革、整顿、提高”方针，压缩高中，充实初中。1979 年，小学附设初中班停办。1991—1992 年，旧县中学增办一年制职业高中蚕桑专业班。1992—1993 年，旧县中学增办一年制职业高中蚕桑与建筑专业班。1991 年，开始实施小学义务教育。从本年起至 1993 年，接受福建省龙岩地区实施义务教育“六项督导”（教育管理、事业发展、队伍建设、教育经费、教舍设备、德育工作）评估。1993 年，小学实现“一无二有”（校舍无危房、班级有学生、学生有课桌）。1994 年 3 月，增设紫金中学。1994—2000 年，接受省、市“两基”（基本普及九年义务教育和基本扫除青壮年文盲）评估。同期，随着学龄儿童基数回落，小学逐年撤点并校。进入 21 世纪，旧县教育推进“双高普九”（高水平、高质量普及九年义务教育）。2002 年，撤销学区建置，设旧县中心小学，中心小学行使原学区行政管理职能。2006 年 7 月，紫金中学停办，并入旧县中学；2012 年 7 月，爱心人士谢亿玫租用原紫金中学校址，创办“上杭国学经典学校”（私立小学）。2013 年，实施全省边远山区教学点数字教学资源全覆盖，旧县中心小学、梅溪小学、石圳小学实施“班班通”多媒体工程。

20 世纪 80 年代初开始，计划生育力度加大，80 年代中后期人口出生率下降，90 年代后期，生源逐年减少，不少外出务工人员将子女随带到自己打工所在地入学，部分小学、教学点出现生源短缺甚至无生可招现象，为整合教育资源，小学大面积撤点并校。2017 年，全镇有初级中学 1 所，9 个教学班，学生 322 人，教师 64 人；中心小学 1 所，完全小学 2 所，教学点 5 个，教学班 38 个，在校学生 1019 人，教师 116 人；私立上杭国学经典学校 1 所，6 个教学班，学生 78 人，教师 15 人。公立幼儿园 4 所（含中心幼儿园 1 所），私立幼儿园 4 所，在园幼儿 922 人，教师 62 人。

第一节　私塾　书馆

一、私　塾

旧县私塾开创年代不详。清道光和咸丰年间，河西和全坊村先后办有私塾。民国时期各村皆有私塾，较大的村设数处。

民国 9 年（1920 年），福村始办私塾；民国 16 年（1927 年），铁场享堂里开办私塾；民国 33 年（1944 年），水东开办私塾；办学经费靠公产、捐助。办学形式大致有：落第秀才在自家设书馆，教授负笈的学子或本地子弟，称书塾；由豪门富户聘请塾师在家教授自己的子弟，称家塾；由族长利用祠堂公房，聘请学识较高的名儒教本姓子弟，称族塾；由坊地、乡社关心教育人士主办，收集学费，聘请塾师教贫寒子弟，称村塾。

私塾学制不受限制，招生名额不固定，多则二三十名，少则五六名。教材分启蒙识字和开讲读经；启蒙识字有《千字文》《三字经》《百家姓》《四言杂诗》《弟子规》《元初一（一年使用杂字）》等。开讲读经的有《中庸》《大学》《孟子》《诗经》《礼记》《易经》等。

教法为认读，儿童上学先授识字，识至千字左右才教读课本。课本由先生领读，学生跟读，以熟读背诵为主。写字，开始为描红，接着是影写，再后是临字帖，进而看书写字。进入读经时才授写作文，先对对子，后授写诗。

私塾 10 个月为一学期，称“一馆”。一般在农历二月至十一月，开学后无休假。

私塾的待遇很低，每个学生一年只交一两斗谷（一斗约 10 公斤），每逢端午节、重阳节、孔子诞辰日，学生（家长）会请先生吃一顿饭。

中华人民共和国成立后，人民政府停办私塾。

二、书　馆

除私塾外，旧县早期启蒙教育的另一种形式就是办书馆。书舍、学馆多为厅堂。清道光中期，铁场渡头村由廪生、岁贡生江成康发起创办经馆——“梧冈馆”。民国时期，迳美村林氏有“集贤书馆”、翁姓有“绍文书馆”、马姓有“同济学院”。民国17年(1928年)，龙溪小溪口设有蒙馆（启蒙识字班）和经馆（读经写诗班），均由当地秀才、名儒授学。酬金由收取的学费和公田租谷等付给。书馆、经馆授课内容是四书（《大学》《中庸》《论语》《孟子》），五经（《诗经》《尚书》《礼记》《周易》《春秋》）等教材。

中华人民共和国成立后，人民政府停办私塾、书馆、经馆。

第二节　幼儿教育

一、园班设置

民国时期，幼儿教育不正规，较有条件的私塾学堂招收部分幼儿与一年级合班上课。中华人民共和国成立后，河西、梅溪、河东、水东等较大自然村，相继办起季节性幼儿班和农村小学附设学前班，招收5—8周岁儿童，属混龄班教学。学习内容有游戏、唱歌、语言、识字、劳作及爱国主义教育等。1962年旧县始办中心幼儿园，小学增设幼儿班。“文化大革命”时期，幼儿园（班）一度停办。

1978年后，各行政村相继办起幼儿班，附设在各小学，由当地学校负责管理。教师工资除上级给予一定补贴外，另采取收取学费办法解决。1987年，旧县创办中心幼儿园，设大、中、小三个班，招收幼儿100余名，有教职工4人（教职工由幼儿园自聘，工资待遇实行自收自支），行政隶属旧县学区。之后，相继创办河东幼儿园、新坊红星幼儿园、角龙紫金幼儿园。

2002年7月，旧县创办第一所私立幼儿园——阳光幼儿园。2009年、2011年和2015年又先后创办希望幼儿园、梅溪平安幼儿园和开心幼儿园等私立园。私立幼儿园教学经费实行自收自支，国家按一定标准给予补贴，教材采用公立幼儿园相同省统编教材，行政隶属旧县中心小学。

2017年，全镇有公立幼儿园4所，私立幼儿园4所，扁山、石院教学点2个；在园幼儿922人、专任教师62人、保育员12人，幼儿学前一年入园率达100%，学前三年入园率达99%。全镇公办、私立幼儿园均建有围墙、校门。

二、学　制

1987年后，幼儿园学制为3年，依据年龄段分为小班、中班、大班。附设在小学的幼儿班一般为大、中、小混合班，入园年龄为3—5周岁。

三、教　学

20世纪50年代，主要教幼儿识字、唱歌、跳舞、游戏等。1964年，开始使用福建省编第一套幼儿教材。“文化大革命”时期，幼儿班改称“红儿班”，主要念“毛主席语录”、唱“革命样板戏”。

1974年起，采用省编第二套幼儿教材。1981年，贯彻教育部《幼儿教育纲要（试行草案）》，幼儿园（班）开设语言、常识、计算、音乐、美术、体育、游戏等课程。1986年，小学附设学前班开始使用福建省编“农村学前班幼儿教材”。各校幼儿园（班）重视幼儿身心发育和智力发展，逐年添置幼儿教学用具、玩具、体育器材和卫生保健设施，不断完善园（班）办学条件。

1990年，国家教育委员会颁布《幼儿园管理条例》和《幼儿园工作规程（试行）》，幼儿教育进入新的发展时期。全乡幼儿园（班）以《幼儿园工作规程（试行）》为指导，以正确儿童观、发展观和教育观抓幼儿教育，遵循幼儿教育规律，开设语言、常识、计算、音乐、体育、美术、游戏等课程，科学合理安排幼儿园一日活动，坚持保育和教育相结合原则，围绕体、智、德、美全面发展目标对幼儿施教，促进幼儿健康成长。1997年，开始使用福建省教委《新编福建省幼儿园教材》，开设健康、科学、语言、社会、艺术五大领域课程。幼儿学生不进行考试，实行综合素质考评。

附：旧县中心幼儿园简介

1987年6月，由旧县乡政府集资，创办旧县中心幼儿园，园址在中心小学校门左侧，建园时共5间平房，占地面积约300平方米，开设3个班，有幼儿100余名，招生年龄为4—7周岁，教职工4人。

1995年6月，旧县中心小学扩建，幼儿园搬至中心小学后排教学楼上课。有3间教室，1间办公室，2间教师宿舍，占地面积约1000平方米。2010—2013年，乡政府对中心幼儿园进行改建、扩建，中心幼儿园搬至原河东小学上课。

改建、扩建后的幼儿园占地面积2321平方米，建筑面积1677平方米。2013年秋，中心幼儿园搬回新园上课。2013—2017年间，政府逐年为幼儿园添置各类大、中型运动器材，每个教室添置多媒体设备、电子钢琴等，极大地改善了园所设施配备差的问题，为幼儿营造优美良好的学习和生活环境。

旧县中心幼儿园，每学期举行一次全镇教研教学开放日活动，发挥中心园示范辐射作用。2003年12月，中心幼儿园被评为龙岩市标准幼儿园。2006年12月，中心幼儿园成功通过市复评。

第三节　小学教育

一、沿　革

（一）中华人民共和国成立前

清道光二十三年（1843 年），旧县河西福仙庵（又名福清寺）始办私塾。据上杭县志（1993 年版）《人物传》记载：“钟宝三，12 岁（1846 年）就读于旧县河西福仙庵私塾。”清咸丰八年（1858 年），全坊谢顺元（文秀才）创办私塾。县志（民国版）载：“北路学校其设于原北一区者，则有旧县之育德小学，7 年（1918 年）开办，设福清寺，9 年（1920 年）移妫芳祠，改为全区公立。至 14 年（1925 年），陈族又办一私立旧县小学，设敦本堂。其初小则 13 年（1924 年）梅溪寨曾设一校焉。”

苏维埃政府成立后，在苏维埃政府重视下，多数乡创办平民小学或列宁小学，普通群众子弟“学杂费豁免”。

民国 18 年（1929 年），育德小学停办。民国 23 年（1934 年），妫芳祠和敦本堂两所小学合并复课，称简易小学，次年改名为新乡小学。民国 24 年（1935 年）龙溪小溪口设“民国学校”。民国 32 年（1943 年），新坊创办“崇英小学”。民国 34 年（1945 年），尧埔开办“国民政府学校”，又名“尧田初小”。

民国 23 年（1934 年），育德小学复课。民国 27 年（1938 年），时值抗日战争，妫芳祠让给省立上杭中学上课，小学迁到敦本堂。民国 30 年（1941 年），将福清寺改建为学校，校名为“新乡中心学校”。是年冬，开始上课。

（二）中华人民共和国成立后

中华人民共和国成立后，人民政府接管学校，学校易名。新乡中心学校易名为“旧县中心小学”；龙溪村学校易名为“旧县中心小学龙溪分班”；角龙罗家本支堂私塾学堂搬迁到上村渡船亭，校名为石龙初小角龙教学点。

1950 年，铁场村学校从牛角屋里搬迁到中心屋里江姓祠堂，学校名为麻坝初小。是年 9 月，铁东、尧埔、河东、逕美等村开办公立学校。是年，设梅溪乡，原设于石砌下的学校迁至梅溪上何屋，改名为梅溪小学。

1951 年，福村设公立学校，校名为福村初小；石圳和角龙共同创办石龙小学。

1952 年 8 月，新坊创办新联小学；扁山创办扁山初小。

1953 年，福村初小校址迁至下村丁和堂（张姓祠堂）；谷坑学校命名为谷坑初级小学；新联小学办六年制完小；全坊创办初级小学；坝上分班迁至镇丰宫；水东村新建学校。

1955 年，铁东建学校，校名为铁东初级小学；兰田村私塾学堂改设公立学校。

1956 年，梅溪小学搬迁至梅溪村兔子岗（现校址）；石院村增办大丰初小。

1958 年，龙溪分班增设学前幼儿班；8 月新坊横塅自然村创办初小；铁场在麻坝里、梅子角里分设 2 所初小。

1960 年，因闹饥荒，部分学校停办。

1962 年，石龙小学改办五年制完小。

1962 年 8 月，设立旧县学区。“文化大革命”期间学区被取消。

1963 年，坝上分班改为坝上初小；福村开设 1—3 年级复式教学班。

1964 年 8 月，新联小学搬迁到邱坑口原“崇英小学”旧址（现校址）。1965 年 7 月，铁东村重建校舍，开设一、二年级复式教学；新坊横塅分班复课；全坊初级小学增设三、四年级。同年，角龙建角龙初级小学。

1966 年，迳美建小学；石圳小学更名为红星小学；铁场新建小学，增设三年级；坝上初小改为坝上小学，设 1—5 年级；河东初小设 1—5 年级。

1968 年，铁场麻坝初小升格为五年制完小；新康自然村开办单人校。

1969 年，河东新建学校；迳美增设龙潭教学点。1970 年 8 月，河东新校落成开学，校名为河东小学；寮坝增设教学点（分班）；谷坑初小升格为五年制完小。

1972 年，全坊初小升格为五年制完小；新坊新联小学更名为新坊小学；迳美初小增设四年级。

1973 年 6 月 1 日，遭百年未遇特大洪灾，沿旧县河两岸的河西小学、全坊小学、龙溪小学、坝上小学、水东小学校舍被淹、被毁。灾后，河西小学重新选址河西岭下里（吴氏宗祠旁）新建校舍；龙溪小学借用原旧县公社礼堂上课。是年，扁山建校；尧埔新建校舍；新康林场创办单人校；福村初小升格为福村小学。

1974 年，水东新建学校，校名为水东小学；扁山、尧埔、坝上、迳美、福村、龙溪改为五年制完全小学，并增办石圳响石分班。

1976 年 8 月，设旧县学区。新坊小学、河西小学、河东小学、全坊小学、铁场小学、石圳小学、梅溪小学均附设初中班一年级，原小学易名为学校。

1977 年，全坊撤初中班，恢复五年制完小；梅溪续办初中二年级。

1978 年，新坊撤初中班，恢复五年制完小。

1979 年，铁东选社岗上为新校址，新建土木结构教室 5 间，生活用房 8 间，陈茂辉将军为学校题写校名。河西、铁场撤并初中班，恢复完小。

1981 年，石圳撤并初中班，校名恢复为石圳小学。迳美小学增设幼儿班。

1984 年：梅溪撤初中班，改名为梅溪小学。

1986 年 9 月，河西小学从岭下里搬回原校址福清寺，校名为旧县中心小学。

1987 年秋，学制由原五年改为六年。

2002 年，龙溪教学点停办。

2003 年，水东观茂小学撤完小，改设初小。

2005 年，全坊小学、尧埔小学停办。新坊小学撤完小为初小。

2007 年，迳美小学停办。

2008 年，铁场小学、福村小学、角龙教学点停办。河东撤完小为初小。

2010 年，水东观茂小学、谷坑小学停办。

2012 年，坝上小学、河东小学停办。

2017 年，全镇有完小 3 所、初小 1 所（私立）、教学点 5 个、38 个教学班、在校学生 1019 人。

若干年份旧县镇小学教育基本情况表

表 19-1

年份	校点数（所）	班级数（个）	学生总数（人）	招生数（人）	毕业生数（人）	学龄儿童入学率（%）	教职工数（人）				
							小计	公办	民办	代课	小学高级职称
1971	29	71	1851	875	147	—	80	40	40	—	—
1972	29	109	2825	—	—	—	128	70	56	2	—
1975	30	108	2927	730	255	—	137	55	82	—	—
1977	19	147	3559	583	355	—	146	58	88	—	—
1982	20	108	2849	594	252	—	143	86	57	—	—
1985	20	105	2782	526	450	96. 8	191	120	51	15	—
1986	20	99	2612	521	416	97. 08	183	129	46	18	8
1987	19	103	2508	499	579	97. 8	170	119	36	15	14
1989	19	109	2649	712	280	99	183	132	32	19	20
1997	20	129	4344	820	579	99. 2	203	185	2	16	32
2003	19	100	2565	289	654	99. 3	157	152	—	5	45
2015	8	40	1011	204	198	100	141	134	—	7	58
2016	8	40	1040	198	156	100	125	117	—	8	60
2017	8	38	1019	179	146	100	124	116	—	8	65

2017 年旧县镇小学（教学点）情况表

表 19-2

校　名	类　型	班　级（个）	学生数（人）	教师数（人）
旧县中心小学（校本部）	完小	18	717	65

续表19-2

校　名	类　型	班　级（个）	学生数（人）	教师数（人）
旧县梅溪平安希望小学	完小	6	165	15
旧县石圳小学	完小	6	85	13
旧县新坊教学点	教学点	1	0	1
旧县扁山教学点	教学点	1	2	1
旧县石院教学点	教学点	1	3	1
旧县兰田教学点	教学点	1	0	1
旧县铁东教学点	教学点	1	1	1
上杭县国学经典学校	完小（民办）	6	46	12

二、学制与课程

（一）学　制

清末，小学分初、高两等。初等5年、高等4年。

民国2年（1913年），改为初等4年、高等3年。民国11年（1922年），施行初小4年，高小2年学制。

中华人民共和国成立后，小学沿袭初小4年、高小2年的“四二”分段学制。

1952年，政务院《关于改革学制的决定》颁布后，试行五年一贯制。1953年秋，教育部通知五年一贯制缓办，恢复“四二制”。“文化大革命”期间，贯彻“学制要缩短”指示，小学实行五年制。

1985年，恢复6年制。

1986年，实施初等（9年）义务教育。

（二）课程　教材

清末，各私塾、学堂除保留读经外，增设修身、国文、算术、历史、地理、格致、农业、体操、图画、书方等10余科。

民国时期，课程有国文、算术、自然、社会、音乐、体育。

苏区时期，平民小学或列宁小学学生由政府发给书籍。高年级开设课程主要有国语（包括作文）、算术、政治、历史、自然、卫生、地理、艺术、体育；初年级有国语、算术、常识、卫生、体育、习字、政治。教材大多由苏维埃文委会编印。

中华人民共和国成立后，设语文、算术（含珠算）、体育、音乐、国画5门必修课。高年级加设自然、历史、地理、劳技课等。

“文化大革命”前，小学采用全国统编教材。“文化大革命”期间，没有统编教材，学生读《毛主席语录》《纪念白求恩》《愚公移山》《反对自由主义》。1968年后，小学语文、算术采用福建省编写的试用教材；体育、图画、音乐没有教材，只开设课程。中共十一届三中全会后，一度采用全日制十年制教材；后又过渡到全国统编教材，开设语文、数学、音乐、美术、体育、自然、历史、地理等课程。后来把历史、地理合并为社会课程。1993年后，增设英语、计算机和地方课程。

三、教学研究与考试

（一）教学研究

民国时期，小学教学以识字、背书、写字为主，教师讲解都是“注入式”“照本宣科”。课堂教学，老师占主动，学生被动接受。课堂纪律严格，教师上课都带教鞭，用于教学过程中维持秩序，体罚违纪学生。

1952年，学习苏联教育家凯洛夫教育思想，教师上课要求提前备课。1961—1965年，注重“双基”（基础知识、基本技能），重视调动学生学习主动性、积极性，落实以教师为主导、学生为主体的教学原则，提倡精讲多练、讲练结合，注重培养学生良好学习习惯。1976年，恢复学区。学区成立教研组，深入各校、点课堂听评课，指导组织教师撰写教育教学论文，提高教研水平。

1990年开始，在全校教师队伍中开展以“三字一画一话”（粉笔字、钢笔字、毛笔字、简笔画、普通话）为内容的教师基本功训练。旧县学区将上杭县教育局、教师进修学校编印的《口语训练》《钢笔字字帖》《毛笔字字帖》《简笔画训练》等教材，人手一套发给全乡小学教师。同时，先后举办6期教师基本功培训活动，培训教师近800人次，并分别在旧县中心小学、旧县梅溪小学举行教师基本功训练成果展示。通过指导与自学相结合、教学与练功相结合、个体训练与集中训练相结合、集中展示与分项竞赛相结合，全乡教师的基本功和整体教学业务水平得到提升，涌现出一批教学基本功扎实、教学水平高的优秀青年教师。1993年12月，旧县中心小学被福建省教育委员会评为“福建省农村示范小学”。1996年5月，旧县中心小学承办福建省小学教师基本功训练现场汇报会。

1998年开始，在全乡小学教师中实施“四个一”工程（每年读一部教育专著、主持或参与一项教改实验、撰写一篇教育教学论文或经验总结、举办一场学术讲座或开一节公开示范课），将全乡划分为河西、河东、石圳、梅溪4个教研活动片区，由各片区举办所辖小学（含完小、初小、教学点）教改汇报活动，学区派专人到会听取汇报。

2003年秋季开始，小学各年级按课程标准使用新教材。课程改革全面推开。旧县中心小学作为上杭县三所龙岩市基础教育课程改革实验基地学校之一，狠抓“课程标准”理论学习，先后组织多名骨干教师参加省、市、县学习培训，掌握“课程标准”内容和精神实质，再对全镇教师进行二级辅导培训，并由各级骨干教师承担示范课、公开课，在当时8所完小中分别轮流主办课改教研活动，对新课程背景下的课堂教学进行探索研究。至2005年，全乡先后举办16场小学片区教改汇报活动。同时，组织全乡各小学校长和有关学科教师到旧县中心小学观摩教改汇报活动5场。2005年9月，旧县中心小学承担龙岩市基础教育重点课题《注重学习过程评价　促进学生主动发展》，于2007年5月顺利结题，获“市基础教育课题实验优秀成果二等奖”。2008年12月，旧县中心小学被龙岩市教育局评为“市课程改革先进集体”。

2015年4月，龙岩市小学数学蓝赠连名师工作室在旧县中小开展教学研讨活动。6月，旧县中心小学承担福建省德育重点课题《以孝启德　以孝育人》，于2016年7月顺利结题，并被评定为优秀课题。

2015年11月，龙岩市普教室、龙岩市实验小学在旧县中心小学开展教学研讨活动。

2016年9月，旧县中心小学承担上杭县第六批基础教育课程改革实验课题《指导课前预习，打造高效课堂》《培养学生数学“解决问题”能力的研究》，两项课题研究均在顺利进行中。12月，上杭县西北片第二十七届小学课程改革研讨活动在旧县中心小学举行。

2010年3月，旧县中心小学被评为龙岩市“义务教育标准化学校”；2012年10月，旧县中心小学被评为龙岩市“实施素质教育示范校”；2013年12月，旧县中心小学被评为龙岩市“特色示范小学”；2015年7月，旧县中心小学被龙岩市授予“文明学校”称号；2016年12月，旧县中心小学被评为福建省“义务教育管理标准化学校”。2017年12月，旧县中心小学被评为福建省“义务教育教改示范性建设学校”。

（二）考　试

民国时期，小学升初中实行考试制度，按分数录取。

中华人民共和国成立后，小学沿用考试制度，分为各年级单元考（检测）、半期考（检测）、期末考（检测）和小学升初中升学考。“文化大革命”期间，取消考试制度。1977年，国家恢复高考制度后，小学也同时恢复考试制度。1986年，国家实行九年制义务教育，取消小学升初中考试，小学毕业后直接升入初中一年级学习。

四、思想品德教育

明、清时期，各私塾、学堂以向学童灌输“三纲”“五常”“忠、孝、节、义”伦理为教育宗旨。

民国初期，进行“自由、平等、博爱”教育。旧县各小学普遍实施“四维”（礼、义、廉、耻）、“八德”（忠、孝、仁、爱、信、义、和、平）教育。

土地革命战争时期，对学生进行新思想、新文化教育，鼓励学生与封建制度、旧势力决裂。

中华人民共和国成立后，各小学对学生进行“五爱教育”（爱祖国、爱人民、爱科学、爱劳动、爱公共财物），教育学生走又红又专道路，开展宣传学习刘胡兰、董存瑞、黄继光、邱少云、罗盛教、张高谦、刘文学、“草原英雄小姐妹”等英雄事迹。这些英雄先进事迹都编入二十世纪五六十年代小学语文教科书中。

1963—1966年，各小学建立“学雷锋小组”，开展读雷锋故事、讲雷锋故事、学雷锋做好事等活动，小学生中助人为乐、拾金不昧、互帮互助和积极为孤寡老人、烈军属做好事蔚然成风。

“文化大革命”期间，组织学生大量学习、背诵“毛主席语录”，向学生灌输一些“左”倾错误思想。

中共十一届三中全会后，党中央领导全党、全国从各条战线进行拨乱反正，消除“左”倾错误影响，各小学思想品德教育也回到正确轨道。1981—1990年，各小学学习、贯彻《小学生守则》《中小学生日常行为规范》，以“五讲四美三热爱”为思想品德教育核心内容，以培养有理想、有道德、有文化、有纪律的“四有新人”。

1990年开始，各小学先后贯彻落实《小学德育纲要》《小学生日常行为规范》《中共中央关于进一步加强和改进学校德育工作若干意见的通知》，对学生进行以“爱祖国、爱人民、爱劳动、爱科学、爱社会主义”为基本内容的社会公德教育，开展“五有”（课堂有纪律、课间有秩序、言行有礼貌、心中有他人、差生有进步）、“五无”（地上无痰迹纸屑、墙上无污痕、桌上无刻画、门窗无破损、卫生无死角）活动。

1995年，开展“拥军”和国防教育活动，组织学生学习《中华人民共和国国防法》和《小学生国防教育纲要》；1997年，开展“喜迎香港回归祖国”主题系列活动；1999年，以纪念中华人民共和国成立五十周年为契机，深入开展爱国主义、集体主义、社会主义教育活动。

2001年开始，各小学先后贯彻落实《小学生德育工作规程》《公民道德建设实施纲要》《中共中央国务院关于进一步加强和改进未成年人思想道德建设的意见》等文件精神，围绕“德育为先 育人为本”办学理念，开足开好品德与社会、品德与生活课程，充分利用每周一升旗仪式和国旗下讲话、集会、主题班队会、德育实践等活动，对学生进行思想品德教育。

2008年，旧县中心小学开展“以孝启德、以孝育人”特色办学活动，进行“孝”文化灌输教育。2011年，开展争当“著名苏区好学生”活动。

2015年始，开展以“强化养成教育，提升个人素养”为主题的“五个四”品德教育活动，即“四不”（不乱扔、不乱吐、不乱涂、不乱吃）、“四净”（教室桌椅净、卫生区域净、食堂宿舍净、厕所水池净）、“四勤”（勤洗手、勤刷牙、勤洗澡、勤换衣）、“四主动”（主动问好、主动排队、主动“弯腰”、主动帮助）、“四按时”（按时到校、按时值日、按时学习、按时就寝），旨在培养学生养成良好行为习惯，提升个人素养，健全学生人格，形成人人讲文明、班班讲秩序、处处讲卫生优良校风。

2016年始，旧县中心小学开展社会主义“核心价值观”主题教育。

附：旧县中心小学简介

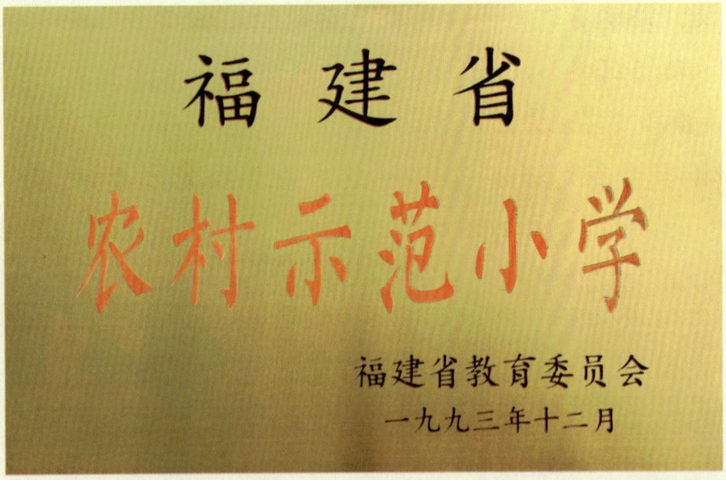

1993 年，旧县中心小学被评为“福建省农村示范小学”奖牌（旧县镇政府供图）

旧县中心小学前身为旧县育德小学，创办于民国 7 年（1918 年），校址旧县福清寺。民国 18 年（1929 年），旧县暴动，育德小学停办。民国 23 年（1934 年）育德小学复课。民国 30 年（1941 年），政府将福清寺改为学校，校名为新乡中心小学。1949 年，中华人民共和国成立后，新乡中心小学易名为旧县中心小学。1973 年 6 月 1 日，旧县河发生特大洪灾，中心小学被冲毁，选址河西岭下里（吴氏宗祠旁）新建学校，易名河西学校。后因生源不断增长，校址拓展空间有限，1986 年 9 月，学校重新搬回原址（现校址）福清寺，校名旧县中心小学。

旧县中心小学图书馆一角（旧县镇政府供图）

2017 年，校园占地面积 16886 平方米，校舍面积 6694 平方米，学生宿舍 1542 平方米，实验室 70 平方米，省级示范图书室，藏书 34000 余册，计算机（含笔记本电脑）110 台，计算机专用教室一间 70 平方米，班班通多媒体 22 套，200 米标准塑胶跑道运动场 6685 平方米，有 18 个教学班，在校学生 717 人（住宿生 180 人），教职工 65 人。另有在建教学综合大楼一幢，建筑面积 3000 平方米，在建停车场 2000 平方米。

旧县中心小学遵循“标准建校、规范办校、特色强校”办学理念，坚持“育德、启智、敬业、乐学”“团结、奋进、求实、创新”办学思想，努力把学校办成“学生有特长、教师有发展、学校有特色”的农村一流学校。2017 年，有省级骨干教师 6 人，市级骨干教师 23 人，教师撰写教学论文、经验总结等在 CN 级以上教育教学刊物发表 196 篇，8 位教师分别参加省、市课堂教学评优获一、二等奖。

1993年以来，学校先后被评为福建省“农村示范小学”、福建省义务教育标准化学校、福建省“义务教育教改示范性建设学校”，获“百岁冰心和千万颗孩子的心”征文活动组织奖；被评为龙岩市“课程改革先进集体”“高水平高质量普及九年义务教育先进集体”“实施素质教育示范学校”“关心下一代工作先进集体”“优秀阅读学校”“市文明学校”，获龙岩市2017年度中小学校艺术考评工作二等奖；被上杭县委、县政府评为“小学教师基本功训练先进集体”，获上杭县第五批基础教育课程改革优秀课题一等奖、2016—2017学年教学质量管理农村组一等奖、教学质量管理进步奖等。

第四节　中学教育

一、学校沿革

1958年4月，在旧县市场租用民房，创办上杭县旧县公社农业中学，开设一个班，教师1人，招收学生31人。同年9年，续招6人，共37人。1959年2月，学生减至29人，校舍迁旧县小学附设，后迁至河东寨里，学制实行半工半读，在校住宿，隔日上课。

1959年10月，校址迁到距河东7.5公里的山上（芦下溪），学生白天烧炭，晚上和雨天上课。至1968年，学校招生基本保持。

1968年秋，在旧县小学内开设才溪中学红岩（旧县）分班，招收初中学生40余人，教职工4人；是年，旧县农业中学选址河西村围屋里（现旧县镇敬老院）设校，校园面积约6668平方米，建有土木结构平房教室、办公室、学生宿舍、教师宿舍，师生食住在校。

1969年春，才溪中学红岩分班与旧县农业中学合并，组成“红岩中学”。校舍原在旧县小学内。1970年迁往原农业中学内。1971年2月，红岩中学改名为“上杭县旧县人民公社旧县中学教育革命委员会”，为独立初级中学（旧县中学）。1974年，旧县中学附设女子初中班，招收学生40余人。1976年9月至1979年7月，学校增设二年制普通高中部。1978年3月，重新选址龙溪村茶子坪建校，8月整体搬迁。

1994年3月，增办上杭县紫金中学（校址水东村），招收石圳、迳美、角龙、水东、梅溪、谷坑等6个村学生。2006年7月，紫金中学停办，并入旧县中学。

二、学　制

1969年，贯彻“学制要缩短”指示，初中学制为二年，改春季招生；1971年始，实行“二二制”（初、高中各二年）；1973年，恢复秋季招生；1978年秋，学制改为三年；1984年后，恢复“三三制”（初中3年，高中3年）。

三、课 程

1969 年，开设政治、语文、数学、英语、工业基础知识、农业基础知识、革命文艺、军体等。1974 年春，旧县中学在九曲峡银坑开辟学农基地，经常过多时间组织学生到基地劳动，严重影响学生学业。1979 年停止。1975 年，恢复物理、化学课程。

1976 年，高中开设政治、语文、数学、物理、化学、英语、农基、军体等课程。

1977 年秋，恢复大中专招生考试，同时，初中恢复政治、语文、数学、英语、物理、化学、生物（动物、植物、生理卫生）、历史、地理、音乐、美术、体育等课程。

1980 年，福建省颁布全日制中学教学计划。初中课程设置有政治、语文、数学、外语、物理、化学、地理、历史、生物、体育、音乐、美术；初二、初三增设生理卫生，初三增设农业基础知识课程。

1981 年起，增设法律常识课程。

1982 年，增开劳动技术课，每学年 2 周时间，农村中学一般以生产劳动技术教育为主。1988 年，国家教委颁布《义务教育全日制初级中学教学计划（试行草案）》。

1992 年，正式颁布《九年义务教育全日制初级中学课程计划》，把中学课程管理权限分为“国家安排课程”和“地方安排课程”两大类。

2001 年 6 月，教育部印发《基础教育课程改革纲要（试行）》，整体设置九年一贯制义务教育课程，实行国家、地方和学校三级课程管理，执行《义务教育课程设置及比例》。中学开设思想品德、语文、数学、外语、历史和社会（历史、地理）、科学（生物、物理、化学）、体育、音乐、美术、综合实践活动（综合实践活动主要包括：信息技术教育、研究性学习、社区服务与社会实践、劳动与技术教育）、地方与学校课程等课程。

2017 年，初中校仍执行九年一贯制课程。

四、教学研究与考试

（一）教学研究

“文化大革命”期间，许多经过实践检验行之有效的教学方法被当作资产阶级的东西横加批判，正常教学秩序被打乱，忽视教学研究。20 世纪 80 年代，开始探索改革传统的以教师为中心的“满堂灌”“填鸭式”课堂教学模式，主要进行“以教师为主导、学生为主体”“精讲多练，讲练结合”“启发式”“讨论式”“研究式”等教法和教学模式的探讨和研究。

1998 年开始，承担市课题，率先在全市开展地理“学案导学法”实践研究。探讨在“教师为主导，学生为主体，自学为主线”原则下新的课堂教学模式。

2000 年，学校要求全体教师都应参加课题研究，做到“人人有课题，个个搞研究”。校级课题或以教研组、年段备课组为单位，或个人自由组合，自定课题。学年初向学校申报立项，学年末进行结题总结。

2010年，学校成立教研室，专门负责学校教学研究工作。

若干年份旧县中学教育基本情况表

表19-3

年份	校点数（所）	班级数（个）	学生总数（人）	招生数（人）	毕业生数（人）			教职工数（人）				
					旧中		紫中（初中）	小计	公办	民办	代课	中学高级职称
					高中	初中						
1972	1	7	279	130	—	143	—	16	13	3	—	—
1975	1	7	358	214	—	104	—	18	13	5	—	—
1977	1	17	791	443	—	157	—	34	13	21	—	—
1978	1	14	662	242	89	261	—	38	11	27	—	—
1979	1	20	724	373	105	240	—	40	13	27	—	—
1982	1	10	443	170	—	105	—	46	36	10	—	—
1983	1	10	495	212	—	90	—	34	26	7	1	—
1985	1	12	601	249	—	87	—	41	33	3	5	—
1989	1	13	503	114	—	173	—	62	60	—	2	13
1990	1	13	517	187	—	216	—	65	63	—	2	14
1993	1	15	589	217	—	184	—	66	65	—	1	15
1995	2	20	801	269	—	217	—	73	—	—	—	19
1997	2	29	1153	336	—	269	149	75	—	—	—	20
1999	2	33	1338	417	—	366	212	79	—	—	—	21
2001	2	36	1443	433	—	417	233	86	—	—	—	24
2003	2	37	1479	422	—	433	219	83	—	—	—	24
2005	2	42	1682	575	—	422	220	83	—	—	—	23
2006	2	41	1642	341	—	465	261	83	—	—	—	23
2007	1	31	1221	305	—	575	—	82	—	—	—	22
2010	1	24	912	212	—	316	—	77	—	—	—	22
2013	1	12	484	150	—	178	—	73	—	—	—	21
2015	1	10	395	119	—	150	—	72	—	—	—	21
2017	1	10	393	119	—	119	—	68	—	—	—	20

说明：1977年、1978年、1979年初中在校学生数及初中毕业生数含小学附设初中班学生数；数据来源于历年上杭县国民经济统计年鉴

（二）考　试

1958年，旧县办农业中学（初中）后，基本无文化知识考试。“文化大革命”期间，旧县中学年段升级、毕业及平时不进行严格考试，只作一般测验。1977年恢复高考制度

后，旧县中学录取新生采取统一考试、政审、体检，按德、智、体全面要求择优录取。

1987 年开始，初中毕业会考和高中（含小中专）招生考试统一进行，由省统一命题。考试成绩评定，曾一度推行苏联“五级记分法”，因不能较准确判定学生成绩差异，加上教师掌握使用不习惯而停止，各种考试成绩仍以百分计算，100 分为满分，60 分为及格，60 分以上者方能升级，60 分以下者必须补考，经补考仍不及格者留级，毕业生补考不及格者发给肄业证书或结业证书。

1988— 2003 年，初中期中考试一般采用县统一命题，期末考试一般采用市统一命题。除 1998 年实行初中毕业考和升学考两考合一，采用市统一命题外，其余年份均实行两考分离。其中，毕业考由县或市统一命题，学校自行组织考试，以总分的 60%为及格线。不及格者由学校组织补考，成绩合格者才能取得初中毕业证书。升学考除 1996—1998 年、2002—2003 年采用市统一命题外，其他均采用省统一命题。考试科目为 政治、语文、数学、外语、物理、化学。此外，1993 年和 1998— 2003 年，加试体育，以 30 分计入总分。

2013 年，初中毕业、升学考试实行二考合一，分为全市统考试、考查和学校考查、考核两类进行。全市统考科目为思想品德（政治）、语文、数学、英语、物理、化学、生物、历史、地理、体育与健康。考查科目为英语口语、物理、化学、生物实验操作。学校考查科目包含音乐、美术、综合实践活动（含劳动技术、信息技术、社区服务、研究性学习等）、地方和学校课程等。

五、思想品德教育

20 世纪 60 年代前，提出热爱党、热爱祖国、热爱社会主义思想教育和开展学雷锋活动。

“文化大革命”初期的 1966—1967 年，在上级部署下，学校发动学生“向资产阶级反动学术权威开火”，一大批老师被学生当作“牛鬼蛇神”批斗，老师对学生管理被斥之为“师道尊严”，学习科学文化知识被指责为走“白专道路”。部分青年教师和大部分学生还成立“红卫兵”组织，参加校内外甚至外出进行“革命串联”，投入批判“资产阶级反动路线”行列。1968 年后，学校秩序虽走向比较正常，但直至“文化大革命”结束，思想品德教育向学生灌输的大多还是“坚持无产阶级专政下继续革命”的“左”倾错误思想。

中共十一届三中全会后，学校开展“坚持四项基本原则”教育，并结合学生实际进行社会主义民主和法制教育。

1983 年起，学校开展“五讲四美三热爱”教育活动。

1988 年 8 月，国家教育委员会颁发《中学德育大纲（试行）》，学校思想品德教育目标和内容从此得以稳定。《中学德育大纲（试行）》明确规定中学德育目标包括思想、政治、道德品质、个性心理素质和能力等方面。要求通过中学阶段教育，使学生达到以下目标：热爱祖国，拥护党在社会主义初级阶段的基本路线；初步树立为人民服务思想和为实现社会主义现代化而奋斗的志向；具有良好道德品质和文明行为；具有诚实正直、自尊自强、勤劳勇敢、开拓进取等品质和一定道德判断能力及自我教育能力，成为有理想、有道德、有文化、有纪律的社会主义公民。同时，对中学德育基本内容和要求、中学德育途径、学生品德评定以及实施德育大纲的领导和管理也都作出具体规定。旧县中学遵照《中学德育大纲（试行）》，全面开展学生思想品德教育。

同年，实施《中学生守则》和《中小学生日常行为规范》，进行养成教育。

1988年12月25日，中央发出《中共中央关于改革和加强中小学德育工作的通知》，提出“必须努力把他们培养成为有理想、有道德、有文化、有纪律的一代新人”。学校坚持社会主义办学方向，坚持德育首位，坚持“两手抓”（一手抓教学，一手抓思想政治工作），全面加强和改进学校德育工作，努力培养全面发展的“四有”新人。

1990年，学校执行《中华人民共和国国旗法》，建立升国旗、唱国歌、国旗下讲话制度，对学生进行爱国主义教育。

1994年，学校贯彻中共中央《爱国主义教育实施纲要》以及《中共中央关于进一步加强和改进学校德育工作的若干意见》（1994年8月31日）的精神，结合新时期特点，不断更新学校思想品德教育的方法和途径，开展多种形式的爱国主义教育活动，保证德育活动内容的系统性，形式的多样性，寓教育于活动之中。

2001年起，学校开展争当“著名苏区好学生”活动，以促进学生形成高尚情操和文明举止，在和谐氛围中健康快乐成长。

附：旧县中学简介

旧县中学位于旧县河畔的龙溪村。前身为1958年创办的旧县农业中学，1969年春季与才溪中学红岩（旧县）分班合并改名为旧县中学。校园占地面积43677平方米，校舍建筑面积10695平方米，2017年有教学班9个，学生322人，教职工68人，其中专任教师64人，本科学历60人，高、中级教师56人，省、市级骨干教师12人，龙岩市第一、二届名师2人，中共党员20人。学校新建标准化校门，250米六条标准塑胶跑道，笼式足球场，精美校雕，美丽假山喷泉，还配备校园宽

旧县中学体育场一角（旧县镇政府供图）

带网、计算机室、多媒体教室、电子备课室等现代化教学设备。办学50多年来，为高一级学校输送了一大批优秀人才。其中有荣获地学界“诺贝尔”奖的留美博士温联星；有现任福建协和医院党委书记兼副院长的心外科专家陈良万博士；有水利建设专家邓清禄博士；有体育理论研究专家陈彩珍博士等。近年来，旧县中学全面贯彻党的教育方针，深化教育教学改革，积极改善办学条件，不断优化育人环境，努力提高办学质量，先后被评为“福建省先进教工之家”“龙岩市标准化学校”“龙岩市教研基地校”“县文明学校”“县法制宣传教育先进单位”“市县先进基层党组织”“县素质教育先进校”。

第五节　职业教育与业余教育

一、职业教育

1958年4月，在旧县市场租用民房，创办上杭县旧县公社农业中学，开设一个班，教师1人，招收学生31人；同年9年，续招6人，共37人。学制实行半工半读。1959年2月，改名为旧县农业中学，有学生29人，教师1人，学校迁入旧县小学附设，实行半工半读，学生住校，隔日上课；开设政治、语文、代数、农业基础知识、地理、水稻种植、家禽家畜养殖等文化课程和专业课程。文化课每周授课21课时，其他时间安排学生劳动实践。1991年9月至1992年7月，旧县中学增办一年制职业高中蚕桑专业班，1992年9月至1993年7月，与县蚕桑办、县建设局联办一年制职业高中蚕桑与建筑专业班，当年招生83人。

1993年2月13日，中共中央、国务院印发《中国教育改革和发展纲要》，强调“以九年义务教育为基础，大力加强基础教育，积极发展职业技术教育、成人教育和高等教育，把提高劳动者素质，培养初、高级人才摆到突出位置”。为贯彻这一精神，旧县乡成立文化技术学校，附设在旧县中心小学，聘请乡直有关部门技术人员授课。开设课程有：农业技术知识、果树栽培、种植养殖、计划生育常识、育婴技术、健康生活常识、建筑技术、电工等多种实用技术。一般利用旧县圩天时间上课。

二、业余教育

民国及以前，政府不重视业余教育。苏区时期，苏维埃政府不仅抓日校，也重视成年人特别是妇女的扫除文盲工作，夜校、识字班如雨后春笋，在各地纷纷设立。使用教材多数结合当地实际的乡土教材。

1950年，在恢复中小学教育的同时，开展以扫除文盲为中心的业余教育。

1952年全区（第八区）各自然村均办有民校（夜校），利用晚上时间帮助农民识字。

1958年6月1日，旧县实现基本无盲乡，乡长江文贤出席福建省第二次扫除文盲积极分子代表大会并在会上作经验介绍。

“文化大革命”期间，夜校虽办得普遍，但教学多为生产队社员政治学习，扫盲识字内容少。

1976 年，全社开展大办政治夜校，扫除青壮年文盲。

1985 年，通过上杭县人民政府扫除青壮年文盲工作评估验收。

1994 年，全乡再次开展扫盲工作，使用县统编教材。1997 年通过省、市、县教育部门评估验收。

2006 年，全乡 15—24 周岁人口非盲率达 99.97%；2017 年 10 月，全镇 15—24 周岁人口非盲率达 99.98%。

第六节 教 师

一、师资队伍

清末，一般的民间私塾教师由家族聘请秀才、贡生等担任。

民国时期，教师实行聘任制。校长由县政府委派，教师由校长聘任，教师主要是当地师范生、中学毕业生。

中华人民共和国成立后，人民政府对民国时期在职教师经审查后，大部分继续留用，同时吸收一些中学毕业、高小毕业生到教师队伍中。后来通过普师、幼师、师专、师大毕业生分配，教师队伍不断充实、稳定。二十世纪五六十年代，为解决师资不足，择用大批高、初中毕业生为代课、民办教师。“文化大革命”期间，师范、师专毕业生较少，师资严重不足，学校招收大量民办教师。

1979 年年底，停止招收民办教师。1981 年起，对中小学民办教师进行业务培训、考核，依据考核成绩，逐年择优吸收转为公办教师；凡考核不合格、不胜任教师工作者予以辞退。1997 年年底，旧县中小学结束使用民办教师历史。

中共十一届三中全会后，国家重视教师队伍建设，大批教师通过函授、进修、自学考试、外出培训等，逐年提高学历层次，同时加强师德、师风建设和业务培训，教师学历 100%达标。

2017 年 12 月，旧县中学有教职工 68 人，其中专任教师 64 人，本科学历 60 人，高、中级教师 56 人，省、市级骨干教师 12 人，龙岩市第一、二届名师 2 人。旧县中心小学有教师 116 人（其中高级教师 1 人，中级教师 80 人，初级教师 35 人），本科学历教师 46 人，大专学历教师 54 人；省、市、县、级骨干教师 35 人。旧县中心幼儿园有教师 31 人（其中自聘 13 人）。有中级教师 2 人，初级教师 16 人；本科学历 11 人，大专学历 17 人，中专学历 1 人。

若干年份旧县镇小学教师获市级以上教育部门教学成果奖情况表

表 19-4

姓　名	获奖时所在学校	获奖名称	获奖时间	颁奖单位
陈龙兴	旧县学区河西小学	少儿工作先进工作者	1986 年	龙岩地区教育局
黄文元	旧县学区梅溪小学	第六届全国中小学生作文竞赛育才奖	1991 年 4 月	全国第六届中小学生作文竞赛组委会
钟福龙	旧县学区梅溪小学	第六届全国中小学生作文竞赛育才奖	1991 年 4 月	全国第六届中小学生作文竞赛组委会
陈永生	旧县学区旧县中心小学	小学优秀教师	1991 年 9 月	龙岩地区教育局
黄添清	旧县学区旧县中心小学	地区小学优秀班主任	1991 年 9 月	龙岩地区教育局
陈兴贤	旧县学区旧县中心小学	地区农村小学新教师数学课堂教学评优活动二等奖	1991 年 12 月	龙岩地区教育局
陈锦松	旧县学区旧县中心小学	地区优秀电教工作者	1996 年 9 月	龙岩地区教育局
黄华英	旧县学区旧县中心小学	全市小学美术优秀教案二等奖	1999 年 3 月	市教委
黄丽兰	旧县学区旧县中心小学	市乡土教材课堂教学优质课评比二等奖	2001 年 4 月	市教委
林倩华	旧县学区旧县中心小学	市小学幼儿园美术作品二等奖	2001 年 10 月	市教委
林倩华	旧县学区旧县中心小学	市第二届中小学美术优秀教案二等奖	2001 年 12 月	市教委
张富林	旧县学区旧县中心小学	市创建绿色学校活动先进个人	2003 年 5 月	龙岩市教育局龙岩市环保局
邓其灿	旧县中心小学	市先进教师	2006 年 12 月	龙岩市教育局
孔德宣	旧县中心小学	论文《构建“自主、创新”教学情境，培养学生阅读兴趣》获首届“快乐语文”教师论文大赛二等奖	2007 年 4 月	省教育学会《快乐语文》编辑部
陈婧亭	旧县中心小学	市第三届小学教学观摩评优活动农村组一等奖	2008 年 10 月	龙岩市教育局

续表19-4

姓　名	获奖时所在学校	获奖名称	获奖时间	颁奖单位
邓其灿	旧县中心小学	市课改先进个人	2008 年 12 月	龙岩市教育局
郭小平	旧县梅溪小学	小学教学论文征集评审活动二等奖	2012 年 6 月	市教育学会
阙文洪	旧县梅溪小学	小学教学论文征集评审活动二等奖	2012 年 6 月	市教育学会
邓其灿	旧县中心小学	小学教学论文征集评审活动三等奖	2012 年 6 月	市教育学会
范燕华	旧县中心小学	小学教学论文征集评审活动三等奖	2012 年 6 月	市教育学会
江家培	旧县中心小学	小学教学论文征集评审活动一等奖	2012 年 6 月	市教育学会
袁秋英	旧县中心小学	小学教学论文征集评审活动二等奖	2012 年 6 月	市教育学会
阙文洪	旧县梅溪小学	小学教学论文征集评审活动三等奖	2012 年 6 月	市教育学会
丘文君	旧县中心小学	市小学综合实践活动课堂教学观摩评比活动一等奖	2012 年 11 月	龙岩市教育局
钟发阳	旧县中心小学	基础教育课题研究积极分子	2012 年 12 月	龙岩市教育局
邱文君	旧县中心小学	市中小学德育论文二等奖	2013 年 4 月	市教育局
陈茶英	旧县中心小学	市中小学德育论文二等奖	2013 年 4 月	市教育局
廖秋芳	旧县中心小学	市中小学德育论文三等奖	2013 年 4 月	市教育局
林远梅	旧县中心小学	省第四届中小学生艺术节活动市级艺术教学论文评比获小学组二等奖	2013 年 1 月	市教育局
黄杭美	旧县中心小学	龙岩市“优秀阅读指导教师”	2014 年 6 月	龙岩市教育局
林远梅	旧县中心小学	2013 年龙岩市第十二届中小学美术教育教学论文评选二等奖	2013 年 6 月	龙岩市教育局

续表19-4

姓　名	获奖时所在学校	获奖名称	获奖时间	颁奖单位
邱石连	旧县中心小学	市小学品德与生活（社会）片段教学比赛二等奖	2014年6月	龙岩市教育局
李茂银	旧县梅溪小学	2014年市综合实践活动课程资源开发作品评选三等奖	2014年11月	龙岩市教育局
郭　璐	旧县中心小学	小学英语“微课”评选二等奖	2015年11月	龙岩市教育局

若干年份旧县中学教师获市级以上教育部门表彰情况表

表19-5

姓　名	获奖名称	颁奖时间	颁奖单位
谢建扬	地区教育系统德育工作先进个人	1992年12月	龙岩地区教育局
陈树生	龙岩市初中数学青年教师说课比赛二等奖	2010年10月	龙岩市教育局
陈树生	2015—2016年度“一师一优课，一课一名师”活动优课	2017年1月	教育部

旧县中学市级以上教育部门课题研究成果一览表（部分）

表19-6

立项时间及编号	课题名称	课题级别	课　题负责人	课题组成　员	结题时间及获奖等级
2012年4月	《中学数学作业最优化实验与研究》	省	陈玉生	陈树生 邓连英	2014年5月
2013年1月 Lyjdx-13-022	《基于新课程环境下的初中地理总复习策略研究》	县、市	陈崇桂	林远来 罗华英 胡美英 游四妹	2016年10月 一等奖
2014年3月 FJJKXB13-114	《培养中学生地理逻辑思维能力的新课程教学内容实证研究》	省	省普教室 叶回玉	陈崇桂	2016年10月 良好
2014年11月	《初中生数学阅读能力培养探究》	市	兰美华	廖贺华 谢继祥	2017年9月

二、待　遇

1. 政治待遇

中华人民共和国成立前，教师实行聘任制，队伍和待遇均不稳定。

中华人民共和国成立后，党和政府重视教育，教师政治地位提高，有不少教师加入中国共产党，有的教师当选为党代表、人民代表、有的走上领导岗位。但在反右派斗争及反“右倾”、“文化大革命”等运动中，部分教师遭批斗、迫害，甚至被错误处理。中共十一届三中全会后，对中华人民共和国成立后历次政治运动中受打击、迫害造成冤假错案的教师落实政策、恢复名誉、恢复工作；对符合退休政策和身体欠佳教师给予办理退休。对1949年以前参加工作的教师给予享受离休待遇。

1985年，国家规定每年9月10日为教师节，评选表彰一批优秀教师，对困难教师进行慰问。

2. 经济待遇：

民国前，私塾先生薪水微薄，以谷代薪，每年200—300公斤。

中华人民共和国成立初，小学教师实行实物工资制，每月折合大米计算，人均70公斤左右。

1952年，实行工资分制，每月110—130个工资分，每个工资分约0.22元。

1956年，实行工资改革，分级定薪，小学教师月平均工资43.22元。

1960—1979年，对教师工资进行部分调整，公办教师普遍增资；民办教师分为小学16元/月，中学18元/月。

1981年，公办教师工资全面提高，人均月增资7元。

1985年，实行职务工资加工龄、教龄补贴，人均月增资20元。

1987年，实行职务、职称工资。

2006年7月，进行工资制度改革，规定教师工资不低于当地国家公务员工资标准，教师工资大幅度提高。

2011年，教师人均月工资普遍达到3500元以上，此外还享受公费医疗、住房补贴、山区补贴；满30年教龄退休教师的退休金按100%发放。

至2017年，教师待遇大幅度提高，教师应发工资包括职务岗位工资、级别薪级工资、教龄津贴、生活补贴、岗位津贴等，应发工资平均约4900元，另外还有每月医疗费、住房公积金等补贴。

三、培　训

中华人民共和国成立后，各级各类学校十分重视提高教师素质，开展教师在职进修和短期离职培训。中小学教师和小学行政干部，分期分批参加县教师进修学校举办的培训学习。中学校长参加市教师进修学院举办的培训学习。

1983 年和 1985 年，部分小学教师参加龙岩师范中师函授班学习，修业 2 年，毕业学员获普师（函授）毕业证书。

1988 年始，推行教师岗位基本功训练和考核制度，组织中小学教师参加教材教法合格证书和专业合格证书考试、学历达标进修。至 2000 年年底，全镇小学教师人均轮训一遍，初中教师大部分接受培训。1996 年，基本完成在职教师教师资格过渡工作。

2003 年秋季，全县中小学起始年级和幼儿园按新课程标准使用新教材。2003—2013 年，按照“先培训，后上岗”“不培训不上岗”原则，举办基础教育课程改革通识培训和学科培训，组织教师学习新课程标准和教育教学理论，更新教育教学理念，提高参与课改积极性。

四、专业技术职务评聘

1987 年 9 月开始，进行中小学教师专业技术职务评聘工作。1993 年始，实施评聘专业技术职务经常化制度，每年开展教师职务评聘工作。

2000 年始，开展专业技术职务评聘分开，竞争上岗。同年 11 月，完成中小学专业技术职务竞争上岗聘任工作。

第七节　设施与经费

一、教育设施

民国以前，一般借用祠堂、公厅或贤人绅士捐建的专门学堂为办学点。没有规范的教室和黑板，桌椅由学生自带。

中华人民共和国成立后，除继续利用原教学设施外，陆续新建校舍、教室。比较大的行政村都建起新学校。1958 年 4 月，在旧县市场租用民房，创办旧县公社农业中学。1968 年，选址河西村围屋里（现旧县镇敬老院）建校，校园面积约 6668 平方米。1978 年 3 月，重新选址龙溪村茶子坪建校，8 月整体搬迁。1994 年 3 月，增办上杭县紫金中学（校址水东村），2006 年 7 月停办。

1980 年后，人口增长快、学生数急剧上升，各村都掀起建校热，发动村民献工献料、投工投劳，建起土木结构的教室和教师宿舍。但由于工程质量差，不少校舍成了危房。1991—1993 年，小学实行义务教育，全民办学热情高涨。通过政府拨款、社会各界捐资及村民投工投劳等，加大对教育投入，全乡学校面貌焕然一新，基本实现“一无二有”（校舍无危房、班级有学生、学生有课桌椅）。同时接受省、市、县义务教育六项（教育管理、事业发展、队伍建设、教育经费、校舍设备、德育工作）督导评估。学校体育设施和器材、教学仪器、图书和自然实验仪器，基本达到一类、二类学校要求。教育督导评估后，旧县在巩固“六项督导”成果基础上，进一步发展“两基”（基本普及九年义务教育，基本扫除青壮年文盲）事业。多方筹措资金使各学校办学条件进一步得到完善。同时重视信息化教育网络建设，建立起多媒体教室和电脑室。2013 年，实现边远山区教学点数字教学资源全覆盖，中心小学、梅溪小学、石圳小学实现班班多媒体教学。

2017 年，旧县中学校园总面积为 43677 平方米，校舍总建筑面积 11936 平方米，体育运动场总面积 11800 平方米，内设 6 条 100 米塑胶直跑道、6 条 250 环形塑胶跑道、3 个橡胶标准化篮球场、羽毛球场，1 个标准化 5 人制笼式足球场，标准乒乓球台 7 个。学校有图书馆 1 所、总藏书 44457 册，教学仪器、音乐器材、美术器材二类达标。

全镇有完小 3 所、教学点 5 个，共有校园面积 34695 平方米，校舍面积 13321. 6 平方米，生活用房面积 5962 平方米，小学共藏图书 40327 册，计算机 208 台，多媒体教室 38 间（含班班多媒体），实验室 272 平方米，3 所完小的教学仪器、音乐器材、美术器材类都一类达标，体育场总面积为 16145 平方米，中心小学和梅溪小学分别建有 200 米、180 米 4 条环形塑胶跑道。中心小学和梅溪小学图书馆是省级示范图书馆。

旧县中学办学设施情况表

表 19-7

校园面积（平方米）	校舍面积（平方米）	体育			图书（册）	计算机（台）	计算机网络教室（间）	多媒体教室（间）	学校有无校门	围墙是否齐全	教学仪器达到类别	音乐器材达到类别	美术器材达到类别
		环形跑道（米）	运动场总面积（含活动场地）（平方米）	体育器材（项）									
48000	10711	300	12214	—	32500	110	12	12	有	全	Ⅱ	Ⅱ	Ⅱ

2017年旧县镇各小学（教学点）办学设施情况表

表 19-8

校名	校园面积（平方米）	校舍面积（平方米）	生活用房（平方米）	图书（册）	运动场（平方米）	计算机（台）	多媒体（套）	教学仪器（类）	音乐仪器（类）	美术仪器（类）	实验室（平方米）	省级示范图书馆（个）	围墙校门	环形跑道（米）
旧县中心小学	16886	6694	3318	26242	8364	134	25	I	I	I	148	1	有	200
梅溪小学	10940	3805	1366	7518	4500	35	8	I	I	I	76	1	有	160
石圳小学	3586	1694	978	5612	1611	34	8	I	I	I	48	—	有	—
扁山教学点	450	153	25	150	200	1	—	—	—	—	—	—	有	—
新坊教学点	1650	344	50	320	360	1	—	—	—	—	—	—	有	—
石院教学点	540	153	125	285	300	1	—	—	—	—	—	—	有	—
兰田教学点	480	111	50	80	270	1	—	—	—	—	—	—	有	—
铁东教学点	1380	367.6	50	120	540	1	—	—	—	—	—	—	有	—
合计	34695	13321.6	5962	40327	16145	208	38	—	—	—	272	2	—	360

说明：表中“I”指仪器、器材配备达标一类学校

二、教育经费

中华人民共和国成立前，各姓氏各房族都留有“肄资田”，收取肄租谷作为教育基金。学校办公费用，老师报酬，由乡公所征收税收支出。

苏区时期，苏维埃政府要求教育经费要占税收的30%。

新中国成立后，人民政府接管学校，实行“公办民助”办学方针，学生上学需交学费，经费由县教育主管部门统筹，再按各校教师、学生数拨给办公费，按学校规模拨给部分校舍维修建设、课桌椅添置费。国家取消农业税前，教育经费除上级适量拨付外，主要靠收取学生学杂费、教育附加费、勤工俭学、社会捐资、集资等渠道解决。1984年起，教育经费实行部门包干制，乡（镇）、村成立教育基金会，负责筹集、管理、使用教育基金。1985年起，农村实行按分田份数征收稻谷每份田5公斤“教育粮”制度，全乡每年征收稻谷12.5万公斤，全部投入教育（教育粮征收至2004年国家停止征收农业税后止）。2001年始，国家对农村义务教育阶段学生实施“两免一补”政策（免收学杂费、免收教科书费、对住宿生给予生活补助）。2004年国家取消农业税后，教育经费主要靠国家财政拨款。随着政府财政收入增加，教育投入也相应得到增加。1981—2017年间，政府投入旧县中小学用于改善办学条件教育资金累计达1730.5万元。

旧县教育事业的发展，得到社会各界有识之士的大力支持，特别是改革开放后，不少社会贤达通过创业致富，慷慨解囊，热心支持旧县中、小学、幼儿园教育事业。

2014年8月25日，旧县镇慈善分会举行奖教、奖学、助学金发放仪式（旧县镇政府供图）

社会各界贤达人士捐资教育（中学）情况表

表19-9

年度	捐款人	捐款金额（万元）	捐建项目
1992	陈秋生	5	龙头岗至旧县中学道路
1995	陈材源	1	建水泥球场
1997	张昌洪	1	建兴学路（学校主干道）

续表19-9

年度	捐款人	捐款金额（万元）	捐建项目
2007	陈道龙	4.5	校园规划平面设计
2010	石圳村委	0.5	购置各办公室橱桌椅
	迳美村委	0.5	购置校长室橱桌椅
	阙其昌	0.3	购置小会议室会议桌
2010—2018	陈材源	7.6	教师节慰问金，校园绿化、美化
2012—2016	邱卫河	9.2	奖教奖学
2012	1992届同学会（其中：陈秋明3.68万元、林荣鹏1.68万元、孔维有1万元）	10	建假山喷泉
2013	陈卫华	16	建校大门
2009	紫金矿业集团	30	建综合办公楼
2013		30	建操场主席台及操场改造
2017		10	尊师重教金
2018—2019		31	基础设施改善、尊师重教金
2013	张荣林	5	建校标
2014	罗金来	2	购置班班多媒体设备
	李俊贤	1	
	赖宝生	1	
2014	江祥荣	1	建校园宣传栏
	李茂华	1	
2015—2018	江华清	3.8	购置操场主席台电子屏、毕业班班主任奖
2016	1996届同学会	2	置校门前智慧缘石
2016	马文华	2	置室外乒乓球桌
2014—2017（每年）	厦门旧县同乡联谊会	2	学生奖学金
2017	陈寿贤	2	建春晖景观亭
	黄永芳	2	
	曾尚标	1	

社会各界贤达人士捐资教育（小学、幼儿园）情况表

表 19-10

年度	捐款人	捐款金额（万元）	捐建项目
1984	邓六金、陈兰（邓子恢夫人）	2	建新坊小学教学楼（95 平方米）
1987	游宪生	水泥 10 吨	建尧埔小学教室 2 间
1993	香港观茂集团董事长林金生	30	建水东观茂小学
1994	石院村村民（每人）	0.001	建石院小学教学楼
1994	邓六金	0.1	建石院小学教学楼
1994	陈海涵	1	东小学将军球场
1995	林荣达	6.8	建迳美小学教学楼
1995	林荣达	2	建迳美小学“荣达图书馆”
1995	陈材源	10	成立“陈财源奖教奖学基金会”
1997	香港金城银行	10	建旧县中心小学三层教学楼
1997	平安人寿福建分公司	23	建梅溪小学教学楼
1997	香港运盛集团	30	建河东小学教学楼
1998	福建省建筑工程公司	10	建铁东小学教学楼
1998	香港邵逸夫	15	建新坊小学教学楼
1998	黄昌有	10（筹资）	建迳美龙潭小学教学楼
1999	林荣达	3	中心小学围墙、校门
2001	谢文贵	0.3	购旧县中心幼儿园玩具
2002	洪连珍	1	建迳美小学“巾帼电脑室”
2002	紫金矿业集团	1	迳美小学购电脑
2002	厦门市总工会	0.5	迳美小学购教学器材
2004	日本后援会“坂本塾”	23	建旧县中心小学综合楼
2005	阙祥富	3	建梅溪小学校大门
2010	阙祥富	1.2	梅溪小学购置校园广播设备
2010	中国平安人寿保险有限公司	2	梅溪平安希望小学多媒体设备一套
2011	紫金矿业	8	石圳小学围墙改建
2011	中国平安人寿保险有限公司	1	梅溪平安希望小学电脑 2 台
2011	阙祥富	7	梅溪小学购电脑、课桌椅
2012	中国平安人寿保险有限公司	3.6	梅溪平安希望小学学生厨房设备
2012	中国平安人寿保险有限公司	4	梅溪平安希望小学教学楼门窗更换

续表19-10

年度	捐款人	捐款金额（万元）	捐建项目
2013	阙祥富	30	成立“梅溪村阙祥富奖教奖学基金会”
2013—2017	中国平安人寿保险有限公司	16.6	梅溪平安希望小学奖学助学金
2013—2017	阙祥富	16.1	梅溪平安希望小学奖教奖学金
2010—2017	紫金矿业	28	梅溪平安希望小学维修添置
2011—2017	石圳村两委	6.1	石圳小学维修添置
2013—2017	陈材源	6	中心小学校园绿化美化、教师节慰问
2013—2017	旧县镇慈善基金会	23	中心小学教师奖励金
2014	邱卫河	2	中心小学奖教金
2014	陈日才	5	中心小学教工活动室
2015	陈振梁	2	中心小学奖教金
2015	紫金矿业	2	铁东教学点维修、添置设备
2015	福建省军区	3	河东幼儿园维修、添置设备
2015	福建省军区	5	中心小学维修、添置设备
2015	紫金矿业	2	中心小学维修、添置设备
2016	团县委	1.65	梅溪平安希望小学奖学助学
2016	省财政厅	10	河东幼儿园维修、添置设备
2017	紫金矿业	3	中心小学维修、添置设备
2017	紫金矿业	3	石圳小学维修、添置设备
2017	阙祥富	30	中心小学奖教奖学基金

若干年份旧县小学校舍建设投入经费情况表

表19-11

年份	学校	建设项目	结构	面积（平方米）	金额（万元）	主要资金来源
1981	铁东小学	综合楼（二层4间）	砖木	200	2	老区建设捐赠2万元
1984	新坊小学	综合楼（二层2间教室4间宿舍）	砖混	190	2.5	邓六金、邓子恢夫人陈兰支持争取资金2万元
1986	中心小学	教学楼（二层8间）	砖混	500	2.9	县教育局拨款
1987	尧埔小学	教室（一层2间）	砖混	80	1.5	村民募捐、游宪生捐水泥10吨
1989	河东小学	教学楼（二层8间）	砖混	480	22	河东籍台胞募捐、群众自筹

续表19-11

年份	学校	建设项目	结构	面积（平方米）	金额（万元）	主要资金来源
1993	水东小学	全新改造校舍	砖混	650	35	香港观茂集团董事长林金山捐资
1994	尧埔小学	综合楼（二层2间教室1间办公厅3间宿舍）	砖混	200	10	地市拨款3万，群众自筹4万
1994	石院小学	教学楼（二层8间）	砖木	384	20	群众每人集资10元，外出人员募捐，邓六金1000元
1995	迳美小学	教学楼、图书室（二层8间）	砖混	300	15	林荣达捐赠8.8万元
1996	尧埔小学	教室（一层4间）	砖混	180	13	旧县乡政府拨款11.5万元
1996	铁东小学	教学楼（二层4间）、大门、围墙	砖混	180	14	福建省建筑工程公司捐赠10万元
1997	中心小学	教学楼（三层15间）	砖混	840	70	香港金城银行捐资
1997	梅溪小学	教学楼（二层10间）	砖混	520	32	平安人寿福州分公司捐资23万元
1997	河东小学	教学楼（二层10间）	砖混	560	35	香港运盛集团捐赠30万元
1997	新坊小学	教学楼（二层8间）	砖混	216	15	香港邵逸夫先生捐赠15万元
1998	龙潭小学	教学楼（二层 间）	砖混	200	13	“老边少”建设扶持款，爱心人士捐资10余万元
1999	扁山小学	教室（一层3间）	砖混	129	10	县教育局拨款3万元
2001	新坊小学	教师宿舍楼、多功能教室、厨房	砖混	120	13	政府拨款10万元
2004	中心小学	综合楼（三层 15间）	砖混	560	38	陈永昌捐赠23万元
2006	梅溪小学	综合楼（二层6间4间住房）	砖混	600	45	政府投入
2010	扁山小学	砌后坎	石混	—	3.5	县教育局“校按工程款”3万元
2012	梅溪小学	学生宿舍楼（三层15间）	砖混	636	66	政府投入
2012	中心小学	教师宿舍楼（四层44间）	砖混	780	125	政府投入
2013	中心幼儿园	综合楼	框架	793	108	教育局
2013	中心幼儿园	运动场、围墙	—	450	23	教育局

续表19-11

年份	学校	建设项目	结构	面积（平方米）	金额（万元）	主要资金来源
2013	中心小学	运动场、围墙	—	6689	200	教育局、镇政府
2014	中心小学	学生厕所改造、阶梯教室改造	—	430	10	教育局
2014	铁东教学点	运动场改造	—	1000	5	教育局、紫金矿业
2015	中心小学	学校外大门	框架	300	30	教育局、镇政府
2015	紫金幼儿园	教室、寝室、厨房改造	—	200	5	中心校
2016	河东幼儿园	运动场改造	—	600	10	省财政厅
2016	石院教学点	砌后坎、排水沟	石混	—	3	教育局
2016	中心小学	教师食堂、办公室改造	—	500	10	教育局
2017	梅溪平安希望小学	教学综合楼（一期）	框架	1438	340	教育局
2017	中心小学	学生宿舍、卫生间改造	砖混	350	10	教育局
2017	中心幼儿园	学生寝室、户外活动场地改扩建、绿化美化	—	950	20	教育局、镇政府、紫金矿业
2017	新坊幼儿园	复办公立园	—	—	10	中心校
2017	石圳小学	学生厕所、后坪	—	200	13	教育局、紫金矿业
2017	中心小学	教师宿舍楼改造	砖混	800	120	教育局

第八节 学校管理

一、行政机构

清末，教育设置为私塾或书馆，无教育行政机构。

民国时期，小学行政事务、教学业务，由上杭县教育主管部门负责管理。

苏区时期，县苏维埃政府内设文化建设委员会，区、乡苏维埃政府设文化委员，管理文化、教育事业。

中华人民共和国成立后，区、乡设文教助理。1962 年 8 月，成立旧县学区，设学区校长 1 人、总务 1 人。“文化大革命”期间，公社设立教育革命领导小组、教育革命委员会，学区由“贫下中农管理学校领导小组”代替。1969 年，成立旧县教育辅导站，设站长 1 人，业余教育专职干部 1 人。1976 年 8 月，撤销教育革命委员会，恢复学区，设校长 1 人，副校长 2 人，财会、语文、数学辅导员各 1 人。

1992 年，成立旧县乡教育办公室，办公室主任由分管教育的乡党委副书记担任，常务副主任由学区校长担任；办公室下设义务教育专职管理员、教育事业费附加管理员和校舍基建管理员。2003 年 1 月，旧县学区与旧县中心小学合并为旧县中心小学。合并后的旧县中心小学行使原旧县学区行政管理职能，实行一套机构两种职能。中心小学设校长、副校长；下设校办室和教导处、德育处、总务处、少先队大队部、语文教研组、数学教研组、综合教研组。中心小学校长负责全镇小学教育教学行政管理工作。

旧县中学历任校长、书记情况表

表 19-12

时　间	姓　名	职　务
1958 年 3 月至 1959 年 6 月	李恕秋	负责人
1959 年 6 月至 1969 年 9 月	陈周龄	负责人
1969 年 3 月至 1971 年 3 月	邓　坚	负责人
1971 年 3 月至 1973 年 2 月	林　炎	负责人
1973 年 3 月至 1978 年 1 月	严　清	革委会副主任（主持工作）
1978 年 1 月至 1979 年 7 月	严　清	副校长（主持工作）
1979 年 7 月至 1982 年 7 月	张焕文	第一副校长（主持工作）
1982 年 7 月至 1983 年 7 月	阙思鸿	校长
1983 年 7 月至 1983 年 11 月	李国荣	第一副校长（主持工作）
1983 年 11 月至 1990 年 8 月	李国荣	校长
1983 年 12 月至 1999 年 8 月	李国荣	党支部书记
1990 年 8 月至 2006 年 8 月	谢建扬	校长
1999 年 8 月至 2001 年 8 月	陈贵贤	党支部书记
2001 年 8 月至 2013 年 9 月	谢建扬	党支部书记
2006 年 8 月至 2010 年 8 月	吴建春	校长
2010 年 8 月至 2011 年 2 月	林远来	副校长（主持工作）
2011 年 2 月至 2017 年 7 月	林远来	校长
2013 年 9 月至	陈昌新	党支部书记
2017 年 7 月至	陈昌新	校长

旧县学区（中心小学）历任校长、书记情况表

表 19-13

时　间	姓　名	职　　务
1918 年至 1926 年	陈昭英	校长（旧县河东村人）
	丁国光	校长（白砂碧砂村人）
	陈丹成	校长（旧县河西村人）
1926 年至 1929 年	陈奋飞	校长（旧县河东村人）
	陈廷辉	校长（旧县河东村人）
1929 年至 1934 年	土地革命时各学校负责人姓名不详	—
1934 年至 1941 年	陈奋飞	校长（旧县河东村人）
	谢瑞斋	校长（上杭湖洋乡人）
	郭耀光	校长（上杭城关人）
1941 年至 1949 年	郭天锡	校长（上杭城关人）
	陈启元	校长（旧县河东村人）
	陈瑞珍	校长（旧县河东村人）
	陈德民	校长（旧县河东村人）
	陈翠成	校长（旧县河西村人）
1949 年至 1950 年夏	陈翠成	校长（旧县河西村人）
1950 年秋至 1952 年夏	丘辅民	校长（旧县尧埔村人）
1952 年秋至 1956 年夏	陈其湘	校长（旧县龙溪村人）
1956 年秋至 1958 年夏	黄纪平	校长（上杭城关人）
1958 年秋至 1959 年夏	薛善滨	校长（上杭下都乡人）
1959 年秋至 1960 年夏	范志达	代理校长（上杭庐丰乡人）
1960 年秋至 1962 年夏	张鼎宜	校长（上杭兰溪镇人）
1962 年秋至 1966 年夏	陈其湘	校长（旧县龙溪村人）
1966 年秋至 1969 年夏	王善达	副校长主持工作（才溪镇人）
1969 年秋	李寿修	校长（才溪镇人）

续表19-13

时　间	姓　名	职　　务
1979年秋至1981年夏	刘月明	校长（才溪四坊人）
1981年秋至1988年夏	陈崇光	校长（旧县龙溪村人）
1988年秋至1997年夏	陈宪杭	校长（旧县河东村人）
1997年秋至2000年夏	黄清美	书记主持工作（旧县扁山村人）
2000年秋至2007年夏	黄清美	校长（旧县扁山村人）
2007年8月至2013年9月	邓其灿 陈贵贤	校长（旧县新坊村人） 书记（旧县河东村人）
2013年9月至	钟发阳	书记、校长（旧县全坊村人）

旧县中心幼儿园历任园长情况表

表19-14

时　间	姓　名	职　　务
1987年9月至1989年8月	何丽珍	园长（旧县梅溪村人）
1989年9月至1993年8月	陈　红	园长（旧县河西村人）
1993年9月至1998年8月	吴碧红	园长（临城六甲村人）
1998年9月至2000年8月	林红姑	园长（上杭临江镇人）
2000年9月至2004年8月	陈晓燕	园长（旧县河西村人）
2004年9月至2005年8月	陈冬梅	园长（旧县河西村人）
2005年9月至2009年8月	陈红英	园长（旧县河西村人）
2009年9月至	陈晓燕	园长（旧县河西村人）

二、全日制学校管理

中华人民共和国成立后，全日制小学设置和停办由县人民政府批准。乡内各小学受教育局及乡人民政府双重领导，由县教育局在乡设置学区统一管理。乡范围内教师调动由乡办理，跨乡镇调动由县教育局办理。

全日制普通中学，实行“统一领导、分级管理”办法。20世纪50年代，由省教育厅行政部门领导委托地区教育行政部门直接管理。1958年始、权力下放、由地、县教育行政部门管理，教师调动由县教育局办理。“文化大革命”期间，中小学由县、公社领导，派贫下中农代表管理学校。

1988 年始，基础教育实行“分级办学，分级管理”体制，境内各小学的发展和建设由县政府负责。2001 年 10 月起，县政府实行全县中小学教工工资由县财政统一支付。

中华人民共和国成立后，中小学组织领导实行党支部领导下的校长负责制，即以党支部为领导核心，开展学校工作。

三、业余教育管理

中华人民共和国成立后，党和政府重视业余教育工作，乡配有文教干事、扫盲干部。1950 年，在办好中小学教育同时，开展以扫盲为中心的业余教育。1962 年始，各小学增设副校长 1 人，负责具体工作。1974 年。公社成立工农业余教育委员会。1980 年，公社成立成人教育领导小组，由分管教育副书记任组长，学区配备 1 名副校长分管成人教育。1990 年，成立旧县乡成人教育领导小组，由乡长任组长，分管教育领导和学区校长任副组长，学区配备 1 名副校长分管成人教育。1997 年，成立旧县乡文化技术学校校务委员会，乡分管教育领导任校长，乡科技副乡长任副校长，学区校长任专职副校长。2006 年，乡成立扫盲工作领导小组，乡分管教育领导任组长，中心小学校长及各村委会主任任副组长。

第二十章 文 化

宋元之后，随着客家人逐渐从各地迁入旧县，中原文化开始在旧县成为主导文化。明、清时期，文人学子队伍壮大，推动了境内文化繁荣。诗文、书法、美术创作和鼓乐、十番、打龙灯、摇船灯等文艺活动在民间颇受推崇。苏区时期，境内以唱革命内容民歌为主的文艺活动很活跃。1933 年 9 月 24 日，《红色中华》发表报道，表扬旧县与才溪新剧团演出事迹。

中华人民共和国成立后，旧县先后设立文化站、建立有线广播站，社会主义文化事业初步繁荣。“文化大革命”期间，文化事业受到严重冲击，各村古文化遗产丧失殆尽。虽然不少大队创办文艺宣传队，但宣传内容大多是有“左”倾错误的。放电影、演戏、唱歌以几个所谓“革命样板戏”为主要内容。

中共十一届三中全会后，旧县文化事业得到健康发展，文化机构、设施不断健全，集镇先后建设文化站、广播站、电影院、文化活动中心（室）、电视差转台，不少村群众自发成立舞蹈健身队伍，十番、鼓手等民间乐队广泛活跃在乡（镇）内外。文化艺术新人不断涌现。因诗文创作日趋丰富，吸引市县作协、县琴岗诗社先后到境内开展采风活动。2016 年，旧县镇组成广场舞舞蹈队，镇对各村按大村 1.5 万元、小村 8000 元标准补助专款，动员组建“十番音乐队”。2017 年 7 月，县琴岗诗社在旧县成立旧县分社。

第一节 民间文艺

一、民间文学

（一）山 歌

山歌，顾名思义，是在田野山间唱的歌谣，是闽西客家劳动人民在田野山岗用基本统一的具有浓郁地方特色的旋律脱口而出唱的歌。旧县山歌是闽西客家山歌组成部分，是口传文学中数量多、艺术性强、影响较大、群众喜闻乐见的一个主要形式。

不少传统山歌，无论从思想性到艺术性，都达到较高程度。旧县客家山歌大致可分为：苦情山歌、爱情山歌、劝谕山歌、革命斗争山歌和宣传山歌等五种。

（二）民间故事

旧县民间故事、传说以口头讲述形式传播，民间较盛行，称“讲古”，内容丰富，但良莠混杂。

比较经典的神话故事有杨文广、杨八妹智破三石麻子兵、四石豆子将帮事。现代故事有旧县四位开国将军陈海涵、陈茂辉、孔瑞云、翁祥初革命经历故事，还有梅溪孝顺媳妇孔五姑故事、胡先彪打死周国璋故事，等等。人们在饭后茶余和劳动间隙，三五成群聚集一处谈笑风生，津津乐道。

（三）童　谣

旧县童谣是闽西客家口传文学的重要组成部分。无集中的主题，无统一的句式、段数和字数格式，但均有押韵，且节奏明快，内容形象逼真，念起来朗朗上口，易为孩童学会并流传。是民间长辈通过形象、具体、生动的快板方言，对幼儿进行早期博物、开阔视野教育的主要手段。多在长辈与少儿，或少儿与少儿之间念出。童谣一方面对孩子进行语言训练，另一方面也对孩子进行初步认识和为人处世的启蒙教育，在民间大量存在，是一笔宝贵的文化遗产。《鸡公砻谷狗踏碓》《萤火虫》《月光光、月华华》等在旧县广为流传，经久不衰。

（四）谚　语

旧县传统谚语，包括农谚、社会谚、物候谚、卫生保健谚等，是闽西客家民间社会生活各方面经验、教训、哲理浓缩结晶的重要组成部分。当地的优秀思想、传统道德品质、民情风俗、物产气候和农副业生产等，都凝结成大量精辟的民间谚语。它用最准确、最生动、最精炼的当地语言表述出来，使之易为他人所接受、易于世代流传。既有形象性，又含哲理性，是形象思维和逻辑思维的结合体。在需要讲清道理，阐明观点时，往往以“老古讲”“古话说”开头，然后引用几则谚语进行准确、形象、生动地表述。

二、民间舞蹈

（一）香　灯

旧县寮坝明末清初（约1640年前后）思尚公时起有香灯表演习俗，号为“福庆堂”香灯。香灯为稻草扎制的神龙，分头、身、尾三部分共11节，其中龙身为9节，另有精制诱龙的“宝珠”（简称诱珠）1节。“诱珠”为扁圆形，周边装上风耳四只，顶风旋转。龙身嵌入用黄布仿制成的麟片，舞动时香火点缀，麟光眼。香灯制作集民间剪、画、塑、织于一身，自制香、烛。“打香灯”实为“舞香灯”，主要在正月期间夜晚进行。扎制的草龙插上密密的香火，由束腰紧装、精神抖擞的年轻小伙子舞动。他们每人各执一节“香龙”，在有节奏的锣鼓声中，“诱珠”在前引导，龙头紧跟“诱珠”随之舞动，龙身蜿蜒起伏，点点香火闪烁，在夜色中如红光盘旋。舞龙姿态各异，有行龙、走龙、卧龙滚龙、蜷龙、蟠龙等，还有逐珠、扑珠和戏珠动作，在夜幕天穹下，珠跃龙腾，热闹非凡，锣鼓声、鞭炮声、喝彩声此起彼伏。

中华人民共和国成立初，乡人民政府曾把“福庆堂”香灯与相邻的扁山村船灯和政府组织的文艺宣传队“文明戏”，在旧县市场外侧河坝大草坪上同台演出。60 年代前后，还断断续续有过几次“香灯”表演。此后由于社会政治运动多，“香灯”活动逐渐被搁置。1987 年冬，“香灯”活动重被提起，并顺时应势，把“香灯”改为龙灯，即把每节龙身由原来稻草扎制插香火改成用布料包裹，内装小电珠（用电池）照明，使龙体通身发亮，色彩更浓艳美观。1988 年正月，先后在乡政府、中学、小学、卫生院、新市场及周边各村进行演出。

（二）龙　灯

明清时期，旧县民间盛行舞龙灯（也称“打龙灯”）。中华人民共和国成立后，龙溪村仍然组织龙灯队在本村和外村表演。每逢新春佳节，喜庆丰收，迎神打醮和各单位重大庆典活动，龙溪龙灯舞蹈队都会应邀前往。舞动的龙，一般由龙头、龙身、龙尾组成。有九节黄龙、七节龙和五节龙。龙头龙尾各一节，龙身若干节。各节由竹篾扎成，色纸粘贴，配有图案，黄布连接，各节有木棍支撑，各由一人舞动。舞动的长龙在街上游行时，家家百姓燃放烟花爆竹迎接。龙灯在鞭炮声中起舞欢腾，热闹非凡。表演时，还有鼓、钹、小锣铜钟、梆子等配乐。龙灯到人家表演时，领队会喊吉祥话：“龙灯入屋，增寿添福，财源广进，买车造屋。”房主会送一个大红包挂在龙头表示酬谢。退出房主家时龙灯先行。舞龙表演者，一般穿统一绸布黄褂，头扎围巾，裤子短且大，脚穿轻便布鞋。

“文化大革命”期间，舞龙灯活动停止，1976 年后恢复。

（三）船　灯

清末民国初，境内谷坑村和扁山村开始有舞船灯（又称打船灯）风俗。船灯以船模、船桨为道具，说唱和音乐相互配合进行表演。表演人选由村中活动组织者挑选。舞船灯是为表达“接丰收、庆太平、度佳节”等喜庆之情。船灯舞主要反映青年男女爱情故事，一般由三人表演，一人藏于船舱中操纵船身，艄公、艄婆分别在船头船尾边说唱边表演划船动作，形象表现“江中行船”艺术效果。船灯表演时，伴奏常以《八板头》起奏，《渔家乐》《上滩》《下滩》等为主歌，穿插《十二月古人》等各种小调。乐器主要有二胡、笛子、秦琴等。

中华人民共和国成立后，扁山、谷坑两村船灯歌舞队在表演艺术上不断创新，不但以老调配新词，歌颂人民当家作主，宣传党的方针政策及勤劳致富、移风易俗等，而且在表演技巧上也不断改进，多有即兴而作、诙谐滑稽之处，把艄公、艄婆演绎得生动幽默，深受群众喜爱。他们除在本村演出外，还应邀或主动到各村巡回表演。“文化大革命”中，船灯表演活动停止。改革开放后，谷坑船灯演出一直坚持。

（四）普通歌舞

苏区时期和中华人民共和国成立后，境内不少单位、学校组织文艺宣传队在节假日或圩天为群众演出。演出内容多有歌舞、表演唱、扭秧歌等。

（五）现代民间广场舞

改革开放后，人们丰衣足食，广场舞从城市至农村逐步盛行。2015 年后，境内各村中、老年妇女（也有少数男人参加）晚饭后聚集一起跳广场舞活动悄然兴起，一些村还穿有统一服装。每当夜幕降临，他们不约而同来到村中农民公园，打开音响，随着音乐翩翩起舞。既有舞蹈娱乐，又锻炼身体。2017 年，梅溪村舞蹈队被邀请参加县客家缘演出。

三、民间音乐

（一）鼓　乐

雅称五音鼓乐，俗称鼓手，是以唢呐为主奏，吊龟为头弦，再伴以扬琴、二胡、秦琴或三弦和大锣大鼓而组成的一种民间乐器合奏形式。演奏多以汉剧唱段为主，戏中角色的演唱时而由唢呐代替，时而由吹唢呐者演唱。自明清以来，旧县皆有鼓手班子，少则 3—8 人、多则 10—12 人组成。但凡人家中有婚、丧、喜、庆需请鼓手班者，由领班（又叫鼓手头）凑足人数，自带各种乐器前往演奏。丧事一般吹奏演唱哀婉悲凄词曲，喜事则吹奏演唱欢乐喜庆戏曲。哀悼戏曲有传统内容《三十六哭》《孟姜女哭长城》《唐明王游地府》《霸王别姬》《刘全进瓜》《焦赞祭主》等；喜乐戏曲则有《五女拜寿》《天官赐福》《仙娘送子》等。一般汉剧还有《昭君出塞》《伍子胥过韶关》《秦琼卖马》等古代故事。丧家演奏活动一般通宵达旦，天将亮时鼓手班要为丧家演奏“开天关”，敲大锣，打大鼓，演奏《满江红》（又叫《风雨亭》，纪念哀悼民族英雄岳飞曲调）。

“文化大革命”中，境内鼓手班停止活动。改革开放后，鼓手班又逐步恢复，新坊、河东、全坊、梅溪等村民间先后有人组织鼓手班子。1990 年后，各地鼓手班逐步实行乐器改革，学习铜管乐、电子琴、大鼓和手脚并用连环鼓等演奏，并陆续添置这些乐器充实到乐队班子中。2000 年后，各个鼓乐队又陆续进行演出改革，演奏过程中穿插独唱、表演唱等表演。演出内容除汉剧、传统曲目外，也演越剧、黄梅戏、湖南花鼓戏和流行歌曲。为丰富表演需要，各班子注意培养、吸收不少年轻女性进入乐队。这些女性，不仅主要负责独唱、表演唱，也参与乐器演奏。各乐队还备有各种演出服装，丧事吹铜管乐时穿白色衣帽制服，喜事则穿戴红色衣帽制服。同时，还根据演出古、现代节目不同制作不同场面布景和服饰道具。

（二）十　番

旧县民间有谓之“十班”，因用笛、管、箫、弦、琴、云锣、汤锣、木鱼、檀木、大鼓等十种乐器演奏，故称“十番”。历史上，旧县境内颇为流行。新春佳节之时，参与者（多为知识界及商人等）各自备一件乐器聚集一处演奏自娱，并供老幼妇孺欣赏，不取报酬。境内谷坑村船灯表演，音乐伴奏就是由该村外出干部、教师等用十番音乐完成。他们还利用假期到外村义务为演出伴奏，不取报酬。

十番传统乐曲有《十面埋伏》《高山流水》《山下乐》《三潭印月》等100多套。乐曲风格轻松而优雅，还演奏民间流行的《开天官》《天官赐福》等。

“文化大革命”期间，十番音乐活动沉寂，偶有演奏，也是只能演奏“革命样板戏”和其他“红歌”。

中共十一届三中全会后，随着人民生活水平提高，境内退休干部、老师和农民中音乐爱好者互相邀集，组成十番乐队，闲暇时聚在一处，演奏一番，也经常为当地政府、民间节庆活动演奏，活跃气氛。2017年，境内比较常有活动的十番乐队有旧县十番乐队和坝上十番乐队。当年，旧县十番乐队还应邀到县客家缘文化中心参加“三月三”民俗文化节演出。

第二节　诗文著述

一、中华人民共和国成立前

旧县崇文重教风气氤氲，然因生活所迫、地方条件限制，宋、元、明、清期间，境内考上举人、进士等高学位者甚少，较有名气的著述也不多。个别儒士文人虽有一些诗文作品，却因旧县河经常泛滥成灾而被淹失。后来又遭“文化大革命”破“四旧”，被人为抄没焚毁一批。故旧县清代以前诗文著述传世者甚少，唯见铁场村清道光年间廪生、岁贡生江成康留存诗稿118篇（首）保存完好。清末民国初，梅溪村宿儒胡崇华在教书闲暇时用客家方言写成7篇客家谣歌，易读易懂易记，曾在一定范围流传。此7篇分别是《初学入门》《平民居家》《平明处世》《富豪处世》《工商处世》《妇女存心》《为官之道》。

二、中华人民共和国成立后

中华人民共和国成立后，故事、小说、诗歌、对联、论文、散文、通讯报道等，在旧县日渐增多，众多专业和业余作者相继在各级各类报纸杂志、文史书籍上发表作品。2017年7月，上杭琴岗诗社旧县分社成立，推动诗词创作繁荣发展，新人新作不断涌现。

20世纪80年代，全坊村谢友荣在《闽西日报》发表《未有旧县先有萧何堂》文章，同时，还经常在各级各类刊物发表新春联及各种诗词等。90年代，丘松林、陈德文、赖扬滨、江树高、江志汉等在《中国民间故事集成·福建卷·上杭县分卷》上分别刊出文章。

1994年，河东村陈靖由中国文联出版公司出版《寂寞也开花》诗文集一部。此外还有众多作品在各级报纸杂志发表、有的还获奖，曾有作品刊登于《人民日报》。

2008年，龙溪村陈其湘结集出版《春晖园诗文选》。此外，其还有多篇诗词、对联在《闽西日报》和《汀州诗词》等刊物发表。

2012年，旧县镇党委、政府将上年市、县作家协会会员到旧县采风所撰诗文作品汇集成册，以《古邑春秋》为名出版。

2015年年初，龙溪村袁松树从他长期从事专业摄影所积累作品中遴选出数百幅照片汇编成《汀江风情》画册，由上杭县交通局和上杭县档案局联合主编，经人民美术出版社出版发行。2017年2月，经改版再次发行。

2015年，梅溪村退休教师阙思鸿结集出版《梯人诗词集》一部。

2015年9月和2016年12月，梅溪村农民胡泮魁编纂《上杭诗联故事集》和《紫金山下》诗文集，由中国文史出版社和中国诗词楹联出版社出版发行。出版后，中国网和《海峡导报》对两书出版各发表1篇评论。

2017年7月，成立上杭县琴岗诗社旧县分社，有会员10多人。当年，河西村陈旺贤编纂《闲草心韵》诗文集由上杭县文体局、上杭县琴岗诗社出版发行。其《旧县豆腐》一文在《客家》杂志发表，还有一些诗词作品在国家级诗刊《壮国魂》等刊物上发表。

第三节 戏 剧

一、汉 剧

民国31年（1942年），广东艺人李盛仁为避战乱到梅溪入赘安定下来后，因善唱汉剧，就加入本村陈明崇十番乐队并培养有天赋班子成员学习汉剧演唱。各村有红事、白事请他们时，就在锣鼓和十番音乐配合下演唱汉剧整场戏或片段。李盛仁戏路宽，生、旦、丑、净各行当皆会演唱，节目有《孟姜女》《百里奚认妻》《伍子胥过韶关》等。

1974年冬，旧县公社文艺宣传队创作排练独幕小汉剧《飞燕凌空》，于1975年元旦期间参加县文艺调演，获的好评。本年春节期间，到全社各片作汇报演出共7场。1977年冬，又排练独幕小汉剧《让路》，在本社演出多场。

二、其他形式文艺演出

土地革命战争时期，旧县区苏维埃政府曾组织剧团为群众演出具有革命意义的现代歌、话剧，被称作“新剧团”。民国24年（1935年）9月24日，中华苏维埃中央机关报《红色中华》在第五版《文化战线上的模范县区》栏目中，以《旧县才溪剧团活跃》为题，称“旧县才溪的新剧团，本来老早已有组织，也曾出发演剧（出）过，获得广大群众的欢迎。现在在县的调动之下，出发各地表演新剧”。

中华人民共和国成立后，特别是“文化大革命”期间，旧县公社及部分大队、单位、学校，成立毛泽东思想文艺宣传队，编演各种文艺节目，合唱、独唱、表演唱、竹板歌、对口词、相声、三句半、扭秧歌以及小歌剧、京剧样板戏片断等都有涉猎。演出地点灵活选择，有在单位、学校礼堂、圩上演讲台演出，有在民间祠堂等公共场所演出，也有在圩天市场上演出。这些编导和演员，都是不脱产干部、职工、教师、农民和学生，利用业余或课余时间编写、排练和演出。1974 年 10 月 1 日，旧县公社在旧县市场举办全社歌咏比赛，每个大队都派出一支代表队参赛，先后上台演唱歌曲。最后，河西大队获评第一名。1977 年 10 月，旧县公社举办小学文艺调演，8 所小学文艺代表队在市场演讲台参加演出。

改革开放后，境内民间各业余文艺演出活动也甚为活跃。他们舍得适当投入，购置必要道具服装，在各种场合表演《天仙配》《补锅》《白毛女》《黛玉葬花》等片段。1994 年，旧县文艺宣传队男女对唱《两地书——母子情》获全县农村组演出一等奖；男女声四重唱获“芳草杯”全县文艺会演优秀演出奖。

2007 年，上杭县西北片区 7 个乡镇在旧县中学举办第二届农民文化艺术节，内容有体育项目，也有文化艺术项目。比赛结果，旧县代表队获团体总分第一名。

2017 年 3 月（农历二月初二），龙岩市歌舞剧团到梅溪村参加“二月二”民风民俗传统文化节演出。3 个晚上，观看演出达 1 万多人次。

第四节　书画　篆刻

一、绘　画

民国以前境内绘画名人名作，已无史料查考。

中华人民共和国成立后，河东村陈靖（原名皋贤）自学成才，多幅画作在省内外获展，有的在国家级报纸杂志发表或获奖，有些在东南亚一带受到华侨好评。河西村陈涛林（旧县中学教师）年轻时开始自学绘画，有作品入选各级各类书刊发表或展览活动展出。

二、书　法

古代，书法是学生必修课，旧县境内多有精品佳作。只因年代久远，遗失殆尽。惟清道光年间境内铁场村廪生、岁贡生江成康蝇头行书和同村光绪年间邑庠生江献岷草书仍有存世之作。

20 世纪 80 年代后，境内河东村陈靖书法作品曾获首届“艾青杯”全国当代文学艺术作品大奖赛创作奖、韩国国际书画家协会“国际书画艺术交流大展金奖”等。

境内陈涛林 2009 年 10 月加入中国硬笔书法协会，其毛笔书法作品部分入选各级各类书刊、展览刊用或展出。个人举办过书法作品展览。

梅溪籍外出干部胡炳春是省书法家协会会员，草书造诣较深，曾获省直机关书法比赛第二名和全省行业系统书法比赛一等奖二次。

尧埔村外出干部丘仰文是中国金融行业书法家协会会员，福建省书法家协会会员，作品曾入选全国硬笔书法艺术作品展出，并获奖。

2017年春节前夕，旧县镇党政首次组织书法爱好者，在市场上义务为群众书写春联。

三、篆 刻

铁场村江家鸿终身以刻字为业，中华人民共和国成立之初从宁化回上杭城入刻字社。平时除为行政企事业单位和私人刻制一般印章外，篆刻也有颇多作品。河东村陈靖（陈皋贤）篆刻作品多次在国内各级报纸杂志上刊出。

第五节 广播 电影 电视

一、广 播

1966年，旧县公社设立广播站，线路架入各大队、生产队，一些生产队和家庭户开始安装有线广播喇叭。全公社最多时共安装喇叭300多个。

1980年以后，每村设立转播站，安装250瓦扩大器1台，并装有高音喇叭1—2个。1994年，全乡广播线路通村率100%，入户喇叭2500多个，占总户数的50%。白砂乡碧砂村和早康村也接通旧县广播站线路，两村群众得以收听由旧县广播站转播的中央、省、县新闻和天气预报等节目。

1995年，乡广播站更换一台800瓦扩大器，有线广播转为（无线广播）调频。主要节目有中央、省、市、县新闻、天气预报及乡内大事，方便群众收听。2001年，全乡有调频喇叭广播800多只。

1999年12月14日，国家广电总局领导率全国各省市广电部门领导观摩旧县乡广播站，肯定旧县乡广播工作。

二、电 影

1975年以前，境内群众看电影要靠县电影队或才溪公社电影队不定期来巡回放映。

1976年2月，旧县公社购买8.75毫米电影放映机一台，并成立电影队，同时在旧县车站背后建起简易电影院。售票放映，观众凭票入场观看。

1979年，电影队更换添置16毫米电影放映机一台。

1982年，电影院电影放映机更换成35毫米提包机，并改造电影院，更新座椅，设840个座位。每逢圩天，除晚上放映外，日间也安排一些放映场次，多时一天曾放映过8场，以方便赶集群众观看。并经常下村为有需要群众有偿放映。

1990年后，录像、电视、网络等迅速发展，电影放映业逐渐萧条。

2000年后，国家研制出数字电影机，中宣部推出“2123”电影惠民放映工程，县电影院安排数字电影放映队下乡为群众公映。

三、电　视

1977年，县在境内扁山寨建立电视差转台，此后境内陆续有单位和家庭户购置电视机收看电视节目。1992年，旧县设立电视广播站1个、卫星电视地面接收站1个，转播2套节目。1994年12月，建有线电视站1处，播送9套节目，覆盖旧县市场附近7个村。1995年，有线电视入户457家。

2000年，新坊村设立电视差转台1座，设电视地面接收台1座，接通闭路电视95户，能收看12套节目。其时全村有电视机160台（其中彩电70台），电视机拥有率占当时新坊村总户数50%。2006年，乡政府投资45万元，开通新坊、石院等村28套节目有线电视信号传输。

2008年始，电视进入数字电视阶段。2010年，实现全乡整转。

2017年年底，全镇开通数字电视2000多户，电视节目由原来2套增加到100多套；各种尺寸壁挂大屏幕彩色电视机基本覆盖每家每户。

第六节　文　物

一、文　物

语口渡碑　原竖于河西石拱桥东侧。拱桥改造后移至镇文化站内保存。

二、古遗址

旧县全坊村乌石坑铁锸指，有出土青铜时代石锛、石器等文物遗址1处。

全坊村坎头街北宋年间上杭县县治遗址1处。

三、古建筑

敦和堂　位于河西村桅杆屋。清代雍正二年（1724年）所建，2017年被列入县文物保护单位。

灵光庵　位于梅溪，占地850平方米。据乾隆癸酉年《上杭县志》记载，此庵原叫临江庵，系佛教古寺庙，始建于宋末。元朝毁于寇。明天顺元年，邑人游辟重修。2016年，乡人钟家芹、陈耀荣等筹资再修，殿内古代石柱、横杠梁等构件保存完好。

穿石窿　宋代人工开凿水渠穿越石岩遗迹，位于全坊村大陂潭。2017年，保存较好。

仙师岩石庙　位于石圳村萝卜岭背，明代建筑，庙堂供奉上杭民间崇拜对象之一——仙师公爹。2017年，该庙保存较好。

龙溪石拱桥　地处龙溪村龙头岗，建于明代。2017年，基本保存完好。

妫芳祠　建于明代，地处龙溪村岩寺前，系旧县陈姓人古祠堂。2017年，部分建筑仍有保存。

青莲洞　地处临城镇石砌村，系供奉五大真仙庙宇。于清嘉庆年间由梅溪村曹姓、章姓等先民选址购地建造，梅溪村17姓4眷人和临城石砌村钟姓群众皆有权属。清代后期，成为上杭县旅游避暑胜地，亦是闽西风景区之一，名为古石岩风景区。民国前，有不少文人学士在青莲洞读书和休闲避暑。晚清闽浙水师提督、海军名将钟宝三有《咏古石岩十大风景》诗作。2017年，其部分诗作石刻仍保存在青莲洞口。

明代中叶，梅溪胡姓始祖月川公将各地逃难而来亡故的无依无靠难民统一收敛归葬一处所建的义冢（胡武春供图）

大夫第　建于清代，地处河东村寨里6号，2017年，保存较好。

孔氏家庙　建于清代，地处石圳村大圳组，2017年，保存较好。

萧何堂　始建于隋末唐初，后多次重建。堂内供奉汉初三杰张良、萧何、韩信，地处语口桥南边。

谷坑古井　建于清代，位于谷坑村上黄屋自然村，属地面喷泉古井，大旱天仍泉涌不止。2017年，仍保存较好。

河西古井　建于清代，位于河西村桅杆屋。2017年，仍有保存。

语口石拱桥　位于河西村老街，初建于清代，20世纪60年代开辟205国道至旧县市场公路时，在其桥面添土降坡；后改造旧县市场时，在其一侧进行加宽桥面改造。2017年，仍可见其另一侧旧貌。

扁山黄氏宗祠　建于清代，位于扁山村。2017年，保存较好。

聚顺堂　建于清代，古民居建筑，位于扁山村南山路24号。2017年，仍有保存。

梅溪林田坑石拱桥　建于清代。2017年，仍有保存。

回龙宫　建于清代，位于石院村下村村口。2017年，保存较好。

孔宪行大院　建于清代，系古民居，位于石圳村。2017年，保存较好。

通济庵　古寺庙，始建于明代，后多次重修。位于新坊村。2017年，保存完好。

四、风景名胜

紫金山，杭川第一名胜，明代石圳、迳美村民在紫金山上建有桃源洞、古中峰寺、五龙寺、麒麟殿等。历史上，游客络绎不绝慕名到紫金山游览。20世纪90年代紫金山因金铜矿开发，古寺院被拆迁后，紫金矿业集团花费大量资金，开发紫金山工业旅游区，其中有紫金山公园、金山茶园公园、南天门景点等，游客依然纷至沓来。

五、革命纪念地

敦和堂　位于河西村桅杆屋。清代雍正二年（1724年）所建，苏区时期为旧县区苏维埃政府治所，同时又是中央苏区红色交通站之一，毛泽东、谭震林等都曾到过此地。2017 年，列为县级文物保护单位。

敦本堂 红四军前委机关旧址，位于河东村。1929 年红四军前委机关入驻此地，并在此召开红四军前委会议，决定成立红四军第四纵队事宜。

旧县革命烈士纪念碑 1985 年建筑，地处河西村牛尾山。

铁东革命纪念亭 原建于 1964 年，位于铁东村马坑，由开国将军陈茂辉题写亭名。2014 年，迁铁东村农民公园重建。

孔瑞云将军故居 1912 年建造，位于石圳村。

陈海涵将军故居 1914 年建造，位于河东村阡背自然村，属县级文物保护单位。

陈茂辉将军故居 1912 年建造，位于铁东村黄泥岭。

翁祥初将军故居 1929 年建造，位于迳美村上迳自然村。

老红军邓六金故居 位于新坊村，保存较好。

孔凡政烈士墓 1972 年建造，位于石圳村老“石圳大桥”桥头。

旧县镇不可移动文物情况表

表 20-1

序号	名　称	时代	类　型	地　址	面积（平方米）	所有权	保存现状
1	铁锸指遗址	夏商周	聚落址	全坊村乌石坑背	15000	集体	一般
2	县直遗址	宋代	宫殿衙署遗址	全坊村坎头街	2000	集体	一般
3	铁场罗氏祖墓	名单	名人或贵族墓	铁场村老地边	288	私人	较好
4	语口渡桥	清代	桥涵码头	河西村老街	160	集体	较好
5	扁山黄氏宗祠	清代	坛庙祠堂	扁山村	1000	私人	较好
6	扁山聚顺堂	清代	宅第民居	扁山村南山路 24 号	1200	私人	一般
7	谷坑古井	清代	池塘井泉	谷坑村上黄屋自然村	30	集体	较好
8	河东大夫第	清代	宅第民居	河东村寨里 6 号	3500	私人	较好
9	河西古井	清代	池塘井泉	河西村桅杆屋	40	集体	一般
10	龙溪陈氏妫芳祠	明代	坛庙祠堂	龙溪村岩子前	200	私人	一般
11	龙溪石拱桥	明代	桥涵码头	龙溪村龙头岗	30	集体	一般
12	梅溪林田石梁桥	清代	桥涵码头	梅溪村林田坑	20	集体	较好
13	梅溪灵光寺	宋代	寺观塔幢	梅溪村兔子岗	850	集体	较好

续表20-1

序号	名　称	时代	类　型	地　址	面积（平方米）	所有权	保存现状
14	全坊穿石窿	宋代	堤坝渠堰	全坊村大陂潭	100	集体	较好
15	石院回龙宫	清代	坛庙祠堂	石院村下村村口	130	集体	较好
16	石圳孔氏家庙	清代	坛庙祠堂	石圳村大圳	390	私人	较好
17	梅溪古井	明代	池塘井泉	何氏宗祠左侧		集体	较好

旧县镇革命纪念地情况表

表 20-2

名　称	建筑年代	地　址	2017 年年底现状
红色交通站——敦和堂	清雍正七年	河西村桅杆屋	现状一般（县级文物保护单位）
红四军前委机关驻地旧址——敦本堂	清末（2006 年重修）	河东村	较好
旧县革命烈士纪念碑	1975 年	河西村牛陂山	现状较好
铁东革命纪念亭	1964 年年初建于马坑，2014 迁村农民公园重建	铁东村农民公园	现状较好
陈海涵将军故居	1914 年	河东村阡背自然村	现状一般
陈茂辉将军故居	1912 年	铁东村黄泥岭	现状一般
翁祥初将军故居	1929 年	迳美村上迳自然村	现状一般
孔瑞云将军故居	1912 年	石圳村	现状一般
女红军邓六金故居	清末初建，后重修	新坊村	保存较好
孔凡政烈士墓	1972 年	老石圳大桥北侧	现状一般

说明：以上资料由上杭县文体局文物保护科提供

第七节　非物质文化遗产

谷坑村地处旧县镇西南部，是旧县镇唯一民族村，蓝、钟两姓畲族村民占 45%。打铁技艺在谷坑村传承历史悠久，从业人数甚众，形成本地经济文化一大特色。

打铁工艺是自人类进入铁器时代就开始有的一种原始锻造工艺，历史悠久。农耕社会生产工具锄、犁、耙、刀、斧等和人们日常生活用品铲、勺、钩、钉、门塔（扣）等，都离不开打铁铺锻造。

打铁技艺文化含量高。它看似原始，但很实用；虽说简单，但并不容易学，很难学精。打铁技艺师徒传承，也有家族传承。有道是“打铁冇样，边打边想”，说明打铁技艺要靠悟性代代相传。打铁技艺因产品不同，技艺也各不相同而无定法，但总体上必须经过选料、烧料、锻打、定型、抛钢、淬火、回火、泽油等基本工序。

2017 年，上杭县文体广电新闻出版局将谷坑村传统打铁技艺，报请龙岩市人民政府列为非物质文化遗产名录。

第八节　文　选

一、序

旧县陈氏族谱序

有宋南迁，我祖魁公自江北来汀家，于宁化石壁寨陈德村传至梅山公，卜居杭邑丰朗，再传千一郎公独移旧县，又志和公分徙水竹湖。虽属一邑村落寥阔星散，更以人亡世隔，地远情疏，致面不相识，名不习闻，目宗族为路人者多矣。兹溯老谱，先有均得公志于前，旧山公修于后。如间代不录，难免断续痕迹，即揣摩臆度多影响淡耳。此慈孙孝子所以搁笔而全心也。噫，祖宗根本枝叶忍令遗弃？吾家有志刻谱者亦屡倡议，特持论不一究成画饼。然犹幸赓陶、企远、奋上、大肇、诚开诸伯叔，藩候、岜川、升三、道从、成章、梦松、珍书等各存写谱，得不至澌灭。独是写谱详略无凭，合刻校核乃信其事烦剧，其功浩渺，其费用尤重，且大观成此举戛乎难哉！前年癸丑，得弟仁文虽世医为业，孳孳以合族刻谱为倡；爰集各房题捐赏银及私加乐助，诸父兄概行踊跃，计资可给矣。自是合族公举大谟、子科、宽凤、子恕、子殿、禧从、孔光、梦禧、钟馨、昭元、义文、鸿章、昌彩、维周、厚潜、品文等理之；仰丰、昌馨、方馨、粹猷、卓荣、展猷、文澜、成龙、昌奎、泰来、含美、光书、勋书、玉辉、玉琼、春魁、富魁、勋贤等录之；子熙叔及谟汇辑之。而又虑一事而百工集者之耗必甚也，仍公举仁文、善从总理其事，嘉猷极力赞之。由是不劳而理灿然，脉络分明焉。虽其间存殁盛衰，各房散移，支派不无遗漏，而增补正讹，谱之大本立矣。兹届告成，诸族人属予撮记其事，予愧年过半百，犹困衣巾，枯管强拈，不文特甚，只谊无可辞，谨摅其事其人以殿之。

乾隆六十年岁次乙卯（公元 1795 年）二阳之朔

嗣裔赓谟谨识

注：此文寻于《上杭陈氏梅山公一脉宗谱》。

二、记

梅溪上渡记

吾乡大江横前，水势汹涌。两岸交通，端赖舟楫，而地居要冲。往来商旅络绎于途，每遇江水泛涨，辄难畅通；行者苦之。

吾梅溪胡氏开基始祖纶公有鉴及此，特拨禾税百称，以为设渡之资，增辟渡头，名为上渡。从此行人称便，不复病涉矣。迨至民国18年（1929年——编者注，下同），本境禾税簿据悉数被焚毁，以致收租无着，前人功德因而淹没。良可慨已。嗣裔十一世崇华等，追念先人好义之心，更体行人跋涉之苦，佥择抉将五月节节会会田，拨充为复渡之资，时在民国廿三甲戌岁（1934年）也。窃思此渡，创自始祖，而裔等续之其利人利己、功莫大焉。所望族中君子秉度世必先度人利人，便是利己之心，时加爰护永隆美举，彰前人功德，便行人往来。崇华素念此事颠末爰陈梗概，以垂不朽焉。

民国二十三年（1934年）五月三日

崇华　谨记

注：此文录于梅溪《杭武胡氏族谱》。文中繁体字、标点符号和公元纪年由编者按现代文体更改。

三、诗　词

（一）江成康诗选

金玉顶

堆金积玉本财丰，脱化山头顶独雄。
我欲搜罗还赤手，令人搔首问天公。

狮子岽

金毛姨额号雄狮，怪石环山赛月支。
倘使岽头声一吼，河东莫笑畏人痴。

七姑礤

灿灼天星有七姑，如何石礤有同呼？
风姨月姊时来往，二五峰连璧与珠。

石　岩

何年鬼斧凿空岩，壁立千寻响不凡。

福地琅环良足拟，好藏书卷好藏衫。

善灵山

善灵古刹肇前明，智识为僧匾额荣。
划草传灯遥有色，悟空入定昔流声。
山多翠竹时储纸，饭积香厨日课耕。
法矩堪怜无可续，徒留锡杖挂前楹。

注：江成康，铁场村人，清道光年间廪生、岁贡生、明经进士。以上是他描写岩下山几个景点的诗。

（二）胡崇华《客家谣歌》（节选）

初学入门

少年读书哥，开头莫读多。
越读越识得，可比唱仙歌。
读书当认字，不敢过桌子。
时时要想书，莫去管闲事。
破朦学捉笔，五指圆的的。
鸭蛋可中藏，先人老格式。
见人纸笔墨，切莫去做贼。
偷得回数多，总有人晓得。
少时会偷针，大了会偷金。
年纪略略大，寻师当出外。
诸子百家学，青年考秀才。

平民居家

读书无聪明，手艺学一门。
功夫学得到，自然有人逢。
为别人做事，自家一般般。
尽心又尽力，东君总喜欢。
若是去种田，肥粪要周全。
田禾有大熟，稻麦糯米软。
蒸酒作豆腐，虽然是辛苦。
些微小利润，日积月累富。
不求大富贵，但愿人长寿。
儿孙有满堂，全家福禄久。

平民处世

每日朝晨起，地下扫伶俐。
人家要象家，莫象牛栏里。
夜来无事件，算盘识字练。
男女要勤劳，茶饭不求人。
做人要有德，称星不扣克。
凡事凭良心，升斗修子孙。
好酒好肉菜，老大随时爱。
若是后生人，切莫吃惯嘴。
嫖赌吸鸦片，切莫去沾边。
做人要老诚，待人要义仁。
讲话做事件，将心比他人。
为人莫逞强，凡事头偏偏。
被人打到疾，受苦喊皇天。
本姓的伯叔，千年的血族。
不管亲亦疏，一生要和睦。
国家的法令，切莫去违反。
一世做良民，终生多行善。
好人有好报，日久看得见。

注：此《客家谣歌》又叫旧县方言诗歌，是清末民初梅溪宿儒胡崇华教书之余编写来供普通男女青年诵读的方言诗歌［民国30年（1941年）成稿］，也是他对私塾学生进行传统道德教育的辅助教材。全部共7首，这里编入4首。

（三）陈其湘诗词选

庆祝上杭解放

大地重光气象新，城乡爆竹簸烟尘。
盎然春色民皆乐，万众翻身作主人。

（1949年5月）

观檐滴有感

涓涓檐滴可成河，莫笑泉流一勺多。
无意入山人不晓，将归大海作波涛。

（1948年3月）

千秋岁·庆贺敦本堂重建落成

龙岗后枕，悠悠连江现。
原祖庙、旋黉舍，环球桃李现，社稷栋梁见。
将军数，专家教授丛书撰。
浩劫无人晓，毁灭有谁管？
群感叹、定复建，捐资配享好，特资流芳匾。
今胜昔，新祠金碧辉煌殿。（2006 年 9 月）

注：陈其湘，龙溪村人，原旧县中心小学校长、才溪中学教师，原琴岗诗社社务委员、顾问。

（四）阙思鸿诗词选

台归客

冰融雪化故乡回，父老门前问找谁？
望见旧居墙上草，笑容难掩泪珠垂。
（1987 年秋）

春　耕

布谷声声催播种，连河两岸尽忙人。
精耕细作新分地，只盼年丰快脱贫。
（1982 年春分喜见农村责任制到户而作）

不容分裂

神州各族本一家，岂可容人割裂它。
举国军民团结紧，同心捍卫大中华。
（2005 年春）

注：阙思鸿，梅溪村人，曾任建瓯中学、旧县中学校长，上杭二中教师。

（五）陈靖诗选

重　阳

无花无酒过重阳，清淡原来味更长。
且踏霜风游旧地，莫教微雨湿衣裳。
半山烟水寻常事，千古浮沉岂是伤。
一曲清歌长啸去，寒江独钓水茫茫。
（1974 年 10 月）

游漓江

迷濛细雨漓江游，水面风生景自幽。
佳境有如隔帘女，藏而不露真风流。

（1993 年 7 月）

冒雪游庐山二首

访鹤归来夜向东，庐山雾锁飘渺中。
良机天赐随缘客，万树银花玉玲珑。

踏雪游山第一回，雾遮云绕上天梯。
初度仙桥红日出，数峰偶尔探头来。

（1994 年 3 月）

注：陈靖（原名皋贤），号逸凤，1942 年生，河东村人，少时即喜爱书、诗、画、印，曾被誉为“八闽诗书画家”。

（六）陈旺贤诗词选

旧县河揽胜

四围岩壁矶笼口，直下梅溪悦眼眸。
漫野香花红树叶，隔河阴竹绿春秋。
石门深凿通三峡，碧水长流入九洲。
风浪泛舟招客至，迷人仙境亦勾留。

客家旧县豆腐

凿山引水吐清流，黄豆天然品质优。
盐卤手工名美食，嫩鲜可口誉芳州。
近亲远客齐称妙，益寿延年谁不求。
君问珍肴何处觅，如今旧县满街头。

注：“盐卤”指酸浆。本诗于 2015 年刊入《客家》杂志第 4 期。

旧县江滨风情

群山含翠风光好，河岸连虹架大桥。
壮汉吹笙重泛舸，青娥起舞正扬绡。
银波熠熠鱼飞跃，绿柳婷婷鸟叫哓。

火爆田螺煎豆腐，沿街闹市竞新潮。

注：陈旺贤，字一凡，笔名淡雅如菊，河西村人。中华诗词学会会员，上杭县琴岗诗社常务副社长兼旧县分社社长。

（七）胡泮魁诗选

人　生

人生如梦世间游，光阴弹指几春秋。
但行忠孝与仁义，渺渺人生无险途。

（1975 年 9 月）

颂　梅

霜雪严寒天，花开鲜艳艳。
古今多少人，颂诗知几篇？

（2000 年 1 月）

高速动车赞

远看像长虫，近观似蛟龙。
瞬间呼啸过，“戴宗”输眼红。
致富开铁路，高速可离穷。
友邦求发展，多国签合同。

（2015 年 11 月）

注：胡泮魁，梅溪村人，上杭县琴岗诗社旧县分社副社长、龙岩市作家协会会员、福建省诗词学会会员、中华诗词学会会员、龙岩市楹联学会理事。

（八）江家培诗选

题大岃头村口

苍松迎客至，皓月盼亲归。
雾锁千山翠，云开百鸟飞。
梯田青谷茂，草地幼犊追。
故里春风暖，陶潜醉忘回。

家乡风景二题

百丈磜

巨瀑飞泉百丈崖，春来怒绽杜鹃花。

凡山净谷无游客，异兽珍禽近有家。

仙人照镜冈
——野生红菇地

仙人照镜坐天台，布阵排兵点将来。
喝令三军齐破土，红菇带帽满山开。

春　茶

老树潜心育后生，新芽簇簇向阳争。
风摇薄羽流甘露，喜逗村姑笑语盈。

注：江家培，石院村人，旧县中小教师。

(八) 陈发清诗选

客家人

客属人家重礼情，宾至如归暖阳春。
久藏心爱盅盅敬，难忘今宵是特醇。

旧县河道喜变迁

汀江支脉水流欢，河道家乡身价翻。
往昔滩滩传号子，今朝级级供电源。

旧县新貌

连江秀水耀银花，语口今朝两岸华。
新市虹桥相映美，榕荫漫舞醉朝霞。

注：陈发清，河东村人，退休小学教师。

四、楹　联

(一) 茶亭联

1. 古茶亭联

旧县澜回渡亭联

澜起波涛徐渡岸，
回观湍水暂留亭。

——作者不详

石圳潭蕉叶湾渡亭联

两船如梭，横织江中锦绣；
一峰作笔，直书天上文章。
——作者不详

九曲峡一处路亭联

憩息一亭新市雨，
安行九曲小溪风。
——作者不详

2. 当代创作

坐片刻不分河南河北，
喝几杯各走山东山西。
——胡泮魁撰

石院村农民公园“文昌亭”联：

回眸九曲，石奇水俏千寻画；
展望全村，院雅人文万卷书。
——江家培撰

（二）书堂联

铁场渡头村老书堂栋柱联

道学渊源，当绍曾三颜四；
光阴荏苒，莫荒禹寸陶分。
——作者不详

（三）祠堂联

旧县陈氏敦本堂大门联

后枕龙岗，奋起风云际会；
前朝鸡岭，报来甲第蜚声。
——作者不详

陈氏诏燕堂大门联

诏谋妫水远，
燕翼义门长。
——作者不详

（四）其他对联

应保险杯有奖征联创作

人人保险家家富，

岁岁平安户户春。

——胡泮魁 2004 年撰，曾获奖

“建行杯”有奖征联

建树繁多贵在高瞻远瞩

行风正派保持勤政清廉

—— 陈其湘撰，刊于《闽西日报》

迎新春展宏图金鸡传喜讯，

反腐败倡廉政华夏沐朝晖。

—— 陈其湘撰，刊于《闽西日报》

赞英雄遨太空宛如嫦娥奔月，

重科技兴社稷共愿天地长春。

——陈其湘撰，刊于《闽西日报》

五、谚语　歇后语

（一）谚语

1. 养生谚语

食不言，寝不语。

饥剃头，饱洗浴。

笑口常开，青春常在。

叹老老得快，疑病病来缠。

说说笑笑，疾病定少。

无愁无急，八十有出。

若要长寿健康，常住林间水乡。

不气不愁，活到白头。

冬食萝卜夏食姜，不劳医师开药方。

2. 为人处世谚语

常思己过，少论人非。

病从口入，祸从口出。

人望高头水流低。

钱财越花越少，学问越学越多。

心直口快，招人责怪。

男要勤，女要勤，三餐茶饭不求人。

人无三代富，亦无三代穷。

莫笑他人老，终会轮到我。

凡事要好，多问三老。

利刀难断长流水，天涯难舍故乡情。

3. 生产谚语

百业农为本，民以食为天。

岁月不饶人，节气不留情。

三十六行，行行出状元。

书要精读，田要细管。

人不缺田的工，田不少人的粮。

靠山吃山，靠水吃水。

春种一锄头，冬收一钵头。

清明种芋，谷雨种姜。

养羊种姜，利息难当。

穷人莫断猪，富人莫断书。

家有一口塘，好比小银行。

谷雨前后，种瓜种豆。

家有千头桐，一世不会穷。家有千头棕，一世不会空。

（二）歇后语

南大岗上骂知县——白费口舌。

一粒老鼠屎弄脏一锅汤——真是晦气。

大年三十饭甑——无空。

大年初一见面——全是好话。

屁股上搽红珠——假装屙赤痢。

老母鸡下蛋——尽力。

禾仓里的老鼠——不愁无食。

瘦猪妈屙硬屎——穷人出手大方。

猫公抓糍粑——难脱手。

三个手指捏田螺——稳拿。

鼻孔朝下——大家一般般。

人心高过天——当哩皇帝想神仙。

屋檐水落地——点滴不差。

尼姑面前讨奶食——空想。

黄狗偷食，白狗受罪——冤枉。

乌龟莫笑鳖——差七唔差八。

蚊子咬菩萨——白费口舌。

风箱里的老鼠——两头受气。

落雨撑凉伞——遮下众人眼。

六、儿 歌

（一）月光光

月光光，照四方，四方暗，过田坎，坎有头，过头牛，牛有角，过张桌，桌有杆，过只瓮，瓮有口，过只狗，狗有尾，过只鸡，鸡有髻，学做戏，做戏难打锣，不如学打箩，打箩篾刺手，不如作豆腐，豆腐难游浆，不如学做香，做香手更污，不如去杀猪，杀猪难熬夜，不如学做瓦，做瓦泥更污，还是去读书，读书难识字，不如捡狗屎，狗屎味太臭，不如去染布，染布无耐心，还是学做人，做人讲信义、凡事识道理，万事要坚心，铁棒磨成针。

（二）小气牯

一个小气牯，一个顶真牯，买哩一块白豆腐；一个要去煎、一个要去煮，两人争得气鼓鼓，一直争到汀州府，豆腐臭了还未煮。

（三）鹅挑水、鸭洗菜

月光光，出山背；鹅挑水，鸭洗菜。

鸡公砻谷狗踏碓，狐狸烧火猫炒菜。

兔子过桥摘白菜。摘一皮，留一皮，

留来天光等大姨。大姨无事做，

拿把芒杆扫，背头岭上扫呀过。

（四）萤火虫

萤火虫，唧唧虫。唧的什么虫？唧的丝目虫，丝啊丝，张天师；张呀张，碗子装；碗呀碗，莲花碗；莲呀莲，跳脚莲；跳呀跳，蛇跳；蛇呀蛇；白花蛇；白呀白、雪白；雪呀雪，落雪；乐呀乐，长乐；长呀长，猪肠；猪呀猪，豪猪；豪猪有箭箭，专射大骗骗。

七、谜 语

（一）字 谜

1. 一字九横六直，天下诸侯不识；有人问孔子，孔子猜三日——晶

2. 一点一横梁，扛梯上屋梁，背头弯下转，中心一口塘——高

3. 东南西北角叉叉，八仙带刀在身下，子女两个面对面，天子住在竹头下——十分好笑

4. 半片衣衫一口田，女人开口笑连连，一木生在田中心，三子偎在母旁边——福如东海

5. 二人一卜谈——天下

千里二口猜——重回

（二）物　谜

1. 么个生来四四方？么个生来圆叮铛？么个生来肯搅扑，么个生来俺们未食佢先尝——灶、锅、锅盖、锅铲。

注："么个"是什么的意思；"肯搅扑"是俯卧的意思。

2. 白马逐乌马，一逐逐到城门下，城门关下倒，永远见唔到——菜干下饭

3. 有眼无珠，没嘴咬人——针

4. 摆起八卦阵，稳坐中军帐，轻摇手中扇，单捉飞来将——蜘蛛

八、爱情山歌

（一）天上乌云配白云，地下石子配泥尘。
田里禾苗配稗草，世间靓哥配美人。

（二）阿哥有情妹有情，两人有情怕曼人。
只要两人情意好，天长地久唔变心。

（三）一山过哩又一山，哥在前头妹后跟。
世间只有藤缠树，哪里见过树寻藤？

（四）一坡过哩又一坡，老妹面红喊阿哥。
妹个心里怦怦跳，唔知阿哥听到么？

九、民间故事

（一）紫金山传说故事

1. 蛮王称霸

上杭紫金山西面有个山洞，名叫蛮王洞，传说这里住过一个占州攻郡所向无敌的蛮王。北宋年间，在紫金山密林深处住着一户人家，这家人只有爷孙两个，爷爷 80 多岁了，是当地有名的"风水先生"，孙子二宝十三四岁，长得浓眉大眼、顽皮机灵。有一天，二宝对爷爷说："爷爷，您一生都给人看风水，有无给自己选一个最好的风水宝地？"老人想到自己已是即将入土之人了，二宝也慢慢长大懂事了，就对他说："二宝，最好的风水宝地在灵山顶上，那儿有个天生的无盖石棺，只要把人葬在里头，朝东方击三下手掌，喊一声'神葬！'三十里外古石岩山顶的金棺盖便会飞来盖住石棺，这是个天葬地，善葬出天子，恶葬出蛮王。"二宝听后半信半疑，要爷爷带他到灵山顶上看一看。

爷孙两来到灵山顶上，果然看到一个天生无盖石棺，四周绿色如茵，鲜花环绕。二宝十分好奇、仔细观看。他对爷爷说："爷爷，这地方太好了！我把您葬在这里，我去做皇帝为您争光。"爷爷捋须说："好！好！"忽然，二宝又好奇地问道："爷爷，这石棺这么小，也不够长，能装下您吗？"爷爷说："那好，我先躺进去试试。"二宝慢慢地举起双手连击三掌，大声呼叫："太好了，真是神葬！"正和了口诀。刹那间天昏地暗，雷声隆隆。霹雳声中一道金光划破天空，古石岩山顶上飞来金棺盖紧紧盖在了石棺上，爷爷被

二宝恶葬了！

吓呆了的二宝一下子惊醒过来，可为时已晚。他又后悔又悲伤，大声哭喊着爷爷，敲打着石棺；整整哭了三天三夜，又累又饿，伏在石棺上睡着了。朦胧中一个白发老人向他走来，问他说："二宝啊！皇帝你是做不成了，你就做个蛮王吧！我给您一个金鼓、一面金锣、一个金盆，还有三石麻子、四石豆子。敲起金鼓，麻子会变兵、豆子会成将，他们会绝对服从你的命令的。敲起金锣就表示鸣金收兵，兵将又会变成麻子、豆子。你久战累了、只要在金盆中滚一下又会精神倍增，力大无穷。蛮王啊！后悔是没有用的。有了这四件宝贝，你足可称霸一方了！"说完把二宝轻轻一推，二宝一声惊叫，睁开眼睛，四周整齐排列着金鼓、金锣、金盆和麻子、豆子。蛮王依梦中老人所说，敲起金锣果见麻子豆子变成了兵将，一时人声喧闹，沙尘蔽日，满山遍野都是兵将，他们齐声高呼："愿为大王效劳！"蛮王十分高兴，决定占山为王。兴兵反宋，扎营紫金山上，设蛮王洞为洞府。

2. 杨八妹智破麻子兵、豆子将

紫金山地势险峻，又有汀江、旧县河作天然屏障，加上蛮王有三石麻子兵、四石豆子将，自认为可称霸一方，自此到处攻城夺郡，为害一方。宋帝得知后下旨派杨家将杨八妹、杨文广姑侄俩领兵前来征剿。

杨家兵将虽骁勇善战，但与蛮王交战数次都以失败告终。原因是蛮王的麻子兵豆子将数量太多，且个个都是亡命之徒。蛮王有金盆调养、始终不会疲劳、力大无穷，几百斤大刀挥舞起来，杀宋兵如砍瓜切菜，威力无穷。有一次激战中，蛮王抓住了杨文广，并用铁链锁在汀江边的岩石上，扬言要活活饿死他。杨八妹兵将受此重创，只好挂出免战牌。杨八妹叫兵士做了很多糍粑，用拔掉箭头的箭杆插上糍粑，叫神射手隔着汀江河把糍粑射到杨文广嘴里，给杨文广充饥。过了几天，杨八妹化妆成采草药的村姑来到紫金山上，蛮王巡山见此美貌村姑，就抓住他押回山寨，要她做压寨夫人。杨八妹将计就计，故意不高兴地说："你看这洞里乱七八糟的，满地麻子、豆子。要我做你压寨夫人可以，但要把山洞打扫得干干净净、东西放得整整齐齐，才像办喜事的样子！蛮王为难的说，我一个人忙不过来呀！"杨八妹说："那好，你去巡山，我来打扫，把这些豆子麻子扫进箩筐里，整理山洞，晚上就可成亲！"蛮王听后喜出望外，高高兴兴巡山去了。

蛮王一走，杨八妹立即烧火，把箩筐里的豆子麻子和地上的麻子豆子一齐倒入大锅中炒熟成枯黑色。又在蛮王的金盆里倒入石灰水。蛮王巡山归来不见了村姑，正纳闷间，山下响起了战鼓声，杨家兵将来攻山了。蛮王赶紧敲起金鼓，不料麻子兵、豆子将毫无动静，只有十多个还未被炒死的兵将，但皆面污鼻黑、焦头烂额、缺手短腿了。此时，杨文广已被救，已冲上山来，蛮王见势不妙，赶紧回到洞里，想恢复体力，便往金盆里一滚。这下可不得了啦！盆中的石灰水咬烂了皮肤，弄瞎了左眼，浑身火辣辣的痛，连刀也举不起来。蛮王知道不妙，从小路逃命去了。

3. 文广、蛮王斗千年

蛮王精疲力尽，心中又气又急，拖着大刀向南奔跑，只见紫金山南面的旧县河边，杨八妹率领将士严密把守，战鼓咚咚喊声震天。蛮王见南逃无望，赶紧往西逃窜，手中大刀拖得“哗啦哗啦”震天响，不料一扇石壁挡住去路，情急之下，蛮王不顾一切，举起大刀劈去，轰隆隆一声巨响，石壁被劈开了，蛮王从缝中穿过，大刀拖过之处成了一条路，后人称它为“拖枪晃”。蛮王逃到汀江砻钩潭边，想从下游方向逃命，只见众多猴兵在猴王带领下封死了去路，上游是石壁、后边又有杨家兵将追来。无路可逃之际，蛮王准备跳入水中潜走。此时杨文广已领兵追来，见蛮王想潜水逃走，便高声叫道：“蛮王，你逃不掉啦！大河有我杨文广，小河有杨八妹，你投降吧！”蛮王见状也高叫：“走不了，我就在河中千年不起！”说完，蛮王纵身一跳，跃入砻钩潭底。杨文广见蛮王一直不起，也高叫：“你千年不起，我就万年不走！”于是，据说至今砻钩潭底还有蛮王变成的蛮王石；而砻钩潭上方石崖上有一形似站立状武士的石像，就是杨文广变成的。另在旧县河打石山下北岸一石壁上，有一似穿红衣女子身像，据说是杨八妹为防蛮王从旧县河逃走，而在此镇守所变成的。

（二）巧答对子

明朝时，上杭旧县某山村有个私塾先生名叫郭德铭，娶妻何氏，夫妻俩前后生了两个儿子。不幸何氏30多岁因病早亡。郭德铭既当爹又当娘，茹苦含辛带大两个儿子。

俗话说：“穷人孩子早当家。”贫困家境的历练，使两个儿子自小乖巧懂事，十分体贴父亲。农忙时，父子仨同甘共苦在田里忙活；农闲时父亲带着小儿子去邻村，自己教书，儿子读书。大儿子则留守在家，晚上看护门院，白天耕田管山。清明谷雨时偶尔挖些春笋去集市上卖。

有一年春天，正赶上插秧季节。父亲教小儿子如何脱秧（拔秧）插秧。由于妻子何氏在世时，这脱秧活都是妻子做，睹活思妻，郭德铭不由想起了亡妻。这一天，他一则思念亡妻，二则想考一考小儿子学问，便对小儿子说：“儿呀！我出一上联，纪念你母，你若对得出下联，我继续让你读书，对不出来就跟你哥上山下田吧！”小儿说：“父亲请出上联，若儿对上了，您一定要让我继续求学，日后能考上秀才、举人、进士，也好为您争光，为国家出力。”父亲说：“好，有志气！你听着，我的上联是：‘稻草绑秧娘绑子’。”小儿听后，沉思良久。虽是白话对联，一时还真难对上。

忽然，见哥哥从山上用竹竿挑着两篮竹笋回来，便灵机一动，忙回对道：“竹竿挑笋母挑儿。”“对得好！我儿真是对得天衣无缝。”

注：此文2014年刊登于福建《客家》杂志第1期上，作者胡泮魁。

（三）胡先彪打死周国璋

在上杭县旧县乡梅溪村，至今还流传着这样的歌谣：“先彪打死周国璋，震惊上杭各村乡。男女老少来欢庆，除了吃人恶豺狼。”

1947年春的一天，位于紫金山下旧县河畔的梅溪寨（民国时三益乡政府所在地），出了一个惊天大案；国民党三益乡乡长周国璋被人用斧头砸破了脑壳，死了。一时间，人们奔走相告，欢呼声、鞭炮声此起彼伏，比过年还热闹。堂堂一乡长死去，人们反而欢呼雀跃。由此可见周国璋是个罪大恶极、臭名昭著的过街老鼠，人人以得诛之而后快。

当时的三益乡管辖着白玉、古石、宫桥、水西、九州、玉女、新塘、谷坑、梅溪、石砌、迳美、水东、角龙、石圳、铁东、麻坝、尧埔17个村，可谓“地阔扫得有尘”。乡政府设在梅溪文馆，文馆门口浮桥下有一渡口，渡口北边有一座用青砖砌的碉堡。碉堡内每天都有好几个乡保安队员荷枪实弹、轮流值班，盘查过往行人，可谓戒备森严。周国璋在此当乡长几年时间，压榨剥削各村村民。旧县河水路可直通大部分管辖村庄。每年苛捐杂税，征粮可收几十万斤。他手下的保安队员十多个，在防共、反共方面各项“政绩”颇得上杭国民政府赏识。由于有靠山，他眼中无人、目空一切，自认为在本乡天下老子第一。白玉村陈禄在老秀才曾列举他十大罪恶，曾邀同各村乡绅一同告他，但告了几次都未成功。在人们眼中，他纯粹是个土皇帝、恶霸王。“顺我者昌，逆我者亡。”当地人晚上孩子哭鼻子，母亲只要说：“周国璋来了！”孩子立刻吓得就不哭了。

周国璋有5个老婆，4个是强抢来的。平时带着荷枪实弹的狗腿子，骑着高头大马前呼后拥地闯村串户，看见谁家姑娘漂亮，就想方设法霸占。水东村有一青年娶了个漂亮媳妇，周国璋听后，晚上带着几个狗腿子，用枪逼着新郎离开洞房，他先做了新郎。那对新婚夫妇抱头痛哭，女的痛苦得几欲跳河自尽。

周国璋的马不用人放牧，放出去后，农民的庄稼任其糟蹋。梅溪何屋的何礼华、何汉华两兄弟看到自己田里有马在吃麦苗，就用一条竹片驱赶了那马一下。那马由于吃了太多雪压的小麦，引起拉肚子，狗腿子却报告说：“马背上有一条竹片痕，不知是谁打了先生的马？现在马不吃草了，还拉肚子。”周国璋立即派人调查，结果何氏兄弟俩就被抓到乡政府关了起来，何礼华被打得皮开肉绽，当场屎尿横流。周国璋说：“让你也像我的马一样拉稀吧！”本来还要把何礼华拉出去枪毙的，后经石圳小学校长林贵堂求情，这才放了他兄弟俩。周国璋仗着自己有人有枪，有一次竟敢趁夜幕降临，由狗腿子们装扮成土匪，对一条从上杭装满货物经过梅溪的船只施抢，把3个航运工人杀了，然后把一船货物秘密运回乡公所，大家分赃，一半由周国璋独占，另一半由狗腿子们平分。第二天，他竟然派人谎报县政府，说梅溪旧县河有条商船被土匪抢劫打死了3名船工。县政府查无实据，只好不了了之。

周国璋的横行霸道、胡作非为，激怒了一个疾恶如仇、敢作敢当的人的愤慨。此人就是乡仓管员兼副乡长胡先彪。那时他才29岁，正是血气方刚的青年时期。平时周国璋挪用国库稻谷，一次就是十几石，谷运去卖了为自己家盖房子，却从不签字认账。更难容忍的是周国璋竟然打起了他老婆的主意。他心中日积月累的怒火越烧越旺。于是，他暗中联络了梅溪几个保安队员，将一部分枪支弹药暗藏起来。同时，还派人前往闽西南游击队联系，打算在为民除害后，投奔共产党，把这些枪支弹药交给游击队。准备工作就绪后，胡先彪就邀请周国璋去他家喝酒。周国璋也心怀鬼胎想趁机去看一下他老婆，就满口答应。酒足饭饱后，胡先彪叫老婆打来一盆洗面水，叫周国璋洗面。说时迟、那时快，就在周国璋把毛巾往脸上捂时，胡先彪举起早已准备好的斧头，闪电般往他头上砸去，周国璋这个罪大恶极的恶霸乡长当即脑浆涂地，一命呜呼。后来，由于周国璋的几个忠实走狗知道了此事，就与胡先彪几个人发生了枪战。胡先彪腿上受伤，边打边撤。在几个至交心腹陪同下，从迳美村来到紫金山脚下。然后，渡过汀江，前往珊瑚（千家村）找到同宗梓叔胡锦锋。在千家村住了几天后，胡先彪腿伤也有所好转。胡锦锋怕走漏消息，为谨慎起见，就安排人把胡先彪送往长汀县童坊镇胡岭村梓叔处避难。不料胡岭村有个叫胡志光的人在龙岩当保安司令，当他的心腹向他报告“上杭有个打死了乡长的梓叔避难来到了胡岭”时，那个保安司令为了立功，竟然出卖梓叔，打电话到长汀县，长汀县派人将胡先彪抓了起来押回上杭县。

在永定、上杭交界处的共产党游击队得知后，曾派出侦察员和精干小分队，想前去营救胡先彪。但由于迟到了半小时，还未赶到目的地，胡先彪在今临城镇石砌村大庄岗上被处决的枪声就已传来，游击队员只好撤回。胡先彪在临刑前，还被扒掉衣服用米筛按在身上，用刨子刨米筛眼里露出来的肉，然后泼上盐水；但胡先彪至死不吭一声。

注：此故事曾刊载于《上杭文史资料》35 期，作者胡泮魁。载入时编者稍有修改。

第九节　机　构

1970 年 12 月，旧县公社设立文化站，属民办公助性质事业机构，配备非国家编制干部 1 人，人选由公社党委决定。人员工资和业务经费除由县文化局固定补助外，不足部分由公社财政自筹解决。文化站干部行政上接受所在公社党委政府领导，业务上受县文化馆指导。文化站成立之初，在河西大队老市场南侧设有一间报纸杂志阅览室，由文化站负责管理。1973 年 6 月 1 日特大洪灾后，此阅览室被毁。

20 世纪 90 年代后，文化站原民办公助性质改变，经费统一列入乡（镇）财政预算，文化站干部也配备在编人员专任或兼任。2008 年，旧县乡在新市场河滨路新建文化站大楼 1 座，站内备有各种书、报、杂志供人们阅览。2006 年开始，全乡各村配备 1 名享受政府补贴的文化协管员，负责组织本村群众文化宣传工作。2017 年，全镇有镇文化站 1 个，村文化室 16 个。

1970—2017 年，旧县公社（乡、镇）文化站负责人依次是丘松林、江树高、江树贵、谢福祥、刘康生、钟文兰、孔双兰、曾德妹、黄文瑾、江水英。

第二十一章　体　育

清代，旧县境内体育有舞龙、舞狮、船灯、香灯、游泳等活动。清末民国初，新学兴起，学校始设体育课，活动项目有队列、田径和游戏，后增篮球、乒乓球、踢毽子、拔河等。

苏区时期，苏维埃政府重视体育，乡间体育结合军事训练，开展得很活跃。军民利用战斗间隙和节假日进行形式多样的军事体育竞赛。

中华人民共和国成立后，党和政府十分重视体育事业，认真发扬苏区时期办体育为革命战争服务优良传统，宣传贯彻毛泽东“发展体育运动，增强人民体质”指示，广泛开展群众性体育活动。尤其在中、小学校，认真贯彻执行德、智、体全面发展教育方针，努力建设各种体育场地，不断添置体育设施，组织师生开展各种文娱体育活动。

改革开放后，随着生活水平提高，群众体育蓬勃发展。乡（镇）党委政府因势利导，一方面通过兴办农民运动会等激发农民体育积极性，另一方面支持各村完善体育设施为群众提供健身条件。中、小学体育也更加正常化，定期举办各种运动会，各类比赛成为群众节假日文体生活重要内容。

第一节　群众体育

清代，境内有舞龙、舞狮、船灯、香灯、游泳等体育活动。苏区时期，苏维埃政府重视体育，乡间体育结合军事训练，开展得很活跃。1937 年 6 月 16—19 日，福建军区在石圳潭举行运动会，参加对象有红十二军、福建军区直属队、随营学校和地方武装等，地方武装以区为单位参加。运动会设一百米、二百米、四百米、跳高、跳远、障碍跑、唱歌、演讲、政治测验等二十个比赛项目。结果，旧县地方武装代表队在本次比赛中荣获总分第二名。

中华人民共和国成立后，各村以当地学校为中心，积极开展小型多样体育活动。20 世纪 50 年代，经常在端午节期间，在河西小学门口旧县河上，举行划龙船比赛，由境内若干代表队参赛。比赛时，每条船上 10 名选手，一名鼓手；一声令下，各船鼓声雷动，争先恐后。比赛当天，沿河两岸成千上万的群众赶来观看，热闹非凡。

1986 年，旧县乡成立中心文化站和农民体育协会，统一领导群众性文体活动。这一时期，不少村、单位篮球活动活跃起来，经常在春节期间组织村与村篮球联赛，有时还组队与其他乡（镇）开展联谊赛。为方便群众进行篮球活动，1995年，乡政府在旧县市场（旧县影剧院前坪）建一个灯光球场，部分村也相继建起简易球场。

2005年1月8日，在旧县中学体育场举办首届“荣达杯”农民运动会，设挑重跑、举板车轮、扛重跑及接力赛等18个农民喜闻乐见项目。全乡19个行政村各组成一个代表队参加，共228名农民运动员参赛。县领导李小平、张跃龙、陈思忠和县委政法委、县农办、文体局等县直部门单位代表以及企业家代表林荣达出席开幕式。在本次比赛中，尧埔村代表队获得第一名，河西村代表队、新坊村代表队分获第二、第三名。

2007年9月20日，旧县乡在旧县中学体育场承办上杭县第二届（西北片区）农民文化体育节。西北片区共7支代表队、250多名代表分别参加篮球、切猪肉、举板车轮、提水接力、自行车慢骑等12个项目角逐。旧县代表队获团体总分第一名，并获优秀组织奖。本年开始，各村农民自发兴起跳广场舞、做健身操活动。

2008年9月28日，旧县乡组队参加在南阳镇举办的上杭县第三届（西北片区）农民文化体育节，获团体总分第二名。

2009年12月14日，旧县乡组队参加上杭县第四届（西北片区）在才溪中学举办的农民文化体育节，获团体总分二等奖。本年开始，各村陆续建设农民公园，并配备健身器材，方便群众开展体育健身。

2010年9月28日，旧县乡组队参加在官庄畲族乡举办的上杭县第五届（西北片区）农民文化体育节，旧县代表队获团体总分一等奖。

2011年9月25日，旧县乡组队参加在湖洋乡举办的上杭县第六届（西北片区）农民文化体育节，获团体总分二等奖。

2012年12月28日，旧县镇组队参加在通贤乡红军文化园举办的上杭县第七届（西北片区）农民文化体育节，获团体总分二等奖。

2015年9月22日，旧县镇组队参加在珊瑚乡举办的上杭县第十届（西北片区）农民文化体育节。在本次活动中，旧县代表队获团体总分三等奖，其中广场舞获第一名。

2017年12月，成立旧县篮球联合协会。

第二节　学校体育

一、小学体育

清末民国初新学兴起以后，学校开设体操课，内容有队形队列、田径、游戏。民国时期增加乒乓球、排球、足球、篮球项目。

中华人民共和国成立后，学校体育逐步走上正轨，体育成为必修课，每周授课2节，并坚持早操、课间操和课外活动（简称“2课2操1活动”）。1955年，开始推行少年儿童广播体操。1978年，增加眼保健操。1979年，执行《中小学体育暂行规定》。1982年新的《国家体育锻炼标准》公布实施后，小学普遍开展“体育达标”训练。1982年11月，在梅溪学校举办旧县学区第一届小学生田径运动会。河西小学、河东小学、新坊小学、石圳小学、梅溪小学5个完小代表队，共80名运动员参加比赛。1988年始，每隔3年在旧县中心小学操场举办一场小学生田径运动会。1988—2003年，贯彻国家教育委员会制定的《体育教学大纲》，小学每周安排2节体育课。体育课内容有理论课和实践课，以实践课为主。2007年，为进一步贯彻落实《中共中央国务院关于加强青少年体育增强青少年体质的意见》，教育部提出“阳光体育大课间活动”意见，并下发《教育部关于印发切实保证中小学生每天一小时校园体育活动的规定的通知》。此后，全国掀起阳光体育运动高潮，广泛开展阳光体育大课间活动。境内各小学一至六年级，每周安排3节体育课。当天没有体育课的班级，必须开展大课间活动，确保学生每天锻炼1小时。大课间活动主要内容有体操、舞蹈、身体素质训练等。2013年，旧县中心小学建成标准化体育场。2014年起，福建省教育厅下发小学课程设置计划，小学一、二年级每周4节体育课，三至六年级每周3节体育课。

二、中学体育

1958年，旧县农业中学创办后，每周开设2节体育课。“文化大革命”前期，学校体育遭到冲击，以劳动和军训代替体育。1972年起，逐渐恢复学校体育活动。1974年，执行国家《体育锻炼标准条例》。1979年，执行《中小学体育工作暂行规定》。1982年，新的《国家体育锻炼标准》公布实施后，学校开展“体育达标”训练。2007年，体育课程设置为每周3节。1994年开始，旧县中学每年举办一次校运会。2014年，旧县中学建成标准化操场。

旧县中学学生田径比赛成绩最高纪录情况表（初中男子组）

表21-1

项目	成绩	创造者	运动会名称	时间	地点
100米	12″1	江龙志	校第十届田径运动会	2004年11月	本校
200米	26″60	陈　雄	校第十三届田径运动会	2007年1月	本校
400米	1′0″6	陈德林	校第十一届田径运动会	2005年11月	本校
800米	2′20″2	陈志斌	县第十九届中小学田径运动会	2006年1月	县城
1500米	4′48″1	陈志斌	县第十九届中小学田径运动会	2006年1月	县城
100米栏	15″8	兰锦章	校第十届田径运动会	2006年11月	本校

续表21-1

项目	成绩	创造者	运动会名称	时间	地点
4×100米接力	50″3	张伟超 兰锦章 陈志斌 罗启进	县第十九届中小学田径运动会	2006年1月	县城
跳高	1.67米	陈 雄	县第二十届中小学田径运动会	2007年1月	县城
跳远	5.77米	陈敏欣	县第十七届中小学田径运动会	2011年9月	县城
铅球（4公斤）	12.62米	丘晓宾	校第十届田径运动会	2004年11月	本校
铁饼（1公斤）	35.11米	丘晓宾	县第17届中小学田径运动会	2004年1月	县城
标枪（600克）	37.75米	张 荣	校第七届田径运动会	2001年12月	本校

旧县中学学生田径比赛成绩最高纪录情况表（初中女子组）

表21-2

项目	成绩	创造者	运动会名称	时间	地点
100米	14″1	谢晓梅	校第7届田径运动会	2001年12月	本校
200米	28″4	陈 珊	县第13届中小学田径运动会	2014年1月	县城
400米	1′8″7	陈 珊	县第26届中小学田径运动会	2014年1月	县城
800米	2′37″	陈小英	县第12届中小学田径运动会	1999年1月	县城
1500米	5′21″2	陈小英	县第12届中小学田径运动会	1999年1月	县城
100米栏	18″2	林茶英	校第4届田径运动会	1998年11月	本校
4×100米接力	1′1″3	2004届⑷班	校第10届田径运动会	2004年11月	本校
跳高	1.56米	邱桂珍	省中小学生田径运动会	2004年12月	福州
跳远	4.67米	林燕英	校第10届田径运动会	2004年11月	本校
铅球（4公斤）	8.83米	陈 娟	校第9届田径运动会	2003年1月	本校
铁饼（1公斤）	22米	陈 娟	县第15届中小学田径运动会	2003年1月	县城
标枪（600克）	19.72米	邱曲莲	县第18届中小学田径运动会	2005年1月	县城

旧县中心小学学生参加县运动会成绩情况表（小学男子组）

表 21-3

项目	成绩	创造者	运动会名称	时间	地点
垒球	55.32 米（第一名）	陈春贤	县小学生田径运动会	1991 年 7 月	上杭一中体育场
跳高	1.26 米（第五名）	邱松丰	县小学生田径运动会	1991 年 7 月	上杭一中体育场
跳高	1.28 米（第四名）	陈强生	县小学生田径运动会	1991 年 7 月	上杭一中体育场
铅球	8.48 米（第六名）	陈子申	县小学生田径运动会	1994 年 10 月	上杭一中体育场
男子 200 米	第二名	陈鹏辉	县二十七届中小学生田径运动会	2014 年 10 月	上杭一中体育场
男子 60 米	第六名	陈　威	县二十七届中小学生田径运动会	2014 年 10 月	上杭一中体育场
男子 800 米	第二名	谢发芹	县二十七届中小学生田径运动会	2014 年 10 月	上杭一中体育场
跳远	第一名	陈鹏辉	县二十七届中小学生田径运动会	2014 年 10 月	上杭一中体育场
跳高	第二名	谢发芹	县二十七届中小学生田径运动会	2014 年 10 月	上杭一中体育场
男子 400 米	第一名	孔德铭	县二十九届中小学生田径运动会	2016 年 10 月	上杭一中体育场
男子 800 米	第三名	孔德政	县二十九届中小学生田径运动会	2016 年 10 月	上杭一中体育场
男女混合 4×100 米接力	第五名	孔德铭	县二十九届中小学生田径运动会	2016 年 10 月	上杭一中体育场
		陈　涛			
		孔欣兰			
		陈　敏			
垒球	38.6 米（第三名）	袁日清	县三十届中小学生田径运动会	2017 年 10 月	上杭一中体育场

旧县中心小学学生参加县运动会成绩情况表（小学女子组）

表 21-4

项目	成绩	创造者	运动会名称	时间	地点
跳高	1.1 米（第四名）	陈兰华	县小学生田径运动会	1991 年 7 月	上杭一中体育场
铅球	3.74 米（第六名）	李松玉	县中小学生田径运动会	1994 年 10 月	上杭一中体育场
女子 800 米	第三名	陈桂林	县第二十七届中小学生田径运动会	2014 年 10 月	上杭一中体育场
铅球	第三名	陈秋颖	县第二十七届中小学生田径运动会	2014 年 10 月	上杭一中体育场
铅球	第二名	陈鸿燕	县第二十九届中小学生田径运动会	2016 年 10 月	上杭一中体育场
女子 60 米	第三名	孔欣兰	县第二十九届中小学生田径运动会	2016 年 10 月	上杭一中体育场
女子 100 米	第三名	孔欣兰	县第二十九届中小学生田径运动会	2016 年 10 月	上杭一中体育场
女子 60 米	第五名	蓝珍	县第三十届中小学生田径运动会	2017 年 10 月	上杭一中体育场
铅球	6.75 米	江建徽	县第三十届中小学生田径运动会	2017 年 10 月	上杭一中体育场

第二十二章　医疗卫生

民国以前，旧县医疗卫生事业发展缓慢，药店和医生少，人民有病无力就医，饱尝疾病之苦。

中华人民共和国成立后，人民政府重视提高人民健康水平，稳步发展医疗卫生事业。1950年起，执行“预防为主”方针，逐步开展群众性爱国卫生运动。1954年，旧县市场以股份制成立医药商店。1955年，设立联合诊所。1958年初，联合诊所改名为保健站。1959年，旧县保健站更名为旧县公社保健院。1968年，农村实行合作医疗制度，各大队先后设立医疗站（室），初步改变缺医少药状况。

中共十一届三中全会后，随着改革开放深化，医药卫生事业迅速发展。1992年，根据卫生部等五部（委、局）制定的《我国农村实现“2000年人人享有卫生保健”的规划目标》，把初级卫生保健纳入乡政府工作目标和经济社会发展规划。2000年，基本达到初级卫生保健标准，群众卫生保健水平进一步提高，主要传染病发病率、孕产妇和婴儿死亡率等大幅下降。2007年，根据上级统一部署，实行新型农村合作医疗制度（简称新农合）。2010年，全镇人均预期寿命由1949年的50岁延长到的72.5岁。到2017年年底，全镇98%的人口喝上安全卫生水，人口死亡率由1966年的10.6‰降至8.9‰；全镇参加新农合率达98%，旧县卫生院经县、市、省复核通过，被国家卫计委命名为“群众满意的卫生院”称号。

第一节　机构队伍

一、机　构

民国时期，旧县有中医、西医诊所七八家，均为私有，大多兼营药店，其中有黄享发在旧县市场开一家福昌祥药铺。新中国成立初，保护私营诊所（药铺）。1955年11月，以股份制形式在旧县市场成立联合诊所，由黄享发任所长。1958年年初，联合诊所改制为乡保健站，属集体所有制单位，由黄享发任站长。1959年，乡保健站更名为旧县公社保健院，新坊、梅溪、石圳诊所命名为保健站，其时有城关王德兴、周元英夫妇（西医）加入梅溪保健站，还有外来医生（长汀人）黄光奎、谢招娣夫妇在石圳成立保健站，新坊、梅溪、石圳3个保健站属旧县保健院领导管理。1958年，旧县、新坊、梅溪3个人民公社各设立1个保健站。1965年，新坊、梅溪公社合并入旧县公社，实行一社一院，旧县公社保健站改为保健院，梅溪仍保留保健站；石圳保健站黄光奎夫妇并入公社保健院；新坊袁栢然、严锦宣、严则安3人也并入公社保健院。1970年，全公社办起合作医疗站14个，有赤脚医生16名（较大大队有2名，较小大队还未创办医疗站）。合作医疗赤脚医生受当地大队和旧县保健院领导管理，报酬是每天10工分，和生产队社员一样年终结账分红。1973年，旧县公社保健院更名为旧县公社卫生院。1974年，梅溪保健站撤销。1980年，逐步改革单一办医模式，鼓励社会办医、集体办医和个体开业行医并行。1982年起，逐年对个体开业行医进行考试。合格者发给个体开业许可证，个体医疗站（店）逐步发展，各村纷纷办起卫生所（含药店）。1994年，旧县乡有村级卫生所19个（每村一所以上），个体开业户4家。2017年，全镇共有村级卫生所（室）35个，医疗点30处，其中梅溪、河东、河西、石圳各3个，迳美、龙溪、石院各2个。本年底，国家卫生计生委授予旧县卫生院“群众满意的乡镇卫生院”称号。

二、队　伍

中华人民共和国成立前，旧县医疗队伍很小，人民群众患病均以民间医生诊治为主。较有知名度中医有陈炯初、陈干龄、陈树芳、江如南；骨科陈鹤龄；中药师黄享发；西药师谢美生；西医江嘉荣；牙医江如潭。新坊有严锦宣；全坊有谢得相（外科）医士；角龙村有中医师陈钖华；梅溪村有中医胡梅诚；谷坑村有中医师蓝三弟等。

中华人民共和国成立后，人民政府重视发展医疗卫生事业。医务人员除从正规医学院校培养外，还从农村选取有医药经验者开办联合诊所，后通过这些医疗骨干成立保健站、保健院、卫生院。1958年，城关西医王德兴、周元英夫妇加入梅溪保健站，成为梅溪保健站医疗骨干。20世纪60年代初，长汀中医师黄光奎、谢招娣夫妇到石圳成立村保健站，1965年加入旧县保健院。至1960年，旧县共培养10余名骨干医生。1966年，公社在保健院培训53名半农半医“赤脚医生”和大队卫生员、女接生员。1970年后，各大队先后办起合作医疗站。1971—1972年，县从1970年初中毕业生中招收一批学员办红医班，旧县有2名学员入学，毕业后回乡当赤脚医生。1973年秋和1975年冬，旧县先后由县卫生局和才溪中心卫生院及县医院培训31名“赤脚医生”、16名接生员（个别女赤脚医生同时兼接生员）、50名卫生员。

20世纪70年代初，有关医学院校毕业生分配来旧县卫生院工作，其中有妇科医生姚金英、外科医生蔡光华等，使旧县医疗队伍得到充实和加强，总体技术水平提高。

1982年，旧县卫生院有中西医技术人员17人，其中中医师1人，西医师2人，中医士2人，助产士3人，中西药剂士1人；其他中医3人，护理员2人，中西药剂员3人。1991年，有中医师3人，西医士1人，中药师1人，中医士3人，西医士4人。全乡有乡村医生34人，接生员24人。

2017 年，旧县卫生院有医务人员 32 人，实际在岗人员 50 人。其中副高级职称 3 人，中级职称 8 人，初级以下职称 39 人。全镇有乡村医生 35 人，村级卫生员 15 人。

若干年份旧县卫生院床位、医务人员情况表

表 22-1　单位：人

年份	职工数	卫生技术人员									
		合计	副高级	中级			初级			中医人员	
			临床	临床	护理	医技	临床	护理	医技	中级	初级
1977	23	20	—	2	1	4	1	1	5	2	4
1982	23	19	—	2	2	4	2	1	3	2	3
1987	23	20	—	2	2	2	2	4	3	2	3
1991	25	23	—	2	2	3	3	3	4	3	3
2017	50	32	3	3	1	3	8	4	7	1	2

1958—2017 年旧县卫生（保健）院负责人情况表

表 22-2

单位名称	职务	姓名	任职时间
保健站	站长	黄享发	1958 年至 1962 年
保健院	院长	谢炳先	1962 年至 1978 年 8 月
卫生院	院长	陈契贤	1978 年 9 月至 1983 年 8 月
卫生院	院长	黄光奎	1983 年 9 月至 1989 年 9 月
卫生院	院长	赖兴庆	1989 年 10 月至 1993 年 9 月
卫生院	院长	陈永荣	1993 年 10 月至 1998 年 8 月
卫生院	院长	赖华生	1998 年 9 月至 2005 年 1 月
卫生院	院长	邱清云	2005 年 2 月至

第三节　防　疫

一、爱国卫生运动

旧县爱国卫生运动始于 1952 年。其时，响应中央“动员起来、讲究卫生、减少疾病、提高人民健康水平”号召，发动群众除“四害”（鼠、蚊、蝇、蚤）。家家户户订立爱国卫生公约，发现疫情及时报告；开展大规模卫生大扫除，结合卫生积肥逐步形成日扫月检制度；同时开展户与户、组与组、村与村之间的相互评比检查活动。1956年，响应党中央号召，全民动手，再次开展除四害（老鼠、苍蝇、蚊子、麻雀。因麻雀为益鸟，1960年改为臭虫）运动。1958年，开展“卫生之家”及创“卫生村”活动，发动群众铲除房前屋后杂草、扫除垃圾、清除阴沟、填平积水坑洼，并开展评比活动，促进人人爱清洁，户户讲卫生习惯。此后，开展以除“四害”为中心的爱国卫生运动成为乡村经常性工作。

“文化大革命”前期，爱国卫生运动较少开展。1974年后，公社以“两管五改”（管水、管粪和改水井、改厕所、改牛猪栏、改鸡鸭窝、改善环境卫生）活动作为爱国卫生运动主要内容，结合防疫工作，每年突击大搞几次环境卫生综合整治和除“四害”等活动。

1982年起，爱国卫生工作与“五讲四美”活动相结合，以治理“脏、乱、差”为突破口，开展以改善环境、加强环境卫生管理为重点的群众性爱国卫生运动。1989年始，贯彻国务院《关于加强爱国卫生工作的决定》，坚持“政府组织、地方负责、部门协调、群众动手、科学治理、社会监督”这一爱国卫生工作基本方针和方法，改善卫生条件，提高卫生水平。针对旧县镇市场环境卫生状况，1998年以后，乡党委、政府制定“整环境、美家园”创建文明集镇实施方案，成立以党委副书记、副乡长为正副组长，督导有关站所负责人及部分离退休干部为成员的领导小组，并组建一支专业环卫队伍。全镇建垃圾处理焚烧场1处；建垃圾池7个，配备垃圾车1辆，建立处理垃圾中转销毁点1处（铁场村享堂组旧县河边205国道旁）。在市场先后建水冲式公厕2处；市场、街道、河道都有人负责清理。改造环境卫生条件所采取的各项有力措施受到人民群众欢迎。

进入21世纪后，政府实施“九亿农民健康教育活动”，继续努力提高人居环境质量，各行政村几乎每个村民小组都建有干湿垃圾分类桶各1个，各村设有垃圾池1—5个，有清理运送垃圾人员1—2个，还聘请保洁员打扫道路和公共场所卫生。群众住居内也基本建设水冲式厕所。人民群众生产、生活、工作、学习环境越来越清洁、优雅、舒适，镇、村容貌焕然一新。

二、卫生监督

（一）学校卫生

中华人民共和国成立前，学校卫生条件较差，没有卫生设备。中华人民共和国成立后，人民政府重视学校卫生保健，重视青少年身心健康。教育部门与卫生院紧密结合，开展学校卫生保健、卫生知识教育和预防接种等工作。较大学校设立学校卫生保健室（箱），配备具有一定医药知识教师负责管理；同时建立健全卫生防疫制度，有计划、有重点对中小学生进行监控监测。中共十一届三中全会以后，教育部门贯彻国家《学校卫生工作条例》，搞好学校卫生工作。中学设有专（兼）职保健医生，小学建有卫生室，配有保健箱。中小学开设卫生常识课，教育学生保护视力（做眼保健操），牙齿、勤换衣服常洗澡，勤剪指甲常理发，注意养成个人卫生习惯。有住宿生的中、小学，学校周边及学校食堂都进行定期或不定期食品卫生，环境卫生检查，保证师生饮食卫生安全。1991年后，乡卫生院每学年组织医务人员对中、小学生、幼儿园孩子开展一次体检，并建立个人卫生档案。

（二）食品卫生

新中国成立初，卫生部门对食品生产经营只派人检查，起一般监督作用。1983年后，卫生防疫部门贯彻执行食品卫生法，对违法单位或个人，根据情节轻重予以警告、罚款、停业整顿以至取缔或吊销营业执照处罚。对符合卫生标准规定的生产、经营单位，卫生部门颁发卫生许可证，每年进行年审、换证，发现有传染病者不准开业。上市肉类，都经过检疫部门检验，发现有问题及时处理。对一些“三无”（无厂名、无厂址、无生产日期）、过期、变质食品及时进行集中销毁。食品卫生管理工作逐步走上正轨，人民群众基本能吃上放心肉和安全食品。

（三）饮水卫生

改革开放前，乡村居民主要饮用旧县河水、山泉水、山溪水等，水质污染较大。1987年始，卫生部门对全乡进行饮用水普查，各村群众自筹设备挖井或接引高山山泉水，逐步改善饮用水卫生状况。紫金山开发后，紫金矿业集团主动拨款接引上园山山泉水，建造大水池为梅溪、水东两村村民解决饮水卫生问题。1995年后，全乡各村建起自来水塔，村民均能饮用上卫生的自来水。中小学用水都经过检测，确保中小学师生的身心健康。2015年，旧县镇在铁东村建立自来水厂一座，供应旧县境内部分村民饮用清洁山泉水。2017年，全镇自来水覆盖率达96%。

三、传染病防治

明清至民国期间，境内疟疾、天花等多种严重危害人民健康的传染病时有发生和流行，人们对于民间俗称的“瘟疫”束手无策，困苦农民还未发病就为躲避“瘟疫”纷纷逃亡远走他乡。

中华人民共和国成立后，坚持贯彻“预防为主”方针，陆续有防止传染病疫苗推出接种。20世纪50年代初，全乡开展牛痘等多种疫苗预防接种。通过接种各种疫苗，1953年起，一些流行性疾病如天花、疟疾、霍乱、伤寒、白喉、麻疹等，逐年得到控制，发病率明显下降。

天　花　俗称“出痘”。民国38年（1949年9月30日止），旧县天花流行，不少人因医治无效而死亡。民间由中医“人工种痘”防天花，即把含痘毒痘疤的药料研末成粉，在上臂阳面划口敷上即成。土法种痘操作复杂，种痘面不广。1952年后，通过普种新出牛痘疫苗，未再发生天花。

疟　疾　俗称“打摆子”。每年秋末到冬天流行，有的病人脸部及全身水肿。1991年，通过省卫生厅专家认证，全乡已无疟疾病。

流行性脑脊髓膜炎　简称流脑。1967年3月曾在境内发生2例，公社成立灭病小组，及时开展“早发现、早报告、早隔离、早治疗、早预防”群众运动，疫情得到控制。1972年开始，接种“流脑”疫苗，此后，发病减少。防止此疫，主要采取疫点消毒处理、密切接触者服药、流行区在流行季节用药物喷喉滴鼻、消除人群带菌者，及开展群众性以“三晒三开”（晒衣服、晒被子、晒太阳，开门、开窗、开蚊帐）为主要内容的爱国卫生运动等综合性措施预防。20世纪80年代中后期，推广使用A群脑膜炎球菌多糖体疫苗，适龄儿童接种率保持90%以上，90年代后，流脑得到基本控制，未再发生病例。

结核病　旧县方言叫痨病。民国前，因医疗技术不高和药品缺乏，不少结核病患者得不到及时有效治疗，而引起咳血、肺穿孔大量呕血而早亡。中华人民共和国成立后，人民政府极其重视此病防治。20世纪70年代中后期，国家研制出肺结核预防疫苗——卡介苗，婴儿出生3天后即接种此苗。2004年，开展结核病线索调查，以加强结核病人的发现。2017年，旧县尚有12例结核病人，转诊76例疑似病人，完成率达99%。

麻风病　旧县方言叫癞。民国前有“生痨死癞”说法，即痨病患者还在世时会传染人，癞病死后才会传染给人。因有此说，故民国前曾发生过把麻风病患者生生活埋现象。

中华人民共和国成立后，人民政府极其重视此病普查和治疗，县防疫站下发有关资料到各村，通知乡村医生如发生类似麻风病症状者，上报防疫部门。70年代末，梅溪村有一麻风病患者经上级防疫部门确诊后，即送其至县麻风病防治院（南阳）医治。经3年免费治疗，该患者痊愈出院，至今未再复发。

麻风病治疗预防，1990年以前采取收容隔离治疗，药物以氨苯砜（DDS）为主。1990年后，新发现病人以门诊为主，治疗采用世界卫生组织（WHO）规定的联合化疗（MDT）方案，并狠抓联合化疗的全面实施与管理。1985年，全乡达到卫生部门规定的基本消灭麻风病标准。

四、地方病防治

血丝虫病　俗称大脚筒。1974年6月，县防疫站和旧县卫生院组织有关人员在各村赤脚医生陪同下于夜间对群众采血取样普查。普查结果，旧县农民有少数病例。普查后，对患者实施治疗。

缺碘病　又称地方性甲状腺肿瘤（简称地甲病），旧县有人叫“大脖子病”。主要原因由于环境缺碘或食盐中缺碘造成人体碘元素摄入量不足造成。1981年，进行缺碘病普查，共普查2522人，普查率达95%。1988年，基本控制地甲病。在普及碘盐供应上，为确保新婚育龄妇女、孕妇、哺乳期妇女、婴幼儿等特需人群和7—14岁儿童重点人群的补碘需求，1990—2011年，按全省统一要求，在教育和计生部门配合下，共对上述人群辅服碘剂53.86万人次。

五、"非典"预防

2003年5月，广东等部分省市发生非典型肺炎（简称"非典"）疫情。旧县乡党委、政府按省、市、县防治"非典"指挥部统一部署，扎实抓好"非典"预防工作。乡政府成立防治"非典"工作领导小组，设立防治"非典"隔离点；乡卫生院和各村卫生所工作人员，组建防"非典"巡逻队，对从疫区返乡者进行全面检查和登记，适时监控，在主要路口设置监控点，24小时昼夜轮岗值班，凡返乡人员须测体温、消毒和隔离监控观测后才能回家，严防带菌回家传染。乡印发防治"非典"宣传材料5000份分发到户，使之家喻户晓。对在疫区未返乡人员寄发慰问信，劝勉其在外安心工作，与家乡一道防"非典"。乡卫生院专门成立紧急救治小组，预应突发情况。经过大家共同努力，旧县未发现"非典"疑似病例。

第三节　保　健

一、妇幼保健

（一）新法接生

民国及以前，产妇多由家庭或家族中年长妇女或本地接生婆接生。由于医疗条件及设备差，常造成不少产妇患"产褥热"或因难产而死亡，婴儿患"新生儿破伤风"而早夭。

中华人民共和国成立后，大力普及新法接生。至1960年，旧县培训有八九名农村接生员。1960年后，公社保健院、卫生院先后建立接生站和产前检查站，使新法接生率逐年上升。

1985年后，进行妇幼卫生工作改革，逐步完善管理办法，建立健全责任制，落实孕妇检查随访制度，新法接生率和产妇安全率均有显著提高。2015年，全镇产妇732人，产前检查702人，其中5次以上检查692人，占95.9%，活产740人（含双胞胎），活产率100%；在镇卫生院分娩43人，产后访视2次以上者688人，新法接生732人，占100%。死胎（死产）1人，死胎率1.57‰，未出现产妇死亡和新生儿破伤风死亡现象。

（二）妇女保健

1952年后，人民政府要求对农村参加农业劳动妇女在经期、孕期、哺乳期，给予"三调三不调"（调干活不调湿活，调轻活不调重活，调近活不调远活）照顾，并配有不脱产妇女干部负责抓此项工作。

1976年始，开展妇女“两病”（子宫脱垂和尿瘘）普查普治工作。1988年始，乡妇幼保健人员在“三八”期间对已婚妇女开展一次妇科病普查。经多年多次查治，妇女“两病”患病率逐渐下降，2007年后，全镇未再发现“两病”病例。

2000年5—7月，对全乡妇女进行健康调查，在普查已婚育龄妇女1716人中，查出妇科病患者526人。

2010年始，每年对低保户妇女进行常见妇女病免费检查。当年共普查163人，检出患者4人，疾病检查率2.4%。2017年，共普查42人，检出患者2人，疾病检出率4.4%。

（三）儿童保健

1. 儿童系统保健 1952年起，对儿童实行传染病预防接种，逐步推行新法育儿，加强新生儿、体弱儿保健，常见的小儿传染病得到不同程度控制或消灭。婴幼儿死亡率降低。1980年后，幼儿保健工作全面展开，加大儿童保健和幼儿园（班）管理力度，普及科学新法接生，提倡住院分娩，努力降低婴幼儿死亡率和预防新生儿破伤风发生；做好幼儿园（班）的卫生保健指导，按时做好幼儿入园（班）前体格检查，并及时给予评价和反馈，使有疾病的儿童及时得到治疗，有生理缺陷的儿童及时得到矫治。

2014—2017年旧县镇儿童保健情况表

表22-3

年份	儿童保健覆盖率（%）	儿童系统管理率（%）	体弱儿童管理率（%）	体重<中位数-2SD比率（%）	托幼机构卫生保健管理率（%）	新生儿死亡率（‰）	婴幼儿死亡率（‰）	5岁以下儿童死亡率（‰）	新生儿破伤风发生率（‰）	母乳喂养率（%）
2014	94.7	96.1	100	2.0	100	0	1.5	1.5	0	97.5
2015	95.1	95.1	100	2.08	100	1.4	2.8	0.68	0	96.2
2016	95.0	95.9	100	2.1	100	0	1.6	0.6	0	94.5
2017	97.8	98.1	100	2.1	100	2.8	5.8	1.2	0	95.7

2. 儿童计划免疫 1978年以前防疫和妇幼保健多是无偿服务，大多由乡村医生（赤脚医生）走家串户做好这些工作。1978年以后进行改革，变为有偿服务，实行收费制度。1987年始，推行儿童计划免疫保偿制，主要以百白破、小麻糖丸、麻疹、乙脑疫苗定期给婴幼儿接种。

1995年，旧县乡实施儿童“四苗”（麻疹、百白破、脊髓灰质炎、卡介苗）预防接种，接种率达85%。2000年麻疹疫苗注射1660人，服小麻糖丸1228人，乙脑疫苗注射448人。2004年后，乡卫生院预防接种门诊按省定标准进行规范化建设，继续推行并完善集中式接种，严格按规范程序操作。小儿麻痹症、流行性乙脑等传染病未再发生。

2015—2017 年旧县卫生院预防接种情况表

表 22-4

年　份	2015	2016	2017	年　份	2015	2016	2017
免疫接种卡（张）	808	536	463	流脑苗（人次）	873	682	773
建卡率（%）	100	100	100	接种率（%）	98.2	99.4	99.6
百白破（人）	1334	1097	1098	卡介苗（人次）	8.8	536	463
接种率（%）	95.6	98.9	98.7	接种率（%）	100	100	100
乙肝疫苗（人）	978	916	8.3	糖丸（人次）	1453	950	1087
接种率（%）	100	100	100	接种率（%）	100	100	100
乙脑苗（人次）	466	305	393	强化麻疹（人次）	938	801	786
接种率（%）	962	98.6	98.9	接种率（%）	97.5	99.3	99.5

说明：以上资料由旧县卫生院提供

（四）孕产妇系统保健

1987 年始，在全乡开展孕产妇系统保健工作，重点抓住院分娩，出台促进住院分娩优惠政策，开展婚前健康检查，在婚检收费时一并办理产妇系列保偿服务，要求新婚妇女在怀孕后，定期到乡妇幼保健站检查并建立孕管卡措施，重点筛查高危孕妇，建立妊娠报告卡、随访卡，实行高危产妇产前、产后监护。2017 年，全乡孕产妇保健覆盖率达 96.7%，围产后死亡率 1.42‰，未出现孕产妇死亡。孕产妇、婴儿死亡率有效降低。

2014—2017 年旧县镇孕产妇保健情况表

表 22-5

年　份	产妇总数（人）	活产数（人）	孕产妇保健覆盖率（%）	产前检查率（%）	孕<13周检查率（%）	高危孕产妇检查率（%）	高危孕产妇管理率（%）	高危孕产妇住院分娩率（%）	产后访视率（%）	住院分娩率（%）	新法接生率（%）	孕产妇系统管理率（%）	孕产妇死亡率（‰）	围产儿死亡率（‰）
2014	680	685	94.5	94.5	94.5	27.3	100	100	94.5	100	100	94.5	0	4.4
2015	732	740	95.9	94.9	94.9	38.3	100	100	94.9	100	100	94.9	0	1.4
2016	632	636	93.7	93.1	93.1	39.9	100	100	93.1	100	100	93.1	0	1.6
2017	632	637	96.7	95.5	955	43.4	100	100	95.5	100	100	95.5	0	1.4

说明：以上资料由旧县卫生院提供

二、初级卫生保健

1988年，国家把实现2000年“人人享有卫生保健”目标作为经济社会发展总体目标的组成部分。1990年始，旧县乡根据上级制定的规划及实施方法，把初级卫生保健纳入乡经济社会发展规划和政府工作目标，集中人力、物力、财力加强乡卫生院建设，健全村级卫生组织，稳定乡村卫生队伍，依靠三级医疗保健网，加强农村医疗卫生工作，推动初保工作顺利深入开展。此后，乡初保工作按达标进程分批逐步实施。1996年，乡初保工作顺利通过县级达标验收。1997年，全乡形成以初保为“重中之重”的农村卫生工作新格局。1998年始，乡政府把“123健康工程”（实现人人享有卫生保健，加强卫生人员培养，加强卫生网络建设，重点发展农村，搞好预防保健，振兴中医药）列入年度工作考核内容。根据市、县规划目标要求，初保工作以继续深化为内涵，主抓乡村一体化办医，甲级村卫生所建设、农村改厕、巩固合作医疗制度等工作，加大政府行为力度。1999年起，乡政府率先在新坊革命基点村投入资金30万元进行改厕试点，累计完成200户左右改厕工作，该村卫生厕所普及率达80%。此后全面铺开。2017年年底，全镇卫生厕所普及率达96%。

第四节　医　疗

一、设施　设备

20世纪50年代，旧县保健站（保健院，后改为卫生院）原址在原旧县市场东南角（原航运站隔壁），只有不足200平方米面积且低矮潮湿的旧房，设备很简陋。60年代中，搬到河西村铁屎坪旧县粮站隔壁新建。

1976年，旧县卫生院在全坊村对面（旧县河北岸）的富仁坑新建，前临205国道，后面青山，周边无民居，占地400多平方米，建筑面积（二层）800平方米，砖木瓦房结构，设有门诊部、病房、厨房、药房和药库、职工住房等。

1988年，为适应市场需要及群众看病方便，在河西老油房厂边，现语口大桥东北侧设立门诊部。2006年，扩建门诊楼。2012年，新建病房。随后，卫生院病房从富仁坑搬至新址，占地面积1500平方米，建筑面积3300平方米，三层钢筋混凝土砖木结构，设内、外、妇、儿、中医、放射、防疫、化验、彩超、心电图检测等科室及各种医疗设备。

1952—1962年，联合诊所、保健站，医疗设备只有中医脉枕、听诊器、体温计、血压器等，病床只有8张。1965年，开始有挂瓶滴注。1974年，开始有X光机。1988年，有心电图检查。1989年，有肝功能检查。1994年，开始有B超。2005年，投入36万元购置电脑50台，实行诊疗微机网络信息化管理。2016年，购进彩色B超检查仪1台，更新500毫安X光机1台。2017年年底，卫生院有救护车2辆，专职司机1名，兼职司机1名。并有冰排速冻器3台，尿液分析仪1台、床边监护仪1台、全自动生化分析仪1台，病床15张。

二、诊疗护理技术

（一）中　医

民国时期，旧县以中医为主，较有名望的中医有陈炯初、陈树芳、江如南、陈鹤龄、蓝三弟、陈钖华、胡梅诚、严锦宣等人。这些中医人员于集市、乡村个体或合资开业，坐堂或出诊行医，一般兼开药店。

中华人民共和国成立后，中医作为中华民族传统医学受到党和政府高度重视。旧县乡政府贯彻上级关于加强中医药工作指示，广泛宣传中医政策和中西医团结合作方针，把分散于民间的中医药人员组织起来，互相学习交流，同时吐故纳新，招入各中医院校毕业生充实旧县卫生院，使中医药学得到挖掘和发展。2017年，旧县卫生院有中医生5人，其中副高级职称1人、中级职称1人，初级职称3人。

（二）西　医

民国末期，旧县有由城关人谢美生经营西药铺，销售西药和红药水、紫色水、碘酒、万金油外用药等。谢美生除按方给药外，自己也能配一些西药为人们治常见病。

中华人民共和国成立初，梅溪胡梅诚中药铺吸收县城西医王吉明儿子王德兴、周元英夫妇加入，成为梅溪第一家中西医合营保健站。旧县保健院随着医疗设备和西医治疗技术进步，诊断符合率和危重病抢救成功率不断提高。1960年后，逐步对一些疑难杂症进行诊疗。1978年，外科开展阑尾炎手术。

由于旧县在205国道旁，离县城医院较近，故旧县卫生院常将一些需手术病人送往县医院治疗（如胃切除、下腹部手术、白内障复明术、扁桃体摘除等）。而一些表皮疖痈和深部脓肿，则因本院外科技术较好，治愈率较高而留本院治疗。一些医师对外科急腹痛触诊比较准确，胃穿孔、肠梗阻、阑尾炎等病诊断比较精准。同时，还培训影响一批乡村医生此项技术的提高，使不少病人得到及时诊断救治。1972年，福建医科大学毕业的外科医生蔡光华、妇科医生姚金英，分配到旧县卫生院工作，因限于卫生院外科治疗器械和手术室等设施缺乏，他们只能在男女结扎方面发挥作用（被才溪中心卫生院和县医院借用）。1982年，旧县卫生院由陈契贤主刀，开展白内障复明术，使多例白内障患者重见光明。

旧县卫生院首次开展主要医疗项目情况表

表 22-6

项　目	年　份	项　目	年　份
三大常规化验	1973	骨伤	2000
X 光透视	1973	血球技术仪	2001
胃肠透视	1973	刮宫产	2004
男女结扎	1973	全自动生化分析仪	2008
阑尾炎手术	1978	电解质测定	2011
白内障手术	1982	彩色 B 超	2016
心电图	1988	DR 摄片	2017
肝功能检查	1991	—	—

说明：以上资料由旧县卫生院提供

（三）护　理

民国时期，旧县医疗卫生事业不发达，医生兼护理是常见现象。中华人民共和国成立之初，护理水平低，仅限于普通注射、灌肠、洗胃、导尿等技术操作。20 世纪 50 年代末后，中专护校毕业生逐年安排到公社保健院，充实护理队伍。随着护理人员逐年增多，素质逐步提高。1960 年后，保健院制定护理制度，设立护士长，实行分级护理，治疗、查牌分工明确，既各负其责，又相互配合。1965 年后，开始静脉滴注，并开展小儿头皮静脉输液、创伤缝合、气管滴入、封闭疗法等新技术。“文化大革命”期间，医疗机构受到冲击，卫生院曾一度取消病区护士长制度，护理工作无人负责，危重病人难以得到精心护理，住院病人由家属陪伴，护理工作受到严重影响。1980 年，恢复病区护士长制度，逐步建立和完善护理人员学习和考核制度，护理质量逐步提高。同时，开展心搏骤停、烧伤处理后的护理工作，并逐渐掌握电动呼吸机、电雾化机等抢救医疗器械的使用。1990—2005 年，乡卫生院有护理人员 3 名。2005 年后，电脑在医疗系统开始使用。2007 年始，农村合作医疗保险制度成立并逐年完善，旧县卫生院住院人数也不断增多。到 2017 年年底，旧县卫生院护理队伍扩大到 13 人，负责婴儿护理、孕产妇护理、住院病人护理、精神病跟踪管理等。其中主管护师 3 人、护师 6 人、护士 4 人，医护比例趋于合理。

三、农村合作医疗

1968 年，农村实行合作医疗制度。合作医疗站一般是每个生产大队合办，人口较少的办 1 个，人口多的办 2 个以上。合作医疗站费用由各生产队及大队财务提供，金额按每人 0.5—3 元计算，同时发动卫生员、赤脚医生上山采、挖中草药材，由合作医疗站加工处理。流行性感冒发生时，将采来的山芝麻、金银花藤、卖麻藤等熬煮成药汤供各生产队社员预防治疗，以减少病发率和减轻合作医疗站购药付出。收来每人 3 分钱门诊费和每人 1 角钱出诊费留作纸张墨汁、印制处方笺等办公费用开支。赤脚医生报酬按最高工分每天 10 分记在劳动手册上，参与所在生产队年终分配。各大队赤脚医生、卫生员由乡卫生院组织培训。1973 年后，改由县卫生局、卫协会培训。旧县赤脚医生和接生员分别于 1973 年和 1975 年到才溪中心卫生院、县医院学习培训二次，每次 3—6 个月。改革开放后，卫生局每年组织培训乡村医生一次。培训后要进行严格考试，使乡村医生增强培训效果，提高医疗技术水平。1983 年，全县近千名乡村医生参加县统一考试，旧县梅溪村乡村医生胡泮魁获全县中、西医总分第二名。1993 年 11 月 14 日，中共十四届三中全会通过的《中共中央关于建立社会主义市场经济体制若干问题的决定》提出“发展和完善农村合作医疗制度”，实行“合医不合药”型合作医疗，农民在合作医疗站看病拿药需按规定付诊费和药费。2001 年后，原有模式的农村合作医疗基本解体，乡村医生大部分个人开店行医，个别村还有 2 人以上合医合药卫生所。乡村医生改称全科医生，合作医疗站改名为卫生所（室）。卫生所（室）医生每四年申请更换一次执业许可证和营业执照。同时，执业全科医生、乡村医生负责该村各项预防保健工作，由卫生部门按劳务量给予一定报酬，并实行奖优罚劣制度。

2007 年，党中央提出在农村实施农村医疗保险制，省、县制定出台《新型农村医疗保险实施办法》，于 11 月 1 日起开始实施。新型农村医疗保险采取个人按规定每年度缴费，农民患病住院后按规定给予报销部分医药费。具体做法是：2007 年 11 月、12 月，农民每人交 2 元。如患病住院按规定可报销医药费的 50%，本年度住院者每次最高报销金额为 2 万元。2008—2017 年，农民缴交医疗保险费逐年提高，住院报销医药费及年度住院最高报销金额也逐年增加。

2008—2017 年旧县镇参加新农保人数情况表

表 22-7

年　份	2008	2009	2010	2011	2012	2013	2014	2015	2016	2017
人数（万人）	2.64	2.65	2.61	2.62	2.64	2.643	2.71	2.70	2.67	2.70
百分比（%）	94	95	96	96.5	100	98	100	100	99	98

2008—2017年旧县乡新型农村医保交费及报销医药费变化情况表

表22-8

年份	每人年缴费（元）	卫生院住院报销比例（%）	单次最高报销金额（元）
2008	10	70	30000
2009	20	80	40000
2010	30	80	40000
2011	30	80	70000
2012	50	80	80000
2013	60	85	100000
2014	70	85	100000
2015	90	85	100000
2016	120	90	100000
2017	150	90	100000

四、民间传统疗法

（一）拔火罐

古来旧县民间有人用米升、口杯行拔火罐术治疗腹痛、祛湿驱寒方法。过程是用火点燃少许草纸丢入米升或口杯内，待草纸在米升或口杯内继续燃烧三五秒钟后，把米升或口杯口对准病人疼痛部位迅速按上，使米升或口杯在疼痛部位紧紧吸附两三分钟，然后取下。如有需要，如法在附近部位行此术几次。但外科急腹痛（指必须开刀动手术的一些疾病）患者勿用此法。此法对因受寒凉引起的内科腹痛和风湿性腰腿关节疼痛等疾病能起到一定效果。

（二）刮　痧

旧时旧县民间有用刮痧治疗中暑等疾病的做法。此疗法原理是活血化瘀、舒筋通络、调整阴阳、排解毒素。方法：打一盆清水，由施治者以食指和中指在患者颈背部、鼻梁上、脊椎处夹起一块肌肉，用汤勺或铜板进行刮拭。刮拭时须根据患者病情和忍受程度把握好力度和时间。反复刮拭几次后，所刮之处，会出现一浪一浪的红块，此谓之“痧”。痧的颜色浓淡，可看出病情轻重。轻者痧色水红，重者痧色黑红。此法对感冒中暑者，有一定疗效。

（三）淬　火

淬火又称放火，有阻止病毒蔓延之作用，专治单纯疱疹、带状疱疹（缠腰蛇）等疑难杂症。其方法是：盛一小碟植物油，一根灯芯备用。将灯芯放在油中浸润，然后点燃，待火力适当时立即点在患处，如果发出“啪”的一声响，说明淬火成功，如此反复几次既可阻止病毒蔓延，又可根治病源。

第五节　药　品

一、草　药

旧县镇地处亚热带，山地广阔，植被茂盛，气候温和，雨量充沛，山间土质肥沃，适宜多种药材生长，且矿物质用药资源丰富。民国前，由于生活贫苦，缺医少药，发生疾病之人大多用中草药治疗。这些中草药有鱼腥草、夏枯草、白花天红、蒲公英、小铜钱草、卖麻藤、金线莲、七叶一枝花（蛇药）、灵芝（菌王）、天麦冬、鹅不食草（猪屎草）、鸭脚草、山芝麻、山枝子、毛桃树（根）、鸡血藤、过江龙、黄根子、代诸石、黄鸡媛根、海金沙、枇杷叶、山苍子花、石菖蒲、野葛藤、艾叶、艾根、益母草、马留蛋、马齿苋、地胆草、白花蛇舌草、白头翁、山杜仲、山肉桂、土茯苓、溪黄、小叶榕、一枝黄花、苦斋菜、金银花、金樱子、野菊花、蝉衣、池溪尾等数十至上百种。采摘这些药材需随季节而定，采来后晒干备用。

中华人民共和国成立后，民间中草药仍然成为中西药的辅助药品，1978 年以前，一般是自采、自制、自用。20 世纪 70 年代初，合作医疗站赤脚医生带领各生产队卫生员上山采挖山芝麻、卖麻藤、金银花藤为农民防治流行性感冒用，效果颇佳。改革开放后，虽西医发达起来，医疗水平逐步提高，但中草药仍然颇受群众欢迎，并随着人民购买力增强，草药市场交易量大增。中草药除有一些妇女上山采集外，已发展成人工栽种出售。2017 年，旧县集镇上每逢圩天有 3 个草药摊子和专门收购草药的店铺，交易的草药有上百种之多。上山采集和人工栽培草药出售，已成为一部分群众经济来源之一。

1975 年，境内梅溪村赤脚医生胡泮魁发明一种单方特效刀口药。即把山地采集的紫珠嫩叶晒干后研成粉末，经高压消毒后再晒干，装在密封瓶中备用。患者伤口经双氧水等消毒后，药粉立即倒在伤口出血处进行包扎。此药除止血外，还能起抗菌消炎和促进伤口愈合效果，一次敷药后无需换药。

二、药品经营

中华人民共和国成立前，境内纯中草药经营在市场上自由交易，西药由药商从外地购入，中草药与少量西药同时兼营者不多。

中华人民共和国成立后，1958 年，旧县保健站所需药品按照上级药品经营条例到药材（品）经销单位采购。同时，在站内自购、自制一些药材来补充不足。中共十一届三中全会后，随着改革开放不断深入和人民群众卫生保健意识逐步提高，卫生院不断进行经营管理创新，除诊治病人外，还兼营中草药、西药等药品销售；各地药商也常送货上门。社会人员经培训和严格考核取得经营许可证者，可开药材门市部进行药品销售。2017 年年底，旧县市场上共开设 3 家个私药店；其药品一般从上杭县医药公司进货。

第二十三章　风俗　宗教信仰

北宋真宗咸平二年（999 年），上杭县治从鳖沙（今白砂镇碧沙村）迁至语口市（旧县全坊村）。南宋以后，中原汉人（客家人）多次进入境内，把中原汉族文化及其他先进生产技术带到旧县，推动着旧县经济社会发展。到明、清时，旧县已是以客家人为主要居民的乡村，也形成以汉族文化为主流特点的习俗。但受到许多因素影响，旧县民俗良莠混杂。中华人民共和国成立后，民俗民风发生深刻变化，陈规陋习被逐步革除，但许多不健康旧风俗仍在沿袭。各级党政正在通过各种方式进行教育引导，民间习俗中的历史糟粕终将被人们抛弃。

旧县境内有道教、佛教、基督教三种宗教教派。宗教信仰具有道、释、儒三教并行、仙佛同堂现象；民间信仰也具有多教合一、多神崇拜特点。

第一节　生活习俗

一、饮　食

（一）日常饮食

旧县人日常饮食以稻米为主食，辅以地瓜、芋子及其他杂食和小麦。日食三餐。粮食困难时早、晚稀饭，中午干饭。中华人民共和国成立前，境内民众生活困苦，一日三餐粮食很难满足，若遇灾年或青黄不接之际，还得以糠粄、野菜充饥度日。在 20 世纪 50 年代末后近 20 年，由于执行“左”倾错误指导，造成农村经济发展缓慢，群众口粮不足，餐桌上仍难摆脱糠菜半年粮现象。改革开放后，通过改革农村体制机制，注重科学种田，粮食产量迅速提高，经济收入越来越多，群众三餐饭菜不仅能随心所欲，而且越来越讲究。蔬菜以芥菜、大白菜、小白菜为主，辅以萝卜、空心菜、苋菜；豆类以黄豆、黑豆、四月豆、带豆为主，辅以冷露豆、大小扁豆等。一年四季新鲜蔬菜不间断。春天以芥菜、包菜、雪豆、春笋等为主，夏秋季以苋菜、空心菜、小白菜、带豆、冷雾豆、麻笋等为主，秋冬季多以大白菜、芥菜、萝卜等为主。以酸浆作为点浆原料制作的旧县豆腐，兼色白、质嫩、韧中有脆、豆香味纯正、可供多种方法烹煮等优秀特点，是旧县制作工艺传承 900 多年的佳品名菜。改革开放后，随着生活水平提高，此食品不仅在境内已成平常菜肴，在境外也声名鹊起，《闽西日报》、福建《客家》、《上杭文史资料》、

《古邑春秋》等书刊都有专文介绍。肉类以猪肉为主，辅以鸡鸭牛羊肉等。鱼也是旧县人餐桌上常有的菜肴。

（二）宴　席

传统民间宴席以土特产为主料，多请族中烹饪技术较好者掌勺，有炒、炸、清炖、蒸煮、红烧等多种烹饪方式。盛以大盘、大碗方为丰盛。总的特点是刀工粗犷、菜质求纯、菜量求多、味厚油重，讲究色、香、味俱全。旧县宴席以“八大碗”为基础，猪肉为“桌心”（每桌1.25公斤），鸡鸭肉须满盘，鱼须整条。进入21世纪后，宴席逐步向菜品多、菜量适、品质优方向发展，一些传统大鱼大肉菜色逐渐淘汰，引进不少城市和外地花样，对“色、香、味”要求更高。具有地方特色的菜肴有白斩鸡、鸭、兔，焖猪肉（猪脚）、狗肉，煲羊肉和炆牛肉等。

宴席菜肴根据婚宴、寿宴、满月宴、乔迁宴等不同类型有序有别，各有象征意义，目的是取“好彩头”。婚宴，第一道菜是甜汤，意为新婚夫妇与家人甜甜蜜蜜。寿宴，第一道菜是“寿饼”，寓意健康长寿。满月宴，第一道菜是“汤圆”，寓意吉祥圆满。席间，主人频频敬酒，宾客贺语连连。

（三）调味品

传统调味品用盐、糖、酱油、鱼露、醋、料酒、味精；其他调味品用姜、葱、蒜、薄荷、藿香、辣椒、胡椒等。

（四）饮　料

民间饮料以茶水、家酿米酒为主。当地自产茶叶主要是绿茶。家酿米酒以糯米酿造。每年入冬后，家家户户都要酿造。这就是“客家米酒”。

随着市场经济发展与人们生活水平提高，饮料也多样化、高档化。进入21世纪后，茶叶流行古田茶、铁观音、大红袍、漳平水仙，啤酒、可乐、橙汁和其他果汁也进入普通家庭。

附：旧县特色美食

旧县豆腐

旧县镇有一种客家美食久负盛名。特别是进入21世纪后，这种食品已越来越广泛地出现在周边地区特别是许多城市各街巷摊点上。它，就是“旧县豆腐”。“黄猄肉，鹧鸪汤，旧县豆腐嫩又香。”不知从何时起，人们已经把旧县豆腐同“黄猄肉、鹧鸪汤”相提并论。

旧县豆腐是以酸浆为点浆原料制成的豆腐，也称酸浆豆腐。它在制作过程中不加卤水、石膏及其他添加剂、防腐剂、凝固剂，只在豆浆中加入适量“酸浆”，经手工冲浆、游浆等工序，便能制成美味的“豆腐”。“酸浆”是前一次制作豆腐沥出的汁水（称“二次水”“豆腐水”）在适宜温度下经其自身乳酸菌作用发酵，逐渐变酸而成的酸水，行业上称为“酸浆”。

旧县酸浆豆腐规避了化学物品的污染，减少了豆腐本身的寒凉性，还增加了有益菌，提升了豆腐的营养价值，所以它又被称为绿色食品、无风险食品。特别是在口感上，吃起来细嫩爽滑，无粗糙感，还有一定弹性，豆香味浓郁，无异味。同时，在烹饪上，可久煮不烂，而且越煮越大，久煮后豆腐中间会出现小孔，更易入味；还可和几乎所有其他荤、素菜肴搭配烹煮，收获不一样的舌尖感觉。

因酸浆豆腐有诸多与众不同优点，因而它的制作自宋末明初客家人进入旧县至今都长传不辍。只是旧时，由于生活困难，豆腐往往只能逢年过节才能吃到或吃过瘾，平时只有小部分群众到豆腐店或在豆腐担子进村时买几块煮煮，或到豆腐店里吃上一块酱油蘸豆腐解解馋。改革开放后，随着原材料充足、作豆腐从业者越来越多和群众购买力增强，豆腐便成了老百姓餐桌上的家常菜。到旧县做客，主人首先想到的招待菜便是准备一道别出心裁烹制的豆腐。给距离不远的外地朋友送礼，家中父老带家乡特产去外地探望儿女，不少人也会选择旧县豆腐。许多人过往旧县，也忘不了从旧县带回几块新鲜豆腐回家一饱口福。随着旧县豆腐给越来越多的人以难以忘怀的印象，久而久之，“旧县豆腐”就成了旧县的特色美食。新世纪后，多人撰文在《闽西日报》、福建《客家》、《上杭文史资料》、《上杭客家》等报纸书籍上发表，赞美“旧县豆腐”。

旧县属典型亚热带季风气候，种黄豆不仅产量高，而且质量好，豆腥重，加上旧县山泉水多，成就了旧县制作高质量酸浆豆腐的条件。

随着旧县豆腐声名鹊起、广受青睐，不少商家逐渐感受到其中巨大商机。早在新世纪初，除有一些小作坊师傅利用客车将旧县豆腐捎往上杭、三明等地出售外，一些较大豆腐加工企业也悄然兴起。2000 年，旧县坝上村有人办起以“家膳美”为注册商标的豆腐加工企业，员工 20 余人。2010 年后，石圳村有人先后办起以“富贵”“春喜”命名的 2 家大型豆腐加工企业。其中，富贵豆腐作坊有员工 50 多人，每日使用大豆 2000 公斤，产品有白豆腐、炸豆腐、豆腐角、豆腐干、卤腐干和酿豆腐等。产品除销往上杭城区外，还销往新罗、连城等县（区）城乡市场，常有特需定单，产销两旺（据笔者所知，仅龙岩城区就有旧县豆腐摊点一百多家）。2015 年 11 月，富贵豆腐企业被福建省食品药品监督管理局列为省食品生产加工小作坊示范点。

（江善友　江树高）

大禾粄

大禾粄（又称禾米粄、黄米果），是上杭客家传统美食之一，二十世纪八九十年代后在旧县至南阳一带再度盛行。它以一种旧县人叫“禾子”的大米（即粳米）为原料，经掺入用山上的“米果柴”等植物烧成的灰制成的“灰水”蒸熟，最后用大石臼（又叫舂臼）舂烂而成。由于大禾粄原料禾子米的质地半软半硬，再加上灰水的增脆和去黏腻作用，因而使人吃起来感到韧中有脆、软而不黏、清爽嫩滑、多吃不腻。既可在刚制成时趁热沾糖即吃，也可回锅用油煎炸后食用。

大禾粄（江树高供图）

大禾粄多在群众一年一度搞迎神打蘸活动时制作。每年春耕时，几乎家家都要留出一小块耕地栽上禾子谷（粳稻），收割后单独晒干收藏。同时，要及早去山上采集回诸如米果柴、苎丝藤、溪柳子等适宜烧灰食用的柴草，晒干备用（如无这些柴草，黄豆秸秆也可用）。迎神打醮来临时，先加工好禾子米，烧好米果柴灰。之后按一升米、半升灰（约一掬灰）、一公斤水的比例，将灰用烧开的水反复淋浇过滤，制成如清茶一样不混浊的“灰水”。同时将禾子米放入清水中浸泡，待其吸水到一定程度后捞起，稍作沥干后倒入饭甑中蒸。待其熟至刚过心时（以用手指搓捻饭粒能捻烂、无米核为度），将饭甑端起。洗净锅头后，放下锅架，把饭甑放在架子上，将灰水均匀淋入米饭中。饭甑下漏出的灰水要重复几次舀起再淋入，至米饭将灰水全吸尽，饭甑下无水漏出时止。随后，将米饭倒出盘篮中晾开。稍为晾干后，复装入饭甑中蒸至冒出大气，便速端起倒入石臼中，趁热用“丁”字杵槌先搓磨，后用力锤打。锤打到黄米饭烂透无颗粒时，全套制作工序便告完成。

制作大禾粄工艺虽不算复杂，但一些环节仍得非常注意。首先是原料要保持高度纯洁。如混入籼米，口感就会打折扣。其次是灰水的浓淡、禾米饭的生熟程度更要掌握恰当，如有偏差就会使禾米粄质量下降，难以出桌。

客家人好客，每逢迎神打醮，便为请客好时机，提前好几天，就向各地亲戚朋友发出邀约，请其届时来家做客吃大禾粄。客人来后，主人除将大禾粄制成甜的、咸的、煎炸的或原汁原味的各色品种端出招待外，还要备好一份待客人回家时送其带回。一些因故未来作客的亲朋，如遇方便，主人也会设法捎去一份供其品尝。

大禾粄在旧县流传已有久远历史。三年困难时期后，由于粮食紧张，大禾粄的原料禾子谷因产量较低渐渐被淘汰，加上那时迎神打蘸活动被完全禁绝，故很长一段时间人们吃不上大禾粄。中共十一届三中全会后，随着生活水平的提高和人们追求美食的条件改善，大禾粄的制作又逐渐回到人们生活中间。

（江树高文/图，原载福建《客家》、《上杭客家》，本志编入时略作修改）

二、衣着、发型、佩戴

旧县人衣着简朴大方。男人穿便装，对襟衣衫、大裤脚裤；女人穿大面襟衫，少女穿“细尾子”上衣，有的还绣上花边装饰。裤子是大裤脚的。中华人民共和国成立后，随着生活好转，男女都穿上新装、西服革履。发型：男人大多剪平头，少数青年赶时髦烫头、染发。旧时女人发型有区别：已婚女人梳大髻子以便插首饰，未婚少女不梳髻子，需留“刘海”。改革开放后，男女青年走出家门到外地读书、务工、开公司，发型也随大众化。佩戴：中华人民共和国成立前，青年妇女走亲戚、赴宴、赶集都佩戴银簪、银链、十八样雅镠。进入新时期后，妇女佩戴金耳环、金戒指、金项链，男人戴手表、金戒指。

三、器　具

传统器具有木器、竹器、铁器、锡器、陶器、瓷器、铜器及藤编、棕编、草编的各种生产、生活器具。

农具主要有犁、耙、辘轴、锄头、禾刀、斗楻、风车、箩、笪；撑船工人用桨、舵、竹篙、船纤；做纸工人用槽楻、帘、车碓。

木制器具主要有饭桌、板凳、粮仓、木床、饭甑、木桶、小至木屐、饭勺；竹制器具主要有竹床、竹椅、竹席、爬篮、簸箕、米筛、糠筛、畚箕、斗笠，小至锅刷、筷子；铁器主要有农具及厨具：铁锅、菜刀、锅铲、剪刀；斧子、砍刀、草刀；锡器主要有大茶壶、小茶壶、大酒壶、小酒壶、角、爵（古代盛酒的器具）；陶器主要有水缸、酒缸、茶壶、钵头；瓷器主要有大汤碗、盘、饭碗、汤匙；铜器主要有铜锣、钹、水烟筒、旱烟斗等。

藤编器具主要有藤椅、藤箱、藤篮；棕编器具主要有棕绳、蓑衣、棕床垫；草编的有草鞋、草席、草帽，等等。这些器具或购买，或请师傅制作，或自行制作，工艺简单，经久耐用。

清末后，各种舶来日用品陆续传入，有煤油灯、时钟、手电筒、钢笔及各种橡胶制品、玻璃制品等。

中华人民共和国成立后，各种生产、生活用具不断发展，品种样式不断更新，同时搪瓷制品、化纤制品、铝制品、塑料制品、不锈钢制品不断输入。改革开放后，电风扇、电视机、电饭煲、洗衣机等家用电器日渐增多；特别是进入 21 世纪后，电冰箱、电磁炉、空调、手机已进入普通家庭。随着生产生活方式进步，日用器具更新换代速度加快，具有民俗特色的传统器具逐渐减少。

四、出　行

境内山重水复、层峦叠嶂、山路崎岖，旧时南到上杭、东进白砂、西至才溪、北到南阳，皆行乘不便。官员出入境域、差役邮传、学子应试、商贾贩运，皆苦力肩挑，历来行多乘少。南宋嘉定六年（1213 年）开辟矶头至上杭，回龙至上杭，上杭至峰市航道后，水运开始发达，旧县一带人们出行上杭，可以乘船。民国时期，旧县境内开始通公路，出行偶可乘车。但由于车辆少和经济拮据等原因，人们出行绝大多数靠步行。中华人民共和国成立后到 80 年代前，由于路少车寡，出行多半也还是靠步行。改革开放后，随着公路建设发达，出行单车、摩托车迅速增多。进入 21 世纪后，小轿车进入普通家庭。到 2017 年，半数家庭已有小轿车或工具车。

第二节　生产习俗

一、种　植

旧县人每到“惊蛰”，便备好香纸，插在播种的田坎上，之后翻地、溶田准备播种。插香纸是祈祷“田伯公”护佑，以求“风调雨顺”“五谷丰登”。俗语有“懵懵懂懂，惊蛰浸种”之说，意谓到了“惊蛰”节气，就该做好一年种植准备了。

到“立夏”时，每个村都有“建醮”，举行“保禾苗”风俗。

二、养　殖

历史上，旧县人以养猪为解决肉食和部分经济来源，以养牛解决耕种畜力。到春节，都在猪、牛栏门上、鸡囚头上都贴写着“姜太公到此”“六畜兴旺”标红纸，以保佑六畜兴旺。从集市购回仔猪放入猪栏之前，要备好“火筒”在其屁股上吹几下，叫声“快长、快大，日长千斤、夜长八百”，才放入栏内。买回牛犊，要在笼头绳上标上红布以示“吉利”。

立春后，有些农妇，备好木桶一只垫好草席，作孵小鸡或小鸭的“窝”，放进十七八个受精鸡蛋或鸭蛋，让抱窝母鸡或母鸭孵。三四个星期后，小鸡或小鸭便破壳出窝，俗语云：“年头一伙鸡，年尾一缸酒。”

三、经营交易

“圩日”是有史以来农村民众在圩场集中进行商品交易日期，每 5 天一次，每月 6 次。旧县圩日为农历逢五、逢十，如遇月小即下个月初一为圩日。圩场摊位分门别类，有禽畜交易区，蔬菜、水果交易区，肉类交易区，衣饰、鞋帽交易区，土产日杂交易区等。品种很多，门类很广，应有尽有。旧时，民众要买要卖，都得等圩日。每逢圩日，特别是春节前几个圩日，圩场便熙熙攘攘，热闹非凡。而在平时，圩场很少人进行交易。进入 20 世纪 90 年代后，平时在市场上进行鱼肉、蔬菜、水果、豆腐等交易的人也逐渐多了起来。

随着经济实力的提高，旧县集市基础设施越来越好，功能齐全，环境整洁，商店、酒店鳞次栉比，摊点摆设井然有序。

四、学　艺

旧时，泥木匠、理发、裁缝等行业拜师学艺，学徒都应备好酒、见面礼（红包）、阉鸡等到师傅家，先拜鼻祖（如泥木工鼻祖是鲁班仙师），在鼻祖神位前行“三跪九叩”礼，然后再拜授业师父，行“一跪三叩首”礼。拜毕，师徒关系就成立。古时有“一日为师，终身为父”之说，师傅除教授手艺外，还应教徒弟如何做人、如何待人接物等等，所以“师傅”又称“师父”。学艺一般三年为期，开始一二年学基本功。学徒在学基本功中既掌握一些基本技能，又慢慢揣摩、观察、体会一些关键技术，师父只在关键时指教一二。学徒期满，师父会送徒弟一套简单工具。泥木工送鲁班尺、直角尺、线砣、锤子、刨子；裁缝送剪刀、尺子、粉线砣；理发师送理发推子、剃刀等。

改革开放后，有关部门、组织开办各类实用技术学校或培训班越来越多，因而自己拜师学艺者渐少。

第三节　礼仪习俗

一、称　谓

民间家族亲属间称谓，恪守排行辈分，同姓族人一般按辈分称呼。儿女亲家，初互称“亲家”“嵯婆”；儿女生孩子后，互称“公爹”“娭毑”。非家族亲属间或陌生人见面、问路等，主要视年龄差距称呼。尊称男性老人为“公公”或“叔叔”，男性中年人为“叔叔”“哥哥”，称男性少年为“老弟”；尊称女性老人为“婆婆”或“娓娓”，称呼女性中年人为“娓娓”或“大嫂”，称已婚女青壮年为“大嫂”，称小姑娘为“老妹子”。

中华人民共和国后，一段时间无论男女统称“同志”，甚至对少年人也称“小同志”。20世纪90年代后，在正规场合对成年男女分别多称“先生”“女士”；在一般场合，对非亲属关系成年男子，多称“老板”“师傅”，对青年男、女分别称“帅哥”“美女”。

旧县民间家族、亲戚间称谓情况表

表23-1

关　系	称呼对方	自　称
父亲的祖父母	曾祖父母	曾孙、曾孙女
父亲的父母	祖父母	孙、孙女
母亲的祖父母	外曾祖父母	外曾孙、外曾孙女
母亲的父母	外祖父母	外孙、外孙女

续表23-1

关 系	称呼对方	自 称
父亲、母亲	父亲、母亲	儿、女
父亲的哥哥嫂嫂	伯父、伯母	侄子、侄女
父亲的弟弟弟媳	叔父、叔母	侄子、侄女
父亲的姐妹、姐妹夫	姑丈、姑姑（姑母）	内侄、内侄女
母亲的兄弟、兄弟之妻	舅父、舅母	甥、甥女
母亲的姐妹、姐妹夫	姨母、姨夫	姨甥、姨甥女
丈夫的父母	公公、婆婆	媳
妻子的父母	岳父、岳母	婿
老师、师傅	老师、师傅	学生、徒
哥哥、哥哥的妻子	哥哥、嫂嫂	弟、妹
姐姐、姐姐的丈夫	姐姐、姐夫	弟、内弟
妹妹、妹妹的丈夫	妹妹、妹夫	兄、内兄
伯父、叔父的儿、女	堂兄、堂姐、堂弟、堂妹	堂弟、堂妹、堂兄、堂姐
姑、舅、姨的儿子、儿女	表兄、表姐、表弟、表妹	表弟、表妹、表兄、表姐
妻子的兄弟	内兄、内弟	妹夫、姐夫
妻子的姐夫、妹夫	襟兄、襟弟	襟弟、襟兄
弟弟、弟弟的妻子	弟弟、弟妹	兄
同志	同志（仁兄）	自己的名字
同学	同学（学兄）	自己的名字
—	—	所有自称前冠以愚字

二、嫁 娶

（一）旧时习俗

旧时，父母为成年儿子说婚，在探知外姓谁家有及笄女子，便托媒人到女家说媒。

如女方父母有意结亲，便行“六礼”。

一为问名、合婚，双方交换“庚帖”（生辰八字），如“八字”相合，双方父母同意结亲，就商定聘金及其他事宜。之后，进入第二程序。

二为“看妹子”、小定。由男子母亲带领亲眷到女家看妹子；由受聘女子拜见客人，敬香茶一杯，每个男方亲眷必备“见面礼”红包一个给受聘女子。

三为“看女婿”、大定。由女子母亲带领亲眷到“女婿”家，看婿里，“婿里”热情迎接客人，客人也备有红包一个作“见面礼”。至此，亲事就已决定。此后，两家即定何时迎亲归门。男方父母请先生选好吉日，进行裁衣合帐、送星期、娶嫁、完婚。

四为纳聘。到“送星期”这天，男家除将聘金备齐外，还要备大年礼金、日子礼金、猪肉五斤、粉丝两包、鱿鱼两条等其他礼金，同时将家礼先生写好的“星期”，由男子母亲及其他亲人共3—5人到女家“送日子”。女方回其亲家母布鞋一双（蒸酒鞋），高升炮2顶。

五为迎亲。迎亲之日男方请来“鼓手”乐队，排好执事，先到宗祠敬祖宗，然后抬着花轿一路吹打奏乐到女方家迎亲。到得女家，交接礼物，例行一系列迎亲仪式。之后男方“主带嫁”随女方敬祖队伍到各处神坛、社庙，敬香。礼毕进行午宴。晚上举行晚宴时，以男方“主带嫁”为首席客人。当晚临近“梳妆”时辰，迎亲队“发炮员”密集燃放高升炮。梳妆时点燃鞭炮，“新娘”装扮毕由女眷引出闺阁，到正厅拜别父母亲人，哭着出门（意为难舍父母、亲人）。此时礼炮连升。接嫁男方女眷举着红伞等在大门边。新娘出得门来被引至花轿边，坐上花轿。“主带嫁”婉言谢送，伴娘及送嫁女眷随迎亲队到男家。

六为归门、完娶。拜堂吉时到，由礼生赞礼，夫妻双双拜天地、拜高堂、夫妻对拜，之后送入洞房。礼毕一家欢欢喜喜喝蜜糖水（意为甜甜蜜蜜）。

（二）新式婚俗

中华人民共和国成立后，废除封建婚姻，也废除许多结婚过程陈规陋俗，青年男女恋爱自由，新娘出嫁不坐花轿。1951年10月2日，第八区（旧县）举办首届集体婚礼。1977—1978年，旧县公社先后二次为结婚青年举办集体婚礼。但多数人结婚礼俗，还采用新旧结合方式进行。结婚时，女方一家先于男方家办酒席。20世纪50年代至1966年，新娘由9人伴行到男家；1967—1977年，新娘手拿禾刀或锄头由5人伴行到男家；1978—2000年，迎亲时用收录机播放音乐，送亲队坐农用车到男家。进入21世纪后，送亲队逐步改用坐彩车到男家；也有采用旅游方式结婚的。

三、生　育

（一）怀　孕

旧时，已有身孕妇女生活有很多约束，主要表现对饮食、行为宜忌，要求孕妇不能吃兔子，不然所生孩子会兔唇；不能吃蛇，不然生的孩子会长鳞；孕妇不能看月食，不能看宰杀牲畜，不能去到寺庙，不可看木偶戏。甚至不能到办喜事人家，这样会被人视为不吉利等。

分娩前一个月的初三、十三，孕妇母亲要备好蛋一筐，干糯米粉几升为女儿催生。

（二）生　产

孕妇临近产期，不可干体力活，外出干活只能在家临近地方，一遇“阵痛”，即叫来接生婆。旧时，旧法接生很不科学，剪脐带常用生锈剪刀，没有消毒，造成婴儿“破伤风”，婴儿死亡率高；如遇难产，则割雄鸡、杀狗以冲邪驱鬼，家人到寺庙、公王等处祈求平安，常错过施救时机，产妇、婴儿悲惨死去。婴儿死亡草草掩埋，产妇死亡，在产房后墙打洞，将尸体托出，不能出正门。意为不准这种人再投胎出世而危害下一代人。

中华人民共和国成立后，推行新法接生，政府为每个村培训接生员。到 21 世纪，产妇临分娩前几日就到医院待产。怀孕期间，每个月到医院检查。做“满月”这天（或有流产的），母亲要买猪肚煮熟，亲自提到女儿家看着女儿吃完猪肚，这叫“填肚”，意即生了小孩将肚填满以备再生。

孩子生下后第三天，要洗“三朝”；十二天时，产妇母亲及其他亲戚来祝贺。满月时，众亲朋到堂祝贺，饮“满月酒”。如果是男孩还须出请帖。满月这天，房亲一同到宗祠敬祖宗，叫“告祖命名”。到孩子满一百天，要做“百岁”酒。孩子一周岁时，小孩周围放上玩具、笔、墨、书本、算盘、胭脂……看小孩去抓什么，以预测他将来“前程”，此叫“抓岁”或称“爬岁”。

四、宴　客

喜庆请客喝酒须请“家先生”书写“请帖”，皆谦称以“治茗、杯茗、淡酌、薄酌。”请帖分几种，有全帖、合潭帖、单帖、横单等。席须设“首席”“次席”“三席”。旧县习俗，各村、各姓有别，有“君臣礼”席、“师生礼”席。“君臣礼”席以正厅天子屏左片为首席，右片为次席，又称“对面席”。“师生礼”席以正厅檐唇左片为首席，右片为次席。婚宴依“新郎官”祖母、母亲、新娘三代娘家为序，依次入席；升学宴以启蒙老师、高中班主任为“首席客”；庆寿宴以族中最长寿者为“首席”客；乔迁或华夏落成以堪舆师或木工师傅为“首席”客。

猜拳以“一定高升”“一心敬到”“二相好”“二度梅”“三元及第”“三星高照”“四季来财”“四鸿喜”“五魁首”“五子登科”“六高升”“六六顺”“七巧”“七子前途”“八仙长寿”“八匹马”“九九长”“快快高升”“十马全到”“满堂福禄”等作酒令。从一到十两人出数合“酒令”者为胜，负者喝酒。

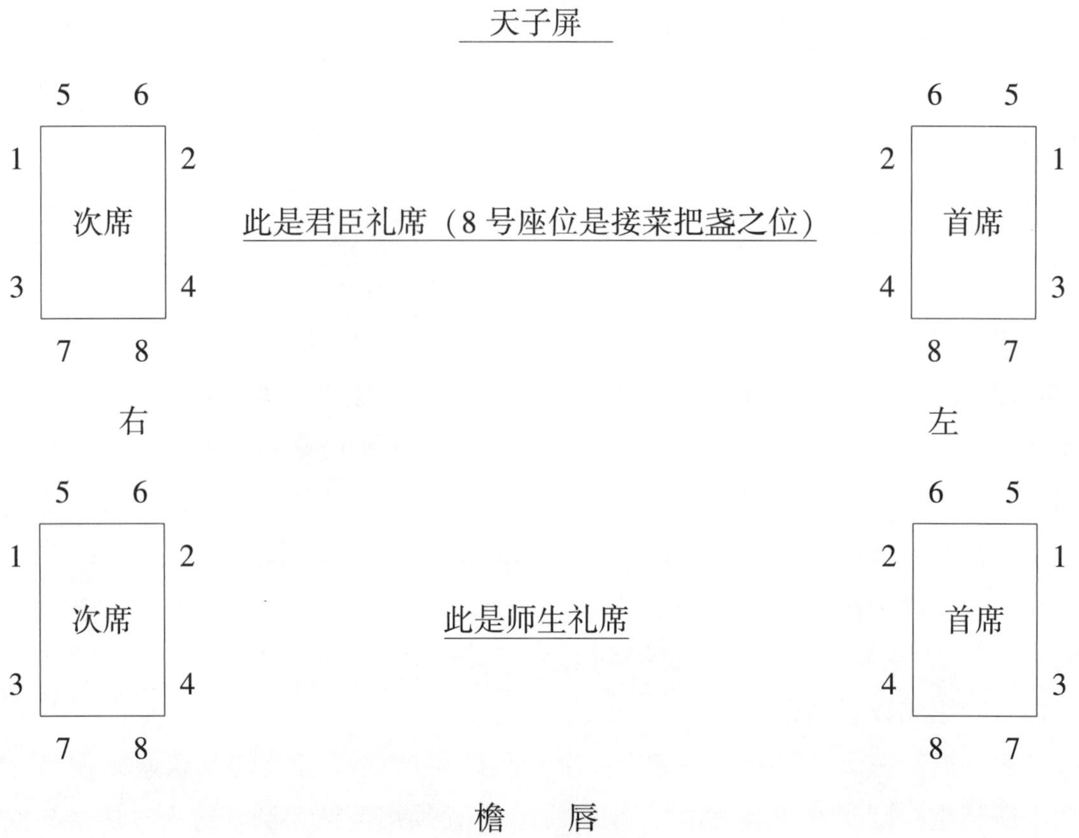

宴客摆席示意图

五、寿　诞

寿诞俗语“做生日”。境内做生日有“男做齐头女做一”说法。即男人整60岁、70岁、80岁等做生日；女人则须加1岁，即61岁、71岁、81岁等做生日，叫“六旬开一”或“六旬进一”。庆贺时，房亲、亲戚、朋友必先期送礼叫“送生日”，之后主家约好日子，请房亲、亲戚、朋友一同到堂庆祝，这叫“先送后请”。

旧时，富裕人家还需通宵达旦燃“寿烛”，举行“拜寿礼”。新社会，这些繁文缛节被摒弃，提倡文明节俭，多为兄弟、姐妹欢聚一堂享受一番天伦之乐。

六、丧　葬

旧县人对丧葬比较重视。人活到60岁后去世算“上寿”。死后儿女们给死者穿上寿衣，有三套的有五套的。女人要戴“凤冠”。如死者是女人就要通知她娘家人，请他们来看过是否正常死亡。并在死者床前明烛、焚香、烧纸、烧纸钱，最后放三声爆竹，通知房亲叔侄等前来。

房亲们得知后，不管任何时候都派家中懂事青壮年到丧家，族中有威望老人也应请到。人员到后组成“治丧小组”，由“主管”或“理事”主持这次丧事。派人到阴阳先生处“择日子”，就是选择“入小殓”“火化”“诵经追荐”“安灵成服”“宰牲”“堂奠”

“入大殓”“出殡”的日子、时辰。“入殓”时，由一老诚女人带领，拿死者鞋子一只，香纸、舀水火笼砵一个，到平时取水坑、溪、河边祷告河神某某已逝，告别水源，之后舀上一砵水，拿回给死者洗面、洗手、洗身以示干干净净“驾鹤西归”。

到了“诵经追荐”这天，同祖父亲人、女婿、孙婿，分男、女各在“孝堂”两边“守孝”“守灵”，不得随意走开。到了“安灵成服”时刻，乐队奏乐，道士诵经，儿孙祭奠，做佛事。

2000年以前埋葬死者用棺材土葬时，要请“仵作”将死者入小殓，即把穿戴好的死者遗体放进棺柩内。棺柩放于正厅中央（若死者是未上寿者或家中还有较老老人，棺柩不能放正中）。

出殡前一刻钟，举行“入大殓”仪式，乐队奏大乐伺候“外门”。理事者将一把手柄缠有红纸的斧头及“红包”（樽棺礼）放置于一个木盘内，捧至樽官者前，儿、孙也下跪，请舅老爷樽棺。樽棺者收起樽棺礼，扶起外甥，拿起斧头，撕断红纸，走到上厅檐唇口，手捧斧头对天行三鞠躬礼之后，走到棺柩前，对着棺柩四角，略略躬身，并祷告：“某某，您已成仙，即将出发，一路走好！”说完将斧头还于木盘内，樽棺礼毕。此时仵作用那把斧头将红纸撕掉，将棺柩四个铁扣扣好，用大铁钉钉牢，再钉上“子孙钉”，这叫“埋钉”。然后“八仙”（由八人组成的抬棺柩者，以八仙命名）站于棺柩两旁，口中大喊一声“起”！即弯腰将棺柩双手托至大门外，扎上“龙扛”，套上架子，前四人，后四人将棺柩抬起，随着出殡队伍前行。

实行火化后，儿子或孙子手捧套上红布骨灰盒，随队伍慢慢前行。送葬队伍排列次序，最前面是散纸钱、放炮，随后乐队鸣锣开道，其次是道士、担篮、灵屋、灵位、遗像、骨灰，最后是亲眷。一般在路上还设“路祭”“别棺”。别棺后分二路，一路抬着棺柩或捧骨灰盒上山，一路随道士、乐队到祠堂。到祠堂门前，宰杀雄鸡一只，叫引灵入祠。入得祠堂，先祭一礼。宣祝文之后，道士念经化“灵”，送灵“升座”，之后烧灵屋，整个丧事暂告结束。中午或晚上，主家再请各位帮忙者到家吃“财食”及进餐，表示谢意。

从死亡之日算起到第七天为“头七”，后裔子孙须到祠堂奠酒。“二七”之日，由死者女儿出资，请房亲等吃“二七”酒。奠完“七七”，还要奠“百日”“周年”，三年之后算圆满，“大祥”。

土葬时期，死者出殡后，埋于山野，厝葬荒坡，至少3年后方可开棺，启攒、拾金，即将遗骸从脚趾骨到头盖骨顺序装进“金斗”（陶制瓮器），选择“风水宝地”安葬。安葬时，请“阴阳”先生定好“山头”，筑坟、竖碑，选好吉日、吉时，出煞、落葬，有请乐队的，有请酒席宴客的，房亲、亲戚都到堂焚香、祝贺。也有“打鼓买田偷葬地”的说法，意谓葬地不要被人知觉。

新时代以来，人民政府不仅要求坚持火葬，还禁止乱占地建坟，实行建骨灰堂统一安放骨灰盒制度改革。

第四节　岁时习俗

一、传统节日

（一）春　节

春节是旧县最隆重传统节日，谓之“过年”。进入农历十二月，每家每户便打扫卫生，洗净被褥。二十三俗称过“小年”，“灶君菩萨”上天，“灶主娘”（家庭主妇）在灶君神龛前明烛，焚香并祷告“上天言好事，下界保平安”，之后便燃放鞭炮欢送灶君上天。二十圩、二十五圩，必须将年货办好、办齐；二十五谓之“入年界”，忌说不吉祥话。二十七八，作豆腐、宰猪、羊。出嫁女儿给外家“送年”。

除夕早起贴春联、挂灯笼、宰杀鸡、鸭，备好“年夜饭”。吃年夜饭时，一家老少要等齐，意为“团圆”。丰盛菜肴中，必有红烧整鱼一条，以示“年年有余”；也有猪大肠炒大蒜一盘，以示“有长有算”（家财一年比一年丰厚）。吃完年夜饭，长辈给小辈发“压岁钱”。临近子时（夜里 11—1 点），各户便陆续“开门”。开门时，户主洗漱干净，煮一壶好茶，摆上八仙桌，排开五色香果、水果等祭品，明烛焚香对家神祷告，焚化“金银大宝”、烧纸，最后燃放鞭炮烟花。之后，有人上床歇息，有人兄弟围坐一桌，品茶、吃茶点，讲人生得失、故事到天亮，谓之“守岁”。

大年初一，有村干部给烈、军属、复退军人、老干部拜年，晚辈给长辈拜年。一群群男男女女青少年，穿着时髦新衣，在村中主干道上或人们平时较习惯聚集处游玩。邻里间见面，都互道“新年好”，送上吉祥祝语。初二至初五，亲友间往来互贺新年，家家户户热情接待来贺客人。女婿给岳家拜年多在初二。旧时对新女婿或外孙来贺，要特地在除夕团圆饭菜肴中留下鸡腿给予招待。初五为出“年界”，意谓过了此日，“年”已过完，要作新的一年生计考虑了。

（二）元宵节

正月十五是元宵节，又叫“上元节”“正月半”。这天除要加餐外，还要事先到集市购回各种“高升”、魔术棒、焰火筒、孔明灯等，待吃过晚饭，家长便拿出这些给小孩子们燃放，以示新的一年生活红红火火，年轻人学业、事业步步高升。

（三）端午节

端午节，又称“五月节”，境内有人五月初四过的，有初五过的。一年中，这是“头节”，有订婚男家，要给女家“送节”。此日，家家户户门楣上挂菖蒲、葛藤以“辟邪”，还饮雄黄酒。进入新世纪后，随着经济社会发展，端午节旧县人包粽子者也越来越多。

（四）中元节

中元节，也称七月节，皆在七月十四日。此日又称“鬼节”，迷信传说是日冥府开放，让鬼魂回家探亲。故民间有十四晚设酒肉、米粄等供品，焚冥宝纸钱祭祀祖先习俗。新中国成立后，此俗多已革除。唯节日之俗尚存。此时正值夏收已完，鸭子已肥，农村以此作为休息日，杀鸭子，打糍粑，庆贺丰收，

（五）中秋节

中秋节，又称八月节，旧县人有八月十五日过的，也有八月十四日过的。节前，外家多有给未成年外孙（甥）送月饼，一般亲友间也偶有互送。

（六）重阳节（俗称九月节）

九月九日是重阳节。但旧县也有少数村子在初八日过节的。本节叫“尾节”，有订婚未娶男家要给女方“送节”。如这天恰逢“霜降”节气，则有人家不在厨房烧火做饭，因有“霜降对重阳，十家烧火九家亡”迷信说法。此时，秋高气爽，旧有重九登高之习。中华人民共和国成立后，学校和共青团多有组织青少年到野外登高秋游。1989 年，国家把此日定为“老人节”后，乡（镇）和各村、单位多有在此日以各种方式开展敬老活动。

民间传统节日除以上主要的外，旧县还有二月二、二月十九、三月三、六月六及上季收割新稻时“尝新禾”等一些传统节日习俗。但这些节日隆重及普遍程度都远比主要节日逊色。

为纪念传统节日，国务院规定清明、端午、中秋节休假一天。

二、法定节日

中华人民共和国成立后，国家规定了许多节假日，镇政府、学校均有举行各种庆祝活动。

（一）元旦　1 月 1 日为元旦，法定休假一天。镇政府及各学校张灯结彩举办各种活动。

（二）国际劳动妇女节　1949 年 12 月，政务院决定每年 3 月 8 日为国际劳动妇女节，由妇联组织庆祝活动，表彰“三八红旗手”“五好家庭”等。

（三）植树节　1979 年 2 月，全国人大常委会决定每年 3 月 12 日为植树节。

（四）国际劳动节　1949 年，政务院决定每年 5 月 1 日为国际劳动节，休假一天。

（五）青年节　1949 年 12 月，政务院决定每年 5 月 4 日为“青年节”。

（六）国际儿童节　1949 年 12 月政务院决定每年 6 月 1 日为国际儿童节，小学放假一天，学校举行丰富多彩的游艺活动，少先队举行新队员入队仪式等。

（七）中国共产党诞生纪念日　7 月 1 日为中国共产党诞生纪念日，镇党委及各村支部组织纪念活动，表彰先进党组织、优秀党员，举行新党员入党宣誓仪式。

（八）建军节　8 月 1 日为中国人民解放军建军节。

（九）教师节　1985 年 1 月 21 日，六届全国人大常委会第九次会议通过《关于教师节的决定》，决定每年 9 月 10 日为教师节。其间，学校举行庆祝活动，乡（镇）党委、

政府表彰教育先进工作者，慰问离退休教师，社会各界开展尊师重教活动。

（十）国庆节 10月1日为国庆节，原休假2天，2010年始休假3天。镇文化站组织各种文体、游园活动和文艺演出。

第五节 禁忌习俗

旧时，人们祈神赐福，凡事都图个吉利，沿袭形成种种禁忌。这些禁忌，与原始崇拜密切相关，与民间信仰相伴相生。新中国成立后，提倡移风易俗，这些禁忌，有的在人们（尤其是年轻人）观念中渐趋淡漠，有的则作为民间礼俗仍在流行。境内民间禁忌主要表现有：

原始崇拜产生的禁忌 民间有人相信万物有神有灵，由此产生对神灵化身的畏惧和禁忌。如禁砍“伯公树”及神坛、寺庙、宗祠、住居后山的“风水树”“风水林”；寺庙、祠堂禁养家禽家畜，忌打入屋蛇等。

冲克禁忌 人们逢婚嫁、祝寿等活动，择定吉日时特别注意避免与当事人及直系亲属冲克的日子。妇女怀孕禁忌敲打穿钉，忌搬卧室家具，以免伤犯胎神。房屋选址忌宫前庙后，在宫庙近旁也忌前墙和高度超过宫庙，惧怕冲犯神灵。房子大门忌正对路、桥，忌正对去水。新娘出嫁忌见孕妇，忌迎面过来另一支送嫁队伍，新娘入门翁姑至亲均应暂避，以防“入门冲”。外出谋生等出门时忌见孕妇；远道归来进门时孕妇亦应暂避。小孩冲克禁忌更多。“八字”中与父母相冲者应“过房”或“喊疏”；小孩应少进宫庙，忌看鬼戏，忌指月亮，忌看“天狗食月”（月食），禁数星星等。

言行禁忌 民间逢年过节、婚嫁、寿诞等重大吉庆日子，忌说不吉利的话，尤其忌说死、病、冇、了（完）等不吉利字眼及其谐音。“舌”“蚀”谐音，屠户便将猪舌称为“猪赚”或“猪利”。开船之前不许喊“陈老板”，因陈与沉同音；乘船忌说沉、翻、停、破、漏和与其谐音的字；忌妇女站、坐船头或小孩在船头撒尿；忌鞋底朝天。此外，还要禁忌与不吉利言语相关的举动，如新正期间忌打钉、破柴（劈柴），因“钉”与“丁”同音，“柴”与“财”同音，打钉怕损丁，破柴怕破财；新正期间忌剃头（理发），尤其忌剃光头，因为怕“断发”（断了发财的运气）。年初一不扫地，忌钱财被扫地出门。

时间禁忌 农历初一、十五，忌办喜事、出远门、探望病人。

其他禁忌 给人倒茶忌壶嘴朝客人，茶要斟浅，酒要斟满；饭粒不许落地、践踏。吃饭或宴客，忌用筷子敲空碗，不许蹲在门槛上或倚柱、靠壁谓是“讨食相”。忌从窗户口递饭吃；忌筷子架在碗上或插入饭中，谓向亡人摆供，不吉。筷子忌单支放置，“筷（快）分了”寓意不佳。出入忌踩门槛。女子出嫁，三日“转门”，忌在娘家与夫同房；婚后第一个节及每年过年，忌住在娘家，以避免“家不团圆”。旧社会歧视妇女，故忌妇女跨过扁担、锄头、犁耙、秤杆、斗笠、草帽，亦忌妇女坐门槛、磨石。忌说“百岁”，百岁要说“九十九”岁；人死了应说人“老了”或“过身了”“走开了”，忌直说“死”。孩子入学后，家长禁孩子吃鸡爪或猪脑髓、猪尾巴，谓防孩子“抓破书”“写字手颤”“呆头呆脑”。小孩换牙拔下的牙齿，上牙往床底下扔，下牙往屋顶上扔，忌随意乱扔。

第六节　宗教信仰

一、宗　教

（一）道　教

旧县比较盛行道教。道教教徒居家，有妻室、吃荤腥，平时务农、做工。教务活动有做道场、诵经追荐、祈祷、画符、出煞、驱魔、结幡、念咒等。道士穿大同道服，道服分红、黄两种色，绣龙凤花边图案。民间迎神、建醮、丧事、安神、祈祷、超度亡魂等，都请道士诵经。有所谓“中邪”的病家，也请道士“点卦”“驱魔”，以求平安。

境内全坊、梅溪、石院、水东等村都有从事道士活动者，活动多为参与各村迎神、建醮等。道士法器有小鼓、三音、五音云锣、牛角法号、锡制法号、小锣及法剑等。

（二）佛　教

佛教于唐朝乾符年间（874—879年）传入旧县，在境内梅溪寨建“上宝林院”。南宋中叶以后，信徒通过募捐在紫金山陆续建起古中峰寺、一天门、五龙寺、麒麟殿。明洪武三年（1370年），法号广淳的僧人，在麒麟殿大殿前建天王殿，并建回廊、山门，气势恢宏而广聚僧人达200余众。洪武十五年（1382年），县衙设立“僧会司”“道会司”，管理宗教事务。从此宗教广为流传，信徒倍增。正统末年（1449年），紫金山麒麟殿山门毁。正德年间（1506—1521年），琢石为门题“杭川第一名山”，殿额题“祝圣寺”。当时为县内最大寺院之一。寺院最兴旺时僧人研制“小儿疳积散”而闻名。

境内佛教有禅宗与净土两个宗派。禅宗以彻研心性本源为主旨，达到明心见性见佛心，故又称佛心宗。净土宗也叫莲宗，教徒专修阿弥陀佛净土法门，常念“南无阿弥陀佛”六字名号。教徒每日进行早殿、晚殿，即早、晚众教徒一齐聚集大殿或法堂诵念经文，并拜佛。目的是通过诵经祈求平安，也为自己能到“西方净土”而不断修为。

“文化大革命”期间，许多佛教寺院被作为“四旧”拆除，紫金山铜铸菩萨被砸烂，当作废铜收购，木雕菩萨及佛经也被付之一炬。1981年后，佛教活动恢复。

（三）天主教和基督教

民国早期，天主教和基督教在旧县都设有分会。苏区时期开始直至中华人民共和国成立后很长一段时间，境内无天主教和基督教活动。1993年，水东村有村民将基督教传入旧县，在家中传教，形成家庭式教会。

二、民间信仰

（一）迎神建醮

迎神建醮，是民间信仰与道、释、儒教并行的一种民间集体活动。

建醮名堂很多。祈求社会太平、人口平安的叫“平安醮”或“人口醮”；种田的建“保苗醮”；开槽管山的建“竹叶醮”；撑船的建“船醮”。各行各业都有醮事，都很隆重。境内每年逢“立夏”节气迎“神农”的醮事叫“保苗醮”；迎奉“五大真仙”而建醮，为“人口醮”。

1. 建大醮

在选好建醮日子前半个月，就得派人装扮成“日见大吉”，头戴高高“礼帽”，肩挂长把伞，到山川之口，深山之中，大呼某月、某日、某地建大醮，有大戏、有素酒素菜，恭请各位鬼、神、游魂到场赴会、赴宴等。

建醮那天，醮坛场面布置得大而壮观，醮坛分内外两层。内层按金、木、水、火、土五行，也说东、西、南、北、中五方位设坛。正中坛是这次醮事主持法师法坛，坛中设张天师神位，其余东、西、南、北四大醮坛分别是五大真仙、三大仙师、神农、地藏王等菩萨的神坛。外层按八卦乾、坤、震、艮、离、坎、兑、巽方位设八大醮坛，将内层醮坛围成一圈。醮坛分别布置三十六孝、铜蛇铁狗、金桥、银桥、奈何桥、十八地狱等。每坛道士、稽首、顿首各一位。建醮之日，各就各位、各司其职。

设所谓“鬼宴”的场地也很宽阔，在草坪上铺几十条谷笪，每条谷笪摆上二席碗筷，上菜时每席布八大碗素菜、酒一壶，以飨来赴宴的鬼、神。外围用若干把草纸，每把草纸分成五六贴，每贴叠成三角状布于鬼宴场地四周，圈外再铺上一段段的“满地红”鞭炮。最外层偏僻处还须立一“幡”，俗云“幡竹”。待到时辰便“开宴”；“开宴”片刻，便点燃四周草纸；草纸即将燃尽时，点燃鞭炮。此时，围在四周青壮年男子便一声大喊，跳入鬼宴场地争抢素菜、素酒，谓之“抢施食”。迷信说法抢到“施食”，便可消灾得福。

2. 梅溪村二月二

梅溪寨（今梅溪村）于明朝年间某年正月，天降暴雨，山洪暴发，淹死人畜甚多，造成重大灾害。

为求得神灵保佑，禳灾祈福，村民便在境内修建洪源宫，以便每年建醮。

每年二月初一，村民便到古石岩迎来“五大真仙”到洪源宫中。宫中安设神座，道士起鼓念经，戏班开锣唱戏。次日辰时，村中各姓执事人等集中到神坛前举行祭祀，宣读“祭神祝文”，排好秩序进行“游乡”（游遍村中各个自然村）。

游乡时，队伍最前面鸣锣开道，次为铳手；之后是举“肃静”“回避”等牌者；接着是彩旗、鼓乐班、神案、神马、道士、怀抱“五大真仙”“张五公主”“三大仙师”等菩萨者依次跟上；并由 7—10 岁孩童骑马装扮成“八仙过海”“嫦娥奔月”“梁祝姻缘”“天仙配”等角色跟在队伍中。此也谓之“迎古事”。游乡后，将菩萨送回宫中。初三“打醮”，至晚亥时下刻（夜 10：30）醮事尾声时，道士念经，请“五大真仙”等众神将境内一切“邪神”“恶鬼”，驱逐至村尾河边出境。之后，返回醮坛，砍倒“幡”（俗称幡竹），宰杀生猪一只，醮事结束。

（二）敬　神

旧时，由于人们长期处于恶劣自然环境和社会环境中，为求得平安多福，只得寄希望于神灵庇佑。故境内民众普遍崇尚神灵，敬神活动频繁。一年中除过年、过节要敬神外，不少人农历每月初一、初九、十五、十九、二十九日都要敬神，于早饭前在灶君菩萨前点烛、焚香、筛茶上供，燃放鞭炮，甚至还要到庵堂庙宇去烧香祈祷。朝拜对象甚为广泛，玉皇大帝、如来、观音、关帝、妈祖甚至灶君、公王，各色神灵都拜；供品也不一而足，猪头五牲、斋盘果品、香烛纸钱，多多益善。每年农事之始，需备果品、香烛祀奉土地伯公；播种时要在田头烧纸钱，禀告田头伯公；每逢经商、求学、谋职、求婚、营造、远行等大事，都要祈求神灵保佑诸事顺利。若遇病灾，更要求神拜佛，祈求祛病消灾。

（三）信风水

旧县民间十分注重住居和祖坟“风水”，有“一屋场，二坟堂”说法。修造房屋、坟墓，都要请地理先生看“风水”。住宅除看重靠山龙脉风水外，还特别注重坐落、朝向、灶位、阴沟等，要请地理先生用罗盘测定。坟墓选址也注重坐落和朝向，尤其是中轴线和墓碑的定位视为至要。墓址一经选定，前后左右忌随便挖沟掘池，中轴前方忌植树木。

（四）占　卜

旧时，旧县群众不少人信“命”，认为富贵贫贱是命中注定，甘愿听从神灵摆布和命运安排，占卜之风盛行，常见的有询问性占卜（如求签）、纸牌占卜等。中华人民共和国成立后，破除封建迷信，公开占卜活动大为减少，至 20 世纪 60 年代后期已基本停止。

算　命　算命先生大部分为盲人。求卜者先报出生年、月、日、时，再问所问之事，或为生子或为婚娶或为经商等。卜者就按天干、地支依次掐算，排列组合为“八字”，再用该干支五行来反映吉凶、推断祸福。算命还有一种方式为抽贴（纸牌占卜，俗称“拔书子”）。卜者自备套纸牌，内有描摹的历史故事图，如“姜太公八十遇文王”“刘关张桃园三结义”等。求卜者先抽一牌，根据纸牌中的故事与人物，由卜者分析吉凶祸福。

求　签　为占卜方式之一。旧时，民间如有所求，往往去寺庙求签，祈神析解凶吉。签，为竹制卜具，贮于签筒。其筒多置于神案上，供香客或求卜者占卜之用。每一竹签上都刻有号数，另备纸片，写上诗语，编号与竹签相符，或悬贴在庙壁上，或放特制柜中，俗称“签诗”。求签时，求卜者先点香焚烛，虔诚地向神像或佛像磕头祷告，详诉欲求何事，尔后从签筒中任抽一签，也有不断摇动签筒，取先掉出筒外的竹签，然后以两“窖子”掷地，观其一俯一仰，以为神诺，即按签上号码去取签诗，凭其语以卜休咎。一般庙宇的签诗，分为九等（上上，上中，上下；中上，中中，中下；下上，下中，下下），签上诗文字无标点，一般为四句七言或五言诗，可作多种解释，以适应不同求签者的心理需要。俗传求得上签得福，求得下签有祸。一般的签诗有“婚姻”“求子”“杂解”等三类。求签之俗，寺庙尚存。

（五）事　鬼

旧时，事鬼活动在民间盛行。除丧事期间要请僧道大做法事、超度亡灵外，人们还惧怕邪鬼、孤魂。家人尤其是小孩生病、受惊吓，更是要在夜晚备祭品到三岔路口焚香祭拜或请巫婆神汉驱鬼。遇有自杀或非正常死亡者，则认为是凶鬼作祟，要请巫婆神汉“作法”。此外，民间还流行问仙、请亡魂、招魂、扶乩等事鬼迷信习俗。中华人民共和国成立后，破除封建迷信，事鬼活动大为减少。20世纪60年代后已绝。

三、寺庙简介

（一）紫金山四座寺院

曾经是“杭川第一名胜”的紫金山，原有四座寺院，20世纪90年代后因金铜矿开发需要，陆续被拆除或迁移别处另建。

中峰寺　旧名紫金庵，于明嘉靖三十三年（1554年）由邑绅丘嘉周及梁亨等募建，祀“真武”神。万历四十三年（1615年），毁于火，独存真武金像。后知县李自华捐俸重建之，缘首丘可忠董其事。2009年，因采矿需要，此寺从金山迁至河西村“大岗尾”原仙娘宫旧址重建。占地面积1200多平方米，建筑面积600平方米。正殿供奉释迦牟尼，药师菩萨、日、月菩萨，两旁十八罗汉。大门厅供奉四大天王、护法神。三个偏殿，其一供奉财神爷；其二供奉观世音菩萨；其三供奉地藏王。大雄宝殿对联为：“古刹千秋荫福地人间无苦海；中峰万载立杭川头上有青天。”

五龙寺　在中锋之东，旧名神光宫，明嘉靖三十三年（1554年）邑绅丘嘉周等募建，亦祀“真武”神。

麒麟殿古中峰一天门　建于明嘉靖三十二年（1553年）。1999年5月，由迳美村林源盛牵头，在迳美村“陈竹坑”（小地名），建“麒龙殿”（意为将麒麟殿，五龙寺合二为一）。建成后，将原金山麒麟殿、五龙寺两殿菩萨迎入殿内供奉。麒龙殿内设2个大殿。一殿供奉玄天大帝、三大仙师、玉皇、王母、五谷大神、花树公公、花树婆婆等菩萨。殿联为：“紫气东来瑞献杭川万民；玄天西至福佑金山众生。”一殿供奉千手观音、三位夫人、公明祖师、弥勒佛、地藏王、齐天大圣、太白仙人等菩萨。殿联为：“座上莲花占断西方三月景；瓶中杨柳分来南海一枝春。”

2008年，又建古中峰寺于麒龙殿后山，供奉释迦牟尼及十八罗汉。并建牌楼，楼联云："古迹焕祥光历数名胜最难忘紫金山寺庙；众缘结香火登堂朝拜莫虚负儒释道清规。"同年，又建原一天门"灵官殿"于"麒龙殿"侧旁一山岗上。殿联为："灵镇天门驱车扬鞭追随玉帝；官到帅职高视阔步庇佑下民。"

（二）萧何堂

位于全坊村坎头街尾，今"红岩桥"南桥头，始建年代无考。相传此处原是一湾深潭，南岸叫"仙湖塘"，水流急、旋涡深，时有塌堤、翻船、溺水等事故发生。为保平安，先民把"仙湖塘"填起来筑成田螺形石墩，又筑防洪堤并建"萧何堂"于其上。"萧何堂"占地面积一百平方米，建筑面积15平方米，内祀萧何、韩信和张良等"汉初三杰"神像。堂联为："一堂辅汉全坊赫；三杰英豪胜地明。"

境内有"未有旧县，先有萧何堂"说法，意为"萧何堂"历史早于语口市设上杭县治历史。

2012年因旧白公路改造，萧何堂迁建。

（三）佛塔庵

佛塔庵在铁场村境内，始建于清乾隆十七年（1752年）。"文化大革命"期间，此庵被拆除。1996年，民间募资重建。2008年扩建，建筑面积170平方米。内供奉释迦牟尼、弥勒、三大仙师、观音等佛、仙。殿联为："逐疫驱邪宇宙多资于神力；迎祥集福古今有赖于神灵。"

（四）显通寺

显通寺坐落于河西村观音髻山。原先公路侧茶亭，供奉如来佛。1987年，公路改道，此茶亭由陈姓人牵头募资改建成寺庙，1993年建成。内供奉释迦牟尼、千手观音、地藏王、财神及东方持国天王、南方增长天王、北方多闻天王、西方广目天王、韦陀等菩萨。寺中有两副对联。其一联为："观本无形到处化身施雨露；音从何响随时咐口唤愚民。"另一联为："天雨虽宽不润无根之草；佛门广大难度不善之人。"

1996年，在原寺上一台再建"如来宝殿"。2015年，重塑如来宝像、观音宝像、弥勒宝像、普贤宝像、文殊宝像、十八罗汉等升殿供奉。

（五）德峰寺

德峰寺位于石圳村境内萝卜山，建于何年无考，只流传一句俗语："未有'金山寺'（紫金山中峰寺），先有德峰庵。德峰寺几经沧桑。""文化大革命"期间，寺庙无人管理，石圳大队"耕山队"曾把寺庙改为驻地，管理田产及房屋。改革开放之初，又改建为"养牛场"。20世纪90年代，石圳村民募资重建寺庙，1994年建成。供奉三宝大佛、观音、地藏王、弥勒、护法等菩萨。德峰寺占地面积500平方米，建筑面积250平方米。

（六）通济庵

建于明代，位于新坊村，占地面积430平方米，建筑面积200余平方米。内供奉观音菩萨、定光古佛、三宝佛祖、地藏王菩萨和弥勒佛等。

（七）其他寺庙

石圳观音寺 据传梅溪胡姓始祖胡月川（字太一），于明正德年间从珊瑚迁居梅溪时，途经石圳村，看此处山川秀美，就将家中所带一尊观音塑像放置于此，后建起简易庙堂，并交代子、孙每年二月十九（传说观音诞辰日）前往祭祀。后周围各村皆前往行香礼拜，至今已有400多年历史。

上宝林院 唐乾符年间（874—879年）始建，是旧县境内较早寺院。梁、柱由石雕而成。由于年代久远，2016年民间募资重建。

妈祖庙 全坊村和坝上上洋角，当地民众各建一座妈祖庙，内供奉妈祖娘娘。也叫天后宫。

镇佑宫 在龙溪龙头岗，占地面积400多平方米。内供奉如来佛、五大真仙、三大仙师等。

第二十四章　人　物

旧县镇历史悠久，人才辈出，历史上曾涌现出许多杰出人物。他们中，有为救国救民而英勇奋斗的爱国志士；有为中华人民共和国的成立和富强出生入死的革命烈士和老红军；有在科学技术领域不懈探索、精益求精的专业人才；有勤奋工作、积极进取的劳模、干部；有热心公益、敦亲睦族的乡间贤达。

本志人物简介和人物表、录所列人物，仅有经过核实的已知人物，遗漏在所难免，所遗漏的人员，将在再版或下届修镇志时给予补上。

第一节　人物传

陈守洋

陈守洋（1503—1578），号旧山，河西村人。18 岁举孝廉，任邵武县刑曹、清流县县吏，后在南京刑部考授正八品官，任湖广武昌府江夏县参赞，后授进士，为五品官，在武昌任通判。

明朝年间，陈守洋富甲一方，被誉为“粮米冠三省”（福建、广东、江西）。旧县、清流、宁化等地都有他大片田地和农庄，在清流有一座占地 1000 多平方米大庄园，用于他每年在清流、宁化收粮时居住。有一年夏天，他将自己在清流的房屋、田庄租金捐出，资助当地一位名叫裴恭靖的贫困儿童读书，使这位贫困儿童得以上学，考中状元，官至吏部尚书。陈守洋从清流返回旧县家乡后，于 1538 年，在龙溪村岩寺前兴建祠堂一座，取名妫芳祠，占地 1000 多平方米。除用于每年春秋两季祭祖外，也作读书场所。并捐几十担谷田作儒资田，资助后裔攻读诗书。后裔考中进士多人、举人 10 余人，其中有贵州毕节府知府、广东布政使等五六品官；另还有众多秀才、贡生、增广生等。

明万历六年（1578 年）逝世，享年 76 岁。

陈守洋所建妫芳祠，历经 480 多年，至今还保存完好。1918 年，在此祠设立育德高级小学；全面抗战时期，上杭城遭日军轰炸，上杭一中为师生安全，于 1942 年迁至该祠上课。中华人民共和国成立初期，在该祠设立第八区（旧县）人民民主政府，后改名为区公所。社会主义建设时期，旧县供销社和粮站仓库设在该祠。

陈守洋除兴建妫芳祠外，还兴建了寺庙玄武宫。一生仁德至上，热心公益，尊祖重教，被乡人称为“德公”。

陈杰夫

陈杰夫（1817—1887），字作纶，讳英，谥纯孝，河西村人。父遇魁，忠厚老实，商贾兼农，家庭殷实，为人慷慨，热心公益，乐善好施。

陈杰夫天资聪颖，品行精纯，性情真挚。读诗书，明大义，念父贸易汀潮，备尝艰险，乃辍学改贾，以分亲劳。道光壬寅岁（1842 年）杭邑大水，旧县河滨市肆积货甚多。公闻河水暴涨，疾赶归家，先负父母出避水，及还至肆，而店中货物皆漂没。情切救亲，不惜千金沉浸。父母在世，未尝外宿。咸丰辛酉（1861 年），父患沉疴，他侍汤药目不交睫者累月。母缠重病，劳心而生伤感，且倍关心。每逢二亲忌日及岁时祭扫，他呜咽流涕，哀动路人。三年守制，悲恸心酸。他仰体先志，置义渡、立文会、建桥梁、修道路、育婴儿、筑茶亭、施茶缸、送药物、拾棺木、助求学、扶贫困、做义冢，解纷排难，乡党皆称其学，洵义举多端，克全父愿，孝思不匮，无闲人言，实为乡里之楷模，孝行可嘉。

光绪己丑年（1889 年）四月十三日，陈杰夫去世，享年 70 岁。本邑状元丁锦堂亲笔题赠“孝思永锡”匾额；刑部主事李英华为题孝子传；合邑举人绅士袁楷、傅硕臣、华达璋等于学署呈报，请题教谕；郭积昌奖“孝思不匮”匾额；训导陈馨宜奖“峰峙虞山”匾额；学院沈奖“孝行可嘉”匾额；教谕林云嘉奖“史传流芳”匾额；府学教授汤伊相奖“孝思维则”匾额；水师提督钟宝三题赠“惟孝自能施有政，羡君人不间于言”联句；本郡士大夫题赠传赞诗歌成帙。光绪壬辰年（1892 年）三月，礼部主事郭曾炘咨部请旌，癸巳年（1893 年）由布政使司黄知府胡知县贺祥覆督宪谭咨覆并会同学院王具题请旌。甲午年（1894 年）十月十五日，礼部题请奉旨依议，旌表为孝子，准给建功。崇祀忠义孝弟祠。1895 年冬，由知县贺，奉主入祀。翌年春，在旧县捡窖石大路上，建 10 座高大之旌表孝子石牌坊，并在旧县陈氏敦本祠外大门建造旌表孝子门楼一座，永远推崇，百世流芳。

翰林院庶吉士陈培锟（父子翰林，福州人），曾题杰夫公纯孝传。

陈桂明

陈桂明（1851—1894）字金镛，旧县镇河西村人。清光绪年间在福州船政学堂毕业后，任北洋海军管带，后擢升游击。陈治军号令严明，训练有方，能体恤士卒，深得士兵拥戴，所领导的舰队作战勇猛，成为海军中一支劲旅。

光绪二十年（1894 年），中日海战爆发（史称甲午战争）。陈桂明率舰在鸭绿江与日军作战，身先士卒，竭力督战。初曾打败日舰，上报告捷。因后援不继，军舰被日舰击中下沉，以身殉国，时年43岁。后追封云骑尉，世袭其职。

丘洪辉

丘洪辉（1897—1965），又名怀春，铁东村（民国以前也叫铁场村）人。幼年因家贫未能上学，刚满7岁便帮人牧牛、砍柴，15岁在纸寮当学徒，一年出师后，以造纸为业。

1928年秋，参加革命活动。次年7月，加入中国共产党。8月，旧县农民武装暴动时，在铁东领导农民打土豪。铁场乡苏维埃政府成立时，被选为乡苏维埃主席。1930年5月，参加红军，任赤卫团排长。次年调红军某警卫营任副排长。1934年10月，红军主力长征后，因患病留在铁场隐蔽，秘密任党支部书记，进行中共地下活动。次年一二月间，县苏维埃政府主席钟辉元率游击队到达岩下山，组成新汀杭游击队（即第七支队）。他获悉此消息后，即与之联系，经常亲自化装入城采购物资，想方设法完成游击队交给的供应粮食、药品和日常用品的任务。

1936年4月，国民党铁场乡保长向联保主任告密。他获悉这一情报后即带领江书良、江良远等人到岩下山参加七支队。8月，叛徒林春生带领民团包围铁场，抓走党员干部江德声、阙春凤，并抓去丘洪辉母、妻和儿子，作为人质诱降，遭坚决拒绝。民团头子杀害其母并以强迫其妻改嫁相胁迫，他毫不动摇地表示："有共产党就不怕你国民党，就是杀了我的家属我也决不回来！"8月的一天晚上，他带领1个排星夜奇袭草鞋岭粤军黄涛部队哨所，缴获轻机枪1挺、步枪4支，拔除了粤军排哨。不久，黄部把魔爪伸进岩下山的几个基点村，并在白玉塅驻兵包围，封锁游击队，还利用叛徒作向导，带领民团窜入岩下山包围七支队驻地，县苏维埃主席钟辉元、副主席涂光雄在战斗中牺牲。余部迅速转移到双髻山与廖海涛部队会合，丘洪辉被任命为杭代县军政委员会看守所所长。

1937年9月，闽西南军政委员会根据中共中央《关于南方各游击区域工作的指示》，为建立抗日民族统一战线，主动派出代表与国民党政府龙岩督察专员公署进行和平谈判，并签订停战协定。在七支队奉命到大禾坑集中成立抗日义勇军时，洪辉被任命为第三团三连三班班长，开往龙岩白砂，编入新四军第二支队。次年3月，二支队在龙岩东肖誓师出发，同年冬，到达江苏小登场村。此后，他历任排长、侦察连副指导员、管理排排长等职。1941年1月5日，新四军遭国民党袭击，在反击中被冲散，经流转流徙，最后到达无为县汤家口高沟村找到部队，洪仍任管理排排长，后任团部军属、含和支队卫生所一分所军需副官、二师二十一旅兵工厂军械股股长等职。

抗战胜利后，新四军整编为中国人民解放军，洪辉仍任军械股股长。民国37年（1948年），随军到达山东，调任东海荣军大队附兼一排指导员。在"三查三整"学习后，参加淮海战役的支前工作。战役结束，他把荣军带回华中江苏大丹军区，圆满完成组织交给的任务。

1949年9月，组织批准他回福建龙岩地区安排工作。1950年2月，任中共旧县区委书记。在开展剿匪反霸斗争中，不顾年老病多，亲自率领武装追捕匪特。12月26日晚，他率队趁着寒冷天黑，爬山越岭，直扑新坊，胜利完成围捕李汉光等13名匪特、恶霸的任务。1953年5月，旧县区遭洪水灾害，8月又遇旱灾。他认真贯彻上级指示，深入灾区发动群众生产自救，并亲临旱情严重的玉女乡察看灾情，寻找水源，带领群众挖水塘5口、戽斗抗旱，取得抗旱救灾的胜利。11月，任中共上杭县委委员兼旧县区委书记。次年8月，被选为上杭县人民法院院长。1955年，任上杭县人民政府副县长。1959年“反右倾”中，遭受错误的审查批判。1962年7月经甄别，恢复名誉。1965年12月，因病逝世，享年69岁，遗体安葬县烈士陵园。1981年12月，被评为革命烈士。

李恕林

李恕林（1899—1993），曾用名生昌、洪春，石院村人。1929年参加农民暴动，同年参加中国共产党，曾任村、乡农会主席、区土地委员会主任，县土地部长，杭武县苏维埃政府主席。1932年10月被县肃反委员会错误地以社会民主党罪名逮捕，同年12月获释。此后脱离革命队伍，在家务农。

1950年5月，重新参加革命工作，先后任第八区农协会主任、第八区区长，县农协会主席。1955年8月被批准重新入党后，历任县农场场长、新坊乡党支部书记、旧县公社党委书记、县良种场党支部书记。1963年7月退休。

1993年11月在旧县逝世，终年94岁。

丘棣华

丘棣华（1901—1931），原名丘绍棠，又名丘山，尧埔村人。7岁进入私塾学校读书，启蒙老师江老秀才见他天资聪颖，把他的名字丘绍棠改为丘棣华（意为“棠棣之华”）。

1912年，丘棣华考入上杭城美国教会创办的美华中学。毕业后，由于家贫，无钱升学，在村里私塾学校执教一年，后到古田山上当造纸工人，想挣一点钱作升学经费。

1925年，丘棣华考入黄埔军校第四期。从入伍生转为正式生的考试中，名列侦察科榜首，编入步兵团第一团第一营第一连。同年12月，丘棣华由李富春介绍，在黄埔军校加入中国共产党，成为上杭县最早加入中国共产党的党员之一。

1926年7月9日，国民革命军从广东分三路挥师北伐，丘棣华编在国民革命军北伐一路军第四军叶挺独立团任侦察排长，担负北伐一路军先遣队。他率领部队攻下咸宁县境内军事要隘汀泗桥和贺胜桥，重创敌军，并乘胜追击，攻克武昌，摧毁敌军大本营。进驻武昌后，丘棣华被提升为二十四师侦察连长。

1927年8月1日，中国共产党发动南昌起义，打响武装反对国民党反动派的第一枪，走上独立领导中国革命武装斗争道路。丘棣华参加了这一伟大壮举，在激战中负轻伤。此日，提升为十一军独立营营长。

8月3日，起义军撤出南昌城南下，时逢酷暑，疫疾流行，部队减员很大；官兵疲惫不堪，情绪波动很大。丘棣华日夜忙碌，耐心细致做大家政治思想工作，使全营军心稳定，独立营受到军部嘉奖。8月30日，部队在会昌与敌激战，虽取胜，但起义军伤亡也很大。丘棣华在这次战斗中，负伤2次。

9月11日，丘棣华率独立营到达上杭城，驻扎在百果园边岗背街上。有一天，在街上遇见岳母后，带岳母到营部驻地吃饭。饭后副官王某从营部军饷里拿了一把光洋放进丘棣华岳母竹篮里，给她带回使用。丘棣华发觉后，严厉批评王副官，并把光洋全部放回原处，并撤掉了王副官职务。

起义军进入广东后，损失很大。丘棣华率领独立营在汤坑激战中负伤。独立营大部分官兵牺牲，剩下的也被打散。丘棣华挣扎着离开阵地，在流沙镇找到叶挺军长。叶挺嘱咐丘棣华回老家路近，可在家乡重起炉灶，组织乡亲闹革命。丘棣华只好忍痛离开叶挺，踏上回家路程。

丘棣华回家后，旧县反动势力代表陈某、孔某、刘某等接踵而至到丘棣华家“拜访”，封官许愿，威胁利诱，要丘棣华出来为他们做事，但均被丘棣华一一拒绝。

1928年，蓝维龙、罗化成等共产党员与丘棣华接上关系，重新燃起丘棣华心中的革命烈火。

1928年11月7日，丘棣华在尧埔村“鸿昌号”召集陈丹成、陈占常等共产党员开会，成立中共旧县支部，丘棣华首任书记。党支部成立后，发展秘密农会，组建农民武装。丘棣华亲自到蛟洋请求傅柏翠支援武器，傅柏翠送给单发步枪7枝。

1929年6月10日中午，红四军从白砂来到旧县，在河东村宿营。下午，丘棣华在尧埔村“鸿昌号”后堂带病召开赤卫队座谈会，朱德军长和军部一位宣传干事来看望丘棣华，丘棣华要求归队，朱军长要求他坚持地方斗争。

1929年8月17日，中共上杭县委派蓝维龙到旧县召开会议，指导暴动准备工作，指定丘棣华任暴动总指挥，陈丹成任副总指挥。

8月18日开始，连续多日，在丘棣华、陈丹成指挥下，30多名赤卫队员和上百名普通群众，举行暴动，在各乡村抓捕了一批土豪劣绅，处决了2个罪大恶极的地主恶霸，烧毁一批豪绅剥削穷人的债券、契纸，分了一批地主豪绅浮财给贫苦群众，并在龙头岗榕树下举行暴动庆祝大会，极大振奋了劳苦大众革命热情。

8月27日，丘棣华率领旧县、才溪、通贤一带暴动武装，集结于水西渡，与全县赤卫队员一起，攻打上杭城，激战半天一夜，由于敌强我弱，未能攻克。9 月 20 日，丘棣华再次率领赤卫队员，与全县赤卫队员一起，配合红四军攻打上杭城，全歼守敌卢新铭部 1000 人。第二天下午，朱德军长约见丘棣华，组建上杭县赤卫大队，统辖全县各区乡武装，由丘棣华任大队长，陈丹成任党代表。不久后，赤卫大队升格为赤卫团，丘棣华任团长，陈丹成任党代表。1930 年 3 月 25 日，成立中国工农红军第九军，共辖 6 个团，丘棣华任第六团团长，陈丹成为政委。4 月下旬，红九军改编为红十二军，丘棣华任一〇五团团长。

1931 年年初，正当丘棣华率部浴血奋战，艰难进行反“围剿”关键时刻，王明“左”倾冒险主义执行者却在闽西苏区开展了一场所谓“肃清社会民主党”运动。丘棣华和其他数以千计蒙难者一样，于 5 月 24 日被以“社会民主党”罪名在白砂杀害，时年 30 岁。

1953 年 11 月，福建省人民政府主席张鼎丞来上杭，亲自为丘棣华昭雪冤情，评他为革命烈士。

张沛财

张沛财（1901—?），又名沛沛，河东村人，1901 年 4 月 20 日出生于一户贫苦农民家庭。幼时读过三年私塾，13 岁学撑船，17 岁就成为从上杭到峰市来回一员得力技工。

1920 年，张沛财依靠师父和亲朋好友，购置木船一艘，整年承运从矶头、旧县、上杭到峰市土纸，和从峰市运回布匹、杂货、油、盐、京果直抵矶头内销。每次往返需时七八天，又要担风险，可却能取得微薄工资收入，稍有不如意，就可能导致老板（货主）要求赔偿或给予罚款的危机。一次张沛财承运上杭城关“广和昌”一船土纸。因工友们清点不慎，到峰市交点时少了一个土纸，结果被老板扣掉载运工资一半。

1926 年下半年，在中共地下党人林心尧、张凯领导下，上杭县总工会成立，码头、篷船工会也相继成立。张沛财参加了张思垣、陈启生领导的篷船工会。1927 年 9 月间，周恩来率南昌起义军到上杭。宣传革命道理，传播革命火种。活跃在汀江河上的张沛财和其他篷船工会会员为起义军搞好水运工作。起义军离开后，张沛财仍为上杭中共地下党组织做了许多有益的工作。

1929 年农历七月十三，上杭县委派蓝维龙到旧县检查暴动前的准备工作，在岩子前召开暴动行动会议。张沛财以河东赤卫队骨干身份参加会议。第二天七月节，旧县暴动成功，二十圩天，在龙头岗大榕树下举行大会，处决土豪劣绅，烧毁契字债券。张沛财经过这场斗争的锻炼，立场坚定，积极肯干，被吸收参加共产党组织。1930 年 3 月下旬，组建红九军时，张沛财等旧县赤卫队随丘棣华、陈丹成等被编入红九军第六团。1930 年 4 月，红九军改编为红十二军。1930 年 6 月红四军第四纵队编入十二军后，张沛财调入第四纵队。不久，被提升为红四军第四纵队供给处长。工作中，特别认真负责。1930 年，在江西一次对敌作战中，他坚决执行上级命令，把服务战斗军需物资、武器弹药及早备足，运往前线保证战斗需要，使此次战役取得重大胜利。1932 年 4 月，四纵队参加攻打龙岩、漳州，他根据上级布置，把军需供给工作做得有条不紊，得取漳州战役全胜，缴获敌人大量物资。后部队胜利回师上杭时，他请假回家探亲，向父母亲说了漳州大捷消息，嘱家中要搞好生产，支援红军。在家里换了衣服草鞋，与家人团聚一宿，次日骑马返回部队后，一直杳无音讯。

1955 年 2 月，张沛财被评为革命烈士。

陈宜英

陈宜英（1902—1994），河西村人。幼时读二年私塾后，便开始学干各种农活。

1929 年 8 月 18 日，陈宜英参加了共产党员丘棣华、陈丹成领导的旧县农民暴动，1931 年 1 月加入中国共产党。1930 年至 1934 年 3 月，先后担任乡农民暴动大队长、贫农团主任、拥军优属主任、苏维埃政府主席、党支部书记等职。

1934 年 10 月红军长征后，陈宜英参加红军游击队，在岩下山、障云岭一带坚持游击战争。同年 12 月，因左腿患病，难于行走，组织上动员他返乡。返乡才 2 天，就被国民党当局抓捕，在上杭县监牢关押。直至 1937 年全面抗战爆发，国共合作抗日时，才被保释回家。

1949 年全国解放后，陈宜英被选调到乡里工作，先后担任乡农会主任、拥军优属委员会主任。从 50 年代到“文化大革命”前，多次当选为乡、县人民代表。他除积极参加集体日常劳动，还负责经管集体果林场，亲手把八甲冈开垦成近百亩果园，种上各种果树，培育和嫁接果苗，解决附近乡村缺苗困难，为当地集体增加收入。由于他工作积极，劳动勤奋，成绩显著，1955—1959 年间，被各级政府评为劳动模范，特别是 1957 年 3 月，荣获省劳动模范称号。

陈宜英热心公益事业。中华人民共和国成立初，倡议在铁镭脑兴建茶亭一座。1963 年，倡议并主持在捡窖石兴建茶亭一座，建设中他深入群众筹措建亭资金，宣传群众捐款；四处奔波到各地购买木材和砖瓦，不辞辛苦。特别对资金缺口，他慷慨解囊，捐款补上。他还亲自整修羊头岭地段道路，并在道路两旁种上桉树。他关心乡村水利事业，每年冬带领群众兴修第一、三陂圳。70 年代开荒造田、平整土地时，他已 70 多岁高龄，但仍顾全大局，带领宗亲出钱出力，服务农田基建。

平时，遇村里人发生纠纷，他总是前往热心调解，息事劝和。

1994 年 6 月，因病在旧县去世，享年 92 岁。

傅才秀

傅才秀（1903—1954），女，1903 年出生在上杭白砂，从小抱到旧县石院村李朝皆家

做“等郎妹”（一说10来岁被卖给本乡一姓张人家做童养媳）。幼时，读过两年书。长大后，与旧县石院村农民李全伦结婚。

1929年5月，红四军到旧县，点燃轰轰烈烈土地革命烈火。傅才秀在革命形势熏陶下，和同村邓六金等勇敢投身到打土豪分田地斗争中。她政治思想好，阶级觉悟高，积极向妇女宣传革命思想，动员妇女投身革命，支援红军，参加洗衣队、慰劳队、担架队、赤卫队等红色组织。1929年10月，上杭县苏维埃政府成立，傅才秀首任县苏维埃政府妇女部长。

1931年春，傅才秀和邓六金一起，加入中国共产党。1931年5月，中共闽粤赣边特委改为中共闽粤赣省委，傅才秀到省委妇女部工作。此时，妇女部部长职务虽由李坚真挂，但李坚真又担任长汀县委书记，所以，妇女部工作实际由傅才秀负责。1932年3月，中共闽粤赣省委改为福建省委，傅才秀正式担任省委妇女部部长。同月，福建省第一次工农兵代表大会在长汀召开，宣布将闽粤赣省改为福建省，成立福建省苏维埃政府。会前被派往武平县当巡视员的傅才秀作为武平县的代表，出席了这次大会，并当选为福建省苏维埃政府执行委员会委员。红十二军收复上杭、武平后，福建省苏维埃政府决定组织省苏工作团进入武平，协助武平恢复和发展苏区工作，派20多人组成省苏工作团，到武平充实到党、政、军、群各组织中去，傅才秀任县委书记。武平苏区再次呈现繁荣景象。2006年，武平县在申报“中央苏区县”有关文件中，还充分肯定了傅才秀任武平县委书记期间的工作成绩。

1934年1月22日，中华苏维埃共和国第二次工农兵代表大会在江西瑞金召开，傅才秀以正式代表身份出席大会，并当选为中华苏维埃共和国临时中央政府执行委员。

1934年10月，主力红军长征，傅才秀服从组织决定，留在赣南坚持革命斗争。1935年2月中旬，傅才秀和赣南省各县革命工作人员及一个挺进营共400余人，在赣南省苏维埃政府副主席王乎善率领下开展游击战争，在安远与寻乌交界的分水坳遭国民党粤军独立第四师一个团截击。队伍被打散，傅才秀在寻乌籍战友引路下，突围到寻乌岑峰丹竹楼一带。又遭潘满山土匪搜山，傅才秀与战友失散，只身一人，昼伏夜行，历尽艰辛，走到南桥，被当地一位善良农妇收留。从此化名“张秀英”，在此定居。后与当地一位农民结婚。

1951年3月，傅才秀经组织安排，到广州南方大学参加为期3个月培训，结业后被分派回平远县仁居乡城南村搞土改试点。因工作出色，立二等功。土改结束后，因身体较差，被安排到平远县人民政府卫生院（县医院前身）担任副院长。

1954年，傅才秀因病在平远县逝世，终年51岁。

张思垣

张思垣（1905—1938），水东村人。1929 年 8 月，旧县农民在党的领导下，举行暴动。张思垣参加了赤卫队，在丘棣华等领导下，积极投入打土豪、分田地革命斗争。同年参加中国共产党。

1930 年 7 月，根据闽西特委指示，在旧县成立闽西篷船工会筹备委员会，11 月在回龙正式成立闽西篷船工会，张思垣被选任为闽西篷船工会委员长。篷船工会归闽西总工会领导，下设组织、宣传、青工、劳保等部，领导汀江、旧县河、永定河、黄潭河、连南河等基层工会开展工作。

1931 年年初，闽西错误发动肃“社党”运动，不少工运骨干分子遇害，闽西工会组织随之不健全，但闽西工运并未中断。同年秋，闽西篷船工会改称闽西木船工会，张思垣仍任委员长。1932 年年初，根据上级指示，各级总工会改称职工联合会。闽西工会改为福建省职工联合会，闽西木船工会改称福建省木船工会。2 月 13 日，福建省职工联合会在瑞金叶坪正式成立，选举张思垣等 13 人为执行委员，5 人为候补执行委员，张思垣当选为委员长。他领导工人参加反“围剿”，斗争，巩固发展苏区政权。

同年 3 月 18 日，在巴黎公社纪念日和闽西苏维埃政府成立 2 周年之际，福建省第一次工农兵代表大会在长汀县城隆重召开。张思垣被选为省苏执委主席团副主席兼省苏劳动部长。

1934 年 10 月，由于王明“左”倾错误路线影响，中央革命根据地第五次反“围剿”失败，主力红军长征。张思垣留在岩下山一带坚持游击战争。1935 年 2 月，在永定西溪赤寨村召开闽西南军政委员会第一次会议，张思垣被任为杭代县军政委员会副主席。6 月间，在岩下山成立新汀杭工作委员会，张思垣被任为新汀杭工作委员会书记，组织领导游击战争。全面抗战爆发后，张思垣继续留在闽西山区坚持斗争。1938 年 6 月 6 日，在上杭中都河坑活动时，被当地民团杀害，时年 33 岁。中华人民共和国成立后，被评为革命烈士。

翁祥初

翁祥初（1907—1997），原名翁祥祉，迳美村人。1929 年红四军三打龙岩城时，祥祉在龙岩报名参加裁缝工会，改名祥初。随后回乡参加当地农民暴动。同年 7 月，加入中国共产党，并当选迳美乡苏维埃政府主席，领导乡亲打土豪、分田地。9 月，带领赤卫队、担架队参加朱德指挥的攻打“铁上杭”战斗。

1930 年 7 月，翁祥初带领几十名赤卫队员集体参加红军，任中国工农红军第十二军二纵队六支队宣传分队长，随即参加第二次攻打长沙战役。10 月，在红十二军三十五师政治训练队学习。同时参加中央苏区第一次反“围剿”作战。12 月，任红十二军三十六

师一〇八团二连政委。接着，参加第二次反“围剿”的中村、广昌、建宁战斗和第三次反“围剿”的连塘、黄陂、老营盘、高兴圩战斗。1931 年 12 月，任红五军团十四军四十炮兵连指导员，先后参加攻打赣州、漳州、乐安、宜黄等战役。1933 年 4 月，进江西瑞金红军大学学习。毕业后，任红军第二十三师中级教导队指导员。1934 年 1 月，任红二十三师六十七团政治部主任。4 月，任红二十三师六十八团政委，参加了著名的广昌保卫战。广昌战斗失利后，同年 9 月改任红二十三师六十九团政委、总支书记。在其后的战斗中，翁祥初腿部负伤住院治疗。此时，中央主力红军开始战略大转移。一天，红一军团军团长林彪路过医院问及长征准备工作，了解到翁祥初还没安排好，便说：“抬上走吧!”就这样，翁祥初在担架上开始了长征。翁祥初靠着顽强的毅力，常常不坐担架，而由卫生员扶着走。不久，翁祥初担任红八军团野战医院政委。他把领导配给他骑的马，用来驮医院的药品、器材和其他伤病员。“遵义会议”后，翁祥初调任红一军团一师三团任总支书记，后改任红一军团政治部巡视员。1936 年 5 月，任红一军团二师巡视团主任，协助四团团长王开湘、政委杨成武指挥了飞夺泸定桥战斗。过草地前，任红一军团唯一的炮兵连指导员，把炮兵连完整地带出了草地。到达陕北后，任红一军团野战医院党总支书记。1937 年 1 月，进中国人民抗日军政大学学习；7 月毕业后，任中央军委警卫营教导员，肩负保卫毛泽东、周恩来、朱德等中央军委领导的重任，负责延安城的警卫工作。为抵御严寒，保障中央军委首长冬季取暖，防止战士冻伤引起非战斗减员，他带领战士上山烧炭，受到中央首长称赞，并在陕北各部队中广泛推广。1939 年 1 月，调任陕甘宁边区医院副院长。在边区大生产运动中，翁祥初夫妻双双被评为劳动模范。1940 年冬，先后参加抗日军政大学和中央党校学习。学习结束后任陕甘宁晋绥联防军教导一旅供给部政委。

1945 年 12 月，翁祥初任冀中二纵队一旅政治部主任。1946 年 5 月，任晋察冀三纵队组织部部长。1948 年 4 月，任华北军区补训兵团组织部部长，先后参加保卫延安、解放石家庄、天津等战役战斗。

1950 年 3 月，翁祥初任华北军区后勤部军需部政委。1951 年 10 月，任华北军区后勤部政治部副主任。1952 年 7 月，任华北军区后勤部油料部政委。1954 年 5 月，进解放军第五十速成中学学习。1957 年 6 月，任解放军第五十速成中学政委。1959 年，解放军第五十、五十一、八十五和空军第六速成中学合并为北京军区文化学校，翁祥初任文化学校政委。1960 年，学校迁石家庄，他克服重重困难，顺利完成迁址办学任务。

1965 年，因病离职休养。晚年仍然十分关注老区建设，关心群众生产生活。1984 年，回乡关心农村农田水利建设，看到家乡村道崎岖不平，便帮助筹措资金十几万元，修成石圳—迳美公路，大大改善了乡亲们的交通条件。

1955 年，被授予少将军衔，获二级八一勋章、二级独立自由勋章和一级解放勋章。1988 年，被授予一级红星功勋荣誉章。曾任第五届全国政协委员。

1997 年 3 月 6 日，在北京逝世，享年 90 岁，骨灰安放在闽西革命公墓。

陈连标

陈连标（1907—2002），龙溪村人。1929 年 8 月参加革命，1934 年 11 月加入中国共产党。

土地革命战争时期，历任传令兵、班长、排长、连长。主力红军长征后，参加闽西三年游击战争。

抗日战争时期，先后任新四军二支队四团二营五连连长、三营九连连长，新四军苏中军区台东独立团副营长、一分区五十二团二营营长，一分区高邮独立团参谋长和江都独立团参谋长。

解放战争时期，任华东警卫七旅十九团团长。

中华人民共和国成立后，任江苏省镇江军分区副参谋长、副司令员等职。

1955 年，被授予大校军衔，获二级八一勋章、二级独立自由勋章和二级解放勋章。1988 年，获二级红星功勋荣誉章。

2002 年，在苏州逝世，享年 95 岁。

陈丹成

陈丹成（1908—1931），原名陈宜铅，河西村人。父亲穷秀才，母亲早年去世，兄弟妯娌共 14 人，靠父亲、大哥两人教书所得微薄收入维持生活。他幼时聪明伶俐秉性刚强，勤奋好学，是旧县育德小学高才生。毕业后，赴上海报考并被录取。按当时族规，上中学可以享受公尝 300 元上学资助金。但由于族长豪绅把持公尝资金，欺侮弱房，分文不给。待至 1925 年，陈丹成 17 岁时才考入长汀师范学校就读。此时军阀混战，民不聊生，陈丹成内心感到无比忧虑，渴求救国救民。在读书期间受进步思想熏陶，积极向共产党人靠拢，于 1927 年被吸收加入中国共产党。1928 年师范毕业后，陈丹成返回家乡，任育德小学校长。

为了唤醒民众，他利用学校这个阵地，一面教书，一面筹办夜校广泛传播新文化，新思想，培养农运积极分子，组织秘密农会，物色培养考核建党对象，发展党的组织。1929 年，吸收第一批陈瑞华（如炘）、陈致善 2 人参加中国共产党。后来，发展到他家兄弟妯娌有 5 人先后参加革命和共产党组织。大哥陈宜金任乡苏维埃政府秘书，三哥陈宜钢任乡苏维埃政府主席，五弟陈赤山任杭武赤卫团连长，妻张桂玉任乡、区苏妇女会会长。赢得革命模范家庭赞誉。

1929 年，朱毛红军进入汀州时，陈丹成和丘时章立即赶赴汀城，请示斗争方向。回乡后，他首先组织旧县人民进行武装暴动。但由于反动民团团总孔佛成及陈义春，陈建勋等大批反动武装驻扎旧县，暴动被迫推迟。同年 5 月间又与丘棣华等召开秘密会议，会后与丘棣华、陈宝招 3 人去蛟洋与傅柏翠接头，请求支援武器，傅柏翠支援旧县党组织长枪 7 支。得到武器后，马上赶回旧县，收缴了土豪劣绅短枪 3 支，合计有长短枪 10 支，配给党、团、农运骨干。暴动前夕，他们以组织育德小学师生上紫金山远足为名，在紫金山召集暴动队各路负责人的秘密会议，周密研究了旧县暴动具体方案，上报中共上杭县委并获得批准。

农历七月十三，县委派蓝维龙到旧县，检查指导旧县暴动准备工作，会同陈丹成等在岩寺前召开河东，河西党、团员、积极分子会议，动员做好暴动一切准备工作。第二天（农历七月十四），由陈丹成，丘棣华等领导暴动武装 30 多人，抓捕了一批富豪，处决了陈杨基、陈昌棋 2 个罪大恶极者。从此，旧县人民建设苏区、保卫苏区斗争蓬勃展开，革命斗争如火如荼。

1929 年 9 月，成立上杭县赤卫大队，丘棣华为大队长，陈丹成为党代表。不久后，赤卫大队升格为赤卫团，丘棣华任团长，陈丹成任党代表。1930 年 3 月 25 日，成立中国工农红军第九军，陈丹成任第六团政委。4 月下旬，红九军改编为红十二军，陈丹成任一〇五团政委。

1931 年年初，闽西错误发动一场肃清“社会民主党”运动，乱抓乱杀，制造了大量冤案。在这场运动中，陈丹成被错误诬为“社会民主党”分子，于 1931 年 3 月被杀害于永定虎岗，时年 24 岁。中华人民共和国成立后，被评为革命烈士。

李明辉

李明辉（1908—1934），梅溪村人。小时，喜欢书写，11 岁时写的字就很工整。本村念完初小后，到旧县育德小学念书，16 岁毕业。当时还想上进深造，但因祖父病故，母亲病笃，生活困难，父亲只得把明辉留在家中帮助耕种。明辉深知家境困难，只得在家一面复习功课，一面帮助父亲管理家事。1929 年，和钟六妹结婚。同年，旧县暴动后参加宣传队，在梅溪、水东一带开展宣传活动，宣传共产党的政策，协助乡苏书写标语等。1930 年 10 月，明辉参加红军，不久提升为连长，并加入中国共产党。

1931 年春，李明辉到连城四堡四县交界处围剿马益谦匪特部队。战斗中沉着果断指挥，消灭敌人 100 多人，缴获枪支 100 多支，以及弹药用品等物资，取得胜利。是年冬，李明辉被提升为红军新编第十二军三十四师一〇四团团长。有一次，在其部队当兵的谷坑村一位亲戚的儿子，在部队经过连城文亨村时，到蔗田里随意采了两根甘蔗带回部队吃。李明辉知道后，立即通知该连连长把他找来严肃进行纪律教育。通过教育，使这位战士深受感动，次日在连队里进行检讨，既教育了他本人又教育了全连战士，使红军十二军三十四师一〇四团军纪更加严明。

1934 年 10 月，主力红军撤离中央苏区，进行长征。

李明辉所在的三十四师担任全军后卫，掩护中央首长和中央直属机关及大部队转移北上。12 月 1 日，在湘江战役中，李明辉光荣牺牲，时年 26 岁。1955 年 2 月，人民政府评李明辉为革命烈士。其英名被镌刻在湘江战役纪念碑园中。

何书田

何书田（1908—1985），原名何大书，1947 年在四十八军后勤部时改为现名，梅溪村人。父亲何世能，农民，生有三男二女。何书田在兄弟中排行最小。

何书田 12 岁入私塾读书，16 岁辍学，改学泥水匠。1 年后回家种地。

1929 年夏，毛泽东、朱德率领红四军来到上杭、创建闽西革命根据地。何书田的两个哥哥参加了革命。大哥何书周始任乡赤卫队长，后任乡苏维埃政府主席；1930 年在当地与国民党民团作战中，英勇牺牲。二哥何继书既任乡农会委员，又在乡消费合作社任经济助理员。

在大哥二哥影响下，何书田也积极投身革命活动。开始时，参加乡少先队。1931 年 3 月，加入当地农民武装。经 3 个月军事训练后，被编入闽粤赣军区赤卫团当战士。1932 年升任为班长。不久，被调到红十二军二十四师七〇团。同年 10 月，加入中国共产党。1934 年 7 月，入红军特科学校机关枪营学习 3 个月，结业后，随部参加中央主力红军二万五千里长征，被编入中央军委警卫营二连任战士。在部队即将走出草地的一次战斗中，徒手夺得敌人机枪 1 挺，受到上级通报表扬。长征结束后，先后入瓦窑堡步兵学校和政治连学习。结业后到补充师任连政治指导员。2 个月后，到西北保卫局训练班学习 1 个月。后入西北第四后方医院任特派员。1937 年春，被派往延安抗日军政大学学习。结业后，被分配到八路军前方总部直属政治处任组织干事。1938 年 3 月，调任八路军总部炮兵团炮兵连政治指导员。1939 年，任新编特务团副官及供给处副主任。1941—1945 年，任八路军直属炮兵团供给处副主任。

1945 年 4 月，入热河军区二旅五团，后又被调入冀热察军区司令部平西留守处工作。1948 年，入东北野战军十一纵队供给部。东北解放后，随部队入关作战。1949 年 4 月，任十一纵一四三师供给部副部长。

1950 年 10 月，参加抗美援朝，任志愿军二十二师后勤部部长。

1955 年，被授予中校军衔，并获三级八一勋章、三级独立自由勋章和三级解放勋章。

1958 年，转业到地方工作，先后任河北省邯郸钢铁公司副经理、邯郸市政协副主席。

1985 年 2 月，因病医治无效在河北邯郸逝世，享年 77 岁。

李 文

李文（1909—1990），曾用名李桂贞，石院村人。1929年，参加中国工农红军，在红十二军三十四师一〇一团一连二班当战士。1931年3月，进福建省军区随营学校一队三班学习；5月，加入中国共产党。1932年12月，任长汀县策田区任苏维埃军事部长。1934年2月，任江西瑞金总兵站运输员；5月，调任中央红军三军团四师电台队运输员；10月，参加二万五千里长征。1937年8月，任红军西路军五军团团部电台队运输员。

1937年9月，在八路军一一五师师部教导大队一队二班任副班长，1938年5月任山西决死二纵队游击三团三营营长，1939年9月任决死一纵队四十二团一营营长，1941年1月任太岳军区二分区基干营营长，1942年10月任太岳军区二分区司令部作战参谋，1943年5月任太岳军区一分区武委会军事部部长，1944年12月进延安中央党校学习。

1945年10月任晋绥吕梁军区九分区独立一团参谋长，1946年8月任晋绥野战军三纵队五旅一团参谋长，1948年4月任晋绥军区野战军卫生部和平医院副院长，1949年10月任晋绥军区司令部三纵队二支队参谋长。

1950年1月，任四川省成都军管委会人事处科长；6月，任东关办事处处长。1951年，任四川省眉山专区中级人民法院副院长。1958年7月，任四川德阳工业区建委土地征用办公室主任。1960年8月，任新都汽轮机厂人保办公室主任。1962年1月，任西南电器科学研究所副所长。1964年，任云南省昆明电机厂副厂长。1966年8月，任云南省公路局副局长。

1990年，在昆明逝世，享年81岁。

陈忠献

陈忠献（1909—2004），河西村人。1929年7月参加旧县农民暴动，同年加入中国共产党。不久参加中国工农红军，先后在红四军第四纵队、红十二军特务营当战士，后调到瑞金红军大学特科学校学习，毕业后分配到会昌县任工农指导员，后又调到中央军委工兵营任排长。1934年10月，参加二万五千里长征，升任连长、教导队长。1936年到达陕北后，到庆阳府步兵学校特科团任连长。

抗日战争时期，编在一二九师任工兵连长。1939年任冀南青年纵队政训科副科长兼军法处长，后任二分区二十五团参谋长。1942

年，参加延安中央党校学习。

抗日战争胜利后，由党校分配到东北十八师五十二团任团长。不久调任六纵队四十三军一二九师三八六团团长。解放战争中参加过平津战役、渡江战役，在渡江战役中负伤。伤愈后于1952年到广东荣军学校任校长。1955年，任广东省民政厅副厅长。

2004年元月30日，因病医治无效在广州逝世，享年95岁。

蓝武华

蓝武华（1910—1933），又名蓝永标，乳名土地生，谷坑村人。父母生下武华五兄弟，武华排行第四。

武华的家乡田少人多，田大多数被富豪占有。武华一家生活靠父亲外出打铁赚些钱来维持。武华年少时，念过3年私塾。3年后，因生活困难，学费难以为继而弃学从耕。

1929年，毛泽东、朱德率红四军挺进闽西，闽西各县先后举行武装暴动。武华在革命思想宣传教育和大好斗争形势感召下，投身革命，参加本地暴动，加入金谷乡赤卫队组织。其余四兄弟也分别参加暴动队、农会、赤卫队、少先队等革命组织，五兄弟参加革命成为“全家红”。蓝武华在党的培养教育下，积极投入打土豪、分田地、建政权斗争，政治觉悟提高很快，不久被选为赤卫队副队长，参加中国共产党组织。

1930年，他参加红军，在二十四师教导队担任排长。一次，他率部在连城温坊参与同国民党军李廷年部的作战，参战部队共缴获敌人的长短枪、轻重机枪1600余支，打死打伤敌人800余人，俘敌300余人，取得重大胜利。

1931年春，蒋介石对中央苏区进行军事“围剿”，同时进行经济封锁，因而苏区药品、器材缺乏，特别是西药要从白区购买运往苏区。一次上级分派蓝武华带领一部分人护送一批由永定到中央苏区长汀四都军医院的药品。路过上杭石灰岭时，遇大土豪刘祖球率民团挡道。蓝武华当机立断，灵活指挥，击溃刘祖球部，活捉刘祖球并当即将其枪毙，扫清了障碍，保证了药品安全。由于他完成任务好，由排长晋升为连长。1932年4月间，他奉命开往龙岩，参加攻打漳州，胜利完成各项作战任务。战役结束后回师江西途经旧县圩时，他向组织请假回家探亲。当晚，民团头子找上家门，劝说蓝武华不要再当红军，把枪交给团防局可得一百块光洋的赏金。蓝武华听罢拍案而起，理直气壮拒绝：“我当红军是为穷人求解放，不是为了几个钱，我有我的信仰，我走我的阳关道，你走你的独木桥，你如果继续与人民为敌，最后只会得到人民对你的惩罚！”吓得那民团头子哑口无言，灰溜溜地跑了。为防敌人暗害，蓝武华天未亮就告别双亲，离家回到三十多里远的旧县圩部队里，随后到才溪。不久，他母亲因病离开人世，蓝武华得悉后，悲痛不已，虽随部队驻扎在离家不远的地方，很想向组织请假回家奔丧，但由于军情紧急，无法抽身，只能含泪遥望南天，送别慈母。

1933年，县苏维埃政府在才溪举办新杭县干部学习班，蓝武华被调去参加学习。结业后到福建军区独立师工作，任某团团长。不久，县委、县苏机关撤出白砂，国民党反动派卷土重来，在白砂一带横行霸道，镇压革命群众。为挫败敌人嚣张气焰，蓝武华奉命率部队从才溪经旧县到白砂打击敌人。战斗虽取得胜利，但蓝武华却在这次战斗中不幸牺牲，时年仅23岁。中华人民共和国成立后被评为革命烈士。

邓六金

邓六金（1912—2003），女，新坊村人。自幼家境贫寒，生活困苦。1929年，中国工农红军到家乡后，她积极参加革命活动，任乡妇女会主席。1931年春，加入中国共产党。先后担任中共上杭县旧县区委青年干事、县委妇女部部长，福建省苏维埃妇女部巡视员、妇女部部长等职。其间，多次深入宁化、泉上、连城、汀东、长汀等地，开展扩大红军，慰劳红军，组织妇女学习生产和文化工作。1934年年初，进瑞金中央党校学习。同年10月，随中央红军进行二万五千里长征，任干部休养连政治战士。长征途中分管担架、民运、照顾伤员及思想政治、筹粮、筹款等工作。1936年1月到延安后，任中共中央组织部妇女部部长。同年9月，任中共甘肃省庆阳县委组织部部长。1937年5月，任中央妇女部巡视员。

1938年，入延安中央党校学习。同年9月，与曾山率领的20多名干部一起从延安出发，奔赴东南抗日前线。先后任东南局妇女部巡视员，淮南路东根据地乡党支部书记等职，积极参与组织当地妇女开展抗日救亡活动，组织成立妇女抗敌会、妇女协会、妇女救国会，因地制宜开办识字班、夜校，组织缝衣队、洗衣队，动员妇女送亲人参加新四军和拥军支前等工作。

1948年4月，任华东局机关保育院协理员；9月，领导筹办华东保育院；1949年5月上海解放后，率华东保育院从山东青州迁徙上海。其间，先后任华东保育院副院长、院长，为抚养烈士子女，培育革命后代，勤恳工作，付出了艰辛的努力。1950年，华东保育院被评为华东局直属机关第一模范单位。

1953年，到北京工作，先后任中央财经委员会人事处副处长，中央人民政府机关事务管理局人事处副处长、国务院机关事务管理局总务处副处长、办公室副主任，中共中央监察委员会驻国务院机关事务管理局监察组副组长，国务院机关事务管理局顾问等职务。1982年12月离职休养后，担任中国儿童福利基金会理事，为儿童福利事业筹集捐献了很多资金。曾当选全国妇联第四届执行委员和第五届全国政协委员。

2003年7月16日，在北京逝世，享年91岁。

吴先彬

吴先彬（1912—1931），水东村人。父母生下他三兄弟，哥哥吴先应、弟弟吴先辉先后参加了革命工作。吴先彬家是个世代受着封建地主剥削压迫的贫穷家庭，祖祖辈辈无田无山，靠卖劳力替人租田管山。到了吴先彬父亲这代，生活更显窘迫，地主心肠也更狠，经常要佃农先交租谷。出于无奈，为了全家生活，吴先彬只得外出他村以一斗还二斗的高利向富户借谷，借来给地主交田租。吴先彬家在本村是小姓，总共才3户人，住在一偏僻山窝里，这里又成了土匪抢劫的地方，家里被搞得一贫如洗。地主重租的剥削，土匪凶恶的抢掠，弄得先彬一家，食不果腹、衣不蔽体。走投无路，求助无门。吴先彬自幼饱尝了旧世道的苦难。

1927年秋，“八一”南昌起义军于水陆兼程先后到上杭。宣传革命道理，深深打动了群众，解释了人们心灵深处的疑惑，开始萌发革命欲望，也在吴先彬心中激起汹涌的波澜，看到了未来的曙光。

1928年，闽西发生四大农民暴动。尤其是1929年朱、毛红军二度入闽，全面点燃闽西地区革命烈火，使吴先彬更加振奋不已。当旧县中共地下党负责人丘棣华在旧县发动暴动前夕，到水东布置暴动时，吴先彬积极响应，踊跃参加了暴动队，投入打土豪、分田地、建政权的斗争。因工作出色，斗争性强，被吸收参加共青团组织。

1930年3月，吴先彬参加红军。不久，升任红军独立师某班班长。在一次战斗中因排长牺牲，吴先彬被提升为排长。在以后的几次战斗中，他坚决执行命令，出色完成上级分配的任务，1931年又先后被提升为连长和团长。

1931年冬，吴先彬率部在泰宁县驻扎。一天早上，接到上级紧急命令，立即开往曾坑参与围歼国民党匪军的战斗。在与敌激战中，不幸受伤牺牲，时年23岁。中华人民共和国成立后被评为革命烈士。

李昭松

李昭松（1912—?），石院村人，1912年11月生。

1929年8月，李昭松家乡举行武装暴动。李昭松和哥哥满怀革命豪情，积极参加暴动队，队长叫李招来。李昭松是最年轻的队员，在打土豪、分田地，没收地主豪绅财产中表现非常积极，立场坚定，斗争性强，李招来对他很信任，经常在会上表扬昭松的成绩。很快，吸收他加入共青团组织。成立少先队时，组织上任命他为少先队长。

1930年春，上级发动翻身青年参加红军，昭松积极响应，第一批邀集了10多名青年带头报名参加红军。在他们的带动下，后面，很快就有60多名青年报名参加红军。团长赵忠赤看到李昭松精灵、活泼，就把他留在团部担任通讯员。不久，由通讯员提升为政治部干部，并吸收加入中国共产党。

李昭松担任红军政治干部后，在参加攻打上杭、武平中堡、江西等地战斗中，政治鼓动工作做得好，使部队始终保持旺盛斗志。他立过几次战功。其中1931年在武平中堡战斗中，他机智勇敢，抓住敌人薄弱点，歼敌一个连，取得战斗胜利。由于工作出色，经上级组织决定，提升为红十二军三十四师政治部主任。1931年冬，李昭松到长汀四都医院看望伤病员时，对陈带秀、丁清招、丁招巴等同志说："你们要尽力看护伤病员，把伤病员看好、安慰好，使他们早日恢复健康，重返前线。"并对看护伤病员的女同志每人发了一支铅笔，表示鼓励。以后他骑了一匹黄色大马离开四都医院，向鱼溪方向北去。

1932年，红十二军三十四师奉上级命令由江西向北方进军，李昭松随军北上。在写过一次家信回来后，就一直杳无音讯。

中华人民共和国成立后，李昭松被评为革命烈士。

陈茂辉

陈茂辉（1912—2015），铁东村人。少时因家贫，未上学读书。7岁跟父亲出门做工，8岁开始学造土纸。

1928年冬，在蛟洋参加造纸工人组织成立的秘密农会，担任农会交通员。1929年5月，加入中国共产主义青年团。7月，参加旧县农民暴动。10月参加中国工农红军后，被中共上杭县委派往龙岩参加闽西红军学校学习。1931年3月，加入中国共产党。

土地革命战争时期，历任闽粤赣参谋训练班学员，闽粤赣警卫营排长，上杭赤卫团二排、一排排长，闽西苏维埃政府警卫营二连排长，红十二军三十六师一〇六团连政治指导员，福建省闽西红军医院警卫队队长，红十二军三十六师司令部列宁室主任，二〇六团二连副政治指导员，六十六师二六六团三连政治指导员，红一军团二师六团四连、七连政治指导员，福建军区独立营政治委员。参加了中央苏区第一次至第五次反"围剿"作战。1934年，在温坊战斗中负伤。后参加南方三年游击战争，历任闽西第一军分区组织科科长、中共永南中心区委书记兼永南游击大队政治委员、永定独立营和抗日讨蒋大队主任兼政治委员、中共旧县区区委书记、杭北游击队负责人、中共永埔县茅平区区委书记、永埔县委副书记、代理书记等职。

抗日战争时期，先后担任闽西抗日义勇军第一支队政治训练处组织科科长、新四军第二支队政治部民运科科长、军部特务营政治教导员、新四军政治部民运部第三科科长等职。在震惊中外的"皖南事变"中，跟随军长叶挺多次组织部队突围。在队伍被冲散，遭国民党军抓捕后，面对国民党军威逼引诱，始终坚贞不屈，在身患重病，行动非常困难情况下，与战友一起成功突围，历尽艰辛回到自己的队伍。"皖南事变"后，历任新四军军部特务营政治教导员，苏中军区如皋自卫总队长兼如皋警卫团副团长、团长，新四军第七师兵工厂政治委员，苏浙军区第二军分区参谋长，华中军区特务团政治委员，新四军第一师特务团政治委员等职。

解放战争时期，历任华中军区特务团政治委员，华东野战军第四纵队第十二师政治部副主任、主任，十一师政治委员，第三野战军第二十三军六十八师政治委员等职。率部先后参加淮海、渡江、孟良崮、莱芜、苏中七战七捷和解放上海、杭州、高邮、淮阴、盐城、碾庄、枣庄、费县、藤县、邹县等战役、战斗。在淮海战役中，率部奋勇攻击陈官庄，活捉国民党徐州“剿总”副司令杜聿明。

1952 年，参加抗美援朝战争。1953 年夏，向国务院写信提出保护古田会议会址、创办古田中学的建议。1958 年，入政治学院速成系学习。结业后，任江苏省纪律检查委员会副书记，江苏省人大常委会委员等职。1982 年 7 月离职休养。

1955 年，被授予少将军衔，获二级八一勋章、二级独立自由勋章和一级解放勋章。1988 年 8 月，被授予一级红星功勋荣誉章。

晚年，著有《征途》《在红色队伍里成长》等回忆录。

2015 年 3 月 23 日，因病医治无效，在南京逝世，享年 103 岁。

陈海涵

陈海涵（1914—1994），河东村人。1929 年 8 月，参加旧县乡农民武装暴动，加入乡赤卫队，随后编入上杭红军独立团，任三连通讯员。同年，加入中国共产主义青年团。1930 年年初，编入红十二军三十四师一〇一团宣传队。同年 12 月，加入中国共产党。1931 年春，任红十二军一〇一团三连指导员。翌年，进中央苏区红军大学学习。参加中央苏区第一次至第五次反“围剿”战争。1934 年 9 月，奉命组建红军总部直属红星炮兵营，任政委；10 月，参加红军二万五千里长征。长征途中，在广西龙胜地区，率红星炮兵营（配属红四师）为掩护中央纵队，与国民党广西军 2 个旅拼死血战，阻击敌人，保证中央纵队安全。黎平会议后，陈海涵先后任红三军团四师十二团二营营长兼政治教导员、第十团政治处党总支书记、政治处主任和红一军团第四师十团政治委员等职。

抗日战争初期，进中国人民抗日军政大学第三期学习。毕业后留校工作，先后任抗大总校三大队五队队长和一大队副大队长。1939 年 10 月离开抗大总校，先后任晋察冀军区特务团政委、第一团政委、第五军分区参谋长，参加了百团大战。1944 年，进延安中共中央党校学习。结业后，任陕甘宁晋绥联防军教导第二旅副参谋长、参谋长。

解放战争时期，先后任西北野战军第六纵队教导旅旅长、第六纵队副参谋长、参谋长，中国人民解放军第一野战军二兵团六军参谋长。参加延安保卫战和青化砭、羊马河、蟠龙镇、沙家店、瓦子街、扶眉及解放兰州等战役战斗。在保卫延安战斗中，所部两次受到中共中央和毛泽东、彭德怀表扬。1949 年冬，率部挺进新疆，为解放大西北建立了功勋。

中华人民共和国成立之初，任西北军区空军参谋长。1952 年，进解放军军事学院高级速成系学习。1954 年毕业后，任军事学院高级速成系主任。1958 年，任成都军区北碚步兵学校校长。1959 年，奉命改建北碚步校为广州军区桂林步兵学校，首任校长。1961 年，奉调至广州军区，先后任副参谋长、副司令员、顾问等职。在任广州军区副司令员期间，兼任南海渔业指挥部总指挥，为南海边防海防建设做出重要贡献。1970 年 10 月，中央决定由广州军区负责组织修建湘黔铁路，陈海涵兼任铁路会战总指挥部指挥长。1972 年 10 月，湘黔铁路全线（长 1600 多公里）贯通，因工程建设速度快，造价低、质量好，受到国务院表彰。

1955 年，被授予少将军衔，获二级八一勋章、二级独立自由勋章和二级解放勋章。曾任第五届全国政协委员。1988 年，被授予一级红星功勋荣誉章。

1994 年 6 月 7 日，在广州逝世，享年 80 岁。

蓝占开

蓝占开（1914—1935），畲族，谷坑村人。家中没有寸地，靠租耕县城大地主郭美和、谢福寿和蓝庆喜土地谋生，租耕的土地要 50%—60%交租谷。由于阶级的压迫，高利贷的剥削，负债累累，家口嗷嗷，难以度日。父亲为了养活一家，四处乞求亲友资助财力、人力；在黄家塘开设一间瓦房，可当时建房人少，砖瓦销量不大，价格不高，砖瓦厂收入也难以维持生计。

1929 年，红四军入闽，为闽西人民革命斗争指明了方向。同年 9 月，红军攻打上杭城时，蓝占开背起背包，穿起草鞋，邀集黄子华等参加红四军。翌年春，闽西红军整编为红十二军。随后，红十二军调 2 个连队攻击水西渡国民党部队，蓝占开与战士们一起，连续打退敌人 2 次反扑，缴获步枪 100 多支、短枪 40 多支，取得战斗胜利。由于表现突出，被提升为副连长，并被吸收为中国共产党党员。

1931 年冬，蓝占开被提拔为红军第十二军三十四师一〇一团团长。1935 年春，蓝占开率领部队在连城文亨地带进行战斗，不幸腹部中弹，英勇牺牲，时年 22 岁。中华人民共和国成立后被评为革命烈士。

江家培

江家培（1914—1982），铁场村人。1932 年 3 月参加中国工农红军，在上杭县独立团当战士。1933 年 4 月进红军教导队学习，12 月到上杭独立团二营任副排长。1937 年 2 月调任三支队一营二连排长。

1939 年 10 月，在新四军江北指挥部警卫连任排长。1940 年 4 月在新四军二师军法处任排长。1943 年 6 月进新四军二师“抗大”学习，9 月任新四军二师六合支队管理员。

1944 年 6 月，到新四军二师干部教导队任区队长。1945 年 11 月，到华中军区干部休养所休养。

1946 年 3 月调任华中军区军械处管理员，5 月任华中野战军直属队管理员。1948 年 2 月调任苏皖阜阳支队区队长。

1949 年 1 月，调任第二野战军十八军警卫二连连长，4 月调南京水利部当监工员，8 月进“二野”西南服务团学习，后到“二野”军械处学习队任区队长。12 月调任重庆西南军区军械部三总库九分库任分库长。

1950 年 1 月，调二野军械部三总库任主任。1952 年转业回上杭。1953 年 3 月，任中共平安区组织委员。1954 年 4 月，调旧县供销社任主任。1956 年 11 月任附城供销社主任，后又回旧县供销社任主任。

1982 年，因病在旧县逝世，享年 68 岁。

孔庆碧

孔庆碧（1915—?），石圳村人，生于 1915 年 2 月。8 岁在本村文馆里读私塾，1926 年辍学，跟随父亲在汀江河撑船度日，生活在汀江河上。

1927 年 9 月，南昌起义军到达上杭。起义军代表恽代英在公园大榕树下搭台演讲，宣传革命道理。孔庆碧与工友们一道聆听了起义军宣传，目睹了起义军对人民群众秋毫无犯，保护工商利益，密切联系群众。孔庆碧与其他船民在革命思潮影响下，积极为起义军搞运输，运送军用物资。起义军在上杭对孔庆碧很大启发，为参加革命奠定思想基础。

1928 年，蛟洋、稔田暴动后，闽西地下党组织异常活跃，到处举办平民夜校，进行地下革命活动。孔庆碧家乡石圳潭，在孔立兴、孔立妹和陈树华等革命先进分子努力下，在大夫第创办了平民夜校。孔庆碧获悉后，立即回家报名参加平民夜校，随父撑船除留宿杭城、峰市外，均赶回家中参加平民夜校学习，他年纪虽小，但学习认真，成绩优秀，进步很快。1929 年，旧县举行武装暴动，孔庆碧参加了儿童团，担任乡儿童团副团长。在儿童团内积极组织军事训练、站岗放哨，送信、送情报搞好通讯联络。由于工作积极、肯干，于 1930 年春吸收参加共青团组织。

1931 年 3 月，孔庆碧参加红军。1931 年冬，孔庆碧到龙岩、永定运药品到长汀四都医院。保证军需急用，受到上级表扬。1933 年，提升为红一方面军十二军第八连连长，加入中国共产党。

1934 年 10 月，中央主力红军长征时，孔庆碧被任命为红十二军某师师长。

1935 年春，部队到了甘肃。他写信回家说：“我已到达甘肃，因长途行军和气候不适身体不好，现住医院治疗，望家中不必挂念。”此后，就一直杳无音讯。1955 年 2 月，孔庆碧被评为革命烈士。

陈昌业

陈昌业（1916—2003），河西村人。1931 年参加中国工农红军，在第五军团三十七师司令部当勤务兵。后入瑞金红军护士学校学习，毕业后回三十七师当卫生员。1933 年加入中国共产党。1934 年 10 月参加二万五千里长征。在遵义整编时，任红一军团第一师第一团卫生班班长。1936 年任第一师卫生部护士长。

抗日战争时期，任八路军一一五师第一团卫生队队长。1938 年，到晋察冀军区第一军分区医院先后任一所、三所内科科长。曾跟随白求恩大夫工作，1939 年任军区医院医务主任。1941—1944 年，在白求恩学校第十期和延安医大学习。

1945—1948 年，历任热河省热西军分区卫生处处长、热南军分区卫生处处长、冀东军区医院院长。1949 年，先后任解放军第五师卫生部部长、医院院长、南昌卫生所材料长。不久随第十兵团南下参加解放福建。

中华人民共和国成立初期，被安排在龙岩地区任卫生科科长，继而回上杭县医院任外科医生。1976 年 11 月退休，1979 年 1 月改离休。1984 年，当选为上杭县政协委员。

2003 年 10 月 1 日，在上杭逝世，享年 87 岁。

胡灿传

胡灿传（1916—2000），梅溪村人。1932 年参加中国工农红军，同年加入中国共产主义青年团。1936 年，加入中国共产党。

土地革命战争时期，先后在中央军委三局材料厂学习无线电机务，在红十二军电台、第三团电台、红一军团四师师部电台工作，参加了中央苏区历次反“围剿”作战。1934 年 10 月，参加长征。

抗日战争时期，先后在八路军总部三局无线电一台、二台，陕北独立师师部电台、山西太原地下党电台和八路军驻晋办事处电台工作。1938 年 7 月始，在河南確山县新四军驻竹沟镇办事处电台和新四军六支队电台工作，先后任新四军第四师师部无线电台二台分队长和新四军第四师十一旅通讯股长。

解放战争时期，历任中国人民解放军第三野战军第九纵队通讯科长、第二纵队通讯科长和二十一军军部通讯科科长等职。

中华人民共和国成立后，历任华东军区上海警备区兼华东军区公安部通信处长、国防科委第十研究院院务部副所长、第四机械工业部第十设计院副科长和第十研究院顾问等职。

1955年，被授予上校军衔，先后获三级八一勋章、二级独立自由勋章和二级解放勋章。

2000年，在北京逝世，享年84岁。

孔瑞云

孔瑞云（1917—1992），又名孔祥卿，石圳村人。1929年7月，参加农民暴动，在乡苏维埃政府当“小交通员”。1930年1月，任石圳潭乡儿童团长；6月，当选旧县区儿童团长。1931年，加入中国共产主义青年团。1932年2月，转为中国共产党党员；同月，参加中国工农红军。

土地革命战争时期，历任红十二军三十六师一〇八团共青团支部书记，红一军团一师三团政治处书记、宣传队长。参加了中央苏区第四、第五次反“围剿”战争和二万五千里长征。到达陕北后，参加了直罗镇战役，后任陕甘支队第一大队政治部宣传员、红一师政治处宣传队长、宣传干事。

抗日战争初期，任八路军一一五师独立团某连政治指导员，腰站战斗后任二营教导员。1937年10月，参加了收复涞源等7座县城的战斗，战后任独立第一师三团俱乐部主任；12月，任挺进军十一支队三十一大队政治教导员。1939年2月，任晋察冀军区第一军分区六团政治处主任，率部配合著名的雁宿崖歼灭战和黄土岭之战，并参加了百团大战。1942年，进入中共北方局党校学习。毕业后，赴平西军分区任九团政治处主任兼昌宛支队政委。1944年2月，调任一一五师教导第二旅独立团政委，率部参加了山东军区发动的夏季攻势、冬季攻势，粉碎了日军垂死挣扎式的“扫荡”。

1945年10月，任东北民主联军热辽纵队第二十七旅副旅长。1946年3月，任冀辽热军区十八旅副旅长兼辽西支队司令员。1947年8月，改任东北野战军八纵队二十四师七十团团长。同年11月，升任二十四师副师长。1948年3月，调任东北野战军八纵后勤部政委。1949年5月，任解放军某军后勤部部长兼政委；12月，任某军副参谋长。先后参加了辽沈、平津、衡宝、广西等战役，全力做好后勤保障工作，筹集大量钱粮及其他军需物资，保证部队粮秣供应。

1951年，调任解放军总参谋部军务部装备处处长。1955年，进解放军高等军事学院速成系学习。毕业后，任某军某师师长。1958年11月，任某军参谋长。1960年2月，任济南军区后勤部副部长。1962年2月，任某军副军长。1966年7月，调任新疆生产建设兵团副司令员。1979年12月，调任内长山要塞区司令员。1981年6月，任山东省军区顾问。1982年7月，离职休养。

1955 年，被授予大校军衔，获二级八一勋章、二级独立自由勋章和二级解放勋章。1964 年，晋升为少将。1988 年，获一级红星功勋荣誉章。

1992 年 12 月 30 日在山东济南逝世，享年 75 岁。

陈献诚

陈献诚（1917—1996），河西村人。1930 年 6 月参加中国工农红军，1932 年 6 月加入中国共产党。先后在红四军第三纵队当战士，在红四军二师五团、六团任战士、班长、司务员、排长、团部文书、管理员、参谋等职，参加了中央苏区历次反“围剿”和二万五千里长征。

抗日战争时期，任一一五师骑兵团书记、政治指导员、敌工股长和营教导员。

解放战争时期，任哈尔滨（北满）松江军区教员、管理科科长和哈尔滨公安纵队副纵队长、团副政委等职。

中华人民共和国成立后，任广西某军分区副政委。1958 年，转业到地方工作，任浙江重工业局党委副书记、杭州市工业交通部副部长、基建办公室副主任和杭州市委党校校长等职。

1955 年，被授予上校军衔，获三级八一勋章、二级独立自由勋章和二级解放勋章。

1996 年，在浙江省杭州市逝世，享年 79 岁。

胡德梅

胡德梅（1935—1992），梅溪村人。

1959 年在上杭一中高中毕业，1959—1961 年在厦门大学外语系读书一年半，1961 年在阿富汗留学 1 年，1962—1964 年在北京大学波斯语专业学习 2 年。毕业后，1964—1971 年在外交部机关工作。1971—1984 年任外交部驻伊朗大使馆二等秘书（副厅级）。

1992 年，在北京 302 医院病逝，终年 57 岁。

陈其芳

陈其芳（1937—2006），原名崇炘，龙溪村人。

1961 年 8 月北京大学哲学系毕业后，在大学任教。曾任福建师范大学教授，哲学硕士研究生导师，从事朱子学及福建文化研究工作。专著有《福建朱子学》《朱熹的亲属》《福建的理学》等 12 部（共计 70 余万字）；论文有《朱熹籍贯考》《朱熹与武夷山》《闽、台文化的特色》等 96 篇（共计 80 余万字）。曾应邀到香港大学中文大学、台湾“中央研究院”讲学。因其在朱子（熹）学研究方面有较大成就，同时又是最早访问台湾“中央研究院”的大陆学者，因而较长时间受到台北学术界关注。其社会兼职主要有武夷山国际兰亭学院客座教授，庐山白鹤洞书院教授，中华武夷山朱熹研究中心副理事长兼学术委员会常务副主任，省闽学会学术委员会主任，省中国哲学史研究会副会长，闽北和福州闽学会顾问等。

2006年12月逝世。享年70岁。

第二节 人物简介

邓思达

民国27年（1938年）7月生，新坊村人。1965年7月在中国人民大学国际政治系毕业后，分配在中共中央对外联络部工作。1975年8月在河北省干部学校任教员、图书资料组组长；1979年2月到中共福建省委党校工作，任文献情报中心主任、副研究馆员，同时还担任全国党校文献情报学会理事、福建省党校文献情报学会理事长兼秘书长、福建省社科情报学会副理事长。

1979年后，在《理论与实践》《理论学习月刊》《福建日报》等报刊上发表《对社会主义社会的阶级和阶级斗争的探讨》《坚持社会主义道路与发展生产力》《正确分析阶级状况和阶级斗争形势》《马克思主义阶级斗争理论的新发展》《坚持共产党的领导是社会主义事业发展的需要》《开展咨询和情报服务是党校图书馆改革的重要内容之一》《关于党校文献情报工作的几个问题》等论文29篇，约21万字。在中共中央党校出版社1990年2月出版的《社会科学文献检索指南》编纂中担任副主编。还参加上杭县科技兴县软科学论证和研究工作。1998年7月退休。

江开松

民国26年（1937年）生，铁场村人。1964年7月厦门大学外文系英语专业毕业后，被分配新华通讯社从事英文翻译和编辑工作。同年9月至1985年4月，在参考消息编辑部从事内部参考资料翻译工作。1984年，任高级编辑。1985年5月至1987年8月，任新华社开罗分社记者。1987年9月至1997年12月，在新华社参编部从事编辑工作。1997年12月退休。

江勋善

1968年6月生，坝上村人，中共党员，中央学校大专学历。1987年参加工作，1996年5月任临江镇党委副书记，1999年10月任上杭县办公室副主任、主任科员。2003年2月任中共龙岩市委办公室副调研员，2011年12月任龙岩市委办公室副主任，2015年7月任龙岩市委副秘书长。

江树森

1949年生，坝上村人。1968年3月应征入伍，同年12月加入中国共产党。1970年2月被保送入第四军医大学学习，毕业后先后任军医、内科副主任、主任。1973—1974年在山西省立医院内科进修心血管疾病专业。1985年12月，奉调入福建省军区后勤部离职干部修养所为离修军区首长做专业医疗保健工作。从事军队医疗保障工作近40年，组织抢救内科危重病症100余例，成功率达95%。带领科室团队先后荣立集体三等功3次，个人荣立三等功2次。1992年，晋升为副主任医师，医疗专业技术级调整为五级（副军级薪酬）。2013年，转入福州市华林军队离退休干部休养所。

江　涌

曾用名江树才，1938年生，坝上村人。1960年考入厦门大学经济系学习。1964年毕业后由国家分配到福建省商业厅工作。1980年任省商业厅百货公司副总经理，1983年加入中国共产党。1984年担任省商业厅副厅长、党组副书记。2000年调任省经贸委任副主任，至2003年退休。是省第七届人民代表大会代表。退休后曾任省拍卖行业协会创会会长、福建省姓氏源流研究会、江氏委员会会长等。

江善富

民国27（1938年）生，坝上村人。1959年考入厦门大学，1963年毕业。毕业后到水产部工作，曾任水产部计划基建处副处长。水产部合并入农业部后，任农业部全国渔业标准质量委员会副主任、渔业司司长、农业部财务处处长等职，先后被评为高级经济师、高级统计师、高级会计师和国家注册会计师。著有《中国水产统计》一书由中国农业出版社出版。2000 年，在农业部退休。

江嘉济

民国 27 年（1938 年）生，坝上村人。1956 年上杭一中毕业后，考入北京地质学院就读。毕业后分配在中国地质大学工作，任教授、硕士研究生导师。

20 世纪 70 年代后期开始，参与遥感物理、矿物物理、矿物谱学等方面科学研究。先后在全国性学术会议上和专业杂志上发表论文 10 余篇，其中主要有《钛榴石的穆斯堡尔谱研究及其晶体化学》《钛榴石的红外光谱及其因子群分析》《几种锡矿物穆斯堡尔谱研究》《钛铁矿的穆斯堡尔谱测试及成因信息探讨》《钛钾钒铬石、钛钾钒石的穆斯堡尔谱研究及晶体化学》《含钒石煤的穆斯堡尔谱研究》等。曾获大学实验物理优质课程二等奖，1987 年“钛榴石灰石等矿物谱学”课题研究获地质矿产部科技成果三等奖。曾入选中国科学家大词典。1997 年退休。

陈阳和

民国 7 年（1918 年）生，龙溪村人。

1932 年 1 月参加中国工农红军，1933 年加入中国共产主义青年团，1936 年秋加入中国共产党。参加了中央苏区第四、五次反“围剿”作战和二万五千里长征。长征后历任八路军团卫生队看护长、队长，军分区崇礼支队卫生队队长，军分区卫生处医务主任。

解放战争时期，历任解放军北岳军区三分区卫生处处长、铁道兵团医院院长。

中华人民共和国成立后，历任铁道兵一师卫生处处长、北京中医学院科研办公室主任、中药系主任兼党总支书记、中医学院骨伤科研究所党委书记等职。

陈文生

龙溪村人，1968 年 1 月生，中共党员，1992 年参加工作。先后在白砂公路站、蛟洋公路站任站长。在长期基层公路站工作岗位上，面对急难险重任务，总是在第一时间出现在抢修现场。同时，注重激发职工工作积极性和创造性，特别在绿化、美化公路环境方面，创造了在公路两边种植花草经验，使全市得以由此开展“闽西千里文明风景长廊”建设，也使龙岩这一做法成为海峡西岸备受推崇的经验。此外还十分注意抓班站建设，使站容站貌焕然一新、职工心情舒畅。2002 年后，陈文生领导的蛟洋站，每年被省、市公路局评为“优秀班站”“先进班组”，获市“文明窗口”，省“工人先锋号”，全国交通运输系统先进集体、全国模范职工小家等专项荣誉。其本人先后获“优秀共产党员”“先进工作者”“优秀养路工”“职业道德标兵”等荣誉 30 多次，其中 2000 年 9 月被评为省劳模，2007 年 5 月获全国五一劳动奖章，2008 年被评为“全国绿化先进个人”，2010 年被评为全国劳动模范。

陈文光

民国 24 年（1935 年）11 月 24 日生，河西村人。1955 年毕业于上杭一中。1959 年在北京外语学院毕业后，被分配到国防部第五研究院工作，曾任航空航天工业总公司中国运载火箭技术研究院第十九研究所研究室主任兼党支部书记，研究员职称。1993 年，被国务院批准享受政府特殊津贴。主要社会兼职有北京宇航学会火箭技术运用专业委员会委员，航天工业总公司翻译系列职称评审委员会副主任，航天工业总公司编辑系列职称评审委员会评委，中国运载火箭技术研究档案、图书、编辑系列职称评委委员会评委，十九所科技委员会委员、职称评委委员。

早期从事俄文、英文翻译和科技情报研究，荣获二等功，被评为部级先进工作者；主办的公开发行期刊曾被航天部评为优秀期刊二等奖；主持工作单位多次被评为先进单位，科研成果多次获奖；党支部被中央国家机关京区党委评为先进党支部。本人获得国防科工委颁发的“献身国防科技事业”荣誉证章和航天工业部颁发的“航天创业”荣誉奖章。

除翻译、编辑几百万字的科技文献、型号资料外，还在国家级报刊上发表译著文章 24 篇。在部级学术研讨会上，发表论文 5 篇。

陈少强

1970 年 1 月生，河东村人。1989 年 10 月至 1991 年 7 月，在福建银行学校农村金融专业学习。1991 年 8 月参加工作。1992 年 10 月至 1995 年 2 月任中国农业银行福建省分行劳动公资处任办事员。1995 年 2 月至 2001 年 4 月先后任中国农业发展银行福建省分行人事教育处办事员、科员、副主任科员。其间，1996 年 4 月自学考试（厦门大学）金融专业毕业。1996 年 6 月加入中国共产党，2000 年取得经济师任职资格，党校本科学历。2000 年 5 月至 2001 年 1 月挂职仙游县人民政府重点建设项目前期工作办公室副主任。2001 年 5

月至10月任中国农业发展银行福建省分行信贷处副主任科员。2001年10月至2006年4月，任营业部计划信贷科、客户科副科长、主任科员。2006年5月至2009年9月，任该行团委副书记（正科级）。2008年至2009年9月，任工会团委工作处专员。2009年9月至2015年3月，任工团处副处长、团委书记。2015年3月至2016年6月，任中国农业发展银行泉州分行副处长、纪委书记。2016年6月至10月，任中国农业发展银行福建省分行党群工作副处长（主持工作）。2016年10月任处长。

陈永昌

民国33年（1944年）5月生，河东村人。1964年7月，考入北京外语学院读书，毕业后被分配到中国人民对外友好协会工作，先后任对外友好协会日本处处长和对外友好协会副会长等职。

陈华忠

1953年3月生，河西村人。1970年12月参军入伍。1975年12月江西医科大学本科毕业。1995年广州第一军医大学全军人才基金班毕业。历任中国人民解放军空军福州医院外科副主任，南昌大学、江西医科大学特聘副教授，福州总医院476医院泌尿外科主任。2009年正师职退休后，进福州市洪山军队干部休养所。后返聘联勤保障部队第九〇〇医院仓山院区泌尿外科工作。

陈良万

1965年出生，龙溪村人。1988年中山医科大学毕业后，就职于福建医科大学附属协和医院心脏外科。1998年，在意大利罗马Tor-Vergata大学医学院从事博士后研究。2004年，任福建医科大学教授、博士生导师。并先后任中国医师协会主动脉夹层专业委员会副主任委员，《中华医学杂志》等杂志编委和中山大学附属中山市人民医院等医院客座教授等多个社会职务。2009年，享受国务院特殊津贴。

从事心血管外科临床工作30多年，能独立完成几乎涵盖所有心血管外科领域各类手术。在国内，首次完成心脏移植16年后行再次移植心脏的手术，率先总结心脏移植治疗终末期冠心病经验，首次完成脑死亡后捐献心脏的移植，首次对急性心肌梗死后左心植入辅助泵25个月的终末冠心病患者施行心脏移植术，首次对7例心脏移植后长期存活患者进行冠状动脉病变观察，率先用冠状动脉成形术治疗心脏移植长期存活患者冠状动脉病变。曾获中华医学技术奖二等奖1项；省级科技进步一等奖1项，二等奖3项；获福建医学科技奖一等奖1项；获主持国家级课题6项，在国内外知名杂志上发表专业论文60多篇，出版专著4部。

先后获中国医师协会心血管外科优秀医师（金刀奖），全国医药卫生系统先进个人，全国优秀科技工作者，国家卫生计生突出贡献中青年专家，福建省科技领军人物，感动“福建十大人物”等多个荣誉称号，多次入选“中国名医百人榜”。

陈丽华

1982年4月生，河东村人。1997年毕业于旧县中学，2000年毕业于才溪中学；2004年，获吉林大学学士学位；2009年和2011年分别获吉林大学博士学位和比利时那慕尔大学博士学位；2011—2012年，任比利时那慕尔大学博士后研究员。2013年后，先后任武汉理工大学材料复合新技术国家重点实验室教授、博士生导师；湖北省化学化工学会催化专业委员会委员、石化联合会催化联盟青年工作委员会委员，教育部材料复合新技术与新材料国际合作联合实验室副主任。

2011年，荣获比利时那慕尔大学纳米材料化学中心年度杰出研究奖；2017年，获武汉理工大学15551工程“青年拔尖人才”称号；2017年，获中国化学会分子筛专业委员会第一届“中国分子筛新秀奖”。从事多孔功能材料的应用基础性科学研究，在国际知名期刊杂志上发表相关学术论文60余篇，获中国授权发明专利30余项，承担国家、省部级及中央企业科研项目累计2000余万项。

陈明生

1979年9月生，水东村人。1998年9月入厦门大学读书。2002年大学毕业并被安排在才溪镇人民政府工作。2004年在上杭县人民政府办公室工作。2006年10月后任龙岩市人民政府副秘书长、龙岩市人民政府办公室副主任、市政府党组副书记、龙岩市人民政府办公室主任。

陈建成

民国30年（1941年）8月9日生，河西村人。1960年毕业于上杭一中，1965年毕业于北京地质学院地球物理系，后被分配到铁道部第四设计院工作。历任电磁兼容室主

任、技术处总工程师、院科协委员、湖北省 EMC 学会常务理事、铁道部防干扰技术组成员，是教授级高级工程师，被评为湖北省有突出贡献中青年专家，业绩载入《中国工程师名人大全》。

他的业绩：主持和独立完成科研及技术攻关 7 项，其中属国家发明类 1 项；填补国内外空白 4 项；达到国内领先水平、国际先进水平 1 项；获部级科技进步奖 3 项；院级科技进步奖 4 项。在全国性及国际性学术刊物上刊出有创见性论文 13 篇，获省市级优秀论文奖 3 篇（一、三等），省铁道学会优秀论文奖 2 篇（一、二等），院级优秀论文一等奖 4 篇。编辑出版著作 2 本。获得荣誉 13 项，其中国家级 2 项，省级 2 项，院级 5 项。

陈其钦

民国 21 年（1932 年）生，龙溪村人。1955 年毕业于华东政法学院专修科后，曾在华东政法学院党委办公室、上海社会科学院党委办公室、上海市机配公司党委办公室等单位工作。1979 年 10 月任上海社会科学院组织处副处长，后任上海社会科学图书馆馆长、《内部资料索引》杂志主编，兼任上海市图书馆学会常务理事、全国社会科学情报学会理事、中国索引学会理事会副理事长。1987 年评为副研究员。

学术研究成果主要有《健全与发展群众监督》《从科学研究看脑力劳动的特点与价值》《一次有意义的科研规划工作》《科研机构班子配备有双重任务》《国外专业技术职务聘任制情况简介》《中国之友——密勒氏评论报》《评密勒氏评论报》《科技进步文献》《上海市哲学社会科学规划小组会议纪要》（由全国哲学社会科学规划小组成文，转发各省、市、自治区）等。参与编辑撰写《上海社会科学手册》《职称制度改革新论》，1988 年主编《全国社会科学内部刊物展览》（第一卷）。主编的《内部资料索引》杂志被中国图书馆学会评为二次文献成果奖。

陈思忠

1956 年生，河东村人。1977 年至 1982 年历任河东大队文书、团支部书记、党支部书记。1982 年 12 月至 1984 年 6 月任通贤公社党委委员、秘书。1984 年 7 月至 1985 年 4 月任中共上杭县委组织部副科长。1985 年 5 月至 1987 年 6 月任中共上杭县委办公室副科长。1987 年 7 月至 1990 年 7 月任中共旧县乡委员会副书记。1990 年 8 月至 1992 年 6 月任中共庐丰畲族乡委员会副书记、庐丰畲族乡人民政府乡长。1992 年 7 月至 1993 年 5 月任中共庐丰畲族乡委员会书记。1996 年 8 月至 2007 年 1 月任上杭县人民政府副县长。

2007年1月至2016年12月任上杭县人大常委会主任。1995年6月被中共福建省委评为福建省优秀党务工作者。

陈　萍

女，民国31年（1942年）4月23日生，河西村人。1964年贵州工学院本科毕业后，被分配到铁道部第四设计院工作。曾任规划处总工程师、副处长。专业技术职称为高级工程师。

陈道龙

1967年10月生，河东村人。大学本科学历。1990年8月至1996年5月任漳平市房地产管理局秘书兼房地产交易所，漳平市城市房屋拆迁管理办公室负责人。1997年10月至1999年3月，任中共漳平市建社委员会副局长兼纪律检查委员会书记。1999年3月至2002年6月，中共漳平市南洋乡委员会书记。2002年6月至2006年2月，任中共漳平市芦芝乡委员会书记。2006年2月至2010年3月，任龙岩市城市建设投资发展有限公司董事长兼总经理、党支部书记。2010年3月至2013年12月，任龙岩市城建投资发展有限公司董事长兼总经理、党支部书记、城发集团董事。2013年12月至2017年，任福建省龙岩市路桥投资建设公司副总经理兼龙岩市中心城区至高新区快速通道建设处主任。

陈朝宗

民国24年（1935年）11月28日生，河东村人。1958年考入北京大学化学系（六年制），1964年7月毕业留校，在化学系无机化学教研室任助教。1989年晋升为副教授，后晋升为教授。1992年12月移居美国纽约。

在北京大学工作期间，发表论文20多篇，合著1部荧光粉研究曾获得北京大学科学奖、国家教委科学二等奖、国家科委科技进步三等奖。“分散型6500K卤磷酸钙荧光粉”等科研成果已经推广应用，并建厂投产多年，产品覆盖全国，推进了荧光灯照明事业的发展。

李权龙

1971年3月生，石院村人。2003年6月毕业于厦门大学环境科学研究中心，获博士学位；2005年8月到厦门大学工作；2012年8月被聘为厦门大学环境与生态学院教授、博士生导师。主要从事环境化学和环境监测仪器研制等方面的教学和科研工作，先后主

持过包括国家重点研发计划、863 计划、国家自然科学基金、福建省自然科学基金、福建省科技计划等多个项目研究，在环境样品采集、样品预处理和海洋监测仪器研发等方面取得一批创新性成果。

周 娣

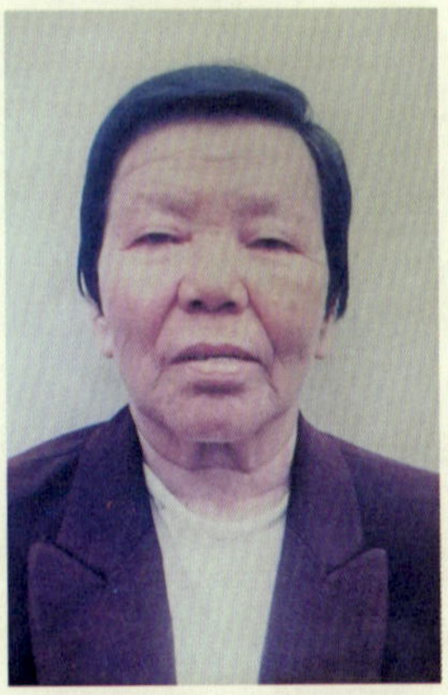

女，民国 24 年（1935 年）11 月生，河西村人。1953 年加入中国共产主义青年团，1955 年加入中国共产党。历任河西村妇代会主任、党支部副书记、大队长、党支部书记等职务。

1977 年春，旧县公社为发展林业，组织全社劳力在境内东北部箭滩种植松、杉 3200 余亩，随后在此创办以妇女劳力为主的“三八”林场管理看护，任命周娣担任场长。周娣受命后带领 16 名青年妇女进驻林场。从此以场为家，不辞辛苦，20 多年如一日，克服种种困难，坚持在林场团结大家艰辛耕耘。在她的努力下，林场林地面积从原有的 220 多公顷，扩大到 700 多公顷，竹木繁茂，被人们誉为“绿色金库”。

周娣二十多年如一日当好“绿色金库”女守护神的突出贡献，得到广大干部群众好评及党和政府的多次表彰。除 2 次被省委授予优秀共产党员称号外，1996 年 3 月 8 日，被中华全国妇女联合会、林业部授予全国十大绿化标兵称号，获全国妇联、林业部颁发的全国“三八”绿色奖章，出席全国表彰大会，受到党和国家领导人接见。此外还被全国妇联单独授予“三八红旗手”光荣称号。省委组织部摄制《护山女神》专题片，在福建电视台播出，宣传她的事迹。

胡先坤

民国 26 年（1937 年）11 月 13 日出生，梅溪村人。大专学历。1955 年 12 月参军，在福州军区某单位服役。1958 年 12 月加入中国共产党。1960 年 3 月转业至中国科技大学人事处任办事员、科员。1975 年 3 月调任国家地震局政治部组织部任科员、科长。1984 年 4 月被调回国家地震局地壳应力研究所人事教育处任副处长、处长。1991 年 12 月任国家地震局信息中心人事处处长兼人才交流中心副主任（副厅级）。1994 年 12 月任国家地震局交流中心主任。1997 年 12 月退休。

翁发生

1945年生，迳美村人。1968年毕业于福建省高级卫生学校（原省卫生干部学校），1968—1979年在宁化县禾口卫生院工作，1979—2005年在宁化县医院工作，主任医师。2005年退休。退休后返聘于宁化同济医院。

翁远斌

迳美村人，1990年3月参加中国人民解放军。1995年7月毕业于中国人民解放军空军第一航空学院（河南信阳）航空军械工程专业。2013年4月转业到湖南长沙市开福区司法局工作，历任司法局纪检组组长、二级调研员、公职律师。

郭启迪

1943年生，迳美村人，1959年9月参加空军，毕业于空军第十六飞行学院，大专学历。历任领航员、大队领航主任，航空兵师参谋、副科长、科长、司令部副参谋长。1985年6月调任厦门航空公司党委办公室副主任、飞行部副政委、公司总值班经理。2003年3月退休。

黄明清

1986年11月生，扁山村人，2016年1月毕业于北京科技大学，获工学博士学位。2017年12月从北京科技大学力学博士后流动站出站；转任福州大学紫金矿业学院采矿工程系高级工程师、硕士研究生导师。主要从事采矿工程教学科研工作，曾主持国家自然科学基金1项，中国博士后科学基金1项，福建省自然科学基金1项，福建省中青年教师教育科研项目1项，校厅级科研基金2项。作为主要参与人员参与国家重点研发计划、国家“十二五”科技支撑计划等纵向项目10余项，并完成校企合作、企业技术研发课题12项。入选中国博士后国际交流计划1次，获省部级科技进步一等奖1项；作为第一作者或通讯作者发表学术论文30余篇，其中SCI/EI检索10篇。

黄昌有

1946 年 11 月生，迳美村人。1968 年 3 月应征入伍。1978 年转业到上杭县税务局工作，1983 年 2 月任上杭县税务局副局长，1984 年 1 月任上杭县税务局局长。1984 年 3 月，任龙岩地区税务局副局长，同年 8 月任龙岩地区国家税务局局长，2003 年 3 月任福建省国家税务局副巡视员。2006 年退休。

游宪生

1954 年 6 月生，尧埔村人。1977 年毕业于成都理工大学，1993 年获南开大学经济学硕士，1999 年获复旦大学经济学博士学位；2002 年在复旦大学工商管理博士后工作站出站。

1985 年起先后担任福建省地质工程勘察总公司总经理兼党委书记，龙岩地区行署副专员，龙岩地委副书记、行署专员，龙岩市人民政府市长、市委副书记，福建省电子工业厅厅长，福建省信息产业厅厅长、党组书记等职。

2000 年辞职下海创业，先后任中国矿业资源集团有限公司董事局主席，福建海宏科技发展有限公司董事长、总裁，福建省信息产业商会会长等职务，获评 2004 中华十大才智人物，福建省商界十大创业英雄之一。

曾兼任复旦大学东方管理研究中心研究员、福建行政学院兼职教授。是第九届全国人民代表大会代表。

温祥瑞

民国 20 年（1931 年）10 月生，河东村人。1955 年毕业于青岛工业学院民用建筑专业，后到建筑工程部华北太原工程局技术处工作。1977 年被评为工程师，1987 年晋升为高级工程师，1982 年被任命为山西省建设厅施工处总工程师。1984—1992 年担任山西省建筑工程质量监督站副站长，1988 年后兼任山西省施工企业管理协会理事，1989 年分别被山西省经委和山西省质量管理协会聘任为质量诊断咨询工程师和高级工程师。

1959 年参与建筑工程部组织编写的《土石方施工工艺》一书，写成后由中国建筑工业出版社出版发行。

温联星

1968 年生，河东村人。1983 年从上杭一中以全县理科总分第一的成绩考入中国科技大学地球和空间科学系，毕业后在中国科学院地球物理所（现中国科学院地质与地球物理研究所）学习和工作，1998 年在美国加州理工大学取得博士学位，后在美国华盛顿卡内基学院地磁学系担任研究员。2003 年，获美国地球物理学会颁发的 JamesB. Macelwane 奖，成为第一个获得此奖的中国人。

阙双林

1967 年 8 月生，梅溪村人。福建医科大学毕业，硕士研究生导师，福建医科大学外科学兼职正教授，脑外科专家，现任龙岩市医学分会主任委员、龙岩市第一医院医务处主任、龙岩市第一医院神经外科主任医师，福建省医学会神经外科分会常务委员，福建省医学会神经外科会第二届委员会委员。

第三节　人物表

一、已知明清时期旧县籍职官及获科举功名人员情况表

表 24-1　（以本镇行政村排列习惯为序）

姓　名	籍　贯（所在村）	获科举功名或出任官职名称
陈德馨	河东	清乾隆三十年（1765 年）科中式第三十九名举人
陈文馨	河东	清乾隆五十七年（1792 年）科中式第七名举人，清嘉庆元年（1796 年）蒙闽浙总督魁考授总理福建省驻京提督官
陈　枨	龙溪	秀才
张作新	龙溪	秀才
陈鹏飞	龙溪	秀才
谢天华	全坊	例授进士
谢顺元	全坊	秀才
江沛龄	坝上	清光绪十五年（1889 年）秀才
江建彩	坝上	清光绪年间（1875—1908 年）守御史千总
江开畴	坝上	清光绪十六年（1890 年）捐监生
江开万	坝上	清光绪癸巳恩科中式第十八名武举人
陈守洋	河西	清流县吏，考授八品，任湖广武昌府江贡县赞政，后中进士，授五品，任武昌府通判
陈廷超	河西	九品，建敦和堂、居仁堂、锦福堂、聚德堂，捐款建茶亭、建水西渡、澜回渡
陈子扬	河西	清嘉庆十年（1805 年）学院第七十五名举人，授六品卫千总
陈子肇	河西	贡院奉旨建大牌坊，旌表乐善好施
陈子晃	河西	清道光七年（1827 年）投身福建贡院捐纹银一千两，奉旨建坊旌表乐善好施匾额
陈霖猷	河西	县丞
陈亮行	河西	清道光三年（1823 年）任丰城县丞、南康府通判，后历任上饶县、吉安县、永新县县丞
陈济猷	河西	广东东丰库大使，清嘉庆二十年（1815 年）五月任广东布政使，十一月任广东布政大使

续表24-1

姓　名	籍　贯（所在村）	获科举功名或出任官职名称
陈冠行	河西	清嘉庆二十四年（1819 年）学院科试明经进士
陈锡畴	河西	清道光三十年（1850 年）学院岁试举人
陈开新	河西	清咸丰十一年（1861 年）进士
陈锡恩	河西	行武出身，清咸丰八年（1858 年）任沙县领勇剿匪有功，就任闽浙水陆提督
陈锡芗	河西	清道光二十七年（1847 年）学院岁试第三名举人
陈元復	河西	清咸丰元年（1851 年）恩科中式第二十三名举人，咸丰七年（1857 年）奉旨任云南宝山县知县
陈锡彪	河西	六品武略骑尉
陈宜槐	河西	秀才、贡生、举人，旧县商界名人，创办志应小学
陈桂明	河西	清光绪年间任北洋海军管带，后擢升游击，追封云骑尉
陈宜构	河西	清光绪十六年（1900 年）由附贡选县丞
陈宜聪	河西	清光绪十四年（1888 年）乡试督宪下取中第六十三名举人，督试考授六品卫千总
陈锡槐	河西	清同治十二年（1873 年）乡试被主考张马取中第七十一名举人
陈宜芳	河西	行伍出身，六品武略骑尉
陈锡彭	河西	奉直大夫
丘中岳	尧埔	清嘉庆庚申年太学生
丘克恭	尧埔	清官赐大夫第
丘上宪	尧埔	清太学生
丘兆福	尧埔	清咸丰太学生
丘学渊	尧埔	太学生
丘元伦	尧埔	秀才
江东炳	铁场	清监生
江德康	铁场	清监生
江成康	铁场	清廪生、岁贡生
江占琼	铁场	清监生
江献岷	铁场	清邑庠生

续表24-1

姓 名	籍 贯（所在村）	获科举功名或出任官职名称
江献珩	铁场	清监生
江献珠	铁场	清邑庠生、岁贡生
江献瑜	铁场	清邑庠生
江献瑞	铁场	清邑庠生
江思恭	铁场	清邑庠生、附贡生
江思齐	铁场	清邑庠生
张化周	谷坑	水师提督、皇封都闲府
张庭恩	谷坑	诰封六品
何在祥	梅溪	清代骠骑将军
李国桥	水东	清光绪年间武举人
黄冬庆	水东	秀才

二、已知民国时期旧县籍任县（团）级以上人员情况表

表 24-2 （按姓氏笔画排列）

姓 名	性别	籍贯	职 务
孔庆辉	男	石圳	广西省西林县知事、上杭县县长
孔庆碧	男	石圳	中国工农红军第一方面军某师师长
丘棣华	男	尧埔	红九军第六团团长、红十二军第一〇五团团长
江雅良	男	坝上	红军某部团政委
李明辉	男	梅溪	红军新十二军三十四师一〇四团团长
李昭松	男	石院	红军第十二军三十四师政治部主任
李恕枤	男	石院	杭武县苏维埃政府主席
李联杰	男	石院	福建省苏维埃政府管理局局长、内务部部长
陈丹成	男	河西	红九军第六团政委、红十二军第一〇五团政委
陈奋飞	男	河 东	上杭县政府参议会副议长、副县长
陈宝生	男	铁场	中央卫生院医疗所所长
陈树槐	男	河西	福建军区第一分区肃反委员会主任

续表24-2

姓　名	性别	籍贯	职　　务
吴先彬	男	水东	红军新编补充团团长
张永禄	男	谷坑	台湾省某县县长
张沛财	男	河东	红军第四军第四纵队供给处长
张思垣	男	水东	福建省苏维埃政府副主席兼劳动部部长
罗维岚	男	铁场	中央总医院第四所所长
林树姚	男	迳美	闽西人民抗日义勇军第三支队政治委员
胡辉昌	男	梅溪	新汀杭县苏维埃政府副主席
胡富隆	男	梅溪	红军第十二军特务长
翁祥天	男	迳美	武东游击大队大队长
黄德标	男	谷坑	杭武县军事总指挥指挥长
傅才秀	女	石 院	福建省苏维埃政府妇女部部长、中华苏维埃共和国临时中央政府执行委员会委员
赖　经	男	河 西	红军第十二军三十六师某团政治委员
蓝占开	男	谷 坑	红军第十二军三十四师一〇一团团长
蓝武华	男	谷 坑	福建省军区独立团团长
蓝武松	男	谷 坑	红军第十二军司务长

三、已知中华人民共和国成立后旧县籍副处（团）以上干部情况表

表 24-3

（按姓氏笔画排列）

姓　名	性别	籍贯	工作单位及职务
孔祥统	男	石圳	福建省烟草局副局长
邓六金	女	新坊	国家机关事务管理局顾问
邓思达	男	新坊	中共福建省委党校文献情报中心副主任
丘洪辉	男	尧埔	上杭县人民政府副县长
江勋善	男	坝上	中共龙岩市委副秘书长
江树森	男	坝上	福建省军区干部休养所医务室主任
江　涌	男	坝上	福建省经贸委副主任
江　涛	男	坝上	上杭县人民政府副县长

续表24-3

姓　名	性别	籍贯	工作单位及职务
江景祥	男	石院	福建省煤田地质办公室主任
江雅银	男	坝上	三明市劳动局副局长
江善富	男	坝上	农业部渔业司司长、全国渔业水产标准化委员会副主任
何书田	男	梅溪	河北省邯郸市政协副主席
李小东	男	梅溪	龙岩市中级人民法院民事二庭庭长
李　文	男	石院	云南省公路局副局长
李华侨	男	石院	龙岩市机关事务管理局副调研员
李坤龙	男	石院	厦门泰亚机电公司经理
陈文光	男	河西	航空航天部第一研究院室主任兼党支部书记、航天工业总公司中国载运火箭技术研究院第十九研究所研究室主任
陈少强	男	河东	福建省农业发展银行党群工作处处长
陈汉生	男	河东	武平县政协副主席
陈永华	男	河东	厦门市思明区法院书记
陈永昌	男	河东	中国对外友好协会副会长
陈阳和	男	龙溪	中国中医研究院骨伤科研究所党委书记
陈良万	男	龙溪	福建省协和医院副院长、党委书记
陈明生	男	水东	龙岩市人民政府办公室主任
陈建成	男	河西	铁道部第四设计院电磁兼容室主任
陈其钦	男	龙溪	上海社会科学院组织处副处长、上海社会科学图书馆馆长
陈建裕	男	河西	广西医药学院药学系主任
陈忠献	男	河西	广东省民政厅副厅长
陈思忠	男	河东	上杭县人大常委会主任
陈崇茂	男	河西	闽西监狱副监狱长
陈道龙	男	河东	龙岩市路桥段投资建设公司副总经理、龙岩中心城区至高新区快速通道建设处主任
陈善秋	男	角龙	漳州市广播电视局局长、宁德市广电网络集团总经理
陈献诚	男	河西	中共杭州市委党校校长
张昌林	男	河东	上杭县人大常委会副主任

续表24-3

姓　名	性别	籍贯	工作单位及职务
林庆洪	男	兰田	龙岩市土发集团董事长、城发集团副总经理
胡先坤	男	梅溪	国家地震局地壳应力研究所处长、国家地震局人才交流中心副主任
胡灿传	男	梅溪	国家机电部第十研究院顾问
胡炳春	男	梅溪	福建省国家安全厅正处级侦察员
胡德梅	男	梅溪	中国驻伊朗、阿富汗大使馆二等秘书
谢永华	男	河西	中共新罗区委常委、区委组织部部长
谢松华	男	全坊	龙岩市移民局局长、龙岩市教育局纪委书记
黄昌有	男	迳美	龙岩地区国税局局长
游宪生	男	尧埔	福建省电子工业厅厅长
曾尚仁	男	兰田	龙岩市纪委监察局副局长
温祥瑞	男	河东	山西省建筑工程质量监督站副站长
阙春林	男	梅溪	上杭县委政法委书记
阙秋昌	男	梅溪	厦门劳教所大队长、厦门市司法局法规处处长
赖清祥	男	河西	国家审计处挂钩江西省会昌县委副书记、副县长

四、已知中华人民共和国成立后旧县籍获市级以上表彰人员情况表

表 24-4

（按获奖时间先后为序）

姓　名	性别	籍贯	工作单位	表彰名称	颁奖单位	颁奖时间
陈宜英	男	河西	河西村农民	福建省劳动模范	福建省人民政府	1957 年 3 月
孔瑞音	男	石圳	旧县学区石圳小学	福建省优秀教师和教育工作者	福建省人民政府	1989 年 9 月
黄凤桐	男	谷坑	旧县乡计划生育办公室	计划生育先进工作者	福建省人民政府	1989 年 10 月
周　娣	女	河西	旧县乡三八林场	优秀共产党员	中共福建省委	1991 年 6 月
黄清美	男	扁山	旧县学区旧县中心小学	福建省优秀教师	福建省教委、省人事厅	1991 年 9 月
陈特贤	男	河西	河西村党支部	致富带头人	龙岩地委、行署	1993 年 5 月
陈宪杭	男	河东	旧县中心小学	福建省优秀教师	福建省教委、人事厅	1993 年 9 月

续表24-4

姓　名	性别	籍贯	工作单位	表彰名称	颁奖单位	颁奖时间
谢建扬	男	全坊	旧县中学	优秀教师	龙岩地区行署	1993年9月
周　娣	女	河西	旧县乡三八林场	优秀共产党员	中共福建省委	1995年6月
陈思忠	男	河东	临江镇党委	福建省优秀党务工作者	中共福建省委	1995年6月
周　娣	女	河西	旧县乡三八林场	全国十大绿化标兵	全国妇联、林业部	1996年3月
张昌林	男	河东	上杭县畜牧水产局	扶贫开发与小康建设先进个人	中共福建省委、福建省人民政府	1998年5月
钟发阳	男	全坊	旧县中心小学	龙岩市优秀教师	龙岩市人民政府	1998年9月
翁发平	男	迳美	上杭县档案馆	福建省档案先进工作者	福建省人事厅、福建省档案局	1999年1月2
陈文生	男	龙溪	龙岩市公路局上杭分局	福建省先进工作者	福建省人民政府	2000年9月
阙春林	男	梅溪	上杭县文明办公室	福建省1998—1999年度精神文明建设先进工作者	中共福建省委、福建省人民政府	2000年12月
谢建扬	男	全坊	旧县中学	龙岩市优秀教育工作者	龙岩市人民政府	2001年9月
黄凤桐	男	谷坑	旧县乡政府	扶贫开发先进个人	中共福建省委、福建省人民政府	2001年11月
邓玉蓉	女	新坊	上杭县老干部工作局	福建省三八红旗手	福建省妇女联合会、公务员局、福建省人力资源开发办公室	2003年3月
江雅亮	男	坝上	退休	全国计划生育协会先进志愿者	中国计划生育协会	2003年12月
温联星	男	河东	美国纽约大学石溪分校	地学界“诺贝尔奖”	美国地球物理学会	2003年
钟发阳	男	全坊	旧县中心小学	福建省先进德育工作者	福建省教育工作委员会	2003年6月
陈昌怀	男	铁场	才溪中学	优秀教师	福建省人事厅、福建省教育厅	2004年8月
何祥椿	男	梅溪	临城镇党委	福建省爱国拥军模范	中共福建省委、福建省人民政府	2005年7月
陈特贤	男	河西		关心下一代工作先进工作者	龙岩市委、市政府	2006年12月

续表24-4

姓　名	性别	籍贯	工作单位	表彰名称	颁奖单位	颁奖时间
陈文生	男	龙溪	上杭县公路局蛟洋公路站	全国五一劳动奖章	中华全国总工会	2007 年 5 月
谢建宝	男	全坊	上杭县第三中学	福建省优秀教师	福建省人事厅、福建省教育厅	2007 年 9 月
谢祥明	男	全坊	上杭县人民检察院	福建省优秀少先队志愿辅导员	中共福建省委宣传部、共青团福建省委、福建省教育厅、少先队福建省工作委员会	2009 年 9 月
陈文生	男	龙溪	龙岩市公路局上杭分局	全国先进工作者	中华人民共和国国务院	2010 年 4 月
罗金荣	男	石圳	上杭县人民法院	人民法院荣誉天平奖章	最高人民法院	2011 年 5 月
陈　华	男	河东	才溪镇党委	2006—2010 年福建省法制宣传先进个人	中共福建省委宣传部、福建省司法厅、公务员局	2011 年 6 月
陈崇桂	男	河西	旧县中学	龙岩市第一届（第一批）名师	龙岩市人民政府	2013 年 3 月
陈道红	男	河东	上杭县文体广电新闻出版局	全省档案系统先进工作者	福建省人力资源和社会保障厅、福建省档案局	2016 年 3 月
陈树生	男	龙溪	旧县中学	龙岩市第一届（第三批）名师	龙岩市人民政府	2016 年 2 月
黄兆峰	男	谷坑	福建省梅花山国家级自然保护区管理局	自然保护区先进个人	环境保护部、国土资源部、国家林业局、中国科学院、水利部、农业部、国家海洋局	2016 年 5 月
陈树生	男	龙溪	旧县中学	2015—2016 年度“一师一优课，一课一名师”活动优课	教育部	2017 年 1 月
林荣达	男	迳美	荣达工贸有限公司	省优秀民营企业家	福建省总商会	不 详

说明：旧县籍在外地工作获奖除表中已列者外未详

五、已知旧县籍高级专业技术职称人员情况表

表 24-5 (以姓氏笔画为序)

姓 名	籍贯	职 称	工作单位	评职时间
马腾美	迳美	高级工程师	国营 526	—
邓思达	新坊	副研究员	中共福建省委党校文献情报中心	—
邓其灿	新坊	小学中学高级教师	上杭第二实小	2016 年 11 月
孔庆培	石圳	中学高级教师	上杭一中	1992 年 8 月
孔令宣	石圳	中学高级教师	旧县中学	2007 年 8 月 19 日
江开松	铁场	高级编辑	新华社参编部	—
江嘉济	坝上	博士生导师、教授	中国地质大学	—
江雅儒	坝上	高级工程师	不详	—
伍永昌	坝上	高级工程师	福建地质大队	—
陈良万	龙溪	教授、主任医师	福医大协和医院	—
陈丽华	河东	教授	武汉理工大学	—
陈朝宗	河东	教授	北京大学教学系	—
陈志福	河东	高级工程师	福建省电信研究院	—
陈建才	河东	副教授	闽西职业技术学院	—
陈道华	河东	副主任医师	龙岩市第一医院	—
陈德宏	河东	高级工程师	北京有色金属总院	—
陈纪生	河东	高级经济师	龙岩地区对外贸易局	—
陈 平	河东	副主任医师	福医大协和医院	—
陈庆生	河东	中学高级教师	龙岩一中	—
陈思琪	河东	中学高级教师	旧县中学	2008 年 5 月 9 日
陈昌新	河东	中学高级教师	旧县中学	2008 年 5 月 9 日
陈昌怀	铁场	中学高级教师	上杭五中	—
陈其芳	龙溪	教授	福建师范大学教学系	—
陈其钦	龙溪	副研究员	上海社会科学图书馆	1987 年
陈胜忠	龙溪	中学高级教师	旧县中学	2011 年 12 月 29 日
陈树生	龙溪	中学高级教师	旧县中学	2017 年 5 月 8 日

续表24-5

姓　名	籍贯	职　称	工作单位	评职时间
陈　萍	河西	总工程师	铁道部四院规划处	—
陈文光	河西	副编审、高级研究员	航空航天部第一研究院	—
陈崇桂	河西	中学高级教师	旧县中学	2001 年 3 月
陈超贤	河西	中学高级教师	旧县中学	2003 年 9 月
陈子贤	河西	小学中学高级教师	县教师进修学校	2003 年 6 月
陈子明	河西	中学高级教师	旧县中学	2011 年 8 月 22 日
陈涛林	河西	中学高级教师	旧县中学	2013 年 7 月 4 日
陈建成	河西	总工程师	铁道部第四设计院	—
陈建裕	河西	教授	广东医学院药学系	—
陈三明	河西	副研究员	集美大学诚毅学院	2005 年 6 月
陈述贤	河西	中学高级教师	旧县中学	2005 年 8 月 28 日
陈文英	铁东	高级工程师	自己创业	—
陈　烜	河西	小学中学高级教师	旧县学区	2003 年 6 月
陈月贤	河西	中学高级教师	才溪中学	—
李国荣	石院	中学高级教师	旧县中学	—
李家锦	石院	中学高级教师	旧县中学	2007 年 8 月 19 日
李权龙	石院	教授	厦门大学	—
张　红	河东	副教授	龙岩学院	—
张焕文	河东	中学高级教师	旧县中学	—
张伟文	河东	中学高级教师	连城县小陶中学	—
林培忠	兰田	中学高级教师	旧县中学	2010 年 11 月 5 日
林容维	迳美	高级工程师	金怡集团	—
林容俊	迳美	高级工程师	金怡集团	—
林容民	迳美	高级工程师	金怡集团	—
林远来	迳美	中学高级教师	旧县中学	2005 年 8 月 28 日
林荣达	迳美	高级经济师	福建荣达集团公司	2006 年 6 月 7 日
罗诚发	铁场	中学高级教师	旧县中学	2003 年 9 月

续表24-5

姓　名	籍贯	职　称	工作单位	评职时间
钟元庆	迳美	副总工程师、路桥高级工程师	龙岩市公路建设管理处	—
钟和庆	梅溪	中学高级教师	旧县中学	2010年11月5日
钟发阳	全坊	小学中学高级教师	旧县中小	2017年12月
胡耀春	梅溪	中学高级教师	旧县中学	1998年1月
翁祥集	迳美	中学高级教师	上杭一中	1997年2月
翁发麟	迳美	中学高级教师	才溪中学	—
翁祥金	迳美	中学高级教师	庐丰中学	—
翁彬发	迳美	中学高级教师	上杭二中	—
翁发生	迳美	主任医师	宁化县医院	—
袁日荣	梅溪	副研究员	广东中山大学教学研究所	—
袁友凤	梅溪	中学高级教师	旧县中学	2011年12月29日
黄成勇	河西	高级工程师	中国兵器工业集团中兵勘察设计研究院有限公司	1988年5月
黄坤凤	迳美	高级工程师	上杭县建设局	—
黄明清	扁山	高级工程师	福州大学紫金矿业学院	—
黄晓城	扁山	高级工程师	腾讯公司	—
黄启万	迳美	高级工程师	福建建福工程管理有限公司	—
黄兆发	谷坑	高级工程师	厦门市海沧区科技局	—
温联星	河东	教授	美国纽约大学石溪分校	—
温祥瑞	河东	高级工程师	山东省建筑工程质量监督站	—
温远坤	河东	中学高级教师	厦门双十中学	—
温远柱	河东	中学高级教师	旧县中学	—
温远禄	河东	中学高级教师	旧县中学	—
谢永荣	全坊	副主任医师	上杭县皮肤病防治院	—
谢建洋	全坊	中学高级教师	旧县中学	—
谢云辉	全坊	中学高级教师	旧县中学	—
谢炳生	全坊	中学高级教师	旧县中学	—

续表24-5

姓　名	籍贯	职　称	工作单位	评职时间
谢继祥	全坊	中学高级教师	旧县中学	—
曾尚锦	兰田	中学高级教师	上杭二中	—
曾尚富	兰田	中学高级教师	旧县中学	—
曾　民	河东	中学高级教师	龙田中学	—
蓝先育	谷坑	高级工程师	广东电网公司珠海供电局综合部	—
阙双林	梅溪	主任医师、教授	龙岩市第一医院	—

六、已知旧县籍获博士、硕士学位人员情况表

表24-6　（以学位及本镇行政村排列习惯为序）

姓　名	性别	籍贯	学　位	工作单位
陈少林	男	河东	博　士	深圳市土木建筑学会
江良荣	男	坝上	博　士	—
江树业	男	坝上	博　士	—
陈健明	男	河西	博　士	深圳大学
陈贵明	男	河西	博　士	广东省社会科学院
林庆育	男	兰田	博　士	—
江翠平	女	铁场	博　士	—
陈　辉	男	角龙	博　士	美国某公司
马文龙	男	迳美	博　士	福州市卫生监督所
李伟崇	男	石院	硕　士	—
李兴福	男	石院	硕　士	—
李培昌	男	石院	硕　士	—
江三秀	女	石院	硕　士	—
黄　茜	女	扁山	硕　士	厦门城市职业学院
张茶英	女	福村	硕　士	厦门中医院
温钦清	男	福村	硕　士	自主创业
陈志庆	男	河东	硕　士	—

续表24-6

姓　名	性别	籍贯	学　位	工作单位
陈志明	男	河东	硕　士	厦门澎湃电子有限公司
陈　彦	男	河东	硕　士	—
陈　艳	女	河东	硕　士	上海自主创业
陈　强	男	河东	硕　士	自主创业
陈　禄	男	河东	硕　士	—
陈新斌	男	河东	硕　士	自主创业
温世坤	男	河东	硕　士	—
温远根	男	河东	硕　士	—
陈其明	男	河西	硕　士	韩国（具体单位不详）
陈　聪	男	河西	硕　士	上杭紫金矿业
陈羡才	男	河西	硕　士	深圳华为公司
陈丽英	女	河西	硕　士	深圳旭日基金公司
陈亮贤	男	河西	硕　士	福州实验技术学院
陈才坤	男	河西	硕　士	北京广联达公司
陈丽菊	女	河西	硕　士	集美大学诚毅学院
陈　和	男	河西	硕　士	厦门大学
陈昌和	男	河西	硕　士	福建省交通厅
陈昌平	男	河西	硕　士	福州大学阳光学院
陈月香	女	河西	硕　士	福州市城投
陈振亮	男	河西	硕　士	福建省能源集团
陈征贤	男	河西	硕　士	福建常青新能科技有限公司
陈毕贤	男	河西	硕　士	九泉卫星发射基地
曾尚祥	男	兰田	硕　士	西门子公司
林庆乾	男	兰田	硕　士	—
曾尚升	男	兰田	硕　士	—
陈　鹏	男	角龙	硕　士	上杭县电信分公司
林远志	男	迳美	硕　士	中信银行

续表24-6

姓　名	性别	籍贯	学　位	工作单位
黄文洪	男	迳美	硕　士	深圳易世通达科技有限公司
林沁心	女	迳美	硕　士	网易公司
翁　辉	男	迳美	硕　士	厦门国际银行
林远南	男	迳美	硕　士	龙岩净环保
林　斌	男	迳美	硕　士	紫金矿业
黄　河	男	迳美	硕　士	厦门海洋局
林冬梅	女	迳美	硕　士	福州金山医院
林舒芳	女	迳美	研究生	—
林禹曼	女	迳美	研究生	—
林　立	男	迳美	研究生	—
蓝占城	男	谷坑	硕　士	赣州市农业农村局
钟　锐	男	谷坑	硕　士	江门市金融投资控股有限公司
黄耀伟	男	谷坑	硕　士	深圳市海普洛斯生物科技公司
张　毅	男	谷坑	硕　士	自主创业

七、已知旧县籍正科级干部人员情况表

表24-7　　(以本镇行政村排列习惯为序)

姓　名	性别	籍贯	工作单位	职　务
邓玉蓉	女	新坊	上杭县老干局	局　长
李国玉	男	石院	上杭农发行	行长
张跃桢	男	福村	龙岩市政府效能办综合督查科	科　长
江亮标	男	河东	中共临江镇委员会	书　记
陈永欣	男	河东	龙岩市环保局规划科	科　长
陈　华	男	河东	上杭县政协办公室	主　任
陈发珍	男	河东	旧县镇人大主席团	主　席
陈建才	男	河东	闽西职业技术学院教务处	副处长
陈昌炳	男	河东	福建省粮食厅	主任科员

续表24-7

姓 名	性别	籍贯	工作单位	职 务
陈道红	男	河东	上杭县文化体育广播电视新闻出版局	书 记
陈振贤	男	河东	上杭六〇四台	台 长
陈 标	男	龙溪	上杭县电力公司	经 理
谢开平	男	全坊	蓝溪镇政府	镇 长
江文贤	男	坝上	上杭县商业局	局 长
江如九	男	坝上	上杭县车队	队 长
江 燕	女	坝上	上杭县卫生计生委	主 任
陈建宽	男	河西	上杭县委党校	校 长
陈永贤	男	河西	旧县乡人大主席团	主 席
陈晓明	男	河西	上杭县文化体育局	局 长
饶岩生	男	河西	上杭县国资局	党委书记
陈丰贤	男	河西	上杭县纪委	常委（正科级）
廖立生	男	河西	上杭县人防办	副主任（正科级）
游永祯	男	尧埔	上杭县物资局	局 长
丘桂花	女	尧埔	上杭县建设局	主任科员
江东洲	男	铁场	上杭县老区办	主 任
江先辉	男	铁场	上杭县委落实政策办公室	主 任
江树高	男	铁场	上杭县委党史研究室	主 任
江锦明	男	铁场	才溪镇人大主席团	主 席
罗树贵	男	铁场	上杭县教育局	主任科员
罗淮文	男	铁场	旧县镇政府	正科级干部
江书沐	男	铁东	旧县人民公社	社 长
陈宝元	男	角龙	上杭县政策落实办公室	主 任
林启盛	男	迳美	龙岩市国税局稽查科	科 长
黄昌金	男	迳美	上杭县粮食局	局 长
黄兆发	男	谷坑	厦门市海沧区科技局	书 记
蓝占城	男	谷坑	赣州市农业农村局	主任科员
何锦华	男	梅溪	六五四台	台 长

续表24-7

姓　名	性别	籍贯	工作单位	职　务
阙育林	男	梅溪	上杭县文明办	主　任
胡灿明	男	梅溪	南阳公社	党委书记
阙兴林	男	梅溪	县委对台办	主任科员
阙树祥	男	梅溪	龙岩马坑钢铁厂	党委书记

八、已知中华人民共和国成立后旧县籍中级职称人员情况表

表24-8

姓　名	籍贯	职称	工作单位	评职时间
马文梅	迳美	工程师	龙岩龙净环保	—
陈志明	河东	工程师	厦门澎湃微电子有限公司	—
陈契贤	河东	主治医师	上杭县中医院	—
林远扬	迳美	工程师	武平紫金矿业	—
林远常	迳美	工程师	龙岩稀土矿业	—
林远坤	迳美	工程师	龙岩市交通局	—
林远航	迳美	工程师	紫金矿业	—
林远鹏	迳美	工程师	紫金矿业	—
林　军	迳美	会计师	紫金矿业	—
林钊盛	迳美	主治医师	龙岩第一医院	—
林　鸿	迳美	主治医师	龙岩第一医院	—
张　军	河东	经济师	上杭县建设局	—
黄　茜	扁山	编　辑	厦门城市职业学院	—
黄光奎	石圳	主治医师	旧县卫生院	—
黄汉林	谷坑	经济师、会计师	福建省磊鑫集团公司	—
谢计生	兰田	经济师	科云公司	—
谢佐生	兰田	会计师	不详	—
蓝梅化	谷坑	会计师	厦门健秀镜业有限公司	—
廖培荣	迳美	工程师	福建建福工程管理有限公司	—

续表24-8

姓　名	籍贯	职称	工作单位	评职时间
黎晓琴	谷坑	会计师	厦门粗粮王饮料品科技有限公司	—
孔瑞春	石圳	农艺师	旧县农技站	1987 年 12 月 23 日
陈建岑	河西	兽医师	旧县乡兽医站	1988 年 8 月
张焕文	河东	中学一级教师	旧县中学	1988 年 4 月
丘干兴	河西	小学高级教师	旧县学区	1988 年 4 月
钟凤生	梅溪	小学高级教师	旧县学区	1988 年 4 月
陈崇光	龙溪	小学高级教师	旧县学区	1988 年 4 月
陈宪杭	河东	小学高级教师	旧县学区	1988 年 4 月
阙思桥	梅溪	小学高级教师	旧县学区	1988 年 4 月
陈隆兴	河东	小学高级教师	旧县学区	1988 年 4 月
林荣臣	迳美	小学高级教师	旧县学区	1988 年 5 月
陈兴洋	龙溪	小学高级教师	旧县学区	1988 年 5 月
罗开桃	角龙	小学高级教师	旧县学区	1988 年 7 月
何锡华	梅溪	小学高级教师	旧县学区	1988 年 9 月
林文盛	迳美	小学高级教师	旧县学区	1988 年 9 月
陈春发	河西	小学高级教师	旧县学区	1988 年 9 月
陈宜太	石院	小学高级教师	旧县学区	1988 年 9 月
陈马龄	河西	小学高级教师	旧县学区	1988 年 10 月
黄秋如	河西	小学高级教师	旧县学区	1988 年 10 月
陈思恭	河东	小学高级教师	旧县学区	1991 年 9 月
胡耀春	梅溪	中学一级教师	旧县中学	1991 年 9 月
游永炎	尧埔	农艺师	旧县农技站	1992 年 1 月
李家沂	石院	小学高级教师	旧县学区	1993 年 3 月
谢均亮	全坊	小学高级教师	旧县学区	1993 年 3 月
陈翠贤	河西	小学高级教师	旧县学区	1993 年 3 月
黄清美	扁山	小学高级教师	旧县学区	1993 年 3 月
陈永生	龙溪	小学高级教师	旧县学区	1993 年 3 月

续表24-8

姓　名	籍贯	职称	工作单位	评职时间
蓝希玉	谷坑	中学一级教师	旧县中学	1993 年 7 月
陈超贤	河西	中学一级教师	旧县中学	1995 年 3 月
陈贵贤	河东	小学高级教师	旧县学区	1995 年 3 月
黄潭生	石圳	小学高级教师	旧县学区	1995 年 3 月
钟家瑞	梅溪	小学高级教师	旧县学区	1995 年 5 月
黄凤玉	谷坑	小学高级教师	旧县学区	1996 年 4 月
黄添清	河西	小学高级教师	旧县学区	1996 年 4 月
邓其明	新坊	小学高级教师	旧县学区	1996 年 4 月
张思标	水东	小学高级教师	旧县学区	1996 年 4 月
钟景兰	谷坑	小学高级教师	旧县学区	1997 年 6 月
陈发清	河东	小学高级教师	旧县学区	1997 年 6 月
张成有	河东	小学高级教师	旧县学区	1997 年 6 月
江雅松	坝上	小学高级教师	旧县学区	1997 年 6 月
陈锦松	龙溪	小学高级教师	旧县学区	1997 年 6 月
陈述贤	河西	中学一级教师	旧县中学	1998 年 1 月
陈锦昌	龙溪	中学一级教师	旧县中学	1998 年 1 月
孔瑞音	石圳	小学高级教师	旧县学区	1998 年 4 月
陈焕龄	河西	小学高级教师	旧县学区	1998 年 4 月
陈志明	河西	小学高级教师	旧县学区	1998 年 4 月
丘松顺	尧埔	小学高级教师	旧县学区	1998 年 4 月
邓兆梅	新坊	小学高级教师	旧县学区	1998 年 4 月
江如添	坝上	小学高级教师	旧县学区	1998 年 4 月
陈善英	角龙	小学高级教师	旧县学区	1998 年 4 月
孔金玉	石圳	小学高级教师	旧县学区	1998 年 4 月
陈衍周		中学一级教师	旧县中学	1999 年 2 月 9 日
陈月贤	河西	中学一级教师	旧县中学	1999 年 2 月 9 日
林远来	迳美	中学一级教师	旧县中学	1999 年 2 月 9 日

续表24-8

姓　名	籍贯	职称	工作单位	评职时间
林汉盛	迳美	小学高级教师	旧县学区	1999年9月28日
陈永金	河东	小学高级教师	旧县河东小学	1999年9月28日
陈洪模	河西	小学高级教师	旧县尧埔小学	1999年9月28日
游永新	尧埔	小学高级教师	旧县尧埔小学	1999年9月28日
黄玉铭	谷坑	小学高级教师	旧县谷坑小学	1999年9月28日
江先凤	河东	小学高级教师	旧县龙溪小学	1999年9月28日
陈　程	龙溪	小学高级教师	旧县龙溪小学	1999年9月28日
孔繁烈	石圳	小学高级教师	旧县迳美小学	1999年9月28日
江书化	铁东	小学高级教师	旧县铁东小学	1999年9月28日
孔祥雄	石圳	农机工程师	旧县农机站	2000年4月10日
李家锦	石院	中学一级教师	旧县中学	2000年4月10日
谢云辉	全坊	中学一级教师	旧县中学	2000年4月10日
黄根美	扁山	小学高级教师	旧县中心小学	2000年9月11日
池智远	河西	小学高级教师	旧县中心小学	2000年9月11日
游永灿	尧埔	小学高级教师	旧县尧埔小学	2000年9月11日
钟添庆	梅溪	小学高级教师	旧县平安小学	2000年9月11日
李步荣	水东	小学高级教师	旧县梅溪小学	2000年9月11日
蓝尚明		会计师	旧县粮站	2000年12月31日
陈毕贤	河西	工程师	酒泉卫星发射中心	2001年1月
陈思琪	河东	中学一级教师	旧县中学	2001年8月
陈昌新	河东	中学一级教师	旧县中学	2001年8月
赖悦梅		中学一级教师	旧县中学	2001年8月
张昌盛	河东	小学高级教师	旧县全坊小学	2001年12月
赖玉祥	河西	小学高级教师	旧县春蕾小学	2001年12月
孔繁桃	石圳	小学高级教师	旧县迳美小学	2001年12月
吴庆球	河西	小学高级教师	旧县兰田小学	2001年12月
江瑞华	坝上	小学高级教师	旧县春蕾小学	2001年12月

续表24-8

姓　名	籍贯	职称	工作单位	评职时间
王家荣	龙溪	小学高级教师	旧县铁场小学	2001 年 12 月
吴华林	河西	小学高级教师	旧县中心小学	2001 年 12 月
何开庆	梅溪	小学高级教师	旧县谷坑小学	2001 年 12 月
游永金	尧埔	小学高级教师	旧县尧埔小学	2001 年 12 月
孔祥生	石圳	小学高级教师	旧县迳美小学	2001 年 12 月
江志汉	坝上	小学高级教师	旧县坝上小学	2001 年 12 月
陈松贤	河西	小学高级教师	旧县中心小学	2001 年 12 月
邓国兴	新坊	小学高级教师	旧县新坊小学	2001 年 12 月
陈元宗	河东	小学高级教师	旧县春蕾小学	2001 年 12 月
谢育灿	全坊	小学高级教师	旧县春蕾小学	2001 年 12 月
陈冬玉	河东	小学高级教师	旧县春蕾小学	2001 年 12 月
谢晓英	全坊	小学高级教师	旧县春蕾小学	2001 年 12 月
何丽珍	梅溪	小学高级教师	旧县希望小学	2001 年 12 月
钟何庆	梅溪	中学一级教师	旧县中学	2004 年 4 月
陈明生	河西	中学一级教师	旧县中学	2004 年 4 月
陈金生	河西	小学高级教师	旧县中心小学	2004 年 9 月
张红兰	河东	小学高级教师	旧县中心小学	2004 年 9 月
张富林	福村	小学高级教师	旧县中心小学	2004 年 9 月
黄招美	扁山	小学高级教师	旧县中心小学	2004 年 9 月
谢林生	全坊	小学高级教师	旧县中心小学	2004 年 9 月
张顺金	谷坑	小学高级教师	旧县中心小学	2004 年 9 月
陈健才	河西	小学高级教师	旧县新坊小学	2004 年 9 月
江家培	石院	小学高级教师	旧县新坊小学	2004 年 9 月
陈　琪	河东	小学高级教师	旧县春蕾小学	2004 年 9 月
李家福	石院	小学高级教师	旧县扁山小学	2004 年 9 月
游永标	尧埔	小学高级教师	旧县铁东小学	2004 年 9 月
孔德宣	新康	小学高级教师	旧县中心小学	2004 年 9 月

续表24-8

姓　名	籍贯	职称	工作单位	评职时间
黄凤春	谷坑	小学高级教师	旧县谷坑小学	2004 年 9 月
温远禄	河东	中学一级教师	旧县中学	2005 年 7 月 15 日
陈胜忠	龙溪	中学一级教师	旧县中学	2005 年 7 月 15 日
谢继祥	全坊	中学一级教师	旧县中学	2005 年 7 月 15 日
陈晓萍	河西	中学一级教师	旧县中学	2005 年 7 月 15 日
刘石连	坝上	小学高级教师	坝上小学	2005 年 8 月 29 日
江汉林	坝上	小学高级教师	坝上小学	2005 年 8 月 29 日
陈梅生	河西	小学高级教师	坝上小学	2005 年 8 月 29 日
陈进昌	河西	小学高级教师	坝上小学	2005 年 8 月 29 日
李宜湘	石院	小学高级教师	扁山小学	2005 年 8 月 29 日
张成茂	水东	小学高级教师	谷坑小学	2005 年 8 月 29 日
陈方贤	河西	小学高级教师	全坊小学	2005 年 8 月 29 日
曾尚河	兰田	小学高级教师	兰田小学	2005 年 8 月 29 日
廖玉香	梅溪	小学高级教师	梅溪平安希望小学	2005 年 8 月 29 日
阙文洪	梅溪	小学高级教师	梅溪小学	2005 年 8 月 29 日
陈录连	全坊	小学高级教师	全坊小学	2005 年 8 月 29 日
何红伟	梅溪	小学高级教师	石圳小学	2005 年 8 月 29 日
张家福	水东	小学高级教师	石圳小学	2005 年 8 月 29 日
陈日贤	河西	小学高级教师	铁场小学	2005 年 8 月 29 日
江锦茂	铁场	小学高级教师	铁场小学	2005 年 8 月 29 日
罗青春	石圳	小学高级教师	铁场小学	2005 年 8 月 29 日
邓新洪	新坊	小学高级教师	新坊小学	2005 年 8 月 29 日
江琴姑	全坊	小学高级教师	尧埔小学	2005 年 8 月 29 日
丘桂琴	尧埔	小学高级教师	旧县中心小学	2005 年 8 月 29 日
邓寿金	河西	小学高级教师	旧县中心小学	2005 年 8 月 29 日
林远梅	迳美	小学高级教师	旧县中心小学	2005 年 8 月 29 日
钟冬秀	河西	小学高级教师	旧县中心小学	2005 年 8 月 29 日

续表24-8

姓　名	籍贯	职称	工作单位	评职时间
陈冬梅	全坊	小学高级教师	旧县中心小学	2005年8月29日
陈清章	龙溪	中学一级教师	旧县中学	2006年8月31日
曾尚富	兰田	中学一级教师	旧县中学	2006年8月31日
陈　峰	河西	中学一级教师	旧县中学	2006年8月31日
江家斌	石院	中学一级教师	旧县中学	2006年8月31日
孔菊珍	龙溪	小学高级教师	旧县中心小学	2006年12月6日
谢佩祥	全坊	小学高级教师	旧县中心小学	2006年12月6日
胡泉春	梅溪	小学高级教师	旧县中心小学	2006年12月6日
陈文才	河西	小学高级教师	旧县中心小学	2006年12月6日
谢炳生	龙溪	小学高级教师	旧县中心小学	2006年12月6日
饶丽荣	河东	小学高级教师	旧县中心小学	2006年12月6日
陈昌宇	河东	小学高级教师	旧县中心小学	2006年12月6日
钟丽英	梅溪	小学高级教师	旧县中心小学	2006年12月6日
林远强	迳美	小学高级教师	旧县中心小学	2006年12月6日
赖壮祥	河西	主治医师	旧县卫生院	2007年5月27日
邱清云	尧埔	主治医师	旧县卫生院	2007年5月27日
林雪英		中学一级教师	旧县中学	2007年11月2日
陈道忠	河东	中学一级教师	旧县中学	2007年11月2日
陈树生	龙溪	中学一级教师	旧县中学	2007年11月2日
邓连英		中学一级教师	旧县中学	2007年11月2日
陈金章	龙溪	小学高级教师	旧县中心小学	2007年12月7日
李俊顺	新坊	小学高级教师	旧县中心小学	2007年12月7日
李松辉	新坊	小学高级教师	旧县中心小学	2007年12月7日
罗育洪		小学高级教师	旧县中心小学	2007年12月7日
江　琴	河东	小学高级教师	旧县中心幼儿园	2007年12月7日
胡迎春	梅溪	中学一级教师	旧县中学	2008年7月24日
谢育云	全坊	中学一级教师	旧县中学	2008年7月24日

续表24-8

姓　名	籍贯	职称	工作单位	评职时间
陈才英		中学一级教师	旧县中学	2008 年 7 月 24 日
陈茶英	河西	小学高级教师	旧县中心小学	2008 年 10 月 13 日
邓茶金	龙溪	小学高级教师	旧县中心小学	2008 年 10 月 13 日
黄杭美	扁山	小学高级教师	旧县中心小学	2008 年 10 月 13 日
邓永连	全坊	小学高级教师	旧县中心小学	2008 年 10 月 13 日
周凤连	梅溪	小学高级教师	旧县中心小学	2008 年 10 月 13 日
钟九姑	坝上	小学高级教师	旧县中心小学	2008 年 10 月 13 日
陈应生	河西	幼教高级教师	旧县中心小学	2008 年 10 月 13 日
罗华英	铁场	中学一级教师	旧县中学	2009 年 10 月 12 日
游玉凤	尧埔	中学一级教师	旧县中学	2009 年 10 月 12 日
陈晓燕	坝上	小学高级教师	旧县中心小学	2009 年 10 月 12 日
张福英		小学高级教师	旧县中心小学	2009 年 10 月 12 日
陈方林	河西	会计师	福州第二干休所	2010 年 12 月
何銮庆	梅溪	小学高级教师	旧县中心小学	2010 年 12 月 27 日
江华春	坝上	小学高级教师	旧县中心小学	2010 年 12 月 27 日
蓝先林	谷坑	主治医师	旧县卫生院	2013 年 11 月 4 日
陈兆华	龙溪	中学一级教师	旧县中学	2013 年 11 月 4 日

说明：本表人员排名，有评职时间的按评职时间先后，无评职时间的按姓氏笔画为序

九、旧县镇革命烈士英名情况表

表 24-9

姓　名	性别	出生	籍贯	入伍时间	原工作单位及职务	是否党团员	牺牲时间、地点及原因
李新贤	男	1916 年 3 月	上杭县旧县镇新坊村	1931 年	红军新编第十二军班长	团员	1934 年在江西省瑞金与敌作战中牺牲
邓其坤	男	1907 年 12 月	上杭县旧县镇新坊村	1930 年	红军独立第八团战士	—	1931 年在龙岩县大池与敌作战中牺牲

续表24-9

姓　名	性别	出生	籍贯	入伍时间	原工作单位及职务	是否党团员	牺牲时间、地点及原因
严卷娣	女	1915 年 2 月	上杭县旧县镇新坊村	1930 年	红军医院护士	团员	1935 年 5 月在医院被敌包围袭击牺牲
陈辉兆	男	1905 年 8 月	上杭县旧县镇新坊村	1930 年 5 月	红军新编第十二军补充团二连指导员	党员	1932 年 4 月在上杭县涧头坝与敌作战中牺牲
李新生	男	1926 年 10 月	上杭县旧县镇新坊村	1949 年 6 月	上杭县旧县区政府公安班班长	—	1949 年 10 月 17 日在土匪谢友标攻打旧县区政府战斗中牺牲
邓炳亮	男	1928 年 4 月	上杭县旧县镇新坊村	1949 年	解放军龙岩第八军分区警备第八团班长	—	1951 年在连城县朋口剿匪战斗中牺牲
邓其先	男	1903 年 3 月	上杭县旧县镇新坊村	1930 年	红军新编第十二军三十四师一〇四团二营战士	党员	1932 年 7 月在湖南省作战中牺牲
严有兰	女	1913 年 5 月	上杭县旧县镇新坊村	1931 年	红军新编第十二军洗衣队员	团员	1932 年在长汀县四都突围战斗中牺牲
李桃朱	男	1916 年 8 月	上杭县旧县镇新坊村	1949 年 6 月	上杭县旧县区政府交通员	—	1949 年 10 月 17 日在土匪攻打旧县区政府作战中牺牲
李梓勋	男	1927 年 2 月	上杭县旧县镇新坊村	1949 年 6 月	上杭县旧县区政府公安班战士	—	1949 年 10 月 17 日在土匪谢友标攻打区政府作战中牺牲
李和珍	男	1912 年	上杭县旧县镇新坊村	1929 年	红军独立第八团二连排长	团员	1930 年在永定县金砂与敌作战中牺牲
李松茂	男	1908 年	上杭县旧县镇新坊村	1931 年	红军第十九军九团战士	—	1931 年在永定县与敌作战中牺牲
邓福荣	男	1910 年	上杭县旧县镇新坊村	1929 年	红军第十二军战士	团员	1929 年在龙岩县白沙与敌作战中牺牲

续表24-9

姓　名	性别	出生	籍贯	入伍时间	原工作单位及职务	是否党团员	牺牲时间、地点及原因
李先芳	男	1912年4月	上杭县旧县镇新坊村	1932年	红军独立第八师司号兵	团员	1933年在永定县与敌作战中牺牲
李松腾	男	1901年1月	上杭县旧县镇新坊村	1929年	上杭县赤卫团队员	—	1929年在武平县与敌作战中牺牲
李长发	男	1910年	上杭县旧县镇新坊村	1929年	武杭县赤卫团队员	—	1931年在武平县双康湖与敌作战中牺牲
李双林	男	1909年	上杭县旧县镇新坊村	1929年	新坊乡赤卫队队员	—	1929年在上杭县旧县与敌作战中牺牲
邓作秋	男	1904年	上杭县旧县镇新坊村	1930年	红军新编第十二军三十四师连长	党员	1932年在永定县与敌作战中牺牲
李松珠	男	1912年10月	上杭县旧县镇新坊村	1929年	红军第四军战士	—	1930年后无音讯，1955年2月被评为革命烈士
李生芳	男	1916年	上杭县旧县镇新坊村	1933年	红军新编第十二军战士	团员	1935年到江西省后无音讯，1955年2月被评为烈士
邓连桃	男	1910年	上杭县旧县镇新坊村	1931年	红军第五军团战士	—	1931年后无音讯，1955年2月被评为烈士
邓作安	男	1902年	上杭县旧县镇新坊村	1929年	红军第四军战士	—	1929年后无音讯，1955年2月被评为烈士
李夫美	男	1913年	上杭县旧县镇新坊村	1930年	红军新编第十二军战士	—	1934年到江西省后无音讯，1955年2月被评为烈士
李桃明	男	1901年10月	上杭县旧县镇新坊村	1933年	红军新编第十二军教导队炊事员	党员	1933年到江西省后无音讯，1955年2月被评为烈士
李森芳	男	1916年	上杭县旧县镇新坊村	1931年	红军新编第十二军战士	—	1933年往龙岩后无音讯，1955年2月被评为烈士

续表24-9

姓　名	性别	出生	籍贯	入伍时间	原工作单位及职务	是否党团员	牺牲时间、地点及原因
邓作枚	男	1905年	上杭县旧县镇新坊村	1930年	红军新编第十二军三连连长	—	1930年后无音讯，1955年2月被评为烈士
李松裕	男	1902年11月	上杭县旧县镇新坊村	1932年	红军独立八师四团一连三排战士	团员	1932年后无音讯，1955年2月被评为烈士
邓仁先	男	1906年	上杭县旧县镇新坊村	1929年	红军第十二军战士	党员	1930年在江西省病故，1955年2月被评为烈士
邓长坤	男	1908年	上杭县旧县镇新坊村	1931年2月	新坊乡苏维埃政府秘书	党员	1931年5月因误为“社会民主党”而被杀害于旧县兰田，1955年7月被评为烈士
邓炳喜	男	1905年	上杭县旧县镇新坊村	1931年1月	旧县区苏维埃政府文化部工作人员	党员	1931年7月因误为“社会民主党”而被杀害于白砂，1955年7月被评为烈士
黄兴章	男	1900年6月	上杭县旧县镇新坊村	1930年	中共杭武县旧县区委书记	党员	1931年在旧县区工作时患病抬回家死亡，1955年2月被评为烈士
邓培福	男	1892年	上杭县旧县镇新坊村	1931年	新坊乡党支部书记	党员	1931年4月因误为“社会民主党”而被杀害于旧县龙头岗，1955年7月被评为烈士
邓作善	男	1909年	上杭县旧县镇新坊村	1931年	杭武县少先队队长	团员	1931年6月因误为“社会民主党”而被杀害于白砂，1955年7月被评为烈士

续表24-9

姓 名	性别	出生	籍贯	入伍时间	原工作单位及职务	是否党团员	牺牲时间、地点及原因
李松雅	男	1911年	上杭县旧县镇新坊村	1930年3月	杭武县苏维埃政府警卫团战士	团员	1931年6月因误为“社会民主党”而被杀害于旧县茶子坪，1955年7月被评为烈士
邓寿桥	男	1901年	上杭县旧县镇新坊村	1931年	旧县区苏维埃政府文书	党员	1931年5月因误为“社会民主党”而被杀害于旧县龙头岗，1955年7月被评为烈士
李美康	男	1901年6月	上杭县旧县镇石院村	1929年8月	上杭县旧县区赤卫队队员	—	1929年9月攻打上杭城时在北门山上牺牲
谢洪明	男	1905年12月	上杭县旧县镇石院村	1929年	红军新编第十二军战士	—	1932年在上杭县丰稔市与敌作战中牺牲
江甫仁	男	1923年	上杭县旧县镇石院村	1949年	志愿军副班长	党员	1953年在朝鲜战场与敌作战牺牲
李恕广	男	1914年	上杭县旧县镇石院村	1929年6月	旧县区赤卫队担架队队长	—	1931年7月在旧县九曲隔执行任务时被敌杀害
李镇华	男	1912年9月	上杭县旧县镇石院村	1930年12月	红军新编第十二军一〇二团一连二排三班副班长	—	1932年6月在上杭县蛟洋与敌作战牺牲
李焕康	男	1912年9月	上杭县旧县镇石院村	1932年	红军新编第十二军一〇八团二排排长	团员	1932年在连城县林地与敌作战牺牲
李联城	男	1906年	上杭县旧县镇石院村	1930年	红军新编第十二军战士	—	1930年后无音讯，1955年2月被评为烈士
李寿荣	男	1915年6月	上杭县旧县镇石院村	1931年	红军新编第十二军一〇二团四营战士	团员	1931年后无音讯，1955年2月被评为烈士

续表24-9

姓名	性别	出生	籍贯	入伍时间	原工作单位及职务	是否党团员	牺牲时间、地点及原因
李昭伦	男	1907年	上杭县旧县镇石院村	1931年	上杭县独立团第三支队通讯员	—	1931年后无音讯，1955年2月被评为烈士
李培贞	男	1898年	上杭县旧县镇石院村	1930年	红军新编第十二军战士	—	1930年后无音讯，1955年2月被评为烈士
李昭松	男	1912年11月	上杭县旧县镇石院村	1930年	红军第十二军三十四师政治部主任	党员	1932年后无音讯，1955年2月被评为烈士
江庭亮	男	1909年	上杭县旧县镇石院村	1930年	红军闽粤赣军区无线电报务员	—	1931年后无音讯，1955年2月被评为烈士
江玉亮	男	1908年	上杭县旧县镇石院村	1929年	红军新编第十二军战士	—	1930年在长汀松毛岭战役后无音讯，1955年2月追认烈士
李章模	男	1915年4月	上杭县旧县镇石院村	1930年	红军新编第十二军三十四师一〇二团三连号兵	—	1934年3月在连城县与敌作战牺牲
李杏林	男	1913年8月	上杭县旧县镇石院村	1929年	红军第一军团一师三团二连指导员	党员	1932年在江西省作战负伤后无音讯，1955年2月被评为烈士
江上秋	男	1907年	上杭县旧县镇石院村	—	红军新编第十二军一〇二团战士	—	1931年4月因误为“社会民主党”而被杀害于永定县，1955年2月被评为烈士
李秉彝	男	1914年	上杭县旧县镇石院村	1931年	石院乡团支部书记	团员	1931年4月因误为“社会民主党”而被杀害于上杭石院，1955年2月被评为烈士

续表24-9

姓　名	性别	出生	籍贯	入伍时间	原工作单位及职务	是否党团员	牺牲时间、地点及原因
李斗南	男	1910年	上杭县旧县镇石院村	1930年	闽西苏维埃政府红报社印刷处主任	团员	1931年7月因误为“社会民主党”而被杀害于长汀县，1955年2月被评为烈士
李瑞文	男	1905年4月	上杭县旧县镇石院村	1929年	迳美乡苏维埃政府文书	党员	1931年6月17日因误为“社会民主党”而被杀害于上杭白砂，1955年2月被评为烈士
江全招	男	1902年10月	上杭县旧县镇石院村	1929年	红军新编第十二军战士	—	1932年2月在连城县病故，1955年2月被评为烈士
黄太兴	男	1916年10月	上杭县旧县镇扁山村	1931年	红军新编第十二军三十四师一〇二团三连司号兵	团员	1932年在江西省南丰县新封溪与敌作战牺牲
黄志永	男	1904年	上杭县旧县镇扁山村	1929年	上杭县赤卫团战士	党员	1929年参加攻打上杭城后无音讯，1955年2月被评为烈士
黄善兴	男	1911年	上杭县旧县镇扁山村	1930年	福建省苏维埃政府政治保卫局工作人员	党员	1932年后无音讯，1955年2月被评为烈士
黄志沛	男	1908年2月	上杭县旧县镇扁山村	—	红军新编第十二军战士	—	1930年后无音讯，1955年2月被评为烈士
黄喜章	男	1911年	上杭县旧县镇扁山村	1929年	红军新编第十二军一〇〇团战士	团员	1930年后无音讯，1955年2月被评为烈士
黄镜章	男	1909年	上杭县旧县镇扁山村	1929年	红军独立第八师战士	团员	1930年后无音讯，1955年2月被评为烈士
黄汉树	男	1892年	上杭县旧县镇扁山村	1931年	红军新编第十二军一〇〇团战士	—	1931年后无音讯，1955年2月被评为烈士

续表24-9

姓　名	性别	出生	籍贯	入伍时间	原工作单位及职务	是否党团员	牺牲时间、地点及原因
黄招有	男	1910年7月	上杭县旧县镇扁山村	1929年	红军新编第十二军战士	—	1930年后无音讯，1955年2月追认烈士
黄贵常	男	1913年2月	上杭县旧县镇扁山村	1929年	红军新编第十二军一〇〇团战士	团员	1931年后无音讯，1955年2月追认烈士
张富传	男	1899年	上杭县旧县镇福村村	1932年	红军新编第十二军战士	—	1933年4月在连城县病故，1955年2月追认烈士
张发林	男	1900年	上杭县旧县镇福村村	1934年	上杭华家区第六乡苏维埃政府主席	党员	1934年被敌八十三师抓去后在漳州监牢里牺牲
张华进	男	1916年4月	上杭县旧县镇福村村	1931年	红军新编第十二军一〇一团战士	团员	1931年后无音讯，1955年2月被评为烈士
温崇卿	男	1905年	上杭县旧县镇福村村	1931年	红军新编第十二军一〇五团战士	团员	1931年后无音讯，1955年2月被评为烈士
张林宝	男	1903年5月	上杭县旧县镇福村村	1929年	红军第四军排长	—	1929年后无音讯，1955年2月被评为烈士
张德标	男	1913年6月	上杭县旧县镇福村村	1932年	红军新编第十二军排长	—	1932年后无音讯，1955年2月追认烈士
温荣升	男	1903年5月	上杭县旧县镇福村村	1929年	上杭县独立团三支队长兼政治委员	党员	1931年5月4日因误为“社会民主党”而被杀害于上杭华家亭，1955年7月追认烈士
黄细章	男	1914年10月	上杭县旧县镇河东村	1929年	上杭县赤卫团战士	—	1929年攻打上杭城战斗中牺牲
温庆榕	男	1900年	上杭县旧县镇河东村	1930年	红军新编第十二军战士	—	1932年攻打漳州时被俘后在漳州监狱牺牲

续表24-9

姓　名	性别	出生	籍贯	入伍时间	原工作单位及职务	是否党团员	牺牲时间、地点及原因
陈瑞源	男	1911年5月	上杭县旧县镇河东村	1930年	红军第十二军三十四师一〇一团二连战士	团员	1933年在江西省东黄陂与敌作战牺牲
陈海兰	男	1901年	上杭县旧县镇河东村	1930年12月	闽西红军彭杨学校学员	—	1931年敌军进犯白砂时因病不能行走而被杀害于白砂田地凹上
江万利	男	1904年7月	上杭县旧县镇河东村	1930年	红军新编第十二军班长	—	1932年在长汀县四都与敌作战中牺牲
陈洪昌	男	1914年	上杭县旧县镇河东村	1929年	红军新编第十二军排长	—	1933年在永定县下洋与敌作战身负重伤后牺牲
温光灿	男	1903年	上杭县旧县镇河东村	1931年	红军新编第十二军排长	—	1932年4月攻打上杭县华家区中村时负重伤在抬往才溪医院途中牺牲
陈景兴	男	1893年	上杭县旧县公社河东大队	1932年	红军新编第十二军战士	—	1934年7月在宁化县安乐与敌作战牺牲
陈善兴	男	1909年7月	上杭县旧县镇河东村	1932年	上杭县独立团战士	党员	1933年在江西省与敌作战牺牲
张桂财	男	1908年	上杭县旧县镇河东村	1930年	红军新编第十二军三十五师一〇四团二连一班班长	—	1930年在江西省东黄陂与敌作战牺牲
陈致春	男	1914年	上杭县旧县镇河东村	1932年	上杭县独立团战士	—	1933年在江西省与敌作战牺牲
陈康桓	男	1910年6月	上杭县旧县镇河东村	1930年	上杭县旧县区赤卫队队员	—	1933年在江西省与敌作战牺牲
陈思宽	男	1914年	上杭县旧县镇河东村	1930年	红军新编第十二军三十四师一〇三团二连战士	团员	1933年在江西省与敌作战牺牲
陈思奎	男	1914年	上杭县旧县镇河东村	1931年	红军福建军区独立第四团班长	团员	1934年攻打龙岩白土时牺牲

续表24-9

姓　名	性别	出生	籍贯	入伍时间	原工作单位及职务	是否党团员	牺牲时间、地点及原因
陈康植	男	1910年6月	上杭县旧县镇河东村	1930年	上杭县旧县区赤卫队队员	—	1930年在攻打才溪刘子球反动军队时牺牲
陈思和	男	1912年	上杭县旧县镇河东村	1930年	红军独立第八团战士	—	1932年在江西省广昌县遭敌机空袭牺牲
陈聚桃	男	1912年	上杭县旧县镇河东村	1933年	上杭岩下山杭中游击队交通员	—	1934年5月从岩下山返回时被敌抓捕后在旧县龙头岗就义
陈康标	男	1888年	上杭县旧县镇河东村	1929年	上杭县岩下山杭中游击队宣传员	党员	1934年到旧县买药时被敌杀害
李　行	女	1914年3月	上杭县旧县镇河东村	1938年3月	晋察冀军区第四分区政治部文工团指导员	党员	1940年9月在河北省平山县小角镇被日寇杀害
陈康耀	男	1911年	上杭县旧县镇河东村	1929年	上杭县旧县区赤卫队侦察员	—	1931年8月在旧县阡背屋边被敌杀害
孔繁安	男	1901年	上杭县旧县镇河东村	1929年3月	红军第十二军一〇一团四连二排一班战士	—	1931年9月7日在江西省兴国县松柏山东与敌作战中牺牲
阙文先	男	1915年	上杭县旧县镇河东村	1929年	上杭县独立团战士	—	1933年在大洋坝与敌作战中牺牲
陈康忠	男	1915年	上杭县旧县镇河东村	1932年	红军第十二军三十四师战士	—	1932年在江西省会昌县附近与敌作战中牺牲
江万元	男	1907年9月	上杭县旧县镇河东村	1929年	红军第十二军三十四师一〇一团三连战士	—	1930年后无音讯，1955年2月追认烈士
陈聚福	男	1910年3月	上杭县旧县镇河东村	1929年	红军第十二军三十四师一〇一团二连战士	—	1932年后无音讯，1955年2月追认烈士
陈文贤	男	1912年	上杭县旧县镇河东村	1929年	红军第十二军班长	团员	1930年后无音讯，1955年2月追认烈士

续表24-9

姓　名	性别	出生	籍贯	入伍时间	原工作单位及职务	是否党团员	牺牲时间、地点及原因
江象玉	男	1907 年	上杭县旧县镇河东村	1931 年	红军新编第十二军战士	—	1931 年后无音讯，1955 年 2 月追认烈士
陈文源	男	1910 年	上杭县旧县镇河东村	1930 年	红军第五军团战士	—	1930 年后无音讯，1955 年 2 月追认烈士
江亮生	男	1913 年	上杭县旧县镇河东村	1931 年	红军新编第十二军战士	党员	1931 年后无音讯，1955 年 2 月被评为烈士
陈致雍	男	1907 年	上杭县旧县镇河东村	1931 年	中华苏维埃工农通讯社工作人员	—	1933 年在江西省东黄陂战役后无音讯，1955 年 2 月被评为烈士
陈华坤	男	1915 年	上杭县旧县镇河东村	1931 年	红军第十二军三十四师师部运输员	—	1931 年后无音讯，1955 年 2 月被评为烈士
陈乐善	男	1910 年	上杭县旧县镇河东村	1930 年	红军第十二军三十四师一〇三团战士	—	1930 年后无音讯，1955 年 2 月追认烈士
陈思勤	男	1889 年	上杭县旧县镇河东村	1930 年	红军第十二军三十四师一〇一团三连战士	—	1930 年后无音讯，1955 年 2 月被评为烈士
江亮奎	男	1913 年	上杭县旧县镇河东村	1930 年	红军第十二军三十四师师部通讯员	—	1930 年后无音讯，1955 年 2 月被评为烈士
陈聚森	男	1913 年 10 月	上杭县旧县镇河东村	1931 年	闽西红军彭杨学校事务长	—	1931 年后无音讯，1955 年 2 月追认烈士
张沛财	男	1901 年	上杭县旧县镇河东村	1929 年	红军第四军四纵队供给处长	—	1929 年后无音讯，1955 年 2 月追认烈士
陈庭进	男	1883 年	上杭县旧县镇河东村	1931 年	红军第五军团战士	—	1931 年后无音讯，1955 年 2 月追认烈士

续表24-9

姓　名	性别	出生	籍贯	入伍时间	原工作单位及职务	是否党团员	牺牲时间、地点及原因
陈康梁	男	1896 年	上杭县旧县镇河东村	1929 年	福建省苏维埃政府劳动部工作人员	党员	1933 年后无音讯，1955 年 2 月被评为烈士
陈致远	男	1911 年	上杭县旧县镇河东村	1930 年	红军福建军区独立师师部司号兵	—	1933 年 10 月到长汀后无音讯，1955 年 2 月被评为烈士
陈繁宗	男	1906 年	上杭县旧县镇河东村	1931 年 5 月	红军第十二军三十五师一〇四团战士	—	1931 年后无音讯，1955 年 2 月被评为烈士
陈康玉	男	1879 年	上杭县旧县镇河东村	1929 年	旧县区工人联合会主任	党员	1931 年因误为“社会民主党”而被杀害于上杭白砂，1955 年 2 月被评为烈士
陈昌兴	男	1908 年	上杭县旧县镇河东村	1929 年	旧县区苏维埃政府裁判部武装人员	—	1931 年因误为“社会民主党”而被杀害于上杭旧县兰田，1955 年 2 月被评为烈士
陈象泉	男	1904 年 3 月	上杭县旧县镇河东村	1929 年	旧县区河东乡苏维埃政府主席	党员	1931 年 3 月因误为“社会民主党”而被杀害于上杭旧县兰田，1955 年 2 月被评为烈士
温光华	男	1904 年	上杭县旧县镇河东村	1930 年	旧县区工人联合会文书	党员	1931 年因误为“社会民主党”而被杀害于上杭旧县河东龙头岗，1955 年 2 月被评为烈士
温光照	男	1912 年	上杭县旧县镇河东村	1929 年	旧县区苏维埃政府文书	团员	1931 年 1 月因误为“社会民主党”而被杀害于上杭旧县河东龙头岗，1955 年 2 月被评为烈士

续表24-9

姓 名	性别	出生	籍贯	入伍时间	原工作单位及职务	是否党团员	牺牲时间、地点及原因
陈文云	男	1911 年	上杭县旧县镇河东村	1930 年 7 月	旧县区河东乡苏维埃政府文书	团员	1931 年因误为“社会民主党”而被杀害于上杭白砂，1955 年 2 月被评为烈士
江如巨	男	1913 年	上杭县旧县镇河东村	1929 年	杭武县第六区模范营战士	—	1931 年在上杭县古田患病抬回家中三天病故，1955 年 7 月被评为烈士
陈才宗	男	1894 年	上杭县旧县镇河东村	1932 年	上杭县苏维埃政府粮食调剂局炊事员	—	1934 年在上杭通贤病故，1955 年 7 月被评为烈士
陈海筹	男	1897 年	上杭县旧县镇河东村	1929 年	旧县区河东乡苏维埃政府文书	党员	1931 年 11 月因误为“社会民主党”而被杀害于上杭旧县兰田乡，1955 年 7 月被评为烈士
丘才娣	女	1911 年	上杭县旧县镇河东村	1929 年 10 月	上杭县苏维埃政府裁判部副班长	党员	1934 年在上杭旧县河东龙头岗被民团抓捕杀害，1980 年 1 月被评为烈士
陈廷英	男	1910 年 8 月	上杭县旧县镇河东村	1931 年	县苏维埃政府文书	—	1931 年因误为“社会民立党”被杀，1984 年评为革命烈士
陈振东	男	1908 年 11 月	上杭县旧县镇河东村	1931 年	红十二军政治部宣传部长	—	1931 年因误为“社会民立党”被杀，1984 年评为革命烈士
陈宝吾	男	1901 年	上杭县旧县镇龙溪村	1929 年	红军第十二军三十四师一〇〇团战士	—	1934 年在江西省广昌县作战时送饭途中中弹牺牲
陈灿和	男	1914 年	上杭县旧县镇龙溪村	1929 年	红军第十二军三十四师特务连战士	—	1933 年在武平县象洞与敌作战牺牲

续表24-9

姓　名	性别	出生	籍贯	入伍时间	原工作单位及职务	是否党团员	牺牲时间、地点及原因
陈春和	男	1918年9月	上杭县旧县镇龙溪村	1932年10月	红军第一方面军一师三团通讯员	—	1935年1月在贵州乌江与敌作战牺牲
陈锦堂	男	1908年	上杭县旧县镇龙溪村	1933年1月	红军五军团战士	团员	1934年11月在泰宁县下兰区与敌作战牺牲
阙袁金	女	1911年	上杭县旧县镇龙溪村	1934年	上杭岩下山杭中游击队交通员	党员	1934年在上杭旧县河东龙溪小溪口就义
王松良	男	1911年	上杭县旧县镇龙溪村	1931年	红军新编第十二军工兵排战士	—	1933年在江西省东黄陂与敌作战牺牲
王招林	男	1910年	上杭县旧县镇龙溪村	1931年	红军新编第十二军电话兵	—	1933年在上杭南阳茶树下与敌作战牺牲
陈祥和	男	1911年	上杭县旧县镇龙溪村	1929年	红军第十二军三十四师战士	—	1934年在武平县与敌作战牺牲
黄春林	男	1908年	上杭县旧县镇龙溪村	1929年	上杭县旧县区苏维埃政府交通员	党员	1934年送信到岩下山时途中遇敌被杀害
陈正玉	男	1892年	上杭县旧县镇龙溪村	1929年	上杭县旧县河东乡赤卫队队员	—	1933年在上杭旧县河东狗屎凹被敌杀害
陈宝林	男	1915年	上杭县旧县镇龙溪村	1930年	红军第十二军三十四师特务连战士	—	1932年在武平县岩前与敌作战牺牲
黄耀林	男	1903年	上杭县旧县镇龙溪村	1930年	红军新编第十二军战士	—	1934年在上杭县中区玉女乡与敌作战中牺牲
陈招才	男	1903年	上杭县旧县镇龙溪村	1929年	红军第四军四纵队战士	—	1931年攻打武平县时被俘后在上杭南门就义
陈冠才	男	1911年	上杭县旧县镇龙溪村	1930年	红军第十九军副班长	团员	1934年部队开往才溪通贤后无音讯，1955年7月被评为烈士

续表24-9

姓　名	性别	出生	籍贯	入伍时间	原工作单位及职务	是否党团员	牺牲时间、地点及原因
陈振才	男	1911 年	上杭县旧县镇龙溪村	1930 年	红军三军团三排战士	—	1932 年在江西省广昌县与敌作战后无音讯，1955 年 9 月被评为烈士
陈寿才	男	1909 年	上杭县旧县镇龙溪村	1931 年	红军第四军战士	—	1931 年部队开往长汀后无音讯，1955 年 9 月被评为烈士
陈康云	男	1908 年	上杭县旧县镇龙溪村	1929 年	红军第四军战士	—	1929 年后无音讯，1955 年 9 月被评为烈士
陈云和	男	1909 年	上杭县旧县镇龙溪村	1929 年	红军第四十九师战士	—	1931 年往江西省后无音讯，1955 年 9 月被评为烈士
陈乐堂	男	1910 年 12 月	上杭县旧县镇龙溪村	1932 年	红军第十二军三十四师战士	—	1932 年后无音讯，1955 年 2 月被评为烈士
陈耀林	男	1907 年	上杭县旧县镇龙溪村	1929 年	上杭县旧县区河东乡苏维埃政府秘书	—	1931 年 5 月因误为“社会民主党”而被杀害于上杭县兰田村，1955 年 2 月被评为烈士
陈昌进	男	1909 年 4 月	上杭县旧县镇龙溪村	1929 年	旧县区赤卫队班长	—	1931 年 5 月 19 日因误为“社会民主党”而被杀害于上杭县旧县河东大水岗，1955 年 7 月被评为烈士
陈绍增	男	1906 年	上杭县旧县镇龙溪村	1929 年	旧县区苏维埃政府文化宣传干事	党员	1931 年因误为“社会民主党”而被杀害于上杭县旧县河东龙头岗，1955 年 7 月被评为烈士

续表24-9

姓　名	性别	出生	籍贯	入伍时间	原工作单位及职务	是否党团员	牺牲时间、地点及原因
陈善祥	男	1910年	上杭县旧县镇龙溪村	1930年	红军福建军区司令部警卫班长	团员	1933年在长汀四都医院患病因部队出发抬回家后牺牲
陈梁才	男	1905年	上杭县旧县镇龙溪村	1933年	红军第十九军九团连长	党员	1932年在上杭石灰岭与敌作战负伤后抬到南阳茶树下牺牲
谢标	男	1917年12月	上杭县旧县镇全坊村	1949年	闽粤赣边区纵队第七支队一排排长	—	1949年4月在上杭县旧县牛尾岭作战负伤抬往广东省治疗途中被国民党胡琏军队杀害
江万鉴	男	1912年9月	上杭县旧县镇全坊村	1931年	红军新编第十二军战士	—	1933年8月在江西省于都与敌作战牺牲
谢耀垣	男	1916年	上杭县旧县镇全坊村	1932年	红军独立第八团战士	—	1934年4月在长汀县松毛岭与敌作战牺牲
王招沛	男	1908年	上杭县旧县镇全坊村	1929年	宁化县禾口区团委书记	团员	1934年6月在漳平县杨山溪口被捕后就以
谢招禄	男	1912年10月	上杭县旧县镇全坊村	1930年	上杭县赤卫团战士	—	1930年5月攻打上杭县丰稔战斗中牺牲
谢大廷	男	1915年4月	上杭县旧县镇全坊村	1930年	红军新编第十二军战士	—	1932年在连城县遭敌机轰炸牺牲
谢联明	男	1912年6月	上杭县旧县镇全坊村	1929年4月	红军新编第十二军战士	—	1932年在江西省东黄陂战斗中负重伤后牺牲
谢友垣	男	1909年	上杭县旧县镇全坊村	1930年	红军新编第十二军三十五师一〇四团传令兵	团员	1933年在江西省东黄陂战斗中牺牲
谢荣章	男	1912年8月	上杭县旧县镇全坊村	1929年	红军独立第八团战士	—	1930年9月在武平县桃地与敌作战牺牲

续表24-9

姓　名	性别	出生	籍贯	入伍时间	原工作单位及职务	是否党团员	牺牲时间、地点及原因
谢开仁	男	1917年10月	上杭县旧县镇全坊村	1930年2月	红军第一军团通讯员	—	1933年在江西省东黄陂与敌作战牺牲
谢超坤	男	1910年	上杭县旧县镇全坊村	1930年	红军新编第十二军战士	—	1932年在连城县作战负伤后于长汀四都医院牺牲
谢春亮	男	1913年2月	上杭县旧县镇全坊村	1931年	红军新编第十二军宣传员	团员	1934年在江西省瑞金县九堡遭敌机空袭牺牲
谢仰辉	男	1901年	上杭县旧县镇全坊村	1929年	红军第二十一军班长	团员	1934年后无音讯，1955年9月被评为烈士
王松标	男	1913年5月	上杭县旧县镇全坊村	1929年	红军新编第十二军战士	团员	1934年后无音讯，1955年9月被评为烈士
谢友林	男	1888年	上杭县旧县镇全坊村	1929年	上杭县旧县区河东乡全坊村贫农团主任	党员	1931年5月因误为“社会民主党”而被杀害于旧县兰田村，1955年2月被评为烈士
谢树周	男	1898年	上杭县旧县镇全坊村	1929年	上杭县旧县乡苏维埃政府主席	党员	1931年5月因误为“社会民主党”而被杀害于旧县兰田村，1955年7月被评为烈士
谢清标	男	1909年11月	上杭县旧县镇全坊村	1929年	红军新编第十二军三十六师一〇八团一连副班长	团员	1933年在广东省南雄县水口作战中牺牲
王招垣	男	1900年	上杭县旧县镇全坊村	1929年	杭武县游击队班长	党员	1931年5月因误为“社会民主党”而被杀害于旧县兰田村，1955年7月被评为烈士

续表24-9

姓　名	性别	出生	籍贯	入伍时间	原工作单位及职务	是否党团员	牺牲时间、地点及原因
谢友云	男	1912 年	上杭县旧县镇全坊村	1929 年	红军第十二军军医	团员	1931 年 5 月因误为“社会民主党”而被杀害于旧县兰田村，1955 年 7 月被评为烈士
曾德鲁	男	1905 年 5 月	上杭县旧县镇全坊村	1929 年	杭中游击队通讯员	党员	1936 年 2 月被旧县伪尧石乡公所抓捕杀害于旧县兰田水口
谢兴禄	男	1910 年 4 月	上杭县旧县公社全坊大队	1932 年	红军独立八团二营一连连长	团员	1934 年在宁化县病故，1955 年 9 月追认烈士
谢兴福	男	1899 年 11 月	上杭县旧县镇全坊村	1929 年	上杭县旧县区河东乡苏维埃政府主席	党员	1934 年年底在上杭通贤障云山一带打游击后无音讯，1955 年 9 月追认烈士
江日兴	男	1912 年	上杭县旧县镇坝上村	1929 年	上杭县旧县区赤卫队司号员	—	1930 年在攻打上杭县城战斗中牺牲
江如发	男	1914 年 2 月	上杭县旧县镇坝上村	1932 年	红军新编第十二军战士	团员	1932 年在上杭县丰稔市与敌作战中牺牲
江森龄	男	1919 年	上杭县旧县公社坝上大队	1930 年	上杭县工会青年部工作人员	团员	1935 年在连城县被敌抓捕后于长汀县狱中牺牲
江如宜	男	1901 年	上杭县旧县镇坝上村	1929 年	红军新编第十二军三十四师一〇二团二营六连炊事员	—	1933 年在江西省于都县作战负伤后在于都医院牺牲
江启恭	男	1909 年 9 月	上杭县旧县镇坝上村	1932 年	上杭县旧县区赤卫队队员	—	1933 年攻打上杭县城被敌捕后在上杭县城就义
江志云	男	1908 年 8 月	上杭县旧县镇坝上村	1929 年	红军上杭县独立团三支队班长	团员	1930 年 11 月在上杭县赤面石下与敌作战牺牲

续表24-9

姓 名	性别	出生	籍贯	入伍时间	原工作单位及职务	是否党团员	牺牲时间、地点及原因
江加祥	男	1911 年	上杭县旧县镇坝上村	1930 年	红军新编第十二军三十四师一〇三团战士	党员	1935 年在江西省一次战斗中被敌捕后于长汀县狱中牺牲
伍宾庆	男	1913 年	上杭县旧县镇坝上村	1931 年	红军新编第十二军战士	—	1933 年在上杭县白砂作战负伤后于长汀四都医院牺牲
江启明	男	1909 年	上杭县旧县镇坝上村	1931 年	红军第四军四纵队二十八大队战士	—	1933 年在江西省信丰县与敌作战牺牲
江启秀	男	1903 年	上杭县旧县镇坝上村	1929 年	上杭县旧县区赤卫队队员	—	1930 年在攻打上杭县城战斗中牺牲
江如金	男	1905 年	上杭县旧县镇坝上村	1930 年	闽西彭杨学校司号员	—	1930 年在连城县与童子军作战牺牲
江安泉	男	1909 年 9 月	上杭县旧县镇坝上村	1930 年 10 月	红军独立第八师战士	团员	1931 年在上杭县泮境与敌作战牺牲
伍万庆	男	1911 年	上杭县旧县镇坝上村	1930 年	红军新编第十二军三十四师一〇二团二营四连副连长	团员	1933 年在连城县与童子军作战牺牲
江志真	男	1912 年 5 月	上杭县旧县镇坝上村	1930 年 10 月	红军新编第十二军排长	团员	1931 年 9 月在永定县与敌作战牺牲
江如通	男	1909 年	上杭县旧县镇坝上村	1930 年	红军闽粤赣军区独立师战士	—	1930 年在上杭县泮境与敌作战牺牲
江启伦	男	1919 年	上杭县旧县镇坝上村	1930 年	红军新编第十二军战士	团员	1932 年在泰宁县与敌作战牺牲
江如贻	男	1919 年	上杭县旧县镇坝上村	1932 年	红军新编第十二军三十四师警卫连战士	—	1933 年在江西省兴国县敌机空袭中牺牲

续表24-9

姓　名	性别	出生	籍贯	入伍时间	原工作单位及职务	是否党团员	牺牲时间、地点及原因
江如永	男	1914年8月	上杭县旧县镇坝上村	1931年	红军新编第十二军三十四师战士	—	1934年往才溪后无音讯，1955年2月被评为烈士
江如技	男	1915年6月	上杭县旧县镇坝上村	1930年	红军第一方面军电话员	团员	1935年长征到达陕北后无音讯，1955年9月被评为烈士
江启敏	男	1909年	上杭县旧县镇坝上村	1930年	红军新编第十二军三十四师排长	团员	1933年在湖南省与敌作战后无音讯，1955年9月被评为烈士
江如喜	男	1914年7月	上杭县旧县镇坝上村	1931年3月	红军第十九军九团战士	—	1931年后无音讯，1955年2月被评为烈士
江雅怀	男	1914年1月	上杭县旧县公社坝上大队	1930年1月	红军上杭县独立团三支队战士	—	1931年因误为“社会民主党”而被杀害于上杭县白砂小溪口，1955年6月被评为烈士
江志增	男	1902年7月	上杭县旧县镇坝上村	1929年9月	红军上杭县独立团三支队战士	—	1931年7月因误为“社会民主党”而被杀害于上杭县旧县龙头岗，1955年6月被评为烈士
江开进	男	1903年8月	上杭县旧县镇坝上村	1930年1月	上杭县旧县区肃反委员会主任	党员	1931年因误为“社会民主党”而被杀害于上杭县白砂，1955年2月被评为烈士
江如始	男	1910年6月	上杭县旧县镇坝上村	1930年3月	红军新编第十二军战士	党员	1931年8月因误为“社会民主党”而被杀害于永定县虎岗，1955年2月被评为烈士

续表24-9

姓　名	性别	出生	籍贯	入伍时间	原工作单位及职务	是否党团员	牺牲时间、地点及原因
江启益	男	1902年9月	上杭县旧县镇坝上村	1930年4月	上杭县旧县区第十一乡党支部书记	党员	1931年因误为“社会民主党”而被杀害于上杭县白砂，1955年2月被评为烈士
江如先	男	1915年	上杭县旧县镇坝上村	1930年	解放军华东军区第三野战军三纵队七支队四连连长	—	1945年在肖峰战斗中牺牲
陈建仲	男	1908年8月	上杭县旧县镇河西村	1929年	上杭县旧县区苏维埃政府军事科长	团员	1931年3月因误为“社会民主党”而被杀害于永定县虎岗，1955年6月被评为烈士
陈建洪	男	1901年11月	上杭县旧县镇河西村	1929年	杭武县苏维埃政府警卫连班长	—	1931年5月因误为“社会民主党”而被杀害于上杭县白砂，1955年2月被评为烈士
陈清奎	男	1910年9月	上杭县旧县镇河西村	1929年	闽西苏维埃政府白区工作人员	党员	1931年6月因误为“社会民主党”而被杀害于永定县虎岗，1955年6月被评为烈士
陈裕原	男	1905年8月	上杭县旧县镇河西村	1929年	杭武县旧县区河西乡苏维埃政府文书	党员	1931年7月因误为“社会民主党”而被杀害于上杭县白砂，1955年2月被评为烈士
陈祝龄	男	1907年	上杭县旧县镇河西村	1929年	上杭县第六区苏维埃政府文书兼剧团主任	团员	1931年6月因误为“社会民主党”而被杀害于上杭县旧县茶子坪，1955年2月被评为烈士

续表24-9

姓　名	性别	出生	籍贯	入伍时间	原工作单位及职务	是否党团员	牺牲时间、地点及原因
陈念功	男	1908年11月	上杭县旧县镇河西村	1930年8月	上杭县独立团特务连战士	团员	1931年因误为“社会民主党”而被杀害于上杭县白砂，1955年6月被评为烈士
赖坤庆	男	1905年	上杭县旧县镇河西村	1930年	红军独立第八团战士	—	1932年在长汀县大田湖病故，1955年9月被评为烈士
陈家焜	男	1910年	上杭县旧县镇河西村	1931年	红军新编第十二军战士	党员	1934年1月在江西省坪头礤病故，1955年9月被评为烈士
陈裕铧	男	1909年12月	上杭县旧县镇河西村	1930年	红军上杭独立团特务连炊事员	—	1931年在部队患病抬回家病故，1955年2月被评为烈士
陈宜铜	男	1904年	上杭县旧县镇河西村	1931年	上杭县通贤区通贤乡苏维埃政府主席	党员	1934年1月在通贤病故，1955年2月被评为烈士
陈永龄	男	1906年10月	上杭县旧县镇河西村	1929年7月	杭武县赤卫团连长	党员	1931年6月因误为“社会民主党”而被杀害于上杭县旧县茶子岗，1955年6月被评为烈士
陈日华	男	1905年3月	上杭县旧县镇河西村	1930年2月	杭武县旧县区苏维埃政府主席	党员	1931年因误为“社会民主党”而被杀害于上杭县白砂，1955年6月被评为烈士
陈松龄	男	1911年2月	上杭县旧县镇河西村	1929年	上杭县旧县区河西乡少先队中队长	团员	1931年6月因误为“社会民主党”而被杀害于上杭县旧县茶子坪，1955年2月被评为烈士

续表24-9

姓　名	性别	出生	籍贯	入伍时间	原工作单位及职务	是否党团员	牺牲时间、地点及原因
陈茂龄	男	1913 年 5 月	上杭县旧县镇河西村	1930 年	杭武县第六区赤卫队队员	团员	1931 年 5 月因误为“社会民主党”而被杀害于上杭县旧县石圳潭，1955 年 2 月被评为烈士
陈福龄	男	1905 年	上杭县旧县镇河西村	1929 年	上杭县旧县区赤卫队模范营队员	—	1930 年在上杭县才溪下黄作战牺牲
陈香龄	男	1913 年 9 月	上杭县旧县镇河西村	1929 年	红军新编第十二军战士	—	1934 年 8 月在长汀县松毛岭作战被俘后于连城县新泉就义
陈建波	男	1904 年 7 月	上杭县旧县镇河西村	1929 年	上杭县苏维埃政府交通站事务长	党员	1932 年因执行侦察任务被敌抓捕后在上杭城就义
陈裕州	男	1917 年 6 月	上杭县旧县镇河西村	1931 年	红军第五军团五连连长	党员	1935 年在甘肃省兰州作战牺牲
陈建恭	男	1910 年	上杭县旧县镇河西村	1929 年	岩下山杭中游击队侦察员	党员	1936 年回乡执行侦察任务被敌抓捕后在上杭旧县龙头岗就义
陈丹成	男	1906 年	上杭县旧县镇河西村	1927 年	杭武县赤卫团政治委员	党员	1931 年 3 月因误为“社会民主党”而被杀害于永定县虎岗，1955 年 2 月被评为烈士
陈宜金	男	1900 年 8 月	上杭县旧县镇河西村	1929 年	上杭县旧县区新村乡苏维埃政府秘书	党员	1931 年 6 月因误为“社会民主党”而被杀害于上杭县旧县茶子坪，1955 年 6 月被评为烈士

续表24-9

姓　名	性别	出生	籍贯	入伍时间	原工作单位及职务	是否党团员	牺牲时间、地点及原因
陈赤山	男	1912 年 6 月	上杭县旧县镇河西村	1929 年	红军新编第十二军连长	团员	1931 年 3 月因误为“社会民主党”而被杀害于永定县虎岗，1955 年 6 月被评为烈士
陈中凤	男	1909 年 3 月	上杭县旧县镇河西村	1930 年 3 月	上杭县旧县区新坊乡少先队小队长	团员	1931 年 5 月因误为“社会民主党”而被杀害于上杭县旧县兰田，1955 年 6 月被评为烈士
陈如璧	男	1910 年 7 月	上杭县旧县镇河西村	1930 年	杭武县第六区赤卫队模范营战士	团员	1931 年 8 月因误为“社会民主党”而被杀害于上杭县旧县麻坝村，1955 年 2 月被评为烈士
陈冠勋	男	1911 年 8 月	上杭县旧县镇河西村	1930 年	上杭县旧县区新村乡青年团支部书记兼反帝大同盟主任	团员	1931 年 5 月因误为“社会民主党”而被杀害于上杭县旧县兰田，1955 年 6 月被评为烈士
陈家英	男	1884 年	上杭县旧县镇河西村	1929 年 9 月	上杭县旧县区新村乡苏维埃政府执委兼党小组长	党员	1931 年 6 月因误为“社会民主党”而被杀害于上杭县旧县龙头岗，1955 年 6 月被评为烈士
陈中铎	男	1892 年 7 月	上杭县旧县镇河西村	1929 年 8 月	上杭县旧县区新村乡苏维埃政府会计	党员	1931 年 6 月因误为“社会民主党”而被杀害于上杭县旧县龙头岗，1955 年 6 月被评为烈士

续表24-9

姓 名	性别	出生	籍贯	入伍时间	原工作单位及职务	是否党团员	牺牲时间、地点及原因
吴庆泉	男	1889年8月	上杭县旧县镇河西村	1930年4月	上杭县旧县区新村乡苏维埃政府主席	党员	1931年6月因误为“社会民主党”而被杀害于旧县龙头岗，1955年6月被评为烈士
赖双沂	男	1914年	上杭县旧县镇河西村	1933年	红军福建军区直属队工作人员	团员	1935年往长汀县后无音讯，1955年9月被评为烈士
赖双清	男	1908年	上杭县旧县镇河西村	1929年8月	红军新编第十二军战士	—	1930年5月攻打上杭城战斗中牺牲
丘鸿顺	男	1901年	上杭县旧县镇河西村	1932年	上杭县旧县区苏维埃政府裁判部工作人员	党员	1933年在上杭县旧县被敌抓捕后牺牲于上杭监狱
丘樟顺	男	1916年	上杭县旧县镇河西村	1930年	杭武县第六区赤卫队工作人员	团员	1930年攻打上杭城战斗中牺牲
赖双茂	男	1900年	上杭县旧县镇河西村	1931年	红军福建军区特务营排长	党员	1934年在南阳马洋洞与敌作战中牺牲
丘庆万	男	1914年	上杭县旧县镇河西村	1931年	红军第一方面军战士	团员	1935年在甘肃省曾来信后无音讯，1955年2月被评为烈士
陈元冬	男	1905年4月	上杭县旧县镇河西村	1932年	红军新编第十二军一〇〇团一营一连班长	党员	1935年作战负伤后在长汀四都医院牺牲
陈如煃	男	1910年	上杭县旧县镇河西村	1932年	红军第十二军特务连战士	—	1934年在邵武县与敌作战牺牲
陈树槐	男	1903年	上杭县旧县镇河西村	1929年	代英县一分区肃反委员会主任	党员	1936年在上杭县大洋坝与敌作战牺牲
陈正山	男	1921年	上杭县旧县镇河西村	1950年	上杭县信和区中队中队长	—	1950年11月20日在上杭县湖洋剿匪战斗中牺牲

续表24-9

姓　名	性别	出生	籍贯	入伍时间	原工作单位及职务	是否党团员	牺牲时间、地点及原因
陈树屏	男	1917年	上杭县旧县镇河西村	1929年	红军第十二军特务连班长	团员	1934年8月在长汀县松毛岭与敌作战中牺牲
陈如灿	男	1894年	上杭县旧县镇河西村	1930年	上杭县旧县区赤卫队队员	党员	1930年攻打上杭城战斗中牺牲
陈念升	男	1902年	上杭县旧县镇河西村	1929年	红军第十二军战士	—	1934年在江西省一次战斗中被俘后就义
陈建银	男	1903年9月	上杭县旧县镇河西村	1929年	红军新编第十二军一〇八团排长	党员	1934年在江西省东黄陂草鞋岗作战中牺牲
吴富美	男	1914年	上杭县旧县镇河西村	1931年	红军第二十四师战士	—	1931年攻打上杭溪口石铭战斗中牺牲
陈国平	男	1910年	上杭县旧县镇河西村	1929年	岩下山杭中游击队队员	党员	1936年奉令回乡侦察敌情被捕后在上杭县旧县就义
赖衍庆	男	1911年	上杭县旧县镇河西村	1931年	红军新编第十二军班长	团员	1931年后无音讯，1955年2月被评为烈士
陈念珠	男	1911年	上杭县旧县镇河西村	1931年	红军新编第十二军三十六师一〇八团战士	团员	1931年后无音讯，1955年2月被评为烈士
黄寿娣	女	1910年5月	上杭县旧县镇河西村	1932年	红军第二医院洗衣队队员	—	1932年后无音讯，1955年9月被评为烈士
陈如连	男	1909年2月	上杭县旧县镇河西村	1931年5月	红军新编第十二军战士	团员	1931年往江西省后无音讯，1955年9月被评为烈士
陈宪清	男	1912年3月	上杭县旧县镇河西村	1929年	红军新编第十二军三十六师一〇八团战士	团员	1934年往上杭县才溪后无音讯，1955年2月被评为烈士

续表24-9

姓　名	性别	出生	籍贯	入伍时间	原工作单位及职务	是否党团员	牺牲时间、地点及原因
陈建坤	男	1913年	上杭县旧县镇河西村	1929年	红一军团连部文书	—	1932年往广东省南雄县后无音讯，1955年2月被评为烈士
陈建景	男	1910年	上杭县旧县镇河西村	1929年	红军新编第十二军战士	—	1934年长征后无音讯，1955年2月被评为烈士
江如伦	男	1911年	上杭县旧县镇河西村	1932年	红军新编第十二军三十四师一〇二团二营一连战士	—	1933年在武平县苦竹山与敌作战牺牲
丘兆年	男	1913年	上杭县旧县镇尧埔村	1929年	红军新编第十二军三十四师一〇三团二连三排九班班长	团员	1933年6月在广东省松口圩与敌作战牺牲
游国梁	男	1915年	上杭县旧县镇尧埔村	1929年	杭武县赤卫团第六大队二连二排三班班长	—	1932年在江西省石城县与敌作战牺牲
丘如发	男	1913年5月	上杭县旧县镇尧埔村	1929年	红军新编第十二军一〇〇团四连司号员	团员	1932年在永安县安砂太湖与敌作战牺牲
曾富秀	女	1911年	上杭县旧县镇尧埔村	—	上杭岩下山杭中游击队接头户	—	1935年11月因与游击队买粮食被敌抓捕后在上杭县旧县就义
丘家富	男	1914年	上杭县旧县镇尧埔村	1929年	红军新编第十二军三十四师一〇一团三营八连班长	团员	1932年在上杭县白砂与敌作战牺牲
丘家金	男	1906年10月	上杭县旧县镇尧埔村	1929年	上杭县旧县区赤卫队三大队二中队二班班长	党员	1930年在上杭县旧县指挥架桥时中敌弹牺牲
丘如岑	男	1914年7月	上杭县旧县镇尧埔村	1930年	红军新编第十二军一〇三团二连二排副班长	团员	1930年在永定县西陂岭与敌作战牺牲

续表24-9

姓　名	性别	出生	籍贯	入伍时间	原工作单位及职务	是否党团员	牺牲时间、地点及原因
丘洪辉	男	1897 年	上杭县旧县镇尧埔村	1930 年	上杭县副县长	党员	1965 年 12 月于上杭病故，1965 年被评为烈士
丘绍梅	男	1910 年	上杭县旧县镇尧埔村	1930 年	红军新编第十二军一〇三团二连二排四班副班长	团员	1930 年在永定县西陂岭与敌作战牺牲
丘兆龙	男	1902 年 12 月	上杭县旧县镇尧埔村	1929 年 3 月	红军第十二军三十四师一〇三团独立营战士	—	1932 年 5 月在江西省作战负伤后于江西省坪口医院牺牲
丘兆坤	男	1917 年	上杭县旧县镇尧埔村	1929 年 7 月	八路军战士	—	1939 年从山东来过信后无音讯，1955 年 2 月被评为烈士
游开昌	男	1913 年	上杭县旧县镇尧埔村	1929 年	红军第十二军战士	—	1930 年后无音讯，1955 年 2 月被评为烈士
丘绍荣	男	1910 年	上杭县旧县镇尧埔村	1929 年	红军第一方面军战士	—	1934 年长征后无音讯，1955 年 2 月被评为烈士
丘棣华	男	1900 年 10 月	上杭县旧县镇尧埔村	1927 年	杭武县赤卫团团长	党员	1931 年因误为“社会民主党”而被杀害于白砂，1955 年 2 月被评为烈士
丘友生	男	1903 年 9 月	上杭县旧县镇尧埔村	1929 年 11 月	杭武县第六区坝上乡苏维埃政府秘书	党员	1931 年因误为“社会民主党”而被杀害于上杭县旧县兰田村，1955 年 2 月被评为烈士
丘兆凤	男	1903 年	上杭县旧县镇尧埔村	1929 年	杭武县赤卫团连指导员	党员	1931 年 5 月因误为“社会民主党”而被杀害于上杭县旧县河东龙头岗，1955 年 2 月被评为烈士

续表24-9

姓　名	性别	出生	籍贯	入伍时间	原工作单位及职务	是否党团员	牺牲时间、地点及原因
丘朝升	男	1897 年	上杭县旧县镇尧埔村	1929 年	红军第四军四纵队一大队文书	—	1931 年因误为“社会民主党”而被杀害于上杭县古田，1955 年2月被评为烈士
丘如汉	男	1905 年	上杭县旧县镇尧埔村	1929 年 7 月	杭永岩通讯社交通员	党员	1934 年在江西省被敌捕于长汀县狱中牺牲
丘绍光	男	1910 年	上杭县旧县镇尧埔村	1929 年 10 月	红军新编第十二军一〇二团二营二连传令兵	团员	1930 年 5 月在广东省大埔县与敌战斗时负重伤而牺牲
丘绍芹	男	1907 年 10 月	上杭县旧县镇尧埔村	1931 年 3 月	宁化县泉上区肃反委员会主任	团员	1934 年在宁化县泉上与敌作战牺牲
丘兆贤	男	1900 年	上杭县旧县镇尧埔村	1932 年 4 月	红军新编第十二军三十四师一〇一团特派员	党员	1933 年在江西省瑞湾与敌作战牺牲
朱开桥	男	1910 年	上杭县旧县镇尧埔村	1929 年 7 月	红军新编第十二军三十四师一〇一团一排二班班长	团员	1933 年 6 月在广东省蕉岭县大坝圩作战牺牲
丘绍康	男	1917 年 7 月	上杭县旧县镇尧埔村	1930 年 3 月	上杭县苏维埃政府政治保卫局战士	—	1934 年在上杭县才溪四坊被敌抓捕后牺牲于上杭狱中
吴汉清	男	1901 年	上杭县旧县镇兰田村	1930 年	红军闽粤赣军区独立师战士	团员	1932 年在武平县北区与敌作战牺牲
曾宪荣	男	1919 年	上杭县旧县镇兰田村	1930 年	红军新编第十二军三十四师战士	—	1931 年在武平县苦竹山与敌作战牺牲
林德亮	男	1898 年	上杭县旧县镇兰田村	1929 年	红军第十二军工兵排炊事班长	党员	1932 年在江西省于都县被敌杀害

续表24-9

姓　名	性别	出生	籍贯	入伍时间	原工作单位及职务	是否党团员	牺牲时间、地点及原因
曾庆贵	男	1894 年 2 月	上杭县旧县镇兰田村	1929 年	岩下山杭中游击队通讯员	党员	1934 年在上杭县旧县被伪乡长抓捕后在本村水口就义
曾家章	男	1898 年	上杭县旧县镇兰田村	1929 年	岩下山杭中游击队通讯员	—	1934 年被敌抓捕，1935 年在旧县新市圩就义
曾贞英	男	1910 年 4 月	上杭县旧县镇兰田村	1930 年	上杭县赤卫团班长	团员	1930 年在上杭县旧县圩小溪口作战牺牲
曾贞坤	男	1904 年 6 月	上杭县旧县镇兰田村	1928 年	红军第四军三纵队特务大队战士	—	1934 年在湖南省长沙作战中牺牲
曾家福	男	1902 年 7 月	上杭县旧县镇兰田村	1929 年	连城县工作团工作人员	党员	1933 年往连城县后无音讯，1955 年 2 月被评为烈士
罗锡香	男	1916 年	上杭县旧县镇铁场村	1931 年 8 月	红军第十二军战士	—	1932 年 11 月在将乐县作战负重伤而牺牲
江玉兴	男	1900 年	上杭县旧县镇铁场村	1929 年	新泉县赤卫团团长	党员	1932 年 4 月到上杭县委开会被人失枪打伤后在江西红军医院牺牲，1955 年 9 月被评为烈士
陈宝生	男	1916 年	上杭县旧县镇铁场村	1931 年	中央卫生院医疗所所长	团员	1935 年 2 月在江西省于都县牺牲
江瑞凤	男	1903 年	上杭县旧县镇铁场村	1931 年 1 月	杭武县旧县船业工会工作人员	党员	1932 年调往武平工作时在途中被钟绍奎匪部抓捕到上杭杀害
江兴发	男	1906 年	上杭县旧县镇铁场村	1930 年	红军第十二军战士	—	1934 年 10 月在江西省兴国县被敌机空袭牺牲
江盛云	男	1913 年	上杭县旧县镇铁场村	1930 年 10 月	红军上杭县独立团战士	团员	1931 年 11 月在长汀县斜心里与敌作战牺牲

续表24-9

姓　名	性别	出生	籍贯	入伍时间	原工作单位及职务	是否党团员	牺牲时间、地点及原因
江家立	男	1909 年	上杭县旧县镇铁场村	1931 年 4 月	红军新编第十二军三十四师一〇一团战士	团员	1931 年 11 月在长汀县斜心里与敌作战牺牲
江盛君	男	1910 年 10 月	上杭县旧县镇铁场村	1931 年 5 月	红军新编第三十四师一〇一团战士	党员	1931 年 9 月在上杭县稔田与敌作战牺牲
江先修	男	1914 年 8 月	上杭县旧县镇铁场村	1931 年 5 月	红军新编第十二军三连四班班长	—	1931 年 8 月在上杭县太拔作战中牺牲
江家茂	男	1908 年	上杭县旧县镇铁场村	1929 年 7 月	红军新编第十二军三十四师排长	—	1931 年在湖南省作战中牺牲
陈集贤	男	1907 年	上杭县旧县镇铁场村	1929 年 3 月	上杭县旧县区赤卫队队员	—	1929 年 9 月攻打上杭城时被俘后在上杭城被敌杀害
江森凤	男	1902 年	上杭县旧县镇铁场村	1929 年 3 月	红军新编第十二军战士	—	1931 年 9 月在江西省石城县作战被俘后被敌杀害
江家秀	男	1901 年	上杭县旧县镇铁场村	1929 年 10 月	红军工农通讯社交通员	党员	1931 年到广东省后无音讯，1955 年 2 月被评为烈士
江家杰	男	1905 年 5 月	上杭县旧县镇铁场村	1929 年 7 月	红军新编第十二军三十四师工兵	团员	1931 年到江西省会昌县后无音讯，1955 年 2 月被评为烈士
丘绍文	男	1902 年	上杭县旧县镇铁场村	1932 年 6 月	红军第五军团五营三连炊事员	党员	1934 年在广西省瑶山作战被俘后无音讯，1955 年 2 月被评为烈士
罗德文	男	1914 年	上杭县旧县镇铁场村	1929 年	红军第十二军战士	—	1930 年往江西省瑞金后无音讯，1955 年 2 月被评为烈士

续表24-9

姓　名	性别	出生	籍贯	入伍时间	原工作单位及职务	是否党团员	牺牲时间、地点及原因
江玉润	男	1897 年 3 月	上杭县旧县镇铁场村	1932 年 6 月	上杭县旧县区赤卫队模范营连长	党员	1933 年到江西省石城后无音讯，1955 年 2 月被评为烈士
江佐金	男	1908 年	上杭县旧县镇铁场村	1933 年	上杭县旧县区赤卫队模范营战士	党员	1933 年后无音讯，1955 年 2 月被评为烈士
江佐云	男	1908 年 3 月	上杭县旧县镇铁场村	1932 年 6 月	上杭县旧县区赤卫队模范营战士	—	1933 年后无音讯，1955 年 2 月被评为烈士
罗维岚	男	1911 年 10 月	上杭县旧县镇铁场村	1930 年 7 月	中央总医院第四所所长	团员	1935 年往江西省瑞金县后无音讯，1955 年 2 月被评为烈士
江先培	男	1912 年	上杭县旧县镇铁场村	1930 年 6 月	红军新编第十二军战士	—	1934 年北上长征后无音讯，1955 年 2 月被评为烈士
江玉春	男	1883 年	上杭县旧县镇铁场村	1931 年	红军新编第十二军战士	—	1931 年后无音讯，1955 年 2 月被评为烈士
陈奎宗	男	1911 年	上杭县旧县镇铁场村	1930 年 2 月	红军新编第十二军战士	团员	1934 年北上长征后无音讯，1955 年 2 月被评为烈士
罗锡宜	男	1904 年 12 月	上杭县旧县镇铁场村	1929 年	杭武县第六区铁场乡苏维埃政府主席	党员	1931 年因误为“社会民主党”而被杀害于上杭县旧县兰田村，1955 年 2 月被评为烈士
江家骐	男	1897 年 10 月	上杭县旧县镇铁场村	1929 年	杭武县第六区铁场乡苏维埃政府文书	党员	1931 年 4 月因误为“社会民主党”而被杀害于上杭县旧县兰田村，1955 年 2 月被评为烈士

续表24-9

姓　名	性别	出生	籍贯	入伍时间	原工作单位及职务	是否党团员	牺牲时间、地点及原因
罗炳文	男	1904年10月	上杭县旧县公社铁场村	1929年8月	杭武县第六区铁场乡赤卫队队长	党员	1931年5月因误为“社会民主党”而被杀害于上杭县旧县麻坝村，1955年2月被评为烈士
江天祥	男	1907年	上杭县旧县镇铁场村	1929年7月	上杭县旧县区赤卫队队员	—	1929年9月在部队患病请假回铁场十多天后病故，1955年9月被评为烈士
江家连	男	1911年	上杭县旧县镇铁场村	1931年7月	红军新编第十二军三十四师一〇一团三连二排五班战士	团员	1931年8月在连城县梅村病故，1955年9月追认烈士
阙春凤	女	1903年	上杭县旧县镇铁东村	—	岩下山杭中游击队交通员	—	1935年11月在上杭县旧县被敌捕后于旧县河西就义
江良德	男	1905年	上杭县旧县镇铁东村	1929年7月	岩下山杭中游击队交通员	团员	1935年11月在旧县河西被敌杀害
陈康毓	男	1911年	上杭县旧县镇铁东村	1932年10月	红军第十二军团部宣传员	团员	1933年1月在连城县坑子堡被敌杀害
江良汉	男	1913年	上杭县旧县镇铁东村	1929年7月	红军新编第十二军三十六师排长	党员	1933年8月在广东省平远县下坝作战中牺牲
陈禄香	女	1912年	上杭县旧县镇铁东村	1932年5月	闽粤赣军区司令部政治工作人员	团员	1933年在行军中遭敌伏击被俘后于宁化县塘地就义
陈元芬	男	1914年8月	上杭县旧县镇铁东村	1930年5月	红军第五军团战士	团员	1935年4月在长汀县白石岭作战中牺牲

续表24-9

姓　名	性别	出生	籍贯	入伍时间	原工作单位及职务	是否党团员	牺牲时间、地点及原因
江良树	男	1912年7月	上杭县旧县镇铁东村	1931年5月	红军第十二军二连一排排长	团员	1933年12月在武平县双康湖作战被俘于新坊横塅上被敌杀害
丘桂攀	男	1901年	上杭县旧县镇铁东村	1930年3月	上杭县北一区赤卫队队员	—	1930年11月在长汀县水口作战中牺牲
陈康尧	男	1912年	上杭县旧县镇铁东村	1930年	红军新编第十二军政治部运输员	—	1932年后无音讯，1955年2月被评为烈士
陈康泰	男	1904年8月	上杭县旧县镇铁东村	1931年10月	红军新编第十二军排长	党员	1934年参加长征后无音讯，1955年2月被评为烈士
江秉荃	男	1912年	上杭县旧县镇铁东村	1932年	红军第十二军一〇四团副营长	党员	1932年后无音讯，1955年2月被评为烈士
丘松春	男	1891年	上杭县旧县镇铁东村	1932年	红军第十二军运输员	党员	1932年到江西省后无音讯，1955. 2被评为烈士
陈思笏	男	1913年8月	上杭县旧县镇铁东村	1929年12月	上杭县苏维埃政府警卫连战士	团员	1931年6月因误为“社会民主党”而被杀害于上杭县旧县麻坝村，1955年2月被评为烈士
江良容	男	1905年7月	上杭县旧县镇铁东村	1929年	杭武赤卫团第六大队三中队中队长	团员	1931年4月因误为“社会民主党”而被杀害于上杭县旧县麻坝村，1955年2月被评为烈士
陈思明	男	1916年12月	上杭县旧县镇铁东村	1929年	红军新编第十二军一〇二团一连三排一班班长	团员	1930年在上杭县南阳红军医院病故，1955年9月被评为烈士

续表24-9

姓　名	性别	出生	籍贯	入伍时间	原工作单位及职务	是否党团员	牺牲时间、地点及原因
江良润	男	1892年	上杭县旧县镇铁东村	1931年4月	岩下山杭中游击队战士	—	1935年10月在上杭县旧县新坊横垠上被敌杀害
江良能	男	1878年	上杭县旧县镇铁东村	1929年7月	岩下山杭中游击队交通员	党员	1935年11月为岩下山游击队送粮时被敌抓捕后杀害于上杭西郊场
孔耀坤	男	1910年	上杭县旧县镇石圳村	1932年	红军福建军区独立师师部传令兵	团员	1934年在武平县双坑湖作战中牺牲
孔庆明	男	1910年	上杭县旧县镇石圳村	1929年	上杭县北一区警卫连战士	团员	1933年在武平县桃地作战中牺牲
林四金	女	1898年	上杭县旧县镇石圳村	1929年	新杭县旧县区石圳乡妇女会主任	党员	1935年被敌抓捕后在上杭县旧县石圳潭杀害
蓝修昌	男	1907年8月	上杭县旧县镇石圳村	1931年5月	红军新编第十二军一〇二团二连连长	党员	1933年5月在江西省兴国县被敌机炸伤后于兴国医院牺牲
孔灿明	男	1916年	上杭县旧县镇石圳村	1932年	上杭县北一区警卫连战士	—	1933年在武平县桃地作战中牺牲
孔繁贞	男	1912年12月	上杭县旧县镇石圳村	1929年9月	上杭县赤卫团战士	—	1929年9月攻打上杭城战斗中牺牲
罗庆坛	男	1909年7月	上杭县旧县镇石圳村	1930年	红军独立八团四连班长	团员	1934年在龙岩县作战中牺牲
孔令椿	男	1930年	上杭县旧县镇石圳村	1949年	志愿军二十军五十九师一七六团战士	—	1950年12月在朝鲜新兴里战役中牺牲
孔庆源	男	1898年8月	上杭县旧县镇石圳村	1929年	红军第十二军战士	党员	1935年敌人侵占苏区后无音讯，1955年2月追认烈士

续表24-9

姓　名	性别	出生	籍贯	入伍时间	原工作单位及职务	是否党团员	牺牲时间、地点及原因
孔瑞凤	男	1909年9月	上杭县旧县镇石圳村	1929年	红军第十二军战士	—	1934年在长汀县松毛岭战役后无音讯，1955年2月被评为烈士
孔树发	男	1913年7月	上杭县旧县镇石圳村	1930年	红军第四军军部传令兵	—	1932年攻打漳州后无音讯，1955年2月被评为烈士
孔庆碧	男	1915年	上杭县旧县镇石圳村	1930年3月	红军第一方面军师长	党员	1935年在甘肃省住医院后无音讯，1955年2月被评为烈士
兰建立	男	1914年7月	上杭县旧县镇石圳村	1930年	红军第五军团勤务兵	—	1932年后无音讯，1955年2月被评为烈士
孔宪春	男	1905年	上杭县旧县镇石圳村	1929年	红军第十二军战士	团员	1930年到江西省瑞金后无音讯，1955年2月被评为烈士
罗云春	男	1911年6月	上杭县旧县镇石圳村	1929年	杭武县第六区赤卫队队员	—	1931年在上杭县旧县石圳潭夜间放哨时被团匪杀害
孔繁焜	男	1902年10月	上杭县旧县镇石圳村	1929年7月	红军杭武县独立团二连传令兵	—	1931年7月在上杭县蛟洋作战中牺牲
孔繁政	男	1916年8月	上杭县旧县镇石圳村	1931年	闽西南军政委员会第三军分区政治部组织科长	党员	1936年在广东省大埔县下樟街作战中牺牲
孔宪群	男	1885年	上杭县旧县镇石圳村	1930年	红军新编第十二军战士	—	1930年后无音讯，1955年2月追认烈士
孔和玉	男	1916年	上杭县旧县镇石圳村	1929年	红军第十二军战士	—	1930年后无音讯，1955年2月被评为烈士

续表24-9

姓 名	性别	出生	籍贯	入伍时间	原工作单位及职务	是否党团员	牺牲时间、地点及原因
孔宪炳	男	1913 年	上杭县旧县镇石圳村	1932 年	红军第四军军部通讯员	团员	1932 年后无音讯，1955 年 2 月被评为烈士
邹家雄	男	1914 年 3 月	上杭县旧县镇石圳村	1932 年	红军新编第十二军三十六师一〇六团战士	—	1932 年到江西省后无音讯，1955 年 2 月被评为烈士
蓝正兴	男	1913 年	上杭县旧县镇石圳村	1931 年 5 月	红军新编第十二军一〇二团二连战士	—	1934 年 10 月在江西省兴国县作战后无音讯，1955 年 2 月被评为烈士
孔元光	男	1906 年	上杭县旧县镇石圳村	1930 年 3 月	红军第十二军无线电队传令兵	团员	1930 年后无音讯，1955 年 2 月被评为烈士
蓝沃寿	男	1908 年 8 月	上杭县旧县镇石圳村	1932 年	红军第十九军九团团部传令班长	团员	1932 年后无音讯，1955 年 2 月被评为烈士
孔冬凤	女	1914 年	上杭县旧县镇石圳村	1930 年	红军长汀县医院工作人员	—	1930 年后无音讯，1955 年 2 月被评为烈士
孔凡煊	男	1918 年 7 月	上杭县旧县镇石圳村	1930 年 5 月	红军新编第十二军二营二排战士	团员	1932 年 6 月在江西省瑞金县作战后无音讯，1955 年 2 月被评为烈士
蓝天寿	男	1908 年	上杭县旧县镇石圳村	1930 年	红军新编第十二军战士	—	1930 年后无音讯，1955 年 2 月被评为烈士
蓝富兆	男	1907 年	上杭县旧县镇石圳村	1932 年	红军第十二军战士	—	1932 年后无音讯，1955 年 2 月被评为烈士
邹发玉	男	1902 年 7 月	上杭县旧县镇石圳村	1930 年 4 月	红军新编第十二军战士	—	1932 年往江西省后无音讯，1955 年 2 月被评为烈士

续表24-9

姓　名	性别	出生	籍贯	入伍时间	原工作单位及职务	是否党团员	牺牲时间、地点及原因
孔祥冠	男	1910 年	上杭县旧县镇石圳村	1932 年	红军第十二军电话兵	—	1932 年后无音讯，1955 年 2 月被评为烈士
孔庆铭	男	1913 年	上杭县旧县镇石圳村	1929 年	红军第十二军战士	—	1930 年在小伦地战役后无音讯，1955 年 2 月被评为烈士
孔作舟	男	1891 年 4 月	上杭县旧县镇石圳村	1929 年	杭武县苏维埃政府财粮科工作人员	党员	1931 年因误为“社会民主党”而被杀害于上杭县旧县石圳潭，1955 年 7 月被评为烈士
孔庆菖	男	1905 年	上杭县旧县镇石圳村	1929 年 5 月	杭武县赤卫团战士	—	1931 年因误为“社会民主党”而被杀害于上杭县白砂，1955 年 2 月被评为烈士
孔富玉	男	1907 年	上杭县旧县镇石圳村	1929 年	杭武县赤卫团战士	—	1931 年 4 月因误为“社会民主党”而被杀害于上杭县白砂，1955 年 2 月被评为烈士
孔维标	男	1904 年 5 月	上杭县旧县镇石圳村	1930 年	上杭县少先队队长	团员	1931 年 5 月因误为“社会民主党”而被杀害于上杭县旧县兰田村，1955 年 7 月被评为烈士
孔蓬生	男	1900 年 3 月	上杭县旧县镇石圳村	1929 年 6 月	中共杭武县委宣传部工作人员	党员	1931 年 4 月因误为“社会民主党”而被杀害于上杭县白砂，1955 年 7 月被评为烈士

续表24-9

姓 名	性别	出生	籍贯	入伍时间	原工作单位及职务	是否党团员	牺牲时间、地点及原因
孔庆精	男	1901年8月	上杭县旧县镇石圳村	1929年6月	杭武县赤卫团副官	党员	1931年4月因误为“社会民主党”而被杀害于上杭县白砂，1955年7月被评为烈士
孔繁郁	男	1901年3月	上杭县旧县镇石圳村	1929年6月	闽西苏维埃政府文化部工作人员	党员	1931年4月因误为“社会民主党”而被杀害于永定县虎岗，1955年2月被评为烈士
孔庆宗	男	1908年1月	上杭县旧县镇石圳村	1929年7月	杭武县第六区石圳潭乡苏维埃政府秘书兼团支部书记	团员	1931年4月因误为“社会民主党”而被杀害于上杭县旧县茶子坪，1955年2月被评为烈士
孔瑞田	男	1929年11月	上杭县旧县镇石圳村	1950年1月	上杭旧县区中队战士	—	1950年8月在上杭县普陀山剿匪跌伤医治无效牺牲
罗怀端	男	1915年	上杭县旧县镇角龙村	1930年	红军第一方面军战士	—	1934年在贵州省枚潭作战中牺牲
陈建辉	男	1906年12月	上杭县旧县镇角龙村	1929年	红军新编第十二军三十四师传令排排长	党员	1931年11月在连城县大坪作战中牺牲
罗怀义	男	1906年11月	上杭县旧县镇角龙村	1929年	闽西南军政委员会第一分区副营长	党员	1936年3月在漳平县陈地坑作战中牺牲
罗善棠	男	1896年10月	上杭县旧县镇角龙村	1929年	红军第十二军战士	党员	1934年10月在江西省兴国县被敌机轰炸牺牲
罗庆进	男	1910年11月	上杭县旧县镇角龙村	1929年	红军第十二军班长	—	1932年在江西省东黄陂作战中牺牲

续表24-9

姓　名	性别	出生	籍贯	入伍时间	原工作单位及职务	是否党团员	牺牲时间、地点及原因
陈善兴	男	1897年12月	上杭县旧县镇角龙村	1931年11月	新汀杭县官庄区游击队队员	党员	1935年1月在官庄溪贤尾战斗中牺牲
陈汉华	男	1909年7月	上杭县旧县镇角龙村	1931年10月	红军新编第十二军三十五师工兵连战士	党员	1933年2月在永安县作战中牺牲
罗庆科	男	1904年4月	上杭县旧县镇角龙村	1929年	红军第十二军炊事员	—	1930年在湖南省长沙作战牺牲
罗怀远	男	1902年9月	上杭县旧县镇角龙村	1929年	红军第十二军战士	—	1930年在湖南省长沙作战中牺牲
罗怀源	男	1916年	上杭县旧县镇角龙村	1930年	红军新编第十二军政治部宣传员	团员	1932年在广东省南雄县作战中牺牲
罗怀来	男	1906年7月	上杭县旧县镇角龙村	1929年	上杭县独立团文书	党员	1934年4月在上杭县蛟洋作战被俘后在蛟洋就义
罗怀忠	男	1908年3月	上杭县旧县镇角龙村	1929年	上杭县旧县区石圳潭乡苏维埃政府财粮兼文书	团员	1934年5月在上杭县旧县石圳潭遭雷击身故，1955年9月被评为烈士
罗怀先	男	1913年12月	上杭县旧县镇角龙村	1930年4月	红军第十二军政治部特务排排长	团员	1932年在湖南省长沙作战中牺牲
罗怀福	男	1908年10月	上杭县旧县镇角龙村	1929年	红军第十二军战士	党员	1932年后无音讯，1955年9月被评为烈士
罗开添	男	1915年11月	上杭县旧县镇角龙村	1930年	红军新编第十二军通讯员	团员	1930年后无音讯，1955年2月被评为烈士
罗怀由	男	1909年	上杭县旧县镇角龙村	1930年	红军新编第十二军战士	—	1930年后无音讯，1955年2月被评为烈士
陈建锜	男	1910年	上杭县旧县镇角龙村	1929年	红军第十九军传令兵	党员	1933年后无音讯，1955年2月被评为烈士

续表24-9

姓　名	性别	出生	籍贯	入伍时间	原工作单位及职务	是否党团员	牺牲时间、地点及原因
罗怀沐	男	1916年4月	上杭县旧县镇角龙村	1929年	红军新编第十二军一〇二团战士	团员	1932年后无音讯，1955年2月被评为烈士
罗庆扬	男	1897年4月	上杭县旧县镇角龙村	1929年	红军第十二军政治部运输员	党员	1930年2月后无音讯，1955年2月被评为烈士
罗喜连	男	1903年8月	上杭县旧县镇角龙村	1929年7月	上杭县赤卫团第三大队战士	党员	1931年2月在江西省因误为“AB团”而被杀害，1955年7月被评为烈士
罗庆龙	男	1886年8月	上杭县旧县镇角龙村	1929年	杭武县第六区梅溪乡苏维埃政府文书	党员	1931年9月因误为“社会民主党”而被杀害于长汀县，1955年9月被评为烈士
陈作园	男	1908年11月	上杭县旧县镇角龙村	1930年11月	少共福建省委组织部工作人员	团员	1934年9月在长汀县四都医院病故，1955年被评为烈士
林树姚	男	1902年1月	上杭县旧县镇迳美村	1929年	闽西人民抗日义勇军第三支队政治委员	党员	1938年4月在龙岩县象山区神祠村追捕叛徒时牺牲
林汉魁	男	1905年	上杭县旧县镇迳美村	1929年8月	闽粤赣军区杭武游击队二支队战士	党员	1931年11月在武平县桃地被敌抓捕后用火烧而壮烈牺牲
林荣春	男	1897年	上杭县旧县镇迳美村	1931年8月	红军第十二军补充团班长	党员	1933年11月在建宁县阜山作战中牺牲
林荣丰	男	1913年	上杭县旧县镇迳美村	1930年	红军第十二军机枪连排长	—	1933年在江西省瑞金县作战中牺牲
林荣茂	男	1913年	上杭县旧县镇迳美村	1930年7月	红军新编第十二军一〇〇团团部传令兵	团员	1932年2月在江西省东黄陂作战中牺牲

续表24-9

姓　名	性别	出生	籍贯	入伍时间	原工作单位及职务	是否党团员	牺牲时间、地点及原因
林连魁	男	1890 年	上杭县旧县镇迳美村	1931 年 8 月	红军第十二军补充团班长	党员	1934 年在连城县四堡作战中牺牲
翁祥应	男	1915 年	上杭县旧县镇迳美村	1929 年	上杭县独立营二连战士	团员	1935 年 11 月在上杭南阳观音山作战中牺牲
翁祥天	男	1914 年	上杭县旧县镇迳美村	1929 年	武东游击大队大队长	—	1934 年 5 月在武平县吉湖作战负重伤而牺牲
翁祥魁	男	1907 年	上杭县旧县镇迳美村	1929 年	福建军区总指挥部医务人员	—	1933 年在连城县作战中牺牲
翁祥文	男	1907 年	上杭县旧县镇迳美村	1929 年	红军新编第十二军三十四师一〇一团四连连长	党员	1931 年 7 月在上杭县坑口圩作战中牺牲
陈四金	女	1915 年 1 月	上杭县旧县镇迳美村	1928 年	上杭县旧县区谷坑乡团支部书记	团员	1933 年 6 月被敌抓捕在上杭县旧县迳美黄金石下杀害
饶文洪	男	1915 年	上杭县旧县镇迳美村	1929 年	杭武县赤卫团第六大队三支队通讯员	—	1933 年 9 月送信途中遇敌被捕后在上杭县金山脚下就义
林树利	男	1905 年	上杭县旧县镇迳美村	1929 年 3 月	红军新编第十二军一〇一团一营一连二排排长	团员	1931 年 11 月在上杭县兰溪作战中牺牲
林树基	男	1900 年	上杭县旧县镇迳美村	1929 年 10 月	红军第十二军补充团排长	团员	1931 年 11 月在上杭县稔田作战中牺牲
林树由	男	1897 年	上杭县旧县镇迳美村	1929 年 8 月	工农通讯社通讯员	党员	1948 年在江西省会昌县高排作战牺牲
林树祥	男	1895 年	上杭县旧县镇迳美村	1930 年 10 月	红军第十二军战士	—	1932 年在江西省于都县作战中牺牲

续表24-9

姓　名	性别	出生	籍贯	入伍时间	原工作单位及职务	是否党团员	牺牲时间、地点及原因
林树康	男	1901 年	上杭县旧县镇迳美村	1929 年 7 月	上杭县旧县区谷坑乡党支部书记	党员	1934 年 9 月在上杭县迳美乌石下被敌捕后于迳美就义
林树开	男	1915 年	上杭县旧县镇迳美村	1930 年	红军新编第十二军一〇二团二连三排战士	—	1932 年在上杭县蛟洋作战负伤后于长汀县四都医院牺牲
林树清	男	1900 年	上杭县旧县镇迳美村	1931 年 8 月	红军第十九军独立营战士	—	1932 年在泰宁县作战中牺牲
林荣宝	男	1912 年	上杭县旧县镇迳美村	1930 年 5 月	红军第十二军三十四师一〇一团战士	—	1933 年在永定县坎市作战负伤后于长汀县四都医院牺牲
翁祥玉	男	1912 年	上杭县旧县公社迳美大队	1933 年 5 月	红军独立第八师班长	—	1934 年 11 月在江西省于都县作战中牺牲
林树进	男	1910 年	上杭县旧县镇迳美村	1929 年 3 月	红军第十二军三十四师一〇一团一营一连一班班长	—	1933 年 12 月在江西省南昌作战中牺牲
林勋庆	男	1916 年	上杭县旧县镇迳美村	1931 年 8 月	闽粤赣边纵第七支队连长	—	1948 年在攻打广东省蕉岭县战斗中牺牲
翁祥义	男	1887 年	上杭县旧县镇迳美村	1929 年	红军第十二军战士	党员	1935 年 1 月在江西省青塘作战中牺牲
江金秀	女	1911 年	上杭县旧县镇迳美村	1929 年	闽赣军区宁都红军医院后勤卫生队看护员	团员	1935 年 10 月在宁化县作战后无音讯，1955 年 2 月被评为烈士
林荣明	男	1914 年	上杭县旧县镇迳美村	1931 年 8 月	红军第十二军三十四师补充团三连文书	团员	1931 年 12 月在永定县作战后无音讯，1955 年 2 月被评为烈士

续表24-9

姓　名	性别	出生	籍贯	入伍时间	原工作单位及职务	是否党团员	牺牲时间、地点及原因
翁祥凤	男	1892年	上杭县旧县镇迳美村	1929年	红军第十二军战士	党员	1931年到江西省后无音讯，1955年2月被评为烈士
翁光喜	男	1915年	上杭县旧县镇迳美村	1929年	八路军战士	—	抗日争战时曾来一信后无音讯，1955年2月被评为烈士
马德胜	男	1891年	上杭县旧县镇迳美村	1929年	红军第十二军无线电运输员	—	1934年10月长征后无音讯，1955年2月被评为烈士
游在春	男	1914年	上杭县旧县镇迳美村	1929年7月	红军新编第十二军三十四师一〇二团勤务员	—	1933年到江西省瑞金后无音讯，1955年被评为烈士
马顺洪	男	1892年	上杭县旧县镇迳美村	1929年	杭武县第六区迳美乡农民协会主任	—	1931年5月因误为“社会民主党”而被杀害于上杭县旧县谷坑，1955年7月被评为烈士
林惟庆	男	1902年	上杭县旧县镇迳美村	1932年	红军十二军三十四师一〇二团战士	—	1932年后无音讯，1955年2月被评为烈士
林荣汉	男	1914年8月	上杭县旧县镇迳美村	1929年	中共杭武县第六区委组织委员	党员	1931年5月因误为“社会民主党”而被杀害于上杭县旧县兰田水口，1955年7月被评为烈士
林树桃	男	1902年	上杭县旧县镇迳美村	1931年1月	中央直属通讯社工作人员	团员	1932年7月在永定县病故，1955年9月被评为烈士

续表24-9

姓　名	性别	出生	籍贯	入伍时间	原工作单位及职务	是否党团员	牺牲时间、地点及原因
林树魁	男	1907年3月	上杭县旧县镇迳美村	1929年	上杭县苏维埃政府裁判部工作人员	党员	1934年11月在上杭县水东过河时被水淹死，1957年3月被评为烈士
黄永洪	男	1915年	上杭县旧县镇迳美村	1931年8月	红军第十二军三十四师补充团战士	党员	1934年在长汀县四都医院病故，1955年9月被评为烈士
翁光汉	男	1912年	上杭县旧县镇迳美村	1932年	红军第十二军旗兵	团员	1934年在长汀县四都医院病故，1957年11月被评为烈士
黄清贵	男	1905年	上杭县旧县镇谷坑村	1929年	长汀县兵工厂工人	—	1930年在长汀县斜心里突围时中弹牺牲
黄钦贵	男	1907年	上杭县旧县镇谷坑村	1929年	红军第十二军三十六师一〇八团三连三排七班副班长	党员	1931年在武平县苦竹山作战中牺牲
蓝善林	男	1912年	上杭县旧县镇谷坑村	1931年6月	红军第十二军战士	—	1931年6月在上杭县湖洋涧头渡作战中牺牲
蓝武华	男	1910年3月	上杭县旧县镇谷坑村	1929年	红军福建军区独立师团长	党员	1933年在上杭县白砂作战中牺牲
蓝殿荣	男	1911年	上杭县旧县镇谷坑村	1929年	红军第十二军战士	团员	1933年在上杭县旧县上谷坑作战负伤抬回家后牺牲
蓝武亮	男	1897年	上杭县旧县镇谷坑村	1929年	上杭县赤卫团战士	团员	1932年在武平县苦竹山与敌作战中牺牲
蓝飞金	男	1890年	上杭县旧县镇谷坑村	1929年	上杭县旧县区迳谷乡赤卫队第二支队谷坑一班战士	—	1929年7月17日在上杭县谷坑土楼岗与敌作战中牺牲

续表24-9

姓　名	性别	出生	籍贯	入伍时间	原工作单位及职务	是否党团员	牺牲时间、地点及原因
蓝占开	男	1914年2月	上杭县旧县镇谷坑村	1929年	红军第十二军三十四师一〇一团战士	党员	1935年在连城县与敌作战中牺牲
黄员梅	男	1902年	上杭县旧县镇谷坑村	1929年	上杭县旧县区赤卫队队员	—	1929在攻打上杭城战斗中牺牲
黄秀荣	男	1912年	上杭县旧县镇谷坑村	1929年7月	上杭县赤卫团三营二连二班班长	—	1929年8月在稔田田洲坊作战中牺牲
蓝武银	男	1893年	上杭县旧县镇谷坑村	1933年	上杭县旧县区迳谷乡赤卫队队员	—	1933年在上杭县谷坑水口放哨时被捕就义于寨背圩
蓝殿德	男	1910年	上杭县旧县镇谷坑村	1929年	少共国际师战士	团员	1933年在江西省瑞金县作战中牺牲
蓝武松	男	1898年	上杭县旧县镇谷坑村	1929年	红军第十二军司务长	党员	1933年在江西省兴国县与敌作战中牺牲
张俊昌	男	1893年	上杭县旧县镇谷坑村	1929年7月	红军新编第十二军三十五师一〇五团二营三连二班事务长	—	1932年在长汀县松毛岭与敌作战中牺牲
黄仁贵	男	1900年	上杭县旧县镇谷坑村	1929年	上杭县旧县区谷坑乡暴动队队员	—	1929年往江西省后无音讯，1955年2月被评为烈士
黄凤岐	男	1907年	上杭县旧县镇谷坑村	1930年7月	红军新编第十二军运输队队员	—	1930年往江西省后无音讯，1955年2月被评为烈士
蓝殿亏	男	1911年5月	上杭县旧县镇谷坑村	1929年	少共国际师战士	团员	1935年后无音讯，1955年2月被评为烈士
蓝占东	男	1911年12月	上杭县旧县镇谷坑村	1929年5月	红军闽粤赣军区独立师班长	—	1934年后无音讯，1955年2月被评为烈士

续表24-9

姓　名	性别	出生	籍贯	入伍时间	原工作单位及职务	是否党团员	牺牲时间、地点及原因
蓝元茂	男	1910年	上杭县旧县镇谷坑村	1929年	红军第四军战士	—	1929年后无音讯，1955年2月被评为烈士
黄凤香	男	1905年	上杭县旧县镇谷坑村	1929年	红军第四军战士	—	1929年往长汀县后无音讯，1955年2月被评为烈士
蓝武天	男	1894年	上杭县旧县镇谷坑村	1929年	红军第十二军排长	党员	1934年后无音讯，1955年2月被评为烈士
兰武垣	男	1910年	上杭县旧县镇谷坑村	1930年	红军朱斜里兵工厂工人	—	1930年往江西省后无音讯，1957年4月被评为烈士
黄福荣	男	1911年	上杭县旧县镇谷坑村	1929年	红军第十二军一〇二团一营四连班长	—	1931年往江西省后无音讯，1955年2月被评为烈士
蓝贵明	男	1905年	上杭县旧县镇谷坑村	1929年	上杭县旧县区谷坑乡暴动队班长	团员	1929年随部队开往外地后无音讯，1955年2月被评为烈士
黄德标	男	1905年9月	上杭县旧县镇谷坑村	1928年	杭武县赤卫团第六大队连长	党员	1931年因误为“社会民主党”而被杀害于上杭县白砂，1955年7月被评为烈士
蓝监元	男	1914年	上杭县旧县镇谷坑村	1929年	杭武县赤卫团第六大队战士	团员	1931年因误为“社会民主党”而被杀害于上杭县石圳潭，1955年7月被评为烈士
蓝武标	男	1908年	上杭县旧县镇谷坑村	1929年	中共杭武县委工作人员	团员	1931年因误为“社会民主党”而被杀害于上杭县旧县，1955年2月被评为烈士

续表24-9

姓　名	性别	出生	籍贯	入伍时间	原工作单位及职务	是否党团员	牺牲时间、地点及原因
蓝发堂	男	1884 年	上杭县旧县镇谷坑村	1929 年	杭武县赤卫团第六大队政治委员	党员	1931 年因误为“社会民主党”而被杀害于上杭县旧县兰田，1955 年 7 月被评为烈士
黄汉洪	男	1908 年	上杭县旧县镇谷坑村	1929 年	中共上杭县旧县区区委书记	党员	1930 年 8 月因误为“社会民主党”而被杀害于上杭县旧县，1955 年 7 月被评为烈士
黄善铭	男	1908 年	上杭县旧县镇谷坑村	1929 年	红军第十二军战士	—	1932 年在部队患“天花”由白砂抬回家后病故，1955 年 9 月被评为烈士
蓝标元	男	1898 年	上杭县旧县镇谷坑村	1929 年	原红军第十二军战士	党员	1952 年在部队转业途中病故，1955 年被评为烈士
蓝善汉	男	1892 年	上杭县旧县镇谷坑村	1934 年	红军第五军团炊事员	—	1934 年在部队患病抬回家医治无效病故，1955 年 9 月被评为烈士
张树昌	男	1893 年	上杭县旧县镇谷坑村	1929 年	上杭县旧县区迳谷乡苏维埃政府主席	—	1929 年患病抬回家治疗后病故，1955 年 9 月被评为烈士
钟占财	男	1906 年	上杭县旧县镇梅溪村	1929 年 7 月	上杭县旧县区梅溪乡赤卫队队员	—	1931 年 7 月在上杭县城郊猫子塘作战中牺牲
陈长松	男	1911 年	上杭县旧县镇梅溪村	1929 年	上杭县赤卫团战士	—	1930 年 10 月在武平县桃地作战中牺牲
陈占阶	男	1901 年	上杭县旧县镇梅溪村	1929 年	闽西人民抗日义勇军第三支队司号兵	—	1937 年在龙岩县作战中牺牲

续表24-9

姓　名	性别	出生	籍贯	入伍时间	原工作单位及职务	是否党团员	牺牲时间、地点及原因
翁光平	男	1917年	上杭县旧县镇梅溪村	1931年	杭武县赤卫团团部通讯员	—	1931年10月在武平县苦竹山作战中牺牲
何祥亨	男	1914年	上杭县旧县镇梅溪村	1929年	福建军区第十九团看护员	团员	1935年在长汀县美西角作战中牺牲
何辉昌	男	1913年	上杭县旧县镇梅溪村	1931年	红军第十二军三十四师一〇二团二连战士	—	1934年在永安县作战中牺牲
何新华	男	1908年	上杭县旧县镇梅溪村	1929年	福建军区裁判部战士	团员	1935年在漳州被敌俘后就义
何日华	男	1914年4月	上杭县旧县镇梅溪村	1930年3月	红军第十二军三十四师一〇三团三连班长	团员	1933年4月在江西省东黄陂作战中牺牲
何先华	男	1913年	上杭县旧县镇梅溪村	1933年	福建军区独立第二营战士	—	1933年10月在上杭南阳马洋洞作战中牺牲
何根书	男	1906年	上杭县旧县镇梅溪村	1930年	红军独立第八团三营三连一排战士	—	1933年5月在江西省姑口作战中牺牲
何贞书	男	1903年	上杭县旧县镇梅溪村	1930年	杭武县第六区赤卫队模范营副排长	—	1931年在永定县坎市作战中牺牲
钟光洪	男	1912年	上杭县旧县镇梅溪村	1929年7月	红军第十二军一〇四团四连三排战士	—	1932年在江西省东黄陂作战中牺牲
何成书	男	1899年	上杭县旧县镇梅溪村	1929年12月	红军上杭县独立团排长	党员	1930年1月在长汀县腊口作战中牺牲
何惟书	男	1913年	上杭县旧县镇梅溪村	1930年	红军独立第七师传令班长	团员	1931年在武平县苦竹山作战中牺牲
何生书	男	1881年	上杭县旧县镇梅溪村	1929年7月	上杭县旧县区赤卫队炊事员	—	1929年9月在攻打上杭县城时被敌俘后就义

续表24-9

姓　名	性别	出生	籍贯	入伍时间	原工作单位及职务	是否党团员	牺牲时间、地点及原因
李盛德	男	1903年	上杭县旧县镇梅溪村	1931年	红军新编第十二军三十四师战士	党员	1931年在湖南省长沙作战中牺牲
李登辉	男	1911年	上杭县旧县镇梅溪村	1929年7月	红军医院第三所所长	党员	1934年在江西省于都县作战中牺牲
胡德财	男	1905年	上杭县旧县镇梅溪村	1932年	红军第十二军一〇二团二营四连排长	—	1933年在江西省东黄陂作战中牺牲
胡　清	男	1931年1月	上杭县旧县镇梅溪村	1949年8月	上杭县旧县区中队战士	—	1949年10月土匪攻打旧县区公所与匪作战牺牲
何庆书	男	1914年	上杭县旧县镇梅溪村	1930年	红军独立第七师战士	团员	1931年在武平县苦竹山作战中牺牲
胡国华	男	1907年	上杭县旧县镇梅溪村	1931年	新杭县苏维埃政府政治保卫局班长	党员	1935年攻打上杭县通贤猫子坑战斗中牺牲
胡灿兴	男	1911年	上杭县旧县镇梅溪村	1929年	上杭县苏维埃政府政治保卫局保卫队队员	团员	1934年在上杭县才溪燕子寨被敌杀害
胡辉昌	男	1903年	上杭县旧县镇梅溪村	1929年	杭永岩工作团工作人员	党员	1936年在上杭县城郊白玉村给游击队运粮时被敌杀害
胡占隆	男	1903年	上杭县旧县镇梅溪村	1930年1月	明光独立营二连副连长	党员	1934年2月在永定县大溪作战中牺牲
吴庆行	男	1914年	上杭县旧县镇梅溪村	1929年	长汀县苏维埃政府内务部长	党员	1931年在长汀县张地作战中牺牲
吴庆理	男	1914年	上杭县旧县镇梅溪村	1929年	红军新编第十二军三十四师三营一连战士	团员	1931年11月在江西省永丰县作战牺牲
阙树华	男	1913年7月	上杭县旧县镇梅溪村	1929年	福建省苏维埃政府政治保卫局二中队四班战士	团员	1934年10月由长汀县开往武北途中向敌喊话时中弹牺牲

续表24-9

姓　名	性别	出生	籍贯	入伍时间	原工作单位及职务	是否党团员	牺牲时间、地点及原因
胡先浓	男	1928 年 4 月	上杭县旧县镇梅溪村	1949 年	上杭县旧县区中队战士	—	1949 年 10 月土匪包围旧县区公所时作战牺牲
何扬书	男	1902 年	上杭县旧县镇梅溪村	1933 年	上杭县旧县区赤卫队模范营战士	—	1934 年在上杭县梅溪上潭岗作战中牺牲
李立昌	男	1911 年	上杭县旧县镇梅溪村	1931 年	红军第二十一军一营一连战士	—	1933 年在连城县与敌作战牺牲
钟光烈	男	1900 年 9 月	上杭县旧县镇梅溪村	1929 年	清流县苏维埃政府工作人员	党员	1932 年在清流县作战负伤后牺牲
钟光浪	男	1907 年	上杭县旧县镇梅溪村	1930 年	红军独立第八团三营二连一排战士	—	1933 年 5 月在江西省姑口与敌作战牺牲
何品书	男	1905 年	上杭县旧县镇梅溪村	1930 年 10 月	杭武县第六区赤卫队模范营一连任排长	团员	1931 年在永定县坎市与敌作战牺牲
何周书	男	1894 年	上杭县旧县镇梅溪村	1929 年	杭武县第六区梅溪乡赤卫队大炮队队长	—	1930 年 3 月在梅溪与敌作战中牺牲
阙先云	男	1889 年 8 月	上杭县旧县镇梅溪村	1929 年	杭武县第六区梅溪乡赤卫队大炮队队员	—	1930 年 3 月在梅溪与敌作战中牺牲
阙思堂	男	1908 年 3 月	上杭县旧县镇梅溪村	1929 年	杭武县第六区赤卫队模范营战士	—	1931 年 6 月被钟绍葵匪部抓到上杭县旧县梅溪杀害
阙和先	男	1908 年	上杭县旧县公社梅溪大队	1929 年 7 月	红军第十二军排长	团员	1932 年 4 月在连城县四堡作战中牺牲
黄福林	男	1917 年	上杭县旧县镇梅溪村	1930 年	红军福建军区警卫营战士	团员	1935 年在长汀县四都田心里作战中牺牲
阙德仁	男	1900 年	上杭县旧县镇梅溪村	1929 年 7 月	代英县独立营战士	党员	1935 年 5 月在上杭县稔田作战中牺牲

续表24-9

姓　名	性别	出生	籍贯	入伍时间	原工作单位及职务	是否党团员	牺牲时间、地点及原因
袁家芹	男	1918 年	上杭县旧县镇梅溪村	1930 年	闽粤赣军区警卫连战士	—	1932 年 10 月在武平县苦竹山作战中牺牲
游槐庆	男	1907 年 12 月	上杭县旧县镇梅溪村	1929 年 6 月	明光独立营二连三排排长	党员	1935 年 5 月在龙岩县茶山岭作战牺牲
吴克涛	男	1913 年	上杭县旧县镇梅溪村	1929 年	红军新编第十二军战士	—	1931 年在上杭县白砂作战负伤抬回家后牺牲
钟景育	男	1915 年	上杭县旧县镇梅溪村	1932 年 8 月	红军独立第八师战士	—	1933 年 10 月在江西省兴国县作战牺牲
胡德顺	男	1897 年	上杭县旧县镇梅溪村	1931 年	红军第十二军一〇二团炊事员	党员	1934 年在江西省于都作战中牺牲
钟光芬	男	1905 年 10 月	上杭县旧县镇梅溪村	1929 年 8 月	红军第四军政治部文书	—	1929 年 11 月后无音讯，1955 年 2 月追认烈士
钟景养	男	1910 年	上杭县旧县镇梅溪村	1931 年	陕西延安电话局工作人员	—	1937 年到陕西省延安县电话局后无音讯，1955 年 2 月追认烈士
钟光汉	男	1912 年	上杭县旧县镇梅溪村	1930 年	上杭南路游击队队员	—	1932 年 7 月在上杭县芦丰作战后无音讯，1955 年 2 月追认烈士
钟光昌	男	1916 年 10 月	上杭县旧县镇梅溪村	1930 年 3 月	红军第十二军战士	团员	1934 年参加长征后无音讯，1955 年 2 月被评为烈士
张树星	男	1916 年 9 月	上杭县旧县镇梅溪村	1933 年 4 月	红军第十二军班长	—	1934 年在上杭县白砂作战后无音讯，1955 年 2 月被评为烈士
何日辉	男	1911 年	上杭县旧县镇梅溪村	1930 年	红军第十二军一〇五团二营营长	—	1933 年 4 月在江西省东黄陂作战牺牲，1955 年 2 月被评为烈士

续表24-9

姓 名	性别	出生	籍贯	入伍时间	原工作单位及职务	是否党团员	牺牲时间、地点及原因
何翠华	男	1916年6月	上杭县旧县镇梅溪村	1929年	红军医院看护员	—	1929年后无音讯，1955年2月被评为烈士
何天书	男	1914年	上杭县旧县镇梅溪村	1929年	红军第十二军三十四师战士	—	1932年后无音讯，1955年2月被评为烈士
游万喜	男	1899年	上杭县旧县镇梅溪村	1929年	红军第十二军战士	—	1930年往江西省后无音讯，1955年2月被评为烈士
钟光亮	男	1916年1月	上杭县旧县镇梅溪村	1929年7月	红军第十二军排长	—	1934年往江西省后无音讯，1955年2月被评为烈士
钟光华	男	1910年10月	上杭县旧县镇梅溪村	1929年7月	红军第十二军工兵排排长	—	1934年往长汀县后无音讯，1955年2月被评为烈士
李顺琪	男	1908年	上杭县旧县镇梅溪村	1930年	红军第十二军战士	—	1934年长征抗日后无音讯，1955年2月被评为烈士
胡先清	男	1918年	上杭县旧县镇梅溪村	1932年	红军第十二军一〇四团战士	—	1932年后无音讯，1955年2月被评为烈士
胡太龙	男	1910年	上杭县旧县镇梅溪村	1929年	红军新编第十二军三十四师一〇一团连长	党员	1933年后无音讯，1955年2月被评为烈士
李明辉	男	1908年	上杭县旧县镇梅溪村	1930年10月	红军新编第十二军三十四师一〇四团团长	党员	1934年长征抗日后无音讯，1955年2月被评为烈士
胡富隆	男	1906年	上杭县旧县镇梅溪村	1929年3月	红军第十二军特务长	党员	1933年往江西省后无音讯，1955年9月被评为烈士

续表24-9

姓　名	性别	出生	籍贯	入伍时间	原工作单位及职务	是否党团员	牺牲时间、地点及原因
阙福仁	男	1911年7月	上杭县旧县镇梅溪村	1930年3月	红军第五军团战士	—	1935年后无音讯，1955年9月被评为烈士
阙响荣	男	1894	上杭县旧县镇梅溪村	1929年6月	红军第十二军战士	党员	1935年后无音讯，1955年9月被评为烈士
阙思明	男	1915年7月	上杭县旧县镇梅溪村	1931年10月	红军第十二军战士	—	1935年后无音讯，1955年2月被评为烈士
阙树炎	男	1908年8月	上杭县旧县镇梅溪村	1930年8月	上杭县旧县区赤卫队三支队战士	团员	1931年往江西省后无音讯，1955年2月被评为烈士
阙枝先	男	1909年	上杭县旧县镇梅溪村	1932年3月	工农通讯社通讯员	团员	1932年往江西省后无音讯，1955年2月被评为烈士
阙顺先	男	1909年	上杭县旧县镇梅溪村	1930年10月	红军中央教导团三连三排排长	—	1931年往江西省会昌县后无音讯，1955年2月被评为烈士
阙云先	男	1909年	上杭县旧县镇梅溪村	1930年	红军第十九军战士	—	1933年后无音讯，1955年9月被评为烈士
阙正荣	男	1897年	上杭县旧县镇梅溪村	1929年	红军第四军战士	—	1930年后无音讯，1955年2月被评为烈士
阙耀荣	男	1898年	上杭县旧县镇梅溪村	1929年	红军第四军战士	—	1930年往江西省后无音讯，1955年2月被评为烈士
胡贵诚	男	1911年	上杭县旧县镇梅溪村	1929年	红军第五军团战士	团员	1933年后无音讯，1955年2月被评为烈士
胡灿元	男	1916年	上杭县旧县镇梅溪村	1930年	红军独立第八团战士	—	1935年后无音讯，1955年2月被评为烈士

续表24-9

姓　名	性别	出生	籍贯	入伍时间	原工作单位及职务	是否党团员	牺牲时间、地点及原因
兰象武	男	1900年	上杭县旧县镇梅溪村	1929年	杭武县第六区梅溪乡赤卫队队长	党员	1931年因误为“社会民主党”而被杀害于上杭县旧县兰田，1955年2月被评为烈士
何香书	男	1902年	上杭县旧县镇梅溪村	1929年7月	杭武县第六区文化部文书	党员	1931年因误为“社会民主党”而被杀害于上杭县白砂，1955年7月被评为烈士
李立信	男	1907年	上杭县旧县镇梅溪村	1930年6月	杭武县赤卫团战士	党员	1931年因误为“社会民主党”而被杀害于上杭县白砂，1955年7月被评为烈士
胡标	男	1903年5月	上杭县旧县镇梅溪村	1929年7月	杭武县赤卫团战士	党员	1931年因误为“社会民主党”而被杀害于上杭县白砂，1955年7月被评为烈士
吴克仁	男	1912年	上杭县旧县镇梅溪村	1929年7月	上杭县旧县区反帝大同盟宣传主任	党员	1931年5月因误为“社会民主党”而被杀害于上杭县旧县兰田，1955年7月被评为烈士
阙涵先	男	1912年	上杭县旧县镇梅溪村	1929年7月	红军第十二军战士	—	1931年5月因误为“社会民主党”而被杀害于上杭县白砂，1955年7月被评为烈士
阙恭先	男	1902年5月	上杭县旧县镇梅溪村	1929年7月	杭武县第六区梅溪乡工会主席	党员	1931年5月因误为“社会民主党”而被杀害于上杭县白砂，1955年7月被评为烈士

续表24-9

姓　名	性别	出生	籍贯	入伍时间	原工作单位及职务	是否党团员	牺牲时间、地点及原因
何福华	男	1919 年	上杭县旧县镇梅溪村	1929 年	红军第十二军班长	团员	1934 年 3 月患痢疾病在长汀县四都医院病故，1955 年被评为烈士
胡永兴	男	1916 年	上杭县旧县镇梅溪村	1949 年	上杭县旧县区中队战士	—	1949 年 10 月 18 日因土匪谢友标包围区公所时战斗中牺牲
何凤书	男	1897 年	上杭县旧县镇梅溪村	1931 年 10 月	红军第十二军三十四师一团一营一连战士	—	1933 年在江西省东黄陂战场被敌机炸伤回家后因伤致死
张思桃	男	1907 年	上杭县旧县镇水东村	1929 年	上杭县旧县区梅溪乡赤卫队侦察员	党员	1934 年在上杭县水东坑口侦察敌情时被敌发觉中弹牺牲
张成玉	男	1906 年	上杭县旧县镇水东村	1929 年	中华苏维埃政府政治保卫局通讯员	党员	1934 年 2 月因病在长汀县四都医院治疗时被敌捕杀
李宜彬	男	1903 年	上杭县旧县镇水东村	1929 年	工农通讯社通讯员	党员	1934 年后无音讯，1955 年 2 月被评为烈士
李宜蕃	男	1908	上杭县旧县镇水东村	1929 年	红军第十二军三十四师一〇一团一营一连战士	党员	1930 年后无音讯，1955 年 2 月被评为烈士
张庆文	男	1905 年	上杭县旧县镇水东村	1929 年	红军第十二军战士	党员	1932 年后无音讯，1955 年 2 月被评为烈士
陈开新	男	1895 年	上杭县旧县镇水东村	1929 年	红军第十二军战士	党员	1932 年后无音讯，1955 年 2 月被评为烈士
王庭先	男	1909 年	上杭县旧县镇水东村	1934 年 1 月	红军第五军团卫生队队员	—	1934 年往龙岩县后音讯，1955 年 2 月被评为烈士

续表24-9

姓　名	性别	出生	籍贯	入伍时间	原工作单位及职务	是否党团员	牺牲时间、地点及原因
王庭华	男	1914 年	上杭县旧县镇水东村	1932 年	红军独立第八师通讯员	—	1932 年后无音讯，1955 年 2 月被评为烈士
李贵新	男	1907 年	上杭县旧县镇水东村	1929 年	红军第十二军战士	—	1932 年后无音讯，1955 年 2 月被评为烈士
吴先彬	男	1912 年 8 月	上杭县旧县镇水东村	1929 年	红军新编补充团五团团长	团员	1931 年在泰宁县作战后无音讯，1955 年 2 月被评为烈士
吴先应	男	1910 年 5 月	上杭县旧县镇水东村	1930 年	上杭县第六区梅溪乡苏维埃政府文书	团员	1931 年 5 月因误为“社会民主党”而被杀害于上杭县旧县兰田，1955 年 2 月被评为烈士
张锡圭	男	1902 年 10 月	上杭县旧县镇水东村	1929 年 3 月	上杭县苏维埃政府秘书	党员	1931 年因误为“社会民主党”而被杀害于永定县虎岗，1955 年 2 月被评为烈士
张锡春	男	1916 年	上杭县旧县镇水东村	1929 年	上杭县苏维埃政府政治保卫局特派员	党员	1934 年在上杭县旧县张家山作战中牺牲
李宝贤	男	1922 年	上杭县旧县镇水东村	1946 年 12 月	志愿军见习医务员	党员	1950 年 11 月在朝鲜战场上作战牺牲
陈福新	男	1909 年	上杭县旧县镇水东村	1929 年	红军第十二军三十五师一〇四团机枪连七班班长	党员	1932 年在永定县新罗坑作战牺牲
张培文	男	1905 年	上杭县旧县镇水东村	1929 年	红军独立第八团战士	—	1934 年被敌抓捕在上杭城东门外杀害
黄云发	男	1910 年	上杭县旧县镇水东村	1930 年	红军第十二军三十四师一〇二团战士	—	1932 年 4 月在漳州石肥田作战牺牲

续表24-9

姓　名	性别	出生	籍贯	入伍时间	原工作单位及职务	是否党团员	牺牲时间、地点及原因
郭如行	男	1910年	上杭县旧县镇水东村	1930年	红军第十二军战士	—	1930年在永定县峰市作战牺牲
李林昌	男	1910年	上杭县旧县镇水东村	1930年	杭武县赤卫团第六大队第三支队战士	—	1931年在武平县苦竹山作战牺牲
李宜炎	男	1911年	上杭县旧县镇水东村	1930年9月	红军第四军号兵	—	1931年在湖南省长沙作战牺牲
张德兴	男	1904年	上杭县旧县镇水东村	1929年11月	红军新编第十二军三十五师一〇四团二营战士	党员	1930年11月在连城县姑田作战牺牲
张佛祥	男	1910年	上杭县旧县镇水东村	1930年	红军第十二军班长	党员	1933年在江西省龙南县作战中牺牲
张思鉴	男	1906年	上杭县旧县镇水东村	1929年	红军独立第八团连长	党员	1934年11月在漳州作战中牺牲
张思耀	男	1906年	上杭县旧县镇水东村	1929年	红军独立一团二营四连四班班长	团员	1933年4月在江西省新峰街作战中牺牲
张庆云	男	1908年	上杭县旧县镇水东村	1929年	杭武县赤卫团第六大队三支队战士	团员	1931年在武平县桃地作战中牺牲
李宜春	男	1901年	上杭县旧县镇水东村	1929年	红军第二十团担架排排长	党员	1934年12月被敌抓捕在上杭县旧县水东坝杀害
王庭猷	男	1898年5月	上杭县旧县镇水东村	1929年	上杭县旧县区苏维埃政府裁判部长	党员	1930年10月在上杭县蛟洋作战中牺牲
张永进	男	1907年	上杭县旧县公社水东大队	1929年	红军新编第十二军二连连长	党员	1930年10月在上杭县蛟洋作战中牺牲
陈连玉	女	1905年	上杭县旧县镇水东村	1934年	福建省苏维埃政府政治保卫局洗衣队员	—	1934年在长汀县新坑乡洗衣时被敌杀害
张思垣	男	1929年	上杭县旧县镇水东村	1938年	省苏副主席	党员	1938年在中都河坑被敌杀害

续表24-9

姓　名	性别	出生	籍贯	入伍时间	原工作单位及职务	是否党团员	牺牲时间、地点及原因
孔祥顺	男	1915 年	上杭县旧县镇新康村	1930 年	红军第五军团三十四师连部指导员	党员	1934 年在江西省作战中牺牲
孔祥崇	男	1908 年	上杭县旧县镇新康村	1932 年	红军第十二军战士	—	1932 年在上杭县白砂作战中牺牲
孔祥容	男	1912 年	上杭县旧县镇新康村	1930 年	红军第十二军战士	—	1932 年在江西省于都县与敌作战牺牲
孔祥林	男	1905 年	上杭县旧县镇新康村	1931 年	红军第十二军战士	—	1932 年往江西省后无音讯，1955.2 被评为烈士

说明：本表资料基本来源于 1982 年上杭县人民政府编印的《上杭县革命烈士英名录》以下（简称“英名录”），收入本表时补入了部分英名录中遗漏或未及载入的烈士信息；排序按英名录原有顺序，原“公社”“大队”分别改成了“镇”“村”

第二十五章　行政村简介

第一节　新坊村

新坊村党群服务中心（旧县镇政府供图）

新坊村位于旧县集镇东部8公里处。东与白砂镇早康村、碧沙村交界，南与白砂镇官洋、茜黄村毗邻，西与铁东村接壤，北与石院村相邻，面积约13平方公里。

土地革命时称旧县区新坊乡。民国时称新乡新坊保。中华人民共和国成立初称旧县区新坊村。1953年称第八区新坊乡。1956年并入白砂区，设新坊高级社。1958年公社化，从白砂划回旧县，称旧县公社新坊营新坊连，后改称大队，称旧县公社新坊大队。1961年体制划小，称新坊公社新坊大队。1964年，新坊公社并入旧县公社，称旧县公社新坊大队。1966年改称红岩公社新坊大队。1971年复称旧县公社新坊大队。1984年称旧县乡新坊村。2012年称旧县镇新坊村。辖小坑、刘连、横段、茶子岗等四个自然村，划分为横段、小坑、红坑、红干、刘联、健全、茶子岗、水口、中心、禾庄、大福、新市等12个村民小组。村委会驻水口公园处。

新坊村有邓、李、陈、邱、谢5个姓氏。2017年，全村有372户，1468人，汉族。

新坊村有耕地1003亩，以种植水稻、烤烟为主，其次种植蔬菜、瓜果等其他农作物。1991年后调整农业种植结构，大种烤烟，粮食种植面积和粮食产量相对减少。烤烟种植面积逐年增加，1997年，种植烤烟412亩，烤烟产量65吨，亩产70公斤。另有竹鼠、烟草、生姜特色种养殖业。

全村有农用车6辆，拖拉机6台，除虫机5台。

山林面积13650亩（其中毛竹林面积约3000亩）。主要生长松树、杉树、锥栗、毛竹等。山上有木材资源3万立方米左右，毛竹约有100万根，宜发展竹木加工业和食用菌生产，年产值50万元。

县道旧白公路从村中通过。此道全长17公里，宽8.6米，水泥硬化，兴建于1987年，于2012年重建。1980年开始由电力公司送电。1998年开通程控电话。

电视开通于1987年，1990年开始用有线电视。1996年，财政拨款投资200万元，兴建人饮工程。

1996年兴建村委会办公大楼，三层，占地200平方米，2012年新建三农服务中心，两层，占地300平方米。

1974年成立合作医疗，有2名赤脚医生。2017年有1个村卫生所，1名乡村医生。

中华人民共和国成立前有崇英小学一所，教师5人，学生30人。中华人民共和国成立后兴办新联小学，教师7人，学生200多人。2017年校舍占地面积800平方米。

红色景点有邓六金故居，是老红军邓六金出生地，占地400平方米，建筑面积600平方米。通济庵，占地500平方米，距今已有400多年历史，是苏区时期红色交通站之一。

岩下山铂金矿已探明，分布广，品质优良，待开发利用。

新坊村鑫鑫公园（旧县镇政府供图）

1930年10月至1934年10月，新坊村通济庵是中央苏区秘密交通站（点）之一。解放后，新坊村和横墩上被定为革命基点村。全村有35名革命烈士。

新坊村先后被中共龙岩市委评为“五个好”村党支部，被中共上杭县委评为先进基层党组织，获评市级文明村。

新坊村历任主要负责人情况表

表25-1

姓　名	职　务	任职时间
李绍美	书　记	1956年至1960年
李梓芳	书　记	1961年至1966年
邓兆芳	书　记	1967年至1974年

续表25-1

姓　名	职　务	任职时间
李锦祥	书　记	1975年至1976年6月
邓有传	书　记	1976年7月至1991年6月
邓汉明	书　记	1991年7月至1997年6月
邓荣兴	书　记	1997年7月至2000年6月
李芳奇	书　记	2000年7月至2003年6月
陈庭华	书　记	2003年7月至2009年6月
邓荣富	书　记	2009年7月至2012年6月
邓新兴	书　记	2012年7月至
孔六妹	社长、大队长	1955年至1960年
邓赞成	大队长	1961年
邓兆芳	大队长	1962年至1966年
李锦祥	大队长	1966年至1975年
邓兆芳	大队长	1975年至1979年10月
邓其彬	大队长	1979年11月至1984年8月
李芳辉	主　任	1984年9月至1991年8月
李洪启	主　任	1991年9月至1994年8月
李芳奇	主　任	1994年9月至1997年8月
李芳奇	主　任	1997年9月至2000年8月
邓荣富	主　任	2000年9月至2003年8月
邓荣和	主　任	2003年9月至2006年8月
邓荣富	主　任	2006年9月至2009年8月
邓文荣	主　任	2009年9月至2012年8月
李俊玉	主　任	2012年9月至2015年8月
李俊虎	主　任	2015年9月至

第二节　石院村

石院村位于旧县镇东部，东北与扁山村接壤，南与新坊村相邻，西与龙溪村交界，东与白砂镇旱康村相连。东西长 6 公里，南北宽 2 公里，总面积 12 平方公里。一条南北走向的溪流贯穿全村，出水口汇入九曲隔。地形北高南低，四周青山环绕。旧白公路穿村而过，乡村公路直通扁山村。村庄的南部有石灰石，以前村民以烧石灰为业。

石院村党群服务中心（旧县镇政府供图）

土地革命时称旧县区苏新坊乡苏石院村。民国时称新坊乡石院保。中华人民共和国成立后称旧县区石院村，1955 年称第八区新坊乡石院村。1957 年称白砂区新坊乡石院村。1958 年称旧县公社新坊营石院连。1959 年改称旧县公社石院大队，1961 年称新坊公社石院大队。1965 年改称旧县公社石院大队。1967 年改称红岩公社石院大队。1971 年复称旧县公社石院大队，1984 年称旧县乡石院村，2012 年称旧县镇石院村。辖大岃头、上村、下村 3 个自然村，划分为旱田、排下、团结、光辉、中村、和平、前进、中心、立新、岗前 10 个村民小组。村民委员会设在村中心，距旧县镇政府 6. 5 公里。

石院村农民公园（旧县镇政府供图）

石院村自明代开基建村以来，先后有丛、孔、罗、华、温、蓝、范、李、江等姓居住，后来丛、孔、罗、华、温、蓝、范等姓先后迁往外地，现居住着李、江等姓。1949年，全村人口350人；2017年，全村有320户，1297人。

石院村有耕地1023亩，主种水稻，次种地瓜、玉米、高粱、薯类、豆类、油类作物。20世纪70年代开始种植杂交水稻和双季水稻，1991年开始种植烤烟，2005年实施烟基工程。进入新世纪以来，随着农业的发展，逐步开发蔬菜种植。2008年，种茶120亩。

1980年后，石院村积极向上级争取资金，兴建共30条村级公路，合计里程9521米。1982年后，兴建14座钢筋混凝土结构的桥梁，合计长度268米。

1974年，石院村在村口兴建26千瓦小型发电站一座，村民开始用上电灯照明。1988年，九曲峡内6个村自筹资金从旧县建入高压线路，全村村民用上了电。

1998年11月开通程控电话，2003年开始使用宽带和手机。

2005年，开通有线电视。

2017年，全面实施人饮工程改造，全村普遍用上安全水。

2011年，完成村部维修。

石院村“十番”音乐有较长历史。民国时村内李联杰是木偶艺术表演大师，传教的高徒李贞传曾在中华人民共和国成立之初参与丘必书木偶戏班晋京演出，一场“水涌金山”折子戏获得金奖。

石院籍大学文化程度以上人员有107人，其中博士生导师1人：李权龙。硕士研究生4人：江三秀、李伟崇、李兴福、李培昌。处级干部2人：江景祥，福建省煤田地质办公室主任；李华侨，龙岩市机关事务管理局副调研员。

革命战争年代，石院村走出中华苏维埃共和国二苏大中央执委、福建省妇女部部长傅才秀。中华人民共和国成立后被评为革命烈士的有20人。

已知石院村主要负责人情况表

表25-2

姓　名	职　务	任职时间
李福昌	党支部书记	1950年至1958年
李堂华	党支部书记	1958年至1963年
李福贞	党支部书记	1964年至1966年
李相浪	党支部书记	1966年至1969年
李亨贞	党支部书记	1969年至1972年

续表25-2

姓　名	职　务	任职时间
李家洪	党支部书记	1973 年至 1979 年
李宜桢	党支部书记	1979 年至 1984 年
李家松	党支部书记	1984 年至 1991 年 5 月
李家洪	党支部书记	1991 年 5 月至 2004 年 5 月
何发明	党支部书记	2004 年 6 月至 2006 年 6 月
李荣良	党支部书记	2006 年 6 月
李堂华	高级社社长	1956 年至 1958 年
李国梁	大队长	1958 年至 1960 年
江焕安	大队长	1960 年至 1968 年
江树茂	革命领导小组组长	1968 年至 1980 年
江树茂	大队长（代理）	1980 年至 1982 年
李福坤	大队长	1982 年至 1984 年 4 月
李宜根	村委会主任	1984 年 4 月至 1991 年 7 月
李国洪	村委会主任	1991 年 8 月至 1994 年
李宜根	村委会主任	1994 年至 2000 年 8 月
李荣良	村委会主任	2000 年 9 月至 2006 年 8 月
李辉隆	村委会主任	2006 年 9 月至 2012 年 9 月
江寿祥	村委会主任	2012 年 9 月至 2015 年 8 月
李树茂	村委会主任	2015 年 8 月至

第三节　扁山村

扁山村位于旧县镇东部 9 公里处，平均海拔 630 米。东与蛟洋镇邹坑村交界，南与白砂镇早康村毗邻，西与河东村、龙溪村接壤，北与福村村相连，西南与石院村为邻。总面积 9.43 平方公里。

扁山村土地革命时称旧县区苏扁山乡苏。民国保甲制时称新坊乡扁山保。中华人民共和国成立后称旧县区扁山村，后改称第八区扁山村。1953 年普选后称旧县区扁山乡；1956 年并入白砂区，设扁山高级社，属新坊乡。1958 年公社化，称旧县公社扁山连。

扁山村党群服务中心（旧县镇政府供图）

1959年改称大队。1961年称旧县公社扁山大队。1984年称旧县乡扁山村。2012年称旧县镇扁山村。辖村中心、大榜脚下、墩下、湖洋里、黄泥坎、新屋下、塘坑里7个自然村6个村民小组。

扁山村原居住着杨、严、黄3个姓氏，后杨、严2姓外迁，黄姓1个姓氏一直延续下来。黄姓从开基始祖黄碧春，于明朝万历初年从上都黄坊迁至扁山开基后，迄今已有500多年历史，子孙绵延已传27代。1949年，全村有83户，463人。2017年，全村有176户，876人。其中，男461人，女415人。

扁山村属高海拔地区，耕地面积510.6亩，以种植水稻为主，冷烂田多，产量较低。其次种植地瓜、蕃芋、蔬菜及其他经济作物。

全村山林资源丰富，有山地面积18000余亩，主要生长松、杉、竹、杂木，竹林面积8000余亩。每年生产大批木材、毛竹、土纸、冬笋、松香、香菇、红菇、灵芝等林产品，远销各地。

改革开放后，养殖业逐步发展，涌现出一批养羊、养牛、养蜂专业户。2017年，有养羊日存栏50头以上专业户4户，日存50箱以上养蜂专业户3户，养牛日存栏20头以上专业户3户。

扁山村原交通不便。1999年8月兴建石扁线（扁山村至石院村），接旧白公路，长7公里，宽3.5米，2003年铺设水泥路面。后开通福扁线（扁山村至福村村），长6公里。另有村道4条：村单线、路前线、祠黄线、水新线，合计里程2公里。交通大为改善。

70年代中期后，扁山建小型水电站一座，装机容量10千瓦，白天碾米，锯木板，晚上发电。2002年8月，以股份制投资300万元，兴建芦花溪水电站，装机容量400千瓦，年发电量20万千瓦。

1972年，电话线从旧县架设到扁山，安装了一部磁石电话机，扁山村第一次有了电话。2014年7月15日，开通程控电话。进入21世纪后，移动电话网络全覆盖，电信进入手机新时代，成年人几乎人人有手机。

1972年春，公社广播专线架设到扁山，不少农户安装广播喇叭箱，收听广播。

1984 年，扁山岽电视转播台建成，装 PAUXIS 天线卫星转播接收器的应用，很快在扁山村普及、推广收看彩色电视。

1995 年后，全村建储水池 3 个，过滤清水池 3 个，把清洁卫生山泉水引到每家每户，村民用上清洁卫生自来水。

20 世纪 60 年代，大队建了一座能容纳千人的大礼堂。2003 年，把原学校的土墙教室拆除，改建为砖混结构的村部。2013 年，龙岩人民银行和浙江商会捐资 30 万元，兴建村委会办公大楼，建筑面积 300 平方米，内有老年活动室、图书室等。

1953 年，扁山办起一个教学点，有一、二年级复式班，一名教师，把夏芳祠的厢房作教室。1970 年，兴建一座占地 1000 平方米，建筑面积 460 平方米的初级小学。1975 年，办起五年制完小，1976 年改为一至三年级初级小学。2017 年，保留一个教学点。

扁山村于 2017 年成立教育育人基金会，每年春节发奖，奖励考上大学的高中生和考上上杭一中的学生，

扁山村外出人才有黄明清，北京科技大学博士研究生、博士后、福州大学硕士研究生导师。黄晓城，硕士，高级工程师。黄茜，女，厦门大学硕士研究生，厦门城市职业学院编辑。革命战争年代，为革命光荣牺牲，解放后被评为革命烈士的有 9 人。

扁山村手工造纸遍布全村，二十世纪六七十年代每家每户建有纸厂，生产土纸，成为村民主要经济收入。

已知扁山村主要负责人情况表

表 25-3

姓　名	职　务	任职时间
黄贵右	党支部书记	1957 年至 1959 年
黄炎昌	党支部书记	1960 年至 1960 年
黄贵番	党支部书记	1961 年 1 月至 1961 年 12 月
黄炎章	党支部书记	1962 年 1 月至 1965 年 12 月
黄尧章	党支部书记	1966 年 1 月至 1976 年 7 月
黄贵右	党支部书记	1976 年 8 月至 1977 年 8 月
黄炳美	党支部书记	1977 年 9 月至 1981 年 6 月
黄贵英	党支部书记	1981 年 7 月至 1984 年 8 月
黄冠美	党支部书记	1984 年 9 月至 1989 年 6 月
黄贵利	党支部书记	1989 年 7 月至 1991 年 6 月
黄贵英	党支部书记	1991 年 7 月至 1994 年 6 月

续表25-3

姓　名	职　务	任职时间
黄金美	党支部书记	1994 年 7 月至 1997 年 6 月
黄炽兴	党支部书记	1997 年 7 月至 2000 年 6 月
黄贵利	党支部书记	2000 年 7 月至 2003 年 6 月
黄金美	党支部书记	2003 年 7 月至 2006 年 6 月
黄贵玄	党支部书记	2006 年 7 月至 2009 年 6 月
陈华荣	党支部书记	2009 年 7 月至
黄贵愈	大队长	1957 年至 1959 年 12 月
黄招荣	大队长	1960 年 1 月至 1960 年 12 月
黄华兴	大队长	1961 年 1 月至 1966 年 5 月
黄贵海	大队长	1966 年 6 月至 1969 年 8 月
黄贵英	大队长	1969 年 9 月至 1972 年 12 月
黄济美	大队长	1973 年 1 月至 1975 年 7 月
黄炳美	大队长	1975 年 8 月至 1977 年 7 月
黄济美	大队长	1977 年 8 月至 1984 年 9 月
黄炽兴	村主任	1984 年 10 月至 1986 年 7 月
黄泗章	村主任	1986 年 8 月至 1988 年 7 月
黄贵利	村主任	1988 年 8 月至 1989 年 6 月
黄金美	村主任	1989 年 7 月至 1994 年 9 月
黄贵培	村主任	1994 年 10 月至 1997 年 9 月
黄顺美	村主任	1997 年 10 月至 2000 年 9 月
黄兆台	村主任	2000 年 10 月至 2003 年 9 月
黄贵玄	村主任	2003 年 10 月至 2006 年 9 月
黄贵城	村主任	2006 年 10 月至 2009 年 7 月
黄周美	村主任	2009 年 7 月至 2012 年 6 月
黄贵培	村主任	2012 年 7 月至 2015 年 8 月
黄兆华	村主任	2015 年 9 月至

第四节　福村村

福村原名弯脚下，因邻村口音不同谐音演变为碗窑下。村中有一圆墩山，称福墩。为取富裕吉利之意，改村名为福村。

福村位于旧县集镇东北部20公里处，东与蛟洋镇中村交界，南与扁山村、蛟洋镇邹坑村毗邻，西南与河东村接壤，西北与新康村相连，北靠南阳镇矶头村、蛟洋镇再嘉村。面积8平方公里。海拔716米。是旧县镇最边远、最偏僻的行政村。地处高海拔山区，崇山峻岭，山高路陡。

福村村党群服务中心（旧县镇政府供图）

民国时属古蛟区华洋乡坪上保福村村。1949年中华人民共和国成立初属第七区（蛟洋）共和乡（中村）福村农会。1953年为第七区（蛟洋）华家乡福村村。1954年设福村初级社，1956年设福村高级社。1958年公社化，属蛟洋公社福村连，后改大队。1959年称蛟洋公社福村大队。1961年称白砂工委华佳公社福村大队。1961年9月福村大队从华佳公社，划入旧县公社，称旧县公社福村大队。1966年改称红岩公社新村大队。1971年复称旧县公社福村大队。1984年称旧县乡福村村。2012年称旧县镇福村村。辖槽石背、大叶树下、当中屋、横桥、罗丁下、茅坪下、门寮下、墓前排、畔坑、螃蟹钳、上头坝、唐坑、土楼坪、溪贝山、香花树下、寨子顶等16个自然村6个村民小组。村委会驻槽石背自然村。

福村村居住着张、温两姓。2017年，全村有常住人口618人，另有迁出人员80余人。

福村村属高海拔山区，夏长不酷热，冬短不严寒。现有耕地303亩，大部分梯田，有部分锈水、冷水、山垅田，泥土深浅不等，田面狭窄，鸟雀侵害，属低产田。1985年开始种杂交水稻，1988年开始种双季稻。

全村有山林1.2万余亩，其中毛竹丰产林6000余亩，产木材、毛竹、松脂、竹笋、红菇、香菇、灵芝等。

2009年9月，成立福村鸿建山鸡合作社，饲养山鸡。年出栏山鸡110余万羽，年产值4300万元。

村民以前以耕田、管山、造纸为业，春种夏管。秋收结束后进行手工造纸，有纸厂20座，所产土纸挑到旧县市场出售。因生产资源缺乏，剩余劳力多外出做工。改革开放后，青年人大部分外出务工。

福村村传统手工生产土纸工场。图为工人在焙纸（旧县镇政府供图）

福村原交通非常不便。1994年，开辟一条长7公里由村里通往矶头的公路。1997年，架建矶笼大桥，于是年10月1日通车。1998年5月，村中又开通长1公里，宽2.5米的村道。从此，村里交通条件大为改善。

1961年，旧县邮电所派一名邮递员，每星期送一次信报到福村。1965年冬开通手摇电话。2001年7月安装无线电话2台。2002年6月新增6台无线电话。2003年10月开通程控电话。2004年9月开通移动信号接收网站。成年人人人有手机。

1994年有黑白电视。2010年5月开通数字电视。

1976年自筹资金，在水口山兴建微型水电站1座，因水小装机功率太小，只可碾米。1988年架设旧县至福村木杆电杆，由旧县供电所供电。2000年农网改造，木杆换水泥杆，输电线原252换成502。2001年兴建福村一级电站，2005年6月转让给南阳镇豪东村梁瑞隆接管。2014年增装上村2号变台，解决上村电压低问题。

2004年3月在再路下建水塔1座。2014年在金竹坑增建水塔一座，供全村人饮水。

2008年5月，兴建村委会办公楼一幢，3层楼房，占地500多平方米，建筑面积180平方米。并建篮球场1个。

2007年8月，安装路灯50盏。2016年11月，路灯技改至70盏。

1968年大队办合作医疗，有赤脚医生1名。2014年，赤脚医生到外地办医疗诊所，后由光明大学医科毕业生接任。

1951—1966年，借用民房和祠堂作学校，办一至四年级初级小学。1966年，在麻坪下兴建1座学校。1985年7月，在原址改建三合一式（学校、村部、礼堂）的房屋1座，建筑面积150平方米。1989年4月，在石槽背兴建学校1座，占地600平方米，建筑面积300平方米，有教室、教师、宿舍、厨房、膳厅、操场等。

革命战争年代，为革命光荣牺牲的革命烈士有7人。

福村村历任主要负责人情况表

表25-4

姓　名	职　务	任职时间
王炎章	党支部书记	1960年4月至1960年10月
李福昌	党支部书记	1960年11月至1961年9月
张才洪	党支部书记	1961年10月至1965年9月
张才洪	党支部书记	1967年1 0月至1970年9月
张炳昌	党支部书记	1970年10月至1972年6月
张招美	党支部书记	1972年7月至1975年6月
张林玉	党支部书记	1975年7月至1977年3月
张德林	党支部书记	1977年4月至1979年6月
张招钧	党支部书记	1979年7月至1984年6月
张耀仁	党支部书记	1984年7月至2000年6月
张耀伟	党支部书记	2000年7月至
张荣宝	村长	1949年9月前
张招俊	村长	1949年10月至1952年9月
张荣昌	上村福新（初级）社社长	1952年10月至1954年9月
张才洪	下村福新（初级）社社长	1952年10月至1954年9月
张炳昌	高级社社长	1955年10月至1956年4月
张才洪	高级社社长	1956年5月至1958年9月
张善洪	连长	1958年10月至1959年9月
张招发	连长	1959年10月至1960年3月
张招美	大队长	1960年至1961年5月
张才洪	大队长	1961年6月至1963年5月
张招美	大队长	1963年6月至1968年12月
张才洪	大队长	1969年1月至1971年12月
温任芳	大队长	1972年1月至1985年9月
温耀根	村委会主任	1985年10月至1988年9月

续表25-4

姓　名	职　务	任职时间
温任增	村委会主任	1988 年 10 月至 1997 年 9 月
温任焜	村委会主任	1997 年 10 月至 2003 年 9 月
温根祥	村委会主任	2003 年 10 月至 2012 年 9 月
温裕祥	村委会主任	2012 年 10 月至 2015 年 9 月
温根祥	村委会主任	2015 年 10 月至

第五节　河东村

河东村党群服务中心（旧县镇政府供图）

河东村位于旧县河中游东岸。东邻扁山山麓，与扁山村相接，南与龙溪村接壤，西与河西村隔河相望，北与坝上村上洋角自然村、新康村交界。

土地革命时属旧县区旧县乡河东村。民国时属新乡寨里保。中华人民共和国成立初属旧县区（后改为第八区）河东村。1953 年称旧县区河东乡。1956 年设河东高级社。1958 年，设旧县公社河东营，下辖河东连、龙溪连。1959 年改称旧县公社河东大队。1966 年改称红岩公社红东大队。1971 年复称旧县公社河东大队。1984 年称旧县乡河东村。2012 年称旧县镇河东村。辖寮坝、湖山、寨里、牛子额、新田、阡背、溪边 7 个自然村，划分为 20 个村民小组。村委会驻寨里自然村，距旧县镇政府驻地 2 公里。

河东村 1955 年成立党支部，1956 年成立高级合作社。1958 年成立大队管理委员会。1984 年，成立河东村村民委员会。

2012 年，河东村党支部被中共上杭县委评为先进党支部，2017 年，被龙岩市评为“平安村”。

河东村有陈、江、张、温 4 个姓。2017 年，全村共有 802 户，2899 人。

河东村有耕地 1030 亩，以种植水稻，烤烟为主，其次种植地瓜、蔬菜等作物。1982 年全年平均亩产达 591 公斤，2000 年达 750 公斤。20 世纪 90 年代后，调整农业种植结构，部分村民种植烤烟，全村种植烤烟每年在 100—150 亩。

全村有山林面积 18920 亩，主要生长松、杉、竹、杂木。山上有大片阔叶林，盛产红菇。

河东村有一占地 60 亩的三华养鳗场，引入外地企业家经营，年产 100 多吨鳗鱼。

1965 年，旧县公社池溪小型水电站建成，村民开始用上电灯照明，始有碾米机碾米。

河东村特色养殖项目——养鳗场外景（旧县镇政府供图）

程控电话开通后，全村 90%农户用上程控电话。如今固定电话使用已逐年减少，取而代之的是一、二、三、四代智能手机，全村除儿童和个别老人外几乎人人有手机。此外，每家每户至少都有彩色电视机。

2010 年，村委会筹集资金，投资 30 余万元，兴建寨里片区人饮工程，各自然村村民自筹资金兴建小微人饮水工程 6 个，村民喝上干净卫生山泉水。

古时，河东村称寨里堡。解放后称河东乡，办公地点设在阡背自然村翼福馆。1956 年成立高级社，办公地点设在寨头上礼拜堂（清末民国初由美国传教士所建），高级社后设河东管理区，管辖范围除河东外，包括龙溪、全坊、庵坑。20 世纪 90 年代，在寨头上礼拜堂旁建起一幢二层砖混结构社教楼，楼下三间教室供幼儿园使用，二楼供村委会办公使用。2015 年，该楼再次改建成一座三层钢筋混凝土结构的办公大楼，内设老年活动室、阅览室、文化活动中心等。

1970 年 6 月 26 日成立合作医疗室，有赤脚医生 2 人。进入 90 年代全村有 3 个卫生所 4 个村医负责全村健康保健。

60 年代后期设河东小学。1969 年“文化大革命”期间另择校址于竹头子岗上。由于学生逐年增多，80 年代还在寮坝自然村设立低年级教学点。90 年代后，原有的土木结构教室无法满足需求，又兴建一座三层砖混结构教学楼。河东小学鼎盛时期有学生近 500 人、教职工近 30 人，教学质量好，培养出大批优秀学生。进入 20 世纪后，学校撤点并校，只剩下一个幼儿园。

河东村人才众多。现代有开国少将陈海涵、高级工程师温祥瑞、中日友协副会长陈永昌、北京大学教授陈朝宗、旅美博士美国华盛顿卡内基学院地磁学系研究员，纽约大学石溪分校教师、地质学界“诺贝尔奖”获得者温联星，福建省电信研究院高级工程师陈志福，武汉理工大学教授陈丽华。另还涌现自学成才、在诗书画界颇有名气的陈靖等。全村走出4位博士、11位硕士、177位本科大学生；12位正科级以上干部和60位获得中级以上职称人员。

河东村寨里路有一幢始建于1876年的古民居“大夫第”，距今已有140余年历史。2017年，已列入县文物点。

河东村能工巧匠很多，熟悉泥匠、木匠、竹篾匠、缝衣、油漆、制香做蜡烛、理发、阉鸡、造木船、编藤椅、烧砖、打铁、造纸、刻印、作豆腐、蒸酒、造酒饼等各种手艺的人才甚众。

河东村是毛泽东等老一辈革命家进行过伟大革命实践的地方。1929年6月9日，毛泽东、朱德、陈毅等率红四军到旧县河东村，驻扎在敦本堂。在这里，召开前委会议，研究决定组建红四军第四纵队。

河东村是开国将军陈海涵故乡。其故居陈列着陈海涵生平事迹，现为爱国主义教育基地。

河东村历任主要负责人情况表

表25-5

姓　名	职　务	任职时间
陈思辉	党支部书记	1957—1958年
陈祥明	党支部书记	1958—1965年
陈文荣	党支部书记、革命领导小组组长	1966—1971年
江亮标	党支部书记	1971—1975年
温远堂	党支部书记	1975—1979年
陈思忠	党支部书记	1979—1980年
江汉昌	党支部书记	1980—1994年
陈茂才	党支部书记	1994—1997年
陈思金	党支部书记	1997—2003年
陈永涛	党支部书记	2003—2006年

续表25-5

姓　名	职　务	任职时间
陈淑莹	党支部书记	2006—2009 年
陈良才	党支部书记	2009—
陈致文	村长	1949—1951 年
陈耀兴	初级农业社社长	1951—1953 年
江如銮	高级农业社社长	1954—1955 年
江安华	营长	1956—1957 年
李堂华	营长	1957—1958 年
陈招金	大队长	1958—1965 年
陈美才	大队长、革命领导小组组长	1966—1984 年
陈致成	村主任	1984—1986 年
陈美才	村主任	1986—1991 年
陈思金	村主任	1991—1997 年
陈永涛	村主任	1997—2000 年
陈　标	村主任	2000—2003 年
温远勤	村主任	2003—2006 年
陈良才	村主任	2006—2009 年
陈卫东	村主任	2009—2015 年
陈忠才	村主任	2015—

第六节　龙溪村

位于旧县镇政府驻地东部 1.5 公里，旧县河东南岸。东面环山靠扁山、石院村，西临九曲溪小溪口与全坊村为界，西北至旧县河连接河西村，东北邻河东村。面积 3 平方公里。海拔 210 米。

土地革命时属旧县区旧县乡龙溪村。民国时属新乡龙溪保。中华人民共和国成立初

龙溪村党群服务中心（旧县镇政府供图）

属旧县区（后改第八区）龙全村。1953 年普选改乡，称旧县区龙溪乡。1955 年设龙溪初级社。1956 年与全坊并为龙全高级社。1958 年撤区并乡，属河东乡辖；1958 年冬人民公社化，属旧县公社龙全管理区河东营龙全连。1959 年改称大队。1961 年体制划小，称旧县公社龙溪大队。1966 年改称红岩公社红岩大队。1971 年复称旧县公社龙溪大队。1984 年称旧县乡龙溪村。2012 年称旧县镇龙溪村。辖：大冈背、大井、龙头冈、馒头山、牛角龙、山下、西俭、新村、新屋、小溪口 10 个自然村 9 个村民小组。

龙溪村居住着陈、王、黄、袁 4 个姓氏。2017 年，有常住人口 493 户，1626 人。汉族。陈姓人口居多，占 90% 以上。居住集中。改革开放以来，村民收入增加，到 2017 年，家家户户住上砖混结构新楼房。

龙溪村 1963 年成立党支部；1984 年 8 月成立村民委员会。

龙溪村有耕地 506 亩，主种水稻、烤烟，次种地瓜、花生、蔬菜及其他经济作物。山林 6251 亩，产木材、松脂、香菇等。河流 2 条，小二型水库 1 座，蓄水容量 34.5 万立方米，有效灌溉面积 40 余亩。2018 年在梅子坝建电灌站 1 座，有效灌溉面积 40 多亩。陂圳 2 条：九曲溪陂圳，灌溉添灯坝农田。芦花溪陂圳，灌溉龙头岗农田。

有梅子坝电站，装机 450 千瓦，年发电量 890 万千瓦时。

龙溪村交通便利，1987 年以来先后开通 3 条公路：县道 632 线（旧县至白砂公路）1987 年建成通车，在龙溪村穿境而过。乡道龙河线（龙溪至河东公路），1988 年建成通车。龙全线（龙溪至全坊公路），1988 年建成通车。村道 7 条合计里程 3.862 公里。

现有村级卫生所 1 个，乡村医生 2 人。

革命战争年代，龙溪村为革命光荣牺牲，中华人民共和国成立后被评为革命烈士的有 21 人。解放后，有老红军 2 人：陈连标、陈阳和。在地方工作有突出贡献的人物：陈良万，福建医学院教授，福建医科大学附属协和医院心外科主任医师，党委书记、副院长，享受国务院特殊津贴专家。陈其芳，福建师范大学教授。

龙溪村矿产资源，经地质部门已探明的有金、银、铜、轴等。

龙溪村小溪口，历史上曾设过旧县市场100多年。20世纪50年代至70年代初，旧县区、公社设在龙溪村，龙溪村成为当时旧县政治、经济、文化中心。

龙溪村历任主要负责人情况表（已知）

表25-6

姓　名	职　务	任职时间
陈福堂	党支部书记	1963年至1965年
陈松贤	党支部书记	1965年至1969年
陈锦祥	党支部书记	1969年至1983年
陈雷生	党支部书记	1984年1月至1984年7月
陈良发	党支部书记	1984年8月至1984年12月
陈松永	党支部书记	1985年至1991年
陈良彬	党支部书记	1991年至1993年
陈松永	党支部书记	1993年8月至1996年7月
陈炎生	党支部书记	1996年至2003年
陈锦嵩	党支部书记	2004年至2006年
陈松亮	党支部书记	2006年8月至2009年7月
陈锦嵩	党支部书记	2009年至2015年
陈华明	党支部书记	2015年至
王招祥	大队长、革命领导小组组长	1966年至1974年
陈荣林	革命领导小组组长、大队长	1974年至1984年
陈良发	村委会主任	1985年至1990年
陈松永	村委会主任	1991年至1993年7月
陈兆祥	村委会主任	1993年至1996年
陈松亮	村委会主任	1997年7月至2006年7月
陈锦嵩	村委会主任	2006年至2009年
陈良德	村委会主任	2009年至

第七节　全坊村

全坊村党群服务中心（旧县镇政府供图）

全坊历史上曾又名钱坊。宋、元时称语口市。明、清时设乡，称全胜乡，后改称全坊。

位于旧县镇政府驻地南部500米处，旧县河与九曲溪汇合口的南畔。东与龙溪村以九曲溪为界，南与兰田村为邻，西南与尧埔村、北与河西村隔河相望。面积2.06平方公里。地呈弧形，由东北绕西南，一面青山三面水，旧县河和九曲溪绕村流过。

明清时属白砂里。土地革命时称旧县乡全坊村。民国时称第四区新市乡全坊保，后改称新乡全坊保。中华人民共和国成立初称旧县区河东乡全坊村，后改为第八区龙全乡全坊村。1953年称旧县区全坊乡。1956年全坊、龙溪合并为龙全高级社。1958年公社化后属旧县公社河龙营龙全连。1961年设全坊农场，后改为大队。1966年改称红岩公社红全大队。1971年复称旧县公社全坊大队。1984年称旧县乡全坊村。2012年称旧县镇全坊村。辖村中心、上山下、桅杆屋、下村等4个自然村10个村民小组。

北宋咸平二年（999年），上杭县治从鳖沙村迁此设立，历时28年。语口市成为当年上杭政治、经济、文化中心。市中有一条街，称坎头街，从东向西500米左右长，设有县衙、教坊、孔庙、作坊、商店等。另有7条巷，7盏天灯。建有上、中、下3个码头和语口渡、下渡2个渡口，是旧县河水上交通重要枢纽。上百只木船穿梭于语口渡上下，进、出口货物在此装、卸。宋天圣五年（1027年），上杭县治从语口市迁钟寮场。此后，语口市逐渐被改称旧县。

1987年12月，上杭县文物部门在该村乌石坑背铁箍指发现一处青铜时代人类活动遗址，发掘出石锛等石器。

元朝以前，全坊村居住着罗、程、李、张、吴、郭、邹7个姓。后以上7个姓外迁他乡。明代年间，谢氏开基始祖荣盛公从庐丰安乡迁来全坊开基，后又有王、曾、黄、孔、钟、蓝等姓迁来。

改革开放以来，村民逐渐建起一座座砖木、砖混结构新房。至 2017 年，绝大多数农户已新建砖混结构新房。

2006—2008 年，全坊村被评为第十届县级文明村。2009—2008 年，被评为第十一届县级文明村。

全村有耕地 442 亩，种植双季水稻，亩产 600 余公斤。2006 年后，有种植烤烟。近年来，每年种植槟榔芋 30 亩，亩产 0. 25 万公斤，总产值 15 万元。种植蔬菜 40 亩，每亩产值 1 万元，总产值 40 万元。种植秋葵 30 亩。

有山地 2326 亩，属生态公益林，长松、杉、杂木，森林覆盖率为 90%，是县级生态村。山上动物和植物繁多，红菇产值 6 万元，冬、春笋年产 5000 公斤，另有天然香菇等。

全村有明代年间谢氏开基始祖荣盛公开凿的一条石洞水渠，称穿石窿，至今仍灌溉着 400 多亩良田，满足全村村民生活用水。2014 年，在李坑头兴建水轮泵站一座，圳已改建成 5 条标准化渠道。2014 年在李坑村头兴建水轮泵站 1 座，2015 年在兰田冈兴建电灌站 1 座，2017 年兴建桅杆屋标准化水渠 1 公里。

全坊村工、企业始于民间传统手工业，村民从事作豆腐作坊有 80 余户。所生产的酸浆豆腐、豆腐干，以其韧、脆、香而闻名杭川大地。还有打铁、泥匠、木匠、竹篾匠、缝衣、理发等工匠。改革开放后，工、企业进入新时代，办起了碾米加工、粉干加工、养殖、铝合金加工等。

全坊村交通便利。205 国道在对岸有大桥与村相连。县道旧白线在村旁经过。

家家户户有液晶电视机收看有线电视和数字电视，用上清洁卫生自来水。全村有程控电话 180 余部，成年人全部有手机。

村有学校改建的村级组织活动场所，广场面积 3000 平方米，配有图书室，建有农民公园、儿童乐园等。

有卫生所 1 个，村庄环境卫生整洁。

全村有革命烈士 22 人。

村中萧何堂，又名仙湖堂，永胜宫，是始建于宋代前的古迹。经几度修复，至今仍香火旺盛。

已知全坊村主要负责人情况表

表 25-7

姓　名	职　务	任职时间
谢贤先	党支部书记	1963 年 1 月至 1966 年 3 月
谢友珍	党支部书记	1966 年 4 月至 1991 年 6 月

续表25-7

姓　名	职　务	任职时间
谢育标	党支部书记	1991 年 7 月至 1994 年 6 月
谢美贤	党支部书记	1994 年 7 月至 2000 年 6 月
谢培生	党支部书记	2000 年 7 月至 2003 年 6 月
谢永华	党支部书记	2003 年 7 月至 2006 年 6 月
谢美恭	党支部书记	2006 年 7 月至 2012 年 5 月
谢冬祥	党支部书记	2012 年 6 月至
陈太寿姑	大队长	1960 年至 1971 年 6 月
谢德诚	大队长	1971 年 6 月至 1974 年
谢松荣	大队长	1974 年至 1978 年
谢美恭	大队长、村委主任	1978 年至 1985 年 9 月
谢建松	村委主任	1985 年 9 月至 1988 年 8 月
谢育钦	村委主任	1988 年 8 月至 1989 年 4 月
谢育标	村委主任	1989 年 4 月至 1991 年
谢培汉	村委主任	1991 年 9 月至 1993 年 9 月
谢美贤	村委主任	1993 年 9 月至 1994 年 7 月
谢祥发	村委主任	1994 年 7 月至 1997 年 9 月
谢培生	村委主任	1997 年 9 月至 2000 年 9 月
谢永华	村委主任	2000 年 9 月至 2006 年 9 月
谢德生	村委主任	2006 年 9 月至 2009 年 9 月
谢培生	村委主任	2009 年 9 月至 2012 年 9 月
谢建春	村委主任	2012 年 9 月至

第八节　坝上村

坝上村位于旧县集镇东边旧县河西岸。东与新康村相连，南与河东村接壤，西与河西村相接，北与南阳镇交界，距旧县集镇 4 公里。

明清时属丰村乡。土地革命时称旧县区坝上乡。民国时称旧县乡坝上保。中华人民

坝上村党群服务中心（旧县镇政府供图）

共和国成立初称旧县区（后改为第八区）坝上村。1953 年称旧县区坝上乡。1956 年属河西高级社。1958 年公社化，称旧县公社坝上连。1959 年改称旧县公社坝上大队。1966 年改称红岩公社红庄大队，1971 年复称旧县公社坝上大队。1984 年称旧县乡坝上村。2012 年称旧县镇坝上村。辖上洋角、湖洋坑两个自然村，划分为 11 个村民小组。

1956 年成立党支部、高级合作社。1958 年成立大队管理委员会。1984 年成立村村民委员会。

2012—2016 年，连续 5 年被评为“平安村”。

坝上村有江、伍、蓝、张 4 个姓。2017 年，全村共有 350 户，1350 人。

改革开放后，村民们纷纷建起一幢幢砖混钢筋结构小洋房。2017 年，全村 95%以上家庭都住上带卫生间、空调的现代化小洋楼。

坝上村有耕地 450 亩，以种植水稻，烤烟为主，其次种植地瓜、蔬菜等作物。实行生产责任制后，粮食产量进一步提高。1996 年，亩产 507.3 公斤。

坝上村有森林面积 27000 亩，主要生长松、杉、竹、杂木。山上有大片阔叶林，盛产红菇及各种蘑菇。

坝上村旧县河段建有水电站两座，库区养殖每年都为村民带来可观收入。另有养鸡专业户 5 户。

坝上村交通便利，除村边有原杭矶公路外，还有接通河东村沿河公路一条。

2002 年，开始兴建人饮工程，共兴建小微人饮水工程 3 个，村民用上干净卫生山泉水。

村部 2000 年改设到老蓝背头（现在的幸福院），2017 年又在桥头新建。

坝上村民崇文重教，60 年代就出了 9 名大学生，是旧县著名的文化村。此后又涌现出多位博士，涌现江涌、江善富、江树森等副厅（师）级以上干部。

坝上村有很多民间传统手工艺，如泥匠、木匠、竹篾匠、缝衣、油漆、制香、理发、造木船、编藤椅、烧砖、打铁、造纸、作豆腐、蒸酒等。

已知坝上村主要负责人情况表

表 25-8

姓　名	职　务	任职时间
江如汉	党支部书记	1974 年以前
江天福	党支部书记	1975—1986 年
江雅福	党支部书记	1987—2000 年
江善清	党支部书记	2000—2003 年
江晓荣	党支部书记	2003—
江安华	大队长	1974 年以前
江雅福	大队长、村委会主任	1975—1987 年
江雅勋	村委会主任	1988—1997 年
江善清	村委会主任	1997—2000 年
江树祥	村委会主任	2000—2003 年
江善清	村委会主任	2003—2009 年
江正兴	村委会主任	2009—

第九节　河西村

河西村是旧县镇政府和集镇所在地。东、南临旧县河，与河东、龙溪、全坊村隔河相望，西南与尧埔村毗邻，西与才溪镇四坊村接壤，北与坝上村、南阳镇双溪村相连。面积 9.4 平方公里，呈长方形。属丘陵地带，海拔 210 米。

1953 年称旧县区河西乡。1956 年设河西高级社。1958 年 10 月成立人民公社后，河西范围一度分为贝湖、上营、下营 3 个大队，1965 年合并为河西大队。1966 年改称红岩公社红卫大队。1971 年复称旧县公社河西大队。1984 年称旧县乡河西村。2012 年称旧县镇河西村。辖黄竹垅、贝湖、上下湖丘坊、桅杆屋、塘角坊、朱吉坊、老圩坊、大岗尾、排子上、犁头坊、岭下里 11 个自然村 27 个村民小组。

河西村是全镇政治、经济、文化中心，驻有镇政府、银行、工商、税务、邮电、供销、粮站、卫生院、林业站、车站、中心小学、敬老院等单位，设有市场。河西村居住着陈、赖、丘、吴、伍、江、谢、黄、廖、池、饶 11 个姓。2017 年，全村共有 870 户，

2676 人。

河西村党群服务中心（旧县镇政府供图）

改革开放后，绝大多数村民陆续建起砖混钢筋结构新洋楼，过上安居乐业生活。

河西村 1996 年被龙岩市精神文明指导委员会、社会治安综合治理委员会授予文明安全片区，2000 年被县委、县人民政府评为先进村。2005 年被评为精神文明建设先进村。

河西村有耕地 1100 亩，以种植水稻、烤烟为主，其次种植地瓜、蔬菜等作物。改革开放后，产量大幅提高，1999 年，全村粮食年平均亩产 735.2 公斤。90 年代后，调整农业种植结构，每年种植烤烟 50—100 亩。有种烟大户 3 户。有山林 10625 亩，主要生长松、杉、竹、杂木等。2014—2016 年，兴建水轮泵站 2 座。2015 年，兴建大岗尾电灌站 1 座。2014—2016 年，兴建四陂圳、大水坑、贝湖、上湖丘、大冈尾、湖丘里标准化渠道 7 条。

2016 年，在贝湖建有一生态花卉苗木基地，长势喜人。有肉鸡养殖大户 3 户，年出栏肉鸡 30 万羽。

河西村为集镇所在地历史较长，村民从业门路较广，种类较多。有泥匠、木匠、竹篾匠、缝衣、油漆、理发、阉鸡、造木船、编藤椅、烧砖瓦、打铁、补锅、造纸、刻印、蒸酒、造酒饼、制卖豆腐等。旧县豆腐久负盛名，质量好，销路广，河西是远近闻名的豆腐村。从事经贸及运输、建筑、粮食加工等行业村民亦众，其中从事经贸行业 100 余户，从事运输行业 10 余户。有木器厂 1 家。

河西村交通便利，205 国道、县道旧白线、矶旧公路在村旁经过。

2007 年后，逐步兴建人饮工程，2017 年，大部分村民用上自来水。

20 世纪 90 年代后，村委会办公地点迁移到排子上兴建办公楼 1 座，占地 300 平方米，建筑面积 650 平方米。

90 年代全村有 3 个卫生所（室）。

中华人民共和国成立前，河西村福仙庵开办小学。中华人民共和国成立后至 60 年代末，更名河西小学。1973 年“6·1”洪水校址被冲毁后，学校搬迁至本村岭下里新建。1977 年设初中一年级，更名为河西学校。1979 年恢复小学制，更名河西小学。1981 年因师生人数增多，再次搬迁至福仙庵，校区进行扩宽，更名为旧县中心小学。2017 年，为六年制小学，有师生 800 余人。

河西村明清时期，涌现出陈守洋、陈子扬、陈宜聪、陈宜芳、陈锡彪、陈文馨、陈锡恩、陈桂明、陈济猷、陈锡彭等人才。第二次国内革命战争时期，涌现陈丹成、陈树槐、赖经等人民英雄。中华人民共和国成立后，有陈献诚、陈忠献、陈昌业等老红军在各级各部门任领导职务，还有 10 余名处级以上领导干部、10 多名科级干部和博士 2 人、硕士 14 人、本科生 200 余人；获中级以上职称 60 余人。被评为革命烈士 52 人。

有敦和堂古民居 1 座，2017 年被列为县级文物保护单位。还有古寺庙 2 座：镇佑宫和仙娘宫（古中峰寺）。

敦和堂，又名桅杆屋。苏区时期，毛泽东、张鼎丞、谭震林等在此从事过革命实践活动；在此设过红色交通站，站内还保存许多红军标语和漫画。

河西村历任主要负责人情况表

表 25-9

姓　名	职　务	任职时间
陈如英	党支部书记	1953 年至 1955 年
陈如煌	党支部书记	1955 年至 1966 年
周　娣	党支部书记	1966 年至 1968 年
陈如烈	党支部书记	1968 年至 1979 年
陈永贤	党支部书记	1979 年至 1980 年
赖福祥	党支部书记	1981 年至 1984 年 6 月
陈特贤	党支部书记	1984 年 7 月至 2012 年 6 月
陈基贤	党支部书记	2012 年 7 月至 2015 年 6 月
陈松升	党支部书记	2015 年 7 月至
陈如康	村长	1949 年至 1955 年
陈如英	初级社社长	1955 年至 1956 年
陈如英	高级社社长	1956 年至 1958 年
陈中潘	营长	1958 年至 1959 年
陈思贤	大队长	1959 年至 1968 年
陈招林	革命领导小组组长	1968 年至 1980 年
陈特贤	大队长	1980 年至 1984 年 4 月

续表25-9

姓　名	职　务	任职时间
陈茂琪	村委会主任	1984 年 5 月至 1987 年 8 月
赖福祥	村委会主任	1987 年 9 月至 1997 年 8 月
陈卫生	村委会主任	1997 年 9 月至 2000 年 8 月
陈纪平	村委会主任	2000 年 9 月至 2003 年 8 月
陈周贤	村委会主任	2003 年 9 月至 2006 年 8 月
陈基贤	村委会主任	2006 年 9 月至 2012 年 8 月
陈松升	村委会主任	2012 年 9 月至 2015 年 8 月
陈日才	村委会主任	2015 年 9 月至

第十节　尧埔村

尧埔村，原名“牛市坪”，设过耕牛交易市场，后因谐音改称“尧埔坪”，简成“尧埔”。

位于旧县镇中北部，旧县河中游西岸。东北与全坊村、河西村交界，南与蓝田村毗邻，西南与铁场村接壤，西北靠才溪镇荣石村。

土地革命时期，称旧县区尧铁乡尧埔村，民国时属三益乡尧铁保。中华人民共和国成立初称旧县区（后改第八区）尧石乡尧埔村；1953 年称旧县区尧埔乡；1956 年称尧铁农业社；1958 年称旧县公社尧铁营尧兰连；1959 年称旧县公社尧埔大队；1966 年称红岩公社红坪大队；1971 年复称旧县公社尧埔大队；1984 年称旧县乡尧埔村；2012 年称旧县镇尧埔村。辖岗下、上大路、上溪边、社岗、塘下、下大路、下溪边、新屋下、中溪边等

尧埔村党群服务中心（旧县镇政府供图）

9个自然村，划分为10个村民小组。村委会驻上大路自然村。距旧县集镇1.5公里。

尧埔村有游、邱两姓。2017年，共有325户，1332人。

全村耕地480亩，人均耕地0.35亩。有生态公益林2985亩，森林覆盖率90%。

水利除二陂圳从河西村捡窑石起至尧埔村，全长3公里，受益面积300亩外，还有电灌站5座，水泵站1座。

交通便利，205国道穿越村境。2015年，在村口修建农民文化公园，面积5000平方米，修建公园广场600平方米、篮球场1个。另有村民邱卫河捐资兴建“弘宝亭”1座，2座凉亭供村民休闲娱乐。

尧埔村农民公园（旧县镇政府供图）

尧埔村杰出人才，有全县最早入党（1925年12月）的丘棣华，是黄埔军校第四期学生，参加过北伐战争和南昌起义，领导旧县农民暴动，担任红九军第六团、第一〇一团团长和上杭县赤卫团团长。丘洪辉，老红军，参加过土地革命战争、抗日战争和解放战争。中华人民共和国成立后，担任过上杭县人民法院院长、上杭县人民政府副县长。

游宪生，复旦大学博士，第九届全国人大代表。曾任中共龙岩地委副书记、行署专员、中共龙岩市委副书记、龙岩市人民政府市长、福建省电子工业厅厅长、信息产业厅厅长等职。

全村有革命烈士23名。

尧埔村党支部2006年被中共上杭县委授予“先进基层党组织”称号。2004年，尧埔村被上杭县人民政府授予“信用村”称号，被上杭县依法治县领导小组授予“全县民主法治示范村”称号；2005年被福建省司法厅、民政厅授予“全省民主法治村”称号；2017年被中国邮政储蓄银行授予“信用村”称号。

尧埔村鑫巨容电子厂（旧县镇政府供图）

村妇代会2008年被中共龙岩市委组织部、龙岩市妇女联合会授予“先进村（居）妇代会”荣誉称号。

已知尧埔村主要负责人情况表

表25-10

姓　名	职　务	任职时间
游朝美	党支部书记	1964—1969年
游宝芬	党支部书记	1970—1984年
丘如渭	党支部书记	1985—1987年
游宝芬	党支部书记	1988—1993年
游朝和	党支部书记	1994—1999年
丘梦标	党支部书记	2000—2008年
丘清鹏	党支部书记	2009—
游宝芬	大队长	1964—1969年
丘如渭	大队长	1970—1984年
游永球	村委主任	1985—1987年
丘衍芳	村委主任	1988—1990年
丘梦玉	村委主任	1991—1993年
丘清书	村委主任	1994—1995年
丘梦标	村委主任	1996—1999年
游永仁	村委主任	2000—2008年
游宪育	村委主任	2009—2012年
丘仰天	村委主任	2012—2013年
游永强	村委主任	2014—

第十一节　兰田村

兰田村位于旧县集镇西南 2 公里处，旧县河东岸。东与全坊村相接，南与白砂镇交界，西南连铁场、铁东，东北与尧埔村接壤。

兰田村党群服务中心（旧县镇政府供图）

土地革命时属旧县区尧铁乡辖；民国时归尧坊保；中华人民共和国成立初称旧县区尧石乡兰田村；1953 年称旧县区兰田乡；1956 年属尧铁高级社；1958 年撤区并乡属尧石乡；同年冬公社化，属旧县公社尧铁管理区；1961 年称旧县公社兰田大队；1966 年改称红岩公社红田大队；1971 年复称旧县公社兰田大队；1984 年称旧县乡兰田村；2012 年称旧县镇兰田村。辖溪边坊、坑边坊、中心坊、圳头坊、六尾坊、小富坑、半山屋脚下等 7 个自然村 6 个村民小组。距旧县镇政府 2.5 公里。由于经济薄弱，2016 年被定为县级贫困村。

兰田村历史上居住着朱、徐、曾、林、谢、刘、鄢 7 个姓。后朱、徐 2 个姓外迁。2017 年，全村常住人口 177 户，850 人。

改革开放后，绝大多数村民兴建砖混结构新楼房，告别祖传泥木结构瓦房，过上安居乐业幸福生活。

兰田村有耕地 272 亩，是人多地少的村，青壮年劳动力靠外出务工。耕地主要种植水稻、烤烟，其次种植地瓜、花生、玉米、甘蔗、蔬菜等及其他经济作物。2015—2016 年，在沙岗顶上等地兴建电灌站 2 座。2014 —2017 年，在花拉子下、山下圳、六尾路、松山背至上坑塘等地兴建标准化渠道 4 条。

兰田森林面积有 5849 亩，其中小富坑毛竹丰产林基地 2000 多亩。盛产毛竹、土纸、竹笋。20 世纪 80 年代前，村民除耕种土地外，还以造纸为业，家家户户生产土纸，造纸为村民主要收入。全盛时期，有手工造纸厂 30 多座，所产土纸质量好，价格高，销路广。另有烟花爆竹加工企业1家，所产烟花爆竹闻名旧县及周边乡镇，称兰田炮仗。

兰田村交通方便。205国道离村仅一桥之隔。

兰田村农民公园中的党建长廊（旧县镇政府供图）

70年代初，全村开始用上电。90年代实现电视、通讯全覆盖。进入新世纪后，全村共建自来水池7座，实现家家户户通自来水。

中华人民共和国成立以来，兰田村有3人从事本村医疗工作，成为本村乡村医生。其中一位2007年在桥头老村部办公楼改建一所符合卫生健康条件的医疗所，供村民就诊。村里还有2位经过培训合格的女接生员。

中华人民共和国成立后，兰田走出处级干部2人，博士1人，硕士研究生3人，副教授1人，本科以上学历32人。全村有革命烈士8人。

2017年，兰田村农民公园被列入美丽乡村建设示范项目之一。

兰田村历任主要负责人情况表

表25-11

姓　名	职　务	任职时间
罗怀明	党支部书记	公社下派，任职时间不详
曾贞锦	党支部书记	？—1966年
曾尚源	党支部书记	1967—1985年
林建其	党支部书记	1985—1991年
曾尚球	党支部书记	1991—1997年
曾尚炎	党支部书记	1997—2000年
曾衍才	党支部书记	2000—2003年
曾尚球	党支部书记	2003—2006年
林祥坤	党支部书记	2006—2015年

续表25-11

姓　名	职　务	任职时间
曾尚秋	党支部书记	2015—
林建其	大队长	1967—1985 年
曾尚源	村委会主任	1985—1988 年
谢友明	村委会主任	1988—1991 年
林祥春	村委会主任	1991—1997 年
林建华	村委会主任	1997—2000 年
林祥忠	村委会主任	2000—2003 年
曾尚炎	村委会主任	2003—2006 年
曾尚秋	村委会主任	2006—2009 年
曾衍金	村委会主任	2009—2012 年
曾衍堂	村委会主任	2012—2015 年
林祥忠	村委会主任	2015—

第十二节　铁场村

铁场村党群服务中心（旧县镇政府供图）

铁场村位于旧县集镇西南部，东与兰田村隔河为界，东北与尧埔村接壤，南与铁东村隔河毗邻，西南与石圳村相连，北与才溪镇荣石村连接。辖泥舍里、大山上、碓寮坑、牛角屋、罗屋、渡头屋里（原铁北）、梅子角（陈屋下）、梁下、享堂里等9个自然村，划分为6个村民小组。距旧县集镇4公里。

土地革命时属旧县区

尧铁乡，在上牛角屋设乡苏。民国时属三益乡尧场保，设麻坝、铁北2个甲。中华人民共和国成立初称旧县区尧石乡铁场村。1955年设尧铁初级社。1956年设尧铁高级社。1958年公社化，称旧县公社尧铁营铁场连。1959年改称旧县公社铁场大队。1966年改称红岩公社红光大队。1971年复称旧县公社铁场大队。1984年称旧县乡铁场村。2012年称旧县镇铁场村。

铁场1955年成立党支部、1958年12月成立大队管理委员会，1968年10月成立大队革命领导小组，1980年恢复大队管理委员会，1984年10月成立村民委员会。

铁场村居住陈、江、罗、邱四姓。

2017年，全村有315户，1546人。

2017年，90%多村民住上现代化新居，过上安居乐业幸福生活。

村耕地面积814亩，以种植水稻为主，次种豆类、地瓜、玉米、蔬菜。1992年，全村年平均粮食亩产564.4公斤。

山地面积6569亩，生长阔叶林、松、杉、竹、杂木等。种植果树和经济作物有柑、橘、橙、柚、杭梅、杨梅、桃、李、梨、板栗、柠檬、芭蕉、枇杷、甘蔗、无花果、百香果等。

全村水利设施有山塘一口，建于2012年冬；电灌站7座。

国道205线穿越境内35公里。全村有大型汽车5辆，小型汽车80辆，摩托车400辆。

2004年冬，由私人合股投资2000万元，在麻坝境内旧县河段建成梯级发电站1座，装机容量3150千瓦，蓄水库容434万立方米，正常库容298.5万立方米。

村中建有通信基站3座。全村有程控电话200部，手机1200部。全村有电视机680台，户有1台以上。

2006年冬，各村民小组投资8万元，兴建各村各组人饮工程，各组建蓄水池，容量50立方米。

2004年，停办小学校舍，共投资50万元，将学校改建为村委会办公大楼和幸福院。

全村有卫生所1个，医生1人。绝大多数村民加入新农合。

中华人民共和国成立后，至2017年，铁场籍在外任科级以上干部有老红军江家培等9人，有高级专业技术职称人员4人。

全村有革命烈士29人。

全村有个体养鸡场2家，各年产鸡10万羽，年产值20万元。

铁场村矿产资源有铁、锰、铜、石灰石等多种矿藏，铁、锰、石灰石曾有开发历史。

铁场村历任主要负责人情况表

表 25-12

姓 名	职 务	任职时间
陈建节	党支部书记	1958 年 10 月至 1961 年 6 月
罗彩文	党支部书记	1961 年 6 月至 1964 年 6 月
罗祥发	党支部书记	1964 年 6 月至 1968 年 6 月
游宝钦	党支部书记	1968 年 6 月至 1975 年 1 月
江先昌	党支部书记	1975 年 1 月至 1981 年 6 月
江家业	党支部书记	1981 年 6 月至 1984 年 6 月
陈昌钦	党支部书记	1984 年 6 月至 1987 年 6 月
江开玉	党支部书记	1987 年 6 月至 1993 年 6 月
江开河	党支部书记	1993 年 6 月至 2000 年 6 月
江开荣	党支部书记	2000 年 6 月至 2003 年 6 月
江锦才	党支部书记	2003 年 7 月至 2006 年 6 月
罗宝庭	党支部书记	2006 年 7 月至
江家英	村长	1949 年至 1955 年
江家业	高级社社长	1956 年至 1958 年
陈培春	营长	1958 年至 1959 年
罗根庭	大队长	1959 年至 1968 年
江家业	革命领导小组组长	1968 年至 1980 年
陈昌钦	大队长	1980 年至 1984 年 10 月
江锦星	村委会主任	1984 年 10 月至 1987 年 8 月
罗树琼	村委会主任	1987 年 8 月至 1991 年 9 月
江锦星	村委会主任	1991 年 9 月至 1994 年 8 月
江锦洪	村委会主任	1994 年 8 月至 1997 年 7 月
江开荣	村委会主任	1997 年 7 月至 2000 年 8 月
江福标	村委会主任	2000 年 8 月至 2003 年 8 月
罗文贵	村委会主任	2003 年 8 月至 2006 年 8 月
江开荣	村委会主任	2006 年 8 月至 2012 年 9 月
江福标	村委会主任	2012 年 9 月至 2015 年 8 月
罗启文	村委会主任	2015 年 8 月至

第十三节　铁东村

铁东村位于旧县集镇西南旧县河东岸，距离旧县集镇5公里，东与新坊村接壤，南连白砂镇茜黄、官地，西与西普陀国家森林公园交界，北临旧县河。

土地革命时为旧县区尧铁乡；民国时属三益乡尧场保；中华人民共和国成立初属旧县区尧石乡铁场村；1958年公社化，称旧县公社尧铁营铁东连；1959年改称旧县公社铁东大队；1966年改称红岩公社铁东大队；1971年复称旧县公社铁东大队；1984年称旧县乡铁东行政村；2012年称旧县镇铁东村。辖6个村民小组。

铁东村党群服务中心（旧县镇政府供图）

铁东村居住着邹、邱、江、陈等四姓，现全村人口859人，213户。

铁东村是革命基点村，三年游击战争时期遭受过国民党严重摧残。中华人民共和国成立后，党和政府拨款重建家园，住房条件逐步改善，但依旧以老土木结构房为主，低矮而拥挤。进入新世纪后，村民收入增加，兴起建砖混结构洋房热潮。到2017年，全村90%以上人家住上砖混结构别墅式楼房。

铁东水库饮用水源保护区为上杭县城区备用水源，保护区范围为铁东水库大坝以上的整个汇水流域。铁东水库位于上杭县城东北侧约20公里，坝址位于旧县河支流岩下山溪中游。坝址以上流域主河道长5.2公里，平均坡降7.73%，流域平均年降雨量为1710.4毫米，坝址多年平均流量为0.374立方米，多年平均径流量1180万立方米。水库正常蓄水位

将军公园（旧县镇政府供图）

307.2米，正常蓄水位时水面面积12.2万平方米，净供水规模1.5万立方米。

山林1065.8公顷，其中有林地92.3公顷，森林覆盖率90%，是县级生态村。岩下山森林茂密，山中珍稀动物和野生植物繁多。红菇年产值15万元。百香果50亩，冬笋、春笋年产量约2.5万公斤，天然香菇2000公斤。

2017年，全村有耕地402亩，主种水稻、烤烟。

2001年，开通有线电视。现光纤入户，基本都安装了宽带。

1996年，新建村部办公楼、老年活动中心。

在村各道路口安装垃圾箱80个。

铁东村有丰富革命斗争历史。陈茂辉是该村走出的开国将军。另还走出老红军丘洪辉，曾任上杭县人民政府副县长等职。全村有革命烈士17人。1928—1934年间，铁东村有100多位有志青年参加革命。据统计，三年游击战争中，游击队接头户有 陈元霖、陈元洪、陈元恩、陈思创、陈思章、江良能、江良 德、阙春风、曾富秀、陈满梯、陈育梯、丘六连、周六寿姑、江秉镜等20余户。

全村还有研究生4人，高级和中级专业技术人员2人，大学本科生70多人。

铁东村工、企业生产始于民间传统手工业，手工业造纸遍布全村，以前每家都有生产土纸，成为村民主要经济收入。此外还有打铁、泥匠、木匠、竹篾匠、缝衣匠、理发、烧砖瓦等工匠。

改革开放后，工、企业进入新的发展时期，现有注册公司10多户，发展种植、养殖业，随着互联网的深入，村有专门的电商服务站。

铁东村水资源丰富，水质优，可充分利用该优势进行旅游、水产品的进一步开发。岩下山风景秀丽，可开发旅游产业。

铁东村历任主要负责人情况表

表25-13

姓　名	职　务	任职时间
陈思飞	尧石乡党支部书记	1949年至1956年
陈思秀	尧石乡党支部书记	1956年至1958年10月
陈思秀	铁东大队党支部书记	1958年10月至1962年
江书全	铁东大队党支部书记	1962年至1982年
陈思福	铁东大队（村）党支部书记	1982年至1991年
江福荣	村党支部书记	1991年至1994年
陈培禄	村党支部书记	1994年至2009年

续表25-13

姓　名	职　务	任职时间
江福荣	村党支部书记	2009 年至 2015 年
江福富	村党支部书记	2015 年至
江书沐	村长（初级社社长）	1949 年至 1956 年
江书生	高级社社长	1956 年至 1958 年
陈思洪	连长	1958 年至 1959 年
陈培春	大队长	1959 年至 1962 年
陈思秀	革命领导小组组长	1968 年至 1973 年
陈思利	革命领导小组组长	1973 年至 1980 年
江良瑞	大队长	1980 年至 1982 年
陈思秀	村委主任	1982 年至 1988 年
江福荣	村委主任	1988 年至 1991 年
陈思扬	村委主任	1991 年至 1994 年
江福富	村委主任	1994 年至 1997 年
江书水	村委主任	1997 年至 2003 年
江福荣	村委主任	2003 年至 2009 年
陈培河	村委主任	2009 年至 2012 年
陈兆云	村委主任	2012 年至

第十四节　石圳村

石圳村，别名石圳潭，位于旧县集镇西南部 8 公里处，旧县河中下游两岸，紫金山南麓。东北与铁东、铁场村交界，南与角龙、水东、梅溪村毗邻，西与迳美村接壤，北靠才溪，面积 13.4 平方公里，海拔 410 米。

明、清时称镇州乡。土地革命时称旧县区石圳乡。民国时属三益乡石龙保。中华人民共和国成立初称旧县区尧石乡石圳村。1953 年称旧县区石圳乡。1954 年从旧县区划出，划入附城区，属石龙初级社。1956 年属石龙高级社。1957 年从附城区划入旧县区，仍属石龙高级社。1958 年公社化，称旧县公社石圳管理区。1959 年改为石圳大队。人民公社化初期曾一度划为上圳、下圳 2 个大队，1965 年合并。1966 年改称红岩公社红旗大队。1971年复称旧县公社石圳大队。1984年称旧县乡石圳村。2012年称旧县镇石圳村。辖河山头、蓝屋、村尾头、井丘、萝卜岭、响石前、中心屋、楼子上、下家里9个自然村，划分为21个村民小组。距旧县镇政府驻地约8公里。

石圳村2011年被中共上杭县委、上杭县人民政府授予“平安和谐村”荣誉称号。

石圳村居住着孔、罗、蓝、张、黄等5个姓，其中蓝姓为畲族。全村共有720户，2800人。

紫金山金铜矿开发后，石圳村村民积极参与紫金山金铜矿开发配套服务，家庭经济收入大幅度增加。生活富裕后，村民加大新房建设力度。仅2006年，全村共新建砖混结构和钢筋混凝土小洋楼别墅上百栋。2017年，全村95%以上农户住上现代化小洋楼，过上安居乐业生活。

石圳村党群服务中心（旧县镇政府供图）

石圳村有耕地1700多亩，以种植水稻，烤烟为主，其次种植地瓜、蔬菜等作物。实行家庭联产承包责任制后，粮食产量提高很快。1985年，年平均亩产达509公斤。

全村山地面积990公顷，森林覆盖率90%。其中，生态公益林433公顷，主要生长松、杉、竹、杂木。

全村有两座规模养猪场。

古时，石圳村是上杭通往连城、长汀等地的交通要冲之一。除旧县河水路外，陆路有4条古道：东北路通旧县、连城；南路通上杭；西路通迳美、北路萝卜岭古道通才溪、通贤、南阳。明代年间，石圳潭井丘村有一条街，叫瓦子街。这一历史称谓，清道光二十六年（1846年），由州司马罗明高编纂出版的《中华罗氏大成族谱》和新世纪后广州市政协委员、中华全国罗氏文化研究会、宗亲联谊会会长罗河胜编纂的《中华罗氏通谱》《罗氏通史》及广东省始兴县《罗氏族谱》都有记载。《罗氏族谱》称“上杭瓦子街”，又称“上杭紫金山下瓦子街”。1931年冬，苏维埃政府在石圳潭设关税处，除自身收税外，还管理官庄、铜坑塘2个关税处工作，实际是上杭县的关税总处。1933年3月，红军十九军在石圳潭成立。1933年6月16日至19日，福建军区运动会在石圳潭沙坝举行。

1992年后，全村90%农户用上程控电话。2010年后，全村除少年儿童和个别老人外，其他人都有手机。

进入新世纪，全村生活饮用水由铁东水厂供应，家家户户用上清洁卫生的自来水。

2008 年，村部建成一座三层钢筋混凝土结构的办公大楼，内设老年活动室、阅览室、文化活动中心等。

进入 90 年代，全村有 3 个卫生所 4 个乡村医生负责全村常见病诊治。

村内办石圳小学，90 年代中期后校舍成为砖混结构崭新的三层教学楼。

石圳村人才辈出，中华人民共和国成立后有老红军孔瑞云获评开国少将，还走出福建省烟草局副局长孔祥统。另涌现 1 位博士，21 位硕士，60 位获得中级以上职称人员。全村有革命烈士 40 人。

石圳村曾有泥匠、木匠、竹篾匠、缝衣、油漆、制香做蜡烛、理发、阉鸡、造木船、编藤椅、烧砖、打铁、造纸、刻印、作豆腐、蒸酒、造酒饼等许多民间传统手工艺从业者。

石圳村历任主要负责人情况表

表 25-14

姓　名	职　务	任职时间
孔庆澄	党支部书记	1953—1955 年
罗开发	党支部书记	1955—1960 年
孔祥高	党支部书记	1960—1975 年
孔庆淦	党支部书记	1975—1984 年
孔凡宏	党支部书记	1984—1987 年
孔祥高	党支部书记	1987—1991 年
孔凡宏	党支部书记	1991—1993 年
钟碧兰	党支部书记	1993—1994 年
孔祥羽	党支部书记	1994—1996 年
孔祥礼	党支部书记	1996—1999 年
孔瑞仰	党支部书记	1999—2002 年
罗　辉	党支部书记	2003—2006 年
孔瑞燕	党支部书记	2006—2009 年
罗怀富	党支部书记	2009—2012 年
孔祥钰	党支部书记	2012—2015 年
罗怀富	党支部书记	2015—

续表25-13

姓　名	职　务	任职时间
孔宪枋	村 长	1949—1955 年
孔松安	农业社社长	1955—1960 年
孔瑞和	大队长	1960—1975 年
罗开松	大队长	1975—1984 年
罗庆镕	村委会主任	1984—1987 年
孔庆铨	村委会主任	1987—1991 年
孔庆淦	村委会主任	1991—1993 年
孔祥梅	村委会主任	1993—1996 年
孔瑞仰	村委会主任	1996—1999 年
孔瑞凤	村委会主任	1999—2002 年
孔令书	村委会主任	2003—2006 年
孔德荣	村委会主任	2006—2009 年
孔志扬	村委会主任	2009—2012 年
孔瑞尧	村委会主任	2012—2015 年
孔　浩	村委会主任	2015—

第十五节　角龙村

角龙村，又名下角龙，位于旧县镇西南部，旧县河下游东岸，205 国道旁，与紫金山隔河相望。东与白砂镇交界，南与水东村接壤，西和北分别与迳美村、石圳村相连隔河相望。

土地革命时期属旧县区石圳乡辖。民国时属三益乡石角保。1949 年中华人民共和国成立后称旧县区尧石乡角龙村。1953 年普选改为角龙乡。1954 年后曾一度划入附城区管辖。1956 年称角龙高级社。1957 年属旧县区石龙乡。1958 年公社化称石龙营角龙连，1959 华改为旧县公社角龙大队，1966 年改称红岩公社五星大队。1971 年复称旧县公社角龙大队。1984 年称旧县乡角龙村。2012 年称旧县镇角龙村。辖上村、下村、赤竹涧、鹿颈岗、大排上、河山头、陈岭地等 7 个自然村，划分为 9 个村民小组。距旧县镇政府 9 公里。

角龙村原居住着罗、陈、马、李、郭 5 个姓氏，后来马、李、郭 3 个姓迁往外地。

2017 年，全村有 256 户 1024 人。

角龙村党群服务中心（旧县镇政府供图）

改革开放后，村民建新房者越来越多，到 2017 年，全村 98%以上农户都兴建三层以上别墅式楼房，过上安居乐业幸福生活。

全村有耕地面积 438 亩，山林面积 589.3 公顷，其中生态公益林 373.3 公顷。1993 年，60 多户实施山地综合开发，建立板栗基地，种植板栗 400 余亩，现已挂果投产。养蜂专业户 2 户。

境内建山塘 1 口，电灌站 2 座、水泵 1 座、标准化渠道 3 条。

205 国道穿村而过，交通便利。

2010 年兴建人饮工程，家家户户用上了清洁卫生的自来水。

2013 年，投资 43 万元，在村中心 205 国道旁，兴建一座砖混结构三层村部办公楼房，占地 150 平方米，建筑面积 450 平方米。有会议室、各部门办公室、图书室、阅览室、乒乓球桌等各种活动室。

2006 年 9 月，境内由外村企业家投资建水电站 1 座，装机 1890 千瓦，年发电量 5722 万千瓦时。境内还设有 22 万伏变电站 1 座。

境内设紫金公立幼儿园，有教职员工 8 人，学生 80 余人。

人才有陈善秋，漳州市广播电视局局长。陈辉，博士后，在美国某公司工作。陈鹏，硕士生。

全村为革命牺牲被评为革命烈士的 22 人。

境内有“旧县豆腐”加工企业 3 家。

已知角龙村历任主要负责人情况表

表 25-15

姓　名	职　务	任职时间
罗怀高	党支部书记	1956 年至 1958 年
罗怀升	党支部书记	1958 年至 1968 年
罗喜洪	党支部书记	1968 年至 1980 年

续表25-15

姓　名	职　务	任职时间
陈宝恭	党支部书记	1980 年至 1994 年
陈文先	党支部书记	1994 年至 2006 年
罗怀庭	党支部书记	2006 年至 2009 年
陈文先	党支部书记	2009 年至
陈作陶	村 长	1949 年至 1955 年
罗怀明	高级社社长	1956 年至 1958 年
罗开棉	连 长	1958 年至 1959 年
罗怀碧	革领组组长、大队长	1968 年至 1984 年
罗荣辉	村委会主任	1984 年至 1987 年
罗富玉	村委会主任	1987 年至 1991 年 8 月
罗荣辉	村委会主任	1991 年 8 月至 1994 年 8 月
罗喜德	村委会主任	1994 年 8 月至 1997 年 8 月
罗富玉	村委会主任	1999 年 8 月至 2002 年 8 月
罗怀庭	村委会主任	2002 年 8 月至 2005 年 7 月
陈群英	村委会主任	2005 年 7 月至 2008 年 7 月
陈锦富	村委会主任	2008 年 8 月至

第十六节　迳美村

迳美村位于旧县镇西部，汀江河以东，上杭第一名山紫金山南麓。

东与石圳村交界，南与梅溪、谷坑村相连，西邻汀江，北靠紫金山与才溪镇相接。平均海拔 300 米。

土地革命时属旧县区迳美乡。民国时属三益乡迳美保。中华人民共和国成立初属旧县区梅溪乡迳美村。1953 年划附城区，称附城区迳美乡。1956 年设迳美高级社。1958 年公社化时称城郊公社迳美连。1959 年划归旧县公社，称旧县公社迳美大队。1961 年体制划小，称梅溪公社迳美大队。1965 年并入旧县公社，称旧县公社迳美大队。1966 年改称红岩公社红山大队。1971 年复称旧县公社迳美大队。1984 年称旧县乡迳美村。2012 年称旧县镇迳美村。辖茶头坪里、高桥上、龙潭（又名金山脚下）、上迳、中迳、下迳等 6 个自然村，10个村民小组。村委会驻中迳自然村，距旧县镇政府13公里。

迳美村居住着林、翁、马、黄、廖、饶、游7个姓。2017年，全村有668户，2475人。

迳美村党群服务中心（旧县镇政府供图）

因紫金山铜矿开采，为保障村民身体健康，党和政府对迳美村实施造福工程，进行整村搬迁，于2015年8月15日起动实施，搬迁到临城镇西陂新村住宅小区安置，项目规划占地面积21185.04平方米，总建筑面积274337.13平方米，计容面积273814.89平方米，容积率1.3，建筑密度34.54%，绿地率30%，设置80平方米、100平方米、120平方米三种户型，按照美丽乡村建设要求配套建设社区（商业）服务中心、休闲、绿化、亮化、区内道路等公共服务设施。

迳美村原有耕地1651.29亩，人均0.69亩。主种水稻烤烟。1993年紫金山金铜矿全面开采后，耕地已全部流转给紫金矿业有限公司使用。

境内紫金山矿产资源丰富，蕴藏大量金、铜和其他矿，是全国第一大金矿基地。2017年，紫金矿业正在全面开采。

有2座水库：上迳大坪里水库，面积1248.82平方米。龙潭社教水库，面积933平方米。有17条标准化渠道。

全村有数十口鱼塘，养殖淡水鱼。村民翁远樟创办上杭县鸿兴槐猪有限公司，猪舍面积达10余亩，年出栏生猪1900头。

2017年，农民人均可支配收入23368元。

公路有水东至紫金山公路、石圳至紫金山公路。金山电站至迳美公路。

2000年，全村90%农户用上程控电话。新世纪后固定电话使用已逐年减少，全村成年人几乎人人有手机。

2003年，由紫金矿业出资兴建全村各片区人饮工程，工程投资80余万元，后陆续完善各自然村人饮工程。2015年，建设自来水厂人饮工程及水净化处理系统。

1982年将学校改建为村委会活动场所，1995年修缮。有统一标识五角星和插树国旗，建筑面积2000平方米。2013年，兴建广场面积1260平方米。卫生环境好，配有图书室、会议室、阅览室。

20世纪90年代，省社教工作队进驻迳美村。工作队向上争取部分资金，由村民投工投劳在中迳片区建起一幢一层土瓦房作为礼堂及村委办公场所。后兴建了农民公园和老年活动室。

90年代，有一个卫生所负责全村的健康保健。2006年实施新型农村合作医疗和新农保制度，医疗卫生部门为村民提供多项卫生服务，至2017年，本村卫生所已移至县城消防大队旁，命名为迳美村移民卫生所。

迳美村走出老红军、长征干部、开国少将翁祥初，龙岩市国税局局长黄昌有。有1位博士，13位硕士。本科学历100余人。正科级以上干部16人。获中级以上专业技术职务者30余人。全村有37位革命烈士。

迳美村村后的紫金山，海拔1138米，面积8平方公里，山上怪石嶙峋、奇峰插天、古洞神奇，素有杭川第一名山之美称。山中蕴藏着极为丰富的金、铜矿，1993年开始全面开采。2003年，紫金山成为福建省第一家工业生态旅游区，建成国家矿山旅游公园。紫金山上有明朝时期古建筑一天门、五龙寺、古中峰寺、麒麟寺、西天寺岩等，因紫金山金铜矿开发，于2004年、2008年分别迁移至本村陈竹坑重建。

迳美村有很多民间传统手工艺，如制金银匠、泥匠、木匠、竹篾匠、缝衣、油漆、理发、阉鸡、造木床、编藤椅、烧砖瓦、打铁、刻印、作豆腐、蒸酒、造酒饼等。

迳美村历任主要负责人情况表

表25-16

姓　名	职　务	任职时间
林树浪	支部书记	1951—1961年
林荣玉	支部书记	1961—1963年
林树学	支部书记	1963—1967年
林荣玉	支部书记	1967—1973年
孔繁嵩	支部书记	1973—1978年
林树凤	支部书记	1978—1986年
林荣长	支部书记	1986—1987年
林树学	支部书记	1987—1991年
林荣达	支部书记	1991—1997年
林定盛	支部书记	1997—2003年
林荣春	支部书记	2003—2012年

续表25-17

姓　名	职　务	任职时间
林灿盛	支部书记	2012—
翁祥姚	迳美初级社、高级社社长	1954—1958 年
翁祥姚	连长、大队长	1958—1961 年
林荣育	大队长	1961—1966 年
翁祥永	大队长	1966—1968 年
马顺添	大队长	1968—1970 年
林荣育	大队长	1970—1978 年
林荣锡	大队长	1978—1985 年
马腾新	村委主任	1985—1987 年
林荣达	村委主任	1987—1991 年
林定盛	村委主任	1991—1994 年
翁发源	村委主任	1994—1997 年
马腾新	村委主任	1997—2000 年
林灿盛	村委主任	2000—2003 年
林民盛	村委主任	2003—2006 年
林灿盛	村委主任	2006—2010 年
林梅盛	村委主任	2010—2012 年
林容维	村委主任	2012—2015 年
林梅盛	村委主任	2015—

第十七节　谷坑村

谷坑村位于旧县镇政府西南部 13 公里处，是少数民族村。东连梅溪村，南近临城镇石砌、玉女村，西接湖洋镇碧田、涧头村，北与迳美村毗邻，总面积 7.36 平方公里。

土地革命时期称旧县区谷坑乡。民国时称三益乡谷坑保。中华人民共和国成立初称旧县区梅溪乡谷坑村，1953 年后划入附城区。1956 年从附城区划归旧县，设谷坑高级社。1958 年公社化，称旧县公社梅溪营谷坑连。1959 年改称大队。1961 年体制划小，称梅溪公社谷坑大队。1964 年并入旧县公社，称旧县公社谷坑大队。1966 年改称红岩公社红村大队。1971年复称旧县公社谷坑大队。1984年称旧县乡谷坑村。2012年称旧县镇谷坑村。辖上谷坑、下谷坑2个自然村12个村民小组。距上杭县城16公里。

谷坑村党群服务中心（旧县镇政府供图）

2011年6月，谷坑村党支部被中共上杭县委授予先进基层党组织。2012年4月和2015年8月，谷坑村先后被县委、县人民政府授予第十一届、十二届文明村称号。

2017年，全村常住人口477户，1656人。有蓝、钟、黄、张4个姓。其中蓝、钟姓畲族村民占48%，是旧县镇唯一少数民族村。

进入新世纪后，随着收入大增，村民兴起建砖混结构房热潮。2017年，全村除5户人外，其余村民全部住上现代化新房。

谷坑村有耕地985.5亩，以种植水稻、烤烟、脐橙为主，其次种植蔬菜、地瓜、玉米等其他经济作物。水稻年平均亩产在600公斤以上。90年代末，调整农业种植结构，烤烟种植面积逐年增加。全村拥有5个烤房。2017年，种植烤烟200余亩。同年，还在外资带动下开始种植脐橙。

谷坑村有山林562.7公顷，其中公益林72.1公顷。周边山头大多为高岭土土质，表土层薄，土壤抗侵蚀能力差。

2013年开始，上杭县财政投入100万元帮助谷坑村开展治理水土流失。共种草30公顷，补植5.34公顷，低效林改造40公顷，昔日黄土裸露的山头已披上绿装。

宋朝时期，为开发紫金山金、铜矿，一些从事打铁行业的艺人也来到紫金山，打造和修理挖矿工具，承事郎郭福安经常带领打铁师傅到谷坑村，将打铁技术传授给村民。从此谷坑村家家户户以打铁为业，世代相传，成为远近闻名的打铁专业村。20世纪80年代以前，90%以上男人从事打铁，行走各州各县，名扬四方。2017年前，县、乡、村各级联手将谷坑村打铁工艺向市政府申报为非物质文化遗产，有望获批。

1981年，由村民投工投劳建成梅溪至谷坑的公路。2005年，水泥砼路面。2014年开通谷坑村至玉女村公路，2016年全线实施路面硬化。另有村道5条合计4.526公里。

20世纪80年代，全村实现通电。

进入21世纪后，全村实现移动电话网络全覆盖，成年人几乎人人有手机。

90年代，PAUXIS天线卫星转播接收器在谷坑村普及后，随着电信网络进村，很多家庭开始使用网络电视。

80年代末，为饮水安全，部分家庭自己择地打井，独自用井水。后又有部分家庭联合起来买水管从山涧引用山泉水。2017年，全村均用上安全干净自来水。

90年代后，村部建起钢筋混凝土结构、占地840平方米、建筑面积600平方米的村部综合楼，设立了老年活动室、卫生所、农家书屋等。

村有卫生所基本实现小病求医不出村。

谷坑村从古到今人才甚多。蓝占开，党员，红军第十二军三十四师一〇一团团长。蓝武华，党员，红军福建军区独立师团长。中华人民共和国后，谷坑33人被评为革命烈士。2017年，谷坑村有硕士研究生4人，高级工程师1人。

上黄屋有一口古圆井——谷明泉，下黄屋有一口龙泉井，至今都已有600余年历史，泉水清澈甜美，冬暖夏凉。

经地质部门多次勘探，探明谷坑村储藏着大量金铜矿，有待开采，前景可观。下村有几座山头从山顶到山脚是高岭土矿，明朝时开过青瓷厂，现仍有遗踪可见。

谷坑村历任主要负责人情况表

表25-17

姓　名	职　务	任职时间
张永连	党支部书记	1962年至1977年
蓝文洪	党支部书记	1977年至1986年
张标珍	党支部代理书记	1986年至1987年
蓝学华	党支部代理书记	1987年至1988年
蓝学华	党支部书记	1988年至1991年
张李珍	党支部书记	1991年至2000年
黄林庆	党支部书记	2000年至2009年
蓝茂辉	党支部书记	2009年至2012年
张养珍	党支部书记	2012年至
黄凤池	村长	1949年至1951年8月

续表25-19

姓　名	职　务	任职时间
蓝殿来	村长	1951 年 9 月至 1952 年 8 月
蓝占茂	村长	1952 年 9 月至 1953 年 8 月
黄耀杨	乡长	1953 年 9 月至 1955 年 8 月
张永连	初级社社长	1955 年 9 月至 1956 年 8 月
张永连	高级社社长	1956 年至 1958 年
黄耀垣	连长	1958 年至 1959 年
张永连	大队长	1959 年至 1962 年
黄耀垣	大队长	1962 年至 1963 年
蓝文洪	大队长	1963 年至 1966 年
蓝殿堂	大队长、革领组组长	1966 年至 1971 年
蓝武同	革领组组长	1971 年至 1977 年
黄凤桐	大队长	1978 年至 1979 年
蓝殿宗	大队长	1979 年至 1981 年
张李珍	大队长	1982 年至 1984 年
张李珍	村委主任	1984 年至 1991 年
蓝学华	村委主任	1991 年至 1994 年
黄耀新	村委主任	1994 年至 2000 年
蓝茂辉	村委主任	2000 年至 2009 年
张养珍	村委主任	2009 年至 2012 年
黄林庆	村委主任	2012 年至 2015 年
黄汉雄	村委主任	2015 年至

第十八节　梅溪村

位于旧县镇政府西南部 13 公里处，旧县河下游两岸。东北临旧县河与水东村交界，东南与临城镇白玉村相邻，西与谷坑村相连，北靠石圳、迳美村，西南临旧县河与临城镇石砌村接壤。面积 6. 84 平方公里。

土地革命时称旧县区梅溪乡。民国时称三益乡梅溪保。中华人民共和国成立初称旧县区梅溪乡。1956年设梅溪高级社。1958年撤区并乡，称梅溪乡，同年冬公社化，称旧县公社梅溪营。1959年称旧县公社梅溪管理区，后改称旧县公社梅溪大队。1961年体制划小，称梅溪公社梅溪大队。1965年，梅溪公社并入旧县公社，称旧县公社梅溪大队。1966年改称红岩公社梅溪大队。1971年复称旧县公社梅溪大队。1984年称旧县乡梅溪村。2012年称旧县镇梅溪村。辖石背、上何屋、兔子岗、下何屋、胡屋、赤岗、双口塘、笛子岗、李坊寨9个自然村，划分为18个村民小组。村委会驻兔子岗尾部胡屋自然村，距旧县镇政府13公里。梅溪是旧县镇规模最大，姓氏、户数、人口、耕地最多的行政村。

梅溪村党群服务中心（旧县镇政府供图）

梅溪村有阙、胡、何、李、吴、游、谢、袁、黄、张、陈、曹、章、蓝、王、黎、钟、翁、刘等19个姓氏。2017年，全村有956户，4000余人。其中汉族3470人，畲族530人。

改革开放后特别是进入新世纪以来，家家户户兴建砖混钢筋结构新房，过上安居乐业幸福生活。村容村貌焕然一新。

全村有耕地1951亩，主种水稻、小麦、烤烟、地瓜、黄豆等作物。新世纪以来，土地流转，建有鸿发葡萄园基地、百香果园基地、鸿福农业合作社，种西瓜、甘蔗、芋子等作物。改革开放、农村实行生产责任制后，粮食产量大幅提升，2000年平均亩产达754公斤。

梅溪村种田基本实现机械化，有重型农用汽年5辆，拖拉机及其他农业机械齐全。

有天然生态林431公顷，长松、杉、竹、樟等。山地种柚子、桃、李、板栗等果树。

农田灌溉除有双丰水库、潭岗山塘外，1993年，大沉坑水库建成。2007年，建电灌站2座。2015—2017年，建标准化渠道3条。有石壁陂、墅湖陂、弹冈陂、社公陂，灌溉全村农田。

2017年，全村有散养耕牛218头，规模养兔户3户，每户日存栏百只以上。养羊专业户1户，存栏50只以上。

梅溪村交通便利，205国道在村里经过。乡道有2条，村道有14条。

2016年，兴建人饮工程自来水厂1座，使全村村民用上清洁卫生的自来水。

2000年，在下何屋共田路自然村兴建村委会办公楼1幢，钢筋混凝土结构三层楼房，占地 面积120平方米，建筑面积360平方米。

梅溪村农民公园（旧县镇政府供图）

1978 年全村用上了电。1993 年开通程控电话。2000 年开通有线电视。

20 世纪 90 年代在兔子岗小学旁兴建医疗室 1 幢，有乡村医生 4 人，环境卫生整洁。2017 年，除有专门垃圾运输车处，另有清洁工人 5 人。

1997 年，中国人寿保险有限公司捐建教学楼 1 幢，总建筑面积 13100 平方米，另建有标准化环形跑道和塑胶运动场，总投资 800 多万元。学校改名为平安希望小学。2017 年，有学生 272 人，其中小学生 158 人，幼儿学生 114 人，教师 27 人。

2013 年，由广东省富生集团有限公司阙祥富先生捐资 30 万元成立祥富奖学基金会，每年捐资 3 万元奖励梅溪学校考上一中和本一大学生以及教学成绩突出的教师。同时中国少年发展基金会和中国人寿保险公司，设立平安希望奖学基金，用于奖励优秀初高中学生。

梅溪村人才辈出。清代，有骠骑将军何在祥。第二次国内革命战争时期，李明辉任红三十四师一〇四团团长，在血战湘江中壮烈牺牲。中华人民共和国成立后，有老红军、长征干部胡灿传、何书田，分别担任军队和地方有关领导职务。另有胡华生任正团级干部；胡德梅任中国驻伊朗、阿富汗大使馆二等秘书。处级以上干部有胡先坤、胡炳春、阙春林、阙秋昌。阙双林，在龙岩市立医院任主任医师。著名企业家阙祥富、阙炼昌等，活跃在各创业致富领域。据不完全统计，至 2017 年，考入各大专院校学生有 1000 多名。解放后，全村有 81 人被认定为革命烈士。

每年农历“二月二”，是梅溪村特色传统民俗活动日，甚为隆重。

古建筑与景观有洪源庵、灵光寺、天后宫、古石岩等。

梅溪村历任主要负责人情况表

表 25-18

姓　名	职　务	任职时间
吴庆荣	党支部书记	1958—1960 年
何其华	党支部书记	1960—1965 年

续表25-18

姓 名	职 务	任职时间
钟元星	党支部书记	1965—1970年
阙树进	党支部书记	1971—1978年
阙天林	党支部书记	1978—1982年
阙沐林	党支部书记	1982—1987年
阙天林	党支部书记	1987—1991年
阙树进	党支部书记	1991—1994年
阙财炎	党支部书记	1994—2000年
阙沐林	党支部书记	2000—2003年
何煊庆	党支部书记	2003—2006年
阙其昌	党支部书记	2006—2015年
阙永福	党支部书记	2015—
何庭华	乡长	1953—1955年
谢瑞堂	乡长	1955—1958年
陈步高	乡长	1958—1960年
阙思兴	大队长	1960—1968年
阙树祥	革领组长	1968—1970年
阙树文	大队长	1971—1978年
胡灿楊	大队长	1978—1982年
阙天林	大队长	1982—1984年
阙天林	村委会主任	1984—1987年
李宝员	村委会主任	1987—1991年
陈耀华	村委会主任	1991—1994年
阙天林	村委会主任	1994—2000年
阙天林	村委会主任	2000—2003年
阙天林	村委会主任	2003—2006年
胡灿铨	村委会主任	2006—2012年
阙喜林	村委会主任	2012—2015年
胡灿铨	村委会主任	2015—

第十九节 水东村

位于旧县集镇西南部10公里，旧县河下游两岸。东南与白砂镇洋乾村交界，南与临城镇白玉村毗邻，西南与梅溪村接壤，北与角龙村相连。

水东村党群服务中心（旧县镇政府供图）

土地革命时属旧县区梅溪乡辖。民国时设三益乡水东保。中华人民共和国成立后称旧县区梅溪乡水东村。1953年称旧县区水东乡。1954年划入附城区。1956年设水东高级社。1958年2月，从附城区划回旧县。1958年10月公社化，称旧县公社水东连。1959年改称大队，称旧县公社水东大队。1961年6月，体制划小，称梅溪公社水东大队。1965年，梅溪公社并入旧县公社，称旧县公社水东大队。1966年改称红岩公社水东大队。1971年复称旧县公社水东大队。1984年称旧县乡水东村。2012年称旧县镇水东村。辖井下、鲤田坝、上丰岭、下坑里、岭下里、溪边、郭屋、蓝蓬里、张家山等9个自然村。距旧县集镇10公里。蓝篷里（又叫兰明里）、张家山是革命基点村。

水东村原居住着张、李、黄、陈、郭、王、吴等7个姓氏，后增加曹、华、郑3个姓氏。2017年，全村共有315户，1386人。

水东村2009—2011年度被评为文明村。2012年2月被评为平安和谐村，2012—2014年度被评为文明村。2013年3月被评为先进集体。2014年4月获美丽乡村建设一等奖。水东村党支部2014年7月被评为先进基层党组织。2016年6月被中共上杭县委评为先进基层党组织。

全村有耕地789亩，主种水稻、烤烟、芋子、地瓜，次种花生、甘蔗、玉米、木薯等。1989年种植烤烟500亩，亩产130公斤，总产6.5万公斤。有山林22880亩，主要生长松、杉、竹、枫、杂木等，盛产木材、毛竹、松香、土纸、枫香等。

1986年后，通过修缮原有上、下陂圳，并在鲤田坝、上丰岭、水东桥头等地建有电灌站3座，在水东坑口兴建水库一座，全村农田水利条件大为改善。

2005年后，通过开通水东至紫金山公路和村道7条，建成水东大桥，交通条件进一步改善。

水东村农民公园（旧县镇政府供图）

通过1998年与梅溪村合建人饮工程，2006年自筹资金在池牛山兴建自来水厂，特别是后来与旧县镇自来水合并使用，全村人用上安全卫生自来水。

2015年，投资125万元，兴建村委会综合办公大楼一幢，三层楼房，有办公室、会议室、老年活动中心等。2016年，投资41万元，兴建农民公园一座，建筑面积2000平方米。

进入21世纪后，全村电信、移动、联通电话网络全覆盖，移动电话进入新时代，成年人几乎人人有手机。同时，每家每户都安装彩色电视，全村有彩色电视机300多台。

2006年后，实施新型农村合作医疗制度，设立村级卫生所，配备乡村医生和助理人员。

1995年，由观茂集团捐资，兴建观茂小学一座。1990年，由村规划用地，政府投资，兴建紫金中学一所。到1998年，以上小学、中学皆因生源不足而撤销。2013年，由谢玉梅女士创办私立国学经典学校一所。

清光绪年间，水东村曾走出武举人李国桥。土地革命时期，水东村走出福建省苏维埃政府副主席张思垣，红军独立师某团团长吴先彬。中华人民共和国成立后，全村被评定革命烈士30人。

水东坑有丰富的优质石灰石，岩下山有几千亩山林资源，水东坝有50亩樟树林，有待于今后开发利用。

已知水东村历任主要负责人情况表

表25-16

姓　名	职　务	任职时间
李荣贞	党支部书记	1984—1989年
张立元	党支部书记	1992—1995年
郭如春	村长	1949—1952年

续表25-16

姓　名	职　务	任职时间
张锡良	村长	1952—1955 年
李志隆	高级社社长	1956—1958 年
张锡伦	连长、大队长	1958—1960 年
张宏河	大队长	1960—1963 年
张宏胜	大队长	1963—1965 年
李志隆	大队长	1965—1968 年
张成坤	大队革领组组长	1968—1971 年
张锡先	大队革领组组长	1971—1974 年
钟和星	大队革领组组长	1974—1977 年
张锡伦	大队革领组组长、大队长	1977—1984 年
张成锡	村委主任	1984—1986 年
张宏仁	村委主任	1986—1989 年
张天福	村委主任	1989—1992 年
李步胜	村委主任	1992—1995 年
张天福	村委主任	1995—2009 年
张福兴	村委主任	2009—

第二十节　新康村

新康村位于旧县镇东部，旧县河东岸，距旧县集镇、205 国道 12 公里，东南与福村村接壤，南与赤水洋毗邻，西临旧县河，北与南阳镇矶头村鹿角滩交界。

新康村原名安康、庵坑，中华人民共和国成立后取名新康。2014 年 1 月，经上杭县人民政府批复，成为行政村，辖 3 个村民小组。

新康村于清康熙初因看守山林并生产手工黄纸，先民从本镇石圳村搬迁至本村。清属白砂里，民国时设甲归寮坝保。中华人民共和国成立后称庵坑。1956 年设作业组归河东高级社。1958 年设生产队隶属旧县公社河东大队。1966 年设农场，称旧县公社农场。

新康村党群服务中心（旧县镇政府供图）

“文化大革命”后，复称旧县公社新康生产队，由旧县公社直属。1984年称旧县乡新康村民小组。1996年实施省造福工程，全村迁移至旧矶公路鹿角滩对岸，地名“连湖”。2012年称旧县镇新康村民小组，由旧县镇政府直属管理。2014年1月经上杭县人民政府批复，成立新康村民委员会。并成立村党支部、团支部、妇代会、自保会、民兵营、计划生育协会、老年协会等。经过新农村建设和党建综合示范点建设，村容村貌焕然一新，先后被评为“村镇建设先进单位”“平安村”。党支部被评为“创先争优先进基层党支部”“先进基层党组织”。

新康村居住着孔氏一姓，开基始祖孔尚修于清朝康熙初年由旧县石圳村迁入，至今已传至16代，有常住人口49户238人。

以前村民在旧村（庵坑）居住的都是木结构房屋。1996年省实施造福工程，全村迁移至旧矶公路鹿角滩对岸“连湖”新建房屋。2000年以后，兴起第二次建房热潮，大部分土木结构房屋被砖混结构房屋代替。

耕地面积80亩，以种植水稻为主，辅以种植地瓜、花生等其他作物。1990年粮食总产量28吨。

全村有山地面积1000余公顷，其中国家级生态公益林533公顷，主要生长松、杉、毛竹及其他杂木。

新康村共建有2处水电站，一级站建于2000年，二级站建于2010年。

新康村原先靠摆渡过河进出。1995年在连湖渡口建铁索桥，桥长100米，由8条铁索支撑，宽2米，上面铺木板供村民进出。2009年春季被洪水冲毁。2010年由交通部门出资新建大桥，全长120米，为组合体系桥，钢筋混凝土结构，双梁式桥梁，桥宽5米，高20米。从此交通条件大为改善。

1991年，全村开始使用电灯照明。2005年开通座机电话。1995年开始用上电视。

2015年冬，兴建村委会办公楼。

新康村主要负责人情况表

表 25-20

姓　名	职　务	任职时间
曹溪连	党支部书记	2014—
孔令松	村委主任	2014—

附　录

上杭县人民政府关于撤销蛟洋乡旧县乡设立蛟洋镇旧县镇的批复

蛟洋乡、旧县乡人民政府：

根据《福建省人民政府关于上杭县撤销蛟洋乡旧县乡设立蛟洋镇旧县镇的批复》（闽政文〔2012〕2号）和《龙岩市人民政府关于上杭县撤销蛟洋乡旧县乡设立蛟洋镇旧县镇的批复》（龙政综〔2012〕78号）精神，经研究，批复如下：

一、同意撤销蛟洋乡、旧县乡，设立蛟洋镇、旧县镇。管辖范围不变，以原乡管辖的行政区域为现镇管辖的行政区域，政府驻地不变。请及时做好更换印章、牌匾等相关后续工作，确保各项工作顺利衔接。

二、请及时做好更换印章、牌匾等相关后续工作，确保各项工作顺利衔接。

三、要妥善处理机构设置、人员调配等问题，实施镇管村体制；要以撤乡设镇为契机，加强镇城规划建设，加快推进城镇化进程，促进经济社会全面发展。

四、要求于5月1日前完成相关后续工作，5月1日开始实施镇管村体制。撤乡设镇所需经费由你们自行解决。

此复。

上杭县人民政府

2012年3月21日

上杭县人大常委会
关于撤销旧县乡设立旧县镇的决定

（2011年9月14日上杭县第十五届人民代表大会常务委员会第三十四次会议通过）

上杭县第十五届人民代表大会常务委员会第三十四次会议审议了县政府关于撤销旧县乡设立旧县镇的议案。会议认为，撤销旧县乡设立旧县镇的时机成熟，条件具备。撤销旧县乡设立旧县镇有利于我县总体发展战略的实施；有利于推动我县工业化、城镇化进程；有利于我县县域经济的产业布局，促进旧县矿业经济的发展；有利于统筹城乡发展、促进旧县的全面发展。会议同意撤销旧县乡设立旧县镇，请县人民政府按程序报批。

上杭县人大常委会

2011年9月15日

上杭县人民政府关于成立旧县镇新康村民委员会的批复

杭政〔2014〕10号

旧县镇人民政府：

你镇报来《关于要求成立旧县镇新康村民委员会的请示》（旧政〔2013〕91号）收悉，按照《中华人民共和国村民委员会组织法》有关规定，经上杭县第十六届人民政府第22次常务会议研究，现批复如下：

一、同意你镇成立新康村民委员会。新康村民委员会成员职数为3人，设主任1人，委员2人。按照《中华人民共和国村民委员会组织法》有关规定，要求于今年3月底前依法选举产生村民委员会成员。

二、旧县镇人民政府在组建新康村民委员会过程中要加强组织领导、部门协调和工作指导，强化宣传引导，切实做好干部群众思想工作，协调解决新康村民委员会办公场所，按照“精简、高效”原则以及有关规定设置村民委员会组织机构，依法择优组建村民委员会机构领导班子。

此复。

上杭县人民政府

2014年1月28日

共和国海关摇篮之一

——苏区时期旧县石圳潭关税处

江树高

上杭苏区石圳潭关税处办公旧址之一——石圳村孔氏享堂（旧县镇镇府供图）

土地革命战争时期，各地苏维埃政权建立后，纷纷在苏维埃政权内建立财税工作机制，在辖区各水陆要冲设关税征收点。1931年11月中华苏维埃共和国临时中央政府成立后，中央政府内设中央财政人民委员部，首任部长邓子恢，下设会计处、审计处、总务处、税务局、公债管理局、国产管理局、合作指导委员会等。其中税务局下设农业税征收科和商业税征收科（后增设关税征收科），负责管理中央苏区各地关税处。最多时下设机构达5个，即农业税征收科、商业税征收科、关税征收科、商业登记管理处和财会总务处。1933年3月17日，临时中央政府颁布《财政人民委员部训令第十五号——建立关税制度》，决定在赣南、闽西15个苏区县边境水陆要冲设立24个关税处，遍及赣江、抚河、信江、闽江、汀江等5条水路和苏区与国民党统治区边境的陆路隘口。其中在今闽西范围有2个关税处，即上杭旧县石圳潭关税处和汀州关税处。

石圳潭关税处是上杭县关税总处，除管好本处和旧县集镇分处业务外，还管辖同坑、官庄2个关税处工作。石圳关税处办公地址一处在石圳下街连兴店里，一处在中心屋里（该址现仍保存完好）。

石圳潭、官庄、同坑3处，实际上早于1931年就已设立关税点。1933年3月升格为处并直属于中央政府关税征收科后，人员配置更为完备，制度更为规范。

石圳潭关税处设有主任、会计、出纳、检查、炊事和武装保卫人员。关税处主任陈善奎（角龙村人），副主任张发万。张发万初时任出纳，任副主任后出纳移交孔元先（石圳村人）担任。另还有检查员林武，核算员德礼，炊事员黄富茂等。武装保卫负责人先后有元仁、严福周、李开万。旧县关税分处主任是陈仲三。官庄关税处主任蓝善嵩，同坑塘关税处主任为游通芳。

关税处课税的出口货物主要是土纸，税率为3%；进口的货物布匹、杂货等税率3%，鱿鱼、墨鱼、大饼、食杂和鸡鸭等5%。药材税率较轻，红军需要的药品可免税，盐、誊写蜡纸也可免税。如遇金银、宝锭锡箔和国民党纸币，给予没收。收税的手续是先由检查员检查，后由会计开税票，在审核人审核后由出纳收钱款。税单由中央统一印制，发至县苏，各关税处直接向县苏领用。税单为骑缝式两联单，内联为存根，外联给纳税人，票上既盖公章，也盖私章。公章为长方形，上有“中华苏维埃共和国临时中央政府石圳潭关税处”字样。凡经纳税出口的货物，不同关税处分别给予盖上“元”“亨”“利”“贞”不同字样的印子。“元”代表官庄关税处，“亨”代表同坑塘关税处，“利”代表石圳潭关税处，“贞”代表旧县关税分处。凡遇盖上这些印样的货物，就知是哪个关税处已收税，其他地方不再课税。运至国统区后，商人将这些印样撕掉，免被国民党当局找麻烦。各关税处所收税款，统一上缴设在旧县集镇上的县苏维埃政府财政部，由其转交中央。县苏财政部部长阙万福，助理王永茂。

关税处工作人员工资每人每天2角，除去伙食外，每半月或一个月结算一次，节余的伙食尾子发给私人零用。收入虽然微薄，但大家日子还是过得开心。

由于当时上杭苏区地处中央苏区东南门户，上杭城和汀江以西广大农村地区长期处于国民党统治范围，故苏区和国统区之间争夺税源斗争甚为激烈。汀江河上有木船从回龙、官庄往上杭方向运送土纸等大宗货物，往往都有国民党大批武装人员押送。敌强我弱，苏区关税处常常只能放弃没把握取胜的收税机会，税款多在肩挑货物范围内收取，税源有限，所收税款也不多，石圳潭、同坑塘和官庄3处，每月税款总额多在七八百至一千多元之间。但尽管如此，作为共和国海关工作摇篮时期的闽西苏区关税人，他们在艰苦条件下，辛勤工作，敬业尽责，不仅为中央苏区税收取得起到增砖添瓦作用，也为共和国海关建设经验积累发挥了重要作用。

峥嵘岁月写忠诚

——横塅革命基点村革命简史

刘宝联

横塅村位于旧县乡新坊村西南边，东与白砂交界。三年游击战争时期，这里是红军游击队的主要据点。当年，为支援红军游击队坚持艰苦卓绝的三年游击战争，横塅人民不屈不挠，象岩下山上的松树那样刚强挺拔，坚持革命红旗不倒。

1929 年 3 月，朱德、毛泽东率领红四军首次入闽，打下长汀县城。5 月红四军再次入闽，攻克龙岩、永定县城，6 月 7 日，红四军取得白砂大捷。随后，在白砂暴动队协助下，旧县各乡秘密组织暴动队。8 月 18 日（农历七月节），在红四军帮助下，邱棣华领导旧县人民暴动成功，接着新坊（包括横塅村）、石院等村开展打土豪分田地、烧契约斗争。当即成立赤卫队、少先队、儿童团。10 月间成立旧县区苏维埃政府。

在党和苏维埃政府的领导下，横塅村人民同新坊人民一道积极扩大红军，发动青壮年参加赤卫队、模范营，保卫苏区、建设苏区、发展苏区，在主要路口和高山顶上设立岗哨，实行赤色戒严。为防止敌人夜间偷袭，革命群众在关键路口用绳索拦住，绳的一端系在树上，另一端绑在岗哨附近的洋油桶上，当敌人经过时，碰上绳子，洋油桶就会发出响声“报警”，乡里、村里就立即组织力量抗击来犯之敌。于是敌人就不敢随便侵袭新坊横塅村了。但是敌人一刻也没有放弃对苏区人民的进攻，他们连做梦都想摧毁苏维埃政权。

1933 年 3 月，驻上杭城之敌钟绍葵部侵占白砂。中共上杭县委、县苏维埃政府机关被迫转移到旧县新坊和石院一带。白砂区苏维埃政府和部分乡苏维埃政府机关也随之迁移到了新坊乡横塅村。当时，曾有少量钟绍葵部骚扰横塅，但都遭到横塅人民和白砂区苏武装的反击，敌人都以失败而告终。

1934 年 10 月，由于王明“左”倾错误路线的统治，中央苏区未能粉碎国民党蒋介石的第五次“围剿”，中央主力红军不得不实行战略大转移，举行二万五千里长征。此后，闽西南大部分苏区被国民党反动派占领。反动派的军队经常骚扰旧县苏区。旧县新坊广大人民群众在党的领导下，开始了艰苦卓绝的三年游击战争。

国民党军八十三师侵占旧县后，时常窜进横塅一带抢劫、捣乱。在岩下山游击队帮助下，横塅人民与敌进行了顽强的斗争。为了支持、保护岩下山游击队，横塅村广大人民群众在遭受反动派摧残迫害、环境极为险恶的情况下，仍然千方百计，三年如一日地为游击队送信、侦察敌情，接济粮食、日用品等，从而保存了革命的有生力量，取得了三年游击战争的伟大胜利。

想方设法为游击队解决粮食和日用品

1935年，横塅村人民群众利用赶墟机会，每三五天就到旧县、白砂等圩场上购买粮食、副食品或日用品，并将这些物资集中放在本地李发清、李松盛家中。游击队在夜间按规定的联络号到发清、松盛家取。后来，反动派发觉群众采购粮食不正常，上墟买的没有吃完，这一墟又买这么多？怀疑他们不全自己吃，是用来接济游击队。因此就对群众购粮实行限量。可是，游击队山上没有粮食就无法生存。为了解决游击队粮食问题，横塅人民决定一方面自己省吃俭用，另一方面自己吃杂粮，将大米让出来送给游击队吃，并每次都那样及时、那样足量，从而保证了岩下山游击队的大部分给养。

1936年11月中旬，由于叛徒告密，岩下山游击队在横塅村的联络点被敌人发现了。一天夜里，江书通、林春生带领石圳潭的孔繁林等民团突然窜进横塅村将李发清和李松盛两人抓去。反动派妄图从李发清、李松盛口中捞到游击队去向和活动情况，于是用尽各种残酷刑法对其进行摧残。然而，敌人还是竹篮打水一场空，李发清、李松盛宁死不屈、视死如归，始终没有暴露半点实情。接着，敌人就把他们关进县城监牢。发清、松盛被捕后，村里群众随即自动集中开会研究对策，并当场宣誓，万一被敌人抓去，只能自己一人死，绝不出卖他人。岩下山的游击队获悉后，派员下山进村慰问。群众当面向游击队说明："不要紧的，发清、松盛被捕，就是死也没关系，他们绝不会来害同志们的……"李发清对来县城探监的儿子说："你们不要愁我，我60多岁了，要死也死得过了，我死都不会承……"凶残的敌人在他们身上没有得到游击队的线索，恼羞成怒，以后就把他们枪杀了。消息传到横塅村，广大人民群众悲愤万分，都说血债要用血来还，一定要彻底消灭反动派。尽管敌人对横塅村人监视更加严密了，但始终割不断人民群众与共产党游击队的联系，无法阻止横塅村人民群众对岩下山游击队的各种支援。人民群众仍然利用上山砍柴、做纸、田间劳动机会，把粮食、食盐、日用品源源不断地带给游击队。

积极协助游击队侦察敌情，密切配合游击队歼敌

1936年4月，横塅村青年妇女孔六妹等人利用牧牛机会，在通济庵侦察到新坊国民党理事会办公处存放的枪支。她们回村后立即向岩下山游击队报告。两三天后，游击队悄悄包围了"通济庵"国民党新坊理事会，捕杀了正、副理事长，缴获步枪三四支，当场击毙企图逃跑的反动武装分子邓宝。为了避免敌人的怀疑，聪明的孔六妹在游击队袭击"理事会"后的连续3天里，邀集富农的女儿一同前往通济庵牧牛。

"理事会"被游击队袭击后，反动派更加恐慌，随即招兵买马，把地富流氓子弟扩充为地主武装——团防队，他们集中了全乡土豪枪支加以武装。10天后，在早康重新组建国民党乡公所，并在新坊筑起了一座碉堡，专门对付共产党游击队。

为了沉重打击敌人的嚣张气焰，1936年5月，横塅村人民紧密配合游击队在九曲峡捕杀了企图为国民党反动派送信到旧县去的反动分子丁子。6月11日晚，游击队根据群众提供的情报，悄悄下山进村，捕杀横塅村里2个反动分子。7月，又杀掉到横塅打探游击队消息的地主之子、反革命分子严木。8月，游击队在扁山往横塅村路上击毙了经常以势压人、以势欺人，随时乱霸占、吞食人们财产的国民党乡长李荣。广大人民群众为之拍手称快。

“移民并村”难以阻断对红军游击队的支持

国民党反动派为了割断人民群众与游击队的联系，困死、饿死共产党游击队，决定对革命群众实行残酷的“移民并村”政策。

1937年农历正月，敌人强迫群众集中开会接受他们“训话”。在会上，新坊乡副乡长和保长再次强迫群众“自新”。然而群众却一言不发，用沉默表示抗议。最后他们提出要全村迁移到新坊居住。乡、保长走后，游击队立即派人到村慰问，并商议联系地点等问题，群众一致向游击队表示：“我们出去你们不要担心，今后你们的粮食无论如何会想办法接济你们，只要我们有食，你们就不要愁。”三月间群众被迫移民至新坊，分散住在地主或其他群众家中。反动派经常派人暗中监视横塅村群众行动，派反动武装经常到横塅一带活动。群众回村耕种只能在上午去，太阳未下山时就得回到新坊，并有反动武装跟随。这样使我游击队粮食曾一度出现困难。但很快群众就将自己的住所告诉了游击队，并商讨了解决这一困难的办法。随后大家就将自己剩下不多的粮食，利用圩日假装赶圩将粮食送到住在保长家中的孔六妹、李瑞春、李松玉、李松生处。五月间游击队于黑夜到新坊包围保长住屋，从屋顶爬入打开大门，以捕地主妻、母为名，将放在孔六妹等处的米挑走，还杀了地主的猪。为了保护李松玉，游击队假装将横塅村群众李松玉和地主之妻绑起，说松玉就是地主，而地主妻说：“我的丈夫住在乡公所，他（指李松玉）是横塅搬来的。”游击队听后顺水推舟，把李松玉释放了。游击队走后，群众去乡公所报告说：“游击队来抢走了粮食，杀了猪。”次日保长回家质问孔六妹等：“你们的猪为什么不会给游击队杀掉？”其妻则为群众辩护说：“不是我求情，莫讲他们的牛、猪不会被杀掉，恐怕连松玉哥也给杀掉了。”保长信以为真，无话可说。

1937年全面抗战爆发、国共合作抗日局面形成后，在岩下山坚持斗争的红军游击队被编入新四军二支队，开赴苏皖前线抗日。临别时，特地到横塅村约了部分革命群众到山上见面，紧紧握住群众的手，深深感谢大家三年来冒着巨大牺牲，向游击队提供各种支持，说“以后我们回来绝对不会忘记大家的恩”。中华人民共和国成立初，上级人民政府拨出一批钱款粮食，帮助横塅革命基点村群众恢复生产，重建家园。

（原载《上杭革命基点村简史》中共党史出版社2010年12月版 编入时略有改动）

不屈不挠的小富坑

——小富坑革命基点村革命简史

谢友荣

小富坑原名小布坑，位于上杭县旧县乡兰田村以南约 6 公里的深山坑里，与岩下山毗连。土地革命前，这个小居民点住有刘元庆妻母 3 人；罗四姑（夫谢攀进去世、继夫孔修书）一家 4 人；温贵康一家 3 人；还有单身男子谢攀和、丘五哥、丘妹子 3 人，共 6 户 13 人。他们一共有耕地 8 亩，并开了 3 只纸槽，耕田兼做纸。劳作虽辛苦，但维持生活仍很困难。加上在那个黑暗年代，常遇贼偷匪劫，更使这里群众终日不得安宁。

1928 年，在外参加革命的尧埔村人丘棣华受上级指派，回家乡开展革命活动。11 月成立中共旧县党支部后，曾经在这里开过秘密会议，组织发动群众准备暴动。1929 年 6 月上旬末，红四军一部经过旧县，朱德、毛泽东亲自找旧县支部负责人谈话，指点开展革命斗争方向。8 月，在红四军一纵队配合下，旧县暴动成功。之后，相继建立了区、乡苏维埃政府。小富坑人民欢欣鼓舞，迎来了翻身解放、当家做主好时光，积极投入轰轰烈烈的建设苏区和保卫苏区斗争。

为了巩固和发展革命根据地，苏区各级政府把农业生产作为经济建设的中心，颁布一系列发展农业生产的政策法令。如 1930 年 3 月《闽西第一次工农代表大会的宣言及决议案》规定：“凡开荒者六年之内不收土地税，十年之内任其使用，政府不予收回。”这些政策规定，极大地调动了农民的革命生产积极性。小富坑成为发展生产的基地之一，先后有孔庆丰、林化禄、林化寿、曾文妹、李双武等人入山垦荒耕地、新建纸槽，每只纸槽又需要四五个劳力，一时间山沟里热闹沸腾，耕地迅速扩大到 40 多亩，纸槽发展到 7 只，小富坑呈现出一派繁荣安定景象。“羊角开花红又香，穷人翻身乐洋洋，垦荒造纸大生产，有粮有钱送前方”等革命山歌，不时在深山里悠扬回荡。生产的发展，为改善农民生活、支援前线创造了物质基础，也为以后支援游击队坚持革命斗争提供了一定物质条件。“小富坑”由此而得名。

1934 年红军主力北上前后，部分苏区机关和工农武装逐步向岩下山转移，并建立岩下山游击队。小富坑成为游击区的前沿哨所，常有游击队小分队（排、班）驻守。小富坑村南有一座堆放做土纸用的石灰小楼。楼上可观望入村的远道，楼后有一条路直通岩下山，还有一条路通向新坊基点村。因地理位置好，使人进退十分灵活方便，因而游击队就选在这楼子上居住。小富坑人民不仅为他们提供食住，还常为他们传递情报，护理伤病员、护送革命同志转移，冒着生命危险支持革命斗争。当时的闽西南军政委员会领导人张鼎丞、邓子恢、伍洪祥、陈玉恒等，都曾在这里活动，领导游击战争，有时进出岩下山在这里短暂停留，与革命接头户促膝谈心，宣传革命道理，分析革命形势，教育他们讲究斗争策略，鼓励他们克服困难坚持斗争夺取最后胜利。这使他们更加坚定了革命必胜信心。

1934年冬，国民党军八十三师占领上杭旧县一带后，反革命气焰十分嚣张。为了对革命力量进行“清剿”，他们强行在游击队据点周围的乡村推行保甲制，野蛮实施移民并村。其中对小富坑实行了“三光”政策。第一次洗劫，抢去耕牛2头，大猪4只，稻谷1000多斤，并把在此开槽造纸的林化禄抓到县城，施以种种酷刑。在软硬兼施一无所得的情况下，吹风叫人赎保。消息传开，县里、乡里、保里的民团地痞，层层乘机大敲竹杠，大肆勒索。林化禄的妻子和弟弟化寿叔嫂俩无奈忍痛卖掉3个亲生女儿和一个养女，卖掉大牛大猪大狗，几乎所有值钱的东西都变卖了，至第二年春才赎回遍体鳞伤的林化禄。多少年后，笔者采访时，年届90高龄的化寿儿子媳妇，回忆起当年的苦难往事，仍悲愤难平，泣不成声。

敌人的残暴更加坚定了小布坑革命基点村人民继续坚持斗争的意志。在群众支持下，游击队活动更加频繁。为了打击敌人，鼓舞群众，游击队在兰田村击毙了曾向河对岸泥舍庵驻扎的白军通风报信的林广林，为群众出了一口气。为了扑灭小富坑的革命火种，敌人加强了对小富坑游击队的封锁。他们在兰田村修筑了炮楼，驻扎上军队，设岗放哨，监视群众行动，不准人们出山入山；对小富坑日夜监控，严密封锁。但是，这一切都无法切断革命群众与游击队的联系。一次，有个游击队干部因紧急任务须取近道由小富坑回岩下山，交通员和另一个接头户巧妙地护送他在敌人的炮楼下通过，使他安全地经过小富坑，顺利到达岩下山。

这年春节前夕，敌人又下毒手了。他们限令小富坑群众3天内全部搬走，否则连人带屋一并烧焦。革命群众利用短短的限期，在迅速把主粮坚壁起来，帮助游击队在陂潭角里、乌岽坑、空坑尾搭建了3座以便流动人员过宿的茅棚后，便拖儿带女提着部分剩余衣物含泪离开村子。此时刘元庆已逝，其妻富娣嫲扶着婆婆，背着4岁的儿子投靠到新坊小坑亲戚家。温贵康、孔庆丰分别被逐回白砂官地和旧县石圳潭；罗四姑母子被逼至全坊；曾文妹等搬回兰田。过了几天，反动派果然气势汹汹进村了。他们丧心病狂地把全村房子全部烧光，连堆放在山田中的一堂上下厅新木料也不放过，全部被烧成灰烬。这一场火劫共计烧掉住房7座45间，纸寮7座。粪寮厕所以及未转移的粮食杂物全部烧尽。丘五哥因年纪大（当时已近70岁），又正患着病，还没离开，被捆绑了起来，用畚箕扛着在山路上转来转去，要他指点游击队的住地和去向，后又被扛到县城杀害。

野蛮的封锁、凶暴的摧残，始终没能动摇小富坑人民的坚定信念。虽然家破人亡，流离失所，散居各地，但他们坚信红军一定会回来，革命一定能胜利。长期的斗争也锻炼了他们对敌斗争的才智。他们不断改变策略和方式，与游击队保持联系，为游击队智送情报、转送物资。如在约定地点以折放不同树种、颜色的树枝及枝条树叶等标记、暗号向游击队报告敌情；把妇女上山担柴草的竹杠捅空，装入油盐药品以砍柴为名送到山上约定地点等。被逼到新坊村去的傅娣妈，经常入白砂出旧县采买紧要物品，用各种办法源源不断送给游击队。一次，游击队丘鸿辉那个班住在小富坑隐蔽的草棚里。丘洪辉和同班林某的妻子都生了孩子，正在坐月子，他们商定晚上回家看看，天亮前赶回班里。路上又约好，谁先回队都要在“双碑地”插一根松枝（进山路上有一穴双碑墓，群众和游击队经常在这里设标记暗号互通情报）。夜里，地下交通员曾文妹发现林某溜入保长曾益昌家里，觉得事有蹊跷。出于交通员的敏感和责任，他连夜跑到双碑地插上一串树叶。丘洪辉路过时发现暗号不对，定有意外，于是快步赶回班里。一检查果然不出意料，林某未回来。丘洪辉即通知全班立即转移。刚撤离不远，就看见林某领着敌军进山了。敌人扑了个空，又怕中游击队埋伏，空放了几枪就慌忙窜出。原来，昨晚林某回家后，就叛变投敌了。由于林某的出卖，曾文妹被抓到县城坐牢（保长及叛徒林某均在解放初被我镇压）。

1935 年间，游击队要筹集军饷，多处出击向土豪派款。农历六月的一天，在客寄全坊村的接头户罗四姑的配合下，游击队机智地把邻村一个陈姓土豪的儿子引到山上，留下字条责其家属带 300 个大洋上山赎人。又教人在村子里放出空气：“岩下山那么阔，那里去找？除了四姑子（罗四姑）识人识路，谁人敢去？”土豪只好向四姑子求情，请她上山赎人。为了革命利益，她毅然答应上山。罗四姑带了大洋一走，土豪就叫人要抓她的儿子去抵押。幸亏群众阻拦把孩子引开才免于难。为了教训民团，使他们不敢对接头户乱加陷害，过后不久游击队来人把住在罗四姑附近的一个民团头目家里的大猪宰了。走时暗地给沿途的接头户留下一块猪肉。反动民团在追踪宰猪事件时，发现了罗四姑家里藏的猪肉。于是罗四姑被告发抓去。农历九月，罗四姑被押解到旧县河坝里枪杀。罗四姑被枪杀时，丈夫远逃外乡做工，其 6 岁的儿子谢创荣呼天喊地，哭爹叫娘。罗四姑尸身无人收殓，最后还是由两个同是 17 岁的远房侄子草草把她埋葬。中华人民共和国成立后，收殓人曾两次带罗四姑儿子破土收骸，但均未找到。一说被洪水冲走，一说当时就被反动派拖起来抛尸深潭。在罗四姑被害的同时，住在新坊的傅娣嫲也被抓到县城坐牢。她的婆婆罗永秀只好领着孙子刘荣成投奔刚刚失去丈夫的曾文妹妻子家中，同甘苦共患难，度过漫长的艰苦岁月。

1936 年初，岩下山游击队改编为抗日讨蒋军第七支队，从岩下山转至双髻山一带活动，敌人的注意力也随之转移。1938 年，罗四姑的丈夫带领儿子媳妇以恢复纸槽为名回小富坑重修了一座纸寮，耕地造纸，一家人挤在纸寮里。刘元庆的儿子也入山垦田管山。

此后到1949年初，七支队回师白砂新坊收编土匪武装，迎大军南下，他们都仍以饱满的热情支持革命直到最后解放。

小富坑人民前仆后继，不屈不挠，顽强斗争，为中国革命的胜利付出了巨大的代价和牺牲。“唔怕杀来唔怕烧，唔怕白鬼来烧楼。旧楼烧掉不要紧，革命成功造新楼。”这首当年激励苏区人民坚持革命的战斗山歌已经成为现实。解放后，为了帮助基点村人民重建家园，上杭县人民政府于1952年拨出专款，为小富坑革命基点村群众在靠近公路的兰田村建造新房，让他们安居乐业。20世纪90年代已发展到13户43人，家家扩建了新房或砼混楼房，用上了电灯彩电，4户安装了程控电话，过上了幸福的生活。

（原载《上杭革命基点村简史》中共党史出版社2010年12月版　编入时略有改动）

铁血谱丹青

——铁东革命基点村革命简史

江树高

铁东村是旧县乡的一个行政村，位于旧县乡中部的旧县河东岸。村前旧县河清波荡漾，迤逦南流；村后的岩下山，层峦叠嶂，沟壑纵横，是三年游击战争时期红军游击队的重要活动据点之一。这里山河毓秀，地灵人杰。原南京军区政治部顾问、开国少将陈茂辉和上杭县人民政府原副县长、老红军丘鸿辉就是在这里出生长大，并从这里走上革命道路的。

土地革命前夕，铁东村有陈、江、丘、邹 4 姓，84 户，394 人（除绝大部分住在村里外，还有八九户人住在离村十多里远的岩下山深山老林中）。全村耕地 350 余亩，山林 8285 亩。虽然自然条件好，尤其是竹木等山林资源非常丰富，但由于受生产资料封建地主所有制条件制约，大部分耕地和山林被控制在少数地主富豪手里，因此，大多数村民的生活空间被压缩得异常狭窄，日子过得很艰难，卖儿鬻女、妻离子散之事司空见惯。

据陈茂辉回忆：他 12 岁那年，家里好不容易养了 1 只猪，到年终已长到 100 多斤重了。原指望过年时把它宰了，除留一点自食外，其余换一些粮食以备翌年度春荒。甚至连许多人向他家买猪肉的定金都收来买谷子花掉了。谁知腊月廿八这天，全家正商量请人来帮忙杀猪的时候，本地富豪陈杨基派来几个人，以陈茂辉家仍欠他旧账为由，不顾陈茂辉一家苦苦央求，硬是把这只猪给扛走了。这样一来，陈茂辉一家不仅旧债未清，反而又添新账。无奈，为了吃饭，为了还账，父母只得将陈茂辉的一个姐姐卖了。

世道的不平、社会的黑暗，早已在铁东人民心中积聚了强烈的愤懑和渴求改变现状的欲望。

1928 年，在中国共产党领导下，闽西发生了声震八闽的四大暴动，给黑暗中的穷苦工农送来春天的信息，吹响起翻身求解放的号角。这年冬天，铁东村农民陈元洪、陈思钦、陈思朋、陈茂辉等到闽西四大暴动之一的发生地——蛟洋做纸。在那里，他们在共产党人的引导下，和其他纸厂工友一起，歃血誓盟，结成秘密协会。结会后，各纸厂工友经常保持联系，商量怎样为维护自己的正当权益而斗争。

1929 年 3 月间，红四军第一次入闽打下长汀城后，闽西各地反动当局惊恐万状。他们一方面采取措施加强军事防御，一方面散布谣言加强对人民群众的精神控制。旧县国民党团防局长孔弼臣等，在福清寺召开有各乡村富豪乡绅共200多人参加的会议，大肆造谣说："现在共产党从四面八方来了。共产党来了，是杀人放火的。"但是铁东村的革命先进分子不信这些谣言。4月间，他们秘密组织成立农民协会，推举丘鸿辉任会长。同时开始秘密搜集一切凡能找到的红布（如妇女结婚时的红衣服、庵庙寺院里和尚穿的破袈裟等）缝制臂章，秘密搜集一切凡可使用的武器（如马刀、梭镖、太平军过境时遗弃的枪支等），甚至磨快菜刀，待机举事。在井尾窝，丘鸿辉、江良能、陈康发等18人在那里组成暴动队，饮血酒、发誓言，将往年迎神打醮用的红凉伞拆开，改制一面红旗藏起来，等暴动时用。

同年夏天，陈茂辉和其一个堂婶及江德升3人，在村里组成共青团支部，经常在一起秘密开会，发展组织，以备时机成熟时参加革命暴动。

同年6月7日红四军攻下白砂后，白砂暴动大队在队长袁干豪（一曰袁冠何）带领下，100多人穿过岩下山，来到铁东村策应暴动。初时虽有部分群众躲到山上，不敢出来。但很快，在丘洪辉、江良能、陈康发等一批骨干的宣传动员下，他们纷纷回村集中开大会，暴动骨干们将早已准备好的红旗打出来，插在村口社岗上，宣布暴动开始。随即暴动队伍浩浩荡荡先后冲向陈杨基等富豪家打土豪，分了他们的谷子，并杀了他的猪"祭红旗"。"祭红旗"时，全体暴动队员喝血酒，并有20多个青年的名字都改安上一个"辉"字，以表示跟着丘鸿辉同心革命。暴动后，暴动队还派出力量参加区里统一组织的行动，到周边区乡如城郊玉女、新塘等地协助暴动。同时各项苏区建设也如火如荼开展起来。

8月，旧县区成立革命委员会，铁东和对岸的铁北及麻坝村合并公开成立了铁场乡农民协会。9月，在农民协会中又成立土地委员会，负责土地分配筹备工作。10月，旧县区成立中共区委及苏维埃政府，同时将包括铁东在内的全区暴动队改编成赤卫队。后又将25—30岁的男人编入模范营，经常配合红军出发打仗。赤卫队则留在家乡负责地方治安。此外，还建立了少先队、儿童团等组织。1930年1月，以原铁场乡农民协会区域范围为基础成立了铁场乡苏维埃政府，丘鸿辉任主席。

苏维埃政府成立后，除抓好分配土地、组织各种经济合作，努力帮助群众发展生产改善生活外，还突出抓了扩大红军、坚壁清野工作。在几次扩大红军运动中，铁东村通过宣传发动优待红属等先后共动员30多人参加红军。此外还有80余人参加赤卫队及其他地方工作。在坚壁清野中，由于铁东等村离上杭城较近，国民党军队及地方民团较易窜犯进来，因此，他们一方面将所有粮食、炊事用具、衣物等藏在山中（规定乡内所收土地税的粮食由乡负责埋藏，公款由干部负责保管，并规定谁家粮食在坚壁清野中被敌所获而发生口粮困难，则由苏维埃政府给予救济；而未作坚壁清野被敌所获造成缺粮的则由自己负责；内部谁偷坚壁清野物资即给予严惩），一方面协同周边苏区在沿旧县河各高山崇头设传音哨位（其中铁场乡亦设一站），当发现敌人从上杭城出发了，各哨口便用铜钟、土炮依次将信号传送过去，使苏区政府和群众作好应对准备。同时还在各关键路口派人站岗放哨，防范敌人进入苏区作祟。为打破敌人对苏区的经济封锁尤其是对食盐的控制，群众用辣椒和黄硝合起来当盐用，并到敌统治区采取装驼背、妇女装大肚、双重粪桶底及买棺材来装等办法偷运出食盐到苏区供应。

1934年10月中央苏区第五次反“围剿”失败，南方进入三年游击战争以后，由于岩下山山阔窝多，地形复杂，因此，上杭游击大队、杭代县军政委员会下设的岩下山工作团和岩下山工作委员会、新汀杭县军政委员会及其领导下的新汀杭游击大队、杭北游击队和汀河工委等先后在岩下山开展游击战争。这期间，铁东村党组织及广大革命群众顶着白色恐怖，和我岩下山军政组织同仇敌忾，鱼水相依，共斗敌人，写下了自己革命斗争史上最辉煌的一页。主要有如下几个特点和贡献：

一是坚持发挥党组织的领导作用。1934年秋，中央主力红军北上后，原在红十二军工作的丘鸿辉因病由部队介绍回旧县区，又由旧县区委安排他回村担任党支部书记。回村后，他即把全村党员13人，共青团员10余人秘密组织起来，一方面交代大家采取分散隐蔽办法以保存实力，另一方面根据区委交代的任务，将红军留下的宣言、布告、传单等分发给各人负责保管。同时确定了各人联系的群众，要求大家分头利用各种机会到群众中宣传当前革命的形势和任务，鼓励群众树立信心，坚持斗争。为了掌握敌情，便利工作，党支部还设法与国民党石龙乡副乡长陈胜辉接上关系，通过他了解一些敌人的动态。

1935年4月，陈潭秋以中央分局代表名义在永定西溪赤寨召集闽西南军政委第一次会议以后，杭代县军政委员会在岩下山设立工作委员会，由张思垣任书记。岩下山工委在铁东村设立一个交通站，由丘鸿辉兼任站长，负责沟通游击队与群众联系，筹集粮食等物资接济游击队。此后，铁东党支部和交通站努力工作，主动沟通了与兰田、横塅、新坊、白玉等周边乡村党的秘密组织的联系，采取隐蔽、灵活的策略与敌斗争。如当敌人前来骚扰时，表面上让群众打起白旗大张旗鼓表示“欢迎”，实则以此麻痹敌人，并向游击队暗示有敌情。

1936年春，闽西南抗日讨蒋军第七支队100多人由政委黄火星及地方干部陈玉行、吴国珍等率领在岩下山一带活动。铁东村党员江良能上山砍柴与他们见面后，回来告知了支部书记丘鸿辉。第二天，他俩即秘密前去与黄火星他们取得联系。根据黄火星他们的指示，铁东支部加大了反封锁斗争力度，分头发动群众保证游击队粮食、西药和日用品如钢笔、球鞋、电池等的供应。支部书记丘鸿辉身先士卒，亲自9次去上杭城采买游击队急需的日用物资。

由于村党组织的存在及其领导作用的发挥，使群众的对敌斗争有了主心骨，从而立场更坚定，方向更明确。

二是从物资上大力支持红军游击队。国民党复辟后，尽管他们在许多墙壁上涂上标语，在各种场合大肆叫嚣："运粮者杀"，企图切断游击队的供给来源，但群众还是冒着生命危险源源不断为游击队筹办和输送粮食等物资，使游击队渡过一次又一次难关。

1934 年 12 月间，张鼎丞带领一支十几人的小分队从长汀回永定领导游击战争。路过岩下山村，队伍已又累又饿。当这支队伍中的陈茂辉好不容易就近找到在这里住山的堂姐夫温福头时，温福头不顾头一天国民党军还在这里烧山杀人的余悸，将家中所有的食物：一斗米，二三十斤山芋，1 斤多猪肉和 1 斤多盐全部给了陈茂辉，使小分队饱餐一顿，渡过一次饥饿关。1935 年春，国民党军队为隔绝群众对游击队的支持，强迫居住在岩下山中的几户群众移民。离开时，铁东村人陈思创夤夜将家中全部 700 多斤谷子砻出米来送给岩下山游击队，缓解了游击队一段时间的粮食困难。

以上仅是铁东群众支持游击队事例的一小部分，实际情况远不止这些。据统计，在三年游击战争中坚持长时间支持游击队的接头户有陈元霖、陈元洪、陈元恩、陈思创、陈思章、陈思友、陈思太、陈思钦、陈思善、陈康济、周六寿姑、陈满娣、孔可金、江秉其、江书升、江良德、丘发荣、曾富秀、阙春凤、邹树槐等 20 余户。短期的则更多。他们除自己勒紧裤带，为游击队省出粮食外，还筹集资金到县城等地购买。特别是岩下山游击队短期转移别处活动，敌人对岩下山和铁东村的防务较为松懈时，群众即加紧买粮购物，便于游击队回来时供给。为了证明自己粮食不够吃，也要吃县城买来的米，使敌人难以全部禁止群众到县城买米，铁东村群众经常自己吃城里买来的机白米，而把自产的砻谷米留给游击队。敌人来检查后也看不出破绽。

有时，敌人为了查出接头户，深更半夜到群众家里模仿游击队的样子说："某某同志，起来开门，我是游击队的，来拿米。"幸亏接头户早已和游击队联系好了特定信号（如搔壁等），不会上当，还说："我是老实人，不做鬼事。"对此，敌人无可奈何。

三是为游击队通风报信保安全。铁东村位于岩下山水口，是岩下山的门户。敌人对岩下山游击队的行动一般都要经过铁东村。因此，铁东村人凭借本地人路径熟、反应快的优势，曾多次在敌窜犯岩下山时提前派人赶往游击队驻地通风报信，使游击队及时安全转移。如有一次，游击队派一队员出村里来买米，可是他却叛变投敌，径直往石圳潭带来民团三四十人，往岩下山袭击游击队。当铁东村革命群众察觉这一情况后，即火速赶往岩下山告知游击队。待敌赶到游击队驻地时，竹寮里已人去寮空。还有一次，国民党八十三师组织三四十个便衣队到岩下山搜山。铁东群众发现敌动态后恐游击队有失，但又不便由大人出发去报信，即吩咐陈培春等 3 个年仅十一二岁的孩子假装抓鱼沿岩下山溪迅速赶往七姑礤报告游击队。回来时在一地名叫新厂里的地方碰上敌兵。敌兵气势汹汹，大声喝问："小土匪，红军在哪里讲我知，不讲枪毙你！"陈培春回答说："我们是抓鱼的，唔晓得红军……"语音未落，敌兵即抓起枪往他们身上顶，企图以暴力威逼孩子们说实话。但几个孩子始终未改口。1938 年春，时任新四军二支队龙岩留守处主任的陈茂辉回家探亲。本村保长陈康谟欲捉拿他，就一边假惺惺请陈茂辉到他家喝酒，一边派人去石龙乡公所搬兵来协助。起初陈茂辉不知是计，为顾全国共合作大局，去了陈康谟家。当席间发现陈康谟的险恶用心后，便借故离席回家。一回到家，几个群众即帮陈茂辉换过服装，三四个人护着他，人人肩上抬着一捆稻草装作去陂头上堵漏，让陈茂辉从岩下山溪走脱了。此时距石龙乡公所民团赶来只差几分钟时间。

四是配合游击队惩奸除恶。本村陈康谦原参加革命工作，后叛变革命并当上旧县区民团区队长，经常冒充游击队抢劫旧县河过往商船，敲诈勒索群众，强奸妇女，无恶不作。铁东村后原有一片便于游击队隐蔽活动的树林，也是他指使民团把它们砍光的。尤其是1936年陈茂辉回岩下山一带领导杭北游击队活动期间，陈康谦派人经常在陈茂辉家附近转悠，找机会将陈茂辉捉拿。一天晚上，陈茂辉果然回家了。被陈康谦发现后，即安排团丁围捕。幸喜陈茂辉勇猛破窗而出，得以走脱。鉴于陈康谦恶贯满盈，陈茂辉决定除掉这个变色蜥蜴。铁东群众以其特有的便利条件，积极配合游击队行动，顺利捕杀了陈康谦。此外，在岩下山游击队到麻坝抓地主陈昌荣筹款，到扁山、碧沙坑等地打土豪等行动中，铁东村群众陈元恩、陈思钦、陈思太、陈培芳、陈思恭、周六寿姑、陈满娣、陈康训、江书声、邹树槐等，都曾加入游击队行动小组配合。

五是不怕烧杀抢，“跳火坑也要革命”。三年游击战争中，敌人为了困死、饿死岩下山红军游击队，采取了种种残酷毒辣的手段企图堵死铁东群众对我游击队的支持。如先后烧毁铁东村房屋20多间，纸厂43座，砍光了村后山上全部原始林木，在村子周围筑起碉堡五六个，强迫铁东村群众几次移民到铁北村去等。特别是在强迫居住于岩下山里七八户铁东村人移民时，老人陈文康因不肯离开而被活活烧死在房子里。

但是，铁东人民从几年苏区的历史中已刻骨铭心地感受到共产党是广大穷苦人民的希望和救星，只有跟着共产党革命到底，才有光明前途和出路。他们说：“经过了五六年共产，有什么好处大家都晓得，跳火坑也要革命。”因此，他们一直坚定不移地为游击队提供支持，团结在党支部和游击队周围与敌人斗争。1936年10月19日，在邻村叛徒林某的引导下，国民党军包围铁东村，抓去接头户、革命群众江良能、江良德、阙春凤、曾富秀、陈满娣、陈育娣、丘六连、周六寿姑、江秉镜等人。还恶狠狠地呵斥其他群众。被抓去的9个人，遭敌捆绑吊打种种刑罚，要他们供出游击队活动情况和村中还有谁是共产党员、接头户。但他们视死如归，无一人吐露半点真情。最后江良能、江良德、曾富秀、阙春凤4人遭敌杀害。江良能在上杭城监狱被敌人推出西郊场行刑，经过大街上时，还张着被敌打得满口流血的嘴高呼“共产党万岁”“红军万岁”等口号。

阙春凤是已牺牲赤卫队员丘桂攀的遗孀，其夫丘桂攀于1930年3月参加北一区赤卫队，同年11月在长汀水口对敌作战中殉难。丈夫牺牲后，阙春凤继承夫志，继续追随革命，特别在三年游击战争中积极当好游击队交通员。此次被捕遇难时，家中还有一年幼孩子。但她义无反顾，从容就义。

此外，铁东村人还有许多不屈从敌人胁迫，坚定支持亲人或自己在革命队伍中顽强坚持下去的动人事迹。如江良汉参加红军后，国民党抓住其父江秉伟严刑拷打，逼其叫儿子离开红军回转村里来。但江秉伟坚贞不屈，不仅不劝儿子回家，而且还叮嘱儿子安心在红军部队里革命到底。江良汉不负父望，在部队英勇战斗，最后不幸牺牲，成为革命烈士。1936 年 4 月，村秘密党支部书记丘鸿辉因本村保甲人员向乡公所密报，暴露了身份。在乡公所准备抓捕他时，他立即与本村江书良、江良远离开村里，上岩下山参加抗日讨蒋军第七支队。敌人为了逼他出山投降，同年 10 月将他母亲曾富秀、妻子陈育娣和孩子丘培书抓去，并写信要他回村向国民党“自新”，否则要将他母亲、妻子一起处死。但丘鸿辉毫不动摇，回信告诉国民党：“有共产党就不怕你国民党，你们就是杀了我的家属我也决不回来！”最后敌人无可奈何，竟残忍地杀害了他的母亲，逼迫他妻子改嫁。陈茂辉领导杭北游击大队在岩下山活动期间，敌人曾多次逼迫其父母到山上找儿子回来向敌人投降，并许给陈茂辉当营长，甚至当上杭县县长，要多少田给多少田。但陈茂辉父母不为所动，采取虚与周旋办法消极应付。特别在陈茂辉他们枪决叛徒陈某谦后，敌人更是恼羞成怒，将陈茂辉父母抓进上杭城，扬言待抓到陈茂辉后一起枪毙。陈茂辉获悉后写信给伪保长说：“我父母你们要杀就杀吧，你们要杀掉我家一个人，我就杀掉你十个伪保长；你们要毁掉我一家，我就要毁掉你十个伪保长的家！”铁东村保长终于胆怯了，赶紧去县城把陈茂辉父母保出来。

在新民主主义革命各个时期，铁东村先后共有 48 人为革命牺牲或病故，其中 17 人被评为革命烈士。一家出了 2 位烈士的有 3 户，他们分别是陈康泰、陈康毓兄弟俩和江良汉、陈禄香，丘桂攀、阙春凤两对夫妻。

中华人民共和国成立后，各级人民政府对铁东村人民为革命作出的杰出贡献给予了充分肯定。1953 年，省人民政府批准该村为革命基点村，为该村因受敌摧残无房居住的群众建房 20 多间，并给该村建学校。以后又多次支持经费扶助该村开发各项生产建设项目，如修筑“红岩渠道”，建“铁东大桥”等。20 世纪 60 年代，上级还拨专款在岩下山山口建起一座“革命纪念亭”，由陈茂辉将军题写亭名，旨在让世人和后代永远缅怀先烈业绩，把革命传统发扬光大。

（原载《上杭革命基点村简史》中共党史出版社 2010 年 12 月版　编入时略有改动）

野火烧不尽

——旧县张家山革命基点村革命简史

刘宝联

张家山，位于旧县乡水东村东南方向10余公里，当年红军游击队重要活动区域岩下山的西南部。它是当年红军游击队活动的重要据点之一。

暴动前，张家山全村居住着4户20多口人，都是贫苦的农民，归水东乡管辖。这里山多田少，山高水冷。全村40多亩薄地不仅收成低，而且大部分都是外村地主富农所有，大部分山林也都属水东村人管业。一年到头，“脸朝黄土背朝天，腰挂刀斧手耙田”。收成稻谷交完田租所剩无几，交清山租和官税农民只得零头。张家山人祖祖辈辈都过着食不果腹、衣不蔽体生活，做梦都想翻身得解放。

1929年5月下旬后，毛泽东、朱德率领红四军挺进闽西，领导人民创建革命根据地，极大振奋了张家山人民。8月成立旧县区农民协会、区赤卫队后，在共产党领导下，各乡立即开展打土豪分田地斗争。当时水东乡在张思垣带领下，成立了水东赤卫队。张家山的张铝春、张兆文等6人都参加了赤卫队。不久成立了水东乡苏维埃政府，张家山的张铝春在乡苏维埃政府任财粮委员，具体负责财粮工作（后牺牲）。

张家山人民第一次分到了土地后，在政治上解除了封建势力和地主阶级的压迫统治，获得平等自由，在经济上摆脱了豪绅地主的剥削，不交租谷，不还旧债，生活逐步得到改善和提高，因此真正成了历史的主人，心里有说不出的高兴。他们深深感到共产党是穷人的救星，跟着共产党，跟着红军苏维埃就能彻底翻身、解放，就有光明前程。

在苏维埃政府领导下，张家山人民群众积极投入苏区建设，发展生产，发展经济。当时在水东乡苏维埃政府所在地水东村，设立了豆腐合作社，创办了消费合作社和粮食合作社。合作社工作人员积极为群众办事，积极利用商人到白区办货，组织群众经过茶地、蓝溪到峰市去运盐回来，千方百计搞好人民生产、生活上的物资供应和农产品的代购，使人民生活不断得到改善。

为了发展生产，更好保卫红色政权，乡里成立了拥护红军委员会，村里妇女会、儿童团积极开展拥军优属活动。如：做草鞋慰劳红军，为红军家属砍柴、割禾、莳田等。乡里掀起了扩大红军热潮，很多赤卫队员都争着报名当红军。张家山张兆文、张扬全等都参加了红军。

1934年农历三月间，国民党军八十三师侵占白砂，县苏维埃机关随红军二十四师2000多人撤至旧县。旧县各乡群众积极支持红军粮食、柴火、蔬菜，张家山赤卫队为支援红军积极参加了运输队等。当时敌人也疯狂进攻张家山，张家山人民群众配合红军抵抗敌人。上杭县苏维埃政治保卫局特派员张锡春，在张家山转移时被敌抓捕光荣牺牲。

1935年2月，敌人大军压境，敌军八十三师进攻新汀杭县苏驻地障云岭燕子塔。游击队在极端困难情况下，与敌血战一个多月后被迫转移，其中一部分转移到岩下山与代英县游击队汇合。3月，谭震林、邓子恢率领部分红军从江西突围到永定与张鼎丞汇合。途经旧县岩下山等地时，张家山群众根据乡苏指示积极想办法支援红军部队所急需的粮食等物资。4月，闽西地方党政军领导在永定赤寨成立闽西南军政委员会后，杭代县在岩下山设立工作委员会。张思垣担任书记，并在铁东村设立了一个秘密交通站，由丘鸿辉兼任站长。张家山接头户游太六、孔五娣、江汉先、曹生哥等秘密接济岩下山红军游击队，积极支持张思垣和后来游昌炳带领的游击队。他们冒着生命危险为红军游击队送米、送菜、送情报。

由于这里的群众对革命很热心很坚决，国民党反动派对张家山人民十分仇视，经常入村，大搞烧、杀、抢，无恶不作。全村一年被敌人抢去耕牛2头，毛猪4只。红军家属遭迫害，被骂作“共产妈”，被罚做苦工。赤卫队员、乡苏干部张铝春惨遭民团杀害后，其妻遭民团强奸并被逼改嫁。张铝全当红军去了，结果反动政府强迫其妻改嫁到古石背郭屋（解放后张铝全享受五老人员待遇）。因敌摧残，张家山4户人家中除曹生哥1户外，曹仁和等3户均成为灭绝户。

1936年正月，为打击敌人的嚣张气焰，根据人民群众的强烈要求，张思垣利用水东村做大戏的机会，在当天晚上带着游击队击毙了作恶多端、人称“强奸大王”的当地反动民团团丁3人，大快人心。但是反动派仍不死心，伺机报复。

1936年3月，国民党反动派为了断绝群众接济游击队，达到消灭红军、共产党的目的，运用移民并村等办法强迫张家山全村人民群众移民到水东村居住，并放火把张家山村所有房子焚烧干净。在国民党反动派的白色恐怖和疯狂摧残下，张家山人民再也无法搬回去了，造成全部田地荒芜，从此这个美丽而光荣的小山村变成了“无人”村。

张家山虽然成了“无人”村，但它光荣的革命业绩却永远铭刻在了历史的丰碑上。

（原载《上杭革命基点村简史》中共党史出版社2010年12月版　编入时略有改动）

高山劲松

——兰明里革命基点村革命简史

刘宝联

兰明里（又叫兰蓬里），是旧县乡一个很小的自然村，位于岩下山西南部，和张家山村毗邻，与铁东、小富坑、张家山等革命基点村连成一片。四周崇山峻岭，满山遍野青松翠竹。当年在这方园七八里的大山中，只居住着1户曹姓人家，主人小名叫严妹子，妻名叫七妹子，另有一抱养的女儿叫四金姑。

1929年5月，毛泽东、朱德率领红四军第二次入闽，解放了龙岩城和上杭白砂镇。不久红四军挺进旧县，各乡农民举旗暴动，开展打土豪、分田地斗争。同年8月，成立旧县区革命委员会。铁东和铁北、麻坝村合并成立铁场乡农民协会。1930年1月，成立了铁场乡苏维埃政府，丘鸿辉担任乡苏主席。在苏维埃政府领导下，旧县人民投入了轰轰烈烈的苏区建设。兰明里严妹子一家虽远居深山，但对这一世事变化也有所闻，心中非常高兴，对共产党的主张很拥护。此时养女四金姑也已长大成人，严妹子很想找个男孩入赘，以便使生活更甜美。

铁北村江观鹏因父亲江家辉去世早，只有他与母亲林细妹相依为命，虽然暴动后苏维埃政府分了田，但家底穷，一时娶不起媳妇。当时有人说：兰蓬里严妹子有一养女，很想拿个男孩做继子，以便与养女成婚继承家业。后来经人介绍江观鹏正式过继给严妹子做继子，不久与养女四金姑结婚。婚后，年轻夫妻恩恩爱爱。江观鹏老实、勤快，过继给严妹子后，平日的米、油、盐就由他负责从铁北村挑送到兰蓬里曹家。他自己进进出出，两头家都兼顾。

1934年12月，张鼎丞带领一支10多人的小分队从长汀返回永定领导闽西人民开展游击战争，途经岩下山兰蓬里，严妹子热情接济了张鼎丞一行。1935年间，是闽西三年游击战争中最困难的时期。国民党反动派对苏区人民进行更残酷的摧残，对红军游击队进行更疯狂的军事“清剿”和经济封锁，企图困死、饿死红军游击队，最后消灭共产党。一度岩下山上的游击队生活遇到前所未有的困难。严妹子就交代继子江观鹏每天多买些大米，尽量多想办法弄些盐。江观鹏心里也明白自家吃不了这么多，是为游击队用的。但他从不过问，严妹子也从不对人说，互相心照不宣。在一段时间内岩下山游击队从兰蓬里严妹子家得到生活接济。张思垣、陈茂辉等派人与其他基点村派来的人常在兰蓬里接头，张思垣、陈茂辉等也常到这一带活动。所以兰蓬里一度成了岩下山红军游击队可靠据点，严妹子也成为红军游击队可靠的接头户。

严妹子家经常到圩上和铁北村里拿米进兰蓬里，而且次数不少，于是引起地方反动头目的注意。后来有人告密说严妹子有接济游击队行为，但又找不出事实证据。1935 年冬天的一天早上，国民党地方民团 10 多人荷枪实弹突然闯进兰蓬里，对严妹子说“有人告你严妹子有接济游击队行为”。几个团丁不由严妹子分说，竟持木棍把严妹子打成重伤，连脚骨都打断。然后民团又放火烧房，顿时火光冲天，浓烟滚滚，兰蓬里唯一一座 2 间平房顷刻化为废墟。屋里粮食、衣服等生产、生活用品全被烧尽，严妹子一家 4 口人瞬间无家可归。民团走后，游击队闻讯赶来慰问。在游击队帮助下，严妹子、江观鹏、四金姑在这块废墟上又重新搭起茅屋，一家人暂时有了安身之处，但生活更陷入艰苦。

严妹子虽遭敌人残酷摧残，但支持革命的初衷未变。此后，仍对前来需要帮助的红军游击队尽量给予热情支持。然而，他遭重创的身体在家人的精心护理下，虽慢慢得到一些恢复，却已不能走长路干重活了，且体质每况愈下，终于在 1942 年不幸去世。中华人民共和国成立后，人民政府把严妹子的妻子七妹子安置到继子江观鹏出生地铁北村居住，1960 年去世。

（原载《上杭革命基点村简史》中共党史出版社 2010 年 12 月版　编入时略有改动）

红色山乡

——新坊革命基点村革命简史

刘宝联

新坊，位于旧县乡东南部，东南边与白砂镇早康、碧沙等村相连结，是著名女红军邓六金的故乡。当年邓六金就是从这里走上革命道路的。

土地革命时期，新坊村有 124 户 803 人，是旧县较大的村庄。1929 年以前，这里全村贫苦农民无田无地，一年到头都靠租种地主的田地过活。在地主阶级的剥削压迫下，群众生活痛苦不堪。许多人经不起高利贷盘剥，只好卖儿卖女，如邓六金的生父母就被迫把邓六金姐妹几人卖给别人做童养媳的。

1929 年 5 月，毛泽东、朱德率领红四军第二次入闽。6 月 7 日（农历五月初一）取得白砂大捷，成立了白砂革命委员会。接着，红四军从白砂向旧县进发。

红四军的行动大大鼓舞了新坊人民的革命信心和斗志。此后不久，新坊邓长应和旧县一带丘棣华、陈丹成等领导新坊、河东、河西、龙溪、扁山、铁东等村农民起来暴动。新坊暴动时，暴动队打了邓立贤等土豪，把东西分给贫苦农民，于是农民群众开始出来闹革命。乡里、村里很快组织了农民协会、赤卫队、妇女会、少先队、儿童团。邓仁先、邓美音、邓友成等 28 人最先参加赤卫队，邓仁先担任赤卫队长，李先安担任少先队长，陈寿标任儿童团长。乡妇女会傅才秀和邓六金等经常进村宣传红军性质、宣传党的政策，发动男男女女起来闹革命。

当年底，新坊成立了乡苏维埃政府，邓仁寿、丁贵林等担任过新坊乡苏维埃政府主席。接着成立了乡党支部，邓高赠、邓志和担任过党支部书记。在此前后，新坊人民在乡苏维埃政府领导下，积极投入分田斗争，全村平均每人分得 3 担 2 谷田。从此，人民群众成了土地的主人，更加积极地投入热火朝天的苏区建设，积极支援前线，支援革命战争。

为了更好地保卫红色政权，支援革命战争，新坊人民掀起了一次又一次扩大红军热潮，把大批青壮年源源不断地送到红军部队中去。在“扩红”运动中，涌现了许多父母送子、妻送郎、父子、兄弟争当红军、党团员、区乡干部带头当红军的感人事例。1933 年 6 月 11 日《红色中华》报道：“旧县新坊乡李永书，当了解到当时战争环境的紧张和准备扩大红军时，便带领着儿子一同加入红军。”还表扬新坊邓五妹，为了苏维埃政权的巩固，鼓励自己的丈夫当红军去了。邓六金和大姐邓来金、四姐邓凤金3人都参加了革命，邓来金很早为革命牺牲，邓凤金担任过连城县委妇女部长，出席过省苏维埃第一次代表大会，她们为革命作过重要贡献，被当时省苏主席张鼎丞称为“土窝窝里飞出三只金凤凰”。新坊年纪最轻的李长林（现伤残军人）15岁就响应“扩红”号召，主动报名当红军。当时全村共有24人当红军，其中有4户兄弟当红军，即李先安兄弟俩、林妹子兄弟俩、李先芳兄弟俩和李松喜、李松裕兄弟俩；有1户夫妻当红军即李长森、秋莲子夫妇；有5名妇女当红军，即黄永秀、简娣子、严秋兰等。

由于“左”的路线的影响，闽西苏区工作一度受到严重挫折。1933年4月，各地盲目贯彻“创造一百万铁的红军”的指示，把县、区、乡赤卫队、少先队等地方武装整排整连地编入正规红军中，拉到前线去进行所谓“拒敌于国门之外”的消耗战，结果地方武装力量削弱，不少乡村给敌人以可乘之机。盘踞在上杭县城的钟绍葵部，勾结广东军阀陈济棠部进攻县苏机关驻地白砂，上杭县委、县苏机关被迫撤离到新坊石院坑。同年五六月间，国民党第十九路军和广东军进攻杭永岩苏区。国民党第十九路军入侵白砂后又继续袭击坪上、福村、旱康、新坊、扁山等地，上杭县委、县苏机关又撤至旧县，广大工农群众饱受摧残和屠杀，流离失所。

但是，新坊人民在共产党领导下，努力生产，积极支援红军、支援前线。他们组织慰劳队、洗衣队、担架队，为红军服务，为前线服务。赤卫队、少先队平时除生产外，还担负站岗放哨，实行赤色戒严，战时配合红军作战、送粮、送弹药、运送伤员。

1935年五六月间，根据闽西南军政委员会第一次会议精神，兰田、铁场、白玉、新坊、横段等乡村被确定为岩下山游击据点，并逐步恢复了共产党的秘密活动。为了更好地沟通游击队与人民群众的联系，筹集粮食、药品等物资接济游击队，当时在铁场设立了交通站。通过交通站，党支部可以随时与兰田、横段、新坊、白玉等乡村党的秘密组织联系，领导广大人民群众采取隐蔽、灵活的抗敌策略坚持革命斗争。如当上杭保安十四团骚扰乡村时，党支部通知他们让群众打起“白旗”表示“欢迎”，以此方式向游击队暗示有敌情，同时秘密党组织的骨干可以立即带着文件上山，向游击队及时通报情况。因此，常常使敌人扑空，使人民群众少受摧残，从而有力地保护了游击队，保护了党的有生力量。

在艰苦的三年游击战争中，新坊李春珠、李长发等接头户利用上山砍柴、挖笋、做纸等时机，冒着生命危险千方百计地为红军游击队送米、送菜、送情报，使岩下山红军游击队度过了一个又一个难关，战胜了国民党反动军队的多次“清剿”。

然而，新坊人民对红军游击队的支持也付出巨大代价。国民党反动派为镇压新坊人民对游击队的支持，对接头户进行了各种摧残。如接头户李春珠被国民党反动派抓到上杭县城关押受刑，用大石块压他的胸部、腹部，逼他供出红军游击队的活动地点和人员情况，但他视死如归、守口如瓶，始终没有说出红军游击队的秘密。李长发也是红军游击队的可靠接头户，最终也遭到敌人的残杀。此外，还有岩豆、李玉美等 3 人也因与支持游击队有牵连，遭到反动派杀害。当时在苏维埃时期自由结婚的不少夫妻也被迫退婚、解婚。人民群众被逼得妻离子散、家破人亡。直至全面抗战爆发，国共实现合作抗日，国民党对新坊人民的摧残迫害才稍有收敛。

1948 年 10 月，活跃在岩永杭边中国人民解放军闽粤赣边纵队闽西支队给新坊人民带来了全国解放战争胜利的喜讯，广大人民群众从内心感到，跟着共产党终究会胜利。此时，党恢复了旧县、新坊等区域，邓维标、邓福应积极参加了闽西支队，邓赞成与支队温义昌接上头，暗中热情支持闽西支队，积极为支队采购火柴、香烟、电池等物资。

1949 年四月（农历），邓赞成联络了新坊村 28 人吃血酒，准备接应中国人民解放军闽粤赣边纵队第七支队解放旧县，并为七支队送粮、送菜、送信等。同年农历四月四日，蓝汉华率领七支队抵达新坊，邓赞成等事先联络组织的 21 人出来迎接，庆贺新坊第二次解放。中华人民共和国成立后，该村有 35 人被评为革命烈士（其中 2 名女烈士）。

（原载《上杭革命基点村简史》中共党史出版社 2010 年 12 月版　编入时略有改动）

祖宗选择旧县开基有眼力

陈其芳

旧县原名语口市，北宋真宗咸平二年（999年）至仁宗天圣五年（1027年）曾为上杭县县治，故在明朝以后改名为旧县。旧县西有紫金山，东有九曲溪，南有梅溪寨，中有旧县河，两岸平川，适于耕作与居住，四周有高山作为屏障。苍翠如画的“杭川第一名山”紫金山，西临汀江，南临旧县河，距旧县市场15千米。紫金山在北宋真宗年间（998年至1022年）就出黄金，故名金山。当时全国产金只六州，福建只有汀州，紫金山为汀州一大金矿点，紫金山蕴藏着丰富的金铜矿（现正在开采），山上有摘星台、麒麟殿、一天门、桃源洞、鼓中峰、五龙寺、圣琴桥、百丈礁。山上有天池，其水清澈可爱，暑月如冰霜，摘星台下有大江，风景秀丽，为杭川第一名胜。九曲溪十八弯，弯弯有景点。如天子湖、竹管潭、田缺空、牛肚里、太子骑龙、龙颈、蜻蜓点水、鸡翁、仙人献掌、燕子岩、猴子游潭、狮子滚球、穿石城、老虎口、竹篙伴墙等等。九曲溪水清凉甘洌，没有污染，优质矿泉水随处可取，溪面稍经整治，即可乘竹筏游览沿溪景点。梅溪寨早在唐朝时就开发，建有闽西最早的寺庙之一上宝林院，在宋元时期为汀州一军事重地，设水陆巡检司，置巡检一人，官阶与知县同，南宋宰相郑清之贬官至此为巡检并在此定居（其子孙迁往今永定城关）后，更加出名。旧县河原名语口水，为上杭县第二大河，发源于连城县南部山中，流经朋口、新泉、南阳、旧县，在九洲与汀江干流汇合，河长一百多公里，在历史上有分段通船：上杭经旧县到矶头，矶头经新泉到朋口。南宋以前，闽西赣南食盐由福州漳州陆路运至，称“福盐”“漳盐”，价贵质低。上杭与潮州接壤，易走私贩，扰乱了地方治安，百姓怨声载道，于是河州太守李华申请更运粤省潮盐，朝廷不报。宋宁宗嘉定六年（1213年），河州知事赵崇模终于奏准：长汀、上杭、连城、武平四县，改食潮盐。为了运输食盐，知事下令整治汀州及旧县河河道。于是旧县河也繁忙起来，从潮州、上杭运食盐、海产品、布匹等到旧县，再经矶头过驳，经新泉到朋口，走陆路到连城，连城及沿河两岸的土纸、烟草、黄豆、竹、木等运至上杭、潮州。旧县陈氏多有从事贸易及运输业者，有的还到上杭、潮州坐庄，当时的旧县圩每月六次也很繁华。

旧县的自然环境不错，人文景观亦佳。祖宗创建有闽西客家特色的福清寺与仙娘宫。

福清寺崇祀观音定光、伏虎三菩萨。仙娘宫祀葛仙、罗仙、杜、陈两真仙及刘氏女仙等五位真仙。祖宗创建一寺一宫祀八神有深意。观音讲孝道，使子孙学习其孝，希望观音送子，使子孙昌盛，祀伏虎希望消除虎患，使山中平安；祀定光希望消除蛟患，使水上迪吉。五大真仙道术齐天，使人们心想事成，祀之，祈保人口平安，水陆清洁，有求必应。此八神除观音外，皆生为汀州人，殁为汀州神，保佑汀州人自然有力。杜、陈、罗、刘四仙及伏虎佛还是闽西土产，陈真仙又是本族祖叔，当然更加亲切。祖宗建造的许多石旗杆（俗桅杆）又为旧县增添人文风光。石旗杆是将条石凿成方形或圆状的石柱，在石柱上雕刻龙、凤等吉祥物和别致的装饰品。在古代，家族的人若考上“举人”以上品位的官职或捐功名相当于这官衔者，便请名工匠精选石料，精雕细刻成长四、五米或更长的石旗杆，旗杆上凿上姓名和功名事迹，竖立于家庙前，以示显耀、铭念，激励后人上进。后来，家族的人旅居在外，对家乡建设作出了卓著贡献者，乡亲们也筹资为其造立石旗杆，流芳后代。这种包含表彰与激励后人、巍巍屹立着、别具一格、古色古香的石旗杆，是客家人特有的一种文化风采，富有教育意义和观赏价值。随着生产的发展和人民生活水平的提高，旅游消闲业也会发达起来。旧县有优越的自然环境，今又有205国道贯穿其中，交通十分方便，祖宗创造的许多人文景观，修复也不难，加上祖宗创造的赋有客家特色的饮食品、工艺等，是旅游消费的好资源，旧县确是个旅游清闲的好去处。进一步开发旧县，也是继承祖宗的事业。

（节选自《上杭陈氏梅山公一脉宗谱》，作者系福建师范大学教授，撰于1998年5月1日）

未有旧县先有萧何堂

谢友荣

北宋咸平二年（999 年），上杭县治由白砂碧砂迁至语口市（今全坊村），历时 28 年，旧县由此得名。

语口市位于旧县河与九曲溪汇合口南畔，主街名为坎头街，由东到西约一里长，建有上、中、下 3 个码头，设有下渡和语口渡 2 个渡口，成为当时贯通南北的主要交通枢纽。百多只大小木船云集在语口渡两岸，运来潮汕海货布匹，本地土特产品也由此运往外地，一派繁荣景象。沿街有 7 个天灯 7 条巷，街尾有座古庙，叫“萧何堂”，宫名“永胜宫”。设县治后新建有县衙、孔庙等建筑，故有“未有旧县先有萧何堂”之说，

萧何堂也叫仙湖堂，原系一泓深潭，水流急，漩涡大，时有塌堤、溺水、翻船事故发生。为了祈保平安，先民硬是把仙湖填起来，筑砌成田螺形石墩，并在墩上兴建庙宇，供奉汉代三杰（萧何、韩信、张良）神像。宝殿堂联曰：“一堂辅汉全坊赫，三杰英豪胜地明。”内嵌“全胜”二字，全坊亦称全胜乡。

相传明朝年间有某姓墓地与萧何堂发生界址纠纷，诉至府衙。府尹指派程、鲁、宋三位县令会审。根据“未有旧县先有萧何堂”之说，判萧何堂胜诉。后人为纪念三县令秉公断案，在庙内立三公神位供奉，至今亦然。

千百年来屡经洪患，语口市街道、码头、渡口几经冲毁，旧迹全无。现存“语口渡”石碑一块，碑文中间三个大字为“语口渡”；两侧各一行小字，右为“陈庚□嗣裔捐施”，左为“往来不必给钱”。萧何堂古庙几度在原址按原样重修，保存完好。

（注：原载 20 世纪 90 年代前期《闽西报》，本志编入时略作修改）

编后记

2018年入春后，旧县镇党委、政府决定编纂《旧县镇志》。为抓好此项工作，镇成立《旧县镇志》编纂委员会，由党委书记任主任，党委副书记、镇长任副主任，其他有关领导为成员，党委宣传委员具体分管；同时聘请编修人员，安排办公场所，邀请原县方志委有关专家来镇对编修人员以讲座形式进行业务辅导。随后，召开编修人员会议，参考兄弟乡（镇）志书内容，结合本镇特点，讨论确定编纂提纲，并根据各人学识特长，自报公议，安排任务，明确分工。

编纂工作启动后，各编修人员根据各自承担的章节，在认真参阅县志和兄弟乡（镇）志相关内容基础上，边学边干，抓紧采集资料，走访知情人员，命笔疾书，艰辛著述。为发动各村、镇直各部门提供必要基础资料配合镇志编纂，镇先后两次召开由各村文书和镇直各部门负责人参加的镇志编纂专题会议，区别村和各部门不同情况，有针对性地发给调查提纲和参考范本，并作辅导讲解。

经2年3个月勤奋工作，至2020年六七月间，《旧县镇志》基本完成初稿。8月上旬交印刷厂形成样书后，8月底至9月初，分送县有关单位、镇有关领导和各部门、各行政村审阅。是年9月18日上午，镇党委、政府召开《旧县镇志》评审会，听取县有关单位领导、专家和镇有关领导，镇直各部门、各行政村代表的修改意见。会后，编修人员根据各方意见对志稿进行认真修改，于2020年10月下旬形成第二次送审稿后，再送县委党史和地方志研究室审阅。2020年11月，经县委党史和地方志研究室批准，《旧县镇志》送方志出版社审稿。

《旧县镇志》的编纂，得到社会各界特别是许多老领导、老同志和外出乡贤的高度关注及宝贵支持。他们为编纂工作提供了不少重要资料、图片，陈其湘等退休干部对编写人员的采访热情答复、百问不厌。县委党史方志研究室等县直部门给予了业务上的精心指导和资料上的大力支持。编纂人员克服许多困难，在较短时间内认真负责地完成了业务工作，为本书出版付出了辛勤劳动。在《旧县镇志》出版之际，向一切为此做出努力和支持的人们表示衷心感谢！

由于修志工作是浩繁的系统工程，叙时跨度大，涉及范围广，加上时间紧、人手少，资料和水平不足，《旧县镇志》出版后不如人意之处，肯定在所难免，恳请广大读者原谅并指正。

《旧县镇志》编纂委员会

2021年2月